All About PSAT
상황판단 기출총정리

박 어 령

신 조 사

Contents
차 례

CHAPTER 04 규 칙 형 … 92

CHAPTER 05 퀴 즈 형 … 122

CHAPTER 02 규 범 형 … 188

CHAPTER 04 규 칙 형 ··· 454

PART 01
민경채 기출

01 지문형

01 지문형 문제

민경채 2018 가책형 1번

다음 글을 근거로 판단할 때 옳은 것은?

정책의 쟁점 관리는 정책 쟁점에 대한 부정적 인식을 최소화하여 정책의 결정 및 집행에 우호적인 환경을 조성하기 위한 행위를 말한다. 이는 정책 쟁점이 미디어 의제로 전환된 후부터 진행된다.

정책의 쟁점 관리에서는 쟁점에 대한 지식수준과 관여도에 따라 공중(公衆)의 유형을 구분하여 공중의 특성에 맞는 전략적 대응방안을 제시한다. 어떤 쟁점에 대해 지식수준과 관여도가 모두 낮은 공중은 '비활동 공중'이라고 한다. 그러나 쟁점에 대한 지식수준이 낮더라도 쟁점에 노출되어 쟁점에 대한 관여도가 높아지게 되면 이들은 '환기 공중'으로 변화한다. 이러한 환기 공중이 쟁점에 대한 지식수준까지 높아지면 지식수준과 관여도가 모두 높은 '활동 공중'으로 변하게 된다. 쟁점에 대한 지식수준이 높지만 관여도가 높지 않은 공중은 '인지 공중'이라고 한다.

인지 공중은 사회의 다양한 쟁점에 관한 지식을 가지고 있지만 적극적으로 활동하지 않아 이른바 행동하지 않는 지식인이라고도 불리는데, 이들의 관여도를 높여 활동 공중으로 이끄는 것은 매우 어렵다. 이 때문에 이들이 정책 쟁점에 긍정적 태도를 가지게 하는 것만으로도 전략적 성공이라고 볼 수 있다. 반면 환기 공중은 지식수준은 낮지만 쟁점 관여도가 높은 편이어서 문제해결에 필요한 지식을 얻게 된다면 활동 공중으로 변화한다. 따라서 이들에게는 쟁점에 대한 미디어 노출을 증가시키거나 다른 사람과 쟁점에 대해 토론하게 함으로써 지식수준을 높이는 전략을 취할 필요가 있다. 한편 활동 공중은 쟁점에 대한 지식수준과 관여도가 모두 높기 때문에 조직화될 개연성이 크고, 자신의 목적을 이루기 위해 시간과 노력을 아낌없이 투자할 자세가 되어 있다. 정책의 쟁점 관리를 제대로 하려면 이들이 정책을 우호적으로 판단할 수 있도록 하는 다양한 전략을 마련하여야 한다.

① 정책의 쟁점 관리는 정책 쟁점이 미디어 의제로 전환되기 전에 이루어진다.
② 어떤 쟁점에 대한 지식수준이 높지만 관여도가 낮은 공중을 비활동 공중이라고 한다.
③ 비활동 공중이 어떤 쟁점에 노출되면서 관여도가 높아지면 환기 공중으로 변한다.
④ 공중은 한 유형에서 다른 유형으로 변화할 수 없기 때문에 정책의 쟁점 관리를 할 필요가 없다.
⑤ 인지 공중의 경우, 쟁점에 대한 미디어 노출을 증가시키고 다른 사람과 쟁점에 대해 토론하게 만든다면 활동 공중으로 쉽게 변한다.

문제해설

Step 1 문제 해결의 출발점

설명문 형태의 비교 중심 지문이 제시되어 있다. 지문형 문제의 일반적 접근 패턴대로, 문단을 크게 나누어 끊어 읽고 선택지를 바로 판단해 나가도록 한다.

Step 2 선택지 분석

1문단

① (×) 마지막 문장에서 정책의 쟁점 관리는 정책 쟁점이 미디어 의제로 전환된 후부터 진행된다고 하였으므로 틀린 진술이다.

2문단 : 지식수준 및 관여도에 따른 공중의 유형 분류가 나와 있다.

② (×) '비활동 공중'은 지식수준과 관여도가 모두 낮은 공중에 해당한다.

③ (○) 세 번째 문장에서는 앞선 문장에서 소개했던 '비활동 공중'이 관여도가 높아지게 되면 '환기 공중'으로 변화한다고 진술한다. 따라서 ③이 정답이다.

④ (×) ③에서 확인한 것처럼 공중이 한 유형에서 다른 유형으로 변화하는 경우가 나타날 수 있다.

3문단

⑤ (×) 첫 번째 문장에서 '인지 공중'에게 관여도를 높여 '활동 공중'으로 이끄는 것은 매우 어렵다고 하였다.

정답 | ③

02 지문형 문제

민경채 2018 가책형 3번

다음 글을 근거로 판단할 때 옳은 것은?

다산 정약용은 아전의 핵심적인 직책으로 향승(鄕丞)과 좌수(座首), 좌우별감(左右別監)을 들고 있다. 향승은 지방관서장인 현령의 행정보좌역이고, 좌수는 지방자치기관인 향청의 우두머리로 이방과 병방의 직무를 관장한다. 좌우별감은 좌수의 아랫자리인데, 좌별감은 호방과 예방의 직무를 관장하고, 우별감은 형방과 공방의 직무를 관장한다.

다산은 향승이 현령을 보좌해야 하는 자리이기 때문에 반드시 그 고을에서 가장 착한 사람, 즉 도덕성이 가장 높은 사람에게 그 직책을 맡겨야 한다고 하였다. 또한 좌수는 그 자리의 중요성을 감안하여 진실로 마땅한 사람으로 얻어야 한다고 강조하였다. 좌수를 선발하기 위해 다산이 제시한 방법은 다음과 같다. 먼저 좌수후보자들에게 모두 종사랑(從仕郞)의 품계를 주고 해마다 공적을 평가해 감사나 어사로 하여금 식년(式年)에 각각 9명씩을 추천하게 한다. 그리고 그 가운데 3명을 뽑아 경관(京官)에 임명하면, 자신을 갈고 닦아 명성이 있고 품행이 바른 사람이 그 속에서 반드시 나올 것이라고 주장했다. 좌우별감을 선발할 때에도 역시 마땅히 쓸 만한 사람을 골라 정사를 의논해야 한다고 했다.

다산은 아전을 임명할 때, 진실로 쓸 만한 사람을 얻지 못하면 그저 자리를 채우기는 하되 정사는 맡기지 말라고 했다. 아울러 아첨을 잘하는 자는 충성스럽지 못하므로 이를 잘 살피도록 권고했다. 한편 다산은 문관뿐만 아니라 무관의 자질에 대해서도 언급하였다. 그에 따르면 무관의 반열에 서는 자는 모두 굳세고 씩씩해 적을 막아낼 만한 기색이 있는 사람으로 뽑되, 도덕성을 첫째의 자질로 삼고 재주와 슬기를 다음으로 해야 한다고 강조하였다.

식년(式年) : 과거를 보는 시기로 정한 해

① 관직의 서열로 보면 좌우별감은 좌수의 상관이다.
② 다산이 주장하는 좌수 선발방법에 따르면, 향승은 식년에 3명의 좌수후보자를 추천한다.
③ 다산은 아전으로 쓸 만한 사람이 없을 때에는 자리를 채우지 말아야 한다고 하였다.
④ 다산은 경관 가운데 우수한 공적이 있는 사람에게 종사랑의 품계를 주어야 한다고 주장했다.
⑤ 다산은 무관의 자질로 재주와 슬기보다 도덕성이 우선한다고 보았다.

문제해설

Step 1 문제 해결의 출발점

1문단에서부터 비교 중심의 정보가 제시되고 있다. 문단별로 끊어 읽으며 선택지를 바로 판단해 나가도록 한다.

Step 2 선택지 분석

<1문단>

① (×) 3번째 문장에서 좌우별감은 좌수의 아랫자리라 진술하고 있다.

<2문단>

② (×) 좌수 선발 방법은 3번째 문장부터 진술되고 있다. 이에 따르면 향승이 아니라 '감사'나 '어사'가 식년에 각각 9명씩을 추천한다.

④ (×) 4번째 문장 및 5번째 문장에 의하면 좌수후보자들이 종사랑의 품계를 받고 업무를 수행하다가 공적 평가를 받은 뒤 추천 및 선발에 의해 경관에 임명되는 것이다.

<3문단>

③ (×) 1번째 문장에 의하면, 다산은 진실로 쓸 만한 사람을 얻지 못하면 그저 자리를 채우되 정사는 맡기지 말라고 한 것이지 아예 자리를 채우지 말아야 한다고 말한 것은 아니다.

⑤ (○) 4번째 문장에서 무관을 뽑을 때는 도덕성을 첫째의 자질로 삼아야 한다고 말하였다.

정답 | ⑤

03 지문형 문제

민경채 2018 가책형 11번

다음 글을 근거로 판단할 때 옳지 않은 것은?

> 정부는 저출산 문제 해소를 위해 공무원이 안심하고 일과 출산·육아를 병행할 수 있도록 관련 제도를 정비하여 시행 중이다.
>
> 먼저 임신 12주 이내 또는 임신 36주 이상인 여성 공무원을 대상으로 하던 '모성보호시간'을 임신 기간 전체로 확대하여 임신부터 출산시까지 근무시간을 1일에 2시간씩 단축할 수 있게 하였다.
>
> 다음으로 생후 1년 미만의 영아를 자녀로 둔 공무원을 대상으로 1주일에 2일에 한해 1일에 1시간씩 단축근무를 허용하던 '육아시간'을, 만 5세 이하 자녀를 둔 공무원을 대상으로 1주일에 2일에 한해 1일에 2시간 범위 내에서 사용할 수 있도록 하였다. 또한 부부 공동육아 실현을 위해 '배우자 출산휴가'를 10일(기존 5일)로 확대하였다.
>
> 마지막으로 어린이집, 유치원, 초·중·고등학교에서 공식적으로 주최하는 행사와 공식적인 상담에만 허용되었던 '자녀돌봄휴가'(공무원 1인당 연간 최대 2일)를 자녀의 병원진료·검진·예방접종 등에도 쓸 수 있도록 하고, 자녀가 3명 이상일 경우 1일을 가산할 수 있도록 하였다.

① 변경된 현행 제도에서는 변경 전에 비해 '육아시간'의 적용 대상 및 시간이 확대되었다.
② 변경된 현행 제도에 따르면, 초등학생 자녀 3명을 둔 공무원은 연간 3일의 '자녀돌봄휴가'를 사용할 수 있다.
③ 변경된 현행 제도에 따르면, 임신 5개월인 여성 공무원은 산부인과 진료를 받기 위해 '모성보호시간'을 사용할 수 있다.
④ 변경 전 제도에서 공무원은 초등학교 1학년인 자녀의 병원진료를 위해 '자녀돌봄휴가'를 사용할 수 있었다.
⑤ 변경된 현행 제도에 따르면, 만 2세 자녀를 둔 공무원은 '육아시간'을 사용하여 근무시간을 1주일에 총 4시간 단축할 수 있다.

문제해설

Step 1 문제 해결의 출발점

각 문단별로 제도 변경 전과 후의 내용이 비교되고 있는 지문형 문제이다. 선지별로 묻고 있는 키워드가 포함된 문단을 확인하고, 변경 전인지 후인지 구분하여 본문 내용과 비교해 나간다면 큰 어려움 없이 해결이 가능할 것이다. 선택지 가운데 변경된 현행 제도가 아니라 변경 전 제도에 대해 묻고 있는 ④번 선택지부터 먼저 파악하였다면 더욱 빠르게 정답을 도출할 수 있었을 것이다.

Step 2 선택지 분석

① (○) '육아시간'은 3문단에 나와 있다. 변경 전에는 생후 1년 미만의 영아를 자녀로 둔 공무원을 대상으로 1주일에 2일에 한해 1일에 1시간씩 단축근무가 허용되었던 것에 비해 변경 후에는 만 5세 이하 자녀를 둔 공무원에 시간도 1일에 2시간 범위 내의 단축근무로 확대되었다.

② (○) '자녀돌봄휴가'는 4문단에 나와 있다. 변경된 제도에서는 공무원 1인당 연간 최대 2일을 기본으로 자녀가 3명 이상일 경우 1일을 가산할 수 있으므로 최대 3일 사용이 가능하다.

③ (○) '모성보호시간'은 2문단에 나와 있는데, 변경된 제도에서는 임신 5개월(임신 기간 전체로 확대되었으므로 포함)인 여성도 적용 대상이 된다.

④ (×) 4문단에 의하면 변경 전 제도에서는 학교에서 공식적으로 주최하는 행사와 공식적 상담에만 '자녀돌봄휴가'를 사용할 수 있었다. 따라서 틀린 진술이다.

⑤ (○) 3문단에 의하면 변경된 제도에서는 만 2세 이하 자녀도 '육아시간' 적용 대상이며, 1주일에 2일, 1일에 2시간 범위 내에서 근무시간 단축이 가능하므로 1주일을 기준으로는 총 4시간의 단축이 가능하다.

정답 | ④

04 지문형 문제

민경채 2018 가책형 13번

다음 글을 근거로 판단할 때 옳은 것은?

군국기무처는 1894년 7월 27일부터 같은 해 12월 17일까지 존속한 최고 정책결정 기관이었다. 1894년 7월 흥선대원군을 추대한 새로운 정권이 수립되자, 그 이전부터 논의되어 오던 제도개혁을 실시하고자 합의체 형식의 초정부적 정책결정 기구인 군국기무처를 구성하였다. 이 기구의 이름은 1882년부터 1883년까지 존속하였던 기무처의 이름을 따서 흥선대원군이 명명하였다.

군국기무처가 실제로 활동한 기간은 약 3개월이었다. 이 기간 중 군국기무처는 40회의 회의를 통해 약 210건의 의안을 심의하여 통과시켰는데, 그 중에는 189개의 개혁의안도 포함되어 있었다. 군국기무처가 심의하여 통과시킨 의안은 국왕의 재가를 거쳐 국법으로 시행하였는데, 그 가운데는 전제왕권의 제약이나 재정제도의 일원화뿐만 아니라, 양반·상인 등 계급의 타파, 공·사노비제의 폐지, 조혼의 금지, 과부의 재가 허용 등 조선사회의 경제·사회질서를 근본적으로 변혁시키는 내용도 있었다. 여기에는 1880년대 이래 개화운동에서 강조한 개혁안과 더불어 동학운동에서 요구한 개혁안이 포함되기도 하였다. 군국기무처가 추진한 이때의 개혁을 갑오개혁이라고 부른다.

그러나 군국기무처의 기능은 청일전쟁에서 일본이 최초의 결정적인 승리를 거둔 1894년 9월 중순 이후 서서히 약화되기 시작하였다. 청일전쟁의 초기에는 조선의 개혁정권에 대해 회유정책을 쓰며 군국기무처의 활동에 간섭을 하지 않았던 일본이 청일전쟁의 승리가 확실해지자 적극적인 개입정책을 쓰기 시작하였던 것이다. 일본 정부가 새로 임명한 주한공사 이노우에는 군국기무처를 자신이 추진하려는 일본의 제도적 개입의 방해물로 간주하여 11월 20일 고종에게 요구한 20개의 안건에 군국기무처의 폐지를 포함시켰다. 고종도 그의 전제왕권을 제약한 군국기무처의 존재를 탐탁지 않게 여기던 터였으므로 이 기구를 12월 17일 칙령으로 폐지하였다.

① 흥선대원군은 군국기무처를 칙령으로 폐지하였다.
② 군국기무처는 기무처의 이름을 따서 고종이 명명하였다.
③ 일본의 청일전쟁 승리가 확실해지면서 군국기무처의 기능은 더욱 강화되었다.
④ 군국기무처는 실제 활동 기간 동안 월 평균 210건 이상의 개혁의안을 통과시켰다.
⑤ 군국기무처가 통과시킨 의안에는 동학운동에서 요구한 개혁안이 담기기도 하였다.

문제해설

Step 1 문제 해결의 출발점

문단별로 분절적 정보가 제시된 전형적인 지문형 문제이다. 각 문단별 독해를 진행한 후에 선택지에서 핵심 키워드를 찾아 빠르게 매칭해 나가도록 하자.

Step 2 선택지 분석

① (×) 3문단 마지막 문장에 의하면 군국기무처를 칙령으로 폐지한 것은 흥선대원군이 아니라 고종이다.

② (×) 1문단 마지막 문장에 의하면 군국기무처의 이름을 명명한 것은 고정이 아니라 흥선대원군이다.

③ (×) 3문단 첫 번째 문장에 의하면 일본이 청일전쟁에서 최초의 결정적 승리를 거두면서부터 군국기무처의 기능은 강화된 것이 아니라 약화되기 시작하였다.

④ (×) 2문단 전반부에 의하면 군국기무처의 실제 활동 기간은 약 3개월이며, 이 기간 동안 즉 3개월을 합쳐서 약 210건의 의안을 심의해 통과시킨 것이며, 개혁의안은 그 가운데 189개였던 것이다. 월 평균 210건 이상의 개혁의안을 통과시켰다는 진술은 틀린 것이다.

⑤ (○) 2문단 후반부에 의하면 군국기무처가 통과시킨 개혁의안 가운데는 동학운동에서 요구한 개혁안도 포함되어 있었다.

정답 | ⑤

05 지문형 문제

민경채 2018 가책형 14번

다음 글을 근거로 판단할 때, 〈보기〉에서 옳은 것만을 모두 고르면?

> 국회의원 선거는 목적에 따라 총선거, 재선거, 보궐선거 등으로 나누어진다. 대통령제 국가에서는 의원의 임기가 만료될 때 총선거가 실시된다. 반면 의원내각제 국가에서는 의원의 임기가 만료될 때뿐만 아니라 의원의 임기가 남아 있으나 총리(수상)에 의해 의회가 해산된 때에도 총선거가 실시된다.
>
> 대다수의 국가는 총선거로 전체 의원을 동시에 새롭게 선출하지만, 의회의 안정성과 연속성을 고려하여 전체 의석 중 일부만 교체하기도 한다. 이러한 예는 미국, 일본, 프랑스 등의 상원선거에서 나타나는데, 미국은 임기 6년의 상원의원을 매 2년마다 1/3씩, 일본은 임기 6년의 참의원을 매 3년마다 1/2씩 선출한다. 프랑스 역시 임기 6년의 상원의원을 매 3년마다 1/2씩 선출한다.
>
> 재선거는 총선거가 실시된 이후에 당선 무효나 선거 자체의 무효 사유가 발생하였을 때 다시 실시되는 선거를 말한다. 예를 들어 우리나라에서는 선거 무효 판결, 당선 무효, 당선인의 임기 개시 전 사망 등의 사유가 있는 경우에 재선거를 실시한다.
>
> 보궐선거는 의원이 임기 중 직책을 사퇴하거나 사망하는 등 부득이한 사유로 의정 활동을 수행할 수 없는 경우에 이를 보충하기 위해 실시되는 선거이다. 다수대표제를 사용하는 대부분의 국가는 보궐선거를 실시하는 반면, 비례대표제를 사용하는 대부분의 국가는 필요시 의원직을 수행할 승계인을 총선거 때 함께 정해 두어 보궐선거를 실시하지 않는다.

〈보 기〉

ㄱ. 일본 참의원의 임기는 프랑스 상원의원의 임기와 같다.
ㄴ. 미국은 2년마다 전체 상원의원을 새로 선출한다.
ㄷ. 우리나라에서는 국회의원 당선인이 임기 개시 전 사망한 경우 재선거가 실시된다.
ㄹ. 다수대표제를 사용하는 대부분의 국가에서는 의원이 임기 중 사망하였을 때 보궐선거를 실시한다.

① ㄱ, ㄴ ② ㄱ, ㄷ ③ ㄴ, ㄹ
④ ㄱ, ㄷ, ㄹ ⑤ ㄴ, ㄷ, ㄹ

문제해설

Step 1 문제 해결의 출발점

총선거, 재선거, 보궐선거를 문단별로 구분해서 다루고 있는 분절적 정보 구조의 지문형 문제이다. 국가별 차이점에 주목해 문단별 끊어 읽기의 방식으로 접근하자.

Step 2 선택지 분석

ㄱ. (○) 의원의 임기는 2문단에 제시되어 있다. 마지막 두 문장에 의하면 일본 참의원의 임기는 6년이며, 프랑스 역시 상원의원의 임기가 6년이다. 각 국가에서 해당 의원의 절반씩을 매 3년마다 선출한다는 정보와 헷갈리지 말아야 한다.

ㄴ. (×) 역시 2문단에 의하면, 미국은 임기 6년의 상원의원을 매 2년마다 1/3씩 선출한다. 따라서 전체 사원의원을 2년마다 새로 선출한다는 진술은 부적절하다.

ㄷ. (○) 재선거는 3문단에 제시되어 있다. 두 번째 문장에 의하면 우리나라에서 당선인이 임기 개시 전 사망한 경우 재선거를 실시하게 된다.

ㄹ. (○) 보궐선거는 4문단에 제시되어 있다. 두 째 문장에 의하면 다수대표제를 사용하는 대부분의 국가에서는 의원의 임기직 사퇴나 사망이 발생한 경우 보궐선거를 실시하게 된다.

정답 | ④

06 지문형 문제

민경채 2019 나책형 4번

다음 글을 근거로 판단할 때 옳지 않은 것은?

조선시대 임금에게 올리는 진지상을 수라상이라 하였다. 수라는 올리는 시간 순서에 따라 각각 조(朝)수라, 주(晝)수라, 석(夕)수라로 구분되고, 조수라 전에 밥 대신 죽을 주식으로 올리는 죽(粥)수라도 있었다. 수라상은 두 개의 상, 즉 원(元)반과 협(狹)반에 차려졌다.

수라 전후에 반과(盤果)상이나 미음(米飮)상이 차려지기도 했는데, 반과상은 올리는 시간 순서에 따라 조다(早茶), 주다(晝茶), 만다(晩茶), 야다(夜茶) 등을 앞에 붙여서 달리 불렀다. 반과상은 국수를 주식으로 하고, 찬과 후식류를 자기(磁器)에 담아 한 상에 차렸다. 미음상은 미음을 주식으로 하고, 육류 음식인 고음(膏飮)과 후식류를 한 상에 차렸다.

다음은 경복궁을 출발한 행차 첫째 날과 둘째 날에 임금에게 올리기 위해 차린 전체 상차림이다.

첫째 날		둘째 날	
장소	상차림	장소	상차림
노량참	조다반과	화성참	죽수라
노량참	조수라	화성참	조수라
시흥참	주다반과	화성참	주다반과
시흥참	석수라	화성참	석수라
시흥참	야다반과	화성참	야다반과
중로	미음		

① 행차 둘째 날에 협반은 총 1회 사용되었다.
② 화성참에서는 미음이 주식인 상이 차려지지 않았다.
③ 행차 첫째 날 낮과 둘째 날 낮에는 주수라가 차려지지 않았다.
④ 행차 첫째 날 밤과 둘째 날 밤에는 후식류를 자기에 담은 상차림이 있었다.
⑤ 국수를 주식으로 한 상은 행차 첫째 날과 둘째 날을 통틀어 총 5회 차려졌다.

문제해설

Step 1 문제 해결의 출발점

본문에서 수라상, 반과상, 미음상 등의 개념을 설명하고 있다. 상황판단의 지문형 문제에서 가장 중요한 것은 '차이점'임을 의식하며 정보를 분석해 나가면 내용 정리가 어렵지는 않을 글이라 할 수 있다.

수라상 : 시간 순서대로 죽/조/주/석수라, 수라상은 원반과 협반 두 개의 상으로 차려짐

반과상/미음상 : 반과상은 국수가 주식이며 찬과 후식류를 자기에 담에 한 상에 차림, 미음상은 미음이 주식이며 고음과 후식류를 한 상에 차림

Step 2 선택지 분석

① (×) '협반'은 수라상을 차릴 때만 등장하는 용어이다. 둘째 날 수라상은 모두 3차례 차려졌으므로, 협반은 총 3회 사용되었다고 보는 것이 적절하다.

② (○) 화성참은 둘째 날에만 방문한 장소이다. 표에 의하면 둘째 날의 상차림에는 '미음상'이 차려지지 않았다.

③ (○) 첫째 날과 둘째 날의 상차림에 '주수라'는 포함되지 않았다.

④ (○) 후식류를 자기에 담은 상차림은 '반과상'만의 특징이다. 첫째 날과 둘째 날 모두 '야다반과'가 포함되어 있으므로 옳은 설명이다.

⑤ (○) 국수를 주식으로 하는 상은 '반과상'이다. 첫째 날에 조/주/야다반과, 둘째 날에 주/야다반과가 있으므로 국수가 주식인 상은 모두 5회 차려졌음을 알 수 있다.

정답 | ①

07 지문형 문제

민경채 2019 나책형 14번

다음 글을 근거로 판단할 때, 〈보기〉에서 옳은 것만을 모두 고르면?

현대적 의미의 시력 검사법은 1909년 이탈리아의 나폴리에서 개최된 국제안과학회에서 란돌트 고리를 이용한 검사법을 국제 기준으로 결정하면서 탄생하였다. 란돌트 고리란 시력 검사표에서 흔히 볼 수 있는 C자형 고리를 말한다. 란돌트 고리를 이용한 시력 검사에서는 5m 거리에서 직경이 7.5mm인 원형 고리에 있는 1.5mm 벌어진 틈을 식별할 수 있는지 없는지를 판단한다. 5m 거리의 1.5mm이면 각도로 따져서 약 1′(1분)에 해당한다. 1°(1도)의 1/60이 1′이고, 1′의 1/60이 1″(1초)이다.

이 시력 검사법에서는 구분 가능한 최소 각도가 1′일 때를 1.0의 시력으로 본다. 시력은 구분 가능한 최소 각도와 반비례한다. 예를 들어 구분할 수 있는 최소 각도가 1′의 2배인 2′이라면 시력은 1.0의 1/2배인 0.5이다. 만약 이 최소 각도가 0.5′이라면, 즉 1′의 1/2배라면 시력은 1.0의 2배인 2.0이다. 마찬가지로 최소 각도가 1′의 4배인 4′이라면 시력은 1.0의 1/4배인 0.25이다. 일반적으로 시력 검사표에는 2.0까지 나와 있지만 실제로는 이보다 시력이 좋은 사람도 있다. 천문학자 A는 5″까지의 차이도 구분할 수 있었던 것으로 알려져 있다.

〈보 기〉

ㄱ. 구분할 수 있는 최소 각도가 10′인 사람의 시력은 0.1이다.
ㄴ. 천문학자 A의 시력은 12인 것으로 추정된다.
ㄷ. 구분할 수 있는 최소 각도가 1.25′인 甲은 구분할 수 있는 최소 각도가 0.1′인 乙보다 시력이 더 좋다.

① ㄱ
② ㄱ, ㄴ
③ ㄴ, ㄷ
④ ㄱ, ㄷ
⑤ ㄱ, ㄴ, ㄷ

문제해설

Step 1 문제 해결의 출발점

<보기>에서는 전반적으로 구분할 수 있는 최소 각도에 따른 시력을 묻고 있다. 본문의 2문단 전반부에 따르면 구분 가능한 최소 각도가 1′(1분)일 때를 시력 1.0으로 설정하고, 구분할 수 있는 최소 각도가 1′에 비해 커지면 시력은 그 비율만큼 작아지고 최소 각도가 작아지면 시력은 그 비율만큼 커지는 반비례 관계에 있음을 파악하는 것이 핵심이다.

Step 2 선택지 분석

ㄱ. (○) 구분 가능한 최소 각도 10′은 1′의 10배이므로 시력은 1.0의 1/10배인 0.1이 된다.

ㄴ. (○) 천문학자 A가 구분할 수 있었던 최소 각도는 5″로, 이는 1′의 1/12배이다. 따라서 A의 시력은 1.0의 12배인 12로 추정되는 것이 적절하다.

ㄷ. (×) 구분할 수 있는 최소 각도가 작을수록 시력은 큰 것으로 나타난다. 따라서 갑은 을보다 시력이 더 나쁘다.

정답 | ②

08 지문형 문제
민경채 2020 가책형 5번

다음 글을 근거로 판단할 때 옳지 않은 것은?

이해충돌은 공직자들에게 부여된 공적 의무와 사적 이익이 충돌하는 갈등상황을 지칭한다. 공적 의무와 사적 이익이 충돌한다는 점에서 이해충돌은 공직부패와 공통점이 있다. 하지만 공직부패가 사적 이익을 위해 공적 의무를 저버리고 권력을 남용하는 것이라면, 이해충돌은 공적 의무와 사적 이익이 대립하는 객관적 상황 자체를 의미한다. 이해충돌하에서 공직자는 공적 의무가 아닌 사적 이익을 추구하는 결정을 내릴 위험성이 있지만 항상 그런 결정을 내리는 것은 아니다.

공직자의 이해충돌은 공직부패 발생의 상황요인이며 공직부패의 사전 단계가 될 수 있기 때문에 이에 대한 적절한 규제가 필요하다. 공직부패가 의도적 행위의 결과인 반면, 이해충돌은 의도하지 않은 상태에서 발생하는 상황이다. 또한 공직부패는 드문 현상이지만 이해충돌은 일상적으로 발생하기 때문에 직무수행 과정에서 빈번하게 나타날 수 있다. 그런 이유로 이해충돌에 대한 전통적인 규제는 공직부패의 사전예방에 초점이 맞추어져 있었다.

최근에는 이해충돌에 대한 규제의 초점이 정부의 의사결정 과정과 결과에 대한 신뢰성 확보로 변화되고 있다. 이는 정부의 의사결정 과정의 정당성과 공정성 자체에 대한 불신이 커지고, 그 결과가 시민의 요구와 선호를 충족하지 못하고 있다는 의구심이 제기되고 있는 상황을 반영하고 있다. 신뢰성 확보로 규제의 초점이 변화되면서 이해충돌의 개념이 확대되어, 외관상 발생 가능성이 있는 것만으로도 이해충돌에 대해 규제하는 것이 정당화되고 있다.

① 공직부패는 권력 남용과 관계없이 공적 의무와 사적 이익이 대립하는 객관적 상황 자체를 의미한다.
② 이해충돌 발생 가능성이 외관상으로만 존재해도 이해충돌에 대해 규제하는 것이 정당화되고 있다.
③ 공직자의 이해충돌과 공직부패는 공적 의무와 사적 이익의 충돌이라는 점에서 공통점이 있다.
④ 공직자의 이해충돌은 직무수행 과정에서 빈번하게 발생할 가능성이 있다.
⑤ 이해충돌에 대한 규제의 초점은 공직부패의 사전예방에서 정부의 의사결정 과정과 결과에 대한 신뢰성 확보로 변화되고 있다.

문제해설

Step 1 문제 해결의 출발점

전형적인 지문형 문항으로 1문단에서는 이해충돌과 공직부패의 개념 차이를, 2문단부터 3문단까지에서는 이해충돌에 대한 규제에 대한 내용을 다루고 있다. 분절적 정보 구조의 설명문이므로 문단별 끊어 읽기의 방식으로 선택지의 내용을 빠르게 소거해 나가도록 한다.

Step 2 선택지 분석

① (×) "공직부패는 권력 남용과 관계없이 공적 의무와 사적 이익이 대립하는 객관적 상황 자체를 의미한다."

→ 1문단 3번째 문장에 의하면 공직부패는 사적 이익을 위해 공적 의무를 저버리고 권력을 남용하는 것이다. 따라서 공직부패가 권력 남용과 관계없다는 진술 및 공적 의무와 사적 이익이 대립하는 객관적 상황 자체를 의미한다는(이는 이해충돌에 대한 개념 설명임) 진술 모두 부적절하다.

② (○) "이해충돌 발생 가능성이 외관상으로만 존재해도 이해충돌에 대해 규제하는 것이 정당화되고 있다."

→ 3문단 마지막 문장에서 이해충돌이 외관상 발생 가능성이 있는 것만으로도 규제하는 것이 정당화되고 있음을 지적하고 있다.

③ (○) "공직자의 이해충돌과 공직부패는 공적 의무와 사적 이익의 충돌이라는 점에서 공통점이 있다."

→ 1문단 2번째 문장에서 이해충돌과 공직부패가 공적 의무와 사적 이익의 충돌이 일어난다는 점에서 공통점이 있음을 지적하고 있다.

④ (○) "공직자의 이해충돌은 직무수행 과정에서 빈번하게 발생할 가능성이 있다."

→ 2문단 3번째 문장에서 이해충돌은 일상적으로 발생한다고 지적하였다.

⑤ (○) "이해충돌에 대한 규제의 초점은 공직부패의 사전예방에서 정부의 의사결정 과정과 결과에 대한 신뢰성 확보로 변화되고 있다."

→ 2문단 마지막 문장과 이어지는 3문단 첫 번째 문장을 종합하면, 이해충돌에 대한 전통적인 규제가 공직부패의 사전예방에 초점을 맞추었다면 최근에는 정부의 의사 결정 과정과 결과에 대한 신뢰성 확보에 초점을 맞추는 것으로 변화되고 있음을 확인할 수 있다.

정답 | ①

09 지문형 문제

민경채 2020 가책형 14번

다음 글을 근거로 판단할 때 옳지 않은 것은?

최근 공직자의 재산상태와 같은 세세한 사생활 정보까지 공개하라는 요구가 높아지고 있다. 공직자의 사생활은 일반시민의 사생활만큼 보호될 필요가 없다는 것이 그 이유다. 비슷한 맥락에서 일찍이 플라톤은 통치자는 가족과 사유재산을 갖지 말아야 한다고 주장했다.

공직자의 사생활 보호에 대한 논의는 '동등한 사생활 보호의 원칙'과 '축소된 사생활 보호의 원칙'으로 구분된다. 동등한 사생활 보호의 원칙은 공직자의 사생활도 일반시민과 동등한 정도로 보호되어야 한다고 본다. 이 원칙의 지지자들은 우선 공직자의 사생활 보호로 공적으로 활용가능한 인재가 증가한다는 점을 강조한다. 사생활이 보장되지 않으면 공직 희망자가 적어져 인재 활용이 제한되고 다양성도 줄어들게 된다는 것이다. 또한 이들은 선정적인 사생활 폭로가 난무하여 공공정책에 대한 실질적 토론과 민주적 숙고가 사라져 버릴 위험성에 대해서도 경고한다.

반면, 공직자는 일반시민보다 우월한 권력을 가지고 있다는 것과 시민을 대표한다는 것 때문에 축소된 사생활 보호의 원칙이 적용되어야 한다는 주장도 있다. 공직자는 일반시민이 아니기 때문에 동등한 사생활 보호의 원칙을 적용할 수 없다는 것이다. 이 원칙의 지지자들은 공직자들이 시민 생활에 영향을 미치는 결정을 내리기 때문에, 사적 목적을 위해 권력을 남용하지 않고 부당한 압력에 굴복하지 않으며 시민이 기대하는 정책을 추구할 가능성이 높은 사람이어야 한다고 주장한다. 즉 이러한 공직자가 행사하는 권력에 대해 책임을 묻기 위해서는 사생활 중 관련된 내용은 공개되어야 한다는 것이다. 또한 공직자는 시민을 대표하기 때문에 훌륭한 인간상으로 시민의 모범이 되어야 한다는 이유도 들고 있다.

① 축소된 사생활 보호의 원칙은 공직자와 일반시민의 사생활 보장의 정도가 달라야 한다고 본다.
② 통치자의 사생활에 대한 플라톤의 생각은 동등한 사생활 보호의 원칙보다 축소된 사생활 보호의 원칙에 더 가깝다.
③ 동등한 사생활 보호의 원칙을 지지하는 이유 중 하나는 공직자가 시민을 대표하는 훌륭한 인간상이어야 하기 때문이다.
④ 동등한 사생활 보호의 원칙을 지지하는 이유 중 하나는 사생활이 보장되지 않으면 공직 희망자가 적어질 수 있다고 보기 때문이다.
⑤ 축소된 사생활 보호의 원칙을 지지하는 이유 중 하나는 공직자가 일반시민보다 우월한 권력을 가지고 있다고 보기 때문이다.

문제해설

Step 1 문제 해결의 출발점

두 개의 주장이 비교되는 구도의 지문형 문항이다. 크게 2문단의 '동등한 사생활 보호의 원칙'과 3문단의 '축소된 사생활 보호의 원칙'이 대립되고 있는데 각 문단별 정보를 묻는 일차적 선택지부터 우선적으로 정리해 나가도록 한다.

Step 2 선택지 분석

① (○) "축소된 사생활 보호의 원칙은 공직자와 일반시민의 사생활 보장의 정도가 달라야 한다고 본다."

→ 동등한 사생활 보호의 원칙이 공직자의 사생활이 일반시민과 동등한 정도로 보호되어야 함을 주장하는 데 비해, 3문단의 전반부에 의하면 축소된 사생활 보호의 원칙은 이를 부정한다.

② (○) "통치자의 사생활에 대한 플라톤의 생각은 동등한 사생활 보호의 원칙보다 축소된 사생활 보호의 원칙에 더 가깝다."

→ 1문단에 의하면 플라톤의 주장은 공직자의 사생활이 일반시민만큼 보호될 필요가 없다는 주장과 비슷한 맥락이라고 하였는데, 이는 3문단에 제시된 축소된 사생활 보호의 원칙에 부합한다.

③ (×) "동등한 사생활 보호의 원칙을 지지하는 이유 중 하나는 공직자가 시민을 대표하는 훌륭한 인간상이어야 하기 때문이다."

→ 공직자가 시민을 대표하는 존재이므로 훌륭한 인간상으로 모범이 되어야 함을 이유로 내세우는 것은 3문단 후반부에 따를 때 축소된 사생활 보호의 원칙 쪽이다.

④ (○) "동등한 사생활 보호의 원칙을 지지하는 이유 중 하나는 사생활이 보장되지 않으면 공직 희망자가 적어질 수 있다고 보기 때문이다."

→ 2문단 4번째 문장에서 쉽게 확인할 수 있다.

⑤ (○) "축소된 사생활 보호의 원칙을 지지하는 이유 중 하나는 공직자가 일반시민보다 우월한 권력을 가지고 있다고 보기 때문이다."

→ 3문단 1번째 문장에서 쉽게 확인할 수 있다.

정답 | ③

10 지문형 문제

민경채 2020 가책형 15번

다음 글을 근거로 판단할 때, 〈보기〉에서 옳은 것만을 모두 고르면?

일반적인 내연기관에서는 휘발유와 공기가 엔진 내부의 실린더 속에서 압축된 후 점화장치에 의하여 점화되어 연소된다. 이때의 연소는 휘발유의 주성분인 탄화수소가 공기 중의 산소와 반응하여 이산화탄소와 물을 생성하는 것이다. 여러 개의 실린더에서 규칙적이고 연속적으로 일어나는 '공기·휘발유' 혼합물의 연소에서 발생하는 힘으로 자동차는 달리게 된다. 그런데 간혹 실린더 내의 과도한 열이나 압력, 혹은 질 낮은 연료의 사용 등으로 인해 '노킹(knocking)' 현상이 발생하기도 한다. 노킹 현상이란 공기·휘발유 혼합물의 조기 연소 현상을 지칭한다. 공기·휘발유 혼합물이 점화되기도 전에 연소되는 노킹 현상이 지속되면 엔진의 성능은 급격히 저하된다.

자동차 연료로 사용되는 휘발유에는 '옥탄가(octane number)'라는 값에 따른 등급이 부여된다. 옥탄가는 휘발유의 특성을 나타내는 수치 중 하나로, 이 값이 높을수록 노킹 현상이 발생할 가능성은 줄어든다. 甲국에서는 보통, 중급, 고급으로 분류되는 세 가지 등급의 휘발유가 판매되고 있는데, 이 등급을 구분하는 최소 옥탄가의 기준은 각각 87, 89, 93이다. 하지만 甲국의 고산지대에 위치한 A시에서 판매되는 휘발유는 다른 지역의 휘발유보다 등급을 구분하는 최소 옥탄가의 기준이 등급별로 2씩 낮다. 이는 산소의 밀도가 낮아 노킹 현상이 발생할 가능성이 더 낮은 고산지대의 특징을 반영한 것이다.

〈보 기〉

ㄱ. A시에서 고급 휘발유로 판매되는 휘발유의 옥탄가는 91 이상이다.
ㄴ. 실린더 내에 과도한 열이 발생하면 노킹 현상이 발생할 수 있다.
ㄷ. 노킹 현상이 일어나지 않는다면, 일반적인 내연기관 내부의 실린더 속에서 공기·휘발유 혼합물은 점화가 된 후에 연소된다.
ㄹ. 내연기관 내에서의 연소는 이산화탄소와 산소가 반응하여 물을 생성하는 것이다.

① ㄱ, ㄴ　　② ㄱ, ㄹ　　③ ㄷ, ㄹ
④ ㄱ, ㄴ, ㄷ　　⑤ ㄴ, ㄷ, ㄹ

문제해설

Step 1 문제 해결의 출발점

전형적인 지문형 문항으로 1문단에는 자동차 등 내연기관의 원리와 노킹 현상에 대한 개념이, 2문단에는 휘발유의 등급을 구분하는 옥탄가에 대한 개념과 A시의 특이점이 제시되어 있다. 분절적 정보 구조의 설명문이므로 문단별 끊어 읽기의 방식으로 선택지의 내용을 빠르게 소거해 나가도록 한다.

Step 2 선택지 분석

ㄱ. (○) "A시에서 고급 휘발유로 판매되는 휘발유의 옥탄가는 91 이상이다."

→ 2문단 후반부에 의하면 A시에서 판매되는 휘발유는 다른 지역 휘발유보다 등급 구분 최소 옥탄가 기준이 등급별로 2씩 낮다. 따라서 고급 휘발유의 최소 옥탄가 기준은 일반적인 수치인 93에 비해 2가 낮은 91이며, 이 수치는 최소 옥탄가를 의미하므로 해당 휘발유의 옥탄가는 91 이상이라는 진술은 적절하다.

ㄴ. (○) "실린더 내에 과도한 열이 발생하면 노킹 현상이 발생할 수 있다."

→ 1문단의 4번째 문장에서 바로 확인할 수 있다.

ㄷ. (○) "노킹 현상이 일어나지 않는다면, 일반적인 내연기관 내부의 실린더 속에서 공기·휘발유 혼합물은 점화가 된 후에 연소된다."

→ 1문단 첫 번째 문장에서 이들 혼합물은 '점화되어(선) 연소된다(후)'고 하였는데 1문단 마지막 문장에서 노킹 현상은 공기·휘발유 혼합물이 점화되기도 전에 연소되는 것이라 하였으므로, 만약 노킹 현상이 일어나지 않는다면 점화 후 연소의 흐름이 나타나는 것이 맞다.

ㄹ. (×) "내연기관 내에서의 연소는 이산화탄소와 산소가 반응하여 물을 생성하는 것이다."

→ 1문단 두 번째 문장에 의하면 내연기관 내에서의 연소는 탄화수소가 공기 중의 산소와 반응해 이산화탄소와 물을 생성하는 것이다.

정답 | ④

CHAPTER 02 규범형

01 규범형 문제

민경채 2018 가책형 2번

다음 글을 근거로 판단할 때 옳은 것은?

> 제○○조 ①지방자치단체의 장은 하수도정비기본계획에 따라 공공하수도를 설치하여야 한다.
>
> ② 시·도지사는 공공하수도를 설치하고자 하는 때에는 사업시행지의 위치 및 면적, 설치하고자 하는 시설의 종류, 사업시행기간 등을 고시하여야 한다. 고시한 사항을 변경 또는 폐지하고자 하는 때에도 또한 같다.
>
> ③ 시장·군수·구청장(자치구의 구청장을 말한다. 이하 같다)은 공공하수도를 설치하려면 시·도지사의 인가를 받아야 한다.
>
> ④ 시장·군수·구청장은 제3항에 따라 인가받은 사항을 변경하거나 폐지하려면 시·도지사의 인가를 받아야 한다.
>
> ⑤ 시·도지사는 국가의 보조를 받아 설치하고자 하는 공공하수도에 대하여 제2항에 따른 고시 또는 제3항의 규정에 따른 인가를 하고자 할 때에는 그 설치에 필요한 재원의 조달 및 사용에 관하여 환경부장관과 미리 협의하여야 한다.
>
> 제□□조 ① 공공하수도관리청(이하 '관리청'이라 한다)은 관할 지방자치단체의 장이 된다.
>
> ② 공공하수도가 둘 이상의 지방자치단체의 장의 관할구역에 걸치는 경우, 관리청이 되는 자는 제○○조 제2항에 따른 공공하수도 설치의 고시를 한 시·도지사 또는 같은 조 제3항에 따른 인가를 받은 시장·군수·구청장으로 한다.

※ 공공하수도 : 지방자치단체가 설치 또는 관리하는 하수도

① A 자치구의 구청장이 관할구역 내에 공공하수도를 설치하려고 인가를 받았는데, 그 공공하수도가 B 자치구에 걸치는 경우, 설치하려는 공공하수도의 관리청은 B 자치구의 구청장이다.
② 시·도지사가 국가의 보조를 받아 공공하수도를 설치하려면, 그 설치에 필요한 재원의 조달 등에 관하여 환경부장관의 인가를 받아야 한다.
③ 시장·군수·구청장이 공공하수도 설치에 관하여 인가받은 사항을 폐지할 경우에는 시·도지사의 인가를 필요로 하지 않는다.
④ 시·도지사가 공공하수도 설치를 위해 고시한 사항은 변경할 수 없다.
⑤ 시장·군수·구청장이 공공하수도를 설치하려면 시·도지사의 인가를 받아야 한다.

문제해설

Step 1 문제 해결의 출발점

두 개의 조가 제시되어 있다. 규범형 문제의 기본 패턴대로 각 조를 끊어서 곧바로 선택지를 분석해 나가도록 하자.

Step 2 선택지 분석

1) 제○○조

→ ④ (×) 제2항에서 시·도지사가 공공하수도 설치와 관련해 고시한 사항을 변경하거나 폐지하는 것이 가능함을 말하고 있다.

→ ⑤ (○) 제3항에서 시장·군수·구청장이 공공하수도를 설치하려면 시·도지사의 인가를 받아야 한다고 규정하고 있다.

→ ③ (×) 제4항에서 제3항에 따라 인가받은 사항을 변경, 폐지하려면 마찬가지로 시·도지사의 인가를 받아야 한다고 규정하고 있다.

→ ② (×) 제5항에 따르면 환경부장관과 미리 협의가 필요한 것이지, 인가를 받아야 하는 것은 아니다.

2) 제□□조

→ ① (×) 공공하수도가 둘 이상의 지방자치단체의 장의 관할구역에 걸치는 경우는 제2항이 적용된다. 이에 따르면 공공하수도 설치의 고시를 한 시·도지사나 인가를 받은 시장·군수·구청장이 관리청이 된다. ①에서는 인가를 받은 주체가 A 자치구의 구청장이므로 관리청도 A 자치구의 구청장이 되어야 한다.

정답 | ⑤

02 규범형 문제
민경채 2018 가책형 4번

다음 〈A도서관 자료 폐기 지침〉을 근거로 판단할 때 옳은 것은?

<A 도서관 자료 폐기 지침>

가. 자료 선정 : 도서관 직원은 누구든지 수시로 서가를 살펴보고, 이용하기 곤란하다고 생각되는 자료는 발견 즉시 회수하여 사무실로 옮겨야 한다.

나. 목록 작성 : 사무실에 회수된 자료는 사서들이 일차적으로 갱신 대상을 추려내어 갱신하고, 폐기 대상 자료로 판단되는 것은 폐기심의대상 목록으로 작성하여 폐기심의위원회에 제출한다.

다. 폐기심의위원회 운영 : 폐기심의위원회 회의(이하 '회의'라 한다)는 연 2회 정기적으로 개최한다. 회의는 폐기심의대상 목록과 자료의 실물을 비치한 회의실에서 진행되고, 위원들은 실물과 목록을 대조하여 확인하여야 한다. 폐기심의위원회는 폐기 여부만을 판정하며 폐기 방법의 결정은 사서에게 위임한다. 폐기 대상 판정시 위원들 사이에 이견(異見)이 있는 자료는 당해 연도의 폐기 대상에서 제외하고, 다음 연도의 회의에서 재결정한다.

라. 폐기 방법

(1) 기증 : 상태가 양호하여 다른 도서관에서 이용될 수 있다고 판단되는 자료는 기증 의사를 공고하고 다른 도서관 등 희망하는 기관에 기증한다.

(2) 이관 : 상태가 양호하고 나름의 가치가 있는 자료는 자체 기록보존소, 지역 및 국가의 보존전문도서관 등에 이관한다.

(3) 매각과 소각 : 폐지로 재활용 가능한 자료는 매각하고, 폐지로도 매각할 수 없는 자료는 최종적으로 소각 처리한다.

마. 기록 보존 및 목록 최신화 :
연도별로 폐기한 자료의 목록과 폐기 경위에 관한 기록을 보존하되, 폐기한 자료에 대한 내용을 도서관의 각종 현행자료 목록에서 삭제하여 목록을 최신화한다.

※ 갱신 : 손상된 자료의 외형을 수선하거나 복사본을 만듦

① 사서는 폐기심의대상 목록만을 작성하고, 자료의 폐기 방법은 폐기심의위원회가 결정한다.
② 폐기 대상 판정시 폐기심의위원들 간에 이견이 있는 자료의 경우, 바로 다음 회의에서 그 자료의 폐기 여부가 논의되지 않을 수 있다.
③ 폐기심의위원회는 자료의 실물을 확인하지 않고 폐기 여부를 판정할 수 있다.
④ 매각 또는 소각한 자료는 현행자료 목록에서 삭제하고, 폐기 경위에 관한 기록도 제거하여야 한다.
⑤ 사서가 아닌 도서관 직원은, 이용하기 곤란하다고 생각되는 자료를 발견하면 갱신하거나 폐기심의대상 목록을 작성하여야 한다.

문제해설

Step 1 문제 해결의 출발점

일반 법조문 문제와 유사한 흐름의 '폐기 지침'이 제시되어 있다. 역시 항목별로 끊어 읽으며 관련된 키워드를 다루고 있는 선택지를 판단해 나가도록 하자.

Step 2 선택지 분석

1) 가~나

→ ⑤ (×) '가'에 따르면 도서관 직원은 이용하기 곤란하다고 생각되는 자료를 발견했을 때 사무실로 옮기는 의무가 있는 것일 뿐, '나'에 따라 해당 자료 가운데 갱신 대상을 추려내고 폐기 대상 자료를 선별하는 작업은 사서들의 일이다.

2) 다

→ ① (×) '다"에 따르면 폐기심의위원회는 폐기 여부만 판정하고, 폐기 방법은 사서가 결정한다.

→ ② (○) 마지막 문장에 따르면 이견이 있는 자료는 당해 연도의 폐기 대상에서 제외되고 폐기 여부는 다음 연도의 회의에서 재결정하게 된다. 첫 번째 문장에서 '회의'는 연 2회 정기적으로 개최한다고 하였는데, 만약 이견이 발생한 회의가 해당 연도의 첫 번째 회의라면 바로 다음 회의(같은 해에 이루어짐)에서는 그 자료의 폐기 여부가 논의되지 않을 수도 있다.

→ ③ (×) 두 번째 문장에서 회의는 목록과 자료의 실물을 비치한 회의실에서, 실물과 목록을 대조하여 확인하는 방식으로 진행되어야 한다.

3) 라~마

→ ④ (×) '마'에 의하면 폐기한 자료에 대한 내용을 도서관의 각종 현행자료 목록에서 삭제하는 것은 맞지만, 폐기한 자료의 목록과 폐기 경위에 관한 기록은 보존 대상이다.

정답 | ②

03 규범형 문제

민경채 2018 가책형 5번

다음 글을 근거로 판단할 때, 〈보기〉에서 옳은 것만을 모두 고르면?

제○○조 ① 민사에 관한 분쟁의 당사자는 법원에 조정을 신청할 수 있다.

② 조정을 신청하는 당사자를 신청인이라고 하고, 그 상대방을 피신청인이라고 한다.

제○○조 ① 신청인은 다음 각 호의 어느 하나에 해당하는 곳을 관할하는 지방법원에 조정을 신청해야 한다.

1. 피신청인의 주소지, 피신청인의 사무소 또는 영업소 소재지, 피신청인의 근무지
2. 분쟁의 목적물 소재지, 손해 발생지

② 조정사건은 조정담당판사가 처리한다.

제○○조 ① 조정담당판사는 사건이 그 성질상 조정을 하기에 적당하지 아니하다고 인정하거나 신청인이 부당한 목적으로 조정신청을 한 것임을 인정하는 경우에는 조정을 하지 아니하는 결정으로 사건을 종결시킬 수 있다. 신청인은 이 결정에 대해서 불복할 수 없다.

② 조정담당판사는 신청인과 피신청인 사이에 합의가 성립되지 아니한 경우 조정 불성립으로 사건을 종결시킬 수 있다.

③ 조정담당판사는 신청인과 피신청인 사이에 합의된 사항이 조정조서에 기재되면 조정성립으로 사건을 종결시킨다. 조정조서는 판결과 동일한 효력이 있다.

제○○조 다음 각 호의 어느 하나에 해당하는 경우에는 조정신청을 한 때에 민사소송이 제기된 것으로 본다.

1. 조정을 하지 아니하는 결정이 있는 경우
2. 조정 불성립으로 사건이 종결된 경우

〈보 기〉

ㄱ. 신청인은 피신청인의 근무지를 관할하는 지방법원에 조정을 신청할 수 있다.

ㄴ. 조정을 하지 아니하는 결정을 조정담당판사가 한 경우, 신청인은 이에 대해 불복할 수 있다.

ㄷ. 신청인과 피신청인 사이에 합의된 사항이 기재된 조정조서는 판결과 동일한 효력을 갖는다.

ㄹ. 조정 불성립으로 사건이 종결된 경우, 사건이 종결된 때를 민사소송이 제기된 시점으로 본다.

ㅁ. 조정담당판사는 신청인이 부당한 목적으로 조정신청을 한 것으로 인정하는 경우, 조정 불성립으로 사건을 종결시킬 수 있다.

① ㄱ, ㄷ　　② ㄴ, ㄹ　　③ ㄱ, ㄷ, ㄹ

④ ㄱ, ㄷ, ㅁ　　⑤ ㄴ, ㄹ, ㅁ

문제해설

Step 1 문제 해결의 출발점

분절적 정보 구조의 규범형 문제이다. 제1조는 기본적인 요건 및 신청인, 피신청인에 대한 개념 정의를 다룬 규정이므로 가볍게 읽고 제2조부터 본격적으로 선지와 매칭 작업을 들어가도록 하자.

Step 2 선택지 분석

<제2조>

ㄱ. (○) 제1항의 제1호에 따라 신청인은 피신청인의 근무지 관할 지방법원에 조정을 신청하는 것이 가능하다.

(ㄱ이 포함된 ①, ③, ④만 답이 될 수 있는데, 실전에서는 공통적으로 포함된 ㄷ을 제외하고 ㄹ과 ㅁ만 판단하면 된다)

<제3조>

ㄴ. (×) 제1항에 의하면 조정담당판사가 조정을 하지 아니하는 결정으로 사건을 종결시킨 경우에는 신청인이 이에 대해 불복하는 것이 불가능하다. 따라서 틀린 진술이다.

ㄷ. (○) 제3항에 의하면 신청인과 피신청인 사이에 합의된 사항이 조정조서에 기재되어 조정담당판사에 의해 조정 성립으로 사건이 종결되면 이때의 조정조서는 판결과 동일한 효력을 갖게 된다.

ㅁ. (×) 제1항에 의하면 ㅁ과 같이 신청인이 부당한 목적으로 조정신청을 한 것으로 인정될 때에는 조정을 하지 아니하는 결정이 내려진다. 조정 불성립은 제2항에 따른 결과이다.

<제4조>

ㄹ. (×) 제2호에 따라 조정 불성립으로 사건이 종결된 경우에는 사건이 종결된 때가 아니라 조정신청을 한 때에 민사소송이 제기된 것으로 본다.

정답 | ①

04 규범형 문제

민경채 2018 가책형 6번

다음 글을 근거로 판단할 때, <보기>에서 옳은 것만을 모두 고르면?

제○○조 이 법에서 '폐교'란 학생 수 감소, 학교 통폐합 등의 사유로 폐지된 공립학교를 말한다.

제△△조 ① 시·도 교육감은 폐교재산을 교육용시설, 사회복지시설, 문화시설, 공공체육시설로 활용하려는 자 또는 소득증대시설로 활용하려는 자에게 그 폐교재산의 용도와 사용기간을 정하여 임대할 수 있다.

② 제1항에 따라 폐교재산을 임대하는 경우, 연간 임대료는 해당 폐교재산평정가격의 1천분의 10을 하한으로 한다.

제□□조 ① 제△△조 제2항에도 불구하고 시·도 교육감은 다음 각 호의 어느 하나에 해당하는 경우에는 폐교재산의 연간 임대료를 감액하여 임대할 수 있다.

1. 국가 또는 지방자치단체가 폐교재산을 교육용시설, 사회복지시설, 문화시설, 공공체육시설 또는 소득증대시설로 사용하려는 경우
2. 단체 또는 사인(私人)이 폐교재산을 교육용시설, 사회복지시설, 문화시설 또는 공공체육시설로 사용하려는 경우
3. 폐교가 소재한 시·군·구에 주민등록이 되어 있고 실제 거주하는 지역주민이 공동으로 폐교재산을 소득증대시설로 사용하려는 경우

② 전항에 따라 폐교재산의 임대료를 감액하는 경우 연간 임대료의 감액분은 다음 각 호에서 정한 바를 초과하지 아니하는 범위에서 정한다.

1. 교육용시설, 사회복지시설, 문화시설, 공공체육시설로 사용하는 경우 : 제△△조 제2항에 따른 연간 임대료의 1천분의 500
2. 소득증대시설로 사용하는 경우 : 제△△조 제2항에 따른 연간 임대료의 1천분의 300

〈보 기〉

ㄱ. 시·도 교육감은, 폐교가 소재하는 시·군·구에 거주하지 않으면서 폐교재산을 사회복지시설로 활용하려는 자에게 그 폐교재산을 임대할 수 있다.

ㄴ. 폐교재산평정가격이 5억 원인 폐교재산을 지방자치단체가 문화시설로 사용하려는 경우, 연간 임대료의 최저액은 250만 원이다.

ㄷ. 폐교가 소재한 군에 주민등록이 되어 있고 실제 거주하는 지역주민이 단독으로 폐교재산을 소득증대시설로 사용하려는 경우, 연간 임대료로 지불해야 할 최저액은 폐교재산평정가격의 0.7%이다.

ㄹ. 폐교재산을 활용하려는 자가 폐교 소재 지역주민이 아니어도 그 폐교재산을 공공체육시설로 사용할 수 있으나 임대료 감액은 받을 수 없다.

① ㄱ, ㄴ　② ㄱ, ㄷ　③ ㄱ, ㄴ, ㄹ
④ ㄱ, ㄷ, ㄹ　⑤ ㄴ, ㄷ, ㄹ

문제해설

Step 1 문제 해결의 출발점

분절적 정보 구조의 규범형 문제로, <보기> 가운데 일부는 금액 계산을 요구하고 있다. 이럴 때는 언어적 정보 독해로 파악할 수 있는 선지부터 먼저 처리해 불필요한 계산을 줄일 수 있는 가능성을 염두에 두는 것이 필요하다. 이 문제의 경우에도 단순 요건-효과 구조로 처리가 가능한 ㄱ과 ㄹ부터 먼저 정리한 뒤 소거법을 통해 ㄷ만 판단하면 계산이 요구되는 ㄴ을 분석하지 않고도 정답이 도출된다.

Step 2 선택지 분석

ㄱ. (○) 임대 가능 여부에 대한 판단 기준은 제2조에 제시되어 있다. 제1항에 의하면 시·도 교육감은 폐교 재산을 교육용시설, 사회복지시설 등으로 활용하려는 자에게 임대할 수 있다.

ㄹ. (×) 제2조 제1항의 제1호나 제2호에 따르면 폐교 소재 지역주민이 아니어도 국가, 지방자치단체, 단체, 사인이 해당 폐교재산을 공공체육시설로 사용하려는 경우에는 임대료 감액을 받을 수 있다.

(ㄱ은 포함, ㄹ은 배제된 선택지를 가려내면 ①과 ②만 남는다. 금액 계산을 요구하는 ㄴ보다 ㄷ을 먼저 처리하면 시간을 단축할 수 있을 것이다.

ㄷ. (×) 제2조 제2항에 따르면 기본적인 연간 임대료의 최저액은 폐교재산평정가격의 1/100이다. 그런데 ㄷ의 진술처럼 연간 임대료 최저액이 폐교재산평정가격의 0.7%(7/1000)이라는 것은 여기에 임대료 감액이 적용되었다는 것을 의미한다. 하지만 제3조 제1항의 제3호에 따르면 임대료 감액을 받을 수 있는 것은 폐교 소재 시·군·구에 주민등록이 되어 있고 실제 거주하는 지역주민이 '공동으로' 사용할 때이다. ㄷ은 지역주민이 '단독으로' 사용하려는 경우이므로 임대료 감액 대상이 아니다.

ㄴ. (○) 임대료 계산은 제2조 및 제3조를 적용해야 한다. 우선 폐교재산을 문화시설로 사용하려는 경우 제2조 제2항에 따라 연간 임대료는 최저 500만 원(1천분의 10이 하한임)이 된다. 한편 폐교재산을 지방자치단체가 문화시설로 사용하려는 경우는 제3조 제1항 제1호에 해당하므로 연간 임대료 감액이 가능하며, 이 경우 제3조 제2항 제1호가 적용되어 연간 임대료의 절반이 감액되므로 실제 연간 임대료 최저액은 250만 원이 된다.

정답 | ①

05 **규범형 문제**

민경채 2018 가책형 12번

다음 글을 근거로 판단할 때, 〈보기〉에서 옳은 것만을 모두 고르면?

제○○조 ① 사업자는 소비자를 속이거나 소비자로 하여금 잘못 알게 할 우려가 있는 표시·광고 행위로서 공정한 거래질서를 해칠 우려가 있는 다음 각 호의 행위를 하거나 다른 사업자로 하여금 하게 하여서는 안 된다.

1. 거짓·과장의 표시·광고
2. 기만적인 표시·광고
3. 부당하게 비교하는 표시·광고
4. 비방적인 표시·광고

② 제1항을 위반하여 제1항 각 호의 행위를 하거나 다른 사업자로 하여금 하게 한 사업자는 2년 이하의 징역 또는 1억 5천만 원 이하의 벌금에 처한다.

제△△조 ① 공정거래위원회는 상품 등이나 거래 분야의 성질에 비추어 소비자 보호 또는 공정한 거래질서 유지를 위하여 필요한 경우에는 사업자가 표시·광고에 포함하여야 하는 사항(이하 '중요정보'라 한다)과 표시·광고의 방법을 고시할 수 있다.

② 공정거래위원회는 제1항에 따라 고시를 하려면 관계 행정기관의 장과 미리 협의하여야 한다. 이 경우 필요하다고 인정하면 공청회를 개최하여 사업자단체, 소비자단체, 그 밖의 이해관계인 등의 의견을 들을 수 있다.

③ 사업자가 표시·광고 행위를 하는 경우에는 제1항에 따라 고시된 중요정보를 표시·광고하여야 한다.

제□□조 ① 사업자가 제△△조 제3항을 위반하여 고시된 중요정보를 표시·광고하지 않은 경우에는 1억 원 이하의 과태료를 부과한다.

② 제1항에 따른 과태료는 공정거래위원회가 부과·징수한다.

〈보 기〉

ㄱ. 공정거래위원회가 중요정보 고시 여부를 결정함에 있어 상품 등이나 거래 분야는 고려의 대상이 아니다.

ㄴ. 사업자 A가 다른 사업자B로 하여금 공정한 거래질서를 해칠 우려가 있는 비방적인 표시·광고를 하게 한 경우, 공정거래위원회는 사업자 A에게 과태료를 부과한다.

ㄷ. 사업자가 표시·광고 행위를 하면서 고시된 중요정보를 표시·광고하지 않은 경우, 공정거래위원회는 5천만 원의 과태료를 부과할 수 있다.

ㄹ. 공정거래위원회는 소비자 보호를 위해 필요한 경우, 사업자가 표시·광고에 포함하여야 하는 사항과 함께 그 표시·광고의 방법도 고시할 수 있다.

① ㄱ, ㄴ　② ㄱ, ㄷ　③ ㄴ, ㄷ

④ ㄴ, ㄹ　⑤ ㄷ, ㄹ

문제해설

Step 1 문제 해결의 출발점

분절적 정보 구조의 규범형 문제이다. 몇몇 조항에서는 앞선 항과의 연결성을 다루고 있다는 점에 주의하자. 한편 과태료와 벌금은 서로 다른 개념이라는 것도 반드시 파악하고 접근해야 한다.

Step 2 선택지 분석

ㄱ. (×) 제2조 제1항에서 공정거래위원회는 상품 등이나 거래 분야의 성질에 비추어 소비자 보호 또는 공정한 거래질서 유지를 위하여 필요한 경우에 중요정보 등을 고시할 수 있다. 즉 상품 등이나 거래 분야는 고시 여부 결정에 고려 대상인 것이다.

ㄴ. (×) 사업자가 공정한 거래질서를 해칠 우려가 있는 비방적인 표시·광고를 한 것은 제1조 제1항의 4호에 해당하며, 이때에는 제2항에 따라 징역이나 벌금에 처하게 된다. 과태료 부과는 제3조에서 다루고 있는 것으로 대상은 고시된 중요정보를 표시·광고하지 않은 경우이다.

ㄷ. (○) 사업자가 표시·광고 행위를 하면서 고시된 중요정보를 표시·광고하지 않은 경우는 제3조 제1항이 적용되는 경우로서, 과태료는 1억 원 이하로 부과하는 것이 가능하다. 따라서 5천만 원의 과태료 부과는 가능하다.

ㄹ. (○) 제3조 제1항에서 사업자가 표시·광고에 포함해야 하는 사항뿐만 아니라 표시·광고의 방법도 고시 대상이 된다.

정답 | ⑤

06 규범형 문제

민경채 2018 가책형 15번

다음 글을 근거로 판단할 때 옳은 것은?

> 제○○조 ① 무죄재판을 받아 확정된 사건(이하 '무죄재판사건'이라 한다)의 피고인은 무죄재판이 확정된 때부터 3년 이내에, 확정된 무죄재판사건의 재판서(이하 '무죄재판서'라 한다)를 법무부 인터넷 홈페이지에 게재하도록 해당 사건을 기소한 검사의 소속 지방검찰청에 청구할 수 있다.
>
> ② 피고인이 제1항의 무죄재판서 게재 청구를 하지 아니하고 사망한 때에는 그 상속인이 이를 청구할 수 있다. 이 경우 같은 순위의 상속인이 여러 명일 때에는 상속인 모두가 그 청구에 동의하였음을 소명하는 자료도 함께 제출하여야 한다.
>
> ③ 무죄재판서 게재 청구가 취소된 경우에는 다시 그 청구를 할 수 없다.
>
> 제□□조 ① 제○○조의 청구를 받은 날부터 1개월 이내에 무죄재판서를 법무부 인터넷 홈페이지에 게재하여야 한다.
>
> ② 다음 각 호의 어느 하나에 해당할 때에는 무죄재판서의 일부를 삭제하여 게재할 수 있다.
>
> 1. 청구인이 무죄재판서 중 일부 내용의 삭제를 원하는 의사를 명시적으로 밝힌 경우
> 2. 무죄재판서의 공개로 인하여 사건 관계인의 명예나 사생활의 비밀 또는 생명·신체의 안전이나 생활의 평온을 현저히 해칠 우려가 있는 경우
>
> ③ 제2항 제1호의 경우에는 청구인의 의사를 서면으로 확인하여야 한다.
>
> ④ 제1항에 따른 무죄재판서의 게재기간은 1년으로 한다.

① 무죄재판이 확정된 피고인 甲은 무죄재판이 확정된 때부터 3년 이내에 관할법원에 무죄재판서 게재 청구를 할 수 있다.

② 무죄재판이 확정된 피고인 乙이 무죄재판서 게재 청구를 취소한 후 사망한 경우, 乙의 상속인은 무죄재판이 확정된 때부터 3년 이내에 무죄재판서 게재 청구를 할 수 있다.

③ 무죄재판이 확정된 피고인 丙이 무죄재판서 게재 청구 없이 사망한 경우, 丙의 상속인은 같은 순위의 다른 상속인의 동의 없이 무죄재판서 게재 청구를 할 수 있다.

④ 무죄재판이 확정된 피고인 丁이 무죄재판서 게재 청구를 하면 그의 무죄재판서는 법무부 인터넷 홈페이지에 3년간 게재된다.

⑤ 무죄재판이 확정된 피고인 戊의 청구로 무죄재판서가 공개되면 사건 관계인의 명예를 현저히 해칠 우려가 있는 경우, 무죄재판서의 일부를 삭제하여 게재할 수 있다.

문제해설

Step 1 문제 해결의 출발점

두 개의 조로 구성된 분절적 정보 구조의 규범형 문제이다. 첫 번째 조는 무죄재판사건의 재판서 게재에 관한 청구 요건, 두 번째 조는 해당 청구가 받아들여졌을 경우 게재 기한 및 내용 삭제와 관련된 요건을 다루고 있다. 관련 키워드별로 선택지의 내용을 빠르게 매칭해 나가도록 하자.

Step 2 선택지 분석

① (×) 제1조 제1항에 따르면 피고인은 관할법원이 아닌 기소한 검사의 소속 지방검찰청에 게재를 청구할 수 있는 것이다.

② (×) 청구인의 사망과 관련된 내용은 제1조 제2항 및 제3항에 제시되어 있는데, 먼저 제3항에 따라 게재 청구가 취소된 경우에는 다시 그 청구를 할 수 없으므로 피고인이 사망했을 경우에는 그 상속인이 청구를 하는 것이 불가능하다.

③ (×) 제1조 제2항에 따르면 상속인이 여러 명일 때에는 상속인 모두가 그 청구에 동의하였음을 소명하는 자료를 함께 제출해야 한다.

④ (×) 제2조 제4항에 따르면 무죄재판서의 게재기간은 1년이다.

⑤ (○) 제2조 제1항의 제2호에 따라 무죄재판서의 공개로 사건 관계인의 명예를 현저히 해칠 우려가 있을 경우에는 무죄재판서의 일부를 삭제하여 게재하는 것이 가능하다.

정답 | ⑤

07 규범형 문제

민경채 2018 가책형 16번

다음 글과 〈상황〉을 근거로 판단할 때, 〈보기〉에서 옳은 것만을 모두 고르면?

제○○조(유치권의 내용) 타인의 물건 또는 유가증권을 점유한 자는 그 물건이나 유가증권에 관하여 생긴 채권이 변제기에 있는 경우에는 변제를 받을 때까지 그 물건 또는 유가증권을 유치할 권리가 있다.

제○○조(유치권의 불가분성) 유치권자는 채권 전부의 변제를 받을 때까지 유치물 전부에 대하여 그 권리를 행사할 수 있다.

제○○조(유치권자의 선관의무) ① 유치권자는 선량한 관리자의 주의로 유치물을 점유하여야 한다.

② 유치권자는 채무자의 승낙 없이 유치물의 사용, 대여 또는 담보제공을 하지 못한다. 그러나 유치물의 보존에 필요한 사용은 그러하지 아니하다.

제○○조(경매) 유치권자는 채권의 변제를 받기 위하여 유치물을 경매할 수 있다.

제○○조(점유상실과 유치권소멸) 유치권은 점유의 상실로 인하여 소멸한다.

※ 유치 : 물건 등을 일정한 지배 아래 둠

〈상 황〉

甲은 아버지의 양복을 면접시험에서 입으려고 乙에게 수선을 맡겼다. 수선비는 다음 날까지 계좌로 송금하기로 하고 옷은 일주일 후 찾기로 하였다. 甲은 수선비를 송금하지 않은 채 일주일 후 옷을 찾으러 갔고, 옷 수선을 마친 乙은 수선비를 받을 때까지 수선한 옷을 돌려주지 않겠다며 유치권을 행사하고 있다.

〈보 기〉

ㄱ. 甲이 수선비의 일부라도 지급한다면 乙은 수선한 옷을 돌려주어야 한다.
ㄴ. 甲이 수선한 옷을 돌려받지 못한 채 면접시험을 치렀고 이후 필요가 없어 옷을 찾으러 가지 않겠다고 한 경우, 乙은 수선비의 변제를 받기 위해 그 옷을 경매할 수 있다.
ㄷ. 甲이 수선을 맡긴 옷을 乙이 도둑맞아 점유를 상실하였다면 乙의 유치권은 소멸한다.
ㄹ. 甲이 수선비를 지급할 때까지, 乙은 수선한 옷을 甲의 승낙 없이 다른 사람에게 대여할 수 있다.

① ㄱ, ㄴ　　② ㄱ, ㄹ　　③ ㄴ, ㄷ
④ ㄷ, ㄹ　　⑤ ㄴ, ㄷ, ㄹ

문제해설

Step 1 문제 해결의 출발점

제1조는 유치권의 개념에 대한 설명이며 제2조부터 제5조까지는 유치권과 관련된 분절적 규정들이다. 채권의 변제가 수선비의 지급이라는 정도만 파악한다면 무난하게 해결 가능한 문제일 것이다.

Step 2 선택지 분석

ㄱ. (×) 제2조에 따르면 유치권자는 채권 '전부'의 변제를 받을 때까지 유치물 전부에 대해 그 권리를 행사할 수 있다. 따라서 수선비의 일부만 지급하는 것으로는 부족하며 수선비 전부를 지급해야 '을'의 유치권이 소멸된다.

ㄴ. (○) 제4조에 따라 유치권자인 을은 채권의 변제를 받기 위해 유치물인 양복을 경매하는 것이 가능하다.

ㄷ. (○) 제5조에 따르면 유치권은 점유의 상실로 인해 소멸한다. 도둑맞아 점유를 상실한 상황이 되었으므로 을의 유치권이 소멸한다고 보는 것은 적절하다.

ㄹ. (×) 제3조 제2항에 따르면 유치권자라고 해도 채무자의 승낙 없이 유치물을 사용하거나 대여 또는 담보제공하는 것은 불가능하다. 따라서 을이 갑의 승낙 없이 수선한 옷을 다른 사람에게 대여하는 것은 위법이다.

정답 | ③

08 규범형 문제
민경채 2019 나책형 1번

다음 글을 근거로 판단할 때, 〈보기〉에서 옳은 것만을 모두 고르면?

제○○조 지방자치단체의 장은 행정재산에 대하여 그 목적 또는 용도에 장애가 되지 않는 범위에서 사용 또는 수익을 허가할 수 있다.

제○○조 ① 행정재산의 사용·수익허가기간은 그 허가를 받은 날부터 5년 이내로 한다.

② 지방자치단체의 장은 허가기간이 끝나기 전에 사용·수익허가를 갱신할 수 있다.

③ 제2항에 따라 사용·수익허가를 갱신 받으려는 자는 사용·수익허가기간이 끝나기 1개월 전에 지방자치단체의 장에게 사용·수익허가의 갱신을 신청하여야 한다.

제○○조 ① 지방자치단체의 장은 행정재산의 사용·수익을 허가하였을 때에는 매년 사용료를 징수한다.

② 지방자치단체의 장은 행정재산의 사용·수익을 허가할 때 다음 각 호의 어느 하나에 해당하면 제1항에도 불구하고 그 사용료를 면제할 수 있다.

1. 국가나 다른 지방자치단체가 직접 해당 행정재산을 공용·공공용 또는 비영리 공익사업용으로 사용하려는 경우
2. 천재지변이나 재난을 입은 지역주민에게 일정기간 사용·수익을 허가하는 경우

제○○조 ① 지방자치단체의 장은 행정재산의 사용·수익허가를 받은 자가 다음 각 호의 어느 하나에 해당하면 그 허가를 취소할 수 있다.

1. 지방자치단체의 장의 승인 없이 사용·수익의 허가를 받은 행정재산의 원상을 변경한 경우
2. 해당 행정재산의 관리를 게을리하거나 그 사용 목적에 위배되게 사용한 경우

② 지방자치단체의 장은 사용·수익을 허가한 행정재산을 국가나 지방자치단체가 직접 공용 또는 공공용으로 사용하기 위하여 필요로 하게 된 경우에는 그 허가를 취소할 수 있다.

③ 제2항의 경우에 그 취소로 인하여 해당 허가를 받은 자에게 손실이 발생한 경우에는 이를 보상한다.

〈보 기〉

ㄱ. A시의 장은 A시의 행정재산에 대하여 B기업에게 사용허가를 했더라도 국가가 그 행정재산을 직접 공용으로 사용하기 위해 필요로 하게 된 경우, 그 허가를 취소할 수 있다.
ㄴ. C시의 행정재산에 대하여 C시의 장이 천재지변으로 주택을 잃은 지역주민에게 임시 거처로 사용하도록 허가한 경우, C시의 장은 그 사용료를 면제할 수 있다.
ㄷ. D시의 행정재산에 대하여 사용허가를 받은 E기업이 사용 목적에 위배되게 사용한다는 이유로 허가가 취소되었다면, D시의 장은 E기업의 손실을 보상하여야 한다.
ㄹ. 2014년 3월 1일에 5년 기한으로 F시의 행정재산에 대하여 수익허가를 받은 G가 허가 갱신을 받으려면, 2019년 2월 28일까지 허가 갱신을 신청하여야 한다.

① ㄱ, ㄴ　　② ㄴ, ㄷ　　③ ㄷ, ㄹ
④ ㄱ, ㄴ, ㄹ　　⑤ ㄴ, ㄷ, ㄹ

문제해설

Step 1 문제 해결의 출발점

제1조 : 행정재산에 대한 사용/수익 허가의 요건

제2조 : 행정재산 사용/수익허가기간 및 갱신 요건

제3조 : 사용료 징수

제4조 : 허가 취소의 요건

Step 2 선택지 분석

ㄱ (○) '허가의 취소'는 제4조에서 다루고 있다. 제4조 제2항에서 "사용/수익을 허가한 행정재산을 국가나 지방자치단체가 직접 공용 또는 공공용으로 사용하기 위하여 필요로 하게 된 경우에는 그 허가를 취소할 수 있다."라고 하였으므로 ㄱ의 경우 허가의 취소가 가능하다.

ㄴ (○) '사용료의 면제'는 제3조 제2항에서 다루고 있다. 제2항 제2호에 따르면 천재지변 등을 입은 지역주민에게 일정기간 사용수익을 허가하는 경우에는 사용료 면제가 가능하므로, ㄴ의 경우 사용료 면제가 가능하다.

ㄷ (×) '허가의 취소'는 제4조에서 다루고 있다. 제4조 제3항에 의하면, 제2항(국가 등의 공용 또는 공공용도 사용으로 인한 허가 취소)에 해당하는 경우에는 이로 인해 발생한 손실을 보상해 주어야 한다. 그러나 사용허가를 받은 자가 사용 목적에 위배되게 사용한 것으로 인해 허가가 취소되었을 경우에는 별도의 보상 규정이 없으므로, ㄷ의 경우에는 손실을 보상해야 할 필요가 없다.

ㄹ (×) '허가의 갱신'은 제2조에서 다루고 있다. 제2조 제3항에 따르면 사용/수익허가기간이 끝나기 1개월 전에 갱신을 신청해야 한다. ㄷ의 경우에 G의 수익허가 기간은 2019년 2월 28일까지이므로, 2019년 1월 31일까지는 허가 갱신을 신청해야 한다.

정답 | ①

09 규범형 문제

민경채 2019 나책형 2번

다음 글과 〈상황〉을 근거로 판단할 때 옳은 것은?

제○○조 이 법에서 사용하는 용어의 뜻은 다음과 같다.

1. '자연장(自然葬)'이란 화장한 유골의 골분(骨粉)을 수목·화초·잔디 등의 밑이나 주변에 묻어 장사하는 것을 말한다.
2. '개장(改葬)'이란 매장한 시신이나 유골을 다른 분묘에 옮기거나 화장 또는 자연장하는 것을 말한다.

제○○조 ① 사망한 때부터 24시간이 지난 후가 아니면 매장 또는 화장을 하지 못한다.

② 누구든지 허가를 받은 공설묘지, 공설자연장지, 사설묘지 및 사설자연장지 외의 구역에 매장하여서는 안 된다.

제○○조 ① 매장(단, 자연장 제외)을 한 자는 매장 후 30일 이내에 매장지를 관할하는 시장·군수·구청장(이하 '시장 등'이라 한다)에게 신고하여야 한다.

② 화장을 하려는 자는 화장시설을 관할하는 시장 등에게 신고하여야 한다.

③ 개장을 하려는 자는 다음 각 호의 구분에 따라 시신 또는 유골의 현존지(現存地) 또는 개장지(改葬地)를 관할하는 시장 등에게 각각 신고하여야 한다.

1. 매장한 시신 또는 유골을 다른 분묘로 옮기거나 화장하는 경우 : 시신 또는 유골의 현존지와 개장지
2. 매장한 시신 또는 유골을 자연장하는 경우 : 시신 또는 유골의 현존지

제○○조 ① 국가, 시·도지사 또는 시장 등이 아닌 자는 가족묘지, 종중·문중묘지 등을 설치·관리할 수 있다.

② 제1항의 묘지를 설치·관리하려는 자는 해당 묘지 소재지를 관할하는 시장 등의 허가를 받아야 한다.

〈상 황〉

甲은 90세의 나이로 2019년 7월 10일 아침 7시 A시에서 사망하였다. 이에 甲의 자녀는 이미 사망한 甲의 배우자 乙의 묘지(B시 소재 공설묘지)에서 유골을 옮겨 가족묘지를 만드는 것을 포함하여 장례에 대하여 논의하였다.

① 甲을 2019년 7월 10일 매장할 수 있다.

② 甲을 C시 소재 화장시설에서 화장하려는 경우, 그 시설을 관할하는 C시의 장에게 신고하여야 한다.

③ 甲의 자녀가 가족묘지를 설치·관리하려는 경우, 그 소재지의 관할 시장 등에게 신고하여야 한다.

④ 甲의 유골의 골분을 자연장한 경우, 자연장지 소재지의 관할 시장에게 2019년 8월 10일까지는 허가를 받아야 한다.

⑤ 乙의 유골을 甲과 함께 D시 소재 공설묘지에 합장하려는 경우, B시의 장과 D시의 장의 허가를 각각 받아야 한다.

문제해설

Step 1 문제 해결의 출발점

제1조 : '자연장', '개장'의 개념 정의

제2조 : 매장/화장의 불허 요건

제3조 : 매장/화장/개장 신고의 요건

제4조 : 가족묘지 등의 설치/관리 및 허가의 요건

Step 2 선택지 분석

① (×) '갑'의 사망 시간은 2019년 7월 10일 아침 7시인데, 제2조 제1항에 따르면 사망한 때부터 24시간이 지나야 매장을 할 수 있으므로 7월 10일에는 매장을 할 수 없다.

② (○) 제3조 제2항에 따라 화장을 하려는 경우에는 화장시설을 관할하는 시장(②에서는 C시의 장)에게 신고하여야 한다. 따라서 적절한 진술이다.

③ (×) '가족묘지' 등의 설치는 제4조에서 다루고 있다. 이에 따르면 해당 묘지를 설치/관리하려는 자는 해당 묘지를 관할하는 소재지의 시장 등에게 '허가'를 받아야 한다.

④ (×) 제3조 제1항에 따르면, '자연장'을 제외한 매장의 경우에 매장 후 30일 이내라는 기한이 설정된다. ④에서는 자연장을 하였으므로 이 규정의 적용을 받지 않으며, 따라서 8월 10일까지라는 기한도 적용될 이유가 없다.

⑤ (×) '합장'에 대한 별도의 규정은 없다. 따라서 '갑'과 '을'의 경우를 각각 고려해야 한다. 먼저 '갑'의 경우 제3조 제1항에 따라 매장을 하고 30일 이내에 매장지 관할 시장(D시)에게 신고하여야 한다. 한편 '을'은 유골을 다른 분묘로 옮기는 경우이므로, 제3조 제3항 1호에 따라 유골의 현존지와 개장지 관할 시장 모두에게 신고해야 한다. 즉, ⑤의 경우 B시의 장과 D시의 장에게 각각 신고하면 될 뿐, 허가를 받아야 할 필요는 없다.

정답 | ②

10 규범형 문제
민경채 2019 나책형 3번

다음 글과 〈상황〉을 근거로 판단할 때, 甲이 납부해야 할 수수료를 옳게 짝지은 것은?

특허에 관한 절차를 밟는 사람은 다음 각 호의 수수료를 내야 한다.

1. 특허출원료
   가. 특허출원을 국어로 작성된 전자문서로 제출하는 경우 : 매건 46,000원. 다만 전자문서를 특허청에서 제공하지 아니한 소프트웨어로 작성하여 제출한 경우에는 매건 56,000원으로 한다.
   나. 특허출원을 국어로 작성된 서면으로 제출하는 경우 : 매건 66,000원에 서면이 20면을 초과하는 경우 초과하는 1면마다 1,000원을 가산한 금액
   다. 특허출원을 외국어로 작성된 전자문서로 제출하는 경우 : 매건 73,000원
   라. 특허출원을 외국어로 작성된 서면으로 제출하는 경우 : 매건 93,000원에 서면이 20면을 초과하는 경우 초과하는 1면마다 1,000원을 가산한 금액
2. 특허심사청구료 : 매건 143,000원에 청구범위의 1항마다 44,000원을 가산한 금액

〈상 황〉

甲은 청구범위가 3개 항으로 구성된 총 27면의 서면을 작성하여 1건의 특허출원을 하면서, 이에 대한 특허심사도 함께 청구한다.

	국어로 작성한 경우	외국어로 작성한 경우
①	66,000원	275,000원
②	73,000원	343,000원
③	348,000원	343,000원
④	348,000원	375,000원
⑤	349,000원	375,000원

문제해설

Step 1 문제 해결의 출발점

1. 제1호의 특허출원료와 제2호의 특허심사청구료를 합산해 수수료를 계산해야 한다.
2. 특허출원료 : 국어/외국어, 전자문서/서면의 구분에 따라 금액이 달라진다.
3. 특허심사청구료 : '매건'과 '청구범위 1항마다'의 진술에 주의해야 한다.

Step 2 수수료 계산

갑의 청구 내역은 '특허출원' 1건, '청구범위' 3개항, 27면의 '서면'이다. 먼저 계산이 간단한 특허심사청구료부터 구한다.

1) <상황>에 의하면 1건의 특허출원을 하였으며, 청구범위가 3개 항이므로,
   특허출원 1건(143,000원)
   + 청구범위 총 3항(44,000×3=132,000원) = 275,000원

2) 서면으로 작성되었으며, 국어/외국어 여부는 미정인 상태이므로 선택지의 구성을 고려하여 제1호의 '나'목과 '라'목에 따라 각각 계산한다.
   ① 국어로 작성 : 66,000원 + 7,000원(초과 7면)
   ② 외국어로 작성 : 93,000원 + 7,000원(초과 7면)

3) 1)과 2)를 종합하면,
   국어 : 275,000원+73,000원 = 348,000원
   외국어 : 275,000원+100,000원 = 375,000원

정답 | ④

11 규범형 문제

민경채 2019 나책형 11번

다음 글과 〈상황〉을 근거로 판단할 때, 〈보기〉에서 옳은 것만을 모두 고르면?

제○○조 ① 기획재정부장관은 각 국제금융기구에 출자를 할 때에는 국무회의의 심의를 거쳐 대통령의 승인을 받아 미합중국통화 또는 그 밖의 자유교환성 통화나 금(金) 또는 내국통화로 그 출자금을 한꺼번에 또는 분할하여 납입할 수 있다.

② 기획재정부장관은 제1항에 따라 내국통화로 출자하는 경우에 그 출자금의 전부 또는 일부를 국무회의의 심의를 거쳐 대통령의 승인을 받아 내국통화로 표시된 증권으로 출자할 수 있다.

제○○조 ① 기획재정부장관은 전조(前條) 제2항에 따라 출자한 증권의 전부 또는 일부에 대하여 각 국제금융기구가 지급을 청구하면 지체 없이 이를 지급하여야 한다.

② 기획재정부장관은 제1항에 따른 지급의 청구를 받은 경우에 지급할 재원(財源)이 부족하여 그 청구금액의 전부 또는 일부를 지급할 수 없을 때에는 국무회의의 심의를 거쳐 대통령의 승인을 받아 한국은행으로부터 차입하여 지급하거나 한국은행으로 하여금 그 금액에 상당하는 증권을 해당 국제금융기구로부터 매입하게 할 수 있다.

〈상 황〉

기획재정부장관은 적법한 절차에 따라 A국제금융기구에 일정액을 출자한다.

〈보 기〉

ㄱ. 기획재정부장관은 출자금을 자유교환성 통화로 납입할 수 있다.
ㄴ. 기획재정부장관은 출자금을 내국통화로 분할하여 납입할 수 없다.
ㄷ. 출자금 전부를 내국통화로 출자하는 경우, 그 중 일부액을 미합중국통화로 표시된 증권으로 출자할 수 있다.
ㄹ. 만약 출자금을 내국통화로 표시된 증권으로 출자한다면, A국제금융기구가 그 지급을 청구할 경우에 한국은행장은 지체 없이 이를 지급하여야 한다.

① ㄱ
② ㄴ
③ ㄱ, ㄹ
④ ㄷ, ㄹ
⑤ ㄴ, ㄷ, ㄹ

문제해설

Step 1 문제 해결의 출발점

1. 제1조 : 국제금융기구에 출자 요건 및 납입 방법

2. 제2조 : 국제금융기구의 지급 청구 시의 처리 및 재원 부족 상황에서의 처리 방법

법규의 내용이 크게 복잡한 구조를 취하고 있지 않으므로 핵심 키워드만 체크하고 바로 개별 선지를 판별하는 것이 유리하다.

Step 2 선택지 분석

ㄱ. (○) 제1조 제1항에서 출자금의 납입은 미합중국통화나 그 밖의 자유교환성 통화로 가능하다고 하였으므로 적절한 진술이다.

ㄴ. (×) 역시 제1조 제1항에서 내국통화로 출자금을 분할 납입할 수 있다고 하였다. 따라서 틀린 진술이다.

ㄷ. (×) 제1조 제2항에 따르면 출자금을 전부 내국통화로 출자하는 경우에 그 출자금의 전부나 일부를 내국통화로 표시된 증권으로 출자하는 것이 가능하다. 따라서 미합중국통화로 표시된 증권으로 출자하는 것은 불가능하다.

ㄹ. (×) 지급 청구는 제2조에서 다루고 있다. 제2조 제1항에 따르면 국제금융기구의 지급 청구가 있을 경우 지체 없이 이를 지급해야 할 의무는 기획재정부장관에게 있다.

정답 | ①

12 **규범형 문제**
민경채 2019 나책형 12번

다음 글과 〈상황〉을 근거로 판단할 때 옳은 것은?

매매목적물에 하자가 있는 경우, 하자가 있는 사실을 과실 없이 알지 못한 매수인은 매도인에 대하여 하자담보책임을 물어 계약을 해제하거나, 손해배상을 청구할 수 있다. 이때 매도인이 하자를 알았는지 여부나 그의 과실 유무를 묻지 않는다. 매매목적물의 하자는 통상 거래상의 관념에 비추어 그 물건이 지니고 있어야 할 품질·성질·견고성·성분 등을 갖추지 못해서 계약의 적합성을 갖지 못한 경우를 말한다. 가령 진품인 줄 알고 매수한 그림이 위작인 경우가 그렇다. 매수인은 이러한 계약해제권·손해배상청구권을 하자가 있는 사실을 안 날로부터 6개월 내에 행사하여야 한다.

한편 계약의 중요 부분에 착오가 있는 경우, 착오에 중대한 과실이 없는 계약당사자는 계약을 취소할 수 있다. 여기서 착오는 계약을 맺을 때에 실제로 없는 사실을 있는 사실로 잘못 알았거나 아니면 실제로 있는 사실을 없는 사실로 잘못 생각하듯이, 계약당사자(의사표시자)의 인식과 그 실제 사실이 어긋나는 경우를 가리킨다. 가령 위작을 진품으로 알고 매수한 경우가 그렇다. 이러한 취소권을 행사하려면, 착오자(착오로 의사표시를 한 사람)가 착오 상태에서 벗어난 날(예 : 진품이 위작임을 안 날)로부터 3년 이내에, 계약을 체결한 날로부터 10년 이내에 행사하여야 한다. 착오로 인한 취소는 매도인의 하자담보책임과 다른 제도이다. 따라서 매매계약 내용의 중요 부분에 착오가 있는 경우, 매수인은 매도인의 하자담보책임이 성립하는지와 상관없이 착오를 이유로 매매계약을 취소할 수 있다.

〈상 황〉

2018년 3월 10일 매수인 甲은 매도인 乙 소유의 '나루터그림'을 과실 없이 진품으로 믿고 1,000만 원에 매매계약을 체결한 당일 그림을 넘겨받았다. 그 후 2018년 6월 20일 甲은 나루터그림이 위작이라는 사실을 알게 되었다.

① 2018년 6월 20일 乙은 하자를 이유로 甲과의 매매계약을 해제할 수 있다.
② 2019년 6월 20일 甲은 乙에게 하자를 이유로 손해배상을 청구할 수 있다.
③ 2019년 6월 20일 甲은 착오를 이유로 乙과의 매매계약을 취소할 수 없다.
④ 乙이 매매계약 당시 위작이라는 사실을 과실 없이 알지 못하였더라도, 2019년 6월 20일 甲은 하자를 이유로 乙과의 매매계약을 해제할 수 있다.
⑤ 乙이 위작임을 알았더라도 2019년 6월 20일 甲은 하자를 이유로 乙과의 매매계약을 해제할 수 없지만, 착오를 이유로 취소할 수 있다.

문제해설

Step 1 문제 해결의 출발점

1문단 : 매매목적물에 하자가 있는 경우 매수인의 매도인에 대한 계약 해제/손해배상 청구 요건 + 매매목적물의 하자의 개념

2문단 : 계약의 중요 부분에 착오가 있는 경우 계약당사자의 계약 취소 요건 + 계약의 착오 개념

1문단에서는 계약의 '해제'를 다루고 있는 것에 비해 2문단에서는 계약의 '취소'를 다루고 있다는 점만 주의하면 크게 어려울 것이 없는 문제이다.

Step 2 선택지 분석

<상황>에서 매매목적물은 '나루터그림'이고, 계약 내용은 '1,000만 원에 해당 그림을 매도인 을에게서 매도인 갑에게로 넘김'이라 할 수 있다.

① (×) 1문단에 의하면 매매목적물의 '하자'로 인한 계약 해제의 주체는 매도인(을)이 아닌 매수인(갑)이다.

② (×) 1문단에서 매매목적물의 하자에 해당하는 사례로 '진품인 줄 알고 매수한 그림이 위작인 경우'를 들고 있으므로 갑은 을에게 하자를 이유로 손해배상 청구를 하자가 있음을 안 날로부터 6개월 내에 할 수 있다. 2019년 6월 20일은 이 기간을 지난 때이므로 청구가 불가능하다.

③ (×) 2문단에서도 위작을 진품으로 알고 매수한 경우를 '착오'의 사례로 들고 있으므로 <상황>의 갑은 착오를 이유로 착오 상태에서 벗어난 날(2018년 6월 20일)로부터 3년 이내에 계약 취소권을 행사할 수 있다. 2019년 6월 20일은 이 기간 내에 해당하므로 갑은 매매계약 취소가 가능하다.

④ (×) 1문단에 의하면 계약 해제나 손해배상 청구와 관련해 매도인(을)이 하자를 알았는지 여부나 그의 과실 유무는 고려하지 않는다. 따라서 을이 매매계약 당시 해당 작품이 위작이라는 점을 과실 없이 알지 못했다 하더라도 갑은 매매계약 해제가 가능하다. 다만 ②에서 살펴본 것처럼 그 기간은 6개월 내이다.

⑤ (○) ③과 ④에서 살펴본 것처럼, 매매계약 해제권은 6개월 내에 행사해야 하지만 계약 취소권은 3년 이내에 행사하면 된다. 따라서 갑은 해당 그림이 위작임을 알게 된 2018년 6월 20일로부터 1년이 지난 2019년 6월 20일에 계약 해제는 할 수 없지만 착오를 이유로 한 계약 취소는 행사할 수 있다.

정답 | ⑤

13 규범형 문제
민경채 2019 나책형 13번

다음 글을 근거로 판단할 때 옳은 것은?

> 제○○조 ① 재산명시절차의 관할법원은 재산명시절차에서 채무자가 제출한 재산목록의 재산만으로 집행채권의 만족을 얻기에 부족한 경우, 그 재산명시를 신청한 채권자의 신청에 따라 개인의 재산 및 신용에 관한 전산망을 관리하는 공공기관·금융기관·단체 등에 채무자 명의의 재산에 관하여 조회할 수 있다.
>
> ② 채권자가 제1항의 신청을 할 경우에는 조회할 기관·단체를 특정하여야 하며 조회에 드는 비용을 미리 내야 한다.
>
> ③ 법원이 제1항의 규정에 따라 조회할 경우에는 채무자의 인적 사항을 적은 문서에 의하여 해당 기관·단체의 장에게 채무자의 재산 및 신용에 관하여 그 기관·단체가 보유하고 있는 자료를 한꺼번에 모아 제출하도록 요구할 수 있다.
>
> ④ 공공기관 · 금융기관 · 단체 등은 정당한 사유 없이 제1항 및 제3항의 조회를 거부하지 못한다.
>
> ⑤ 제1항 및 제3항의 조회를 받은 기관·단체의 장이 정당한 사유 없이 거짓 자료를 제출하거나 자료를 제출할 것을 거부한 때에는 결정으로 500만 원 이하의 과태료에 처한다.
>
> 제○○조 ① 누구든지 재산조회의 결과를 강제집행 외의 목적으로 사용하여서는 안 된다.
>
> ② 제1항의 규정에 위반한 사람은 2년 이하의 징역 또는 500만 원 이하의 벌금에 처한다.

① 채무자 甲이 제출한 재산목록의 재산만으로 집행채권의 만족을 얻기 부족한 경우에는 재산명시절차의 관할법원은 직권으로 금융기관에 甲 명의의 재산에 관해 조회할 수 있다.

② 재산명시절차의 관할법원으로부터 채무자 명의의 재산에 관해 조회를 받은 공공기관은 정당한 사유가 있는 경우 이를 거부할 수 있다.

③ 채무자 乙의 재산조회 결과를 획득한 채권자 丙은 해당 결과를 강제집행 외의 목적으로도 사용할 수 있다.

④ 재산명시절차의 관할법원으로부터 채무자 명의의 재산에 관해 조회를 받은 기관의 장이 정당한 사유 없이 자료제출을 거부하였다면, 법원은 결정으로 500만 원의 벌금에 처한다.

⑤ 채권자 丁이 채무자 명의의 재산에 관한 조회를 신청할 경우, 조회에 드는 비용은 재산조회가 종료된 후 납부하면 된다.

문제해설

Step 1 문제 해결의 출발점

제1조 : 재산명시 신청의 요건 및 비용 등

제①항 - 재산명시를 신청한 채권자의 <u>신청</u>에 따라

제⑤항 - 거부한 때에는 <u>결정</u>으로 500만 원 이하의 과태료에 처한다

제2조 : 재산조회 결과의 목적 외 사용 금지

Step 2 선택지 분석

① (×) 제1조 제1항에 따라 '재산명시를 신청한 채권자의 신청'이 있어야 채무자 명의의 재산에 관한 조회가 가능하다.

② (○) 제1조 제4항에 따르면 자료 제출 요구를 받은 공공기관, 금융기관, 단체 등은 정당한 사유 없이는 이러한 조회를 거부할 수 없다. 달리 말해, 정당한 사유가 있는 경우에는 이를 거부할 수 있는 것이다. 따라서 ②는 적절한 진술이다.

③ (×) 제2조 제1항에 따라 재산조회 결과를 강제집행 외의 목적으로 사용해선 안 된다.

④ (×) '과태료'와 '벌금'을 구분하는 경우가 종종 출제된다. 이 규정에서도 제1조 제5항에 따르면 법원의 결정으로 기관이나 단체의 장 등이 내야 하는 것은 500만 원 이하의 '과태료'이다. '벌금'은 제2조 제2항에 규정된 내용으로, 강제집행 외의 목적으로 사용한 자에게 부여된다.

⑤ (×) 제1조 제2항에 따르면 재산명시 신청을 할 경우 조회에 드는 비용은 미리 내야 한다.

정답 | ②

14 규범형 문제

민경채 2019 나책형 25번

다음 글과 <상황>을 근거로 판단할 때, <보기>에서 옳은 것만을 모두 고르면?

소송절차의 '정지'란 소송이 개시된 뒤 절차가 종료되기 전에 소송절차가 법률상 진행되지 않는 상태를 말한다. 여기에는 '중단'과 '중지'가 있다.

소송절차의 중단은 소송진행 중 당사자에게 소송을 수행할 수 없는 사유가 발생하였을 경우, 새로운 소송수행자가 나타나 소송에 관여할 수 있을 때까지 법률상 당연히 절차진행이 정지되는 것이다. 예컨대 당사자가 사망한 경우, 그 상속인이 소송을 수행할 수 있을 때까지 절차진행이 정지되며, 이후 상속인의 수계신청 또는 법원의 속행명령에 의해 중단이 해소되고 절차는 다시 진행된다. 다만 사망한 당사자에게 이미 변호사가 소송대리인으로 선임되어 있을 때는 변호사가 소송을 대리하는 데 지장이 없으므로 절차는 중단되지 않는다. 소송대리인인 변호사의 사망도 중단사유가 아니다. 당사자가 절차를 진행할 수 있기 때문이다.

소송절차의 중지는 법원이나 당사자에게 소송을 진행할 수 없는 장애가 생겼거나 진행에 부적당한 사유가 발생하여 법률상 당연히 또는 법원의 재판에 의하여 절차가 정지되는 것이다. 이는 새로운 소송수행자로 교체되지 않는다는 점에서 중단과 다르다. 소송절차의 중지에는 당연중지와 재판중지가 있다. 당연중지는 천재지변이나 그 밖의 사고로 법원이 직무수행을 할 수 없게 된 경우에 법원의 재판 없이 당연히 절차진행이 정지되는 것을 말한다. 이 경우 법원의 직무수행불능 상태가 소멸함과 동시에 중지도 해소되고 절차는 진행된다. 재판중지는 법원이 직무수행을 할 수 있지만 당사자가 법원에 출석하여 소송을 진행할 수 없는 장애사유가 발생한 경우, 예컨대 전쟁이나 그 밖의 사유로 교통이 두절되어 당사자가 출석할 수 없는 경우에 법원의 재판에 의해 절차진행이 정지되는 것을 의미한다. 이때는 법원의 취소재판에 의하여 중지가 해소되고 절차는 진행된다.

※ 수계신청 : 법원에 대해 중단된 절차의 속행을 구하는 신청

<상 황>

원고 甲과 피고 乙 사이에 대여금반환청구소송이 A법원에서 진행 중이다. 甲은 변호사 丙을 소송대리인으로 선임하였지만, 乙은 소송대리인을 선임하지 않았다.

<보 기>

ㄱ. 소송진행 중 甲이 사망하였다면, 절차진행은 중단되며 甲의 상속인의 수계신청에 의해 중단이 해소되고 절차가 진행된다.

ㄴ. 소송진행 중 丙이 사망하였다면, 절차진행은 중단되며 甲이 새로운 변호사를 소송대리인으로 선임하면 중단은 해소되고 절차가 진행된다.

ㄷ. 소송진행 중 A법원의 건물이 화재로 전소(全燒)되어 직무수행이 불가능해졌다면, 절차진행은 중단되며 이후 A법원의 속행명령이 있으면 절차가 진행된다.

ㄹ. 소송진행 중 乙이 거주하고 있는 장소에서만 발생한 지진으로 교통이 두절되어 乙이 A법원에 출석할 수 없는 경우, A법원의 재판에 의해 절차진행이 중지되며 이후 A법원의 취소재판에 의해 중지는 해소되고 절차가 진행된다.

① ㄹ
② ㄱ, ㄴ
③ ㄱ, ㄹ
④ ㄴ, ㄷ
⑤ ㄷ, ㄹ

문제해설

Step 1 문제 해결의 출발점

1문단에서 소송절차의 '정지'의 하위 항목으로 '중단'과 '중지'가 있음을 소개하고 있으며, 2문단과 3문단의 첫 번째 문장을 보면 각각의 문단에서 '중단'과 '중지'의 구체적 요건과 단서 등을 설명하고 있음을 파악할 수 있다. 따라서 처음부터 <보기>의 선지별로 키워드를 빠르게 찾아 본문의 해당 내용과 비교하는 작업을 수행하는 것이 바람직하다.

Step 2 선택지 분석

ㄱ, ㄴ, ㄷ은 절차의 '중단'을, ㄹ은 절차의 '중지'를 언급하고 있다.

ㄱ, ㄴ (×) 2문단에서 소송 당사자가 사망한 경우라도 변호사가 소송대리인으로 선임되어 있을 경우에는 절차가 중단되지 않으며, 변호인이 사망하였을 경우에도 마찬가지로 절차는 중단되지 않는다고 하였다. 따라서 변호사 병을 소송대리인으로 선임한 갑이 사망하였더라도 절차는 중단되지 않으며, 갑의 소송대리인 병이 사망한 경우에도 마찬가지이다.

ㄷ. (×) 2문단에 따르면 절차의 '중단'은 당사자에게 소송을 수행할 수 없는 사유가 발생했을 때만 가능하다. ㄷ에서 말한 법원 건물의 전소 등의 사유는 3문단에서 설명하는 '중지'의 요건에 해당한다.

ㄹ. (○) 을이 거주하고 있는 장소에서만 지진이 발생해 을이 A법원에 출석할 수 없게 된 것은 3문단에서 설명하고 있는 재판중지의 요건(재판중지는 법원이 직무수행을 할 수 있지만 당사자가 법원에 출석하여 소송을 진행할 수 없는 장애사유가 발생한 경우)에 해당한다. 이때는 법원의 재판에 의해 절차진행이 정지되고, 이후 법원의 취소재판에 의하여 중지가 해소되고 절차는 진행된다고 하였으므로 ㄹ은 적절한 진술이다.

정답 | ①

15 규범형 문제

민경채 2020 가책형 1번

다음 글을 근거로 판단할 때 옳은 것은?

제○○조 ① 광역교통위원회는 위원장 1명과 상임위원 1명 및 다음 각 호의 위원을 포함하여 30명 이내로 구성한다.

1. 대도시권 광역교통 관련 업무를 담당하는 중앙행정기관 소속 고위공무원 중 대통령령으로 정하는 사람
2. 대도시권에 포함되는 광역지방자치단체의 부단체장 중 대통령령으로 정하는 사람
3. 그 밖에 광역교통 관련 전문지식과 경험이 풍부한 사람

② 광역교통위원회의 위원장은 국토교통부장관의 제청으로 대통령이 임명하고, 위원은 국토교통부장관이 임명 또는 위촉한다.

제○○조 ① 실무위원회는 다음 각 호의 사항을 심의한다.

1. 광역교통위원회에 부칠 안건의 사전검토 또는 조정에 관한 사항
2. 그 밖에 실무위원회의 위원장이 심의가 필요하다고 인정하는 사항

② 실무위원회의 위원장은 광역교통위원회의 상임위원이 된다.

③ 실무위원회의 위원은 다음 각 호의 사람이 된다.

1. 기획재정부·행정안전부·국토교통부 및 행정중심복합도시건설청 소속 공무원 중 소속 기관의 장이 지명하는 사람
2. 대도시권에 포함되는 시·도 또는 시·군·구(자치구를 말한다) 소속 공무원 중 소속 기관의 장이 광역교통위원회와 협의해 지명하는 사람
3. 교통·도시계획·재정·행정·환경 등 광역교통에 관한 학식과 경험이 풍부한 사람 중에서 광역교통위원회의 위원장이 성별을 고려해 위촉하는 50명 이내의 사람

① 실무위원회의 위원 위촉 시 성별은 고려하지 않는다.
② 광역교통위원회의 구성원은 실무위원회의 구성원이 될 수 없다.
③ 광역교통위원회 위원장의 위촉 없이도 실무위원회의 위원이 될 수 있다.
④ 공무원이 아닌 사람은 실무위원회의 위원은 될 수 있으나, 광역교통위원회의 위원은 될 수 없다.
⑤ 광역교통위원회의 위원으로 행정안전부 소속 공무원을 선정하는 경우 행정안전부장관이 임명한다.

문제해설

Step 1 문제 해결의 출발점

광역교통위원회 및 실무위원회의 구성에 관한 요건들이 다뤄지고 있다. 전혀 다른 명칭의 두 위원회가 개별 조문으로 다뤄지고 있으므로 병렬적 정보 구성의 법조문 형식임을 알 수 있을 것이다. 단체 구성에 대한 요건 중심의 법조문에서는 '장'의 포함 여부, 구성원의 임명 주체 등을 주의해서 파악해야 한다.

Step 2 선택지 분석

① (×) "실무위원회의 위원 위촉 시 성별은 고려하지 않는다."
→ 실무위원회의 위원 구성에 관한 내용은 제2조 제2항 및 제3항에 언급되어 있다. 제3항 제3호에 따르면 광역교통위원회 위원장이 성별을 고려해 위촉한다고 되어 있으므로 틀린 선택지이다.

② (×) "광역교통위원회의 구성원은 실무위원회의 구성원이 될 수 없다."
→ 제2조 제2항에 의하면 실무위원회의 위원장이 광역교통위원회의 상임위원이 된다고 하였다. 즉 광역교통위원회 구성원 가운데 상임위원은 실무위원회의 구성원(위원장)이 될 수 있다.

③ (○) "광역교통위원회 위원장의 위촉 없이도 실무위원회의 위원이 될 수 있다."
→ 제2조 제3항에 따라 실무위원회 위원이 될 수 있는 사람에는 제3호에서 규정한 광역교통위원회 위원장이 위촉한 경우 이외에 제1호나 제2호에 따라 타 기관의 장에 의해 지명되는 경우도 가능하다. 따라서 적절한 진술이다.

④ (×) "공무원이 아닌 사람은 실무위원회의 위원은 될 수 있으나, 광역교통위원회의 위원은 될 수 없다."
→ 제2조 제3항의 제3호에 따라 공무원이 아닌 일반인도 광역교통에 관한 학식 및 경험이 풍부할 경우 실무위원회 위원이 될 수 있다. 또한 제1조 제1항의 제3호에 따라 해당 인물이 광역교통 관련 전문지식과 경험이 풍부한 사람이라면 광역교통위원회의 위원이 될 수도 있다.

⑤ (×) "광역교통위원회의 위원으로 행정안전부 소속 공무원을 선정하는 경우 행정안전부장관이 임명한다."
→ 제1조 제2항에 의하면 광역교통위원회의 위원을 임명하는 주체는 국토교통부 장관이다.

정답 | ③

16 규범형 문제

민경채 2020 가책형 2번

다음 글을 근거로 판단할 때 옳은 것은?

> 제○○조 이 법에서 사용하는 용어의 뜻은 다음과 같다.
>
> 1. '배아'란 인간의 수정란 및 수정된 때부터 발생학적으로 모든 기관이 형성되기 전까지의 분열된 세포군을 말한다.
> 2. '잔여배아'란 체외수정으로 생성된 배아 중 임신의 목적으로 이용하고 남은 배아를 말한다.
>
> 제△△조 ① 누구든지 임신 외의 목적으로 배아를 생성하여서는 아니 된다.
>
> ② 누구든지 배아를 생성할 때 다음 각 호의 어느 하나에 해당하는 행위를 하여서는 아니 된다.
>
> 1. 특정의 성을 선택할 목적으로 난자와 정자를 선별하여 수정시키는 행위
> 2. 사망한 사람의 난자 또는 정자로 수정하는 행위
> 3. 미성년자의 난자 또는 정자로 수정하는 행위. 다만 혼인한 미성년자가 그 자녀를 얻기 위하여 수정하는 경우는 제외한다.
>
> ③ 누구든지 금전, 재산상의 이익 또는 그 밖의 반대급부를 조건으로 배아나 난자 또는 정자를 제공 또는 이용하거나 이를 유인하거나 알선하여서는 아니 된다.
>
> 제□□조 ① 배아의 보존기간은 5년으로 한다. 다만 난자 또는 정자의 기증자가 배아의 보존기간을 5년 미만으로 정한 경우에는 이를 보존기간으로 한다.
>
> ② 제1항에도 불구하고 제1항의 기증자가 항암치료를 받는 경우 그 기증자는 보존기간을 5년 이상으로 정할 수 있다.
>
> ③ 배아생성의료기관은 제1항 또는 제2항에 따른 보존기간이 끝난 배아 중 제◇◇조에 따른 연구의 목적으로 이용하지 아니할 배아는 폐기하여야 한다.
>
> 제◇◇조 제□□조에 따른 배아의 보존기간이 지난 잔여배아는 발생학적으로 원시선(原始線)이 나타나기 전까지만 체외에서 다음 각 호의 연구 목적으로 이용할 수 있다.
>
> 1. 난임치료법 및 피임기술의 개발을 위한 연구
> 2. 희귀·난치병의 치료를 위한 연구

※ 원시선 : 중배엽 형성 초기에 세포의 이동에 의해서 형성되는 배반(胚盤)의 꼬리쪽 끝에서 볼 수 있는 얇은 선

① 배아생성의료기관은 불임부부를 위해 반대급부를 조건으로 배아의 제공을 알선할 수 있다.

② 난자 또는 정자의 기증자는 항암치료를 받지 않더라도 배아의 보존기간을 6년으로 정할 수 있다.

③ 배아생성의료기관은 혼인한 미성년자의 정자를 임신 외의 목적으로 수정하여 배아를 생성할 수 있다.

④ 보존기간이 남은 잔여배아는 발생학적으로 원시선이 나타나기 전이라면 체내에서 난치병 치료를 위한 연구 목적으로 이용할 수 있다.

⑤ 생성 후 5년이 지나지 않은 잔여배아도 발생학적으로 원시선이 나타나기 전까지 체외에서 피임기술 개발을 위한 연구에 이용하는 것이 가능한 경우가 있다.

문제해설

Step 1 문제 해결의 출발점

배아의 생성 및 보존 등에 관한 규정이 병렬적 정보 구조로 제시되어 있다. 각 조문별 핵심 키워드만 확인하고 바로 선택지의 내용과 매칭시키는 작업을 수행하는 것이 시간을 단축하는 방법이다.

Step 2 선택지 분석

① (×) 배아의 제공 등에 대한 제한 규정은 제△△조 제3항에 제시되어 있다. 이에 따르면 누구든지(배아생성의료기관 포함) 반대급부 등을 조건으로 배아 등을 제공, 이용, 유인, 알선하는 행위를 해서는 안 된다고 규정하고 있다.

② (×) 배아의 보존기간에 대한 규정은 제□□조에 제시되어 있다. 제1항과 제2항에 따르면 난자나 정자의 기증자가 항암치료를 받는 경우에 보존기간을 5년 이상으로 정할 수 있다.

③ (×) 배아의 생성에 대한 규정은 제△△조에 제시되어 있다. 제2항 제3호에 따르면 미성년자의 경우에는 혼인한 관계에서 그 자녀를 얻기 위해 수정하는 경우에만 예외적으로 배아 생성을 허용한다. 따라서 혼인한 미성년자의 정자를 임신 외의 목적으로 수정해 배아를 생성하는 것은 금지된다.

④ (×) 잔여배아에 대한 연구 목적의 이용에 대한+ 규정은 마지막 제◇◇조에 제시되어 있는데, 이에 따르면 보존기간이 지난 배아만 연구 대상이 될 수 있다. 따라서 보존기간이 남은 잔여배아는 다른 조건이 충족되더라도 연구 목적의 이용이 불가능하다.

⑤ (○) 제□□조와 제◇◇조를 종합해야 하는 선택지이다. 제◇◇조에 따르면 연구 목적의 이용이 가능한 것은 보존기간이 지난 잔여배아인데, 제□□조 제1항의 단서 규정에 따르면 기증자가 배아의 보존기간을 5년 미만으로 정한 경우에는 이를 보존기간으로 하므로, 생성 후 5년이 지나지 않은 잔여배아도 연구 목적 이용의 요건을 충족하는 것이 가능한 경우가 나타날 수 있다.

정답 | ⑤

17 규범형 문제
민경채 2020 가책형 3번

다음 글을 근거로 판단할 때 옳은 것은?

> 제○○조 ① 수입신고를 하려는 자(업소를 포함한다)는 해당 수입식품의 안전성 확보 등을 위하여 식품의약품안전처장이 정하는 기준에 따라 해외제조업소에 대하여 위생관리 상태를 점검할 수 있다.
>
> ② 제1항에 따라 위생관리 상태를 점검한 자는 식품의약품안전처장에게 우수수입업소 등록을 신청할 수 있다.
>
> ③ 식품의약품안전처장은 제2항에 따라 신청된 내용이 식품의약품안전처장이 정하는 기준에 적합한 경우에는 우수수입업소 등록증을 신청인에게 발급하여야 한다.
>
> ④ 우수수입업소 등록의 유효기간은 등록된 날부터 3년으로 한다.
>
> ⑤ 식품의약품안전처장은 우수수입업소가 다음 각 호의 어느 하나에 해당하는 경우에는 그 등록을 취소하거나 시정을 명할 수 있다. 다만 우수수입업소가 제1호에 해당하는 경우에는 등록을 취소하여야 한다.
>
> 1. 거짓이나 그 밖의 부정한 방법으로 등록된 경우
> 2. 수입식품 수입·판매업의 시설기준을 위배하여 영업정지 2개월 이상의 행정처분을 받은 경우
> 3. 수입식품에 대한 부당한 표시를 하여 영업정지 2개월 이상의 행정처분을 받은 경우
>
> ⑥ 제5항에 따라 등록이 취소된 업소는 그 취소가 있은 날부터 3년 동안 우수수입업소 등록을 신청할 수 없다.
>
> 제○○조 ① 식품의약품안전처장은 수입신고된 수입식품에 대하여 관계공무원으로 하여금 필요한 검사를 하게 하여야 한다.
>
> ② 식품의약품안전처장은 수입신고된 수입식품이 다음 각 호의 어느 하나에 해당하는 경우에는 제1항에도 불구하고 수입식품의 검사 전부 또는 일부를 생략할 수 있다.
>
> 1. 우수수입업소로 등록된 자가 수입하는 수입식품
> 2. 해외우수제조업소로 등록된 자가 수출하는 수입식품

① 업소 甲이 우수수입업소 등록을 신청하기 위해서는 식품의약품안전처장이 정하는 기준에 따라 국내 자기업소에 대한 위생관리 상태를 점검하여야 한다.
② 업소 乙이 2020년 2월 20일에 우수수입업소로 등록되었다면, 그 등록은 2024년 2월 20일까지 유효하다.
③ 업소 丙이 부정한 방법으로 우수수입업소로 등록된 경우 식품의약품안전처장은 등록을 취소하지 않고 시정을 명할 수 있다.
④ 우수수입업소 丁이 수입식품 수입·판매업의 시설기준을 위배하여 영업정지 1개월의 행정처분을 받았다면, 그 때로부터 3년 동안 丁은 우수수입업소 등록을 신청할 수 없다.
⑤ 식품의약품안전처장은 우수수입업소 戊가 수입신고한 수입식품에 대한 검사를 전부 생략할 수 있다.

문제해설

Step 1 문제 해결의 출발점

첫 번째 조에서는 우수수입업소 등록 신청 및 등록 취소 요건 등을 다루고, 두 번째 조에서는 식품의약품안전처장의 의무와 권한을 다룬 병렬적 구조의 법조문이다. 마찬가지로 끊어 읽기를 통해 선택지별 키워드를 빠르게 찾아 판단하도록 한다.

Step 2 선택지 분석

① (×) 우수수입업소 등록 신청에 관한 규정은 제1조의 전반부에 제시되어 있는데, 제1항에 따르면 식품의약품안전처장이 정하는 기준에 따라 '해외제조업소'에 대해 상태 점검을 할 수 있는 것이다. '국내 자기업소'는 신청 대상에 포함되지 않는다.

② (×) 제1조 제4항에 따르면 우수수입업소 등록의 유효기간은 등록된 날부터 3년이다. 2020년 2월 20일에 등록되었다면 유효기간은 2024년이 아니라 2023년 2월까지이다.

③ (×) 제1조 제5항에 따르면 우수수입업소로 등록된 업체가 제1호(거짓이나 그 밖의 부정한 방법으로 등록된 경우)에 해당할 때에는 무조건 등록을 취소해야 한다. 따라서 업소 병을 대상으로 등록 취소 대신 시정을 명하는 것은 불가능하다.

④ (×) 제5항의 제2호에 따르면 수입식품 수입·판매업의 시설기준을 위배하여 영업정지 2개월 이상의 행정처분을 받았을 때 등록을 취소하거나 시정을 명할 수 있다. 1개월의 행정처분은 이러한 요건에 해당하지 않는다.

⑤ (○) 제2조 제2항에 따르면 우수수입업소로 등록된 자가 수입하는 수입식품(제1호)은 검사 전부를 생략하는 것이 가능하다.

정답 | ⑤

18 **규범형 문제**
민경채 2020 가책형 4번

다음 글을 근거로 판단할 때, 〈보기〉에서 저작권자의 허락 없이 허용되는 행위만을 모두 고르면?

> 제○○조 타인의 공표된 저작물의 내용·형식을 변환하거나 그 저작물을 복제·배포·공연 또는 공중송신(방송·전송을 포함한다)하기 위해서는 특별한 규정이 없는 한 저작권자의 허락을 받아야 한다.
>
> 제○○조 ① 누구든지 공표된 저작물을 저작권자의 허락 없이 시각장애인을 위하여 점자로 복제·배포할 수 있다.
>
> ② 시각장애인을 보호하고 있는 시설, 시각장애인을 위한 특수학교 또는 점자도서관은 영리를 목적으로 하지 아니하고 시각장애인의 이용에 제공하기 위하여, 공표된 어문저작물을 저작권자의 허락 없이 녹음하여 복제하거나 디지털음성정보기록방식으로 복제·배포 또는 전송할 수 있다.
>
> 제○○조 ① 누구든지 공표된 저작물을 저작권자의 허락 없이 청각장애인을 위하여 한국수어로 변환할 수 있으며 이러한 한국수어를 복제·배포·공연 또는 공중송신할 수 있다.
>
> ② 청각장애인을 보호하고 있는 시설, 청각장애인을 위한 특수학교 또는 한국어수어통역센터는 영리를 목적으로 하지 아니하고 청각장애인의 이용에 제공하기 위하여, 공표된 저작물에 포함된 음성 및 음향 등을 저작권자의 허락 없이 자막 등 청각장애인이 인지할 수 있는 방식으로 변환할 수 있으며 이러한 자막 등을 청각장애인이 이용할 수 있도록 복제·배포·공연 또는 공중송신할 수 있다.

※ 어문저작물 : 소설·시·논문·각본 등 문자로 이루어진 저작물

〈보 기〉

ㄱ. 학교도서관이 공표된 소설을 청각장애인을 위하여 한국수어로 변환하고 이 한국수어를 복제·공중송신하는 행위
ㄴ. 한국어수어통역센터가 영리를 목적으로 청각장애인의 이용에 제공하기 위하여, 공표된 영화에 포함된 음성을 자막으로 변환하여 배포하는 행위
ㄷ. 점자도서관이 영리를 목적으로 하지 아니하고 시각장애인의 이용에 제공하기 위하여, 공표된 피아니스트의 연주 음악을 녹음하여 복제·전송하는 행위

① ㄱ　② ㄴ　③ ㄱ, ㄷ
④ ㄴ, ㄷ　⑤ ㄱ, ㄴ, ㄷ

문제해설

Step 1 문제 해결의 출발점

크게 제2조의 시각장애인을 위해 저작물 이용과 제3조의 청각장애인을 위한 저작물 이용에 대한 규정으로 구분될 수 있다. 병렬적 정보 구조의 법조문이므로 역시 선택지별로 해당 키워드를 빠르게 찾아 매칭시키는 방식으로 접근하도록 한다.

Step 2 선택지 분석

ㄱ. (○) “학교도서관이 공표된 소설을 청각장애인을 위하여 한국수어로 변환하고 이 한국수어를 복제·공중송신하는 행위”

→ 제3조 제1항에 따르면 ‘누구든지’ 공표된 저작줄을 저작권자의 허락없이 청각장애인을 위해 한국수어로 변환할 수 있으며 이러한 한국수어를 복제·배포·공 또는 공중송신하는 것이 가능하다.

ㄴ. (×) “한국어수어통역센터가 영리를 목적으로 청각장애인의 이용에 제공하기 위하여, 공표된 영화에 포함된 음성을 자막으로 변환하여 배포하는 행위”

→ 제3조 제2항에 따르면 한국어수어통역센터가 ‘영리를 목적으로 하지 아니하고’ 청각장애인의 이용에 제공하기 위해 공표된 저작물에 포함된 음성을 자막으로 변환하여 배포하는 행위가 허용되는 것이지, 영리를 목적으로 하는 행위는 허용되지 않는다.

ㄷ. (×) “점자도서관이 영리를 목적으로 하지 아니하고 시각장애인의 이용에 제공하기 위하여, 공표된 피아니스트의 연주 음악을 녹음하여 복제·전송하는 행위”

→ 제2조 제2항에 따르면 점자도서관 등은 영리를 목적으로 하지 아니하고 시각장애인의 이용에 제공하기 위해 공표된 ‘어문저작물’을 저작권자의 허락없이 녹음하여 복제·전성하는 것이 허용된다. 이때 ‘어문저작물’은 하단의 각주에 언급된 것처럼 문자로 이루어진 저작물만 해당하므로 ‘피아니스트의 연주 음악’은 대상이 될 수 없다.

정답 | ①

19 규범형 문제

민경채 2020 가책형 11번

다음 글을 근거로 판단할 때 옳은 것은?

> 제○○조 이 규칙은 법원이 소지하는 국가기밀에 속하는 문서 등의 보안업무에 관한 사항을 규정함을 목적으로 한다.
>
> 제○○조 이 규칙에서 비밀이라 함은 그 내용이 누설되는 경우 국가안전보장에 유해한 결과를 초래할 우려가 있는 국가기밀로서 이 규칙에 의하여 비밀로 분류된 것을 말한다.
>
> 제○○조 ① Ⅰ급비밀 취급 인가권자는 대법원장, 대법관, 법원행정처장으로 한다.
>
> ② Ⅱ급 및 Ⅲ급비밀 취급 인가권자는 다음과 같다.
>
> 1. Ⅰ급비밀 취급 인가권자
> 2. 사법연수원장, 고등법원장, 특허법원장, 사법정책연구원장, 법원공무원교육원장, 법원도서관장
> 3. 지방법원장, 가정법원장, 행정법원장, 회생법원장
>
> 제○○조 ① 비밀 취급 인가권자는 비밀을 취급 또는 비밀에 접근할 직원에 대하여 해당 등급의 비밀 취급을 인가한다.
>
> ② 비밀 취급의 인가는 대상자의 직책에 따라 필요한 최소한의 인원으로 제한하여야 한다.
>
> ③ 비밀 취급 인가를 받은 자가 다음 각 호의 어느 하나에 해당하는 경우에는 그 취급의 인가를 해제하여야 한다.
>
> 1. 고의 또는 중대한 과실로 중대한 보안 사고를 범한 때
> 2. 비밀 취급이 불필요하게 된 때
>
> ④ 비밀 취급의 인가 및 해제와 인가 등급의 변경은 문서로 하여야 하며 직원의 인사기록사항에 이를 기록하여야 한다.
>
> 제○○조 ① 비밀 취급 인가권자는 임무 및 직책상 해당 등급의 비밀을 항상 사무적으로 취급하는 자에 한하여 비밀 취급을 인가하여야 한다.
>
> ② 비밀 취급 인가권자는 소속직원의 인사기록카드에 기록된 비밀 취급의 인가 및 해제사유와 임용시의 신원조사회보서에 의하여 새로 신원조사를 행하지 아니하고 비밀 취급을 인가할 수 있다. 다만 Ⅰ급비밀 취급을 인가하는 때에는 새로 신원조사를 실시하여야 한다.

① 비밀 취급 인가의 해제는 구술로 할 수 있다.

② 법원행정처장은 Ⅰ급비밀, Ⅱ급비밀, Ⅲ급비밀 모두에 대해 취급 인가권을 가진다.

③ 비밀 취급 인가는 대상자의 직책에 따라 가능한 한 제한 없이 충분한 인원에게 하여야 한다.

④ 비밀 취급 인가를 받은 자가 중대한 보안 사고를 범한 경우 고의가 없었다면 그 취급의 인가를 해제할 수 없다.

⑤ 비밀 취급 인가권자는 소속직원에 대해 새로 신원조사를 행하지 아니하고 Ⅰ급비밀 취급을 인가할 수 있다.

문제해설

Step 1 문제 해결의 출발점

총 5개 조로 이루어진 병렬적 정보 구조의 규범형 문제이다. 기존 규범형 문제와 마찬가지로 각 조별 내용을 개괄적으로 확인한 후 선택지의 키워드별로 조문을 찾아 빠르게 매칭하는 방식으로 접근하도록 한다.

Step 2 선택지 분석

① (×) "비밀 취급 인가의 해제는 구술로 할 수 있다."

→ 비밀 취급의 추가 인가 및 인가 해제는 네 번째 조에서 다루고 있다. 제4항에 따르면 비밀 취급의 인가 및 해제, 등급 변경은 문서로 해야 한다.

② (○) "법원행정처장은 Ⅰ급비밀, Ⅱ급비밀, Ⅲ급비밀 모두에 대해 취급 인가권을 가진다."

→ 세 번째 조 제2항 제1호에 의하면 Ⅰ급비밀 취급 인가권자는 Ⅱ급비밀 및 Ⅲ급비밀에 대해서도 취급 인가권자가 된다. 따라서 옳은 진술이다.

③ (×) "비밀 취급 인가는 대상자의 직책에 따라 가능한 한 제한 없이 충분한 인원에게 하여야 한다."

→ 네 번째 조 제2항에 따르면 비밀 취급의 인가는 대상자의 직책에 따라 '필요한 최소한의 인원'으로 제한해야 한다.

④ (×) "비밀 취급 인가를 받은 자가 중대한 보안 사고를 범한 경우 고의가 없었다면 그 취급의 인가를 해제할 수 없다."

→ 비밀 취급 인가 해제에 대한 네 번째 조의 제3항 제1호에 의하면, 비밀 취급 인가를 받은 자가 고의 또는 중대한 과실로 중대한 보안 사고를 범한 경우에는 그 취급의 인가를 해제해야 한다. 따라서 중대한 보안 사고를 범함에 있어서 고의가 없었다고 하더라도 만약 중대한 과실이 있었다는 것이 확인된다면 역시 취급 인가를 해제해야 한다.

⑤ (×) "비밀 취급 인가권자는 소속직원에 대해 새로 신원조사를 행하지 아니하고 Ⅰ급비밀 취급을 인가할 수 있다."

→ 마지막 조 제2항의 단서 규정에 의하면 Ⅰ급비밀 취급을 인가할 경우에는 새로 신원조사를 실시하여야 한다.

정답 | ②

20 **규범형 문제**
민경채 2020 가책형 12번

다음 글을 근거로 판단할 때 옳은 것은?

> 제○○조 ① 국유재산은 다음 각 호의 어느 하나에 해당하지 않는 경우에는 매각할 수 있다.
> 1. 제△△조에 의한 매각제한의 대상에 해당하는 경우
> 2. 제□□조에 의한 총괄청의 매각승인을 받지 않은 경우
>
> ② 국유재산의 매각은 일반경쟁입찰을 원칙으로 한다. 다만 필요한 경우에는 제한경쟁, 지명경쟁 또는 수의계약의 방법으로 매각할 수 있다.
>
> 제△△조 다음 각 호의 어느 하나에 해당하는 경우에는 매각할 수 없다.
> 1. 중앙관서의 장이 행정목적으로 사용하기 위하여 그 국유재산을 행정재산으로 사용 승인한 경우
> 2. 소유자 없는 부동산에 대하여 공고를 거쳐 국유재산으로 취득한 후 10년이 지나지 아니한 경우. 다만 해당 국유재산에 대하여 중앙관서의 장이 공익사업에 필요하다고 인정한 경우와 행정재산의 용도로 사용하던 소유자 없는 부동산을 행정재산으로 취득하였으나 그 행정재산을 당해 용도로 사용하지 아니하게 된 경우에는 그러하지 아니하다.
>
> 제□□조 ① 국유일반재산인 토지의 면적이 특별시·광역시 지역에서는 1,000제곱미터를, 그 밖의 시 지역에서는 2,000제곱미터를 초과하는 재산을 매각하고자 하는 경우에는 총괄청의 승인을 받아야 한다.
>
> ② 제1항에도 불구하고 다음 각 호의 어느 하나에 해당하는 경우에는 총괄청의 승인을 요하지 아니한다.
> 1. 수의계약의 방법으로 매각하는 경우
> 2. 다른 법률에 따른 무상귀속
> 3. 법원의 확정판결·결정 등에 따른 소유권의 변경

① 중앙관서의 장이 행정목적으로 사용하기 위하여 행정재산으로 사용 승인한 국유재산인 건물은 총괄청의 매각승인을 받아야 매각될 수 있다.

② 총괄청의 매각승인 대상인 국유일반재산이더라도 그 매각방법이 지명경쟁인 경우에는 총괄청의 승인 없이 매각할 수 있다.

③ 법원의 확정판결로 국유일반재산의 소유권을 변경하려는 경우 총괄청의 승인을 받아야 한다.

④ 광역시에 소재하는 국유일반재산인 1,500제곱미터 면적의 토지를 수의계약의 방법으로 매각하려는 경우에는 총괄청의 승인을 받아야 한다.

⑤ 행정재산의 용도로 사용하던 소유자 없는 500제곱미터 면적의 토지를 공고를 거쳐 행정재산으로 취득한 후 이를 당해 용도로 사용하지 않게 된 경우, 취득한 때로부터 10년이 경과하지 않았더라도 매각할 수 있다.

문제해설

Step 1 문제 해결의 출발점

국유재산 매각과 관련된 요건이 제△△조 및 제□□조의 세부 항목과 유기적으로 연결된 법조문이다. 제○○조의 제1항은 이어지는 각 호의 어느 하나에 '해당하지 않는 경우' 매각할 수 있다고 규정한 것임에 주의해야 한다. 또한 단서 규정이 많이 등장하므로 예외, 예외의 예외 구조에 주의하며 선택지를 판단하도록 한다.

Step 2 선택지 분석

① (×) "중앙관서의 장이 행정목적으로 사용하기 위하여 행정재산으로 사용 승인한 국유재산인 건물은 총괄청의 매각승인을 받아야 매각될 수 있다."

→ 제△△조 제1호에 따라 애초에 매각이 불가능한 대상이다.

② (×) "총괄청의 매각승인 대상인 국유일반재산이더라도 그 매각방법이 지명경쟁인 경우에는 총괄청의 승인없이 매각할 수 있다."

→ 제○○조 제1항 제2호에 의하면 총괄청의 매각 승인을 받지 않은 경우에 해당하지 않을 때 매각이 가능하다. 즉 총괄청의 매각 승인을 받은 경우에 해당 국유재산을 매각할 수 있다. 제2항에서 규정하고 있는 것은 필요한 경우에 지명경쟁의 방법을 취할 수 있다는 것이지, 지명경쟁 방법을 취한다고 해서 총괄청의 매각 승인이 불필요해지는 것은 아니다.

③ (×) "법원의 확정판결로 국유일반재산의 소유권을 변경하려는 경우 총괄청의 승인을 받아야 한다."

→ 제□□조 제2항 제3호에 따르면 법원의 확정판결에 따라 소유권을 변경하는 경우에는 총괄청의 승인을 요하지 않는다.

④ (×) "광역시에 소재하는 국유일반재산인 1,500제곱미터 면적의 토지를 수의계약의 방법으로 매각하려는 경우에는 총괄청의 승인을 받아야 한다."

→ 제□□조 제2항 제1호에 따르면 수의계약의 방법으로 국유재산을 매각하는 경우에는 총괄청의 승인을 요하지 않는다.

⑤ (○) "행정재산의 용도로 사용하던 소유자 없는 500제곱미터 면적의 토지를 공고를 거쳐 행정재산으로 취득한 후 이를 당해 용도로 사용하지 않게 된 경우, 취득한 때로부터 10년이 경과하지 않았더라도 매각할 수 있다."

→ 제△△조 제2호에 의하면 소유자 없는 부동산에 대해 공고를 거쳐 국유재산으로 취득한 후 10년이 지나지 않았다면 매각이 불가능하지만, 해당 호의 단서 규정에 따라 소유자 없는 부동산을 행정재산으로 취득해 그 행정재산을 당해 용도로 사용하지 않게 된 경우에는 10년이 지나지 않아도 매각이 가능하다. 따라서 ⑤는 적절한 진술이다.

정답 | ⑤

21 규범형 문제
민경채 2020 가책형 13번

다음 글을 근거로 판단할 때 옳은 것은?

A국은 다음 5가지 사항을 반영하여 특허법을 제정하였다.

(1) 새로운 기술에 의한 발명을 한 사람에게 특허권이라는 독점권을 주는 제도와 정부가 금전적 보상을 해주는 보상제도 중, A국은 전자를 선택하였다.

(2) 특허권을 별도의 특허심사절차 없이 부여하는 방식과 신청에 의한 특허심사절차를 통해 부여하는 방식 중, A국은 후자를 선택하였다.

(3) 새로운 기술에 의한 발명인지를 판단하는 데 있어서 전세계에서의 새로운 기술을 기준으로 하는 것과 국내에서의 새로운 기술을 기준으로 하는 것 중, A국은 후자를 선택하였다.

(4) 특허권의 효력발생범위를 A국 영토 내로 한정하는 것과 A국 영토 밖으로 확대하는 것 중, A국은 전자를 선택하였다. 따라서 특허권이 부여된 발명을 A국 영토 내에서 특허권자의 허락없이 무단으로 제조·판매하는 행위를 금지하며, 이를 위반한 자에게는 손해배상의무를 부과한다.

(5) 특허권의 보호기간을 한정하는 방법과 한정하지 않는 방법 중, A국은 전자를 선택하였다. 그리고 그 보호기간은 특허권을 부여받은 날로부터 10년으로 한정하였다.

① A국에서 알려지지 않은 새로운 기술로 알코올램프를 발명한 자는 그 기술이 이미 다른 나라에서 널리 알려진 것이라도 A국에서 특허권을 부여받을 수 있다.

② A국에서 특허권을 부여받은 날로부터 11년이 지난 손전등을 제조·판매하기 위해서는 발명자로부터 허락을 받아야 한다.

③ A국에서 새로운 기술로 석유램프를 발명한 자는 A국 정부로부터 그 발명에 대해 금전적 보상을 받을 수 있다.

④ A국에서 새로운 기술로 필기구를 발명한 자는 특허심사절차를 밟지 않더라도 A국 내에서 다른 사람이 그 필기구를 무단으로 제조·판매하는 것을 금지시킬 수 있다.

⑤ A국에서 망원경에 대해 특허권을 부여받은 자는 다른 나라에서 그 망원경을 무단으로 제조 및 판매한 자로부터 A국 특허법에 따라 손해배상을 받을 수 있다.

문제해설

Step 1 문제 해결의 출발점

A국의 특허법 내용이 (1)~(5)의 다섯 가지 항목을 통해 제시되고 있다. 겉으로 드러나는 형식이 살짝 달라졌을 뿐, 전형적인 병렬적 정보 구조의 규범형 문제이므로 선택지의 키워드를 파악하고 곧장 해당 항목을 찾아 판단하도록 한다.

Step 2 선택지 분석

① (○) "A국에서 알려지지 않은 새로운 기술로 알코올램프를 발명한 자는 그 기술이 이미 다른 나라에서 널리 알려진 것이라도 A국에서 특허권을 부여받을 수 있다."
→ (3)과 관련된 사안이다. A국은 국내에서의 새로운 기술을 기준으로 새로운 기술에 의한 발명인지 여부를 판단한다. 따라서 해당 기술이 이미 다른 나라에서 널리 알려진 것이라 하더라도, A국에서 알려지지 않은 새로운 기술로 이루어진 발명이라면 새로운 기술에 의한 발명으로 인정되어 특허권을 부여받을 수 있다.

② (×) "A국에서 특허권을 부여받은 날로부터 11년이 지난 손전등을 제조·판매하기 위해서는 발명자로부터 허락을 받아야 한다."
→ (5)에 의하면 A국은 특허권 보호기간을 특허권을 부여받은 날로부터 10년으로 한정한다. 11년이 지난 경우에는 특허권 보호를 받을 수 없으므로 발명자의 허락을 받을 필요가 없다.

③ (×) "A국에서 새로운 기술로 석유램프를 발명한 자는 A국 정부로부터 그 발명에 대해 금전적 보상을 받을 수 있다."
→ (1)에 의하면 A국은 새로운 기술에 의한 발명을 한 사람에게 특허권이라는 독점권을 주는 제도를 운영하고 있으므로 금전적 보상은 받을 수 없다.

④ (×) "A국에서 새로운 기술로 필기구를 발명한 자는 특허심사절차를 밟지 않더라도 A국 내에서 다른 사람이 그 필기구를 무단으로 제조·판매하는 것을 금지시킬 수 있다."
→ (2)에 의하면 A국은 신청에 의한 특허심사절차를 통해 특허권을 부여하는 방식을 택하였다. 따라서 특허심사절차를 밟지 않았다면 해당 발명자는 특허권을 부여받을 수 없고, 타인의 제조 및 판매를 금지시키는 것도 불가능하다.

⑤ (×) "A국에서 망원경에 대해 특허권을 부여받은 자는 다른 나라에서 그 망원경을 무단으로 제조 및 판매한 자로부터 A국 특허법에 따라 손해배상을 받을 수 있다."
→ (4)에 의하면 A국은 특허권의 효력 발생 범위를 A국 영토 내로 한정한다. 따라서 다른 나라에서 해당 발명에 의해 만들어진 망원경을 무단으로 제조 및 판매하더라도 발명자는 손해배상을 받을 수 없다.

정답 | ①

01 계산형 문제
민경채 2018 가책형 17번

다음 글을 근거로 판단할 때, 〈보기〉의 각 괄호 안에 들어갈 숫자의 합은?

A부처와 B부처에 소속된 공무원 수는 각각 100명이고, 모두 소속된 부처에 있었다. 그런데 A부처는 국가 행사를 담당하게 되어 B부처에 9명의 인력지원을 요청하였다. B부처는 소속 공무원 100명 중 9명을 무작위로 선정해서 A부처에 지원 인력으로 보냈다. 얼마 후 B부처 역시 또 다른 국가 행사를 담당하게 되어 A부처에 인력지원을 요청하였다. A부처는 B부처로부터 지원받았던 인력을 포함한 109명 중 9명을 무작위로 선정해서 B부처에 지원 인력으로 보냈다.

〈보 기〉

ㄱ. A부처와 B부처 간 인력지원이 한 차례씩 이루어진 후, A부처에 B부처 소속 공무원이 3명 남아 있다면 B부처에는 A부처 소속 공무원이 (　　)명 있다.
ㄴ. A부처와 B부처 간 인력지원이 한 차례씩 이루어진 후, B부처에 A부처 소속 공무원이 2명 남아 있다면 A부처에는 B부처 소속 공무원이 (　　)명 있다.

① 5
② 8
③ 10
④ 13
⑤ 15

문제해설

Step 1 문제 해결의 출발점

부처 간 인력 이동의 흐름을 파악하면 쉽게 해결될 수 있는 문제이다. 한 차례씩의 인력지원이 있은 후 A 부처에 남아 있는 B 부처 공무원의 수는 B 부처로 이동한 A 부처 공무원의 수와 동일하다는 것을 파악하자.

Step 2 인원 이동 분석

기본적인 인력 이동 상황부터 정리하면, B→A 방향으로 9명이 이동하였고, 이렇게 이동한 B부처 9명까지 포함한 109명 가운데 다시금 무작위로 9명이 A→B 방향으로 이동하였다.

ㄱ. 처음 B부처에서 A부처로 이동한 9명 가운데 3명이 남고 6명이 다시 원래 부서로 돌아간 상황이다. 그렇다면 A→B 방향으로 이동한 9명 가운데 3명은 원래 A부처 소속이었던 공무원들이다. 따라서 B부처에는 A부처 소속 공무원이 3명 있다.

ㄴ. ㄱ을 응용해서 분석하면 쉽게 해결된다. 한 차례씩의 인력 지원 이후 B부처에 A부처 소속 공무원이 2명 남아 있다는 것은 ㄱ에서 살펴본 것처럼 B부처에서 A부처로 인력지원을 나간 공무원 가운데 2명이 아직 B 부처로 돌아오지 않았음을 의미한다. 따라서 ㄴ의 괄호 속에는 2가 들어간다.

따라서 숫자의 합은 5이다.

정답 | ①

02 계산형 문제
민경채 2018 가책형 7번

다음 〈측량학 수업 필기〉를 근거로 판단할 때, 〈예제〉의 괄호 안에 들어갈 수는?

<측량학 수업 필기>

축 척 : 실제 수평 거리를 지도상에 얼마나 축소해서 나타냈는지를 보여주는 비율.
1/50,000, 1/25,000, 1/10,000, 1/5,000 등을 일반적으로 사용함
ex) 1/50,000은 실제 수평 거리 50,000cm를 지도상에 1cm로 나타냄

등고선 : 지도에서 표고가 같은 지점들을 연결한 선
↳ 표준 해면으로부터 지표의 어느 지점까지의 수직 거리
축척 1/50,000 지도에서는 표고 20m마다, 1/25,000 지도에서는 표고 10m마다, 1/10,000 지도에서는 표고 5m마다 등고선을 그림
ex) 축척 1/50,000 지도에서 등고선이 그려진 모습

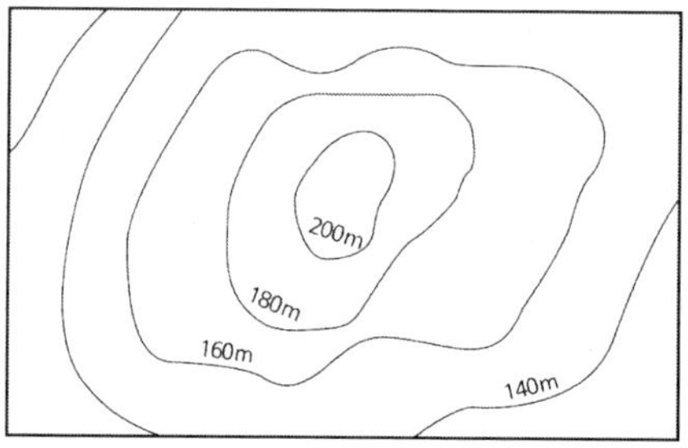

경사도 : 어떤 두 지점 X와 Y를 잇는 사면의 경사도는 다음의 식으로 계산

$$\text{경사도} = \frac{\text{두 지점 사이의 표고 차이}}{\text{두 지점 사이의 실제 수평 거리}}$$

〈예 제〉

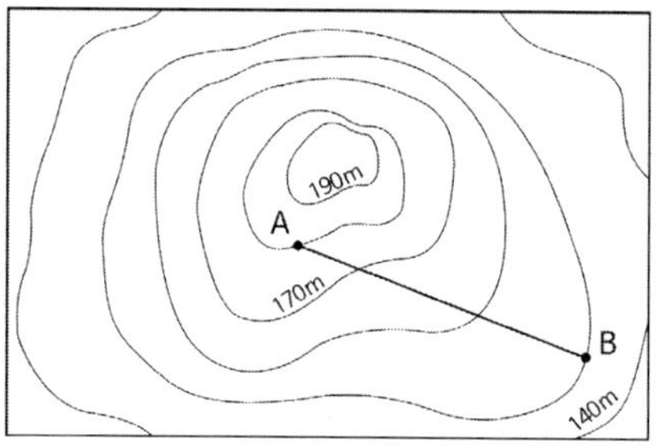

위의 지도는 축척 1/25,000로 제작되었다. 지도상의 지점 A와 B를 잇는 선분을 자로 재어 보니 길이가 4cm였다. 이때 두 지점 A와 B를 잇는 사면의 경사도는 ( )이다.

① 0.015
② 0.025
③ 0.03
④ 0.055
⑤ 0.7

문제해설

Step 1 문제 해결의 출발점

축척 개념이 낯선 수험생이라도 제시된 개념에 따라 차근차근 접근하면 충분히 해결 가능한 문제이다. 가장 중요한 것은 등고선 항목인데, 축척 1/50,000 지도에서는 표고 20m마다, 1/25,000 지도에서는 표고 10m마다, 1/10,000 지도에서는 표고 5m마다 등고선을 그린다는 것을 바탕으로 <예제>에 나와 있는 1/25,000 축척의 지도를 분석하자.

Step 2 〈예제〉 분석

<예제>에 제시된 지도의 축척은 1/25,000이므로 등고선 사이의 표고 거리는 10m이다. A지점과 B지점은 해당 지점을 지나는 등고선들 사이에 두 개의 등고선이 더 있으므로(간격으로 치면 3칸) 표고 차이는 30m이다.

한편 지도상의 지점 A와 B를 잇는 선분을 자로 재었을 때의 길이가 4cm였으므로 두 지점 사이의 실제 거리는 4cm × 25,000 = 100,000cm(1,000m)이다.

마지막으로 경사도는 $\frac{\text{두 지점 사이의 표고 차이}}{\text{두 지점 사이의 실제 수평 거리}}$ 이므로,

A와 B 사이의 경사도는 30m ÷ 1,000m = 0.03이다.

정답 | ③

03 계산형 문제

민경채 2018 가책형 18번

다음 글을 근거로 판단할 때, 甲~戊 중 가장 많은 지원금을 받는 신청자는?

A국은 신재생에너지 보급 사업 활성화를 위하여 신재생에너지 설비에 대한 지원 내용을 공고하였다. <지원 기준>과 <지원 신청 현황>은 아래와 같다.

<지원 기준>

구분		용량(성능)	지원금 단가
태양광	단독주택	2kW 이하	kW당 80만 원
		2kW 초과 3kW 이하	kW당 60만 원
	공동주택	30kW 이하	kW당 80만 원
태양열	평판형·진공관형	$10m^2$ 이하	m^2당 50만 원
		$10m^2$ 초과 $20m^2$ 이하	m^2당 30만 원
지열	수직밀폐형	10kW 이하	kW당 60만 원
		10kW 초과	kW당 50만 원
연료전지	인산형 등	1kW 이하	kW당 2,100만 원

○ 지원금은 '용량(성능)×지원금 단가'로 산정
○ 국가 및 지방자치단체 소유 건물은 지원 대상에서 제외
○ 전월 전력사용량이 450kWh 이상인 건물은 태양열 설비 지원 대상에서 제외
○ 용량(성능)이 <지원 기준>의 범위를 벗어나는 신청은 지원 대상에서 제외

<지원 신청 현황>

신청자	설비 종류	용량(성능)	건물 소유자	전월 전력사용량	비고
甲	태양광	8kW	개인	350kWh	공동주택
乙	태양열	$15m^2$	개인	550kWh	진공관형
丙	태양열	$5m^2$	국가	400kWh	평판형
丁	지열	15kW	개인	200kWh	수직밀폐형
戊	연료전지	3kW	개인	500kWh	인산형

① 甲 ② 乙 ③ 丙
④ 丁 ⑤ 戊

문제해설

Step 1 문제 해결의 출발점

자격 박탈 조건이 포함된 전형적인 순위 비교형 계산 문제이다. 본문의 동그라미 표시된 조건 두 번째부터 네 번째까지의 자격 조건을 적용해 병, 을, 무가 처음부터 대상에서 제외된다는 것을 파악하면 실제 계산 대상은 갑과 정으로 압축된다.

Step 2 〈지원 신청 현황〉 분석

이미 언급한 것처럼, 1) 국가 및 지방자치단체 소유 건물, 2) 전월 전력사용량이 450kWh 이상인 건물은 태양열 설비, 3) 용량(성능)이 <지원 기준>의 범위를 벗어나는 신청은 모두 지원 대상에서 제외된다. 1)에 따라 병이, 2)에 따라 을이, 3)에 따라 무가 제외된다.

남은 것은 갑과 정인데, 갑은 공동주택 태양광이므로 kw당 60만 원을 지원받아 총 640만 원의 지원금을, 정은 10kW를 초과하는 지열 방식이므로 kW당 50만 원을 지원받아 총 750만 원의 지원금을 받는다. 따라서 정답은 '정'이다.

정답 | ④

04 계산형 문제

민경채 2018 가책형 22번

다음 글을 근거로 판단할 때, 〈보기〉에서 옳은 것만을 모두 고르면?

○ 甲시청은 관내 도장업체(A~C)에 청사 바닥(면적 : $60m^2$) 도장공사를 의뢰하려 한다.

<관내 도장업체 정보>

업체	$1m^2$당 작업시간	시간당 비용
A	30분	10만 원
B	1시간	8만 원
C	40분	9만 원

○ 개별 업체의 작업속도는 항상 일정하다.

○ 여러 업체가 참여하는 경우, 각 참여 업체는 언제나 동시에 작업하며 업체당 작업시간은 동일하다. 이때 각 참여 업체가 작업하는 면은 겹치지 않는다.

○ 모든 업체는 시간당 비용에 비례하여 분당 비용을 받는다. (예 : A가 6분 동안 작업한 경우 1만 원을 받는다)

〈보 기〉

ㄱ. 작업을 가장 빠르게 끝내기 위해서는 A와 C에게만 작업을 맡겨야 한다.

ㄴ. B와 C에게 작업을 맡기는 경우, 작업 완료까지 24시간이 소요된다.

ㄷ. A, B, C에게 작업을 맡기는 경우, B와 C에게 작업을 맡기는 경우보다 많은 비용이 든다.

① ㄱ　② ㄴ　③ ㄷ

④ ㄱ, ㄴ　⑤ ㄴ, ㄷ

문제해설

Step 1 문제 해결의 출발점

작업 대상 면적이 60으로 제시되어 있고 각 업체별 작업시간과 시간당 비용이 표로 나타나 있다. <보기>에는 시간에 대한 질문을 묻는 것이 많은데, 이를 분석하기 위해 면적당 작업시간을 1시간당 작업 면적으로 치환하는 것이 효율적이다.

Step 2 선택지 분석

ㄱ. (×) 본문의 세 번째 조건에 의하면 여러 업체가 참여하는 경우에 각 참여 업체는 언제나 동시에 작업하며 업체당 작업시간은 동일하게 이루어진다. 그렇다면 작업을 가장 빠르게 끝내기 위해서는 A와 C에게만 작업을 맡기는 게 아니라 B까지 포함해 세 업체 모두에게 작업을 맡겨야 할 것이다. 구체적인 작업 시간은 굳이 계산할 필요가 없다.

ㄴ. (○) <표>에는 1m^2당 작업시간이 나와 있는데, 선지에서는 작업 완료 시간을 묻고 있다. 따라서 작업 시간당 작업 면적으로 치환해 계산하는 것이 효율적이다. B업체는 1시간당 1m^2를, C업체는 1시간당 1.5 m^2를 작업할 수 있다. 두 업체가 함께 작업하면 2시간당 5m^2를 작업하는 것이므로 전체 60m^2를 작업하는 데는 총 24시간(60÷5×2)이 걸린다.

ㄷ. (×) 각 경우에 발생하는 비용을 직접 계산해도 되지만, 이런 문제에서는 각 주체별 단위당 비용을 비교하는 것이 더 효율적이다.

먼저 비용을 직접 계산하면, 세 업체에 작업을 맡길 경우 ㄴ을 응용하면 1시간당 4.5, 2시간당 9 m^2를 작업할 수 있으므로 비용은 60÷9×54만(1시간 비용의 합이 27만 원이므로 2시간당 54만 원) = 360만 원이 나오고, B와 C에게 작업을 맡길 경우에는 ㄴ에서 살펴본 것처럼 총 24시간이 걸리므로 2시간당 5 m^2를 작업하는 것으로 해서 60÷5×34만=408만 원이 나온다.

다른 방식으로, 1 m^2당 작업 비용이 A는 5만 원(1m^2당 30분 걸리므로), B는 8만 원, C는 6만 원(1m^2당 40분 걸리므로 9만 원 × 2/3 = 6만 원)이다. 단위당 비용이 A가 가장 저렴하므로 A까지 포함해서 작업을 맡기는 것이 더 적은 비용이 든다.

정답 | ②

05 계산형 문제

민경채 2019 나책형 6번

다음 글을 근거로 판단할 때, 국제행사의 개최도시로 선정될 곳은?

甲사무관은 대한민국에서 열리는 국제행사의 개최도시를 선정하기 위해 다음과 같은 <후보도시 평가표>를 만들었다. <후보도시 평가표>에 따른 점수와 <국제해양기구의 의견>을 모두 반영하여, 합산점수가 가장 높은 도시를 개최도시로 선정하고자 한다.

<후보도시 평가표>

구분	서울	인천	대전	부산	제주
1) 회의 시설 1,500명 이상 수용가능한 대회의장 보유 등	A	A	C	B	C
2) 숙박 시설 도보거리에 특급 호텔 보유 등	A	B	A	A	C
3) 교통 공항접근성 등	B	A	C	B	B
4) 개최 역량 대규모 국제행사 개최 경험 등	A	C	C	A	B

※ A : 10점, B : 7점, C : 3점

〈국제해양기구의 의견〉

○ 외국인 참석자의 편의를 위해 '교통'에서 A를 받은 도시의 경우 추가로 5점을 부여해 줄 것
○ 바다를 끼고 있는 도시의 경우 추가로 5점을 부여해 줄 것
○ 예상 참석자가 2,000명 이상이므로 '회의 시설'에서 C를 받은 도시는 제외할 것

① 서울
② 인천
③ 대전
④ 부산
⑤ 제주

문제해설

Step 1 문제 해결의 출발점

본문 전반부의 내용에 따르면 <평가표>의 등급을 점수로 환산해 합산한 점수에 <의견>의 항목들에 따라 가중/제외의 경우를 적용해 합산점수를 비교하는 것이 핵심이다. 복잡한 계산이 요구되거나 까다로운 조건이 포함된 게 아니어서 손쉽게 해결 가능할 것이다.

Step 2 선택지 분석

1) 먼저 <의견>의 세 번째 항목이 자격 조건에 해당하므로 이것부터 먼저 적용한다.
   → '회의 시설'에서 C를 받은 '대전'과 '제주' 제외

2) <의견>의 첫 번째, 두 번째 항목의 내용 적용
   ① '교통'에서 A → 인천+5점
   ② '바다를 끼고 있는 도시
      → 인천+5점, 부산+5점 (제주는 제외)

3) 1), 2)를 모두 반영해 점수를 구하면 서울 37점, 인천 40점, 부산 39점으로 인천이 선정된다.

정답 | ②

06 계산형 문제
민경채 2019 나책형 8번

다음 글을 근거로 판단할 때, 〈보기〉에서 옳은 것만을 모두 고르면?

甲은 결혼 준비를 위해 스튜디오 업체(A, B), 드레스 업체(C, D), 메이크업 업체(E, F)의 견적서를 각각 받았는데, 최근 생긴 B업체만 정가에서 10% 할인한 가격을 제시하였다. 아래 <표>는 각 업체가 제시한 가격의 총액을 계산한 결과이다. (단, A~F 각 업체의 가격은 모두 상이하다)

<표>

스튜디오	드레스	메이크업	총액
A	C	E	76만 원
이용 안함	C	F	58만 원
A	D	E	100만 원
이용 안함	D	F	82만 원
B	D	F	127만 원

〈보 기〉

ㄱ. A업체 가격이 26만 원이라면, E업체 가격이 F업체 가격보다 8만 원 비싸다.
ㄴ. B업체의 할인 전 가격은 50만 원이다.
ㄷ. C업체 가격이 30만 원이라면, E업체 가격은 28만 원이다.
ㄹ. D업체 가격이 C업체 가격보다 26만 원 비싸다.

① ㄱ
② ㄴ
③ ㄷ
④ ㄴ, ㄷ
⑤ ㄷ, ㄹ

문제해설

Step 1 문제 해결의 출발점

업체별 가격이 제시되지 않은 상황에서, <표>의 각 행별 '총액' 항목을 통해 개별 업체의 구체적 가격을 도출하는 것이 목표이다. 하지만 <보기> ㄱ이나 ㄷ의 진술 구조에서 알 수 있듯이, 본문의 정보만으로 특정 업체의 가격을 확정지을 수 없는 경우도 있음을 알 수 있다.

특정 업체의 가격을 정확한 수치이건 ㄱ이나 ㄹ 선지의 진술처럼 두 업체 사이의 가격 차이이건, <표>에 주어진 조건들을 방정식화하여 정리하는 작업이 필요하다.

Step 2 선택지 분석

1) <표>의 각 행을 ①~⑤라고 하고, 각각을 방정식화하여 상호 비교해 본다.

   ① A+C+E = 76
   ② C+F = 58
   ③ A+D+E = 100
   ④ D+F = 82
   ⑤ B+D+F = 127

   확정적 결과가 도출되는 것부터 구하는 것이 효율적인데, ⑤-④를 하면 B의 값은 45로 확정된다. 이렇게 도출된 B의 가격은 본문에 의하면 정가에서 10% 할인한 가격이므로 B업체의 할인 전 가격은 50만 원임을 알 수 있다. → ㄴ(○)

   또한 ③-①을 하면 D-C=24가 된다. 따라서 D업체의 가격은 C업체의 가격보다 24만 원 더 비싸다. → ㄹ(×)

2) 여기까지 작업하면 선지의 구성상 <보기> ㄱ은 안 봐도 된다는 것을 알 수 있다. 하지만 분석을 위해 정리하면, A=26일 경우, ①-②=E-F=-8로 F업체의 가격이 E업체의 가격보다 8만 원이 비싸다고 해야 한다. → ㄱ(×)

3) 마지막으로 ㄷ을 분석하자. C가 30만 원이면 (1)에서 정리한 바에 따라 D는 54만 원이 된다. E가 포함된 것은 ①과 ③인데, C와 D의 가격 정보를 대입해도 A+E=46이라는 정보까지만 도출할 수 있을 뿐이다. 즉 A의 가격이 추가로 제시되지 않는 한 E업체의 가격을 도출하는 것은 불가능하다. → ㄷ(×)

정답 | ②

07 계산형 문제
민경채 2019 나책형 9번

다음 글과 〈상황〉을 근거로 판단할 때, 〈보기〉에서 옳은 것만을 모두 고르면?

K국에서는 모든 법인에 대하여 다음과 같이 구분하여 주민세를 부과하고 있다.

구분	세액(원)
○ 자본금액 100억 원을 초과하는 법인으로서 종업원 수가 100명을 초과하는 법인	500,000
○ 자본금액 50억 원 초과 100억 원 이하 법인으로서 종업원 수가 100명을 초과하는 법인	350,000
○ 자본금액 50억 원을 초과하는 법인으로서 종업원 수가 100명 이하인 법인 ○ 자본금액 30억 원 초과 50억 원 이하 법인으로서 종업원 수가 100명을 초과하는 법인	200,000
○ 자본금액 30억 원 초과 50억 원 이하 법인으로서 종업원 수가 100명 이하인 법인 ○ 자본금액 10억 원 초과 30억 원 이하 법인으로서 종업원 수가 100명을 초과하는 법인	100,000
○ 그 밖의 법인	50,000

<상 황>

법인	자본금액(억 원)	종업원 수(명)
甲	200	?
乙	20	?
丙	?	200

〈보 기〉

ㄱ. 甲이 납부해야 할 주민세 최소 금액은 20만 원이다.
ㄴ. 乙의 종업원이 50명인 경우 10만 원의 주민세를 납부해야 한다.
ㄷ. 丙이 납부해야 할 주민세 최소 금액은 10만 원이다.
ㄹ. 甲, 乙, 丙이 납부해야 할 주민세 금액의 합계는 최대 110만 원이다.

① ㄱ, ㄴ ② ㄱ, ㄷ ③ ㄱ, ㄹ
④ ㄴ, ㄷ ⑤ ㄴ, ㄹ

문제해설

Step 1 문제 해결의 출발점

본문의 구분표에 따라 <상황>에 제시된 갑~병 법인의 주민세를 도출해야 하는데, <상황>에 제시된 표의 일부가 누락되어 있으므로 납부해야 할 주민세를 범위 형태(최대나 최소)로 산출하는 것만 가능한 상황임에 주의해야 한다.

Step 2 선택지 분석

먼저, 본문에 제시된 구분표의 각 항목을 순서대로 ①~⑤로 명명하기로 한다.

ㄱ. (○) '갑'의 자본금액은 200억 원이고 종업원 수는 미정이다. 이러한 조건에 해당하는 경우는 ① 및 ③의 첫 번째 항목이다. 종업원 수가 100명을 초과하면 50만 원이지만, 100명 이하인 경우에는 ③-1에 따라 주민세는 20만 원이 된다. 따라서 최소 금액은 20만 원이다.

ㄴ. (×) ㄴ의 정보가 추가되어 '을'의 자본금액이 20억, 종업원 수가 50명이 되면 '을'은 ⑤의 '그 밖의 법인'에 해당하게 된다. 따라서 이때 '을'은 5만 원의 주민세만 납부하면 된다.

ㄷ. (×) '병'은 자본금액이 미정인 상태이다. 따라서 종업원 수 200명을 기준으로 가능한 항목을 살펴보면 ①, ②, ③-2, ④-2, ⑤로 총 5가지이다(자본금이 10억 원 미만일 수도 있으므로 ⑤의 가능성을 놓치지 말아야 한다). 따라서 최소 납부 세액은 5만 원이다.

ㄹ. (○) 최대 금액을 찾아야 하므로 미정인 항목이 항목표 급간의 최대 세액에 해당하는 경우로 가정해서 살펴보는 것이 효율적이다. '갑'의 경우 종업원 수가 100명을 초과하면 ①에 따라 50만 원을, '을'의 경우 종업원 수가 100명을 초과하면 ④-2에 따라 10만 원을, '병'의 경우 자본금액이 100억 원을 초과하는 경우 ①에 따라 50만 원을 납부하는 것이 최대 금액이다. 따라서 금액 합계 최대는 110만 원이다.

정답 | ③

08 **계산형 문제**
민경채 2019 나책형 10번

다음 〈재난관리 평가지침〉과 〈상황〉을 근거로 판단할 때 옳은 것은?

<재난관리 평가지침>

□ 순위산정 기준
○ 최종순위 결정
- 정량평가 점수(80점)와 정성평가 점수(20점)의 합으로 계산된 최종점수가 높은 순서대로 순위 결정

○ 동점기관 처리
- 최종점수가 동점일 경우에는 정성평가 점수가 높은 순서대로 순위 결정

□ 정성평가 기준
○ 지자체 및 민간분야와의 재난안전분야 협력(10점 만점)

평가	상	중	하
선정비율	20%	60%	20%
배점	10점	6점	3점

○ 재난관리에 대한 종합평가(10점 만점)

평가	상	중	하
선정비율	20%	60%	20%
배점	10점	5점	1점

〈상 황〉

일부 훼손된 평가표는 아래와 같다. (단, 평가대상기관은 5개이다)

평가 / 기관	정량평가 (80점 만점)	정성평가 (20점 만점)
A	71	20
B	80	11
C	69	11
D	74	
E	66	

① A기관이 2위일 수도 있다.
② B기관이 3위일 수도 있다.
③ C기관이 4위일 가능성은 없다.
④ D기관이 3위일 가능성은 없다.
⑤ E기관은 어떠한 경우에도 5위일 것이다.

문제해설

Step 1 문제 해결의 출발점

정량평가와 정성평가 점수의 합산값인 최종점수에 따라 순위가 결정되는 방식이다. 미확정 정보가 존재하는 문제들의 경우와 마찬가지로 <상황>의 일부 항목에 빈칸이 존재한다. 따라서 우선 최종점수를 확정할 수 있는 A~C의 점수부터 도출하고, 나머지 D와 E의 정성평가 점수의 가능한 범위를 분석하는 흐름으로 접근한다.

점수가 확정되어 있는 정량평가와 달리, 정성평가 점수는 10점 만점의 2가지 항목이 합산된 결과로 도출되며 선정비율이 1:3:1로 고정되어 있다. 즉, 만약 어떤 기관이 정성평가에서 20점을 받았다면 그 기관은 정성평가의 두 개 항목에서 모두 '상'을 받은 것이 되므로, 나머지 기관 가운데 정성평가 점수의 결과가 11점을 초과하는 경우는 나올 수 없다는 점을 고려해야 한다.

Step 2 〈상황〉 정리 및 선택지 분석

A, B, C 세 기관의 최종점수는 각각 91, 91, 80점이다. 이 가운데 A의 정성평가 점수가 20점이므로 A가 정성평가 기준의 두 가지 항목 모두에서 '상'을 받았음을 알 수 있다. 그리고 B와 C의 정성평가 점수는 모두 11점인데, A가 두 가지 정성평가에서 모두 '상'을 받은 상황에서 나머지 기관이 11점을 획득하는 경우는 '중+중'밖에는 없다. 따라서 D와 E는 정성평가 기준의 '협력'과 '종합평가' 항목에서 각각에 남아 있는 '중' 평가 1개와 '하' 평가 1개의 조합으로 정성평가 점수가 결정된다. (D vs E : 11점 vs 4점 / 4점 vs 11점 / 8점 vs 7점 / 7점 vs 8점 구도로 분배 가능)

① (×) A는 정성평가 점수가 B보다 높으므로, A가 B보다 높은 순위이다. 또한 정량평가 점수가 74점인 D 기관이 정성평가에서 아무리 높은 점수를 받아도 11점이 추가되는 것이 한계이므로 A기관은 무조건 1위가 된다.

②, ③, ④ (×) 선지 ①에서 살펴본 것처럼 D의 최종점수 최대치는 85점이므로 B는 A에 이어 2위로 확정된다. 이 경우 E는 +4점으로 70점, C 기관은 D보다 낮은 80점이 최종점수이므로 D가 3위이고 C가 4위가 되는 경우가 존재한다.

⑤ (○) 만약 E가 정성평가에서 얻을 수 있는 최고 점수인 11점을 얻으면 D의 정성평가 점수는 4점이 된다. 이를 반영해도 최종점수는 A~E 순으로 91, 91, 90, 78, 77이 되어 E는 5위이다.

정답 | ⑤

09 계산형 문제

민경채 2019 나책형 16번

다음 글을 근거로 판단할 때, 〈상황〉의 ㉠과 ㉡을 옳게 짝지은 것은?

> 채용에서 가장 중요한 점은 조직에 적합한 인재의 선발, 즉 필요한 수준의 기본적 직무적성·태도 등 전반적 잠재력을 가진 지원자를 선발하는 것이다. 그러나 채용 과정에서 적합한 사람을 채용하지 않거나, 적합하지 않은 사람을 채용하는 경우도 있다. 적합한 지원자 중 탈락시킨 지원자의 비율을 오탈락률이라 하고, 적합하지 않은 지원자 중 채용한 지원자의 비율을 오채용률이라 한다.

〈상 황〉

> 甲회사의 신입사원 채용 공고에 1,200명이 지원하여, 이 중에 360명이 채용되었다. 신입사원 채용 후 조사해보니 1,200명의 지원자 중 회사에 적합한 지원자는 800명이었고, 적합하지 않은 지원자는 400명이었다. 채용된 360명의 신입사원 중 회사에 적합하지 않은 인원은 40명으로 확인되었다. 이에 따르면 오탈락률은 (㉠)%이고, 오채용률은 (㉡)%이다.

	㉠	㉡
①	40	5
②	40	10
③	55	10
④	60	5
⑤	60	10

문제해설

Step 1 문제 해결의 출발점

<상황>의 빈칸은 '오탈락률'과 '오채용률'이다. 따라서 본문의 후반부 정보에서 각 개념의 정의를 먼저 정리해야 한다.

- 오탈락률 : 적합한 지원자 가운데 탈락시킨 지원자 / 적합한 지원자
- 오채용률 : 적합하지 않은 지원자 가운데 채용한 지원자 / 적합하지 않은 지원자

→ 각 개념의 분모 자리는 지원자 전체가 아니라 적합한 지원자와 적합하지 않은 지원자라는 각 부분으로 구성되어 있다. 결국 '조건부 확률'을 구하는 문제임을 알 수 있다.

Step 2 〈상황〉 분석

<상황>을 통해 주요 항목의 수치를 정리하면 다음과 같다.

	적합한 지원자	적합하지 않은 지원자	
채용된 지원자	320	40	360
탈락한 지원자	480	360	840
	800	400	

1) 오탈락률 : 적합한 지원자(800) 가운데 탈락시킨 지원자(480)의 비율이므로 480/800 × 100 = 60%이다.

2) 오채용률 : 적합하지 않은 지원자(400) 가운데 채용한 재원자(40)의 비율이므로 40/400 × 100 = 10%이다.

정답 | ⑤

10 계산형 문제

민경채 2019 나책형 20번

다음 글과 〈상황〉을 근거로 판단할 때, 〈보기〉에서 옳은 것만을 모두 고르면?

K대학교 교과목 성적 평정(학점)은 총점을 기준으로 상위 점수부터 하위 점수까지 A^+, A^0, B^+~F 순으로 한다. 각 등급별 비율은 아래 <성적 평정 기준표>를 따르되, 상위 등급의 비율을 최대 기준보다 낮게 배정할 경우에는 잔여 비율을 하위 등급 비율에 가산하여 배정할 수 있다. 예컨대 A등급 배정 비율은 10~30%이나, 만일 25%로 배정한 경우에는 잔여 비율인 5%를 하위 등급 하나에 배정하거나 여러 하위 등급에 나누어 배정할 수 있다. 한편 A, B, C, D 각 등급 내에서 +와 0의 비율은 교수 재량으로 정할 수 있다.

<성적 평정 기준표>

등급	A		B		C		D		F
학점	A^+	A^0	B^+	B^0	C^+	C^0	D^+	D^0	
비율 (%)	10~30		20~35		20~40		0~40		0~40

※ 평정대상 총원 중 해당 등급 인원 비율

〈상 황〉

<△△교과목 성적산출 자료>

성명	총점	순위	성명	총점	순위
양다경	99	1	양대원	74	11
이지후	97	2	권치원	72	12
이태연	93	3	김도윤	68	13
남소연	89	4	권세연	66	14
김윤채	86	5	남원중	65	15
엄선민	84	6	권수진	64	16
이태근	79	7	양호정	61	17
김경민	78	8	정호채	59	18
이연후	77	9	이신영	57	19
엄주용	75	10	전희연	57	19

※ 평정대상은 총 20명임

〈보 기〉

ㄱ. 평정대상 전원에게 C^+ 이상의 학점을 부여할 수 있다.
ㄴ. 79점을 받은 학생이 받을 수 있는 가장 낮은 학점은 B0이다.
ㄷ. 5명에게 A등급을 부여하면, 최대 8명의 학생에게 B^+학점을 부여할 수 있다.
ㄹ. 59점을 받은 학생에게 부여할 수 있는 학점은 C^+, C^0, D^+, D^0, F 중 하나이다.

① ㄱ, ㄴ
② ㄱ, ㄹ
③ ㄷ, ㄹ
④ ㄱ, ㄷ, ㄹ
⑤ ㄴ, ㄷ, ㄹ

문제해설

Step 1 문제 해결의 출발점

<성적 평정 기준표>에 대한 본문의 설명 이해가 급선무이다. 각 등급의 비율은 교수 재량에 따라 정해진 범위 내에서 설정될 수 있고, 각 등급 내 +와 0의 비율 역시 가변적이다. 따라서 <상황>에 제시된 평정대상 20명의 등급을 본문에 주어진 정보만으로 확정하는 것은 불가능하다고 판단하고, 곧바로 <보기>의 선지를 하나씩 분석하는 과정으로 나아가야 한다.

Step 2 선택지 분석

ㄱ. (○) D와 F 등급의 비율은 0%로 설정하는 것이 가능하므로 나머지 A~C 등급의 비율을 각각 30%, 30%, 40%와 같이 100%가 되게끔 설정하고, C는 모두 C^+가 되도록 하면 평정대상 정원이 C^+ 이상의 학점을 받는 것이 가능하다.

ㄴ. (×) 가장 낮은 학점의 범위를 묻고 있는데, 79점은 이태근으로 7등이다. 만약 A와 B의 인원 비율이 각각 최대치로 설정되어 A~B가 전체의 65%를 차지한다면 13등까지 B를 받겠지만, 반대로 A와 B의 인원 비율이 최소치로 설정되어 전체 평정대상의 30%(6등 이내)까지만 B 이상을 받는다면 7등인 이태근은 C 등급을 받을 수도 있다.

ㄷ. (○) 5명에게 A 등급을 부여했다는 것은 A의 비율이 25%임을 의미한다. 그러면 잔여 비율인 5%는 하위 등급에 분배할 수 있으며, 이를 전부 B에 부여하고(B의 전체 비율이 40%가 됨), B0 없이 모두 B^+만 부여한다고 설정하면 최대 8명이 B^+를 받게 된다.

ㄹ. (○) 모두 5개의 등급이 제시되어 있지만, 중요한 것은 최고 등급인 C^+와 최저 등급인 F이다. 59점인 정호채는 18등으로 상당히 후순위이다. 만약 F의 비율이 15%이상이라면 정호채는 F 등급을 받게 된다. 반대로 F와 D의 비율이 모두 0이고 ㄱ에서처럼 A~C가 전체를 차지하게 설정한다면 정호채는 C^+ 등급을 받는 것이 가능하다.

정답 | ④

11 계산형 문제
민경채 2020 가책형 7번

다음 글을 근거로 판단할 때, 2019년의 무역의존도가 높은 순서대로 세 국가(A~C)를 나열한 것은?

A, B, C 세 국가는 서로 간에만 무역을 하고 있다. 2019년 세 국가의 수출액은 다음과 같다.

○ A의 B와 C에 대한 수출액은 각각 200억 달러와 100억 달러였다.
○ B의 A와 C에 대한 수출액은 각각 150억 달러와 100억 달러였다.
○ C의 A와 B에 대한 수출액은 각각 150억 달러와 50억 달러였다.

A, B, C의 2019년 국내총생산은 각각 1,000억 달러, 3,000억 달러, 2,000억 달러였고, 각 국가의 무역의존도는 다음과 같이 계산한다.

$$\text{무역의존도} = \frac{\text{총 수출액} + \text{총 수입액}}{\text{국내총생산}}$$

① A, B, C
② A, C, B
③ B, A, C
④ B, C, A
⑤ C, A, B

문제해설

Step 1 문제 해결의 출발점

제시된 '무역의존도' 공식에 따라 세 국가간 순위를 결정하는 순위 비교 계산형 문제이다. 특별히 복잡한 내용이 없으므로 곧장 국가별 무역의존도를 계산해 상호 비교하도록 한다.

Step 2 국가별 무역의존도 계산 및 비교

각 국가별 총 수출액 및 총 수입액을 구하는 과정에서는 "A의 B와 C에 대한 수출액은 각각 ~"의 문장 구조를 주의해야 한다. 즉 특정 국가에 대한 수출액은 대상 국가 입장에서는 수입액이 되는 것이다. 이를 고려하면 각 국가의 수출액과 수입액은 다음과 같다.

	총 수출액	총 수입액
A	300억	150억(B) + 150억(C)
B	250억	200억(A) + 50억(C)
C	200억	100억(A) + 100억(B)

이를 바탕으로 각 국가의 무역 의존도를 계산하면

A국 = 600억 / 1,000억

B국 = 500억 / 3,000억

C국 = 400억 / 2,000억

따라서 무역의존도가 높은 순으로 정리하면 A>C>B이다.

정답 | ②

12 계산형 문제

민경채 2020 가책형 8번

다음 글을 근거로 판단할 때, 〈보기〉에서 옳은 것만을 모두 고르면?

△△부처는 직원 교육에 사용할 교재를 외부 업체에 위탁하여 제작하려 한다. 업체가 제출한 시안을 5개의 항목으로 평가하고, 평가 점수의 총합이 가장 높은 시안을 채택한다. 평가 점수의 총합이 동점일 경우, 평가 항목 중 학습내용 점수가 가장 높은 시안을 채택한다. 5개의 업체가 제출한 시안(A~E)의 평가 결과는 다음과 같다.

(단위 : 점)

평가 항목(배점) \ 시안	A	B	C	D	E
학습내용(30)	25	30	20	25	20
학습체계(30)	25	(㉠)	30	25	20
교수법(20)	20	17	(㉡)	20	15
학습평가(10)	10	10	10	5	10
학습매체(10)	10	10	10	10	10

〈보 기〉

ㄱ. D와 E는 채택되지 않는다.
ㄴ. ㉡의 점수와 상관없이 C는 채택되지 않는다.
ㄷ. ㉠이 23점이라면 B가 채택된다.

① ㄱ
② ㄷ
③ ㄱ, ㄴ
④ ㄴ, ㄷ
⑤ ㄱ, ㄴ, ㄷ

문제해설

Step 1 문제 해결의 출발점

전형적인 항목 간 순위 비교 계산형 문제이다. 평가 항목 가운데 빈칸이 존재하는 B와 C 업체는 현재 합산 가능한 항목만 먼저 계산하고, 나머지 업체는 최종 점수를 우선 도출하여 바로 <보기>의 선지별 판단을 내리도록 한다.

Step 2 선택지 분석

각 업체별 도출 가능한 평가 점수 총합(또는 현재 알려진 점수 총합)을 정리하면 다음과 같다.

시안	A	B	C	D	E
총점	90	67+㉠	70+㉡	85	75

ㄱ. (○) 평가 점수 총합이 최종 산출된 A, D, E 가운데 A의 점수가 가장 높으므로 D와 E는 자동적으로 배제된다.

ㄴ. (○) ㉡으로 들어갈 수 있는 점수의 최대치는 20점이다. ㉡이 20점일 경우 A와 B가 동점이 되는데(B의 최종 점수는 일단 고려하지 않음), 두 시안의 총점이 동점일 경우에는 '학습내용' 항목의 점수가 높은 시안이 채택되므로 A의 순위가 C보다 높게 된다.

ㄷ. (○) ㉠이 23점이면 A와 B가 동점으로 1순위가 되며, 역시 동점일 경우의 순위 결정 방식에 따라 '학습내용' 항목의 점수가 더 높은 B가 최종적으로 채택된다.

정답 | ⑤

13 계산형 문제

민경채 2020 가책형 10번

다음 〈지정 기준〉과 〈신청 현황〉을 근거로 판단할 때, 신청병원(甲~戊) 중 산재보험 의료기관으로 지정되는 것은?

<지정 기준>

○ 신청병원 중 인력 점수, 경력 점수, 행정처분 점수, 지역별 분포 점수의 총합이 가장 높은 병원을 산재보험 의료기관으로 지정한다.

○ 전문의 수가 2명 이하이거나, 가장 가까이 있는 기존 산재보험 의료기관까지의 거리가 1km 미만인 병원은 지정 대상에서 제외한다.

○ 각각의 점수는 아래의 항목별 배점 기준에 따라 부여한다.

항목	배점 기준
인력 점수	전문의 수 7명 이상은 10점
	전문의 수 4명 이상 6명 이하는 8점
	전문의 수 3명 이하는 3점
경력 점수	전문의 평균 임상경력 1년당 2점(단, 평균 임상경력이 10년 이상이면 20점)
행정처분 점수	2명 이하의 의사가 행정처분을 받은 적이 있는 경우 10점
	3명 이상의 의사가 행정처분을 받은 적이 있는 경우 2점
지역별 분포 점수	가장 가까이 있는 기존 산재보험 의료기관이 8km 이상 떨어져 있을 경우, 인력 점수와 경력 점수 합의 20%에 해당하는 점수
	가장 가까이 있는 기존 산재보험 의료기관이 3km 이상 8km 미만 떨어져 있을 경우, 인력 점수와 경력 점수 합의 10%에 해당하는 점수
	가장 가까이 있는 기존 산재보험 의료기관이 3km 미만 떨어져 있을 경우, 인력 점수와 경력 점수 합의 20%에 해당하는 점수 감점

<신청 현황>

신청 병원	전문의 수	전문의 평균 임상경력	행정처분을 받은 적이 있는 의사 수	가장 가까이 있는 기존 산재보험 의료기관까지의 거리
甲	6명	7년	4명	10km
乙	2명	17년	1명	8km
丙	8명	5년	0명	1km
丁	4명	11년	3명	2km
戊	3명	12년	2명	500m

① 甲　② 乙　③ 丙　④ 丁　⑤ 戊

문제해설

Step 1 문제 해결의 출발점

'자격 조건'이 포함되어 있는 항목 간 순위 비교 계산형 문제이다. <지정 기준>의 두 번째 항목에 제시된 '자격 조건(배제 조건)'을 우선 적용해 '을'과 '무' 두 병원은 지정 대상에서 제외하고 시작하도록 한다.

Step 2 〈신청 현황〉 분석

자격 조건에 의해 처음부터 배제된 '을'과 '무' 두 병원 이외 나머지 세 병원을 항목 별 배점 기준에 따라 점수를 산출한다. 항목별 배점 기준의 마지막에 제시된 '지역별 분포 점수'는 인력 점수와 경력 점수 합의 비율로 점수가 산정된다는 점에 주의하자.

신청 병원	전문의 수	전문의 평균 임상경력	행정처분을 받은 적이 있는 의사 수	가장 가까이 있는 기존 산재보험 의료기관까지의 거리
甲	6명 (8점)	7년 (14점)	4명 (2점)	10km (22점×0.2 가점)
丙	8명 (10점)	5년 (10점)	0명 (10점)	1km (20점×0.2 감점)
丁	4명 (8점)	11년 (20점)	3명 (2점)	2km (28점×0.2 감점)

갑 = 24점 + 4.4점 = 28.4점

을 = 30점 - 4점 = 26점

정 = 30점 - 5.6점 = 24.4점

따라서 갑 기관이 선정된다.

정답 | ①

14 계산형 문제
민경채 2020 가책형 18번

다음 〈상황〉과 〈기준〉을 근거로 판단할 때, A기관이 원천징수 후 甲에게 지급하는 금액은?

〈상 황〉

○○국 A기관은 甲을 '지역경제 활성화 위원회'의 외부위원으로 위촉하였다. 甲은 2020년 2월 24일 오후 2시부터 5시까지 위원회에 참석해서 지역경제 활성화와 관련한 내용을 슬라이드 20면으로 발표하였다. A기관은 아래 <기준>에 따라 甲에게 해당 위원회 참석수당과 원고료를 지급한다.

〈기 준〉

○ 참석수당 지급기준액

구분	단가
참석수당	•기본료(2시간) : 100,000원 •2시간 초과 후 1시간마다 50,000원

○ 원고료 지급기준액

구분	단가
원고료	10,000원/A4 1면

※ 슬라이드 2면을 A4 1면으로 한다.

○ 위원회 참석수당 및 원고료는 기타소득이다.
○ 위원회 참석수당 및 원고료는 지급기준액에서 다음과 같은 기타소득세와 주민세를 원천징수하고 지급한다.
- 기타소득세 : (지급기준액 - 필요경비)×소득세율(20%)
- 주민세 : 기타소득세×주민세율(10%)

※ 필요경비는 지급기준액의 60%로 한다.

① 220,000원
② 228,000원
③ 256,000원
④ 263,000원
⑤ 270,000원

문제해설

Step 1 문제 해결의 출발점

하나의 결과값을 도출하는 계산형 문제이다. 발문에서 원천징수 후에 지급하는 금액이라는 조건을 놓치지 말아야 한다. <상황>의 마지막 문장 및 <기준>의 첫 번째 항목에서, 지급액은 참석수당과 원고료의 합산 형태임을 알 수 있으므로 해당 항목들을 개별적으로 구해 합하도록 한다.

Step 2 〈기준〉의 〈상황〉 적용

<기준>의 마지막 항목에 의하면 일차적으로 참석수당 및 원고료를 구한 후 여기에서 기타소득세와 주민세를 원천징수해야 한다.

- 참석수당 :
  갑이 참석한 시간은 오후 2시부터 5시까지이므로 기본료에 2시간 초과 후 1시간에 해당하는 초과 수당을 더해 총 150,000원이 된다.

- 원고료 :
  갑은 슬라이드 20면으로 발표했는데, 슬라이드 2면이 A4 1면에 해당하므로 A4 기준으로는 10면이 된다. 따라서 원고료는 100,000원이다.

- 원천징수 항목 :
  기타소득세와 주민세는 참석수당 및 원고료를 구분하지 않고 있으므로 두 지급기준액의 합산값을 묶으로 두고 계산해도 무방하다. 총 지급기준액은 250,000원이고 필요경비는 지급기준액의 60%이므로 150,000원이 된다.
  기타소득세 = (250,000원 - 150,000원) × 0.2 = 20,000원
  주민세 = 20,000원 × 0.1 = 2,000원

따라서 원천징수 후 지급액은
250,000원 - 22,000원 = 228,000원이다.

정답 | ②

04 규칙형

01 규칙형 문제

민경채 2018 가책형 8번

다음 글을 근거로 판단할 때, 〈보기〉에서 옳은 것만을 모두 고르면?

소아기 예방접종 프로그램에 포함된 백신(A~C)은 지속적인 항체 반응을 위해서 2회 이상 접종이 필요하다.

최소 접종연령(첫 접종의 최소연령) 및 최소 접종간격을 지켰을 때 적절한 예방력이 생기며, 이러한 예방접종을 유효하다고 한다. 다만 최소 접종연령 및 최소 접종간격에서 4일 이내로 앞당겨서 일찍 접종을 한 경우에도 유효한 것으로 본다. 그러나 만약 5일 이상 앞당겨서 일찍 접종했다면 무효로 간주하고 최소 접종연령 및 최소 접종간격에 맞춰 다시 접종하여야 한다.

다음은 각 백신의 최소 접종연령 및 최소 접종간격을 나타낸 표이다.

종류	최소 접종연령	최소 접종간격			
		1, 2차 사이	2, 3차 사이	3, 4차 사이	4, 5차 사이
백신 A	12개월	12개월	-	-	-
백신 B	6주	4주	4주	6개월	-
백신 C	6주	4주	4주	6개월	6개월

다만 백신 B의 경우 만 4세 이후에 3차 접종을 유효하게 했다면, 4차 접종은 생략한다.

〈보 기〉

ㄱ. 만 2세가 되기 전에 백신 A의 예방접종을 2회 모두 유효하게 실시할 수 있다.
ㄴ. 생후 45개월에 백신 B를 1차 접종했다면, 4차 접종은 반드시 생략한다.
ㄷ. 생후 40일에 백신 C를 1차 접종했다면, 생후 60일에 한 2차 접종은 유효하다.

① ㄱ
② ㄴ
③ ㄷ
④ ㄱ, ㄴ
⑤ ㄱ, ㄷ

문제해설

Step 1 문제 해결의 출발점

본문 두 번째 문단의 날짜 간격이 핵심 정보임을 알 수 있다. 기본적으로 세 가지 백신은 모두 2회 이상 접종해야 하는데, 최소 접종연령(첫 접종의 최소연령) 및 최소 접종간격에서 4일 이내로 앞당겨 미리 접종을 하는 것은 유효하지만, 5일 이상 앞당겨 접종하면 무효로 간주된다.

하단에 제시된 백신별 정보는 <보기>의 선지별로 판단하도록 한다.

Step 2 선택지 분석

ㄱ. (○) 2회 접종을 필요로 하는 백신 A의 최소 접종연령은 12개월이고, 최소 접종 간격 역시 12개월이다. 만 2세가 되는 것은 총 24개월이 지나는 것을 의미하는데, 최소 접종연령과 최소 접종간격에서 4일 이내로 앞당겨 접종하는 것은 유효한 것으로 간주되므로, 예를 들어 생후 12개월이 되기 4일 전에 최초 접종을 하고, 이후 딱 12개월 뒤에 2차 접종을 하면 24개월 이내에 A의 예방접종 2회를 모두 유효하게 진행하는 것이 가능하다.

ㄴ. (×) 본문 마지막 정보에 의하면 백신 B의 경우 만 4세 이후에 3차 접종을 유효하게 했을 경우 4차 접종을 생략하게 된다. 그런데 ㄴ에 제시된 '생후 45개월'은 만 3세가 된 지 9개월째이다. 이때 백신 B를 1차 접종했을 경우 3차 접종까지 최소 8주의 간격이 주어진다. 즉 1차 접종 시점으로부터 8주가 지나 3차 접종을 하면 아직 만 4세가 되기 전에 3차 접종을 유효하게 진행한 것이므로 '다만~'에서 이야기한 4차 접종 생략의 조건을 충족하지 못한 것이 된다. 따라서 ㄴ의 상황에서 4차 접종이 반드시 생략된다고 단정할 수는 없다.

ㄷ. (×) 최소 접종연령(첫 접종의 최소연령) 및 최소 접종간격에서 4일 이내로 앞당겨 미리 접종하는 것까지는 유효하다. 따라서 생후 6주(42일)가 최소 접종연령인 백신 C를 이틀 앞당겨 생후 40일에 1차 접종을 하는 것은 유효하다. 하지만 생후 60일인 1차 접종으로부터 20일이 지난 시점인데, 백신 C의 1-2차 최소 접종간격은 4주이므로 너무 일찍 2차 접종을 한 것이 된다.

정답 | ①

02 규칙형 문제

민경채 2018 가책형 19번

다음 글을 근거로 판단할 때, 〈보기〉에서 옳은 것만을 모두 고르면?

1부터 5까지 숫자가 하나씩 적힌 5장의 카드와 3개의 구역이 있는 다트판이 있다. 甲과 乙은 다음 방법에 따라 점수를 얻는 게임을 하기로 했다.

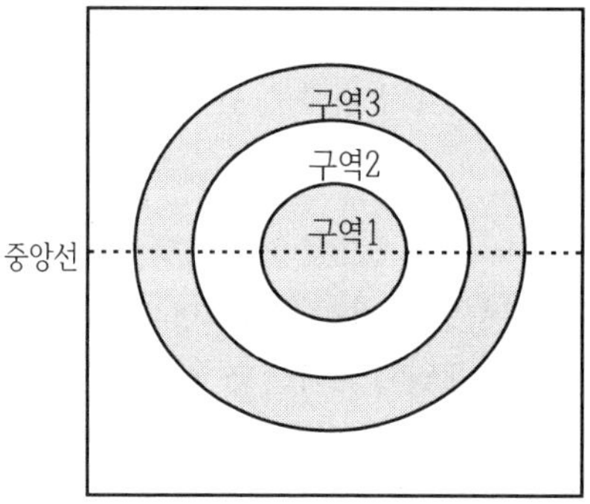

○ 우선 5장의 카드 중 1장을 임의로 뽑고, 그 후 다트를 1차 시기와 2차 시기에 각 1번씩 총 2번 던진다.

○ 뽑힌 카드에 적혀 있는 숫자가 '카드점수'가 되며 점수를 얻는 방법은 다음과 같다.

<1차 시기 점수 산정 방법>

- 다트가 구역1에 꽂힐 경우 : 카드점수×3
- 다트가 구역2에 꽂힐 경우 : 카드점수×2
- 다트가 구역3에 꽂힐 경우 : 카드점수×1
- 다트가 그 외 영역에 꽂힐 경우 : 카드점수×0

<2차 시기 점수 산정 방법>

- 다트가 다트판의 중앙선 위쪽에 꽂힐 경우 : 2점
- 다트가 다트판의 중앙선 아래쪽에 꽂힐 경우 : 0점

<최종점수 산정 방법>

- 최종점수 : 1차 시기 점수+2차 시기 점수

※ 다트판의 선에 꽂히는 경우 등 그 외 조건은 고려하지 않는다.

〈보 기〉

ㄱ. 甲이 짝수가 적힌 카드를 뽑았다면, 최종점수는 홀수가 될 수 없다.

ㄴ. 甲이 숫자 2가 적힌 카드를 뽑았다면, 가능한 최종점수는 8가지이다.

ㄷ. 甲이 숫자 4가 적힌 카드를, 乙이 숫자 2가 적힌 카드를 뽑았다면, 가능한 甲의 최종점수 최댓값과 乙의 최종점수 최솟값의 차이는 14점이다.

① ㄱ　② ㄷ　③ ㄱ, ㄴ

④ ㄱ, ㄷ　⑤ ㄴ, ㄷ

문제해설

Step 1 문제 해결의 출발점

1차 시기와 2차 시기의 점수 산정 방법을 구분하여 차분하게 적용하면 쉽게 해결될 수 있는 문제이다. 1차 시기 점수 산정시에는 카드점수와 함께 계산해야 한다는 점을 놓치지 말자.

Step 2 선택지 분석

ㄱ. (○) 카드에 적힌 숫자가 짝수이면 1차 시기에는 다트가 어느 구역에 꽂히건 점수는 짝수가 나온다. 또한 2차 시기에는 2점이나 0점 중 하나가 나오므로 두 점수의 합산값 역시 짝수가 된다.

ㄴ. (×) 카드의 숫자가 2이면 1차 시기의 점수는 6점, 4점, 2점, 0점 가운데 하나가 된다.
2차 시기에는 2점 또는 0점을 얻게 되는데, 1차 시기의 가능한 점수 4가지와 2차 시기의 가능한 점수 2가지를 조합해 총 8가지의 경우가 가능하다고 판단한다면 함정에 빠지는 것이 된다. 왜냐하면 6(1차)+0(2차)과 4(1차)+2(2차)는 같은 6이므로(이외에도 같은 경우가 더 존재) 실제로 나오는 최종점수의 가짓수는 8가지보다 적다.

ㄷ. (○) 갑의 카드 숫자가 4일 때 가능한 최종점수의 최댓값은 12(1차)+2(2차)=14점이고, 을의 경우는 어떤 카드가 나왔건 최종점수의 최솟값은 0(1차)+0(2차)=0점이다. 따라서 점수 차이는 14점이 맞다.

정답 | ④

03 규칙형 문제

민경채 2018 가책형 24번

다음 글을 근거로 판단할 때, 〈보기〉에서 옳은 것만을 모두 고르면?

엘로 평점 시스템(Elo Rating System)은 체스 등 일대일 방식의 종목에서 선수들의 실력을 표현하는 방법으로 물리학자 아르파드 엘로(Arpad Elo)가 고안했다.

임의의 두 선수 X, Y의 엘로 점수를 각각 E_X, E_Y라 하고 X가 Y에게 승리할 확률을 P_{XY}, Y가 X에게 승리할 확률을 P_{YX}라고 하면, 각 선수가 승리할 확률은 다음 식과 같이 계산된다. 무승부는 고려하지 않으므로 두 선수가 승리할 확률의 합은 항상 1이 된다.

$$P_{XY} = \frac{1}{1+10^{-(E_X - E_Y)/400}}$$

$$P_{YX} = \frac{1}{1+10^{-(E_Y - E_X)/400}}$$

두 선수의 엘로 점수가 같다면, 각 선수가 승리할 확률은 0.5로 같다. 만약 한 선수가 다른 선수보다 엘로 점수가 200점 높다면, 그 선수가 승리할 확률은 약 0.76이 된다.

경기 결과에 따라 각 선수의 엘로 점수는 변화한다. 경기에서 승리한 선수는 그 경기에서 패배할 확률에 K를 곱한 만큼 점수를 얻고, 경기에서 패배한 선수는 그 경기에서 승리할 확률에 K를 곱한 만큼 점수를 잃는다(K는 상수로, 보통 32를 사용한다). 승리할 확률이 높은 경기보다 승리할 확률이 낮은 경기에서 승리했을 경우 더 많은 점수를 얻는다.

〈보 기〉

ㄱ. 경기에서 승리한 선수가 얻는 엘로 점수와 그 경기에서 패배한 선수가 잃는 엘로 점수는 다를 수 있다.

ㄴ. K=32라면, 한 경기에서 아무리 강한 상대에게 승리해도 얻을 수 있는 엘로 점수는 32점 이하이다.

ㄷ. A가 B에게 패배할 확률이 0.1이라면, A와 B의 엘로 점수 차이는 400점 이상이다.

ㄹ. A가 B에게 승리할 확률이 0.8, B가 C에게 승리할 확률이 0.8이라면, A가 C에게 승리할 확률은 0.9 이상이다.

① ㄱ, ㄴ
② ㄴ, ㄹ
③ ㄱ, ㄴ, ㄷ
④ ㄱ, ㄷ, ㄹ
⑤ ㄴ, ㄷ, ㄹ

문제해설

Step 1 문제 해결의 출발점

생소한 공식이 제시되어 있는 규칙형 문제이다. 이런 경우에는 공식을 적용하지 않고도 파악 가능한 선지부터 우선 정리해 나가는 것이 효과적이다. 한편, 공식에 음의 승수가 제시되어 있는데, 10^{-1}은 1/10 즉 0.1이라는 것을 미리 알고 있어야 한다.

Step 2 선택지 분석

ㄱ. (×) 4문단에서 경기에서 승리한 선수는 그 경기에서 '패배할 확률'에 K를 곱한 만큼 점수를 얻고, 경기에서 패배한 선수는 그 경기에서 '승리할 확률'에 K를 곱한 만큼 점수를 잃는다고 하였다. 그런데 승리자의 패배할 확률은 패배자의 승리할 확률과 동일하다(예를 들어 승리자의 패배할 확률이 0.2였다면 승리할 확률은 0.8이었던 것인데, 이는 패배자 입장에서는 패배할 확률이 0.8이고 승리할 확률이 0.2가 된다). K는 상수로 고정 요소이므로 각자가 얻는 엘로 점수는 동일하다.

ㄴ. (○) ㄱ에서 확인한 것처럼(4문단의 정보) 승리자가 얻는 엘로 점수는 그가 패배할 확률에 K를 곱한 것이다. 그런데 패배할 확률은(승리할 확률도 마찬가지) 1을 넘을 수 없다. 따라서 K가 32라면 그가 승리해서 얻을 수 있는 엘로 점수도 '32 × 1이하의 수'로 32점을 넘을 수 없다.

(여기까지는 수식을 활용하지 않고도 언어적 정보를 바탕으로 직관적인 판단이 가능했지만, ㄷ부터는 본문의 공식을 활용해야 한다)

ㄷ. (×) A가 B에게 패배할 확률은 B가 A에게 승리할 확률이다. 반대로 생각하면 A가 B에게 패배할 확률이 0.1이면 A가 B에게 승리할 확률은 0.9가 되는 것이다. 그리고 이 확률은 본문 공식에서 $P_{XY}=\dfrac{1}{1+10^{-(E_X-E_Y)/400}}$ 를 의미한다. 선지에서 엘로 점수 차이가 400점 이상 나게 된다고 하였으므로 $(E_x - E_y)$를 400으로 대입해서 정리하면, 식의 좌변은 0.9, 우변은 $1/(1+10^{-1})$ = 1/1.1 ≒ 0.91로 정리된다. 400점 이상이라고 표현했는데 400점을 대입해도 식의 등호가 성립하지 않으므로 틀린 진술이다.

ㄹ. (○) 본문 3문단에서 한 선수가 다른 선수보다 엘로 점수가 200점 높다면, 그 선수가 승리할 확률은 약 0.76이 된다고 하였다. 따라서 A가 B에게 승리할 확률이 0.8이면 두 사람 사이의 엘로 점수 차이는 200점보다 더 클 것이다. 마찬가지로 B가 C에게 승리할 확률도 0.8이므로 이들 사이의 엘로 점수 차이 역시 200점보다 더 클 것이다. 그러면 A와 C 사이의 엘로 점수 차이는 400점보다 더 큰 것이 되는데, ㄷ에서 본 것처럼 엘로 점수 차이가 400점이면 해당 확률은 대략 0.91이 된다. 따라서 A가 C에게 승리할 확률은 0.9 이상임을 알 수 있다.

정답 | ②

04 규칙형 문제

민경채 2018 가책형 25번

다음 〈상황〉과 〈목차〉를 근거로 판단할 때, 〈보기〉에서 옳은 것만을 모두 고르면?

〈상 황〉

○ 책 A는 <목차>와 같이 구성되어 있고, 비어 있는 쪽은 없다.

○ 책 A의 각 쪽은 모두 제1절부터 제14절까지 14개의 절 중 하나의 절에 포함된다.

○ 甲은 3월 1일부터 책 A를 읽기 시작해서, 1쪽부터 마지막 쪽인 133쪽까지 순서대로 읽는다.

○ 甲은 한번 읽기 시작한 절은 그날 모두 읽되, 하루에 최대 40쪽을 읽을 수 있다.

○ 甲은 절 제목에 '과학' 또는 '정책'이 들어간 절을 하루에 한 개 이상 읽는다.

〈목 차〉

○ 시민참여	
제1절 시민참여의 등장 배경과 개념적 특성	1
제2절 과학기술정책의 특성과 시민참여	4
제3절 결 론	21
○ 거버넌스 구조	
제4절 서 론	31
제5절 제3세대 과학기술혁신 정책이론과 거버넌스	34
제6절 과학기술정책의 거버넌스 구조분석 모형	49
제7절 결 론	62
○ 연구기관 평가지표	
제8절 서 론	65
제9절 지적자본의 개념과 성과평가로의 활용가능성	68
제10절 평가지표 전환을 위한 정책방향	89
제11절 결 론	92
○ 기초연구의 경제적 편익	
제12절 과학기술연구와 경제성장 간의 관계	104
제13절 공적으로 투자된 기초연구의 경제적 편익	107
제14절 맺음말 : 정책적 시사점	130

〈보 기〉

ㄱ. 3월 1일에 甲은 책 A를 20쪽 이상 읽는다.

ㄴ. 3월 3일에 甲이 제6절까지 읽었다면, 甲은 3월 5일까지 책 A를 다 읽을 수 있다.

ㄷ. 甲이 책 A를 다 읽으려면 최소 5일 걸린다.

① ㄱ　② ㄴ　③ ㄱ, ㄴ
④ ㄱ, ㄷ　⑤ ㄴ, ㄷ

문제해설

Step 1 문제 해결의 출발점

일정한 규칙에 따른 작업(독서) 흐름을 파악하는 규칙형 문제이다. <상황>에 제시된 조건 가운데 4번째와 5번째가 핵심이다. 한번 읽기 시작한 절은 그날 모두 읽어야 하며, 하루 최대 40쪽을 읽을 수 있다는 제한을 지켜야 한다. 그리고 하루에 '과학'이나 '정책'이 제목으로 들어간 절을 최소 한 개 이상 읽어야 한다.

Step 2 선택지 분석

ㄱ. (○) "3월 1일에 甲은 책 A를 20쪽 이상 읽는다."

→ 하루에 '과학'이나 '정책'이 제목으로 들어간 절을 최소 한 개 이상 읽어야 하는데 제2절부터 '과학'이 등장하므로 최소 2절까지는 읽어야 한다. 2절은 20쪽까지이므로 3월 1일에 20쪽 이상 읽는다는 진술은 옳다.

ㄴ. (×) "3월 3일에 甲이 제6절까지 읽었다면, 甲은 3월 5일까지 책 A를 다 읽을 수 있다."

→ 3월 3일에 제6절까지(61쪽까지) 읽었으므로 4일부터는 제7절(62쪽~)부터 읽어야 한다. 제11절은 103쪽에서 끝나는데 제7절부터 제11절까지 읽는다고 하면 총 40쪽을 초과해서 읽는 것이 되므로 4일에는 제10절까지만 읽을 수 있다. 5일에는 제11절(92쪽~)부터 읽기 시작하는데 책은 133쪽까지 있으므로 남은 쪽수는 42쪽으로 하루 최대 제한량을 초과한다. 따라서 부적절한 진술이다.

ㄷ. (×) "甲이 책 A를 다 읽으려면 최소 5일 걸린다."

→ 하루 최대 40쪽, 한 절을 읽기 시작하면 하루 내에 다 읽어야 함, 과학/정책이 제목으로 들어간 절은 무조건 하루에 최소 한 개 이상 읽어야 함의 조건들을 종합해서 적용하면 다음과 같은 흐름으로 4일 내에 읽는 것이 가능하다.

1일 : 1절~4절 – 전체 33쪽, 제2절에 '과학/정책' 포함
2일 : 5절~8절 – 전체 34쪽, 제5절과 제6절에 '과학/정책' 포함
3일 : 9절~12절 – 전체 39쪽, 제10절과 제12절에 '과학/정책' 포함
4일 : 13절~14절 – 전체 27쪽, 제14절에 '과학/정책' 포함

정답 | ①

05 규칙형 문제

민경채 2019 나책형 5번

다음 〈조건〉을 근거로 판단할 때, 〈보기〉에서 옳은 것만을 모두 고르면?

〈조 건〉

○ 한글 단어의 '단어점수'는 그 단어를 구성하는 자음으로만 결정된다.

○ '단어점수'는 각기 다른 자음의 '자음점수'를 모두 더한 값을 그 단어를 구성하는 자음 종류의 개수로 나눈 값이다.

○ '자음점수'는 그 자음이 단어에 사용된 횟수만큼 2를 거듭제곱한 값이다. 단, 사용되지 않는 자음의 '자음점수'는 0이다.

○ 예를 들어 글자 수가 4개인 '셋방살이'는 ㅅ 3개, ㅇ 2개, ㅂ 1개, ㄹ 1개의 자음으로 구성되므로 '단어점수'는 $(2^3+2^2+2^1+2^1)/4$의 값인 4점이다.

※ 의미가 없는 글자의 나열도 단어로 인정한다.

〈보 기〉

ㄱ. '각기'는 '논리'보다 단어점수가 더 높다.

ㄴ. 단어의 글자 수가 달라도 단어점수가 같을 수 있다.

ㄷ. 글자 수가 4개인 단어의 단어점수는 250점을 넘을 수 없다.

① ㄴ

② ㄷ

③ ㄱ, ㄴ

④ ㄱ, ㄷ

⑤ ㄱ, ㄴ, ㄷ

문제해설

Step 1 문제 해결의 출발점

새로운 점수 산출의 공식이 등장한다. 점수를 산출하는 흐름을 순차적으로 적용해 나가면 어렵지 않게 해결이 가능한 문제이다.

1) 점수 산출의 기본 구조
   = 자음점수 ÷ 자음 종류의 개수('종류'의 개수라는 것에 주의)

2) '셋방살이'의 점수
   : ㅅ, ㅇ, ㅂ, ㄹ이 각각 3개, 2개, 1개, 1개이므로 자음점수는 $2^3+2^2+2^1+2^1$, 단어점수는 여기에 4를 나눈 값

Step 2 선택지 분석

ㄱ (○) '각기' : ㄱ만 3개이므로 단어점수는 $2^3÷1=8$점
'논리' : ㄴ 2개, ㄹ 1개이므로, 단어점수는 $(2^2+2^1)÷2=3$점
따라서 '각기'의 단어점수가 '논리'의 단어점수보다 더 높다.

ㄴ (○) 기준이 되는 특정 단어를 별도로 제시하지 않고 있는데, 이러한 경우에는 앞서 분석한 선지의 사례를 활용하는 것이 유리하다. 글자 수가 다르다는 것은 단어의 음절 수가 다르다는 것을 의미한다. 2음절 단어 '각기'의 경우 단어점수는 8점인데, 3음절 단어 '가가가'의 경우에도 단어점수는 동일하게 8점이 된다. (의미가 없는 글자의 나열도 단어로 인정한다고 한 각주의 내용을 놓치지 말 것)

ㄷ (×) '넘을 수 없다'는 단정적 진술을 하고 있으므로 극단적 경우를 가정하는 방향으로 가야 한다. 선지 ㄱ에서 '각기'와 '논리'의 경우를 통해 확인한 것처럼, 동일한 자음이 반복되는 단어 구조일수록 점수가 높게 나올 것으로 예상된다. 따라서 '각기'와 비슷하게 '각각각각'을 만들면 단어점수는 $2^8÷1=256$으로 250점을 넘는 것이 가능하다.

정답 | ③

06 규칙형 문제

민경채 2019 나책형 15번

다음 글을 근거로 판단할 때, 〈가락〉을 연주하기 위해 ㉳를 누른 상태로 줄을 튕기는 횟수는?

줄이 하나인 현악기가 있다. 이 악기는 줄을 누를 수 있는 지점이 ㉮부터 ㉷까지 총 11곳 있고, 이 중 어느 한 지점을 누른 상태로 줄을 튕겨서 연주한다. ㉮를 누르고 줄을 튕기면 A음이 나고, ㉯를 누르고 줄을 튕기면 A음 보다 반음 높은 소리가 난다. 이런 식으로 ㉮~㉷순으로 누르는 지점을 옮길 때마다 반음씩 더 높은 소리가 나며, 최저 A음부터 최고 G음까지 낼 수 있다.

이들 음은 다음과 같은 특징이 있다.

○ 반음 차이 두 개의 합은 한음 차이와 같다.

○ A음보다 B음이, C음보다 D음이, D음보다 E음이, F음보다 G음이 한음 높고, 둘 중 낮은 음보다 반음 높은 음은 낮은 음의 이름 오른쪽에 #을 붙여 표시한다.

○ B음보다 C음이, E음보다 F음이 반음 높다.

〈가 락〉

E D# E D# E B D C A A A A B E G B C

① 0

② 1

③ 2

④ 3

⑤ 4

문제해설

Step 1 문제 해결의 출발점

줄을 누를 수 있는 지점 가~카의 11곳이 A음부터 G음까지 매칭되어야 하는 문제이다. 다만, 피아노의 건반과 마찬가지로 '특징'의 두 번째, 세 번째 항목에 따라 B음과 C음 사이 및 E음과 F음 사이는 반음이다.

문제가 요구하는 것은 '아'를 누른 상태로 줄을 튕기는 횟수인데, <가락>은 A~G로 표시되어 있다. 따라서 가~카의 11개의 칸에 A~G음을 매칭시킬 수 있는 표를 그려 '아'에 매칭되는 알파벳을 확정하는 것이 먼저이다.

Step 2 선택지 분석

반음 차이 구간만 주의하면 다음과 같은 배치도를 어렵지 않게 구할 수 있을 것이다.

가	나	다	라	마	바	사	아	자	차	카
A	A#	B	C	C#	D	D#	E	F	F#	G

→ '아' 지점의 음은 E이다. <가락>에서 E음을 찾으면 모두 4번이다.

정답 | ⑤

07 규칙형 문제

민경채 2019 나책형 19번

다음 글을 근거로 판단할 때, 〈보기〉에서 옳은 것만을 모두 고르면?

K국의 「영유아보육법」은 영유아가 안전하고 쾌적한 환경에서 건강하게 성장할 수 있도록 다음과 같이 어린이집의 보육교사 최소 배치 기준을 규정하고 있다.

연령	보육교사 대 영유아비율
(1) 만 1세 미만	1 : 3
(2) 만 1세 이상 만 2세 미만	1 : 5
(3) 만 2세 이상 만 3세 미만	1 : 7

위와 같이 각 연령별로 반을 편성하고 각 반마다 보육교사를 배치하되, 다음 기준에 따라 혼합반을 운영할 수 있다.

혼합반 편성	보육교사 대 영유아비율
(1)과 (2)	1 : 3
(2)와 (3)	1 : 5
(1)과 (3)	편성 불가능

〈보 기〉

ㄱ. 만 1세 미만 영유아 4명, 만 1세 이상 만 2세 미만 영유아 5명을 보육하는 어린이집은 보육교사를 최소 3명 배치해야 한다.

ㄴ. 만 1세 이상 만 2세 미만 영유아 6명, 만 2세 이상 만 3세 미만 영유아 12명을 보육하는 어린이집은 보육교사를 최소 3명 배치해야 한다.

ㄷ. 만 1세 미만 영유아 1명, 만 2세 이상 만 3세 미만 영유아 2명을 보육하는 어린이집은 보육교사를 최소 1명 배치해야 한다.

① ㄱ

② ㄴ

③ ㄷ

④ ㄱ, ㄴ

⑤ ㄱ, ㄷ

문제해설

Step 1 문제 해결의 출발점

본문의 첫 번째 표와 두 번째 표의 성격 차이를 빠르게 파악하는 것이 중요하다. 첫 번째 표는 각 연령대별 기본적인 보육교사 대 영유아비율을, 두 번째 표는 혼합반 운영을 통한 비율 변동을 보여주는데, 혼합반을 편성할 경우 어린이집 전체의 영유아 수는 동일하더라도 필요한 보육교사의 수는 달라질 수 있다. <보기>에서는 각각의 상황별 최소 인원을 묻고 있으므로 첫 번째 기준과 두 번째 기준 중 유리한 것을 적용해 인원을 도출하면 된다.

Step 2 선택지 분석

표의 연령대에 따라 각각의 연령대의 영유아를 (1), (2), (3)으로 표현하도록 한다.

ㄱ. (○) (1)이 4명, (2)가 5명이다.
- 첫 번째 기준 - (1)에서는 2명, (2)에서는 1명의 보육교사가 필요해 최소 3명 배치해야 한다.
- 두 번째 기준 - 혼합반 전체 인원이 9명이므로 최소로 필요한 보육교사는 역시 3명이다.

ㄴ. (×) (2)가 6명, (3)이 12명이다.
- 첫 번째 기준 - (2)에서 2명, (3)에서 2명의 보육교사가 필요해 최소 4명 배치해야 한다.
- 두 번째 기준 - 혼합반 전체 인원이 18명이므로 최소로 필요한 보육교사는 4명이다.

ㄷ. (×) (1)이 1명, (3)이 2명이다.
- 첫 번째 기준 - (1)에서 1명, (2)에서 1명의 보육교사가 필요해 최소 2명 배치해야 한다.
- (1)과 (3)의 혼합반 편성은 불가능하므로 두 번째 기준은 적용할 수 없다.

정답 | ①

08 규칙형 문제

민경채 2019 나책형 24번

다음 글을 근거로 판단할 때, 〈보기〉에서 옳은 것만을 모두 고르면?

사슴은 맹수에게 계속 괴롭힘을 당하자 자신을 맹수로 바꾸어 달라고 산신령에게 빌었다. 사슴을 불쌍하게 여긴 산신령은 사슴에게 남은 수명 중 n년(n은 자연수)을 포기하면 여생을 아래 5가지의 맹수 중 하나로 살 수 있게 해주겠다고 했다.

사슴으로 살 경우의 1년당 효용은 40이며, 다른 맹수로 살 경우의 1년당 효용과 그 맹수로 살기 위해 사슴이 포기해야 하는 수명은 아래의 <표>와 같다. 예를 들어 사슴의 남은 수명이 12년일 경우 사슴으로 계속 산다면 12×40 = 480의 총 효용을 얻지만, 독수리로 사는 것을 선택한다면 (12 - 5)×50 = 350의 총 효용을 얻는다.

사슴은 여생의 총 효용이 줄어드는 선택은 하지 않으며, 포기해야 하는 수명이 사슴의 남은 수명 이상인 맹수는 선택할 수 없다. 1년당 효용이 큰 맹수일수록, 사슴은 그 맹수가 되기 위해 더 많은 수명을 포기해야 한다. 사슴은 자신의 남은 수명과 <표>의 '?'로 표시된 수를 알고 있다.

<표>

맹수	1년당 효용	포기해야 하는 수명(년)
사자	250	14
호랑이	200	?
곰	170	11
악어	70	?
독수리	50	5

〈보 기〉

ㄱ. 사슴의 남은 수명이 13년이라면, 사슴은 곰을 선택할 것이다.
ㄴ. 사슴의 남은 수명이 20년이라면, 사슴은 독수리를 선택하지는 않을 것이다.
ㄷ. 호랑이로 살기 위해 포기해야 하는 수명이 13년이라면, 사슴의 남은 수명에 따라 사자를 선택했을 때와 호랑이를 선택했을 때 여생의 총 효용이 같은 경우가 있다.

① ㄴ
② ㄷ
③ ㄱ, ㄴ
④ ㄴ, ㄷ
⑤ ㄱ, ㄴ, ㄷ

문제해설

Step 1 문제 해결의 출발점

본문의 두 번째 문단을 통해 사슴으로 계속 살아갈 경우의 효용과 다른 동물로 살아가길 선택했을 때 얻을 수 있는 효용을 구하는 방법은 쉽게 파악될 것이다. 3문단에는 사슴의 선택에 가해지는 제약이 나와 있다. 효용이 줄어드는 선택은 하지 않음, 포기해야 하는 수명이 사슴의 남은 수명 이상인 선택은 할 수 없음 등이다.

<표>에 빈칸이 두 곳이나 존재하므로 맹수들 사이의 효용 비교를 처음부터 확정할 수는 없다는 것을 간파하고, 곧장 <보기>를 순차적으로 분석하는 것이 필요하다.

Step 2 선택지 분석

ㄱ. (×) 사슴 잔류의 효용 = 13 × 40 = 520
곰 선택의 효용 = (13-11) × 170 = 340
사슴 잔류와 곰 선택 두 가지만 비교해 봐도 곰을 선택하는 효용이 적다는 것을 통해, 최소한 곰을 선택하지는 않을 것임을 알 수 있다.

ㄴ. (○) 남은 수명 20년일 경우
사슴 잔류 = 20 × 40 = 800
독수리 선택의 효용 = (20-5) × 50 = 750
다른 맹수를 선택했을 때의 효용을 계산할 필요도 없이, 최소한 독수리를 선택하지는 않을 것임을 알 수 있다.

ㄷ. (○) 사자와 호랑이의 1년당 효용은 각각 250, 200이다. 이 두 수의 최소공배수는 1,000인데 이는 사자에게는 4년이, 호랑이에게는 5년이 잔존 수명으로 주어질 때 나타난다. 즉 사슴의 남은 수명이 18년일 경우, 사자는 4년간 250, 호랑이는 5년간 200의 효용을 얻어 최종 효용은 1,000으로 동일한 경우가 나타난다.

정답 | ④

09 규칙형 문제
민경채 2020 가책형 6번

다음 글을 근거로 판단할 때, A서비스를 이용할 수 있는 경우는?

> A서비스는 공항에서 출국하는 승객이 공항 외의 지정된 곳에서 수하물을 보내고 목적지에 도착한 후 찾아가는 신개념 수하물 위탁서비스이다.
>
> A서비스를 이용하고자 하는 승객은 ○○호텔에 마련된 체크인 카운터에서 본인 확인과 보안 절차를 거친 후 탑승권을 발급받고 수하물을 위탁하면 된다. ○○호텔 투숙객이 아니더라도 이 서비스를 이용할 수 있다.
>
> ○○호텔에 마련된 체크인 카운터는 매일 08:00~16:00에 운영된다. 인천공항에서 13:00~24:00에 출발하는 국제선 이용 승객을 대상으로 A서비스가 제공된다. 단, 미주노선(괌/사이판 포함)은 제외된다.

	숙박 호텔	항공기 출발 시각	출발지	목적지
①	○○호텔	15:30	김포공항	제주
②	◇◇호텔	14:00	김포공항	베이징
③	○○호텔	15:30	인천공항	사이판
④	◇◇호텔	21:00	인천공항	홍콩
⑤	○○호텔	10:00	인천공항	베이징

문제해설

Step 1 문제 해결의 출발점

A서비스 이용과 관련된 가장 중요한 정보는 본문 마지막 문단에 제시되어 있다. 이에 따르면 인천공항에서 13:00~24:00에 출발하는 국제선 이용 승객이 ○○호텔에 마련된 체크인 카운터에서 08:00~16:00 사이에 해당 서비스를 이용할 수 있으며, 미주노선(괌/사이판 포함)은 제외된다. 이때 주의할 것은, 서비스 이용객의 숙박 호텔이 반드시 ○○호텔일 필요는 없다는 것이다.

Step 2 선택지 분석

우선, 인천공항이 아닌 김포공항이 출발지인 ①, ②와 미주노선에 해당하는 괌/사이판이 목적지인 ③은 바로 제외된다. 두 번째로, 항공기 출발 시각이 10:00인 ⑤도 제외되므로, 가능한 것은 ④뿐임을 알 수 있다.

정답 | ④

10 규칙형 문제
민경채 2020 가책형 9번

다음 글을 근거로 판단할 때, 숫자코드가 될 수 있는 것은?

> 숫자코드를 만드는 규칙은 다음과 같다.
>
> ○ 그림과 같이 작은 정사각형 4개로 이루어진 큰 정사각형이 있고, 작은 정사각형의 꼭짓점마다 1~9의 번호가 지정되어 있다.
>
> 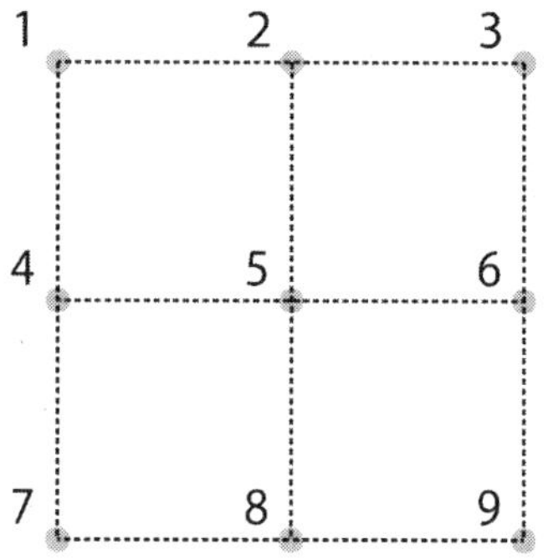
>
>
> ○ 펜을 이용해서 9개의 점 중 임의의 하나의 점에서 시작하여(이하 시작점이라 한다) 다른 점으로 직선을 그어 나간다.
> ○ 다른 점에 도달하면 펜을 종이 위에서 떼지 않고 또 다른 점으로 계속해서 직선을 그어 나간다. 단, 한 번 그은 직선 위에 또 다른 직선을 겹쳐서 그을 수 없다.
> ○ 시작점을 포함하여 4개 이상의 점에 도달한 후 펜을 종이 위에서 뗄 수 있다. 단, 시작점과 동일한 점에서는 뗄 수 없다.
> ○ 펜을 종이에서 뗀 후, 그어진 직선이 지나는 점의 번호를 순서대로 모두 나열한 것이 숫자코드가 된다. 예를 들어 1번 점에서 시작하여 6번, 5번, 8번 순으로 직선을 그었다면 숫자코드는 1658이다.

① 596
② 15953
③ 53695
④ 642987
⑤ 9874126

문제해설

Step 1 문제 해결의 출발점

복잡해 보이지만, 본문에 제시된 숫자코드 생성의 규칙을 일차적으로 파악하고 각각의 선택지별로 해당 숫자코드가 생성 가능한지 시뮬레이션을 돌려 보면 정답이 쉽게 도출되는 문제이다. 본문에 초기값이 없다는 것을 빠르게 파악하였다면 곧바로 선택지의 사례들을 분석하도록 한다.

Step 2 선택지 분석

시작점을 포함해 4개 이상의 점에 도달한 후에야 펜을 뗄 수 있다는 규칙 4번째에 따라 선택지 ①은 처음부터 배제됨을 알 수 있다. 이제 나머지 선택지들이 규칙의 조건을 위배하지 않고 연결될 수 있는지 파악해 본다.

② (×) 15953
: 5-9를 이은 선과 9-5를 이은 선이 겹치게 되어 규칙 3번을 위반한다.

③ (×) 53695
: 시작점과 마지막 점이 동일하므로 규칙 4번을 위반한다.

④ (×) 642987
: 6번과 4번을 잇는 직선 위에 5번이 존재하므로 생성된 숫자코드는 6542987이 되어야 한다.

⑤ (○) 9874126
: 규칙의 조건에 위배됨 없이 9부터 6까지 중복 없는 직선을 그을 수 있다.

정답 | ⑤

11 규칙형 문제

민경채 2020 가책형 16번

다음 글과 〈국내이전비 신청현황〉을 근거로 판단할 때, 국내이전비를 지급받는 공무원만을 모두 고르면?

청사 소재지 이전에 따라 거주지를 이전하거나, 현 근무지 외의 지역으로 부임의 명을 받아 거주지를 이전하는 공무원은 다음 요건에 모두 부합하는 경우 국내이전비를 지급받는다.

첫째, 전임지에서 신임지로 거주지를 이전하고 이사화물도 옮겨야 한다. 다만 동일한 시(특별시, 광역시 및 특별자치시 포함)·군 및 섬(제주특별자치도 제외) 안에서 거주지를 이전하는 공무원에게는 국내이전비를 지급하지 않는다. 둘째, 거주지와 이사화물은 발령을 받은 후에 이전하여야 한다.

<국내이전비 신청현황>

공무원	전임지	신임지	발령 일자	이전 일자	이전여부	
					거주지	이사 화물
甲	울산광역시 중구	울산광역시 북구	'20.2.13.	'20.2.20.	○	○
乙	경기도 고양시	세종특별자치시	'19.12.3.	'19.12.5.	○	×
丙	광주광역시	대구광역시	'19.6.1.	'19.6.15.	×	○
丁	제주특별자치도 서귀포시	제주특별자치도 제주시	'20.1.2.	'20.1.13.	○	○
戊	서울특별시	충청북도 청주시	'19.9.3.	'19.9.8.	○	○
己	부산광역시	서울특별시	'20.4.25.	'20.4.1.	○	○

① 甲, 乙
② 乙, 丁
③ 丙, 己
④ 丁, 戊
⑤ 戊, 己

문제해설

Step 1 문제 해결의 출발점

지문형 정보와 표의 항목들이 복합적으로 파악되어야 하는 규칙형 문제라 할 수 있다. 6인 가운데 국내이전비를 지급받는 공무원을 고르는 것이 목표인데, 본문의 첫 번째 문단의 정보가 일종의 '자격 조건'에 해당하므로 처음부터 배제되는 인원을 먼저 찾아 풀이 과정을 최소화하도록 한다.

Step 2 선택지 분석

• '자격 조건' 판단

본문 첫 번째 문단에 의하면

1) 청사 소재지 이전에 따라 거주지를 이전하거나,

2) 현 근무지 외의 지역으로 부임의 명을 받아 거주지를 이전하는 경우여야 하는데

<신청현황>을 보면 '병'은 거주지를 이전하는 것이 아니므로 처음부터 제외된다.

• 추가 요건 판단

1) 거주지를 이전하는 것뿐만 아니라 이사화물도 옮겨야 하므로 '을'이 배제된다.

2) 동일한 시, 군 및 섬(제주 제외) 안에서의 거주지 이전은 지급 대상에서 제외되므로 '갑(중구→북구)' 역시 배제된다.

3) 거주지와 이사화물은 발령을 받은 후에 이전해야 하는데, 남아 있는 인물들 가운데 '기'는 발령일자 이전에 이전을 했으므로 역시 배제된다.

따라서 남아 있는 인물인 '정'과 '무'만 국내이전비를 지급받을 수 있다.

정답 | ④

12 규칙형 문제
민경채 2020 가책형 17번

다음 글과 〈상황〉을 근거로 판단할 때, 甲의 말이 최종적으로 위치하는 칸은?

○ 참가자는 그림과 같이 A~L까지 12개의 칸으로 구성된 게임판에서, A칸에 말을 놓고 시작한다.

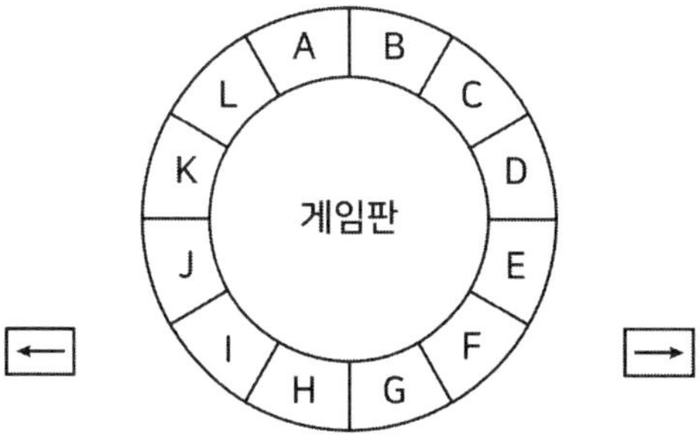

○ 참가자는 [←] 또는 [→] 버튼을 누를 수 있다.

○ 버튼을 맨 처음 누를 때, [←] 버튼을 누르면 말을 반시계방향으로 1칸 이동하고 [→] 버튼을 누르면 말을 시계방향으로 1칸 이동한다.

○ 그 다음부터는 매번 버튼을 누르면, 그 버튼을 누르기 직전에 누른 버튼에 따라 아래와 같이 말을 이동한다.

누른 버튼	직전에 누른 버튼	말의 이동
[←]	[←]	반시계방향으로 2칸 이동
	[→]	움직이지 않음
[→]	[←]	움직이지 않음
	[→]	시계방향으로 2칸 이동

○ 참가자는 버튼을 총 5회 누른다.

〈상 황〉

甲은 다음과 같이 버튼을 눌렀다.

누른 순서	1	2	3	4	5
누른 버튼	[←]	[→]	[→]	[←]	[←]

① A칸　② C칸　③ H칸
④ J칸　⑤ L칸

문제해설

Step 1 문제 해결의 출발점

게임의 진행 흐름에 따른 위치 변화를 구하는 문제이다. 본문에 제시된 진행 규칙을 정확하게 파악해 <상황>의 내용에 적용하면 큰 어려움 없이 결과를 도출할 수 있을 것이다.

Step 2 선택지 분석

본문의 네 번째 항목에 언급된 것처럼 첫 번째 버튼을 제외하고 두 번째 버튼부터는 직전 버튼과의 관계에 따라(표) 말의 이동 패턴이 달라진다. <상황>에 제시된 구체적 진행 흐름을 따라가면 되는 것이므로 직전 버튼과 현재 버튼의 관계가 표에 제시된 패턴 가운데 어디에 해당하는지만 놓치지 않으면 말의 이동 흐름은 기계적으로 도출할 수 있다.

	직전 버튼과의 관계	말의 이동 흐름
1회	없음	반시계 1칸
2회	[←] [→]	이동 없음
3회	[→] [→]	시계 2칸
4회	[→] [←]	이동 없음
5회	[←] [←]	반시계 2칸

따라서 <상황>의 결과 갑의 말이 위치하게 될 칸은 출발점인 A로부터 반시계 방향으로 1칸 이동한 L이 된다.

정답 | ⑤

13 규칙형 문제

민경채 2020 가책형 20번

다음 글을 근거로 판단할 때, 〈보기〉에서 옳은 것만을 모두 고르면?

○ 다음과 같이 9개의 도시(A~I)가 위치하고 있다.

A	B	C
D	E	F
G	H	I

○ A~I시가 미세먼지 저감을 위해 5월부터 차량 운행 제한 정책을 시행함에 따라 제한 차량의 도시 진입 및 도시 내 운행이 금지된다.

○ 모든 차량은 4개의 숫자로 된 차량번호를 부여받으며 각 도시의 제한 요건은 아래와 같다.

도시	제한 차량	
A, E, F, I	홀수일	차량번호가 홀수로 끝나는 차량
	짝수일	차량번호가 짝수로 끝나는 차량
B, G, H	홀수일	차량번호가 짝수로 끝나는 차량
	짝수일	차량번호가 홀수로 끝나는 차량
C, D	월요일	차량번호가 1 또는 6으로 끝나는 차량
	화요일	차량번호가 2 또는 7로 끝나는 차량
	수요일	차량번호가 3 또는 8로 끝나는 차량
	목요일	차량번호가 4 또는 9로 끝나는 차량
	금요일	차량번호가 0 또는 5로 끝나는 차량
	토·일요일	없음

※ 단, 0은 짝수로 간주한다.

○ 도시 간 이동 시에는 도시 경계선이 서로 맞닿아 있지 않은 도시로 바로 이동할 수 없다. 예컨대 A시에서 E시로 이동하기 위해서는 반드시 B시나 D시를 거쳐야 한다.

〈보 기〉

ㄱ. 甲은 5월 1일(토)에 E시에서 차량번호가 1234인 차량을 운행할 수 있다.
ㄴ. 乙은 5월 6일(목)에 차량번호가 5639인 차량으로 A시에서 D시로 이동할 수 있다.
ㄷ. 丙은 5월 중 어느 하루에 동일한 차량으로 A시에서 H시로 이동할 수 있다.
ㄹ. 丁은 5월 15일(토)에 차량번호가 9790인 차량으로 D시에서 F시로 이동할 수 있다.

① ㄱ, ㄴ　② ㄱ, ㄷ　③ ㄱ, ㄹ
④ ㄴ, ㄷ　⑤ ㄴ, ㄹ

문제해설

Step 1 문제 해결의 출발점

본문의 조건 세 번째에 나와 있는 도시별 제한 차량의 종류가 핵심 내용이다. 처음부터 모든 도시의 제한 차량 종류를 다 파악할 수는 없기 때문에 <보기>에 제시된 선지별로 하나씩 정리해 나가도록 한다. 특정 도시에서 다른 도시로 이동하는 경로가 제시된 선지를 판단할 때는 조건 네 번째를 고려해야 한다.

Step 2 선택지 분석

총 9개의 도시가 있는데, 조건 세 번째의 도시별 제한 차량 목록에는 각 도시가 한 번씩만 언급되어 있으므로 중복되는 요소는 없다. 이제 각각의 선지별로 해당 도시 및 중간에 경유해야 하는 도시의 제한 차량 종류를 파악해 나가며 정리하자.

ㄱ. (○) "甲은 5월 1일(토)에 E시에서 차량번호가 1234인 차량을 운행할 수 있다."
→ E시는 홀수일에 홀수로 끝나는 차량이 제한되므로, 5월 1일에 1234번 차량은 운행이 가능하다.

ㄴ. (×) "乙은 5월 6일(목)에 차량번호가 5639인 차량으로 A시에서 D시로 이동할 수 있다."
→ A시는 짝수일에 짝수 번호 차량의 운행이 제한되므로 A시에서 5639번(홀수) 차량을 운행하는 것은 가능하다. 하지만 D시는 목요일에 차량번호가 4 또는 9로 끝나는 차량의 운행이 불가능하다. 따라서 A시에서 D시로는 이동할 수 없다.

ㄷ. (×) "丙은 5월 중 어느 하루에 동일한 차량으로 A시에서 H시로 이동할 수 있다."
→ 복잡해 보이지만 출발지와 도착지의 차량 이동 가능 여부만 살펴봐도 해결할 수 있다. A시는 홀수일에 홀수 번호 차량이 제한되지만, H시는 반대로 홀수일에 짝수 번호 차량이 제한된다. 즉 중간 경유지를 고민할 필요도 없이, 운행 일자나 병의 차량번호와 관계없이 A시와 B시 가운데 어느 한 도시에서는 해당 차량의 운행이 불가능하므로 A시에서 H시로의 이동은 불가능하다. 예를 들어, 병의 차량번호가 짝수고 출발일이 홀수일이면 A시에서의 운행은 가능하지만 H시에서의 운행은 불가능하다.

ㄹ. (○) "丁은 5월 15일(토)에 차량번호가 9790인 차량으로 D시에서 F시로 이동할 수 있다."
→ 먼저, 출발지와 목적지인 D시와 F시의 차량 이동 가능 여부부터 판단한다. D시는 토요일에는 제한이 없으므로 이동이 가능하고, F시는 홀수일에는 홀수 차량이 제한되므로 9790번 차량은 이동이 가능하다. 마지막으로 최단 경유 코스인 E시를 거치는 것이 가능한지 살펴보면, E시도 F시와 마찬가지이므로 역시 9790번 차량의 이동이 가능하다.

정답 | ③

14 규칙형 문제

민경채 2020 가책형 24번

다음 글과 〈상황〉을 근거로 판단할 때, 공기청정기가 자동으로 꺼지는 시각은?

○ A학교 학생들은 방과 후에 자기주도학습을 위해 교실을 이용한다.
○ 교실 안에 있는 학생 각각은 매 순간 일정한 양의 미세먼지를 발생시켜, 10분마다 5를 증가시킨다.
○ 교실에 설치된 공기청정기는 매 순간 일정한 양의 미세먼지를 제거하여, 10분마다 15를 감소시킨다.
○ 미세먼지는 사람에 의해서만 발생하고, 공기청정기에 의해서만 제거된다.
○ 공기청정기는 매 순간 미세먼지 양을 표시하며 교실 내 미세먼지 양이 30이 되는 순간 자동으로 꺼진다.

〈상 황〉

15시 50분 현재, A학교의 교실에는 아무도 없었고 켜져 있는 공기청정기가 나타내는 교실 내 미세먼지 양은 90이었다. 16시 정각에 학생 두 명이 교실에 들어와 공부를 시작하였고, 40분 후 학생 세 명이 더 들어와 공부를 시작하였다. 학생들은 모두 18시 정각에 교실에서 나왔다.

① 18시 50분
② 19시 00분
③ 19시 10분
④ 19시 20분
⑤ 19시 30분

문제해설

Step 1 문제 해결의 출발점

두 번째 조건에서 학생 1명당 10분마다 미세먼지 5를 증가시키고, 공기청정기는 학생 수와 무관하게 10분마다 미세먼지 15를 감소시킨다. 이러한 규칙성을 바탕으로 <상황>에 제시되는 상황 변화를 순차적으로 정리해 나가도록 한다.

Step 2 〈상황〉 분석

15:50~16:00 - 10분 동안 교실에 아무도 없었고 공기청정기가 켜져 있었으므로 10분 뒤인 16:00에 미세먼지의 양은 75가 된다.

16:00~16:40 - 2명의 학생이 40분 동안 총 40의 미세먼지를 증가시켰고, 공기청정기는 40분 동안 60의 미세먼지를 감소시켰다. 따라서 16:40의 미세먼지 양은 +40, -60이 반영된 55이다.

16:40~18:00 - 이미 있던 2명의 학생에 3명의 학생이 추가되어 총 5명의 학생이 80분 동안 총 200의 미세먼지를 증가시켰다. 이 시간 동안 공기청정기는 120의 미세먼지를 감소시켰다. 따라서 학생들이 모두 나간 18:00 정각에 교실 내의 미세먼지 양은 55+80=135이다.

18:00 기준으로, 공기청정기가 자동으로 꺼지는 기준인 30까지 남은 양은 135-30=105이다. 105를 15로 나누면 7이므로, 70분 뒤인 19시 10분에 공기청정기는 꺼지게 된다.

정답 | ③

15 규칙형 문제

민경채 2020 가책형 25번

다음 글과 〈상황〉을 근거로 판단할 때, 갑돌이가 할 수 없는 행위는?

‘AD카드’란 올림픽 및 패럴림픽에서 정해진 구역을 출입하거나 차량을 탑승하기 위한 권한을 증명하는 일종의 신분증이다. 모든 관계자들은 반드시 AD카드를 패용해야 해당 구역에 출입하거나 차량을 탑승할 수 있다. 아래는 AD카드에 담긴 정보에 대한 설명이다.

< AD카드 예시 >

<table>
<tr><td>대회구분</td><td>○ 올림픽 AD카드에는 다섯 개의 원이 겹쳐진 ‘오륜기’가, 패럴림픽 AD카드에는 세 개의 반달이 나열된 ‘아지토스’가 부착된다.
○ 올림픽 기간 동안에는 올림픽 AD카드만이, 패럴림픽 기간 동안에는 패럴림픽 AD카드만이 유효하다.
○ 두 대회의 기간은 겹치지 않는다.</td></tr>
<tr><td>탑승권한</td><td>○ AD카드 소지자가 탑승 가능한 교통서비스를 나타낸다. 탑승권한 코드는 복수로 부여될 수 있다.<table><tr><td>코드</td><td>탑승 가능 교통서비스</td></tr><tr><td>T1</td><td>VIP용 지정차량</td></tr><tr><td>TA</td><td>선수단 셔틀버스</td></tr><tr><td>TM</td><td>미디어 셔틀버스</td></tr></table></td></tr>
<tr><td>시설입장
권한</td><td>○ AD카드 소지자가 입장 가능한 시설을 나타낸다. 시설입장권한 코드는 복수로 부여될 수 있다.<table><tr><td>코드</td><td>입장 가능 시설</td></tr><tr><td>IBC</td><td>국제 방송센터</td></tr><tr><td>HAL</td><td>알파인 경기장</td></tr><tr><td>HCC</td><td>컬링센터</td></tr><tr><td>OFH</td><td>올림픽 패밀리 호텔</td></tr><tr><td>ALL</td><td>모든 시설</td></tr></table></td></tr>
<tr><td>특수구역
접근권한</td><td>○ AD카드 소지자가 시설 내부에서 접근 가능한 특수구역을 나타낸다. 특수구역 접근권한 코드는 복수로 부여될 수 있다.<table><tr><td>코드</td><td>접근 가능 구역</td></tr><tr><td>2</td><td>선수준비 구역</td></tr><tr><td>4</td><td>프레스 구역</td></tr><tr><td>6</td><td>VIP 구역</td></tr></table></td></tr>
</table>

〈상 황〉

갑돌이는 올림픽 및 패럴림픽 관계자이다. 다음은 갑돌이가 패용한 AD카드이다.

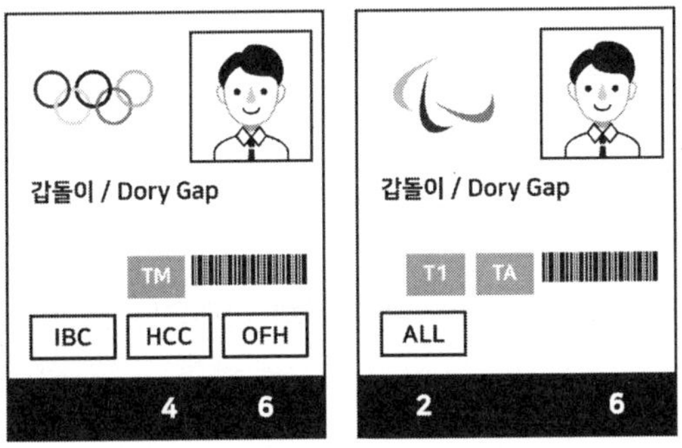

① 패럴림픽 기간 동안 알파인 경기장에 들어간다.
② 패럴림픽 기간 동안 VIP용 지정차량에 탑승한다.
③ 올림픽 기간 동안 올림픽 패밀리 호텔에 들어간다.
④ 올림픽 기간 동안 컬링센터 내부에 있는 선수준비 구역에 들어간다.
⑤ 올림픽 기간 동안 미디어 셔틀버스를 타고 이동한 후 국제 방송센터에 들어간다.

문제해설

Step 1 문제 해결의 출발점

내용이 많고 복잡해 보이지만, 본문에 제시된 AD 카드의 위치별 정보 가운데 <상황>에 제시된 '갑돌이'의 AD 카드에서 대응되는 항목을 찾아 선택지의 내용이 맞는지 판단하기만 하면 되는 문제이다. 지문 길이가 길다고 겁먹지 말고 차분한 마음으로 접근하도록 하자.

Step 2 선택지 분석

<상황>에서 갑돌이의 첫 번째 카드는 올림픽, 두 번째 카드는 패럴림픽 전용 AD카드이다. 선택지 ①, ②를 볼 때는 오른쪽의 패럴림픽 카드를 기준으로 항목을 찾고, ③~⑤를 볼 때는 왼쪽의 올림픽 카드를 기준으로 항목을 찾아 나가면 된다.

① (○) 패럴림픽 AD 카드의 시설입장 권한은 'ALL'이므로 알파인 경기장 입장이 가능하다.

② (○) 패럴림픽 AD 카드의 탑승권한에 'T1'이 있으므로 VIP용 지정차량 탑승이 가능하다.

③ (○) 올림픽 AD 카드의 시설입장 권한에 'OFH'가 있으므로 올림픽 패밀리 호텔 입장이 가능하다.

④ (×) 올림픽 AD 카드의 시설입장 권한에 'HCC'가 있으므로 컬링센터 입장이 가능하지만, 특수구역 접근권한의 '2'는 없으므로 선수준비 구역 접근은 불가능하다.

⑤ (○) 올림픽 AD 카드의 탑승권한은 'TM'이고, 시설입장 권한에 'IBC'가 있으므로 가능하다.

정답 | ④

CHAPTER All About PSAT

05 퀴즈형

01 퀴즈형 문제

민경채 2018 가책형 9번

다음 글을 근거로 판단할 때, 〈그림 2〉의 정육면체 아랫면에 쓰인 36개 숫자의 합은?

> 정육면체인 하얀 블록 5개와 검은 블록 1개를 일렬로 붙인 막대를 30개 만든다. 각 막대의 윗면에는 가장 위에 있는 블록부터, 아랫면에는 가장 아래에 있는 블록부터 세어 검은 블록이 몇 번째 블록인지를 나타내는 숫자를 쓴다. 이런 규칙에 따르면 <그림 1>의 예에서는 윗면에 2를, 아랫면에 5를 쓰게 된다.
>
> 다음으로 검은 블록 없이 하얀 블록 6개를 일렬로 붙인 막대를 6개 만든다. 검은 블록이 없으므로 윗면과 아랫면 모두에 0을 쓴다.
>
> 이렇게 만든 36개의 막대를 붙여 <그림 2>와 같은 큰 정육면체를 만들었더니, 윗면에 쓰인 36개 숫자의 합이 109였다.
>
> <그림 1>
>
> 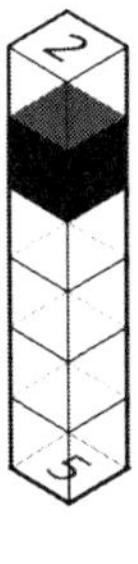
>
>
> <그림 2>
>
> 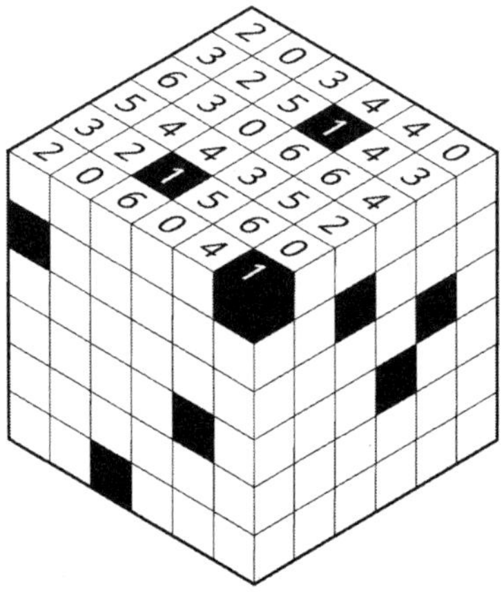

① 97

② 100

③ 101

④ 103

⑤ 104

문제해설

Step 1 문제 해결의 출발점

블록에 숫자가 적히는 원칙을 파악하는 것이 일차적 목표이다. 검은 블록이 포함된 막대는 1부터 6까지의 숫자가 적힐 것인데, 위쪽 면과 아래쪽 면에 적힌 숫자의 합은 어떤 경우건 7이 된다. 이와 달리 하얀 블록만으로 만들어진 막대는 모두 0이 적힌다. <그림 2>에 위쪽 면에 적힌 구체적인 숫자가 나와 있지만, 본문 마지막 문장에서 윗면에 쓰인 36개 숫자의 합이 109라는 정보를 통해 이를 모두 분석해야 하는 문제가 아님을 간파해야 한다.

Step 2 규칙성 정리

1) 파악하기 쉬운 하얀 블록만으로 이루어진 막대 6개는 어차피 윗면이건 아랫면이건 모두 0이므로 간단히 정리된다.

2) 검은 블록이 포함된 막대는 윗면과 아랫면의 숫자의 합이 7로 고정된다. 현재 전체 36개의 막대 가운데 30개가 이러한 구조로 되어 있다. 따라서 이들 막대 30개의 윗면과 아랫면의 숫자 합은 30×7=210이다.

3) 윗면에 적힌 숫자의 합이 109이므로, 아랫면에 적힌 숫자의 합은 전체 수의 합인 210에서 109를 뺀 101이 되어야 한다.

정답 | ③

02 **퀴즈형 문제**
민경채 2018 가책형 10번

다음 글과 〈상황〉을 근거로 판단할 때, A복지관에 채용될 2명의 후보자는?

A복지관은 청소년업무 담당자 2명을 채용하고자 한다. 청소년업무 담당자들은 심리상담, 위기청소년지원, 진학지도, 지역안전망구축 등 4가지 업무를 수행해야 한다. 채용되는 2명은 서로 다른 업무를 맡아 4가지 업무를 빠짐없이 분담해야 한다.

4가지 업무에 관련된 직무역량으로는 의사소통역량, 대인관계역량, 문제해결역량, 정보수집역량, 자원관리역량 등 5가지가 있다. 각 업무를 수행하기 위해서는 반드시 해당 업무에 필요한 직무역량을 모두 갖춰야 한다. 아래는 이를 표로 정리한 것이다.

업무	필요 직무역량
심리상담	의사소통역량, 대인관계역량
위기청소년지원	의사소통역량, 문제해결역량
진학지도	문제해결역량, 정보수집역량
지역안전망구축	대인관계역량, 자원관리역량

〈상 황〉

○ A복지관의 채용후보자는 4명(甲, 乙, 丙, 丁)이며, 각 채용후보자는 5가지 직무역량 중 3가지씩을 갖추고 있다.
○ 자원관리역량은 丙을 제외한 모든 채용후보자가 갖추고 있다.
○ 丁이 진학지도업무를 제외한 모든 업무를 수행하려면, 의사소통역량만 추가로 갖추면 된다.
○ 甲은 심리상담업무를 수행할 수 있고, 乙과 丙은 진학지도업무를 수행할 수 있다.
○ 대인관계역량을 갖춘 채용후보자는 2명이다.

① 甲, 乙
② 甲, 丙
③ 乙, 丙
④ 乙, 丁
⑤ 丙, 丁

문제해설

Step 1 문제 해결의 출발점

본문 1문단의 핵심은 마지막 문장에 나와 있는 것처럼 채용자 2인이 아래쪽의 <표>에도 나와 있는 서로 다른 업무를 맡아 4가지 업무가 빠짐없이 분담되어야 한다는 것이다. 그리고 2문단에 의하면 각각의 업무는 이를 수행하는 데 필요한 직무역량을 모두 갖추고 있는 사람이 맡을 수 있다. 곧장 <상황>에 제시된 조건들 가운데 문제의 출발점으로 삼을 수 있는 확정 정보를 찾도록 한다.

Step 2 〈상황〉 분석

1) <상황>에 제시된 5개의 조건을 순서대로 ⓐ~ⓔ 조건이라고 하자. ⓐ부터 ⓒ까지만 봐도 이 문제가 인물별 속성 매칭을 다루고 있음을 파악할 수 있을 것이다. 따라서 ⓐ에 따라 1인당 3가지 직무역량이라는 범위의 제한을 전제로, ⓑ부터 제시되는 구체적 매칭 여부를 표로 구성해 나가는 것이 효과적이다. 표를 만들 때는 직무역량의 명칭을 간소화해서 적는 게 좋다.

2) <표> 만들고 채우기

ⓐ 각 인물은 3가지씩의 직무역량을 가짐, ⓑ '자원'은 병 이외의 모든 인물이 지님

ⓒ 진학지도를 제외한 나머지 업무에 필요한 직무역량은 의사, 대인, 문제, 자원이다. '정'이 '의사'만 추가로 갖추면 이들 세 업무를 수행하는 게 가능하다는 것은, 반대로 '정'에게는 '의사'를 제외한 나머지 3가지 역량(대인, 문제, 자원)이 있다는 얘기이다.

[각 인물별로 ○가 3개 채워질 경우, ⓐ조건에 따라 나머지 칸은 ×로 채워 넣는다]

	의사	대인	문제	정보	자원
갑					○
을					○
병					
정	×	○	○	×	○

ⓓ 갑은 심리상담 업무가 가능하므로 '의사'와 '대인'을 갖추고 있어야 한다. 한편, 을과 병은 진학지도 업무를 수행할 수 있으므로 '문제'와 '정보'를 갖추고 있어야 한다.

	의사	대인	문제	정보	자원
갑	○	○	×	×	○
을	×	×	○	○	○
병			○	○	×
정	×	○	○	×	○

ⓔ 확정되지 않은 인물은 '병'인데, ⓔ에 따라 '대인'을 갖춘 사람은 갑과 정으로 고정되어야 하므로 병은 '의사'를 갖춘 것이 추가로 확정된다.

	의사	대인	문제	정보	자원
갑	○	○	×	×	○
을	×	×	○	○	○
병	○	×	○	○	×
정	×	○	○	×	○

3) 인물별 역량 정보는 정리가 되었다. 이제 이들 가운데 2명이 4가지 업무를 분담할 수 있는 경우를 찾아야 하는데, '을'은 진학지도만 맡을 수 있고 '정'은 지역안정망구축만 맡을 수 있다. 따라서 갑과 병이 채용되어야 한다.

정답 | ②

03 퀴즈형 문제

민경채 2018 가책형 20번

다음 글과 〈대화〉를 근거로 판단할 때 대장 두더지는?

○ 甲은 튀어나온 두더지를 뿅망치로 때리는 '두더지 게임'을 했다.
○ 두더지는 총 5마리(A~E)이며, 이 중 1마리는 대장 두더지이고 나머지 4마리는 부하 두더지이다.
○ 대장 두더지를 맞혔을 때는 2점, 부하 두더지를 맞혔을 때는 1점을 획득한다.
○ 두더지 게임 결과, 甲은 총 14점을 획득하였다.
○ 두더지 게임이 끝난 후 두더지들은 아래와 같은 <대화>를 하였다.

〈대 화〉

두더지 A : 나는 맞은 두더지 중에 가장 적게 맞았고, 맞은 횟수는 짝수야.
두더지 B : 나는 두더지 C와 똑같은 횟수로 맞았어.
두더지 C : 나와 두더지 A, 두더지 D가 맞은 횟수를 모두 더하면 모든 두더지가 맞은 횟수의 3/4이야.
두더지 D : 우리 중에 한 번도 맞지 않은 두더지가 1마리 있지만 나는 아니야.
두더지 E : 우리가 맞은 횟수를 모두 더하면 12번이야.

① 두더지 A
② 두더지 B
③ 두더지 C
④ 두더지 D
⑤ 두더지 E

문제해설

Step 1 문제 해결의 출발점

네 번째 조건에 따르면 총 14점을 획득하였는데, <대화>의 두더지 E가 맞은 횟수를 모두 더하면 12번이라고 한 것이 핵심이다. 대장 두더지는 2점, 부하 두더지는 1점의 배점이므로 12번을 맞아서 14점이 나오려면 대장 두더지가 2회(4점), 나머지 부하 두더지가 10회를 나눠 맞은 것이 되어야 한다.

Step 2 〈대화〉 분석 분석

<대화>에서 D의 진술에 따라 한 번도 맞지 않은 두더지가 1마리 있다. 그런데 A, C, D의 진술은 종합하면 A, B, C, D 두더지는 모두 맞은 두더지임을 알려준다. 따라서 한 번도 맞지 않은 두더지는 E이다.

다음으로 C의 진술을 보면, A+C+D=9(12회의 3/4)이다. 따라서 B가 맞은 횟수(=C)는 3이 되며, 자동적으로 A+D=3이 된다.

그런데 A는 본인이 짝수로 맞았다 하였으므로 A=2, D=1이 된다.

맞은 두더지 가운데 2회를 맞은 것은 A뿐이므로 A가 대장 두더지이다.

정답 | ①

04 퀴즈형 문제
민경채 2018 가책형 21번

다음 〈상황〉을 근거로 판단할 때, 〈보기〉에서 옳은 것만을 모두 고르면?

〈상 황〉

○ A위원회는 12명의 위원으로 구성되며, 위원 중에서 위원장을 선출한다.
○ 12명의 위원은 자신을 제외한 11명 중 서로 다른 2명에게 1표씩 투표하여 최다 득표자를 위원장으로 결정한다.
○ 최다 득표자가 여러 명인 경우 추첨을 통해 이들 중 1명을 위원장으로 결정한다.

〈보 기〉

ㄱ. 득표자 중 5표를 얻은 위원이 존재하고 추첨을 통해 위원장이 결정되었다면, 득표자는 3명 이하이다.
ㄴ. 득표자가 총 3명이고 그 중 1명이 7표를 얻었다면, 위원장을 추첨으로 결정하지 않아도 된다.
ㄷ. 득표자 중 최다 득표자가 8표를 얻었고 추첨 없이 위원장이 결정되었다면, 득표자는 4명 이상이다.

① ㄴ
② ㄷ
③ ㄱ, ㄴ
④ ㄱ, ㄷ
⑤ ㄴ, ㄷ

문제해설

Step 1 문제 해결의 출발점

수의 구성을 따지는 형태의 퀴즈 문제이다. 12명의 위원이 각자 서로 다른 2명에게 1표씩 투표하므로 전체 24표가 발생한다는 것이 문제 해결의 출발점이다.

Step 2 선택지 분석

ㄱ. (×) 추첨을 통해 위원장이 결정되었다는 것은 <상황>의 조건 3에 따라 최다 득표자가 여러 명이었음을 의미한다. 이때 득표자 중 한 명이 5표를 얻었으므로, 선지의 진술을 반영해 득표자가 3명이었다고 가정하면 나머지 2명이 19표를 분배해 득표한 것이 된다(득표자가 2명이면 다른 한 명이 19표를 독점해 추첨을 할 필요도 없으므로 제외). 그런데 이들 2명이 19표를 동수로 분배할 수 있는 경우는 없으므로 추첨을 통해 위원장이 선출되는 경우는 나타날 수 없다. 따라서 ㄱ은 부적절한 진술이다.

ㄴ. (○) 득표자 3명 중에 1명이 7표를 얻었다면 나머지 2명은 17표를 나눠 갖게 된다. ㄱ에서 살펴본 것처럼 홀수인 표를 2명이 동수로 나눠 갖는 것은 불가능하고, 2명 중 1명이 7표를 얻었다면 나머지 1명이 10표로 무조건 1등, 8표와 9표씩 나눠 가져도 마찬가지로 9표를 가진 사람이 1등이다. 나머지 경우는 더 따져볼 필요도 없을 것이다. 따라서 ㄴ의 경우에는 위원장을 추첨으로 결정하지 않아도 된다.

ㄷ. (○) 최다 득표자가 8표이고 추첨 없이 이 위원이 위원장으로 결정된 것이다. 따라서 남은 득표자는 7표 이하의 득표를 한 것이다. 최다 득표자를 제외하고 남은 표는 16표인데, 만약 득표자가 3명이라면 남은 2명 중 8표보다 많은 득표자가 나타날 수 있다(누군가는 8표 이상의 득표를 하게 됨). 하지만 득표자가 4명이면 최다 득표자를 제외한 3명이 16표를 7표 이하로 나눠 갖는 것이 가능하다(예를 들어 4, 5, 7). 따라서 ㄷ의 상황에서 득표자는 4명 이상이어야 한다.

정답 | ⑤

05 퀴즈형 문제

민경채 2018 가책형 23번

다음 글을 근거로 판단할 때, 〈보기〉에서 옳은 것만을 모두 고르면?

○ 손글씨 대회 참가자 100명을 왼손으로만 필기할 수 있는 왼손잡이, 오른손으로만 필기할 수 있는 오른손잡이, 양손으로 모두 필기할 수 있는 양손잡이로 분류하고자 한다.
○ 참가자를 대상으로 아래 세 가지 질문을 차례대로 하여 해당하는 참가자는 한 번만 손을 들도록 하였다.
[질문 1] 왼손으로만 필기할 수 있는 사람은?
[질문 2] 오른손으로만 필기할 수 있는 사람은?
[질문 3] 양손으로 모두 필기할 수 있는 사람은?
○ 양손잡이 중 일부는 제대로 알아듣지 못해 질문 1, 2, 3에 모두 손을 들었고, 그 외 모든 참가자는 올바르게 손을 들었다.
○ 질문 1에 손을 든 참가자는 16명, 질문 2에 손을 든 참가자는 80명, 질문 3에 손을 든 참가자는 10명이다.

〈보 기〉

ㄱ. 양손잡이는 총 10명이다.
ㄴ. 왼손잡이 수는 양손잡이 수보다 많다.
ㄷ. 오른손잡이 수는 왼손잡이 수의 6배 이상이다.

① ㄱ
② ㄴ
③ ㄱ, ㄴ
④ ㄱ, ㄷ
⑤ ㄴ, ㄷ

문제해설

Step 1 문제 해결의 출발점

질문을 제대로 알아듣지 못해 각 질문에 잘못 손을 든 사람들까지 포함한 수치를 다시 재구성해야 하는 퀴즈형 문제이다. 전체 100명이라는 정보 및 양손잡이 중 일부가 질문 1, 2, 3에 모두 손을 들었다는 정보가 핵심이다.

Step 2 질문 결과 분석

조건의 마지막에 의하면 결과적으로 각 질문에 손을 든 답변의 총합은 106이다. 실제 참가자가 수는 100명이므로 자신이 해당하지 않는 질문에 손을 든 것은 6번인 것이다.

문제를 일으킨 것은 양손잡이인데, 이들 중 일부가 질문 1, 2, 3에 모두 손을 들었다. 그런데 질문 3은 애초에 양손잡이를 묻는 질문이므로 결국 질문 1과 2에서 이들이 모두 손을 든 것이다. 그 결과 6번의 답변이 추가된 것이므로, 양손잡이 가운데 질문 1과 2에도 손을 든 이들은 3명(그래야 질문 1과 질문 2에 각각 3씩 늘어나 전체 답변 수가 106이 된다)이다.

따라서 실제 인원수는 왼손잡이 13명, 오른손잡이 77명, 양손잡이 10명이다. 이를 바탕으로 <보기>를 분석하면 ㄱ, ㄴ이 옳은 진술임을 알 수 있다.

정답 | ③

06 퀴즈형 문제
민경채 2019 나책형 7번

다음 글을 근거로 판단할 때, B구역 청소를 하는 요일은?

> 甲레스토랑은 매주 1회 휴업일(수요일)을 제외하고 매일 영업한다. 甲레스토랑의 청소 시간은 영업일 저녁 9시부터 10시까지이다. 이 시간에 A구역, B구역, C구역 중 하나를 청소한다. 청소의 효율성을 위하여 청소를 한 구역은 바로 다음 영업일에는 하지 않는다. 각 구역은 매주 다음과 같이 청소한다.
>
> ○ A구역 청소는 일주일에 1회 한다.
> ○ B구역 청소는 일주일에 2회 하되, B구역 청소를 한 후 영업일과 휴업일을 가리지 않고 이틀 간은 B구역 청소를 하지 않는다.
> ○ C구역 청소는 일주일에 3회 하되, 그 중 1회는 일요일에 한다.

① 월요일과 목요일
② 월요일과 금요일
③ 월요일과 토요일
④ 화요일과 금요일
⑤ 화요일과 토요일

문제해설

Step 1 문제 해결의 출발점

1주일 중 휴업일(수요일)을 제외한 6일 중 각각의 요일에 어떤 구역을 청소하는지 배치해야 하는 문제이다. 따라서 <표>를 만들어 각 요일에 A~C를 하나씩 배치해 나가는 방법으로 접근하는 것이 효율적이다.

청소 일자가 적은 A, B구역보다는 일주일에 3회 청소하는 C구역의 요일 범위가 넓어 자리 배치의 범위를 확정하기 유리하다(게다가 일요일에 C구역 청소라는 확정적 정보가 뒤따른다). 따라서 C구역을 먼저 분석하는 것이 유리하다.

Step 2 구역별 요일 배치

1) 구역별 청소 정보 세 번째 항목에 따르면, 일요일은 C구역 청소로 고정되어 있다. 또한 C구역은 수요일을 제외한 나머지 6일 중 총 3회 청소를 하는데, 본문 전반부에서 청소를 한 구역은 바로 다음 영업일에는 청소를 하지 않는다고(이를 '격일 조건'이라 하자) 하였다. 따라서 C는 화요일이나 목요일 중에는 1회 청소를 해야 한다.

2) 만약 C를 목요일에 청소하면 '격일 조건'에 따라 토요일에 C구역을 청소해야 한다. 하지만 이 경우 바로 다음 영업일인 일요일에 또 C구역을 청소하게 되므로 조건에 위배된다. 따라서 일요일 다음의 C 구역 청소는 화요일이 되며, 이에 따라 세 번째 청소 요일은 금요일이 된다.

일	월	화	수	목	금	토
C		C	×		C	

3) B구역은 일주일 2회 청소하므로 위의 표에 들어갈 수 있는 배치의 조합은 '월-목', '월-토', '목-토' 세 가지이다. 그런데 B구역은 한 번 청소한 이후 이틀 간은 다시 청소를 하지 않아야 하므로 '월-토'나 '목-토' 배치는 이 조건에 위배된다. 따라서 B구역 청소는 '월-목'에 하며, 남아 있는 A구역은 토요일에 청소하는 것으로 확정된다.

일	월	화	수	목	금	토
C	B	C	×	B	C	A

따라서 B구역의 청소 요일은 월요일과 목요일이다.

정답 | ①

07 퀴즈형 문제

민경채 2019 나책형 17번

다음 글과 〈상황〉을 근거로 판단할 때, 甲, 乙, 丙의 자동차 번호 끝자리 숫자의 합으로 가능한 최댓값은?

○ A사는 자동차 요일제를 시행하고 있으며, 각 요일별로 운행할 수 없는 자동차 번호 끝자리 숫자는 아래와 같다.

요일	월	화	수	목	금
숫자	1, 2	3, 4	5, 6	7, 8	9, 0

○ 미세먼지 비상저감조치가 시행될 경우 A사는 자동차 요일제가 아닌 차량 홀짝제를 시행한다. 차량 홀짝제를 시행하는 날에는 시행일이 홀수이면 자동차 번호 끝자리 숫자가 홀수인 차량만 운행할 수 있고, 시행일이 짝수이면 자동차 번호 끝자리 숫자가 홀수가 아닌 차량만 운행할 수 있다.

〈상 황〉

A사의 직원인 甲, 乙, 丙은 12일(월)부터 16일(금)까지 5일 모두 출근했고, 12일, 13일, 14일에는 미세먼지 비상저감조치가 시행되었다. 자동차 요일제와 차량 홀짝제로 인해 자동차를 운행할 수 없는 경우를 제외하면, 3명 모두 자신이 소유한 자동차로 출근을 했다. 다음은 甲, 乙, 丙이 16일에 출근한 후 나눈 대화이다.

○ 甲 : 나는 12일에 내 자동차로 출근을 했어. 따져보니 이번 주에 총 4일이나 내 자동차로 출근했어.

○ 乙 : 저는 이번 주에 이틀만 제 자동차로 출근했어요.

○ 丙 : 나는 이번 주엔 13일, 15일, 16일만 내 자동차로 출근할 수 있었어.

※ 甲, 乙, 丙은 자동차를 각각 1대씩 소유하고 있다.

① 14
② 16
③ 18
④ 20
⑤ 22

문제해설

Step 1 문제 해결의 출발점

발문에서 '자동차 번호 끝자리 숫자의 합으로 가능한 최댓값'을 묻고 있다. 즉 각 자동차 번호의 끝자리를 확정할 필요는 없으며, 가능한 경우 가운데 최대값만 구하면 되는 것이다.

본문에는 자동차를 운행할 수 없는 혹은 있는 두 가지 경우로 '요일제'와 '홀짝제'가 나온다. 이 가운데 미세먼지 비상저감조치가 시행될 때 적용되는 홀짝제는 요일제보다 우선 적용된다는 것을 파악해야 한다.

Step 2 선택지 분석

1) 대상이 되는 날은 12일(월)부터 16일(금)까지 5일간이다. 이 가운데 12~14일에는 홀짝제가 시행되었고, 15일과 16일은 요일제가 적용되어 15일(목)에는 끝자리 7, 8번이, 16일(금)에는 끝자리 9, 0번이 운행 불가하다.
2) 갑은 12일을 포함하여 5일 중 총 4일을 본인 자동차로 출근하였다. 일단 12일은 홀짝제가 시행된 날로 짝수 차량만 운행 가능하므로 갑의 차량 끝자리는 짝수이다. 이에 따라 동일하게 홀짝제가 시행된 14일 역시 갑은 본인 차량으로 출근했음을 알 수 있다(당연히 13일은 차량 이용 불가). 따라서 갑은 12, 14, 15, 16일을 본인 차량으로 출근한 것이 된다. 이 가운데 요일제가 시행된 15일과 16일에도 출근하려면 갑의 차량 번호 끝자리는 짝수 2, 4, 6 가운데 하나가 되며, 최대값은 6이다.
3) 을은 5일 가운데 이틀만 본인 자동차로 출근했다. 갑의 경우에 대한 분석에서 알 수 있듯이 홀짝제가 시행된 12~14일 가운데 이틀을 본인 차량으로 출근하였다면 남은 15~16일 가운데 하루는 역시 본인 차량으로 출근한 것이 되어 버린다. 따라서 을은 홀짝제 시행일 중에는 홀수일인 13일에만 차량을 이용할 수 있었다(차량 끝자리 홀수). 그리고 15일이나 16일 가운데 하루는 차량 운행이 불가능해야 하므로, 가능한 홀수 중 최대값은 9이다.
4) 병은 13일에 자동차로 출근했으므로 차량 번호 끝자리는 홀수이다. 그리고 15일과 16일에도 본인 자동차로 출근했으므로 번호 끝자리는 7과 9을 제외한 홀수여야 한다. 이 가운데 최대값은 5이다.

각 인물의 차량 번호 끝자리 최대값을 합하면 20이 된다.

정답 | ④

08 퀴즈형 문제

민경채 2019 나책형 18번

다음 글을 근거로 판단할 때, 방에 출입한 사람의 순서는?

방에는 1부터 6까지의 번호가 각각 적힌 6개의 전구가 다음과 같이 놓여 있다.

왼쪽 ← → 오른쪽

전구 번호	1	2	3	4	5	6
상태	켜짐	켜짐	켜짐	꺼짐	꺼짐	꺼짐

총 3명(A~C)이 각각 한 번씩 홀로 방에 들어가 자신이 정한 규칙에 의해서만 전구를 켜거나 끄고 나왔다.

○ A는 번호가 3의 배수인 전구가 켜진 상태라면 그 전구를 끄고, 꺼진 상태라면 그대로 둔다.

○ B는 번호가 2의 배수인 전구가 켜진 상태라면 그 전구를 끄고, 꺼진 상태라면 그 전구를 켠다.

○ C는 3번 전구는 그대로 두고, 3번 전구를 기준으로 왼쪽과 오른쪽 중 켜진 전구의 개수가 많은 쪽의 전구를 전부 끈다. 다만 켜진 전구의 개수가 같다면 양쪽에 켜진 전구를 모두 끈다.

마지막 사람이 방에서 나왔을 때, 방의 전구는 모두 꺼져 있었다.

① A - B - C
② A - C - B
③ B - A - C
④ B - C - A
⑤ C - B - A

문제해설

Step 1 문제 해결의 출발점

본문에 제시된 전구 상태의 초기값에서 시작해, A~C가 한 번씩 방에 들어갔다 나온 후 방의 전구가 모두 꺼져 있었다는 결과가 주어져 있다. 문제 해결 방식은 두 가지로 생각해 볼 수 있는데, 첫 번째는 각 선택지에 제시된 순서대로 직접 시뮬레이션을 돌려 보는 것이다(3단계 과정이고 각각의 인물별 과정이 복잡하지 않으므로 비교적 빠른 시간에 검토할 수 있다). 두 번째는 결과값으로부터 초기값이 나올 수 있는 가능성을 역으로 추론해 나가는 것이다.

Step 2 선택지 분석

1) 첫 번째 방법

선지 ②의 조합만 시뮬레이션 해 보도록 하자(나머지도 동일하게 진행하면 됨, 켜짐을 ○, 꺼짐을 ×로 표기).

왼쪽 ← → 오른쪽

전구 번호	1	2	3	4	5	6
초기	○	○	○	×	×	×
1 A 출입	○	○	×	×	×	×
2 C 출입	×	×	×	×	×	×
3 B 출입	×	○	×	○	×	○

이러한 방식으로 각각의 선택지의 순서를 대입해 시뮬레이션 하면 ③이 정답으로 도출된다.

2) 두 번째 방법

먼저 A, B, C가 출입한 후의 결과를 정리하면 다음과 같다.

- A : 3, 6번 끄기
- B : 2, 4, 6번 켜기 ↔ 끄기
- C : 3번은 그대로 두고, 1~2와 4~6 중 한쪽만 끄거나 (양쪽 전구의 켜진 개수가 같을 경우) 모두 끄기

A와 C의 순서에 상관없이, B는 2의 배수인 전구의 스위치를 모두 작동(켜짐→꺼짐, 꺼짐→켜짐)시키기 때문에 B가 마지막 순서가 되면 6번 전구가 무조건 켜진 것으로 마무리 된다. 따라서 B는 절대로 마지막 순서가 되어서는 안 된다. 이에 비해 C는 단서 조건에서 3번 전구를 기준으로 왼쪽과 오른쪽에 켜진 전구의 개수가 같을 경우(이를 조건 ①이라 하자) 양쪽 전구를 모두 끄므로 모든 전구가 꺼져 있었다는 결과 도출이 상대적으로 훨씬 수월하게 도출된다. 따라서 C를 마지막 순서로 놓고 출발한다.

A와 B 가운데 누가 먼저 와야 하는지는 이 설정에서 두 번만 검토해 보면 금방 결론이 도출된다.

정답 | ③

09 퀴즈형 문제

민경채 2019 나책형 21번

다음 글을 근거로 판단할 때, A시에서 B시까지의 거리는?

> 甲은 乙이 운전하는 자동차를 타고 A시에서 B시를 거쳐 C시로 가는 중이었다. A, B, C는 일직선 상에 순서대로 있으며, 乙은 자동차를 일정한 속력으로 운전하여 도시 간 최단 경로로 이동했다. A시를 출발한 지 20분 후 甲은 乙에게 지금까지 얼마나 왔는지 물어보았다.
>
> "여기서부터 B시까지 거리의 딱 절반만큼 왔어."라고 乙이 대답하였다.
>
> 그로부터 75km를 더 간 후에 甲은 다시 물어보았다.
>
> "C시까지는 얼마나 남았지?"
>
> 乙은 다음과 같이 대답했다.
>
> "여기서부터 B시까지 거리의 딱 절반만큼 남았어."
>
> 그로부터 30분 뒤에 甲과 乙은 C시에 도착하였다.

① 35km
② 40km
③ 45km
④ 50km
⑤ 55km

문제해설

Step 1 문제 해결의 출발점

거리를 구하는 것이 목표인데, 본문에 제시된 대화에는 A-B-C가 일직선 상에 위치하고 자동차의 속력이 일정하다는 정보, 특정 지점 사이를 이동하는 데 걸린 시간 정보, 그리고 특정 지점들 사이의 비율적 거리 정보가 주어져 있다. 이러한 정보를 바탕으로 A-B 사이의 거리를 구할 수 있는 요소들을 도출해 내어야 한다.

Step 2 〈대화〉 분석

1) A시를 출발한 지 20분 후(이때의 위치를 ㄱ이라 하면), 해당 지점으로부터 B시까지 거리의 절반만큼 이동하였다. 따라서 ㄱ은 A-B 거리의 3분의 1 지점이 되며, A에서 B까지 이동 시간은 60분이 걸린다.

2) ㄱ으로부터 75km를 더 간 후(이때의 위치를 ㄴ이라 하면), C시까지 남은 거리는 ㄴ으로부터 B시까지 거리의 절반이라 하였다. 즉 ㄴ은 B-C 거리의 3분의 2 지점이 된다. 그리고 나서 30분 뒤에 C시에 도착하였으므로 B에서 C까지 이동 시간은 90분, B에서 ㄴ까지 이동하는 데는 60분이 걸린다는 것을 알 수 있다.

3) 이제 이러한 정보를 그림으로 나타내어 정리해 보자.

위에서 정리한 정보에 따르면, ㄱ-B 사이를 이동하는 데는 40분, B-ㄴ 사이를 이동하는 데는 60분이 걸리며 ㄱ-ㄴ 사이의 거리는 75km이다. 즉 100분 동안 75km 거리를 이동한 것이므로, A-B 사이의 거리는 100 : 75 = 60 : x 에 따라 45km가 된다.

정답 | ③

10 퀴즈형 문제

민경채 2019 나책형 22번

다음 〈상황〉과 〈대화〉를 근거로 판단할 때 6월생은?

〈상 황〉

○ 같은 해에 태어난 5명(지나, 정선, 혜명, 민경, 효인)은 각자 자신의 생일을 알고 있다.
○ 5명은 자신을 제외한 나머지 4명의 생일이 언제인지는 모르지만, 3월생이 2명, 6월생이 1명, 9월생이 2명이라는 사실은 알고 있다.
○ 아래 <대화>는 5명이 한 자리에 모여 나눈 대화를 순서대로 기록한 것이다.
○ 5명은 <대화>의 진행에 따라 상황을 논리적으로 판단하고, 솔직하게 대답한다.

〈대 화〉

민경 : 지나야, 네 생일이 5명 중에서 제일 빠르니?
지나 : 그럴 수도 있지만 확실히는 모르겠어.
정선 : 혜명아, 네가 지나보다 생일이 빠르니?
혜명 : 그럴 수도 있지만 확실히는 모르겠어.
지나 : 민경아, 넌 정선이가 몇 월생인지 알겠니?
민경 : 아니, 모르겠어.
혜명 : 효인아, 넌 민경이보다 생일이 빠르니?
효인 : 그럴 수도 있지만 확실히는 모르겠어.

① 지나
② 정선
③ 혜명
④ 민경
⑤ 효인

문제해설

Step 1 문제 해결의 출발점

<상황>의 정보를 분석하고 나면, 가장 중요한 것은 마지막에 제시된 '5명은 <대화>의 진행에 따라 상황을 논리적으로 판단하고, 솔직하게 대답한다.'임을 파악할 수 있어야 한다. 즉 이들 5명은 앞에서 다른 사람이 언급한 내용을 바탕으로 자신의 생일과 타인의 생일의 순서를 비교하여 답변을 하는 것이다. 정보 누적형 추론 패턴이라 할 수 있다.

Step 2 선택지 분석

1) 첫 번째로 이루어진 민경과 지나의 대화를 통해, 지나의 생일이 3월이라는 것은 알 수 있다. 하지만 '확실히는 모르겠'다고 한 것을 보면 지나가 가장 생일이 빠른 것인지, 아니면 지나보다 빠른 1인이 있는 것인지는 확정할 수 없다. 그리고 정선-혜명의 두 번째 대화를 보면, 혜명의 생일 역시 3월임을 알 수 있다. 하지만 지나의 대답처럼 혜명의 생일이 지나보다 빠른지는 확정할 수 없다. 이제 다른 대화의 내용도 이와 같은 식으로 순서를 확정할 수 있는지 아니면 미확정 상태로 남는지 판단하며 분석하도록 하자.

3월(2명)	6월(1명)	9월(2명)
지나 혜명		

2) 지나-민경의 세 번째 대화에서 민경은 앞의 답변들 및 자신의 생일 정보를 바탕으로 판단하였을 것이다. 그런데 정선이 몇 월생인지 모른다고 말한 것을 보면, 민경의 생일은 6월이 아닌 9월임을 알 수 있다. 왜냐하면, 만약 민경이 6월생이면, 3월과 6월의 인물은 확정이 되므로 정선의 생일이 9월임을 알 수 있는데, 민경은 모른다고 답하였기 때문이다.

3월(2명)	6월(1명)	9월(2명)
지나 혜명		민경

3) 마지막 혜명-효인의 대화에서 효인은 민경보다 생일이 빠를 수도 있지만 확실히 모르겠다고 하였다. 이는 효인의 생일이 9월임을 말해 준다. 따라서 6월이 생일인 사람은 정선이 된다.

3월(2명)	6월(1명)	9월(2명)
지나 혜명	정선	민경 효인

정답 | ②

11 퀴즈형 문제

민경채 2019 나책형 23번

다음 글과 〈상황〉을 근거로 판단할 때 옳은 것은?

○○시는 A정류장을 출발지로 하는 40인승 시내버스를 운영하고 있다. 승객은 정류장에서만 시내버스에 승·하차할 수 있다. 또한 시내버스는 좌석제로 운영되어 버스에 빈 좌석이 없는 경우 승객은 더 이상 승차할 수 없으며, 탑승객 1인은 1개의 좌석을 차지한다.

한편 ○○시는 애플리케이션을 통해 시내버스의 구간별 혼잡도 정보를 제공한다. 탑승객이 0~5명일 때는 '매우쾌적', 6~15명일 때는 '쾌적', 16~25명일 때는 '보통', 26~35명일 때는 '혼잡', 36~40명일 때는 '매우혼잡'으로 표시된다.

구간별 혼잡도는 시내버스의 한 정류장에서 다음 정류장까지 탑승객의 수를 측정하여 표시한다. 예를 들어 'A - B' 구간의 혼잡도는 A정류장에서 출발한 후 B정류장에 도착하기 전까지 탑승객의 수에 따라 표시된다.

※ 버스기사는 고려하지 않는다.

〈보 기〉

A정류장에서 07:00에 출발한 시내버스의 <승·하차내역>과 <구간별 혼잡도 정보>는 다음과 같다.

<승·하차내역>

정류장	승차(명)	하차(명)
A	20	0
B	(㉠)	10
C	5	( )
D	( )	10
E	15	( )
F	0	( )

※ 승·하차는 동시에 이루어진다.

<구간별 혼잡도 정보>

구간	표시
A - B	(㉡)
B - C	매우혼잡
C - D	매우혼잡
D - E	(㉢)
E - F	보통

① C정류장에서 하차한 사람은 아무도 없다.
② E정류장에서 하차한 사람은 10명 이하이다.
③ ㉠에 들어갈 수 있는 최솟값과 최댓값의 합은 55이다.
④ ㉡은 혼잡이다.
⑤ ㉢은 혼잡 또는 매우혼잡이다.

문제해설

Step 1 문제 해결의 출발점

<상황>에 제시된 두 개의 표 사이의 관계부터 파악해야 한다. 본문의 내용에 따르면, 구간별 혼잡도 정보는, 예를 들어 B-C 구간의 혼잡도는 A-B 구간에서 버스 내에 있었던 인원에 B 정류장의 승·하차 인원이 가감되어 결정되는 형태이다. 그런데

A 정류장의 승·하차 인원 정보를 제외하면 이후 정거장에서의 승·하차 내역은 하나씩의 빈칸이 존재한다. 따라서, 선택지의 진술 형태도 그러하듯이, 특정 지점의 승·하차 인원이나 혼잡도 정보는 범위 형태로 파악될 수 있음을 알 수 있다.

Step 2 구간별 분석

1) A-B 구간 : A에서 +20, -0이고, A가 첫 번째 정류장이므로 기존 승차객은 없었을 것이다. 따라서 A-B 구간의 승차 인원은 확정으로 20명, 혼잡도는 '보통'이다. → ④ (×)
2) B-C 구간 : B-C 구간의 혼잡도는 '매우혼잡'(36~40명)이다. 앞서 A-B 구간의 승차객이 20명이었고, B 정류장에서 하차한 승객이 10명(-10)이므로 승차한 인원은 26명에서 30명 사이가 된다. → ③ (×)
3) C-D 구간 : B-C 구간의 혼잡도 역시 '매우혼잡'(36~40명)이다. 앞서 B-C 구간의 승차객이 36~40명이었고, C 정류장에서 5명이 승차(+5)하였으므로(일단, 승차 중인 잠정 인원은 41~45명), '매우혼잡'(36~40)이 나오려면 하차한 인원은 1명에서 5명 사이가 되어야 한다. → ① (×)
4) D-E 구간 : C-D 구간의 승차 인원이 36~40명이었고, D 정류장에서 10명이 하차하였다(잠정 인원 26~30명). 승차 인원이 미확정 상태인데, 만약 D 정류장의 승차 인원이 0명이라면 D-E 구간의 승차객은 26~30명이므로 '혼잡', 승차 인원이 10명이 넘어간다면 '매우혼잡'이 된다. 따라서 선택지 ⑤는 적절한 진술이다.
5) E-F 구간 : 혼잡도가 '보통'(16~25명)이다. (4)에서 본 것처럼 D-E 구간의 승차객은 최소 26명인데, E-F 구간이 '보통'이 되려면 승/하차 증감의 결과 적어도 1명 이상은 줄어들어야 한다. 그런데 E 정류장에서는 15명이 승차하였으므로, 하차한 인원은 최소 16명은 되어야 한다.

정답 | ⑤

12 퀴즈형 문제

민경채 2020 가책형 19번

다음 글을 근거로 판단할 때, 비밀번호의 둘째 자리 숫자와 넷째 자리 숫자의 합은?

甲은 친구의 자전거를 빌려 타기로 했다. 친구의 자전거는 다이얼을 돌려 다섯 자리의 비밀번호를 맞춰야 열리는 자물쇠로 잠겨 있다. 각 다이얼은 0~9 중 하나가 표시된다. 자물쇠에 현재 표시된 숫자는 첫째 자리부터 순서대로 3 - 6 - 4 - 4 - 9이다. 친구는 비밀번호에 대해 다음과 같은 힌트를 주었다.

○ 비밀번호는 모두 다른 숫자로 구성되어 있다.
○ 자물쇠에 현재 표시된 모든 숫자는 비밀번호에 쓰이지 않는다.
○ 현재 짝수가 표시된 자리에는 홀수가, 현재 홀수가 표시된 자리에는 짝수가 온다. 단, 0은 짝수로 간주한다.
○ 비밀번호를 구성하는 숫자 중 가장 큰 숫자가 첫째 자리에 오고, 가장 작은 숫자가 다섯째 자리에 온다.
○ 비밀번호 둘째 자리 숫자는 현재 둘째 자리에 표시된 숫자보다 크다.
○ 서로 인접한 두 숫자의 차이는 5보다 작다.

① 7
② 8
③ 10
④ 12
⑤ 13

문제해설

Step 1 문제 해결의 출발점

현재 표시된 자물쇠의 숫자 배열로부터 원래 비밀번호를 역으로 추론하는 암호 해독형 퀴즈 문제이다. 조건을 빠뜨리지 말고 차분하게 적용하면 어렵지 않게 정답을 도출할 수 있다.

Step 2 〈조건〉 분석

- 첫 번째 조건 + 두 번째 조건:
  3, 4, 6, 9는 없음 => 0, 1, 2, 5, 7, 8 사용 가능
  0, 1, 2, 5, 7, 8 가운데 5개의 숫자가 사용됨

- 세 번째 조건 + 네 번째 조건:
  왼쪽부터 오른쪽으로 각 비밀번호의 자리를 A~E로 설정하고 세 번째와 네 번째 조건을 표로 정리하면 다음과 같다.

A	B	C	D	E
짝	홀	홀	홀	짝
최대				최소

- 종합적 판단:
  비밀번호로 들어갈 수 있는 수는 0, 1, 2, 5, 7, 8의 6개 가운데 5개인데, 이 가운데 홀수는 1, 5, 7로 세 개다. 따라서 B, C, D 에는 1, 5, 7이 조합을 이루어 들어가야 한다. 그리고 A와 E는 각각 최대수와 최소수가 들어가는데, 가능한 짝수 가운데 A자리에 2나 0이 들어가는 것은 불가능하므로 A는 8로 확정된다. 한편 E에는 0이나 2가 들어가야 하는데, 2가 들어가면 B-C-D 중 어딘가에 들어갈 홀수 1에 비해 E의 2가 더 큰 수가 되어 최소수 조건에 위배된다. 따라서 E는 0으로 확정된다.
  이제 마지막 조건을 활용하면, D 자리에는 E의 0과 비교해 5보다 작은 차이가 나는 수가 들어가야 하므로 5나 7은 배제되고 1이 확정된다. 다음으로 B 자리에는 A의 8과 비교해 5보다 작은 차이가 나는 수 가운데, 현재 둘째 자리에 표시된 숫자보다 큰 수(5번째 조건)인 7이 와야 한다. 따라서 구하고자 하는 값은 8이 된다.

정답 | ②

13 퀴즈형 문제
민경채 2020 가책형 21번

다음 글을 근거로 판단할 때, 〈보기〉에서 옳은 것만을 모두 고르면?

키가 서로 다른 6명의 어린이를 다음 그림과 같이 한 방향을 바라보도록 일렬로 세우려고 한다. 그림은 일렬로 세운 하나의 예이다. 한 어린이(이하 甲이라 한다)의 등 뒤에 甲보다 키가 큰 어린이가 1명이라도 있으면 A방향에서 甲의 뒤통수는 보이지 않고, 1명도 없으면 A방향에서 甲의 뒤통수는 보인다. 반대로 甲의 앞에 甲보다 키가 큰 어린이가 1명이라도 있으면 B방향에서 甲의 얼굴은 보이지 않고, 1명도 없으면 B방향에서 甲의 얼굴은 보인다.

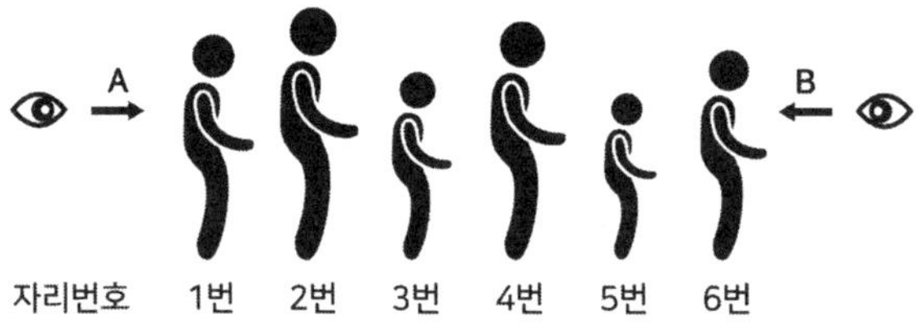

〈보 기〉

ㄱ. A방향에서 보았을 때 모든 어린이의 뒤통수가 다 보이게 세우는 방법은 1가지뿐이다.
ㄴ. 키가 세 번째로 큰 어린이를 5번 자리에 세운다면, A방향에서 보았을 때 그 어린이의 뒤통수는 보이지 않는다.
ㄷ. B방향에서 2명의 얼굴만 보이도록 어린이들을 세웠을 때, A방향에서 6번 자리에 서 있는 어린이의 뒤통수는 보이지 않는다.
ㄹ. B방향에서 3명의 얼굴이 보인다면, A방향에서 4명의 뒤통수가 보일 수 없다.

① ㄱ, ㄴ
② ㄷ, ㄹ
③ ㄱ, ㄴ, ㄷ
④ ㄱ, ㄷ, ㄹ
⑤ ㄴ, ㄷ, ㄹ

문제해설

Step 1 문제 해결의 출발점

예를 들어 A방향에서 봤을 때, 1번 자리의 어린이의 키가 2번 자리의 어린이보다 크다면 2번 자리 어린이의 뒤통수는 보이지 않는다는 것 정도만 이해한다면 어렵지 않게 해결할 수 있는 문제이다. 구체적 배치 현황은 본문에 나와 있지 않으므로 바로 <보기>의 선지를 분석한다.

Step 2 선택지 분석

ㄱ. (○) A방향에서 보았을 때 모든 어린이의 뒤통수가 다 보이게 하려면 1번부터 순서대로 키가 작은 어린이부터 큰 어린이 순으로 세우는 방법밖에 없다.

ㄴ. (○) 키가 세 번째로 큰 어린이를 X라고 하자. X보다 키가 더 큰 어린이는 두 명이 있는데, X가 5번 자리에 있다면 X보다 키가 더 큰 두 어린이 중 한 명은 반드시 1번부터 4번 사이에 위치하게 된다. 따라서 이 경우 A방향에서 보았을 때 X의 뒤통수는 무조건 보이지 않게 된다.

ㄷ. (○) B방향에서 보았을 때 2명의 얼굴만 보이도록 어린이들을 세우는 방법은 여러 가지가 있다. 따라서 이 선지에서는 다른 점에 주목해야 한다. 키가 가장 큰 어린이를 Y라고 한다면, Y가 6번 자리에 있을 경우 B방향에서는 오직 1명의 어린이의 얼굴만 보이게 된다. 따라서 2명의 얼굴만 보이게 하려면 Y를 절대 6번 자리에 세워서는 안 된다. 이 경우 6번 자리에는 무조건 Y보다 작은 어린이가 서게 되고, 따라서 6번 자리에 서 있는 어린이의 뒤통수는 보이지 않게 된다.

ㄹ. (×) 키가 3번째, 2번째, 1번째로 큰 어린이를 각각 6번, 5번, 4번에 세우고, 키가 가장 작은 어린이부터 남은 어린이를 순서대로 1~3번에 세우면 A방향에서 보았을 때 키가 6번째, 5번째, 4번째, 1번째로 큰 어린이의 뒤통수가 보이게 된다.

정답 | ③

14 퀴즈형 문제
민경채 2020 가책형 22번

다음 글과 〈상황〉을 근거로 판단할 때, 〈보기〉에서 옳은 것만을 모두 고르면?

A팀과 B팀은 다음과 같이 게임을 한다. A팀과 B팀은 각각 3명으로 구성되며, 왼손잡이, 오른손잡이, 양손잡이가 각 1명씩이다. 총 5라운드에 걸쳐 가위바위보를 하며 규칙은 아래와 같다.

○ 모든 선수는 1개 라운드 이상 출전하여야 한다.
○ 왼손잡이는 '가위'만 내고 오른손잡이는 '보'만 내며, 양손잡이는 '바위'만 낸다.
○ 각 라운드마다 가위바위보를 이긴 선수의 팀이 획득하는 점수는 다음과 같다.
- 이긴 선수가 왼손잡이인 경우 : 2점
- 이긴 선수가 오른손잡이인 경우 : 0점
- 이긴 선수가 양손잡이인 경우 : 3점
○ 두 팀은 1라운드를 시작하기 전에 각 라운드에 출전할 선수를 결정하여 명단을 제출한다.
○ 5라운드를 마쳤을 때 획득한 총 점수가 더 높은 팀이 게임에서 승리한다.

〈상 황〉

다음은 3라운드를 마친 현재까지의 결과이다.

구분	1라운드	2라운드	3라운드	4라운드	5라운드
A팀	왼손잡이	왼손잡이	양손잡이		
B팀	오른손잡이	오른손잡이	오른손잡이		

※ 각 라운드에서 가위바위보가 비긴 경우는 없다.

〈보 기〉

ㄱ. 3라운드까지 A팀이 획득한 점수와 B팀이 획득한 점수의 합은 4점이다.
ㄴ. A팀이 잔여 라운드에서 모두 오른손잡이를 출전시킨다면 B팀이 게임에서 승리한다.
ㄷ. B팀이 게임에서 승리하는 경우가 있다.

① ㄴ ② ㄷ ③ ㄱ, ㄴ
④ ㄱ, ㄷ ⑤ ㄱ, ㄴ, ㄷ

문제해설

Step 1 문제 해결의 출발점

일반적인 가위바위보 게임과는 성격이 다른 규칙이 제시되어 있다. 일단 규칙 2번째와 3번째에 따라 <상황>에 주어진 3라운드까지의 결과를 먼저 정리하고, 4~5라운드의 빈칸은 <보기>에 추가로 제시되는 정보를 바탕으로 추론해 나가도록 한다.

Step 2 선택지 분석

출전 선수가 확정되어 있는 1~3라운드의 팀별 득점을 우선 구한다. 규칙 2와 3을 통해 구한 라운드별 점수는 다음과 같다.

구분	1라운드	2라운드	3라운드
A팀	왼손(가위)	왼손(가위)	양손(바위)
B팀	오른손(보)	오른손(보)	오른손(보)
결과	A팀 승(2점)	A팀 승(2점)	B팀 승(0점)

한편 3라운드까지 경기에서 A팀은 왼손잡이 2회, 양손잡이 1회 출전하였고 B팀은 모두 오른손잡이만 3회 출전하였다. 따라서 규칙 1에 따라 남은 두 라운드에서 B팀은 왼손잡이와 양손잡이가 무조건 각각 1회씩 출전하여야 하고, A팀은 오른손잡이가 무조건 1회 출전하여야 한다. 하지만 A팀이 나머지 한 라운드에서 어떤 선수를 출전시킬지는 확정할 수 없다.

ㄱ. (○) 위에서 살펴본 3라운드까지의 경기 결과에 따라 두 팀의 획득 점수 합은 4점이 맞다.

ㄴ. (×) A팀이 잔여 라운드에서 모두 오른손잡이를 출전시키면 두 시합은 순서에 상관없이 오른손(A) : 왼손(B), 오른손(A) : 양손(B)의 대결이 된다. 그 결과 B팀은 2점 + 0점으로 2점만 추가될 뿐 게임은 A팀이 승리하게 된다.

ㄷ. (○) B팀이 이기려면 잔여 라운드에서 5점 이상을 획득해야 하는데, 그러기 위해서는 양손잡이 선수로 이긴 라운드가 최소 1회는 나와야 한다. 앞서 살펴본 두 팀의 출전 가능한 선수의 경우를 따져보면

구분	4라운드	5라운드
A팀	왼손잡이(가위)	오른손잡이(보)
B팀	양손잡이(바위)	왼손잡이(가위)
결과	B팀 승(3점)	B팀 승(2점)

과 같이 대진표가 짜여질 경우 B팀을 5점을 추가하여 승리하게 된다.

정답 | ④

15 퀴즈형 문제
민경채 2020 가책형 23번

다음 글을 근거로 판단할 때 옳은 것은?

> 네 사람(甲~丁)은 각각 주식, 채권, 선물, 옵션 중 서로 다른 하나의 금융상품에 투자하고 있으며, 투자액과 수익률도 각각 다르다.
>
> ○ 네 사람 중 투자액이 가장 큰 50대 주부는 주식에 투자하였다.
> ○ 30대 회사원 丙은 네 사람 중 가장 높은 수익률을 올려 아내와 여행을 다녀왔다.
> ○ 甲은 주식과 옵션에는 투자하지 않았다.
> ○ 40대 회사원 乙은 옵션에 투자하지 않았다.
> ○ 60대 사업가는 채권에 투자하지 않았다.

① 채권 투자자는 甲이다.
② 선물 투자자는 사업가이다.
③ 투자액이 가장 큰 사람은 乙이다.
④ 회사원은 옵션에 투자하지 않았다.
⑤ 가장 높은 수익률을 올린 사람은 선물 투자자이다.

문제해설

Step 1 문제 해결의 출발점

네 명의 인물, 네 개의 금융상품, 서로 다른 투자액과 수익률이 서로 연결되어야 하는 전형적인 매칭형 퀴즈 문제이다. 자리 배치의 기준이 되는 항목을 초기에 빠르게 파악해 표를 그려 정보를 하나씩 채워나가도록 한다.

Step 2 정보 간 매칭

조건들을 순서대로 1~5번이라고 설정하자. 전체 조건들을 살펴보면 연령대가 4개의 조건에서 언급되고 있으며 2번 조건에서는 병이 30대라는 정보가 확정되어 있다. 따라서 표를 그릴 때는 연령(30, 40, 50, 60대)을 기준으로 만드는 것이 효과적이다. 다음과 같이 표를 만든 후 매칭이 확정된 정보들인 1번과 2번 조건 및 4번 조건의 '40대-을' 정보를 우선 적용하자.

연령	30대 회사원	40대 회사원	50대 주부	60대 사업가
인물	병	을		
상품			주식	
투자액			최고	
수익률	최고			

3번 : '갑'의 위치가 아직 미확정이지만, 최소한 '병'의 투자 상품은 주식이 아니며 50대 주부가 '갑'이 아닌 것 또한 알 수 있다. 따라서 '갑'은 30대, 40대, 50대 전부 아니므로 60대이며, 50대는 나머지 인물인 '정'임을 알 수 있다.

연령	30대 회사원	40대 회사원	50대 주부	60대 사업가
인물	병	을	정	갑
상품	~주식 ~선물		주식	선물
투자액			최고	
수익률	최고			

5번 : 60대 사업가가 '갑'임을 파악했으므로 3번 조건과 5번 조건을 조합하면 '갑'의 투자 상품은 선물임을 알 수 있다. 이제 4번 조건을 적용하면 40대 회사원인 '을'의 투자 상품은 옵션이 아니고, 주식과 선물도 될 수 없으므로 남아 있는 채권이 된다. 이에 따라 자동적으로 30대 '병'의 투자 상품은 옵션이 된다.

연령	30대 회사원	40대 회사원	50대 주부	60대 사업가
인물	병	을	정	갑
상품	옵션	채권	주식	선물
투자액			최고	
수익률	최고			

이상을 바탕으로 선택지를 판단하면 ②만 옳은 것임을 알 수 있다.

정답 | ②

MEMO

PART 02
5급공채 기출

01 지문형 문제
5급공채 2018 나책형 1번

다음 글을 근거로 판단할 때 옳지 않은 것은?

공공성은 서구에서 유래된 '퍼블릭(public)'이나 '오피셜(official)'과 동아시아에서 전통적으로 사용해 온 개념인 '공(公)'이나 '공공(公共)'이 접합되어 이루어진 개념이다. 공공성 개념은 다음과 같은 세 가지 의미를 포괄하고 있다. 첫째, 어떤 사적인 이익이 아니라 공동체 전체의 이익과 관계된다는 의미이다. 둘째, 만인의 이익을 대표하여 관리하는 정통성을 지닌 기관이라는 의미가 있다. 셋째, 사사롭거나 편파적이지 않으며 바르고 정의롭다는 의미이다.

정도전의 정치사상에서 가장 인상적인 것은 정치권력의 사유화에 대한 강렬한 비판의식과 아울러 정치권력을 철저하게 공공성의 영역 안에 묶어두려는 의지이다. 또 그가 이를 위한 제도적 장치의 마련을 끊임없이 고민하였다는 사실도 확인되고 있다. 정도전은 정치공동체에서 나타나는 문제의 근저에 '자기 중심성'이 있고, 고려의 정치적 경험에서 자기 중심성이 특히 '사욕(私慾)'의 정치로 나타났다고 생각했다. 그리고 이로 인해 독선적인 정치와 폭정이 야기되었다고 보았다. 정도전은 이러한 고려의 정치를 소유 지향적 정치로 보았고, 이에 대한 대안으로 '공론'과 '공의'의 정치를 제시하였는데 이를 '문덕(文德)'의 정치라 불렀다.

공공성과 관련하여 고려와 조선의 국가 운영 차이를 가장 선명히 드러내는 것은 체계적인 법전의 유무이다. 고려의 경우는 각 행정부처들이 독자적인 관례나 규정에 따라서 통치를 하였을 뿐, 일관되고 체계적인 법전을 갖추고 있지 못하였다. 그래서 조선의 건국 주체는 중앙집권적인 국가운영체제를 확립하기 위해서 법체계를 갖추려고 했다. 이러한 노력을 통해 만든 최초의 법전이 정도전에 의해 편찬된 『조선경국전』이다. 이를 통해서 건국 주체는 자신이 세운 정치체제에 공공성을 부여하려고 하였다.

① 공공성에는 공동체 전체의 이익뿐만 아니라 이를 대표하여 관리하는 정통성을 지닌 기관이라는 의미도 포함되어 있다.
② 정도전은 고려의 정치에서 자기 중심성이 '사욕'의 정치로 나타났다고 보았다.
③ 고려시대에는 각 행정부처의 관례나 규정이 존재하지 않아 '사욕'의 정치가 나타났다.
④ 정도전에게 '문덕'의 정치란 소유 지향적 정치의 대안이었다.
⑤ 정도전의 정치사상에서 공공성을 갖추기 위한 제도적 장치 마련은 중요한 의미를 지닌다.

문제해설

Step 1 문제 해결의 출발점

전형적인 구조의 병렬적 정보 구조를 지닌 지문형 문제이다. 각 문단별 끊어 읽기의 방식으로 접근하자.

Step 2 선택지 분석

<1문단>

① (○) "공공성에는 공동체 전체의 이익뿐만 아니라 이를 대표하여 관리하는 정통성을 지닌 기관이라는 의미도 포함되어 있다."
→ 세 번째 문장과 네 번째 문장을 보면 공공성 개념은 공동체 전체의 이익에 관계된다는 의미와 정통성을 지닌 기관이라는 의미를 포괄한다고 하였다.

<2문단>

② (○) "정도전은 고려의 정치에서 자기 중심성이 '사욕'의 정치로 나타났다고 보았다."
→ 세 번째 문장을 보면 정도전은 고려의 정치적 경험에서 자기 중심성이 '사욕'의 정치로 나타났다는 생각을 하였다고 서술되어 있다.

④ (○) "정도전에게 '문덕'의 정치란 소유 지향적 정치의 대안이었다."
→ 마지막 문장에 의하면 정도전은 고려의 소유 지향적 정치의 대안으로 '공론'과 '공의'의 정치에 해당하는 '문덕'의 정치를 제시하였다.

⑤ (○) "정도전의 정치사상에서 공공성을 갖추기 위한 제도적 장치 마련은 중요한 의미를 지닌다."
→ 두 번째 문장에서 정도전이 공공성을 갖추기 위한 제도적 장치의 마련을 끊임없이 고민하였음을 지적하고 있다.

<3문단>

③ (×) "고려시대에는 각 행정부처의 관례나 규정이 존재하지 않아 '사욕'의 정치가 나타났다."
→ 두 번째 문장에 의하면 고려시대에도 각 행정부처들이 독자적인 관례나 규정을 지니고 있었다. 고려 시대에 '사욕'의 정치가 나타난 것은 맞지만 그 이유에 대한 설명은 부적절하다.

정답 | ③

02 지문형 문제

5급공채 2018 나책형 6번

다음 글을 근거로 판단할 때 옳은 것은?

> 오늘날에는 매우 다양한 모양의 바퀴가 사용되고 있는데, 통나무를 잘라 만든 원판 모양의 나무바퀴는 기원전 5000년경부터 사용된 것으로 추정된다. 이후 나무바퀴는 세 조각의 판자를 맞춘 형태로 진화했다. 현존하는 유물로는 기원전 3500년경에 제작된 것으로 추정되는 메소포타미아의 전차(戰車)용 나무바퀴가 가장 오래된 것이다.
>
> 바퀴가 처음부터 모든 문명에서 사용된 것은 아니다. 이집트에서는 피라미드를 만들 때 바퀴가 아닌 썰매를 사용했다. 잉카 원주민과 아메리카 원주민은 유럽인이 전파해주기 전까지 바퀴의 존재조차 몰랐다. 유럽인이 바퀴를 전해준 다음에도 아메리카 원주민들은 썰매를 많이 이용했다. 에스키모는 지금도 개가 끄는 썰매를 이용하고 있다.
>
> 바퀴가 수레에만 사용된 것은 아니다. 도자기를 만드는 데 사용하는 돌림판인 물레는 바퀴의 일종으로 우리나라에서는 4,000년 전부터 사용했다. 메소포타미아에서도 바퀴는 그릇을 빚는 물레로 쓰였다.
>
> 바퀴의 성능은 전쟁용 수레인 전차가 발달하면서 크게 개선되었다. 기원전 2000년경 히타이트족은 처음으로 바퀴살이 달린 바퀴를 전차에 사용하였다. 그 뒤 산업혁명기에 발명된 고무타이어가 바퀴에 사용되면서 바퀴의 성능은 한층 개선되었다. 1885년 다임러와 벤츠가 최초로 가솔린 자동차를 발명했다. 자동차용 공기압 타이어는 그로부터 10년 후 프랑스의 미쉘린 형제에 의해 처음으로 개발되었다. 1931년 미국 듀퐁사가 개발한 합성고무가 재료로 사용되면서 타이어의 성능은 더욱 발전하고 종류도 다양해졌다.

① 바퀴를 처음 만들고 사용한 사람은 기원전 3500년경 메소포타미아인이다.
② 19세기 초반부터 이미 자동차에 공기압 타이어가 사용되었다.
③ 전차의 발달과 고무타이어의 발명은 바퀴의 성능 개선에 기여했다.
④ 바퀴가 없었던 지역에 바퀴가 전해진 이후 그 지역에서 썰매는 사용되지 않았다.
⑤ 바퀴가 수레를 움직이는 것 외에 다른 용도로 사용되기 시작한 것은 산업혁명기 이후였다.

문제해설

Step 1 문제 해결의 출발점

전체 4문단으로 구성된 전형적인 병렬식 구조의 지문형 문제이다. 선택지의 키워드를 빠르게 매칭해 관련된 문단의 정보로부터 일치 여부를 확인하도록 하자.

Step 2 선택지 분석

① (×) "바퀴를 처음 만들고 사용한 사람은 기원전 3500년경 메소포타미아인이다."
→ 1문단에 의하면 현존하는 바퀴 유물 가운데 가장 오래된 것이 기원전 3500년경에 제작된 메소포타미아 전차용 나무바퀴인 것일 뿐, 바퀴의 사용은 이보다 이른 기원전 5000년경부터 이뤄진 것으로 추정된다고 하였다.

② (×) "19세기 초반부터 이미 자동차에 공기압 타이어가 사용되었다."
→ 4문단 4번째 및 5번째 문장에 의하면 자동차용 공기압 타이어가 최초로 개발된 것은 1895년(19세기 말)이다.

③ (○) "전차의 발달과 고무타이어의 발명은 바퀴의 성능 개선에 기여했다."
→ 4문단 1번째 문장부터 3번째 문장까지에 의하면 전차의 발달과 산업혁명기 고무타이어의 사용이 바퀴의 성능 개선에 기여하였다.

④ (×) "바퀴가 없었던 지역에 바퀴가 전해진 이후 그 지역에서 썰매는 사용되지 않았다."
→ 2문단 3번째 문장에 의하면 아메리카 원주민 등은 바퀴가 전해진 이후에도 썰매를 이용하고 있다.

⑤ (×) "바퀴가 수레를 움직이는 것 외에 다른 용도로 사용되기 시작한 것은 산업혁명기 이후였다."
→ 3문단에 의하면 바퀴는 4,000년 전부터 도자기를 만드는 데 사용하는 물레에 사용되었다.

정답 | ③

03 지문형 문제
5급공채 2018 나책형 7번

다음 글을 근거로 판단할 때, 〈보기〉에서 옳은 것만을 모두 고르면?

조선왕실의 음악 일체를 담당한 장악원(掌樂院)은 왕실의례에서 핵심적 역할을 수행하였다. 장악원은 승정원, 사간원, 홍문관, 예문관, 성균관, 춘추관과 같은 정3품 관청으로서, 『경국대전』에 의하면 2명의 당상관이 장악원 제조(提調)를 맡았고, 정3품의 정 1명, 종4품의 첨정 1명, 종6품의 주부 1명, 종7품의 직장 1명이 관리로 소속되어 있었다. 이들은 모두 음악 전문인이 아닌 문관 출신의 행정관리로서, 음악교육과 관련된 행정업무를 담당하였다. 이는 음악행정과 음악연주를 담당한 계층이 분리되어 있었다는 것을 의미한다.

궁중음악 연주를 담당한 장악원 소속 악공(樂工)과 악생(樂生)들은 행사에서 연주할 음악을 익히기 위해 정기적 또는 부정기적으로 연습하였다. 이 가운데 정기적인 연습은 특별한 사정이 없는 경우 매달 2자와 6자가 들어가는 날, 즉 2일과 6일, 12일과 16일, 22일과 26일의 여섯 차례에 걸쳐 이루어졌다. 그러한 이유에서 장악원 악공과 악생들의 습악(習樂)을 이륙좌기(二六坐起), 이륙회(二六會), 이륙이악식(二六肄樂式)과 같은 이름으로 불렀다. 이는 장악원의 정규적 음악이습(音樂肄習) 과정의 하나로 조선시대의 여러 법전에 규정된 바에 따라 시행되었다.

조선시대에는 악공과 악생의 음악연습을 독려하기 위한 여러 장치가 있었다. 1779년(정조 3년) 당시 장악원 제조로 있던 서명응이 정한 규칙 가운데에는 악공과 악생의 실력을 겨루어서 우수한 사람에게 상을 주는 내용이 있었다. 시험을 봐서 악생 중에 가장 우수한 사람 1인에게는 2냥(兩), 1등을 한 2인에게는 각각 1냥 5전(錢), 2등을 한 3인에게는 각각 1냥, 3등을 한 9인에게 각각 5전을 상금으로 주었다. 또 악공 중에서도 가장 우수한 사람 1인에게 2냥, 1등을 한 3인에게는 각각 1냥 5전, 2등을 한 5인에게는 각각 1냥, 3등을 한 21인에게 각각 5전을 상금으로 주었다. 악공 포상자가 더 많은 이유는 악공의 수가 악생의 수보다 많았기 때문이다. 1779년 당시의 악공은 168명, 악생은 90명이었다.

※ 10전(錢) = 1냥(兩)

〈보 기〉

ㄱ. 장악원에서는 특별한 사정이 없는 한 연간 최소 72회의 습악이 있었을 것이다.
ㄴ. 서명응이 정한 규칙에 따라 장악원에서 실시한 시험에서 상금을 받는 악공의 수는 상금을 받는 악생 수의 2배였다.
ㄷ. 『경국대전』에 따르면 장악원에서 음악행정 업무를 담당하는 관리들은 4명이었다.
ㄹ. 서명응이 정한 규칙에 따라 장악원에서 실시한 1회의 시험에서 악공과 악생들이 받은 총 상금액은 40냥 이상이었을 것이다.

① ㄱ, ㄴ
② ㄱ, ㄷ
③ ㄷ, ㄹ
④ ㄱ, ㄴ, ㄹ
⑤ ㄴ, ㄷ, ㄹ

문제해설

Step 1 문제 해결의 출발점

수치 정보가 포함된 분절적 정보 구조의 지문형 문제이므로 각 문단별 화두에 따라 선택지를 분절적으로 파악하도록 하자. 지문형 문제든 규범형 문제든 수치 계산이 요구되는 선택지가 포함되어 있는 경우에는 언어적 독해만으로 해결이 가능한 본문-선택지부터 우선 처리하고 소거법을 통해 불필요한 계산을 생략하는 감각이 필요하다.

Step 2 선택지 분석

<1문단>

ㄷ. (×) "『경국대전』에 따르면 장악원에서 음악행정 업무를 담당하는 관리들은 4명이었다."

→ 1문단 두 번째 문장에 의하면 장악원 소속 관리는 2명의 당상관(제조)에 정3품 1명, 종4품 1명, 종6품 1명, 종7품 1명으로 총 6명이 있었다.

(ㄷ이 포함된 선지는 모두 소거되므로 실전에서는 ㄹ만 판단해 주면 된다)

<2문단>

ㄱ. (○) "장악원에서는 특별한 사정이 없는 한 연간 최소 72회의 습악이 있었을 것이다."

→ 습악의 횟수에 대한 정보는 2문단에 제시되어 있다. 두 번째 문장에 의하면 특별한 사정이 없는 한 매달 2자와 6자가 들어가는 날에 연습이 이루어지므로 매달 6회, 1년에 72회의 연습이 진행된다. 부정기적 연습이 1년에 몇 회 진행되는지는 알 수 없지만 이것이 포함된다고 하더라도 습악은 연간 최소 72회 진행될 것이라 추론하는 데는 문제가 없다.

<3문단>

ㄴ. (○) "서명응이 정한 규칙에 따라 장악원에서 실시한 시험에서 상금을 받는 악공의 수는 상금을 받는 악생 수의 2배였다."

→ 악공과 악생을 구분해야 한다. 3문단 세 번째 문장에 의하면 악생 중에 가장 우수한 사람 1인에게는 2냥, 1등을 한 2인에게는 각각 1냥 5전, 2등을 한 3인에게는 각각 1냥, 3등을 한 9인에게 각각 5전을 상금으로 주고, 악공 중에서도 가장 우수한 사람 1인에게 2냥, 1등을 한 3인에게는 각각 1냥 5전, 2등을 한 5인에게는 각각 1냥, 3등을 한 21인에게 각각 5전을 상금으로 주었다. 따라서 상금을 받는 악생은 15명, 악공은 30명이다.

ㄹ. (×) "서명응이 정한 규칙에 따라 장악원에서 실시한 1회의 시험에서 악공과 악생들이 받은 총 상금액은 40냥 이상이었을 것이다."

→ ㄴ을 판단할 때 참조한 본문의 구절을 그대로 적용한다. 10전이 1냥이므로 예를 들어 1녕 5전은 1.5냥으로 계산하는 게 편할 것이다.

악생의 경우 : 2냥×1명 + 1.5냥×2명 + 1냥×3명 + 0.5냥×9명 = 12.5냥

악공의 경우 : 2냥×1명 + 1.5냥×3명 + 1냥×5명 + 0.5냥×21명 = 22냥

합해도 34.5냥으로 40냥 미만이다. 따라서 틀린 진술이다.

정답 | ①

04 지문형 문제
5급공채 2018 나책형 21번

다음 글을 근거로 판단할 때 옳은 것은?

상훈법은 훈장과 포장을 함께 규정하고 있다. 훈장은 대한민국 국민이나 외국인으로서 대한민국에 뚜렷한 공로가 있는 자에게 수여한다. 훈장의 종류는 무궁화대훈장·건국훈장·국민훈장·무공훈장·근정훈장·보국훈장·수교훈장·산업훈장·새마을훈장·문화훈장·체육훈장·과학기술훈장 등 12종이 있다. 무궁화대훈장(무등급)을 제외하고는 각 훈장은 모두 5개 등급으로 나누어져 있고, 각 등급에 따라 다른 명칭이 붙여져 있다. 포장은 건국포장·국민포장·무공포장·근정포장·보국포장·예비군포장·수교포장·산업포장·새마을포장·문화포장·체육포장·과학기술포장 등 12종이 있고, 훈장과는 달리 등급이 없다.

훈장의 수여 여부는 서훈대상자의 공적 내용, 그 공적이 국가·사회에 미친 효과의 정도, 지위 및 그 밖의 사항을 참작하여 결정하며, 동일한 공적에 대하여는 훈장을 거듭 수여하지 않는다. 서훈의 추천은 원·부·처·청의 장, 국회사무총장, 법원행정처장, 헌법재판소사무처장, 감사원장, 중앙선거관리위원회 위원장 등이 행하되, 청의 장은 소속장관을 거쳐야 한다. 이상의 추천권자의 소관에 속하지 않는 서훈의 추천은 행정안전부장관이 행하고, 서훈의 추천을 하고자 할 때에는 공적 심사를 거쳐야 한다. 서훈대상자는 국무회의의 심의를 거쳐 대통령이 결정한다.

훈장은 대통령이 직접 수여함을 원칙으로 하나 예외적으로 제3자를 통해 수여할 수 있고, 훈장과 부상(금품)을 함께 줄 수 있다. 훈장은 본인에 한하여 종신 패용할 수 있고, 사후에는 그 유족이 보존하되 패용하지는 못한다. 훈장을 받은 자가 훈장을 분실하거나 파손한 때에는 유상으로 재교부 받을 수 있다.

훈장을 받은 자의 공적이 허위임이 판명된 경우, 훈장을 받은 자가 국가안전에 관한 죄를 범하고 형을 받았거나 적대지역으로 도피한 경우, 사형·무기 또는 3년 이상의 징역이나 금고의 형을 받은 경우에는 국무회의의 심의를 거쳐 서훈을 취소하고 훈장과 이에 관련하여 수여한 금품을 환수한다.

① 훈장의 명칭은 60개로 구분된다.
② 훈장과 포장은 등급별로 구분되어 있다.
③ 훈장을 받은 자가 사망하였다면 그 훈장은 패용될 수 없다.
④ 서훈대상자는 국회의 의결을 거쳐 대통령이 결정한다.
⑤ 훈장을 받은 자의 공적이 허위임이 판명되어 서훈이 취소된 경우, 훈장과 함께 수여한 금품은 그의 소유로 남는다.

문제해설

Step 1 문제 해결

<1문단>

① (×) "훈장의 명칭은 60개로 구분된다."

→ 4번째와 5번째 문장에 의하면 훈장의 종류는 12종, 무궁화대훈장을 제외하고 각 훈장에는 모두 5개 등급이 있고 등급마다 다른 명칭이 붙으므로 전체 훈장의 명칭은 (11×5)+1=56개이다.

② (×) "훈장과 포장은 등급별로 구분되어 있다."

→ 마지막 문장에 의하면 포장은 훈장과 달리 등급이 없다.

<2문단>

④ (×) "서훈대상자는 국회의 의결을 거쳐 대통령이 결정한다."

→ 마지막 문장에 의하면 서훈대상자에 대해 국무회의는 심의를 하는 것이지 의결권은 없다.

<3문단>

③ (○)"훈장을 받은 자가 사망하였다면 그 훈장은 패용될 수 없다."

→ 2번째 문장에서 훈장 수여자가 사망한 경우 해당 훈장은 그 유족이 보존하되 패용하지는 못한다고 하였다.

<4문단>

⑤ (×) "훈장을 받은 자의 공적이 허위임이 판명되어 서훈이 취소된 경우, 훈장과 함께 수여한 금품은 그의 소유로 남는다."

→ 해당 경우에는 서훈을 취소함과 함께 훈장 및 수여한 금품을 환수한다.

정답 | ③

05 지문형 문제

5급공채 2018 나책형 26번

다음 글을 근거로 판단할 때 옳은 것은?

보름달 중에 가장 크게 보이는 보름달을 슈퍼문이라고 한다. 크게 보이는 이유는 달이 평소보다 지구에 가까이 있기 때문이다. 슈퍼문이 되려면 보름달이 되는 시점과 달이 지구에 가장 가까워지는 시점이 일치하여야 한다. 달의 공전 궤도가 완벽한 원이라면 지구에서 달까지의 거리가 항상 똑같을 것이다. 하지만 실제로는 타원 궤도여서 달이 지구에 가까워지거나 멀어지는 현상이 생긴다. 유독 달만 그런 것은 아니고 태양계의 모든 행성이 태양을 중심으로 타원 궤도로 돈다. 이것이 바로 그 유명한 케플러의 행성운동 제1법칙이다.

지구와 달의 평균 거리는 약 38만km인 반면 슈퍼문일 때는 그 거리가 35만 7,000km 정도로 가까워진다. 달의 반지름은 약 1,737km이므로, 지구와 달의 거리가 평균 정도일 때 지구에서 보름달을 바라보는 시각도는 0.52도 정도인 반면, 슈퍼문일 때는 시각도가 0.56도로 커진다. 반대로 보름달이 가장 작게 보일 때, 다시 말해 보름달이 지구에서 제일 멀 때는 그 거리가 약 40만km여서 보름달을 보는 시각도가 0.49도로 작아진다.

밀물과 썰물이 생기는 원인은 지구에 작용하는 달과 태양의 중력 때문인데, 달이 태양보다는 지구에 훨씬 더 가깝기 때문에 더 큰 영향을 미친다. 달이 지구에 가까워지면 평소 달이 지구를 당기는 힘보다 더 강하게 지구를 당긴다. 그리고 달의 중력이 더 강하게 작용하면, 달을 향한 쪽의 해수면은 평상시보다 더 높아진다. 실제 우리나라에서도 슈퍼문일 때 제주도 등 해안가에 바닷물이 평소보다 더 높게 밀려 들어와서 일부 지역이 침수 피해를 겪기도 했다.

한편 달의 중력 때문에 높아진 해수면이 지구와 함께 자전을 하다보면 지구의 자전을 방해하게 된다. 일종의 브레이크가 걸리는 셈이다. 이 때문에 지구의 자전 속도가 느려지게 되고 그 결과 하루의 길이에 미세하게 차이가 생긴다. 실제 연구 결과에 따르면 100만 년에 17초 정도씩 길어지는 효과가 생긴다고 한다.

※ 시각도 : 물체의 양끝에서 눈의 결합점을 향하여 그은 두 선이 이루는 각을 의미한다.

① 지구에서 태양까지의 거리는 1년 동안 항상 일정하다.
② 해수면의 높이는 지구와 달의 거리와 관계가 없다.
③ 달이 지구에서 멀어지면 궤도에서 벗어나지 않기 위해 평소보다 더 강하게 지구를 잡아당긴다.
④ 지구와 달의 거리가 36만km 정도인 경우, 지구에서 보름달을 바라보는 시각도는 0.49도보다 크다.
⑤ 지구가 자전하는 속도는 점점 빨라지고 있다.

문제해설

Step 1 문제 해결

<1문단>

① (×) "지구에서 태양까지의 거리는 1년 동안 항상 일정하다."

→ 5번째와 6번째 문장에 의하면 공전 궤도가 타원 궤도일 경우 달과 마찬가지로 지구를 포함한 태양계의 행성들도 태양까지의 거리가 가까워지거나 멀어지는 현상이 발생할 것임을 추론할 수 있다.

<2문단>

④ (○) "지구와 달의 거리가 36만km 정도인 경우, 지구에서 보름달을 바라보는 시각도는 0.49도보다 크다."

→ 마지막 문장에 따르면 보름달이 지구에서 가장 먼 약 40만 km 거리에 있을 때의 시각도가 0.49이다. 직전 문장에서는 이보다 더 가까운 평균 거리일 때나 슈퍼문(지구와 달의 거리가 가장 가까운 경우)일 때의 시각도는 이보다 더 큰 0.52와 0.56이라 하였으므로, 지구와 달의 거리가 36만 km일 때는 시각도가 0.49도보다 더 크게 나타날 것임을 알 수 있다.

<3문단>

②, ③ (×) "해수면의 높이는 지구와 달의 거리와 관계가 없다." / "달이 지구에서 멀어지면 궤도에서 벗어나지 않기 위해 평소보다 더 강하게 지구를 잡아당긴다."

→ 2번째와 3번째 문장에 의하면, 달이 지구에 가까울 때 지구를 당기는 힘이 평소보다 강해지고, 그 결과 달을 향한 쪽의 해수면이 평상시보다 더 높아진다. 따라서 해수면의 높이는 지구와 달의 거리와 관계가 있다고 보아야 한다.

<4문단>

⑤ (×) "지구가 자전하는 속도는 점점 빨라지고 있다."

→ 높아진 해수면으로 인해 지구의 자전 속도가 미세하게나마 느려지고 있다고 하였다.

정답 | ④

06 지문형 문제
5급공채 2018 나책형 27번

다음 글을 근거로 판단할 때, 〈보기〉에서 옳은 것만을 모두 고르면?

하와이 원주민들이 사용하던 토속어는 1898년 하와이가 미국에 병합된 후 미국이 하와이 학생들에게 사용을 금지하면서 급격히 소멸되었다. 그러나 하와이 원주민들이 소멸한 토속어를 부활시키기 위해 1983년 '아하 푸나나 레오'라는 기구를 설립하여 취학 전 아동부터 중학생까지의 원주민들을 대상으로 집중적으로 토속어를 교육한 결과 언어 복원에 성공했다.

이러한 언어의 다양성을 지키려는 노력뿐만 아니라 언어의 통일성을 추구하려는 노력도 있었다. 안과의사였던 자멘호프는 유태인, 폴란드인, 독일인, 러시아인들이 서로 다른 언어를 사용함으로써 갈등과 불화가 생긴다고 판단하고 예외와 불규칙이 없는 문법과 알기 쉬운 어휘에 기초해 국제공통어 에스페란토를 만들어 1887년 발표했다. 그의 구상은 '1민족 2언어주의'에 입각하여 같은 민족끼리는 모국어를, 다른 민족과는 중립적이고 배우기 쉬운 에스페란토를 사용하자는 것이었다.

에스페란토의 문자는 영어 알파벳 26개 문자에서 Q, X, W, Y의 4개 문자를 빼고 영어 알파벳에는 없는 Ĉ, Ĝ, Ĥ, Ĵ, Ŝ, Ŭ의 6개 문자를 추가하여 만들어졌다. 문법의 경우 가급적 불규칙 변화를 없애고 각 어간에 품사 고유의 어미를 붙여 명사는 -o, 형용사는 -a, 부사는 -e, 동사원형은 -i로 끝낸다. 예를 들어 '사랑'은 amo, '사랑의'는 ama, '사랑으로'는 ame, '사랑하다'는 ami이다. 시제의 경우 어간에 과거형은 -is, 현재형은 -as, 미래형은 -os를 붙여 표현한다.

또한 1자 1음의 원칙에 따라 하나의 문자는 하나의 소리만을 내고, 소리 나지 않는 문자도 없으며, 단어의 강세는 항상 뒤에서 두 번째 모음에 있기 때문에 사전 없이도 쉽게 읽을 수 있다. 특정한 의미를 갖는 접두사와 접미사를 활용하여 많은 단어를 파생시켜 사용하므로 단어 암기를 위한 노력이 크게 줄어드는 것도 중요한 특징이다. 아버지는 patro, 어머니는 patrino, 장인은 bopatro, 장모는 bopatrino인 것이 그 예이다.

※ 에스페란토에서 모음은 A, E, I, O, U이며 반모음은 Ŭ이다.

〈보 기〉

ㄱ. 에스페란토의 문자는 모두 28개로 만들어졌다.
ㄴ. 미래형인 '사랑할 것이다'는 에스페란토로 amios이다.
ㄷ. '어머니'와 '장모'를 에스페란토로 말할 때 강세가 있는 모음은 같다.
ㄹ. 자멘호프의 구상에 따르면 동일한 언어를 사용하는 하와이 원주민끼리도 에스페란토만을 써야 한다.

① ㄱ, ㄷ　② ㄱ, ㄹ　③ ㄴ, ㄹ
④ ㄱ, ㄴ, ㄷ　⑤ ㄴ, ㄷ, ㄹ

문제해설

Step 1 문제 해결의 출발점

분절적 정보 구조의 지문형 문제으로 기본적인 접근법은 앞선 문제들과 다를 게 없다. 다만 3문단에 제시된 용례를 분석할 때는 동사의 어간과 어미를 구분할 수 있는 감각이 필요하다.

Step 2 선택지 분석

<2문단>

ㄹ. (×) "자멘호프의 구상에 따르면 동일한 언어를 사용하는 하와이 원주민끼리도 에스페란토만을 써야 한다."

→ 마지막 문장에 제시된 것처럼, 자멘호프가 구상한 것은 같은 민족끼리는 모국어를, 다른 민족과는 에스페란토어를 사용하는 것이다.

<3문단>

ㄱ. (○) "에스페란토의 문자는 모두 28개로 만들어졌다."

→ 1번째 문장에 따라 에스페란토 문자는 영어 알파벳 26개에서 4개 문자를 빼고 6개 문자를 추가해 만들어졌으므로 모두 28개이다.

ㄴ. (×) "미래형인 '사랑할 것이다'는 에스페란토로 amios이다."

→ 이 선지를 잘못 판단한 수험생이 많았다. 후반부의 두 문장을 보면, '사랑하다'는 'ami'이고 미래형은 단어의 어간에 '-os'를 붙인다. 이때 어간이 어디까지이냐가 관건인데, 2번째 문장에 따르면 각 어간에 품사 고유의 어미를 붙이는 방식으로 명사는 amo, 동사는 ami로 표기된다. 즉 '사랑하다'의 어간은 'am'까지인 것이다. 따라서 미래형은 여기에 '-os'를 붙인 'amos'가 된다.

<4문단>

ㄷ. (○) "'어머니'와 '장모'를 에스페란토로 말할 때 강세가 있는 모음은 같다."

→ 1번째 문장에 따르면 단어의 강세는 항상 뒤에서 두 번째 모음에 있다. 어머니와 장모에 해당하는 patrino와 bopatrino에서, 뒤에서 두 번째 모음은 모두 'i'이므로 옳은 진술이다.

정답 | ①

07 지문형 문제
5급공채 2019 가책형 7번

다음 글을 근거로 판단할 때, 〈보기〉에서 옳은 것만을 모두 고르면?

보다 많은 고객을 끌어들일 수 있는 이상적인 점포 입지를 결정하기 위한 상권분석이론에는 'X가설'과 'Y가설'이 있다. X가설에 의하면, 소비자는 유사한 제품을 판매하는 점포들 중 한 점포를 선택할 때 가장 가까운 점포를 선택한다. 그러나 이동거리가 점포 선택에 큰 영향을 미치기는 하지만, 소비자가 항상 가장 가까운 점포를 찾는다는 X가설이 적용되기 어려운 상황들이 있다. 가령, 소비자들은 먼 거리에 위치한 점포가 보다 나은 구매기회를 제공함으로써 이동에 따른 추가 노력을 보상한다면 기꺼이 먼 곳까지 찾아간다.

한편 Y가설은 다른 조건이 동일하다면 두 도시 사이에 위치하는 어떤 지역에 대한 각 도시의 상거래 흡인력은 각 도시의 인구에 비례하고, 각 도시로부터의 거리 제곱에 반비례한다고 본다. 즉, 인구가 많은 도시일수록 더 많은 구매기회를 제공할 가능성이 높으므로 소비자를 끌어당기는 힘이 크다고 본 것이다.

예를 들어, 일직선 상에 A, B, C 세 도시가 있고, C시는 A시와 B시 사이에 위치하며, C시는 A시로부터 5km, B시로부터 10km 떨어져 있다. 그리고 A시 인구는 50만 명, B시의 인구는 400만 명, C시의 인구는 9만 명이다. 만약 A시와 B시가 서로 영향을 주지 않고, C시의 모든 인구가 A시와 B시에서만 구매한다고 가정하면, Y가설에 따라 A시와 B시로 구매활동에 유인되는 C시의 인구 규모를 계산할 수 있다. A시의 흡인력은 20,000(=50만÷25), B시의 흡인력은 40,000(=400만÷100)이다. 따라서 9만 명인 C시의 인구 중 1/3인 3만 명은 A시로, 2/3인 6만 명은 B시로 흡인된다.

〈보 기〉

ㄱ. X가설에 따르면, 소비자가 유사한 제품을 판매하는 점포들 중 한 점포를 선택할 때 소비자는 더 싼 가격의 상품을 구매하기 위해 더 먼 거리에 있는 점포에 간다.
ㄴ. Y가설에 따르면, 인구 및 다른 조건이 동일할 때 거리가 가까운 도시일수록 이상적인 점포 입지가 된다.
ㄷ. Y가설에 따르면, C시로부터 A시와 B시가 떨어진 거리가 5km로 같다고 가정할 때 C시의 인구 중 8만 명이 B시로 흡인된다.

① ㄱ
② ㄴ
③ ㄱ, ㄷ
④ ㄴ, ㄷ
⑤ ㄱ, ㄴ, ㄷ

문제해설

Step 1 문제 해결의 출발점

약간의 추론 과정이 필요한 지문형 문제이다. X가설의 경우는 가설의 기본 주장과 이에 대한 비판이 1문단 내에 연달아 등장하는데, 이를 정확하게 구분하면 선택지 판별에 큰 어려움은 없을 것이다. 3문단에 제시된 사례는 Y가설이 적용된 것임도 놓치지 말자.

Step 2 선택지 분석

ㄱ. (×) "X가설에 따르면, 소비자가 유사한 제품을 판매하는 점포들 중 한 점포를 선택할 때 소비자는 더 싼 가격의 상품을 구매하기 위해 더 먼 거리에 있는 점포에 간다."

→ 1문단 두 번째 문장에 따르면 소비자가 유사한 제품을 판매하는 점포들 중 한 점포를 선택할 때의 기준은 거리이다. 다음 문장들에서 언급한 더 나은 구매기회에 따른 점포 선택은 X가설에 대한 비판으로 제시된 것이다. 따라서 X가설에서는 소비자가 유사한 제품을 판매하는 점포들 중 한 점포를 선택할 때 가장 가까운 점포를 선택한다고 판단할 것이다.

ㄴ. (○) "Y가설에 따르면, 인구 및 다른 조건이 동일할 때 거리가 가까운 도시일수록 이상적인 점포 입지가 된다."

→ 2문단 첫 번째 문장에 따르면 Y가설은 다른 조건이 동일할 경우 두 도시의 인구 및 거리를 변수로 해서 인구는 많을수록, 거리는 가까울수록(각 도시로부터의 거리 제곱에 반비례한다고 하였으므로) 상거래 흡인력이 커진다고 분석한다. 따라서 ㄴ의 조건처럼 인구와 다른 조건이 동일하다면 거리가 가까울수록 상거래 흡인력이 커진다고 볼 것이다.

ㄷ. (○) "Y가설에 따르면, C시로부터 A시와 B시가 떨어진 거리가 5km로 같다고 가정할 때 C시의 인구 중 8만 명이 B시로 흡인된다."

→ 3문단 후반부에 제시된 사례 분석을 응용해야 하는 선택지이다. 이에 따르면 두 도시의 흡인력의 비율에 따라 특정 도시의 인구가 이에 비례해 각각의 도시로 흡인된다. ㄷ이 3문단의 설정과 달라진 것은 C시와 B시의 거리인데 이를 반영하면 A시의 흡인력은 20,000(50만÷25)으로 3문단의 설정과 동일하고, B시의 흡인력은 160,000(400만÷25)으로 증가한다. 이들의 비율은 1:8이므로 인구 9만 명인 C시의 인구 중 8/9인 8만 명이 B시로 흡인된다.

정답 | ④

08 지문형 문제

5급공채 2020 나책형 26번

다음 글을 근거로 판단할 때 옳지 않은 것은?

개발도상국으로 흘러드는 외국자본은 크게 원조, 부채, 투자가 있다. 원조는 다른 나라로부터 지원받는 돈으로, 흔히 해외 원조 혹은 공적개발원조라고 한다. 부채는 은행 융자와 정부 혹은 기업이 발행한 채권으로, 투자는 포트폴리오 투자와 외국인 직접투자로 이루어진다. 포트폴리오 투자는 경영에 대한 영향력보다는 경제적 수익을 추구하기 위한 투자이고, 외국인 직접투자는 회사 경영에 일상적으로 영향력을 행사하기 위한 투자이다.

개발도상국에 유입되는 이러한 외국자본은 여러 가지 문제점을 보이고 있다. 해외 원조는 개발도상국에 대한 경제적 효과가 있다고 여겨져 왔으나 최근 경제학자들 사이에서는 그러한 경제적 효과가 없다는 주장이 점차 힘을 얻고 있다.

부채는 변동성이 크다는 단점이 지적되고 있다. 특히 은행 융자는 변동성이 큰 것으로 유명하다. 예컨대 1998년 개발도상국에 대하여 이루어진 은행 융자 총액은 500억 달러였다. 하지만 1998년 러시아와 브라질, 2002년 아르헨티나에서 일어난 일련의 금융 위기가 개발도상국을 강타하여 1999~2002년의 4개년 동안에는 은행 융자 총액이 연평균 -65억 달러가 되었다가, 2005년에는 670억 달러가 되었다. 은행 융자만큼 변동성이 큰 것은 아니지만, 채권을 통한 자본 유입 역시 변동성이 크다. 외국인은 1997년에 380억 달러의 개발도상국 채권을 매수했다. 그러나 1998~2002년에는 연평균 230억 달러로 떨어졌고, 2003~2005년에는 연평균 440억 달러로 증가했다.

한편 포트폴리오 투자는 은행 융자만큼 변동성이 크지는 않지만 채권에 비하면 변동성이 크다. 개발도상국에 대한 포트폴리오 투자는 1997년의 310억 달러에서 1998~2002년에는 연평균 90억 달러로 떨어졌고, 2003~2005년에는 연평균 410억 달러에 달했다.

① 개발도상국에 대한 투자는 경제적 수익뿐만 아니라 회사 경영에 영향력을 행사하기 위해서도 이루어질 수 있다.
② 해외 원조는 개발도상국에 대한 경제적 효과가 없다고 주장하는 경제학자들이 있다.
③ 개발도상국에 유입되는 외국자본에는 해외 원조, 은행 융자, 채권, 포트폴리오 투자, 외국인 직접투자가 있다.
④ 개발도상국에 대한 2005년의 은행 융자 총액은 1998년의 수준을 회복하지 못하였다.
⑤ 1998~2002년과 2003~2005년의 연평균을 비교할 때, 개발도상국에 대한 포트폴리오 투자가 채권보다 증감액이 크다.

문제해설

Step 1 문제 해결의 출발점

분절적 정보 구조의 지문형 문제이다. 특정 문단 내에 있는 하나의 문장만으로 선택지의 진위 여부가 바로 판단되지는 않는 것들도 있지만, 기존의 지문형 문제의 풀이 패턴에서 크게 달라진 것은 없는 문제이다. 평소와 마찬가지로 분절적 끊어 읽기 방식으로 접근하자.

Step 2 선택지 분석

① (○) '투자'에 대한 기본 개념은 1문단에 제시되어 있다. 마지막 문장에 의하면 포트폴리오 투자는 경제적 수익에 초점을 맞춘 투자이고 외국인 직접투자는 회사 경영에 일상적으로 영향력을 행사하기 위한 투자이다. 따라서 선택지의 진술은 적절하다.

② (○) '원조'에 대한 평가 내용은 2문단에 제시되어 있다. 두 번째 문장에 따르면 최근 경제학자들 사이에 해외 원조가 개발도상국에 대한 경제적 효과가 없다는 주장이 점차 힘을 얻고 있다.

③ (○) 1문단에서 확인할 수 있다. 원조는 해외 원조라는 명칭으로 불리기도 하며, 부채는 은행 융자와 채권으로 구분된다. 투자는 포트폴리오 투자와 외국인 직접투자로 구분된다.

④ (×) 부채의 하나인 '은행 융자'의 현황은 3문단에 제시되어 있다. 두 번째~세 번째 문장을 보면 1998년 개발도상국에 대한 융자 총액은 500억 달러, 2005년에는 670억 달러로 오히려 이전 수준보다 증가하였다.

⑤ (○) 4문단에 의하면 개발도상국에 대한 포트폴리오 투자액은 1998~2002년에는 연평균 90억 달러로 떨어졌고, 2003~2005년에는 연평균 410억 달러로 증가했다. 이에 비해 3문단 후반부에 의하면 채권은 1998~2002년에는 연평균 230억 달러로 떨어졌고 2003~2005년에는 연평균 440억 달러로 증가했다. 따라서 해당 기간 동안 포트폴리오 투자(320억 달러 증가)가 채권(210억 달러 증가)보다 증감액이 더 크다.

정답 | ④

09 지문형 문제
5급공채 2021 가책형 7번

다음 글을 근거로 판단할 때, 〈보기〉에서 옳은 것만을 모두 고르면?

맥동변광성(脈動變光星)은 팽창과 수축을 되풀이하면서 밝기가 변하는 별이다. 맥동변광성은 변광 주기가 길수록 실제 밝기가 더 밝다. 이를 '주기-광도 관계'라 한다.

세페이드 변광성은 보통 3일에서 50일 이내의 변광 주기를 갖는 맥동변광성이다. 지구에서 관찰되는 별의 밝기는 지구로부터의 거리에 따라 달라지기 때문에 실제 밝기는 측정하기 어려운데, 세페이드 변광성의 경우는 주기-광도 관계를 이용하여 실제 밝기를 알 수 있다.

별의 밝기는 등급으로 표시하기도 하는데, 지구에서 측정한 밝기인 겉보기등급과 실제 밝기를 나타낸 절대등급이 있다. 두 경우 모두 등급의 수치가 작을수록 밝은데, 그 수치가 1 줄어들 때마다 2.5배 밝아진다. 겉보기등급이 절대등급과 다른 까닭은 별의 밝기가 거리의 제곱에 반비례하기 때문이다. 한편 모든 별이 지구로부터 10파섹(1파섹 = 3.26광년)의 일정한 거리에 있다고 가정하고 지구에서 관찰된 밝기를 산출한 것을 절대등급이라고 한다. 어느 성단에서 세페이드 변광성이 발견되면 주기 - 광도 관계에 따라 별의 절대등급을 알 수 있으므로, 겉보기등급과의 차이를 보아 그 성단까지의 거리를 계산할 수 있다.

천문학자 W. 바데는 세페이드 변광성에 두 종류가 있으며, I형 세페이드 변광성이 동일한 변광 주기를 갖는 II형 세페이드 변광성보다 1.5등급만큼 더 밝다는 것을 밝혀냈다.

〈보 기〉

ㄱ. 변광 주기가 10일인 I형 세페이드 변광성은 변광 주기가 50일인 I형 세페이드 변광성보다 어둡다.
ㄴ. 변광 주기가 동일한 두 개의 II형 세페이드 변광성의 겉보기등급 간에 수치 차이가 1이라면, 지구로부터 두 별까지의 거리의 비는 2.5이다.
ㄷ. 실제 밝기를 기준으로 비교할 때, 변광 주기가 20일인 I형 세페이드 변광성은 같은 주기의 II형 세페이드 변광성보다 2.5배 이상 밝다.
ㄹ. 지구로부터 1파섹 떨어진 별의 밝기는 절대등급과 겉보기등급이 동일하다.

① ㄱ, ㄷ
② ㄱ, ㄹ
③ ㄴ, ㄷ
④ ㄴ, ㄹ
⑤ ㄱ, ㄴ, ㄷ

문제해설

Step 1 문제 해결의 출발점

분절적 정보 구조의 지문형 문제이다. 특정 문단 내에 있는 하나의 문장만으로 선택지의 진위 여부가 바로 판단되지는 않는 것들도 있지만, 기존의 지문형 문제의 풀이 패턴에서 크게 달라진 것은 없는 문제이다. 평소와 마찬가지로 분절적 끊어 읽기 방식으로 접근하자.

1문단 : 맥동변광성은 변광 주기가 길수록 실제 밝기가 밝음

2문단 : 세페이드 변광성은 맥동변광성

3문단 : 별의 밝기는 거리의 제곱에 반비례
절대등급 = 별이 지구로부터 10파섹 거리에 있다고 가정했을 때 지구에서 관찰된 밝기

Step 2 선택지 분석

ㄱ. (○) 1문단에 의하면 맥동변광성은 변광 주기가 길수록 실제 밝기가 더 밝다. 따라서 변광 주기가 50일인 I형 세페이드 변광성이 변광 주기가 10일인 것보다 더 밝다.

ㄴ. (×) 3문단의 3번째 문장에 의하면 별의 밝기는 거리의 제곱에 반비례한다. 두 개의 II형 세페이드 변광성의 변광 주기가 동일하다면 두 변광성의 실제 밝기는 동일할 것이다(1문단). 그런데 겉보기등급 간에 수치 차이가 1이면 겉보기등급의 밝기 차이는 2.5배만큼 차이가 난다. 즉 지구로부터 두 변광성까지의 거리는 2.5의 제곱인 6.25배 만큼의 차이가 나는 것이다.

ㄷ. (○) 4문단에 의하면 I형 세페이드 변광성이 동일한 변광 주기를 갖는 II형 세페이드 변광성보다 1.5등급만큼 더 밝다. 등급 1 차이는 밝기 차이로는 2.5배만큼 나는 것이므로 I형 세페이드 변광성이 2.5배 이상(3,75배) 밝다.

ㄹ. (×) 절대등급은 지구로부터 10파섹의 거리에 별이 있다고 가정한 상태에서 지구에서 관찰된 밝기를 산출한 것이다. 만약 지구로부터 1파섹 떨어진 별의 겉보기등급이 2라고 한다면, 이 별을 지구로부터 10파섹 거리에 두었을 때 지구로부터 관측된 밝기(절대등급)는 거리가 멀어진 만큼 급격하게 어두워질 것이고, 그에 따라 1파섹 거리에서의 겉보기등급에 비해 훨씬 큰 수치의 등급이 될 것이다.

정답 | ①

10 지문형 문제
5급공채 2021 가책형 27번

다음 글과 〈상황〉을 근거로 판단할 때 옳은 것은?

질병의 확산을 예측하는 데 유용한 수치 중 하나로 '기초 감염재생산지수(R_0)'가 있다. 간단히 말해 이 수치는 질병에 대한 예방조치가 없을 때, 해당 질병에 감염된 사람 한 명이 비감염자 몇 명을 감염시킬 수 있는지를 나타낸다. 다만 이 수치는 질병의 전파 속도를 의미하지는 않는다. 예를 들어 R_0가 4라고 하면 예방조치가 없을 때, 한 사람의 감염자가 질병에서 회복하거나 질병으로 사망하기 전까지 그 질병을 평균적으로 4명의 비감염자에게 옮긴다는 뜻이다. 한편 또 하나의 질병 통계치인 치사율은 어떤 질병에 걸린 환자 중 그 질병으로 사망하는 환자의 비율을 나타내는 것으로 R_0의 크기와 반드시 비례하지는 않는다.

예방조치가 없을 때, R_0가 1보다 큰 질병은 전체 개체군으로 확산될 것이다. 이 수치는 때로 1보다 훨씬 클 수 있다. 스페인 독감은 3, 천연두는 6, 홍역은 무려 15였다. 전염성이 강한 질병 중 하나로 꼽히는 말라리아의 R_0는 100이 넘는다.

문제는 특정 전염병이 한 차례 어느 지역을 휩쓸고 지나간 후 관련 통계 자료를 수집·분석할 수 있는 시간이 더 흐르고 난 뒤에야, 그 질병의 R_0에 대해 믿을 만한 추정치가 나온다는 데 있다. 그렇기에 새로운 질병이 발생한 초기에는 얼마 되지 않는 자료를 바탕으로 추정을 할 수밖에 없다. R_0와 마찬가지로 치사율도 확산 초기 단계에서는 정확하게 알 수 없다.

〈상 황〉

다음 표는 甲국의 최근 20년간의 데이터를 토대로 A~F질병의 R_0를 추정한 것이다.

질병	A	B	C	D	E	F
R_0	100	15	6	3	2	0.5

① 예방조치가 없다면, 발병 시 가장 많은 사람이 사망하는 질병은 A일 것이다.
② 예방조치가 없다면, A~F질병 모두가 전 국민을 감염시킬 것이다.
③ 예방조치가 없다면, C질병이 전 국민을 감염시킬 때까지 걸리는 시간은 평균적으로 D질병의 절반일 것이다.
④ R_0와 달리 치사율은 전염병의 확산 초기 단계에서도 정확하게 알 수 있다.
⑤ 예방조치가 없다면, 감염자 1명당 감염시킬 수 있는 사람 수의 평균은 B질병이 D질병의 5배일 것이다.

문제해설

Step 1 문제 해결

① (×) 발병 시 가장 사망자의 정도는 치사율을 통해 알 수 있을 것이다. 그런데 1문단 마지막 문장에서 치사율과 R_0의 크기는 반드시 비례하지는 않는다고 하였다. 따라서 A~F 가운데 R_0의 크기가 A가 가장 크다고 해도 치사율 역시 A가 가장 큰지는 알 수가 없다.

② (×) 2문단 첫 번째 문장의 진술처럼, 예방조치가 없을 때 R_0가 1보다 크면 해당 질병은 개체군 전체로 확산된다. 그런데 F의 R_0는 0.5이므로 전 국민을 감염시키지는 않을 것이다.

③ (×) 1문단 세 번째 문장에서 R_0가 질병의 전파 속도를 의미하지는 않는다고 하였다. 따라서 C질병과 D질병의 감염 전파 속도의 비교는 불가능하다.

④ (×) 3문단 후반부에서 치사율과 R_0 모두 확산 초기 단계에서는 정확하게 알 수 없다고 하였다.

⑤ (○) 예방조치가 없을 때 감염자 1명당 감염시킬 수 있는 사람 수의 평균은 곧 R_0를 의미한다. B의 값이 15, D의 값이 3이므로 5배라는 진술은 적절하다.

정답 | ⑤

11 지문형 문제
5급공채 2022 나책형 6번

다음 글을 근거로 판단할 때, 〈보기〉에서 옳은 것만을 모두 고르면?

사람들은 관리자의 업무지시 능력이 뛰어난 작업장일수록 '업무실수 기록건수'가 적을 것이라고 생각한다. 이런 통념을 검증하기 위해 ○○공장의 8개 작업장을 대상으로 연구가 진행되었다. 각 작업장의 인력 구성과 업무량 등은 모두 동일했다. 업무실수 기록건수를 종속변수로 설정하고 6개월 동안 관련 자료를 꼼꼼히 조사하여 업무실수 기록건수 실태를 파악하였다. 또한 공장 구성원에 대한 설문조사와 인터뷰를 통해 관리자의 업무지시 능력, 근로자의 직무만족도, 직장문화 등을 조사했다.

분석 결과 관리자의 업무지시 능력이 우수할수록, 근로자의 직무만족도가 높을수록 업무실수 기록건수가 많았다. 또한 근로자가 상급자의 실수 지적을 두려워하지 않고 자신의 실수를 인정하며 그것을 통해 학습하려는 직장문화에서는 업무실수 기록건수가 많았다. 반면 업무실수 기록건수가 적은 작업장에서는 근로자가 자신의 실수를 보고하면 상급자로부터 질타나 징계를 받을 것이라는 우려 때문에 가급적 실수를 감추었다.

〈보 기〉

ㄱ. 업무실수 기록건수가 많은 작업장에서는 실수를 통해 학습하려는 직장문화가 약할 것이다.
ㄴ. 업무실수 기록건수가 많다고 해서 근로자의 직무만족도가 낮은 것은 아닐 것이다.
ㄷ. 관리자의 업무지시 능력이 우수한 작업장일수록 업무실수 기록건수가 적을 것이다.
ㄹ. 징계에 대한 우려가 약한 작업장보다 강한 작업장에서 업무실수 기록건수가 적을 것이다.

① ㄱ, ㄴ
② ㄱ, ㄷ
③ ㄴ, ㄷ
④ ㄴ, ㄹ
⑤ ㄷ, ㄹ

문제해설

Step 1 문제 해결

관리자의 업무지시 능력이 뛰어난 작업장일수록 '업무실수 기록건수'가 적을 것이라는 통념과는 달리, 실제 연구 조사 결과는 다음과 같이 나타났다.

1) 관리자의 업무지시 능력↑ → 업무실수 기록건수↑

2) 근로자의 직무만족도↑ → 업무실수 기록건수↑

3) 상급자의 실수 지적을 두려워하지 않고 이를 통해 학습하려는 직장문화 → 업무실수 기록건수↑

4) 업무실수 기록건수↓인 기업 → 상급자로부터의 질타나 경계를 두려워해 실수를 감춤

ㄱ. (×) 위의 3)과 배치되는 진술이다. 실수를 통해 학습하려는 직장문화가 강한 기업일수록 업무실수 기록건수가 많다.

ㄴ. (○) 2)에 부합하는 진술이다.

ㄷ. (×) 위의 1)과 배치되는 진술이다.

ㄹ. (○) 4)에 부합하는 진술이다.

정답 | ④

12 지문형 문제

5급공채 2022 나책형 7번

다음 글과 〈상황〉을 근거로 판단할 때 옳은 것은?

한 지리학자는 임의의 국가에 분포하는 도시를 인구규모 순으로 배열할 때, 도시 순위와 인구규모 사이에 일정한 법칙이 존재한다는 것을 발견했다. 이를 도시의 순위규모법칙이라고 부르며, 이에 따른 분포를 '순위규모분포'라고 한다. 순위규모분포가 나타나는 경우 인구규모 두 번째 도시의 인구는 인구규모가 가장 큰 도시인 수위도시 인구의 1/2이고, 세 번째 도시의 인구는 수위도시 인구의 1/3이 된다. 그 이하의 도시에도 동일한 규칙이 적용된다.

이와 달리 한 국가의 인구규모 1위 도시에 인구가 집중되는 양상이 나타나면 이를 '종주분포'라고 한다. 도시화가 전국적으로 진행되지 않은 나라에서는 인구규모 2위 이하의 도시에 비해 1위 도시의 인구규모가 훨씬 큰 종주분포 형태를 보인다. 이때 인구규모가 첫 번째인 도시를 종주도시라고 부른다. 종주분포의 정도를 측정하는 척도로 종주도시지수가 사용된다. 종주도시지수는 '1위 도시의 인구÷2위 도시의 인구'로 나타낸다. 대체로 개발도상국의 경우 급속한 산업화로 종주도시로의 인구집중이 현저하게 나타나기 때문에 종주도시지수가 높다.

〈상 황〉

○ 순위규모분포를 보이는 A국에서 인구규모 세 번째 도시의 인구는 200만 명이다.

○ 종주분포를 보이는 B국에서 인구규모 두 번째 도시의 인구는 200만 명이고 종주도시지수는 3.3이다.

① A국의 수위도시와 인구규모 두 번째 도시 간 인구의 차이는 300만 명이다.
② B국의 인구규모 세 번째 도시의 인구는 종주도시의 1/3이다.
③ B국의 종주도시 인구는 A국의 수위도시에 비해 40만 명 적다.
④ 인구규모 첫 번째 도시와 두 번째 도시의 인구 합은 A국이 B국보다 60만 명 더 많다.
⑤ A국과 B국의 인구규모 두 번째 도시 인구는 동일하다.

문제해설

Step 1 문제 해결

1) 순위규모분포에 따른 A국 분석
   인구규모 세 번째 도시의 인구가 200만 명이므로, 수위도시 인구는 그 3배인 600만 명이다. 자연스럽게 인구규모 두 번째 도시의 인구는 300만 명이 된다.

2) 종주분포에 따른 B국 분석
   1위 도시의 인구 ÷ 200만(2위 도시의 인구) = 3.3 이므로
   1위 도시(종주 도시)의 인구는 660만 명이다.

① (○) A국 수위도시와 인구규모 두 번째 도시 간 인구 차이는 600만-300만=300만 명이 맞다.

② (×) 본문의 종주분포 개념으로는 B국의 인구규모 1위 도시와 2위 도시의 인구만 확인할 수 있을 뿐, 인구규모 세 번째 도시의 인구는 알 수가 없다.

③ (×) A국 수위도시 인구(600만) - B국 종주도시 인구(660만) = -60만
   B국 쪽이 60만 명 더 많다.

④ (×) A국은 600만+300만=900만 명이고, B국은 660만+200만=860만 명이므로, A국이 B국보다 40만 명이 더 많다.

⑤ (×) 인구규모 두 번째 도시는 A국이 300만 명, B국이 200만 명이다.

정답 | ①

13 지문형 문제

5급공채 2022 나책형 26번

다음 글을 근거로 판단할 때, 〈보기〉에서 옳은 것만을 모두 고르면?

석유에서 얻을 수 있는 연료를 대체하는 물질 중 하나는 식물성 기름이다. 식물성 기름의 지방산을 처리하면 자동차 연료로 쓸 수 있는 바이오디젤을 만들 수 있다. 바이오디젤은 석유에서 얻는 일반디젤에 비해 몇 가지 장점이 있다. 바이오디젤은 분진이나 일산화탄소, 불완전연소 유기물과 같은 오염 물질을 적게 배출한다. 또한 석유에서 얻는 연료와 달리 식물성 기름에는 황이 거의 들어 있지 않아 바이오디젤을 연소했을 때 이산화황이 거의 배출되지 않는다. 바이오디젤은 기존 디젤 엔진에서도 사용될 수 있고 석유 연료에 비해 쉽게 생분해되기 때문에 외부로 유출되더라도 환경에 미치는 영향이 작다.

물론 바이오디젤도 단점이 있다. 우선 바이오디젤은 일반디젤보다 생산원가가 훨씬 높다. 또한 바이오디젤은 생분해되기 때문에 장기간 저장이 어렵고, 질소산화물을 더 많이 배출한다. 그뿐 아니라 엔진에 접착성 찌꺼기가 남을 수 있고, 일반디젤보다 응고점이 높다. 이 때문에 바이오디젤을 일반디젤의 첨가물로 사용하고 있다. 바이오디젤과 일반디젤은 쉽게 혼합되며, 그 혼합물은 바이오디젤보다 응고점이 낮다. 바이오디젤은 영어 약자 BD로 나타내는데, BD20은 바이오디젤 20%와 일반디젤 80%의 혼합연료를 뜻한다.

〈보 기〉

ㄱ. 같은 양이라면 BD20의 생산원가가 일반디젤보다 낮을 것이다.
ㄴ. 석유에서 얻은 연료에는 황 성분이 포함되어 있을 것이다.
ㄷ. 같은 온도에서 바이오디젤이 액체일 때 일반디젤은 고체일 수 있다.
ㄹ. 바이오디젤만 연료로 사용하면 일반디젤만 사용했을 때와 비교해서 질소산화물 배출은 늘지만 이산화황 배출은 줄어들 것이다.

① ㄱ
② ㄴ, ㄷ
③ ㄴ, ㄹ
④ ㄷ, ㄹ
⑤ ㄱ, ㄴ, ㄷ

문제해설

Step 1 문제 해결

ㄱ. (×) 2문단에서 바이오디젤의 단점으로 일반디젤보다 높은 생산원가를 지적하였다. BD20은 일반디젤로과 달리 바이오디젤이 전체의 20%를 차지하므로 이에 해당하는 양만큼은 일반디젤보다 더 높은 생산원가를 차지할 것이다. 따라서 같은 양이라고 할 경우 BD20의 생산원가가 일반디젤보다 더 높다고 보는 게 적절하다.

ㄴ. (○) 1문단에서 바이오디젤은 석유에서 얻는 연료와 달리 황이 거의 들어 있지 않다고 하였다. 즉 석유에서 얻는 연료는 황이 포함되어 있음을 추론할 수 있다.

ㄷ. (×) 응고점과 관련된 진술이다. 2문단에 의하면 바이오디젤의 응고점이 일반디젤보다 높은데, 응고점이 높다는 것은 액체였다가 고체화되는 전이점(온도)이 높다는 것이다. 따라서 바이오디젤이 액체일 때의 온도는(응고점보다 높은 온도 상태) 일반디젤의 경우에도 응고점보다 높아 액체 상태로 유지되는 온도이므로, 같은 온도에서 바이오디젤은 액체이면 일반디젤도 무조건 액체 상태이다.

ㄹ. (○) 1문단에서 바이오디젤을 연소했을 때 이산화황이 거의 배출되지 않는다 하였고, 2문단에서는 바이오디젤이 상대적으로 질소산화물을 더 많이 배출한다고 하였다.

정답 | ③

14 지문형 문제

5급공채 2022 나책형 27번

다음 글을 근거로 판단할 때 옳은 것은?

커피에 함유된 카페인의 각성효과는 사람에 따라 다르다. 커피를 한 잔만 마셔도 각성효과가 큰 사람이 있고, 몇 잔을 연거푸 마셔도 거의 영향을 받지 않는 사람도 있다. 甲국 정부는 하루 카페인 섭취량으로 성인은 400mg 이하, 임신부는 300mg 이하, 어린이·청소년은 체중 1kg당 2.5mg 이하를 권고하고 있다.

카페인은 식물에서 추출한 알칼로이드 화학물질로 각성효과, 기억력, 집중력을 일시적으로 향상시킨다. 카페인의 효과는 '아데노신'과 밀접한 관련이 있다. 사람의 몸에서 생성되는 화학물질인 아데노신은 뇌의 각성상태를 완화시켜 잠들게 하는 신경전달물질이다. 이 아데노신이 뇌 수용체와 결합하기 전에 카페인이 먼저 뇌 수용체와 결합하면 각성효과가 나타나게 된다. 즉 커피 속의 카페인은 아데노신의 역할을 방해하는 셈이다.

몸에 들어온 카페인은 간에서 분해된다. 카페인의 분해가 잘 될수록 각성효과가 빨리 사라진다. 카페인이 간에서 분해되는 과정에는 카페인 분해 효소가 필요하다. 카페인 분해 효소의 효율이 유전적·환경적 요인에 따라 어떻게 달라지는지 확인하기 위해 조사를 진행하였다. 그 결과 흡연 또는 여성의 경구 피임약 복용 등도 카페인 분해 효율에 영향을 주지만 유전적 요인이 가장 큰 영향을 준다는 결론에 도달했다. 카페인 분해 효소의 효율을 결정하는 유전자는 15번 염색체에 있다. 이 유전자 염기서열 특정 부분의 변이가 A형인 사람을 '빠른 대사자', C형인 사람을 '느린 대사자'로 나누기도 한다. C형인 사람은 카페인 분해가 느려서 카페인이 일으키는 각성효과를 길게 받는다. "나는 낮에 커피 한 잔만 마셔도 밤에 잠이 안 와!"라고 말하는 사람은 느린 대사자일 가능성이 높다. 반면에 커피를 마셔도 잘 자는 사람은 빠른 대사자일 가능성이 높다.

① 甲국 정부가 권고하는 하루 카페인 섭취량 이하를 섭취하면 각성효과가 나타나지 않는다.
② 카페인은 각성효과를 돕는 아데노신 분비를 촉진시킨다.
③ 유전자 염기서열 특정 부분의 변이가 A형인 사람은 C형인 사람보다 카페인의 각성효과가 더 오래 유지된다.
④ 몸무게가 60kg인 성인 남성에 대해 甲국 정부가 권고하는 하루 카페인 섭취량은 최대 150mg이다.
⑤ 사람에 따라 커피의 각성효과가 달라지는 데 가장 큰 영향을 주는 것은 유전적 요인이다.

문제해설

Step 1 문제 해결

① (×) 1문단에 의하면 카페인의 각성효과는 사람에 따라 다르다. 따라서 갑국 정부가 권고하는 하루 카페인 섭취량 이하를 섭취한 사람이라도 경우에 따라 각성효과가 나타날 수도 있다.

② (×) 2문단에 의하면 카페인은 아데노신의 역할을 방해함으로써 각성효과를 불러일으킨다. 따라서 각성효과를 돕는 아데노신 분비라는 표현은 부적절하다.

③ (×) 3문단에 의하면 유전자 염기서열 특정 부분의 변이가 A형인 사람은 카페인을 빠르게 분해하는 '빠른 대사자'이고, C형인 사람은 '느린 대사자'이다. C형인 사람이 카페인이 일으키는 각성효과를 길게 받는다.

④ (×) 갑국 정부의 하루 카페인 권고 섭취량에서 체중 1kg당으로 기준을 설정한 것은 어린이나 청소년의 경우이다. 성인은 이러한 1kg당이 아닌 400mg의 고정 수치로 제시되어 있다.

⑤ (○) 3문단에서 카페인 분해 효소의 효율에 가장 큰 영향을 주는 것이 유전적 요인이라 하였으며, 이러한 카페인 분해 효소의 효율의 차이로 인해 각성효과가 빨리 사라지는지 오래 지속되는지가 결정된다.

정답 | ⑤

15 지문형 문제
5급공채 2023 가책형 6번

다음 글과 〈상황〉을 근거로 판단할 때 옳은 것은?

교부금은 중앙정부가 지방정부에 제공하는 재정지원의 한 종류이다. 중앙정부가 지방정부에 일정 금액의 교부금을 지급하면 이는 지방정부의 예산이 그만큼 증가한 것과 같은 결과를 가져온다. 따라서 교부금 지급이 해당 지역의 공공서비스 공급에 미치는 영향은 지방정부의 자체예산이 교부금과 동일한 금액만큼 증가한 경우의 영향과 같을 것으로 예상된다.

그런데 지방재정에 관한 실증연구 결과를 보면 이러한 예상은 잘 들어맞지 않는다. 현실에서는 교부금 형태로 발생한 추가적 재원 중 공공서비스의 추가적 공급에 사용되는 비중이 지방정부의 자체예산 증가분 중 공공서비스의 추가적 공급에 사용되는 비중보다 높다. 자체예산을 공공서비스와 기타사업에 항상 절반씩 투입하는 甲국 A시에서는 자체예산 증가분의 경우, 그 50%를 공공서비스의 추가적 공급에 투입하고 나머지는 기타사업에 투입한다. 그런데 중앙정부로부터 교부금을 받은 경우에는 그중 80%를 공공서비스의 추가적 공급에 투입하고 나머지를 기타사업에 투입한다.

〈상 황〉

甲국 A시의 올해 예산은 100억 원이었으며, 모두 자체예산이었다. 중앙정부는 내년에 20억 원의 교부금을 A시에 지급하기로 하였다. A시의 내년도 자체예산은 올해와 마찬가지로 100억 원이다.

① A시가 내년에 기타사업에 지출하는 총 금액은 60억 원일 것이다.
② A시는 내년에 기타사업에 지출하는 총 금액을 올해보다 4억 원 증가시킬 것이다.
③ A시는 내년에 공공서비스 공급에 지출하는 총 금액을 올해와 동일하게 유지할 것이다.
④ A시는 내년에 공공서비스 공급에 지출하는 총 금액을 올해보다 50% 증가시킬 것이다.
⑤ A시는 내년에 공공서비스 공급에 지출하는 총 금액을 올해보다 10억 원 증가시킬 것이다.

문제해설

Step 1 문제 해결의 출발점

본문 내용에서 핵심은 2문단에서 " 현실에서는 교부금 형태로 발생한 추가적 재원 중 공공서비스의 추가적 공급에 사용되는 비중이 지방정부의 자체예산 증가분 중 공공서비스의 추가적 공급에 사용되는 비중보다 높다."라고 한 부분일 것이다. 이어지는 문장에서 서술한 것처럼 증가분이 자체예산이면 공공서비스에 50%를 투입하고, 증가분이 중앙정부로부터 받은 교부금일 경우에는 80%를 투입한다.

Step 2 〈상황〉 및 선택지 분석

A시의 올해 재정 구조는 자체예산 100억을 50%씩 나눠 공공서비스에 50억, 기타사업에 50억씩 투입된다. 내년도 자체예산은 올해와 동일한 100억 원이므로 마찬가지로 50억은 공공서비스에 투입되고 나머지 50억은 기타사업에 투입된다.

내년도에 중앙정부로부터 지급받는 교부금 20억 원의 경우, 80%인 16억은 공공서비스에 투입되고 나머지 4억 원은 기타사업에 투입된다.

이를 정리하면 공공서비스에는 66억이 투입되고 기타사업에 54억이 투입된다.

이를 바탕으로 선지를 판단하면 ②만 맞는 것임을 알 수 있다.

정답 | ②

16 지문형 문제

5급공채 2024 나책형 7번

다음 글을 근거로 판단할 때, 〈보기〉에서 옳은 것만을 모두 고르면?

상대습도란 현재 대기 중의 수증기량을 현재 온도의 포화 수증기량으로 나눈 값이다. 이는 현재 온도에서 공기가 최대로 품을 수 있는 수증기량에 대한 현재 공기 중에 포함된 수증기량의 비율이다. 상대습도가 100%일 때를 포화 상태라고 표현하며, 이때는 물과 수증기가 평형을 이루어 수증기의 양이 늘거나 줄지 않는다. 포화 수증기량은 기온이 올라갈수록 증가하고 기온이 내려갈수록 감소하는데, 포화 수증기량이 감소하여 현재 수증기량보다 적어지면 초과한 만큼의 수증기가 응결되어 물이 된다.

〈보 기〉

ㄱ. 포화 수증기량이 20% 증가하면 상대습도는 20% 낮아진다.
ㄴ. 상대습도가 80%인 공기의 수증기량을 증가시켜 포화 상태로 만들 수 있다.
ㄷ. 밀폐된 공간의 공기 온도가 올라가면 상대습도는 높아진다.

① ㄱ
② ㄴ
③ ㄷ
④ ㄱ, ㄴ
⑤ ㄴ, ㄷ

문제해설

Step 1 문제 해결

ㄱ. (×) 상대습도는 '현재 대기 중의 수증기량 ÷ 현재 온도의 포화수증기량'이다. 현재 대기 중의 수증기량에는 변화가 없다고 가정하면, 분모에 해당하는 포화 수증기량이 20% 증가할 경우 상대습도는 정확히 20% 낮아진다고 단정할 수 없다. 예를 들어 50/100의 상대습도에서 50/120의 상대습도가 된다면 상대습도는 50%에서 41.6%로 낮아지는데, 이는 50%의 20%인 10%p보다 더 적은 폭의 감소이다.

ㄴ. (○) 공기의 수증기량이 증가하면 상대습도 공식에서 분자가 증가한다. 당연히 수증기량을 증가시켜 100%인 포화 상태를 만들 수 있다.

ㄷ. (×) 기온이 올라갈수록 분모에 해당하는 포화 수증기량은 증가한다. 따라서 이 경우 상대습도는 오히려 낮아진다.

정답 | ②

17 지문형 문제
5급공채 2024 나책형 26번

다음 글을 근거로 판단할 때 옳은 것은?

고대 수메르의 유적에서 맥주 제조법이 적힌 점토판이 발굴되었다. 점토판의 기록에 따르면, 수메르인은 보리를 갈아 빵과 같은 형태로 만든 후 물을 부어 저장해 두는 방식으로 맥주를 제조하였다.

현대 맥주의 기본 재료는 맥아, 홉, 효모, 물이다. 맥아는 보리를 물에 담가 싹을 틔운 것을 말하고, 맥아에 열을 가해 볶은 것을 몰트라고 한다. 홉은 삼과에 속하는 식물인데, 암꽃이 성숙하여 생기는 루풀린이라는 작은 알갱이가 맥주의 재료로 사용된다. 오늘날 우리가 마시는 맥주에서 느끼는 쌉싸름한 맛은 홉의 사용이 보편화된 산업혁명 이후에 갖게 된 맥주의 특성이다. 효모는 일종의 미생물로서 맥주의 발효에 중요한 요소이다. 맥주의 발효는 18~25°C에서 이루어지는 상면 발효와 5~15°C에서 이루어지는 하면 발효가 있는데, 전자의 방식으로 만든 맥주를 에일, 후자의 방식으로 만든 맥주를 라거라고 한다. 맥주 제조에 사용되는 물은 칼슘과 마그네슘 등이 많이 포함된 경수와 적게 포함된 연수로 구분되는데, 라거를 생산할 때는 주로 연수를 사용한다.

맥주의 색상은 몰트에 의해 결정된다. 일반적으로 80°C 정도의 낮은 온도에서 볶은 몰트는 색이 옅고 200°C 정도의 높은 온도에서 볶은 몰트는 색이 진하다. 산업혁명 이전의 수공업 몰트 제조 기술로는 몰트를 골고루 적당하게 볶기 어려워 검게 탄 몰트를 사용했기에 맥주가 까만색에 가까웠으나, 산업혁명 이후 기술이 발달하여 원하는 정도로 맥아를 볶을 수 있게 되었다.

① 맥주의 색깔은 보리의 발아 온도에 따라 결정된다.
② 고대 수메르인은 홉을 이용하여 맥주를 생산했다.
③ 에일은 5~15°C에서 발효시켜 만든 맥주이다.
④ 하면 발효 맥주에는 연수가 주로 사용된다.
⑤ 산업혁명 이후에는 낮은 온도보다는 높은 온도로 몰트를 만들었다.

문제해설

Step 1 문제 해결

① (×) 3문단에 의하면 맥주의 색상은 몰트를 만드는 온도, 즉 맥아에 열을 가해 볶을 때의 온도에 의해 결정되는 것이다.

② (×) 1문단에 의하면 고대 수메르인은 보리를 이용해 맥주를 생산하였다. 홉은 현대 맥주의 기본 재료에 속하는 것 중 하나이다.

③ (×) 2문단 중반부에 의하면 맥주의 발효가 18~25°C에서 이루어지는 상면 발효로 만들어진 것이 에일이다.

④ (○) 2문단 중후반부에 의하면 하면 발효가 라거를 만드는 방식이고 라거를 생산할 때 주로 연수를 사용한다.

⑤ (×) 3문단에서 이야기하고 있는 것은 산업혁명 이후 기술이 발달해 원하는 정도로 맥아를 볶을 수 있게 되었고 그에 따라 여러 색상의 맥주를 생산할 수 있게 되었다는 것이다. 산업혁명 이후 낮은 온도보다 높은 온도로 몰트를 만들었는지에 대한 정보는 확인할 수 없다.

정답 | ④

01 규범형 문제
5급공채 2018 나책형 2번

다음 글과 〈甲지방자치단체 공직자윤리위원회 위원 현황〉을 근거로 판단할 때 옳은 것은? (단, 오늘은 2018년 3월 10일이다)

제○○조 ① 지방자치단체는 공직자윤리위원회(이하 '위원회'라 한다)를 두어야 한다.

② 위원회는 위원장과 부위원장 각 1명을 포함한 9명의 위원으로 구성하되 위원은 다음 각 호에 따라 위촉한다.

1. 5명의 위원은 법관, 교육자, 시민단체에서 추천한 자로 한다. 이 경우 제2호의 요건에 해당하는 자는 제외된다.
2. 4명의 위원은 해당 지방의회 의원 2명, 해당 지방자치단체 소속 행정국장, 기획관리실장(이하 '소속 공무원'이라 한다)으로 한다.

③ 위원회의 위원장과 부위원장은 위원회에서 다음 각 호에 따라 선임한다.

1. 위원장은 제2항 제1호의 5명 중에서 선임
2. 부위원장은 제2항 제2호의 4명 중에서 선임

제○○조 ① 위원의 임기는 2년으로 하되, 한 차례만 연임할 수 있다.

② 지방자치단체의회 의원 및 소속 공무원 중에서 위촉된 위원의 임기는 제1항에도 불구하고 지방의회 의원인 경우에는 그 임기 내로 하고, 소속 공무원인 경우에는 그 직위에 재직 중인 기간으로 한다.

③ 전조 제2항 제1호에 따른 위원 중 결원이 생겼을 경우 그 자리에 새로 위촉된 위원의 임기는 전임자의 남은 기간으로 한다.

<甲지방자치단체 공직자윤리위원회 위원 현황>

성명	직위	최초 위촉일자
A	甲지방의회 의원	2016. 9. 1.
B	시민연대 회원	2016. 9. 1.
C	甲지방자치단체 소속 기획관리실장	2016. 9. 1.
D	지방법원 판사	2017. 3. 1.
E	대학교 교수	2016. 9. 1.
F	고등학교 교사	2014. 9. 1.
G	중학교 교사	2016. 9. 1.
H	甲지방의회 의원	2016. 9. 1.
I	甲지방자치단체 소속 행정국장	2016. 9. 1.

※ 모든 위원은 최초 위촉 이후 계속 위원으로 활동하고 있다.

① B가 사망하여 새로운 위원을 위촉하는 경우 甲지방의회 의원을 위촉할 수 있다.
② C가 오늘자로 명예퇴직하더라도 위원직을 유지할 수 있다.
③ E가 오늘자로 사임한 경우 당일 그 자리에 위촉된 위원의 임기는 위촉된 날로부터 2년이다.
④ F는 임기가 만료되면 연임할 수 있다.
⑤ I는 부위원장으로 선임될 수 있다.

문제해설

Step 1 문제 해결의 출발점

조직의 구성 및 위원 선발의 메커니즘이 제시된 규범형 문제이다. 첫 번째 조에 의하면, 9명의 위원은 제1조 제2항의 제1호와 제2호의 요건처럼 법관/교육자/시민단체 추천자 중에서 5명, 정부기관 및 의회에서 4명으로 이루어지며, 위원장과 부위원장은 각각 민간과 정부에서 한 명씩 선임된다.

두 번째 조는 위원 임기에 대한 규정이다. 위원의 기본 임기는 2년이지만, 제2항에서 말하고 있는 것처럼 지방의회 의원 및 '소속 공무원'의 임기는 제1조 제2항 제1호의 위원과 조금 차이가 있다. 계산 유형이 아닌 병렬 구조의 규범형 문제이므로 위원 현황에 대한 종합적 순위 설정과 같은 분석은 필요하지 않을 것이라는 예상 하에 바로 선택지를 하나씩 분석해 나가도록 한다.

Step 2 선택지 분석

① (×) B는 시민연대 의원이므로 시만단체에서 추천한 자에 해당한다. 따라서 B가 사망해 새로운 위원을 위촉하는 경우에는 제1조 제2항 제1호의 규정에 따라 법관/교육자/시만단체에서 추천한 자 중 1인을 위촉해야 한다.

② (×) 제2조 제2항에 따라, 소속 공무원은 해당 직위(C는 기획관리실장)에 재직 중인 기간을 임기로 간주합니다. 따라서 명예퇴직을 할 경우 위원직을 유지할 수 없다.

③ (×) 제2조 제3항에 따라, 전임자가 사임해 결원이 생겼을 경우 새로 위촉된 위원의 임기는 전임자의 남은 기간으로 하여야 한다.

④ (×) 현재 날짜는 2018년 3월 10일인데, F는 2014년 9월 1일에 위촉되었으므로 이미 한 차례 연임한 상태라는 것을 알 수 있습니다. 따라서 F는 임기가 만료되면 연임할 수 없다.

⑤ (○) I는 지방의회 의원이므로 제1조 제3항 제2호에 따라 부위원장에 선임될 수 있다.

정답 | ⑤

02 규범형 문제
5급공채 2018 나책형 3번

다음 글을 근거로 판단할 때 옳은 것은?

제○○조 이 법에서 말하는 폐기물이란 쓰레기, 연소재, 폐유, 폐알칼리 및 동물의 사체 등으로 사람의 생활이나 사업활동에 필요하지 않게 된 물질을 말한다.

제○○조 ① 도지사는 관할 구역의 폐기물을 적정하게 처리하기 위하여 환경부장관이 정하는 지침에 따라 10년마다 '폐기물 처리에 관한 기본계획'(이하 '기본계획'이라 한다)을 세워 환경부장관의 승인을 받아야 한다. 승인사항을 변경하려 할 때에도 또한 같다. 이 경우 환경부장관은 기본계획을 승인하거나 변경승인하려면 관계 중앙행정기관의 장과 협의하여야 한다.

② 시장·군수·구청장은 10년마다 관할 구역의 기본계획을 세워 도지사에게 제출하여야 한다.

③ 제1항과 제2항에 따른 기본계획에는 다음 각 호의 사항이 포함되어야 한다.

1. 관할 구역의 지리적 환경 등에 관한 개황
2. 폐기물의 종류별 발생량과 장래의 발생 예상량
3. 폐기물의 처리 현황과 향후 처리 계획
4. 폐기물의 감량화와 재활용 등 자원화에 관한 사항
5. 폐기물처리시설의 설치 현황과 향후 설치 계획
6. 폐기물 처리의 개선에 관한 사항
7. 재원의 확보계획

제○○조 ① 환경부장관은 국가 폐기물을 적정하게 관리하기 위하여 전조 제1항에 따른 기본계획을 기초로 '국가 폐기물 관리 종합계획'(이하 '종합계획'이라 한다)을 10년마다 세워야 한다.

② 환경부장관은 종합계획을 세운 날부터 5년이 지나면 그 타당성을 재검토하여 변경할 수 있다.

① 재원의 확보계획은 기본계획에 포함되지 않아도 된다.
② A도 도지사가 제출한 기본계획을 승인하려면, 환경부장관은 관계 중앙행정기관의 장과 협의를 거쳐야 한다.
③ 환경부장관은 국가 폐기물을 적정하게 관리하기 위하여 10년마다 기본계획을 수립하여야 한다.
④ B군 군수는 5년마다 종합계획을 세워 환경부장관에게 제출하여야 한다.
⑤ 기본계획 수립 이후 5년이 경과하였다면, 환경부장관은 계획의 타당성을 재검토하여 계획을 변경하여야 한다.

문제해설

Step 1 문제 해결의 출발점

제1조는 '폐기물'에 대한 개념적 정의로서 특별한 정보는 없다. 제2조에는 시장·군수·구청장이 10년마다 관할 구역의 기본계획을 세우고, 이를 도지사에게 제출해 도지사가 (도 단위의) 관할 구역 폐기물 처리에 관한 기본계획을 세워 환경부장관의 승인을 받는 과정이 제시되어 있다. 마지막 제3조에는 이렇게 취합된 기본계획을 토대로 환경부장관이 세워야 하는 국가 폐기물 관리 종합계획이 제시되어 있다. 역시 병렬적 정보 구조의 법조문이므로 조항별 끊어 읽기 방식으로 접근하자.

Step 2 선택지 분석

<제2조>

① (×) 제2조 제3항의 진술은 기본계획에 포함될 항목을 다루고 있는데, "기본계획에는 다음 각 호의 사항이 포함되어야 한다"고 하였으므로 제1호부터 제7호까지 모든 항목이 다 포함되어 있어야 한다. 따라서 기본계획에는 재원의 확보계획도 포함되어야 한다.

② (○) 제1항의 마지막 문장에 따라, 환경부장관이 도지사가 제출한 기본계획을 승인하거나 변경승인하려면 관계 중앙행정기관의 장과 협의하여야 한다.

④ (×) 제2항에 따라, 군수는 10년마다 관할 구역의 기본계획을 세워 도지사에게 제출해야 한다. 시장이나 군수는 기본계획을 세우는 주체이며, 제3조에 의하면 종합계획을 세우는 주체는 환경부장관이다.

<제3조>

③ (×) 국가 폐기물을 적정하게 관리하기 위해 환경부장관이 10년마다 세워야 할 계획은 '기본'계획이 아닌 '종합'계획이다.

⑤ (×) 제1항에 따르면 환경부장관은 기본계획을 기초로 10년마다 종합계획을 세우므로, 기본계획의 수립 주기와 종합계획의 수립 주기는 같음을 알 수 있다. 그리고 제2항에 따르면, 종합계획을 세운 날부터 5년이 지난 경우 그 타당성을 재검토하여 계획을 변경할 수 있는 것이지('~변경할 수 있다') 무조건 변경해야 하는 것은 아니다.

정답 | ②

03 규범형 문제
5급공채 2018 나책형 4번

다음 글을 근거로 판단할 때 옳은 것은?

제○○조 다음 각 호의 어느 하나에 해당하는 자는 감사원에 감사를 청구할 수 있다.

1. 19세 이상으로서 300명 이상의 국민
2. 상시 구성원 수가 300인 이상으로 등록된 공익 추구의 시민단체. 다만 정치적 성향을 띄거나 특정 계층 또는 집단의 이익을 추구하는 단체는 제외한다.
3. 감사대상기관의 장. 다만 해당 감사대상기관의 사무처리에 관한 사항 중 자체감사기구에서 직접 처리하기 어려운 부득이한 사유가 있거나 자체감사기구가 없는 경우에 한한다.
4. 지방의회. 다만 해당 지방자치단체의 사무처리에 한한다.

제○○조 ① 감사청구의 대상은 공공기관에서 처리한 사무처리가 다음 각 호의 어느 하나에 해당하는 사항으로 한다.

1. 주요 정책·사업의 추진과정에서의 예산낭비에 관한 사항
2. 기관이기주의 등으로 인하여 정책·사업 등이 장기간 지연되는 사항
3. 국가 행정 및 시책, 제도 등이 현저히 불합리하여 개선이 필요한 사항
4. 기타 공공기관의 사무처리가 위법 또는 부당행위로 인하여 공익을 현저히 해한다고 판단되는 사항

② 제1항의 규정에 불구하고 다음 각 호의 어느 하나에 해당하는 사항은 감사청구의 대상에서 제외한다.

1. 수사 중이거나 재판(헌법재판소 심판을 포함한다), 행정심판, 감사원 심사청구 또는 화해·조정·중재 등 법령에 의한 불복절차가 진행 중인 사항. 다만 수사 또는 재판, 행정심판 등과는 직접적인 관계없이 예산낭비 등을 방지하기 위한 긴급한 필요가 있다고 인정될 때에는 감사를 실시할 수 있다.
2. 수사 결과, 판결, 재결, 결정 또는 화해·조정·중재 등에 의하여 확정되었거나 형 집행에 관한 사항

※ 공공기관 : 중앙행정기관, 지방자치단체, 정부투자기관을 의미한다.

① A시 지방의회는 A시가 주요 사업으로 시행하는 노후수도설비교체사업 중 발생한 예산낭비 사항에 대하여 감사를 청구할 수 있다.

② B정당의 사무총장은 C시청 별관신축공사 입찰시 담당공무원의 부당한 업무처리에 대하여 단독으로 감사를 청구할 수 있다.

③ D정부투자기관의 장은 해당 기관 직원과 특정 기업 간 유착관계에 대하여 자체감사기구에서 직접 처리할 수 있더라도 감사를 청구할 수 있다.

④ E시 지방의회는 E시 시장의 위법한 사무처리에 대하여 판결이 확정되었더라도 감사를 청구할 수 있다.

⑤ 민간 유통업체 F마트 사장은 농산물의 납품대가로 과도한 향응을 받은 담당직원의 위법행위에 대하여 감사를 청구할 수 있다.

문제해설

Step 1 문제 해결의 출발점

감사원에 감사를 청구할 수 있는 주체(제1조) 및 감사청구 대상이 되는 사항(제2조)에 대한 규정이 제시되어 있다.

제1조 각 호에 제시된 주체를 파악할 때는 단서 규정을 주의해야 한다. 제2조 제1항에서는 감사청구의 대상이 되는 사무처리 사항을 제시하고 있으며, 제2항은 이러한 감사청구의 예외 항목으로서 재판 등의 불복절차가 진행 중인 사항 등이 제시되어 있다. 제2항 제1호에는 추가 단서조항이 포함되어 있는데, '법령에 의한 불복절차'가 진행 중인 사항이라도 수사 등과 직접적인 관계가 없는 예산낭비 등을 방지하기 위한 긴급한 필요가 인정될 때에는 감사를 실시할 수 있음을 놓치지 말자.

Step 2 선택지 분석

① (○) A시 지방의회는 해당 A시(해당 지방자치단체)의 사무처리에 관한 예산낭비 사항을 감사청구하는 것이므로 제1조의 청구 주체와 제2조 제1항의 청구 대상 사항을 모두 충족한다.

② (×) 정당은 제1조 제2호에서 제외 대상으로 삼은 정치적 성향을 띄는 단체에 해당한다. 따라서 B정당의 사무총장이 단독으로 감사를 청구하는 것은 불가능하다.

③ (×) 정부투자기관은 제2조 제1항에서 언급한 '공공기관'에 해당하며, 이러한 공공기관의 장은 제1조에 따라 감사청구의 주체가 될 수 있다. 하지만 선지의 대상 사항은 해당 기관의 자체감사기구에서 직접 처리할 수 있는 것이므로 감사청구 대상에 포함되지 않는다.

④ (×) E시 지방의회가 E시 시장의 위법한 사무처리에 대해 감사청구를 하는 것은 가능하지만, 제2조 제2항 제2호에 따라 판결이 확정된 사항이므로 감사청구 대상에서 제외된다.

⑤ (×) F마트 담당직원의 위법행위는 공공기관의 사무처리에 해당하지 않으므로 감사청구의 대상이 될 수 없다.

정답 | ①

04 규범형 문제
5급공채 2018 나책형 5번

다음 글을 근거로 판단할 때, 소장이 귀휴를 허가할 수 없는 경우는? (단, 수형자 甲~戊의 교정성적은 모두 우수하고, 귀휴를 허가할 수 있는 일수는 남아 있다)

> 제○○조 ① 교도소·구치소 및 그 지소의 장(이하 '소장'이라 한다)은 6개월 이상 복역한 수형자로서 그 형기의 3분의 1(21년 이상의 유기형 또는 무기형의 경우에는 7년)이 지나고 교정성적이 우수한 사람이 다음 각 호의 어느 하나에 해당하면 1년 중 20일 이내의 귀휴를 허가할 수 있다.
>
> 1. 가족 또는 배우자의 직계존속이 위독한 때
> 2. 질병이나 사고로 외부의료시설에의 입원이 필요한 때
> 3. 천재지변이나 그 밖의 재해로 가족, 배우자의 직계존속 또는 수형자 본인에게 회복할 수 없는 중대한 재산상의 손해가 발생하였거나 발생할 우려가 있는 때
> 4. 직계존속, 배우자, 배우자의 직계존속 또는 본인의 회갑일이나 고희일인 때
> 5. 본인 또는 형제자매의 혼례가 있는 때
> 6. 직계비속이 입대하거나 해외유학을 위하여 출국하게 된 때
> 7. 각종 시험에 응시하기 위하여 필요한 때
>
> ② 소장은 다음 각 호의 어느 하나에 해당하는 사유가 있는 수형자에 대하여는 제1항에도 불구하고 5일 이내의 귀휴를 특별히 허가할 수 있다.
>
> 1. 가족 또는 배우자의 직계존속이 사망한 때
> 2. 직계비속의 혼례가 있는 때

※ 귀휴 : 교도소 등에 복역 중인 죄수가 출소하기 전에 일정한 사유에 따라 휴가를 얻어 일시적으로 교도소 밖으로 나오는 것을 의미한다.

① 징역 1년을 선고받고 4개월 동안 복역 중인 甲의 아버지의 회갑일인 경우
② 징역 2년을 선고받고 10개월 동안 복역 중인 乙의 친형의 혼례가 있는 경우
③ 징역 10년을 선고받고 4년 동안 복역 중인 丙의 자녀가 입대하는 경우
④ 징역 30년을 선고받고 8년 동안 복역 중인 丁의 부친이 위독한 경우
⑤ 무기징역을 선고받고 5년 동안 복역 중인 戊의 배우자의 모친이 사망한 경우

문제해설

Step 1 문제 해결의 출발점

'귀휴'를 허가받기 위한 기간 및 대상이 되는 사항을 제시하고 있는 법조문이다. 1) 귀휴를 허가받기 위해서는 기본적으로 6개월 이상 복역한 수형자여야 하며, 해당 형기의 3분의 1이 지난 사람이어야 한다. 2) 귀휴 허가의 대상은 주로 가족과 관련된 중요한 사건들이다.

Step 2 선택지 분석

① (○) 갑은 4개월 동안 복역 중인 상태이므로 귀휴를 허가받기 위한 6개월 이상 복역이라는 기본 조건을 충족하지 못한다. 따라서 갑에 대한 귀휴는 허가할 수 없다.

② (×) 을은 6개월 이상 복역 조건을 충족하였고, 24개월의 3분의 1인 8개월이 지난 상태이며, 친형의 혼례는 제1항 제5호의 '형재자매의 혼례'에 해당하므로 귀휴를 허가받을 수 있다.

③ (×) 병은 6개월 이상 복역 조건을 충족하였고, 120개월의 3분의 1인 40개월이 지난 상태이며, 자녀의 입대는 제1항 제6호의 '직계비속의 입대'에 해당하므로 귀휴를 허가받을 수 있다.

④ (×) 정은 6개월 이상 복역 조건을 충족하였고, 21년 이상의 유기형인 경우에는 7년이 지나면 기간 조건을 충족하며, 부친의 위독은 제1항 제1호의 '가족 또는 배우자의 직계존속이 위독한 때'에 해당하므로 귀휴를 허가받을 수 있다.

⑤ (×) 무는 기간 조건은 충족하지 못하지만, 배우자의 모친이 사망한 경우로 제2항 제1호의 특별 귀휴 허가 대상에 해당하므로 귀휴를 허가받을 수 있다.

정답 | ①

05 규범형 문제

5급공채 2018 나책형 22번

다음 글을 근거로 판단할 때 옳은 것은?

> 제○○조 이 법은 법령의 공포절차 등에 관하여 규정함을 목적으로 한다.
>
> 제○○조 ① 법률 공포문의 전문에는 국회의 의결을 받은 사실을 적고, 대통령이 서명한 후 대통령인을 찍고 그 공포일을 명기하여 국무총리와 관계 국무위원이 서명한다.
>
> ② 확정된 법률을 대통령이 공포하지 아니할 때에는 국회의장이 이를 공포한다. 국회의장이 공포하는 법률의 공포문 전문에는 국회의 의결을 받은 사실을 적고, 국회의장이 서명한 후 국회의장인을 찍고 그 공포일을 명기하여야 한다.
>
> 제○○조 조약 공포문의 전문에는 국회의 동의 또는 국무회의의 심의를 거친 사실을 적고, 대통령이 서명한 후 대통령인을 찍고 그 공포일을 명기하여 국무총리와 관계 국무위원이 서명한다.
>
> 제○○조 대통령령 공포문의 전문에는 국무회의의 심의를 거친 사실을 적고, 대통령이 서명한 후 대통령인을 찍고 그 공포일을 명기하여 국무총리와 관계 국무위원이 서명한다.
>
> 제○○조 ① 총리령을 공포할 때에는 그 일자를 명기하고, 국무총리가 서명한 후 총리인을 찍는다.
>
> ② 부령을 공포할 때에는 그 일자를 명기하고, 해당 부의 장관이 서명한 후 그 장관인을 찍는다.
>
> 제○○조 ① 법령의 공포는 관보에 게재함으로써 한다.
>
> ② 관보의 내용 및 적용 시기 등은 종이관보를 우선으로 하며, 전자관보는 부차적인 효력을 가진다.

※ 법령 : 법률, 조약, 대통령령, 총리령, 부령을 의미한다.

① 모든 법률의 공포문 전문에는 국회의장인이 찍혀 있다.
② 핵무기비확산조약의 공포문 전문에는 총리인이 찍혀 있다.
③ 지역문화발전기본법의 공포문 전문에는 대법원장인이 찍혀 있다.
④ 대통령인이 찍혀 있는 법령의 공포문 전문에는 국무총리의 서명이 들어 있다.
⑤ 종이관보에 기재된 법인세법의 세율과 전자관보에 기재된 그 세율이 다른 경우 전자관보를 기준으로 판단하여야 한다.

문제해설

Step 1 문제 해결의 출발점

법률(제2조), 조약(제3조), 대통령령(제4조), 총리령(제5조) 등 법령 공포에 관한 절차와 함께, 관보 게재(제6조)에 대한 규정이 제시되어 있다. 일반적인 분절적 정보 구조의 규범형 문항이므로 끊어 읽기의 방식으로 접근하자.

Step 2 선택지 분석

<제2조>

① (×) "모든 법률의 공포문 전문에는 국회의장인이 찍혀 있다."
→ 제1항에 따르면 법률 공포문에는 대통령인이 필수적으로 찍히며, 제2항에 언급된 것처럼 확정된 법률을 대통령이 공포하지 않고 국회의장이 공포할 때에만 국회의장인이 찍힌다.

③ (×) "지역문화발전기본법의 공포문 전문에는 대법원장인이 찍혀 있다."
→ 대법원장인이 찍히는 법률에 대한 언급은 없다.

<제3조>

② (×) "핵무기비확산조약의 공포문 전문에는 총리인이 찍혀 있다."
→ 조약 공포문의 전문에 국무총리와 국무위원은 서명만 한다.

<나머지 선택지>

④ (○) "대통령인이 찍혀 있는 법령의 공포문 전문에는 국무총리의 서명이 들어 있다."
→ 대통령인이 찍히는 법령은 법률(제2조), 조약(제3조), 대통령령(제4조)이다. 이들 세 법령을 공포할 때는 국무총리와 관계 국무위원이 서명한다.

⑤ (×) "종이관보에 기재된 법인세법의 세율과 전자관보에 기재된 그 세율이 다른 경우 전자관보를 기준으로 판단하여야 한다."
→ 제6조 제2항에 따라, 관보의 내용은 종이관보를 우선으로 하므로 종이관보에 기재된 법인세법의 세율을 기준으로 판단하여야 한다.

정답 | ④

06 규범형 문제
5급공채 2018 나책형 23번

다음 글과 〈상황〉을 근거로 판단할 때 옳은 것은?

제○○조 ① 증인신문은 증인을 신청한 당사자가 먼저 하고, 다음에 다른 당사자가 한다.
② 재판장은 제1항의 신문이 끝난 뒤에 신문할 수 있다.
③ 재판장은 제1항과 제2항의 규정에 불구하고 언제든지 신문할 수 있다.
④ 재판장은 당사자의 의견을 들어 제1항과 제2항의 규정에 따른 신문의 순서를 바꿀 수 있다.
⑤ 당사자의 신문이 중복되거나 쟁점과 관계가 없는 때, 그 밖에 필요한 사정이 있는 때에 재판장은 당사자의 신문을 제한할 수 있다.
⑥ 합의부원은 재판장에게 알리고 신문할 수 있다.
제○○조 ① 증인은 따로따로 신문하여야 한다.
② 신문하지 않은 증인이 법정 안에 있을 때에는 법정에서 나가도록 명하여야 한다. 다만 필요하다고 인정한 때에는 신문할 증인을 법정 안에 머무르게 할 수 있다.
제○○조 재판장은 필요하다고 인정한 때에는 증인 서로의 대질을 명할 수 있다.
제○○조 증인은 서류에 의하여 진술하지 못한다. 다만 재판장이 허가하면 그러하지 아니하다.

※ 당사자 : 원고, 피고를 가리킨다.

〈상 황〉

원고 甲은 피고 乙을 상대로 대여금반환청구의 소를 제기하였다. 이후 절차에서 甲은 丙을, 乙은 丁을 각각 증인으로 신청하였으며 해당 재판부(재판장 A, 합의부원 B와 C)는 丙과 丁을 모두 증인으로 채택하였다.

① 丙을 신문할 때 A는 乙보다 먼저 신문할 수 없다.
② 甲의 丙에 대한 신문이 쟁점과 관계가 없는 때, A는 甲의 신문을 제한할 수 있다.
③ A가 丁에 대한 신문을 乙보다 甲이 먼저 하게 하려면, B와 C의 의견을 들어야 한다.
④ 丙과 丁을 따로따로 신문해야 하는 것이 원칙이지만, B는 필요하다고 인정한 때 丙과 丁의 대질을 명할 수 있다.
⑤ 丙이 질병으로 인해 서류에 의해 진술하려는 경우 A의 허가를 요하지 않는다.

문제해설

Step 1 문제 해결의 출발점

민사상 재판에서 증인 신문의 순서 및 신문 시의 주의사항에 대한 규범형 문제이다. 제1조의 제1항과 제2항만 보면 신문의 순서가 엄격하게 정해진 것처럼 보이지만, 실제로 제3항 및 제4항에 따라 신문 순서는 재판장의 재량과 당사자의 동의 여부에 따라 얼마든지 바뀔 수 있다. 역시 끊어 읽기의 방식으로 접근하도록 한다.

Step 2 선택지 분석

갑이 신청한 증인은 병, 을이 신청한 증인은 정이며, 재판부는 재판장 A와 합의부원 B 및 C로 이루어져 있다.

① (×) 제1조 제3항에 따라, 재판장 A의 신문 순서는 당사자보다 먼저 올 수 있다.

② (○) 제1조 제5항에 따라, 당사자의 신문이 쟁점과 관계가 없는 때에 재판장은 당사자의 신문을 제한할 수 있다.

③ (×) 제1조 제1항에 따르면 증인 정에 대한 신문은 신청 당사자인 을부터 하는 것이 원칙이지만, 제4항의 규정처럼 재판장이 당사자의 의견을 들어 을→갑의 순서를 갑→을의 순서로 바꾸는 것은 가능하다. B와 C는 당사자가 아니므로 잘못된 진술이다.

④ (×) 제3조에 따르면 재판장이 필요하다고 인정할 경우에 증인 간의 대질을 명할 수 있는 것이지 합의부원인 B나 C가 이를 명할 수는 없다.

⑤ (×) 제4조에 따라, 증인이 서류에 의해 진술하려면 재판장의 허가가 필요하다.

정답 | ②

07 규범형 문제

5급공채 2018 나책형 24번

다음 글을 근거로 판단할 때 옳은 것은?

> 제○○조 ① 산지전용허가를 받으려는 자는 신청서를 다음 각 호의 구분에 따른 자(이하 '산림청장 등'이라 한다)에게 제출하여야 한다.
>
> 1. 산지전용허가를 받으려는 산지의 면적이 200만m^2 이상인 경우 : 산림청장
> 2. 산지전용허가를 받으려는 산지의 면적이 50만m^2 이상 200만m^2 미만인 경우
>   가. 산림청장 소관인 국유림의 산지인 경우 : 산림청장
>   나. 산림청장 소관이 아닌 국유림, 공유림 또는 사유림의 산지인 경우 : 시·도지사
> 3. 산지전용허가를 받으려는 산지의 면적이 50만m^2 미만인 경우
>   가. 산림청장 소관인 국유림의 산지인 경우 : 산림청장
>   나. 산림청장 소관이 아닌 국유림, 공유림 또는 사유림의 산지인 경우 : 시장·군수·구청장
>
> ② 산림청장 등은 제1항에 따라 산지전용허가 신청을 받은 때에는 허가대상 산지에 대하여 현지조사를 실시하여야 한다. 다만 산지전용타당성조사를 받은 경우에는 현지조사를 않고 심사할 수 있다.
>
> ③ 제1항의 신청서에는 다음 각 호의 서류를 첨부하여야 한다.
>
> 1. 사업계획서(산지전용의 목적, 사업기간 등이 포함되어야 한다) 1부
> 2. 허가신청일 전 2년 이내에 완료된 산지전용타당성조사 결과서 1부(해당자에 한한다)
> 3. 산지전용을 하고자 하는 산지의 소유권 또는 사용·수익권을 증명할 수 있는 서류 1부(토지등기사항증명서로 확인할 수 없는 경우에 한정한다)
> 4. 산림조사서 1부. 다만 전용하려는 산지의 면적이 65만m^2 미만인 경우에는 제외한다.

① 사유림인 산지 180만m^2에 대해 산지전용허가를 받으려는 甲은 신청서를 산림청장에게 제출해야 한다.

② 공유림인 산지 250만m^2에 대해 산지전용허가를 받으려는 乙은 신청서를 시·도지사에게 제출해야 한다.

③ 산지전용허가를 신청하는 丙은 토지등기사항증명서를 첨부하면 사업계획서를 제출하지 않아도 된다.

④ 산림청장 소관의 국유림 50만m^2에 대해 산지전용허가를 받으려는 丁은 산림조사서를 산림청장에게 제출해야 한다.

⑤ 산지전용허가를 받으려는 戊가 해당 산지에 대하여 허가신청일 1년 전에 완료된 산지전용타당성조사 결과서를 제출한 경우, '산림청장 등'은 현지조사를 않고 심사할 수 있다.

문제해설

Step 1 문제 해결의 출발점

산지전용허가를 받을 때 신청서를 제출해야 할 대상의 분류 기준 및 현지조사가 실시되어야 할 대상을 분류하고 있는 법조문 규범형 문제이다. 제출 대상은 면적을 기준으로 분류되어 있으므로 각 선택지별 면적 정보를 바탕으로 제1항의 각 호를 적용해야 하며, 산지전용타당성조사를 받지 않은 경우에는 현지조사를 실시하여야 한다는 점에 주의해야 한다.

Step 2 선택지 분석

① (×) 사유림 산지 180만m^2는 제1항 제2호의 나목에 해당하며, 이 경우 신청서는 시도지사에게 제출해야 한다.

② (×) 공유림 산지 250만m^2는 제1항 제1호에 해당하므로 신청서는 산림청장에게 제출해야 한다.

③ (×) 제3항에 제시된 제1호부터 제4호까지의 서류는 모두 갖춰야 하는 것으로서, 제1호의 사업계획서는 제3호의 서류와 별개로 갖춰야 하는 것이다.

④ (×) 산림청장 소관의 국유림 50만m^2는 제1항 제3호의 가목에 해당하므로 신청서를 산림청장에게 제출하는 것은 맞다. 하지만 제3항 제4호에 따라, 전용하려는 산지 면적이 65만m^2 미만인 경우에 해당하므로 산림조사서는 신청서에 첨부할 필요가 없다.

⑤ (○) 제2항과 제3항 제2호에 따라, 허가신청일 전 2년 이내에 완료된 산지전용타당성조사 결과서를 제출한 경우에는 현지조사를 않고 심사할 수 있다.

정답 | ⑤

08 규범형 문제
5급공채 2018 나책형 25번

다음 글을 근거로 판단할 때, 〈보기〉에서 옳은 것만을 모두 고르면?

甲국의 공무원연금공단은 다음 기준에 따라 사망조위금을 지급하고 있다. 사망조위금은 최우선 순위의 수급권자 1인에게만 지급한다.

<사망조위금 지급기준>

<table>
<tr><th>사망자</th><th colspan="2">수급권자 순위</th></tr>
<tr><td rowspan="2">공무원의 배우자·부모(배우자의 부모 포함)·자녀</td><td>해당 공무원이 1인인 경우</td><td>해당 공무원</td></tr>
<tr><td>해당 공무원이 2인 이상인 경우</td><td>1. 사망한 자의 배우자인 공무원
2. 사망한 자를 부양하던 직계비속인 공무원
3. 사망한 자의 최근친 직계비속인 공무원 중 최연장자
4. 사망한 자의 최근친 직계비속의 배우자인 공무원 중 최연장자 직계비속의 배우자인 공무원</td></tr>
<tr><td>공무원 본인</td><td colspan="2">1. 사망한 공무원의 배우자
2. 사망한 공무원의 직계비속 중 공무원
3. 장례와 제사를 모시는 자 중 아래의 순위
가. 사망한 공무원의 최근친 직계비속 중 최연장자
나. 사망한 공무원의 최근친 직계존속 중 최연장자
다. 사망한 공무원의 형제자매 중 최연장자</td></tr>
</table>

〈보 기〉

ㄱ. A와 B는 비(非)공무원 부부이며 공무원 C(37세)와 공무원 D(32세)를 자녀로 두고 있다. 공무원 D가 부모님을 부양하던 상황에서 A가 사망하였다면, 사망조위금 최우선 순위 수급권자는 D이다.

ㄴ. A와 B는 공무원 부부로 비공무원 C를 아들로 두고 있으며, 공무원 D는 C의 아내이다. 만약 C가 사망하였다면, 사망조위금 최우선 순위 수급권자는 A이다.

ㄷ. 공무원 A와 비공무원 B는 부부이며 비공무원 C(37세)와 비공무원 D(32세)를 자녀로 두고 있다. A가 사망하고 C와 D가 장례와 제사를 모시는 경우, 사망조위금 최우선 순위 수급권자는 C이다.

① ㄱ ② ㄴ ③ ㄷ
④ ㄱ, ㄴ ⑤ ㄱ, ㄷ

문제해설

Step 1 문제 해결의 출발점

사망자가 공무원 본인인지, 아니면 공무원의 배우자·부모·자녀인지에 따른 사망조위금 지급 순위가 제시된 규범형 문제이다. <보기>의 선지에서 공무원 본인이 사망한 경우인지(두 번째 항목) 아니면 공무원의 배우자 등이 사망한 경우인지(첫 번째 항목)를 구분해 해당 순위 규정을 적용하면 크게 문제될 것은 없을 것이다.

Step 2 선택지 분석

ㄱ (○) "A와 B는 비(非)공무원 부부이며 공무원 C(37세)와 공무원 D(32세)를 자녀로 두고 있다. 공무원 D가 부모님을 부양하던 상황에서 A가 사망하였다면, 사망조위금 최우선 순위 수급권자는 D이다."

→ C와 D 모두 공무원이며, 이들의 부모이자 비공무원인 A가 사망한 상황이다. 이는 <지급기준>의 첫 번째 항목(부모가 사망한 경우)에 해당하며, 해당 공무원이 C와 D 2인 이상인 경우이므로 수급권자 순위의 2호에 따라 A를 부양하던 D가 최우선 수급권자가 된다.

ㄴ (×) "A와 B는 공무원 부부로 비공무원 C를 아들로 두고 있으며, 공무원 D는 C의 아내이다. 만약 C가 사망하였다면, 사망조위금 최우선 순위 수급권자는 A이다."

→ 사망한 C는 비공무원이므로 그의 부모인 A와 B는 사망조위금 지급기준에 해당하지 않으며, C의 배우자인 D가 공무원이므로 D가 최우선 순위 수급권자가 된다.

ㄷ (×) "ㄷ. 공무원 A와 비공무원 B는 부부이며 비공무원 C(37세)와 비공무원 D(32세)를 자녀로 두고 있다. A가 사망하고 C와 D가 장례와 제사를 모시는 경우, 사망조위금 최우선 순위 수급권자는 C이다."

→ 사망한 A는 공무원이므로 <지급기준>의 두 번째 항목에 해당한다. 따라서 1호에 따라 사망한 A의 배우자인 B가 최우선 순위 수급권자가 된다.

정답 | ①

09 규범형 문제

5급공채 2019 가책형 1번

다음 글을 근거로 판단할 때 옳은 것은?

> 제○○조(문서의 성립 및 효력발생) ① 문서는 결재권자가 해당 문서에 서명(전자이미지서명, 전자문자서명 및 행정전자서명을 포함한다)의 방식으로 결재함으로써 성립한다.
>
> ② 문서는 수신자에게 도달(전자문서의 경우는 수신자가 지정한 전자적 시스템에 입력되는 것을 말한다)됨으로써 효력이 발생한다.
>
> ③ 제2항에도 불구하고 공고문서는 그 문서에서 효력발생 시기를 구체적으로 밝히고 있지 않으면 그 고시 또는 공고가 있은 날부터 5일이 경과한 때에 효력이 발생한다.
>
> 제○○조(문서 작성의 일반원칙) ① 문서는 어문규범에 맞게 한글로 작성하되, 뜻을 정확하게 전달하기 위하여 필요한 경우에는 괄호 안에 한자나 그 밖의 외국어를 함께 적을 수 있으며, 특별한 사유가 없으면 가로로 쓴다.
>
> ② 문서의 내용은 간결하고 명확하게 표현하고 일반화되지 않은 약어와 전문용어 등의 사용을 피하여 이해하기 쉽게 작성하여야 한다.
>
> ③ 문서에는 음성정보나 영상정보 등을 수록할 수 있고 연계된 바코드 등을 표기할 수 있다.
>
> ④ 문서에 쓰는 숫자는 특별한 사유가 없으면 아라비아 숫자를 쓴다.
>
> ⑤ 문서에 쓰는 날짜는 숫자로 표기하되, 연·월·일의 글자는 생략하고 그 자리에 온점(.)을 찍어 표시하며, 시·분은 24시각제에 따라 숫자로 표기하되, 시·분의 글자는 생략하고 그 사이에 쌍점(:)을 찍어 구분한다. 다만 특별한 사유가 있으면 다른 방법으로 표시할 수 있다.

① 문서에 '2018년 7월 18일 오후 11시 30분'을 표기해야 할 때 특별한 사유가 없으면 '2018. 7. 18. 23:30'으로 표기한다.

② 2018년 9월 7일 공고된 문서에 효력발생 시기가 구체적으로 명시되지 않은 경우 그 문서의 효력은 즉시 발생한다.

③ 전자문서의 경우 해당 수신자가 지정한 전자적 시스템에 도달한 문서를 확인한 때부터 효력이 발생한다.

④ 문서 작성 시 이해를 쉽게 하기 위해 일반화되지 않은 약어와 전문용어를 사용하여 작성하여야 한다.

⑤ 연계된 바코드는 문서에 함께 표기할 수 없기 때문에 영상 파일로 처리하여 첨부하여야 한다.

문제해설

Step 1 문제 해결의 출발점

제1조는 문서의 성립과 효력 발생에 대한 요건을, 제2조는 문서를 작성할 때 기준이 되는 언어, 문자, 기호 등에 대해 다루고 있다. 분절적 정보 구조의 법조문이므로 선택지에서 키워드를 찾아 바로 매칭되는 항목을 살펴보도록 한다.

Step 2 선택지 분석

① (○) "문서에 '2018년 7월 18일 오후 11시 30분'을 표기해야 할 때 특별한 사유가 없으면 '2018. 7. 18. 23:30'으로 표기한다."

→ 제2조 제5항에 따르면 특별한 사유가 없을 경우에는 문서에 쓰는 날짜는 숫자로 표기하며, 연/월/일의 글자는 생략하고 대신 온점을, 시각은 시·분의 글자는 생략하고 쌍점을 찍어 구분한다. 따라서 '2018. 7. 18. 23:30'으로 날짜와 시간을 표기하는 것은 적절하다.

② (×) "2018년 9월 7일 공고된 문서에 효력발생 시기가 구체적으로 명시되지 않은 경우 그 문서의 효력은 즉시 발생한다."

→ 문서의 효력발생은 제1조에 제시되어 있다. 제3항에 따르면 공고문서는 그 문서에서 효력발생 시기를 구체적으로 밝히고 있지 않으면 그 고시 또는 공고가 있은 날부터 5일이 경과한 때에 효력이 발생하는 것으로 된다.

③ (×) "전자문서의 경우 해당 수신자가 지정한 전자적 시스템에 도달한 문서를 확인한 때부터 효력이 발생한다."

→ 제1조 제2항에 따르면(괄호 속 내용) 전자문서는 수신자가 지정한 전자적 시스템에 문서가 입력되는 것이 '도달'이다. 따라서 문서를 확인한 때부터 효력이 발생한다는 진술은 부적절하다.

④ (×) "문서 작성 시 이해를 쉽게 하기 위해 일반화되지 않은 약어와 전문용어를 사용하여 작성하여야 한다."

→ 제2조 제2항에 따라 문서의 내용은 일반화되지 않은 약어와 전문용어 등의 사용을 피하여 작성되어야 한다.

⑤ (×) "연계된 바코드는 문서에 함께 표기할 수 없기 때문에 영상 파일로 처리하여 첨부하여야 한다."

→ 제2조 제3항에 따르면 연계된 바코드 문서에 함께 표기할 수 있다.

정답 | ①

10 규범형 문제

5급공채 2019 가책형 2번

다음 〈○○도 지방보조금 관리규정〉을 근거로 판단할 때, 〈보기〉에서 옳은 것만을 모두 고르면?

> <○○도 지방보조금 관리규정>
>
> 제○○조(보조대상사업) 도는 도가 권장하는 사업으로서 지방보조금을 지출하지 아니하면 수행할 수 없는 사업(지방보조사업)인 경우 그 사업에 필요한 경비의 일부 또는 전부를 보조할 수 있다.
>
> 제○○조(용도외 사용금지 등) ① 지방보조사업을 수행하는 자(이하 '지방보조사업자'라 한다)는 그 지방보조금을 다른 용도에 사용하여서는 아니 된다.
>
> ② 지방보조사업자는 수익성 악화 등 사정의 변경으로 지방보조사업의 내용을 변경하거나 지방보조사업에 드는 경비의 배분을 변경하려면 도지사의 승인을 얻어야 한다. 다만 경미한 내용변경이나 경미한 경비배분변경의 경우에는 그러하지 아니하다.
>
> ③ 지방보조사업자는 수익성 악화 등 사정의 변경으로 그 지방보조사업을 다른 사업자에게 인계하거나 중단 또는 폐지하려면 미리 도지사의 승인을 얻어야 한다.
>
> 제○○조(지방보조금의 대상사업과 도비보조율) 도지사는 시·군에 대한 보조금에 대하여는 보조금이 지급되는 대상사업·경비의 종목·도비보조율 및 금액을 매년 예산으로 정한다. 단, 지방보조금의 예산반영신청 및 예산편성에 있어서 지방보조사업별로 적용하는 도비보조율은 다음 각 호에서 정한 분야별 범위 내에서 정한다.
>
> 1. 보건·사회 : 총사업비의 30% 이상 70% 이하
> 2. 상하수·치수 : 총사업비의 30% 이상 50% 이하
> 3. 문화·체육 : 총사업비의 30% 이상 60% 이하
>
> 제○○조(시·군비 부담의무) 시장·군수는 도비보조사업에 대한 시·군비 부담액을 다른 사업에 우선하여 해당연도 시·군 예산에 반영하여야 한다.

〈보 기〉

ㄱ. ○○도 지방보조사업자는 모든 경비배분이나 내용의 변경에 대해서 ○○도 도지사의 승인을 얻어야 한다.

ㄴ. ○○도 지방보조사업자가 수익성 악화를 이유로 자신이 수행하는 지방보조사업을 다른 사업자에게 인계하기 위해서는 미리 ○○도 도지사의 승인을 얻어야 한다.

ㄷ. ○○도 A시 시장은 도비보조사업과 무관한 자신의 공약사업 예산을 도비보조사업에 대한 시비 부담액보다 우선적으로 해당연도 A시 예산에 반영해야 한다.

ㄹ. ○○도 도지사는 지방보조금 지급대상사업인 '상하수도 정비사업(총사업비 40억 원)'에 대하여 최대 20억 원을 지방보조금 예산으로 정할 수 있다.

① ㄱ, ㄴ　② ㄱ, ㄷ　③ ㄴ, ㄷ

④ ㄴ, ㄹ　⑤ ㄷ, ㄹ

문제해설

Step 1 문제 해결의 출발점

제1조는 가장 기본적인 개념을 규정한 것이므로 제2조부터의 내용이 문제화될 것임을 예측할 수 있다. 제1조를 제외한 나머지 조항을 분절적으로 정리해 나가도록 하자.

Step 2 선택지 분석

ㄱ. (×) "○○도 지방보조사업자는 모든 경비배분이나 내용의 변경에 대해서 ○○도 도지사의 승인을 얻어야 한다."

→ 경비분배에 대한 것은 제2조에서 다루고 있다. 제2항에 의하면 지방보조사업의 내용 변경이나 경비의 배분 변경은 도지사의 승인을 얻어야 하지만, 경미한 내용변경 또는 경미한 경비배분 변경의 경우에는 승인을 받지 않아도 된다. 선지는 모든 경비배분이나 내용의 변경에 도지사의 승인을 얻어야 한다고 했으므로 부적절하다.

ㄴ. (○) "○○도 지방보조사업자가 수익성 악화를 이유로 자신이 수행하는 지방보조사업을 다른 사업자에게 인계하기 위해서는 미리 ○○도 도지사의 승인을 얻어야 한다."

→ 제2조 제3항에 따르면 지방보조사업자는 수익성 악화를 이유로 자신이 수행하는 지방보조사업을 인계할 때에는 미리 도지사의 승인을 얻어야 한다.

ㄷ. (×) "○○도 A시 시장은 도비보조사업과 무관한 자신의 공약사업 예산을 도비보조사업에 대한 시비 부담액보다 우선적으로 해당연도 A시 예산에 반영해야 한다."

→ 예산의 반영은 제4조에서 다루고 있다. 이에 따르면 시장·군수는 도비보조사업에 대한 시·군비 부담액을 다른 사업에 우선하여 예산에 반영하여야 한다. 따라서 도비보조사업과 무관한 자신의 공약사업 예산은 도비보조사업 예산보다 후순위로 예산에 반영된다고 보는 것이 적절하다.

ㄹ. (○) "○○도 도지사는 지방보조금 지급대상사업인 '상하수도 정비사업(총사업비 40억 원)'에 대하여 최대 20억 원을 지방보조금 예산으로 정할 수 있다."

→ 상하수 정비사업은 제3조 2호의 적용 대상으로 지방보조금 예산편성에 있어서 최대 50%까지 편성될 수 있다. 총사업비가 40억 원이므로 최대 20억 원을 지방보조금 예산으로 편성할 수 있다.

정답 | ④

11 규범형 문제

5급공채 2019 가책형 3번

다음 〈국내 대학(원) 재학생 학자금 대출 조건〉을 근거로 판단할 때, 〈보기〉에서 옳은 것만을 모두 고르면? (단, 甲~丙은 국내 대학(원)의 재학생이다)

<국내 대학(원) 재학생 학자금 대출 조건>

구분		X학자금 대출	Y학자금 대출
신청 대상	신청 연령	• 35세 이하	• 55세 이하
	성적 기준	• 직전 학기 12학점 이상 이수 및 평균 C학점 이상 • (단, 장애인, 졸업학년인 경우 이수학점 기준 면제)	• 직전 학기 12학점 이상 이수 및 평균 C학점 이상 (단, 대학원생, 장애인, 졸업학년인 경우 이수학점 기준 면제)
	가구소득 기준	• 소득 1~8분위	• 소득 9, 10분위
	신용 요건	• 제한 없음	• 금융채무불이행자, 저신용자 대출 불가
대출 한도	등록금	• 학기당 소요액 전액	• 학기당 소요액 전액
	생활비	• 학기당 150만 원	• 학기당 100만 원
상환 사항	상환 방식 (졸업 후)	• 기준소득을 초과하는 소득 발생 이전 : 유예 • 기준소득을 초과하는 소득 발생 이후 : 기준소득 초과분의 20%를 원천 징수 ※ 기준소득 : 연 □천만 원	• 졸업 직후 매월 상환 • 원금균등분할상환과 원리금균등분할상환 중 선택

〈보 기〉

ㄱ. 34세로 소득 7분위인 대학생 甲이 직전 학기에 14학점을 이수하여 평균 B학점을 받았을 경우 X학자금 대출을 받을 수 있다.

ㄴ. X학자금 대출 대상이 된 乙의 한 학기 등록금이 300만 원일 때, 한 학기당 총 450만 원을 대출받을 수 있다.

ㄷ. 50세로 소득 9분위인 대학원생 丙(장애인)은 신용 요건에 관계없이 Y학자금 대출을 받을 수 있다.

ㄹ. 대출금액이 동일하고 졸업 후 소득이 발생하지 않았다면, X학자금 대출과 Y학자금 대출의 매월 상환금액은 같다.

① ㄱ, ㄴ　　② ㄱ, ㄷ　　③ ㄷ, ㄹ

④ ㄱ, ㄴ, ㄹ　　⑤ ㄴ, ㄷ, ㄹ

문제해설

Step 1 문제 해결의 출발점

도표화된 형태의 규범형 문제이다. 선지를 판단할 때는 먼저 신청 대상 항목의 연령, 성적, 가구소득, 신용 요건 등을 우선적으로 파악하고 이후 대출한도와 상황 방식을 순차적으로 따져나가도록 하자.

Step 2 선택지 분석

ㄱ. (○) "34세로 소득 7분위인 대학생 甲이 직전 학기에 14학점을 이수하여 평균 B학점을 받았을 경우 X학자금 대출을 받을 수 있다."

→ X학자금 대출의 자격 조건은 35세 이하, 직전 학기 12학점 이상 이수에 평균 C학점 이상, 소득 1~8분위인데 갑은 이를 모두 충족한다. 따라서 갑은 X학자금 대출을 받는 것이 가능하다.

ㄴ. (○) "X학자금 대출 대상이 된 乙의 한 학기 등록금이 300만 원일 때, 한 학기당 총 450만 원을 대출받을 수 있다."

→ 을이 X학자금 대출 대상이 되었다고 진술되어 있으므로 자격 조건을 검토할 필요는 없다. X학자금의 대출 한도는 학기당 등록금 전액 및 생활비 150만 원인데, 을의 한 학기 등록금이 300만 원이므로 한 학기당 총 450만 원(등록금 300+생활비 150)의 대출이 가능하다.

ㄷ. (×) "50세로 소득 9분위인 대학원생 丙(장애인)은 신용 요건에 관계없이 Y학자금 대출을 받을 수 있다."

→ Y학자금 대출은 신용 요건으로 금융채무불이행자나 저신용자일 경우 대출이 불가능하다. 따라서 병이 신용 요건에 관계없이 Y학자금 대출을 받을 수 있다는 진술은 부적절하다.

ㄹ. (×) "대출금액이 동일하고 졸업 후 소득이 발생하지 않았다면, X학자금 대출과 Y학자금 대출의 매월 상환금액은 같다."

→ 상환 방식만 비교하면 된다. X학자금 대출은 기준소득을 초과하는 소득이 발생하기 이전에는 상황을 유예하고 있는 데 비해, Y학자금 대출은 졸업 직후부터 매월 상환해야 한다. 따라서 대출금액이 동일하고 졸업 후 소득이 발생하지 않은 상황에서 X학자금 대출은 상황이 유예되나, Y학자금 대출은 매월 일정액을 상환해야 한다.

정답 | ①

12 규범형 문제
5급공채 2019 가책형 4번

다음 글과 〈상황〉을 근거로 판단할 때, 〈보기〉에서 옳은 것만을 모두 고르면?

'에너지이용권'은 에너지 취약계층에게 난방에너지 구입을 지원하는 것으로 관련 내용은 다음과 같다.

월별 지원 금액	1인 가구 : 81,000원 2인 가구 : 102,000원 3인 이상 가구 : 114,000원
지원 형태	신청서 제출 시 실물카드와 가상카드 중 선택 • 실물카드 : 에너지원(등유, 연탄, LPG, 전기, 도시가스)을 다양하게 구매 가능함. 단, 아파트 거주자는 관리비가 통합고지서로 발부되기 때문에 신청할 수 없음 • 가상카드 : 전기·도시가스·지역난방 중 택일. 매월 요금이 자동 차감됨. 단, 사용기간(발급일로부터 1개월) 만료 시 잔액이 발생하면 전기요금 차감
신청 대상	생계급여 또는 의료급여 수급자로서 다음 각 호의 어느 하나에 해당하는 사람을 포함한 가구의 가구원 1. 1954. 12. 31. 이전 출생자 2. 2002. 1. 1. 이후 출생자 3. 등록된 장애인(1~6급)
신청 방법	수급자 본인 또는 가족이 신청 ※ 담당공무원이 대리 신청 가능
신청 서류	1. 에너지이용권 발급 신청서 2. 전기, 도시가스 또는 지역난방 요금고지서(영수증), 아파트 거주자의 경우 관리비 통합고지서 3. 신청인의 신분증 사본 4. 대리 신청일 경우 신청인 본인의 위임장, 대리인의 신분증 사본

〈상 황〉

甲~丙은 에너지이용권을 신청하고자 한다.

○ 甲 : 3급 장애인, 실업급여 수급자, 1인 가구, 아파트 거주자
○ 乙 : 2005. 1. 1. 출생, 의료급여 수급자, 4인 가구, 단독 주택 거주자
○ 丙 : 1949. 3. 22. 출생, 생계급여 수급자, 2인 가구, 아파트 거주자

<보 기>

ㄱ. 甲은 에너지이용권 발급 신청서, 관리비 통합고지서, 본인 신분증 사본을 제출하고, 81,000원의 에너지이용권을 요금 자동 차감 방식으로 지급받을 수 있다.
ㄴ. 담당공무원인 丁이 乙을 대리하여 신청 서류를 모두 제출하고, 乙은 114,000원의 에너지이용권을 실물카드 형태로 지급받을 수 있다.
ㄷ. 丙은 도시가스를 선택하여 102,000원의 에너지이용권을 가상카드 형태로 지급받을 수 있으며, 이용권 사용기간 만료 시 잔액이 발생한다면 전기요금이 차감될 것이다.

① ㄱ　　② ㄴ　　③ ㄷ
④ ㄱ, ㄷ　　⑤ ㄴ, ㄷ

문제해설

Step 1 문제 해결의 출발점

길이가 길고 표에 포함된 내용도 많아 복잡해 보이지만, 문항 번호가 3번이다. 즉 규범형 문제의 패턴으로 접근해 나가면 쉽게 해결할 수 있다. 신청 대상 항목을 통해 지원 가능 대상(생계급여 또는 의료급여 수급자 + 1954. 12. 31. 이전 출생자 + 2002. 1. 1. 이후 출생자 + 등록된 장애인(1~6급))인지부터 우선적으로 판단한다.

Step 2 인물별 검토

ㄱ. (×) 표의 '신청 대상' 항목에 '생계급여 또는 의료급여 수급자로서'로 자격 조건이 제시되어 있다. 갑은 실업급여 수급 대상자로서 자격 조건을 충족하지 못하므로 지원 대상이 아니다.
ㄴ. (○) 을은 의료급여 수급자이고 2005년 출생자이므로 지원 대상에 해당한다. '신청방법'에 따라 담당공무원이 대리 신청하는 것이 가능하며, 4인 가구이므로 월별 지원금액은 114,000원이다. 실물카드는 에너지이용권으로 신청 가능하므로 ㄴ의 진술은 적절하다.
ㄷ. (○) 병은 생계급여 수급자이고 1949년 출생자이므로 지원 대상에 해당한다. 2인 가구이므로 월별 지원금액은 102,000원이다. 지원 형태에서 가상카드는 사용기간(발급일로부터 1개월) 만료 시 잔액이 발생하면 전기요금 차감된다고 하였으므로 적절한 진술이다.

정답 | ⑤

13 규범형 문제

5급공채 2019 가책형 5번

다음 글과 〈상황〉을 근거로 판단할 때, 甲~丙 중 임금피크제 지원금을 받을 수 있는 사람만을 모두 고르면?

제○○조(임금피크제 지원금) ① 정부는 다음 각 호의 어느 하나에 해당하는 경우, 근로자의 신청을 받아 제2항의 규정에 따라 임금피크제 지원금을 지급하여야 한다.

1. 사업주가 근로자 대표의 동의를 받아 정년을 60세 이상으로 연장하면서 55세 이후부터 일정 나이, 근속시점 또는 임금액을 기준으로 임금을 줄이는 제도를 시행하는 경우
2. 정년을 55세 이상으로 정한 사업주가 정년에 이른 사람을 재고용(재고용 기간이 1년 미만인 경우는 제외한다)하면서 정년퇴직 이후부터 임금만을 줄이는 경우
3. 사업주가 제2호에 따라 재고용하면서 주당 소정의 근로시간을 15시간 이상 30시간 이하로 단축하는 경우

② 임금피크제 지원금은 해당 사업주에 고용되어 18개월 이상을 계속 근무한 자로서 피크임금(임금피크제의 적용으로 임금이 최초로 감액된 날이 속하는 연도의 직전 연도 임금을 말한다)과 지원금 신청연도의 임금을 비교하여 다음 각 호의 구분에 따른 비율 이상 낮아진 자에게 지급한다. 다만 상시 사용하는 근로자가 300명 미만인 사업장인 경우에는 100분의 10으로 한다.

1. 제1항 제1호의 경우 : 100분의 10
2. 제1항 제2호의 경우 : 100분의 20
3. 제1항 제3호의 경우 : 100분의 30

〈상 황〉

甲~丙은 올해 임금피크제 지원금을 신청하였다.

○ 甲(56세)은 사업주가 근로자 대표의 동의를 받아 정년을 60세로 연장하면서 임금피크제를 실시하고 있는 사업장(상시 사용하는 근로자 320명)에 고용되어 3년간 계속 근무하고 있다. 甲의 피크임금은 4,000만 원이었고, 올해 임금은 3,500만 원이다.

○ 乙(56세)은 사업주가 정년을 55세로 정한 사업장(상시 사용하는 근로자 200명)에서 1년간 계속 근무하다 작년 12월 31일 정년에 이르렀다. 乙은 올해 1월 1일 근무기간 10개월, 주당 근로시간은 동일한 조건으로 재고용되었다. 乙의 피크임금은 3,000만 원이었고, 올해 임금은 2,500만 원이다.

○ 丙(56세)은 사업주가 정년을 55세로 정한 사업장(상시 사용하는 근로자 400명)에서 2년간 계속 근무하다 작년 12월 31일 정년에 이르렀다. 丙은 올해 1월 1일 근무기간 1년, 주당 근로시간을 40시간에서 30시간으로 단축하는 조건으로 재고용되었다. 丙의 피크임금은 2,000만 원이었고, 올해 임금은 1,200만 원이다.

① 甲 ② 乙 ③ 甲, 丙
④ 乙, 丙 ⑤ 甲, 乙, 丙

문제해설

Step 1 문제 해결의 출발점

문제의 대략적인 얼개를 살펴보면, 발문에서 임금피크제 지원금을 받을 수 있는 사람만 고르라 되어 있고 <상황>에 제시된 세 인물과 관련된 정보들이 많은 편이다. 따라서 일반적인 분절적 정보 구조의 규범형 문제와 다르게 계산형 규범 문제의 접근법처럼 규정 전반의 흐름을 충분히 파악하고 접근해야 한다.

Step 2 인물별 검토

규정의 제1항의 제1호~제3호(임금피크제 방식)를 충족하더라도 제2항의 요건(해당 근로자의 개인적 요건)을 추가로 만족해야 지원금을 받을 수 있다. 제1항 제2호의 경우 괄호 속 정보가 단서 규정에 해당하는데, 이를 적용할 때는 다른 조건보다도 우선적으로 단서 규정에 해당하는지부터 따져보도록 한다.

갑 : (○) 갑이 속한 사업장의 사업주가 근로자 대표의 동의를 받아 정년을 60세로 연장한 상태이므로 제1항 제1호의 적용 대상이다. 제2항과 관련해서는 사업장의 상시 사용 근로자가 320명이므로 단서 규정에 해당하지 않아 제1호의 기준대로 100분의 10이 기준이다. 마지막으로, 갑은 3년간 계속 근무하고 있는 상태로(18개월 이상 계속 근무 충족), 피크임금(4,000만)과 현재 임금(3,500만)의 격차가 10%(400만) 이상 나므로(실제 격차는 500만 원) 지원금을 받을 수 있다.

을 : (×) 사업주가 정년을 55세로 정한 사업장이므로 기본적으로 제1항의 제2호가 적용되는 상황인데, 제2호의 괄호 속 단서 규정에 따르면 재고용 기간이 1년 미만인 경우에는 대상이 될 수 없다. 을은 근무기간 10개월로 재고용되었으므로 제1항 제2호의 적용 대상이 아니며, 따라서 지원금을 받을 수 없다.
(괄호 속 진술은 단서 규정일 경우가 대부분이며, 요건 충족 여부를 분석할 때는 언제나 단서 규정을 놓치지 말아야 한다)

병 : (○) 사업주가 정년을 55세로 정한 사업장이면서 재고용 시 근로시간을 15시간 이상 30시간 이하로 단축한 경우에 해당하므로 제1항의 제3호가 적용된다. 상시 사용 근로자 수가 400명이므로 제2항의 제3호에 따라 피크임금과 신청연도 임금의 격차가 30% 이상 낮아진 경우에 지원금 지급이 가능한데, 병의 해당 임금 격차는 800만 원(2,000 – 1,200)으로 이는 피크임금 대비 40% 낮아진 것이므로 지원금을 받을 수 있다.

정답 | ③

14 규범형 문제
5급공채 2019 가책형 6번

다음 글과 〈상황〉을 근거로 판단할 때 옳은 것은?

제○○조(과세대상) 주권(株券)의 양도에 대해서는 이 법에 따라 증권거래세를 부과한다.

제○○조(납세의무자) 주권을 양도하는 자는 납세의무를 진다. 다만 금융투자업자를 통하여 주권을 양도하는 경우에는 해당 금융투자업자가 증권거래세를 납부하여야 한다.

제○○조(과세표준) 주권을 양도하는 경우에 증권거래세의 과세표준은 그 주권의 양도가액(주당 양도금액에 양도 주권수를 곱한 금액)이다.

제○○조(세율) 주권의 양도에 대한 세율은 양도가액의 1천분의 5로 한다.

제○○조(탄력세율) X 또는 Y증권시장에서 양도되는 주권에 대하여는 제○○조(세율)의 규정에도 불구하고 다음의 세율에 의한다.

1. X증권시장 : 양도가액의 1천분의 1.5
2. Y증권시장 : 양도가액의 1천분의 3

〈상 황〉

투자자 甲은 금융투자업자 乙을 통해 다음 3건의 주권을 양도하였다.

○ A회사의 주권 100주를 주당 15,000원에 양수하였다가 이를 주당 30,000원에 X증권시장에서 전량 양도하였다.
○ B회사의 주권 200주를 주당 10,000원에 Y증권시장에서 양도하였다.
○ C회사의 주권 200주를 X 및 Y증권시장을 통하지 않고 주당 50,000원에 양도하였다.

① 증권거래세는 甲이 직접 납부하여야 한다.
② 납부되어야 할 증권거래세액의 총합은 6만 원 이하다.
③ 甲의 3건의 주권 양도는 모두 탄력세율을 적용받는다.
④ 甲의 A회사 주권 양도에 따른 증권거래세 과세표준은 150만 원이다.
⑤ 甲이 乙을 통해 Y증권시장에서 C회사의 주권 200주 전량을 주당 50,000원에 양도할 수 있다면 증권거래세액은 2만 원 감소한다.

문제해설

Step 1 문제 해결의 출발점

한 명의 인물에 대한 <상황>이 주어져 있지만 본문의 조문이 분절적 구조를 취하고 있으므로 일반적인 규범형 문제의 접근법으로 풀면 될 것이다. 다만 제3조의 양도가액 개념에 대한 괄호 속 정보와 같이 새로운 개념은 정확히 이해하고 넘어가야 한다.

Step 2 선택지 분석

① (×) 제2조에 따르면 주권을 양도하는 자는 납세의무를 지는 게 기본이지만 단서 규정에 따라 주권을 금융투자업자를 통해 양도할 때에는 금융투자업자가 증권거래세를 납부한다. 갑은 금융투자업자 을을 통해 주권을 양도하였으므로 납세 의무는 을에게 있다.

② (×) X 또는 Y증권시장에서의 주권 양도는 제5조를 따라야 한다. 이를 고려하여 <상황>의 세 가지 양도 각각에 대한 거래세를 구하면,
A회사 : 30,000원 × 100주 × 1.5/1,000 = 4,500원
B회사 : 10,000원 × 200주 × 3/1,000 = 6,000원
C회사 : 50,000원 × 200주 × 5/1,000 = 50,000원
따라서 거래세 총합은 60,500원이다.

③ (×) ②에서 살펴본 것처럼 C회사 주권에 대한 양도는 제5조의 '탄력세율'이 아니라 제4조의 '세율' 항목의 적용을 받는다.

④ (×) 과세표준은 제3조의 양도가액인데, A회사의 경우 30,000원 × 100주 = 300만 원이 양도가액이다.

⑤ (○) 기존보다 줄어드는 금액(C회사 주권의 양도에 따른 세액 차감분)만 계산하면 된다. Y증권시장에서 양도할 경우 제5조 제2호의 적용을 받아 기존 50,000원에서 30,000원으로 2만 원 차감된 세액을 납부하게 된다.

정답 | ⑤

15 규범형 문제

5급공채 2019 가책형 21번

다음 글을 근거로 판단할 때 옳은 것은?

제○○조(연구실적평가) ① 연구직으로 근무한 경력이 2년 이상인 연구사(석사 이상의 학위를 가진 사람은 제외한다)는 매년 12월 31일까지 그 연구실적의 결과를 논문으로 제출하여야 한다. 다만 연구실적 심사평가를 3번 이상 통과한 연구사는 그러하지 아니하다.

② 연구실적의 심사를 위하여 소속기관의 장은 임용권자 단위 또는 소속 기관 단위로 직렬별, 직류별 또는 직류 내 같은 업무분야별로 연구실적평가위원회를 설치하여야 한다.

③ 연구실적평가위원회는 위원장을 포함한 5명의 위원으로 구성한다. 위원장과 2명의 위원은 소속기관 내부 연구관 중에서, 위원 2명은 대학교수나 외부 연구기관·단체의 연구관 중에서 연구실적평가위원회를 구성할 때마다 임용권자가 임명하거나 위촉한다. 이 경우 위원 중에는 대학교수인 위원이 1명 이상 포함되어야 한다.

④ 연구실적평가위원회의 회의는 임용권자나 위원장이 매년 1월 중에 소집하고, 그 밖에 필요한 경우에는 수시로 소집한다.

⑤ 연구실적평가위원회의 표결은 무기명 투표로 하며, 재적위원 과반수의 찬성으로 의결한다.

※ 대학교수와 연구관은 겸직할 수 없음

① 개별 연구실적평가위원회는 최대 3명의 대학교수를 위원으로 위촉할 수 있다.
② 연구실적평가위원회 위원장은 소속기관 내부 연구관이 아닌 대학교수가 맡을 수 있다.
③ 연구실적평가위원회에 4명의 위원이 출석한 경우와 5명의 위원이 출석한 경우의 의결정족수는 같다.
④ 연구실적평가위원회 위원으로 위촉된 경력이 있는 사람을 재위촉하는 경우 별도의 위촉절차를 거치지 않아도 된다.
⑤ 석사학위 이상을 소지하지 않은 모든 연구사는 연구직으로 임용된 이후 5년이 지나면 석사학위를 소지한 연구사와 동일하게 연구실적 결과물 제출을 면제받는다.

문제해설

Step 1 문제 해결의 출발점

분절적 정보 구조의 규범형 문제이다. 각 항별 키워드에 매칭되는 선택지를 빠르게 검토해 나가도록 하자. 단, 각주의 내용이 언급된 선택지에서는 각주에 따라 대학교수와 연구관을 겸직할 수 없다는 점을 놓치지 말아야 할 것이다.

Step 2 선택지 분석

① (×) 제3항에 따르면 5명의 위원 가운데 위원장과 내부 연구관에서 선발되는 2명의 위원을 합한 3명을 제외하고 나머지 2명을 대학교수 등에서 위촉한다. 그리고 각주에 따르면 대학교수와 연구관은 겸직할 수 없으므로 대학교수는 내부 연구관이 아닌 인물이어야 한다. 따라서 대학교수인 위원은 최대 2명까지만 위촉될 수 있다.

② (×) ①에서 살펴본 것처럼 위원장은 소속기관 내부 연구관 중에서 위촉된다.

③ (○) 의결정족수는 제5항에 제시되어 있다. 이에 따르면 재적위원 과반수의 찬성으로 의결하므로, 4명의 위원이 출석한 경우에도 의결정족수는 3명이고 5명이 출석한 경우에도 3명이다.

④ (×) '재위촉'이란 단어는 특별히 언급된 바가 없다. 하지만 제3항의 두 번째 문장에 의하면 연구실적평가위원회를 구성할 '때마다' 위원을 임명하거나 위촉하므로 기존에 위원으로 위촉된 경력이 있는 경우, 즉 재위촉하는 경우에도 별도의 절차(임명권자의 임명 또는 위촉)를 거쳐야 한다.

⑤ (×) 제1항에 따르면 연구실적 심사평가를 3번 이상 통과한 연구사의 경우 연구실적 결과를 논문으로 제출하지 않아도 되는 것이지 연구직 임용 기간과는 무관하다.

정답 | ③

16 규범형 문제

5급공채 2019 가책형 22번

다음 글을 근거로 판단할 때 옳은 것은?

> 제○○조(사무의 관장) 시장(특별시장·광역시장은 제외한다. 이하 같다)·군수 및 자치구의 구청장은 이 법에 따른 본인서명사실확인서 및 전자본인서명확인서의 발급·관리 등에 관한 사무를 관장한다.
>
> 제○○조(본인서명사실확인서의 발급 신청) ① 본인서명사실확인서를 발급받으려는 사람 중 다음 각 호의 어느 하나에 해당하는 사람은 시장·군수·구청장(자치구가 아닌 구의 구청장을 포함한다)이나 읍장·면장·동장(이하 '발급기관'이라 한다)을 직접 방문하여 발급을 신청하여야 한다.
>
> 1. 대한민국 내에 주소를 가진 국민
> 2. 대한민국 내에 주소를 가지지 아니한 국민
> 3. 「재외동포의 출입국과 법적 지위에 관한 법률」에 따라 국내거소신고를 한 재외국민
>
> ② 미성년자인 신청인이 제1항에 따라 본인서명사실확인서의 발급을 신청하려는 경우에는 법정대리인과 함께 발급기관을 직접 방문하여 법정대리인의 동의를 받아 신청하여야 한다.
>
> 제○○조(전자본인서명확인서 발급시스템 이용의 승인) ① 민원인은 전자본인서명확인서 발급시스템을 이용하려는 경우에는 미리 시장·군수 또는 자치구의 구청장(이하 '승인권자'라 한다)의 승인을 받아야 한다.
>
> ② 제1항에 따라 승인을 받으려는 민원인은 승인권자를 직접 방문하여 이용 승인을 신청하여야 한다.
>
> ③ 미성년자인 민원인이 제2항에 따라 이용 승인을 신청하려는 경우에는 법정대리인과 함께 승인권자를 직접 방문하여 법정대리인의 동의를 받아 신청하여야 한다.
>
> 제○○조(인감증명서와의 관계) 부동산거래에서 인감증명서 제출과 함께 관련 서면에 인감을 날인하여야 할 때에는 다음 각 호의 어느 하나에 해당하는 경우 인감증명서를 제출하고 관련 서면에 인감을 날인한 것으로 본다.
>
> 1. 본인서명사실확인서를 제출하고 관련 서면에 서명을 한 경우
> 2. 전자본인서명확인서 발급증을 제출하고 관련 서면에 서명을 한 경우

① 대구광역시 수성구 A동 주민 甲(30세)이 전자본인서명확인서 발급시스템을 이용하기 위해서는 미리 동장을 방문하여 이용 승인을 신청하여야 한다.

② 재외국민 乙(26세)이 「재외동포의 출입국과 법적 지위에 관한 법률」에 따라 국내거소신고를 하였다면 본인서명사실확인서 발급을 신청한 것으로 본다.

③ 본인서명사실확인서를 발급받은 바 있는 丙(17세)이 전자본인서명확인서 발급시스템 이용 승인을 신청하기 위해서는 법정대리인의 동의를 받지 않아도 된다.

④ 토지매매시 인감증명서를 제출하고 관련 서면에 인감을 날인하여야 하는 경우, 본인서명사실확인서를 제출하고 관련 서면에 서명하는 것으로 대신할 수 있다.

⑤ 서울특별시 종로구 B동 주민 丁(25세)은 본인서명사실확인서를 발급받기 위하여 서울특별시장을 방문하여 전자본인서명확인서 발급시스템 이용 승인을 신청하여야 한다.

문제해설

Step 1 문제 해결의 출발점

전체적으로는 분절적 정보 구조를 취하고 있지만 제시되는 용어들이 복잡한 구조를 취하고 있기 때문에 주의를 요하는 문제이다. 특히 제1조에 제시된 것처럼 '시장'에 특별시장이나 광역시장은 포함되지 않는다는 것을 놓치지 말아야 한다(선택지 ⑤).

Step 2 선택지 분석

① (×) 전자본인서명확인서 발급시스템 이용은 제3조에 제시되어 있다. 제1항과 따르면 전자본인서명확인서 발급시스템을 이용하려면 미리 자치구 구청장의 승인을 받아야 하며, 여기에 제2항에 따라 민원인은 승인권자를 직접 방문하여 신청해야 한다. 이때의 승인권자는 제1항의 규정처럼 시장이나 군수 또는 자치구의 구청장으로 동장은 해당하지 않는다.

② (×) 해당 내용은 제2조에 제시되어 있다. 을은 제2조 제1항의 제3호에 해당하며, 이에 따라 을 역시 발급기관을 직접 방문하여 발급을 신청하여야 한다. 국내거소신고를 했다고 해서 그 자체로 본인서명사실확인서 발급을 신청한 것으로 자동 간주되는 것이 아니다.

③ (×) 병은 17세로 미성년자이므로 제3조 제3항에 따라 이용 승인을 신청하려는 경우에는 법정대리인과 함께 승인권자를 직접 방문하고 법정대리인의 동의를 받아 신청하여야 한다.

④ (○) 토지매매는 부동산거래이므로 제4조를 따른다. 제1호에 따라 본인서명사실확인서를 제출하고 관련 서면에 서명을 했다면 이는 '인감증명서를 제출하고 관련 서면에 인감을 날인한 것'으로 간주된다.

⑤ (×) 제3조 제1항에 따르면 전자본인서명사실확인서 발급시스템을 이용해 본인서명사실확인서를 발급받으려는 경우에는 시장이나 군수 또는 자치구 구청장의 승인을 받아야 한다. 정은 서울특별시 종로구 거주민이므로 서울특별시장이 아니라 종로구청자의 승인이 필요하다.
(특별시의 장은 일반적인 '시장'과 구분된다는 것을 명심)

정답 | ④

17 규범형 문제

5급공채 2019 가책형 25번

다음 글과 〈상황〉을 근거로 판단할 때, 甲이 A대학을 졸업하기 위해 추가로 필요한 최소 취득학점은?

△△법 제◇◇조(학점의 인정 등) ① 전문학사학위과정 또는 학사학위과정을 운영하는 대학(이하 '대학'이라 한다)은 학생이 다음 각 호의 어느 하나에 해당하는 경우에 학칙으로 정하는 바에 따라 이를 해당 대학에서 학점을 취득한 것으로 인정할 수 있다.

1. 국내외의 다른 전문학사학위과정 또는 학사학위과정에서 학점을 취득한 경우
2. 전문학사학위과정 또는 학사학위과정과 동등한 학력·학위가 인정되는 평생교육시설에서 학점을 취득한 경우
3. 「병역법」에 따른 입영 또는 복무로 인하여 휴학 중인 사람이 원격수업을 수강하여 학점을 취득한 경우

② 제1항에 따라 인정되는 학점의 범위와 기준은 다음 각 호와 같다.

1. 제1항제1호에 해당하는 경우 : 취득한 학점의 전부
2. 제1항제2호에 해당하는 경우 : 대학 졸업에 필요한 학점의 2분의 1 이내
3. 제1항제3호에 해당하는 경우 : 연(年) 12학점 이내

제□□조(편입학 등) 학사학위과정을 운영하는 대학은 다음 각 호에 해당하는 학생을 편입학 전형을 통해 선발할 수 있다.

1. 전문학사학위를 취득한 자
2. 학사학위과정의 제2학년을 수료한 자

〈상황〉

○ A대학은 학칙을 통해 학점인정의 범위를 △△법에서 허용하는 최대 수준으로 정하고 있다.
○ 졸업에 필요한 최소 취득학점은 A대학 120학점, B전문대학 63학점이다.
○ 甲은 B전문대학에서 졸업에 필요한 최소 취득학점만으로 전문학사학위를 취득하였다.
○ 甲은 B전문대학 졸업 후 A대학 3학년에 편입하였고 군복무로 인한 휴학 기간에 원격수업을 수강하여 총 6학점을 취득하였다.
○ 甲은 A대학에 복학한 이후 총 30학점을 취득하였고, 1년 동안 미국의 C대학에 교환학생으로 파견되어 총 12학점을 취득하였다.

① 9학점 ② 12학점 ③ 15학점
④ 22학점 ⑤ 24학점

문제해설

Step 1 문제 해결의 출발점

계산형 규범 문제이다. 발문에서 갑이 A대학을 졸업하기 위해 '추가로' 필요한 최소 취득학점을 묻고 있으므로 시간 순서에 따라 갑이 현재까지 취득한 학점을 구해 나가면 어렵지 않게 해결될 것이다.

Step 2 〈상황〉 분석

먼저 시간 순서에 따라 갑의 행적을 정리해 나간다.

- 갑은 B전문대학에서 졸업에 필요한 최소 취득학점(63학점)만 채우고 전문학사학위를 취득하였다. 제1조 제1항의 제1호에 따라 국내외 전문학사학위과정에서 취득한 학점은 제2항 제1호의 규정대로 전부 취득 학점으로 인정된다. → 63학점
- 다음으로 갑의 군복무 휴학 기간 동안의 원격 수업 수강(6학점)은 제1조 제2항 제3호에 따라 연 12학점 이내로 인정되므로 6학점 모두 취득 학점으로 인정된다. → 63+6=69학점
- 이후 A대학에 복학해 총 30학점을 취득하였고 → 99학점
- 마지막으로 1년 동안 미국 C대학에 교환학생으로 파견되어 총 12학점을 취득하였는데, 이는 제1조 제1항 제1호에 해당하는 경우이므로 B전문대학에서의 취득 학점과 마찬가지로 전부 취득 학점으로 인정된다. → 111학점

따라서 A대학 졸업에 필요한 취소 취득학점까지 현재 9학점이 남은 상태이다.

정답 | ①

18 규범형 문제

5급공채 2019 가책형 26번

다음 글과 〈상황〉을 근거로 판단할 때, 甲과 乙에게 부과된 과태료의 합은?

A국은 부동산 또는 부동산을 취득할 수 있는 권리의 매매계약을 체결한 경우, 매도인이 그 실제 거래가격을 거래계약 체결일부터 60일 이내에 관할관청에 신고하도록 신고의무를 ○○법으로 규정하고 있다. 그리고 이를 위반할 경우 다음의 기준에 따라 과태료를 부과한다.

○○법 제◇◇조(과태료 부과기준) ① 신고의무를 게을리 한 경우에는 다음 각 호의 기준에 따라 과태료를 부과한다.

1. 신고기간 만료일의 다음 날부터 기산하여 신고를 하지 않은 기간(이하 '해태기간'이라 한다)이 1개월 이하인 경우
   가. 실제 거래가격이 3억 원 미만인 경우 : 50만 원
   나. 실제 거래가격이 3억 원 이상인 경우 : 100만 원
2. 해태기간이 1개월을 초과한 경우
   가. 실제 거래가격이 3억 원 미만인 경우 : 100만 원
   나. 실제 거래가격이 3억 원 이상인 경우 : 200만 원

② 거짓으로 신고를 한 경우에는 다음 각 호의 기준에 따라 과태료를 부과한다. 단, 과태료 산정에 있어서의 취득세는 매수인을 기준으로 한다.

1. 부동산의 실제 거래가격을 거짓으로 신고한 경우
   가. 실제 거래가격과 신고가격의 차액이 실제 거래가격의 20% 미만인 경우
      - 실제 거래가격이 5억 원 이하인 경우 : 취득세의 2배
      - 실제 거래가격이 5억 원 초과인 경우 : 취득세의 1배
   나. 실제 거래가격과 신고가격의 차액이 실제 거래가격의 20% 이상인 경우
      - 실제 거래가격이 5억 원 이하인 경우 : 취득세의 3배
      - 실제 거래가격이 5억 원 초과인 경우 : 취득세의 2배
2. 부동산을 취득할 수 있는 권리의 실제 거래가격을 거짓으로 신고한 경우
   가. 실제 거래가격과 신고가격의 차액이 실제 거래가격의 20 % 미만인 경우 : 실제 거래가격의 100분의 2
   나. 실제 거래가격과 신고가격의 차액이 실제 거래가격의 20% 이상인 경우 : 실제 거래가격의 100분의 4

③ 제1항과 제2항에 해당하는 위반행위를 동시에 한 경우 해당 과태료는 병과한다.

〈상 황〉

○ 매수인의 취득세는 실제 거래가격의 100분의 1이다.
○ 甲은 X토지를 2018. 1. 15. 丙에게 5억 원에 매도하였으나, 2018. 4. 2. 거래가격을 3억 원으로 신고하였다가 적발되어 과태료가 부과되었다.
○ 乙은 공사 중인 Y아파트를 취득할 권리인 입주권을 2018. 2. 1. 丁에게 2억 원에 매도하였으나, 2018. 2. 5. 거래가격을 1억 원으로 신고하였다가 적발되어 과태료가 부과되었다.

① 1,400만 원 ② 2,000만 원 ③ 2,300만 원
④ 2,400만 원 ⑤ 2,500만 원

문제해설

Step 1 문제 해결의 출발점

2명의 인물에게 부과될 과태료 합을 구해야 하는 계산형 규범 문제로, 검토할 사항이 많은 편이기 때문에 법조문에 대한 꼼꼼한 독해가 요구된다. 법률의 제1항과 제2항의 위반 사항이 다르다는 점을 놓치지 말자.

Step 2 인물별 과태료 분석

• 갑의 과태료
거래계약 체결일(2018. 1. 15.)로부터 60일을 넘긴 시점(2018. 4. 2.)에 신고하였으므로 제1항의 과태료가 부과되고, 추가로 거래가격을 2억 원 낮춰 거짓으로 신고하였으므로 제2항의 과태료도 부과된다. 제1항과 관련된 과태료는 1호의 해태기간 1개월 이하(2018. 3. 16.까지 신고해야 하는데 이로부터 약 보름 뒤에 신고)의 경우에 실제 거래 가격 3억 원 이상인 경우이므로 100만 원이고, 제2항과 관련된 과태료는 제1호의 나목에서 실제 거래가격이 5억 원 이하인 경우에 해당하므로 취득세(500만 원)의 3배인 1,500만 원이다. 두 금액을 합한 갑의 과태료 총액은 1,600만 원이다.

• 을의 과태료
을은 거래일(2018. 2. 1.)로부터 60일 이내에(2018. 2. 5.에 신고) 신고하였으므로 제1항에 따른 과태료는 부과되지 않는다. 하지만 아파트 취득 권리인 입주권을 2억 원에 매도하고 거래가격을 1억 원으로 신고하였으므로 제2항 제2호에 해당하며, 실제 거래가격과 신고가격의 차액(1억 원)이 실제 거래가격의 20% 이상에 해당하므로 과태료는 실제 거래가격의 100분의 4인 800만 원이 된다.

따라서 갑과 을에게 부과된 과태료 총합은 2,400만 원이다.

정답 | ④

19 규범형 문제

5급공채 2020 나책형 1번

다음 글을 근거로 판단할 때 옳은 것은?

> 제○○조 ① 지방자치단체의 장은 소속공무원이 적극행정으로 인해 징계 의결 요구가 된 경우 적극행정지원위원회(이하 '위원회'라 한다)의 변호인 선임비용 지원결정(이하 '지원결정'이라 한다)에 따라 200만 원 이하의 범위 내에서 변호인 선임비용을 지원할 수 있다.
> ② 지방자치단체의 장은 소속공무원이 적극행정으로 인해 고소·고발을 당한 경우 위원회의 지원결정에 따라 기소 이전 수사과정에 한하여 500만 원 이하의 범위 내에서 변호인 선임비용을 지원할 수 있다.
> ③ 제1항, 제2항에 따라 지원결정을 받은 공무원은 이미 변호인을 선임한 경우를 제외하고는 선임비용을 지원받은 날부터 1개월 내에 변호인을 선임하여야 한다.
> 제□□조 ① 위원회는 지원결정을 받은 공무원이 다음 각 호의 어느 하나에 해당하는 경우 그 결정을 취소할 수 있다.
> 1. 허위 또는 부정한 방법으로 지원결정을 받은 경우
> 2. 제○○조 제2항의 고소·고발 사유와 동일한 사실관계로 유죄의 확정판결을 받은 경우
> 3. 제○○조 제3항의 사항을 이행하지 않은 경우
>
> ② 제1항에 따라 지원결정이 취소된 경우 해당 공무원은 지원받은 변호인 선임비용을 즉시 반환하여야 한다.
> ③ 위원회는 제2항에 따른 반환의무를 전부 부담시키는 것이 타당하지 않다고 판단하는 경우에는 반환의무의 일부 또는 전부를 면제하는 결정을 할 수 있다.
> ④ 제1항부터 제3항은 해당 공무원이 변호인 선임비용을 지원받은 후 퇴직한 경우에도 적용한다.

※ 적극행정이란 공무원이 불합리한 규제를 개선하는 등 공공의 이익을 위해 창의성과 전문성을 바탕으로 적극적으로 업무를 처리하는 행위를 말한다.

① 지방자치단체의 장은 소속공무원이 적극행정으로 인해 징계 의결 요구가 된 경우, 위원회의 지원결정에 따라 500만 원의 변호인 선임비용을 지원할 수 있다.

② 지원결정을 받은 공무원이 적극행정으로 인해 고발당한 사건에 대해 이미 변호인을 선임하였더라도 선임비용을 지원받은 날부터 1개월 내에 새로운 변호인을 선임해야 한다.

③ 지원결정을 받은 공무원이 적극행정으로 인해 고소당한 사유와 동일한 사실관계로 무죄의 확정판결을 받은 경우, 위원회는 지원결정을 취소해야 한다.

④ 지원결정이 취소된 경우라도 위원회는 해당 공무원이 지원받은 변호인 선임비용에 대한 반환의무의 일부 또는 전부를 면제하는 결정을 할 수 있다.

⑤ 지원결정에 따라 변호인 선임비용을 지원받고 퇴직한 공무원에 대해 지원결정이 취소되더라도 그가 그 비용을 반환하는 경우는 없다.

문제해설

Step 1 문제 해결의 출발점

두 개 조로 구성된 분절적 정보 구조의 규범형 문제이다. 제1조는 주로 변호인 선임비용의 지원 규모 및 변호인 선임의 기한을, 제2조는 이러한 지원결정의 취소 및 지원비용 반환에 대해 다루고 있다.

Step 2 선택지 분석

① (×) 변호사 선임비용의 범위는 제1조에 제시되어 있다. 제1항에 따르면 지방자치단체의 장은 소속공무원이 적극행정으로 인해 징계 의결 요구가 된 경우 위원회의 지원결정에 따라 변호사 선임비용을 200만 원 이하의 범위 내에서만 지원하는 것이 가능하다. 따라서 부적절한 진술이다.

② (×) 제1조 제3항에 따르면 지원결정을 받은 공무원인 이미 변호인을 선임한 경우를 제외하고는 지원비용을 지원받은 날부터 1개월 내에 변호인을 선임해야 한다. 이 선지에서는 이미 변호인을 선임한 경우이므로 1개월 내에 새로 변호인을 선임할 필요가 없다.

③ (×) 제2조 제1항에 따르면 공무원이 고소 및 고발 사유와 동일한 사실관계로 유죄의 확정판결을 받은 경우에 지원결정을 취소할 수 있는데, 선지에서는 무죄 확정판결을 받았으므로 지원결정의 취소 사유에 해당하지 않는다.

④ (○) 제2조 제3항에 따라 위원회는 제2항에 따른 선임비용에 대한 반환의무를 전부 부담시키는 것이 타당하지 않다고 판단하는 경우에는 반환의무의 일부 또는 전부를 면제하는 결정을 할 수 있다.

⑤ (×) 제2조 제2항에 따라 지원결정이 취소된 경우 해당 공무원은 지원받은 변호인 선임비용을 즉시 반환하여야 하며 제4항에 언급된 것처럼 해당 공무원이 변호인 선임비용을 지원받은 후 퇴직한 경우에도 이를 적용하므로 해당 공무원은 그 비용을 즉각 반환해야 한다.

정답 | ④

20 규범형 문제
5급공채 2020 나책형 2번

다음 글과 〈상황〉을 근거로 판단할 때 옳은 것은?

제○○조 ① 주택 등에서 월령 2개월 이상인 개를 기르는 경우, 그 소유자는 시장·군수·구청장에게 이를 등록하여야 한다.
② 소유자는 제1항의 개를 기르는 곳에서 벗어나게 하는 경우에는 소유자의 성명, 소유자의 전화번호, 등록번호를 표시한 인식표를 그 개에게 부착하여야 한다.
제□□조 ① 맹견의 소유자는 다음 각 호의 사항을 준수하여야 한다.
1. 소유자 없이 맹견을 기르는 곳에서 벗어나지 아니하게 할 것
2. 월령이 3개월 이상인 맹견을 동반하고 외출할 때에는 목줄과 입마개를 하거나 맹견의 탈출을 방지할 수 있는 적정한 이동장치를 할 것

② 시장·군수·구청장은 맹견이 사람에게 신체적 피해를 주는 경우, 소유자의 동의 없이 맹견에 대하여 격리조치 등 필요한 조치를 취할 수 있다.
③ 맹견의 소유자는 맹견의 안전한 사육 및 관리에 관하여 정기적으로 교육을 받아야 한다.
제△△조 ① 제□□조 제1항을 위반하여 사람을 사망에 이르게 한 자는 3년 이하의 징역 또는 3천만 원 이하의 벌금에 처한다.
② 제□□조 제1항을 위반하여 사람의 신체를 상해에 이르게 한 자는 2년 이하의 징역 또는 2천만 원 이하의 벌금에 처한다.

〈상 황〉

甲과 乙은 맹견을 각자 자신의 주택에서 기르고 있다. 甲은 월령 1개월인 맹견 A의 소유자이고, 乙은 월령 3개월인 맹견 B의 소유자이다.

① 甲이 A를 동반하고 외출하는 경우 A에게 목줄과 입마개를 해야 한다.
② 甲은 맹견의 안전한 사육 및 관리에 관하여 정기적으로 교육을 받지 않아도 된다.
③ 甲이 A와 함께 타 지역으로 여행을 가는 경우, A에게 甲의 성명과 전화번호를 표시한 인식표를 부착하지 않아도 된다.
④ B가 제3자에게 신체적 피해를 주는 경우, 구청장이 B를 격리조치하기 위해서는 乙의 동의를 얻어야 한다.
⑤ 乙이 B에게 목줄을 하지 않아 제3자의 신체를 상해에 이르게 한 경우, 乙을 3년의 징역에 처한다.

문제해설

Step 1 문제 해결의 출발점

총 세 개의 조로 구성된 분절적 정보 구조의 규범형 문제이다. 평소처럼 선택지의 키워드를 빠르게 매칭해 판단한다면 쉽게 해결될 것이다.

Step 2 선택지 분석

① (×) 제2조 제1항 제2호에 따라 월령이 3개월 이상인 맹견을 동반하고 외출할 때에는 목줄과 입마개를 하거나 맹견의 탈출을 방지할 수 있는 적정한 이동장치를 해야 할 의무가 있다. 갑의 맹견은 월령 1개월이므로 적용 대상이 아니다.

② (×) 제2조 제3항에 따르면 맹견의 소유자는 월령의 구분 없이 맹견의 안전한 사육 및 관리에 관하여 정기적으로 교육을 받아야 한다.

③ (○) 제1조 제1항과 제2항에 따르면 주택 등에서 월령 2개월 이상인 개를 기르는 경우에 그 개를 기르는 곳에서 벗어나게 할 때에는 소유자의 성명, 소유자의 전화번호, 등록번호를 표시한 인식표를 그 개에게 부착하여야 하는데, 갑의 맹견은 월령 1개월이므로 적용 대상이 아니다.

④ (×) 제2조 제2항에 따라 맹견이 사람에게 신체적 피해를 주는 경우에는 시장이나 군수 및 구청장 등이 소유자의 동의 없이 맹견에 대하여 격리조치 등 필요한 조치를 취하는 것이 가능하다. 따라서 을의 동의는 불필요하다.

⑤ (×) 제3조 제2항에 따르면 제2조 제1항을 위반하여 사람의 신체를 상해에 이르게 한 자는 2년 이하의 징역 또는 2천만 원 이하의 벌금에 처하는 것이지 무조건 3년의 징역에 처하는 것은 아니다.

정답 | ③

21 규범형 문제
5급공채 2020 나책형 3번

다음 글을 근거로 판단할 때 옳은 것은?

> 제○○조 ① 청원경찰이란 기관의 장 또는 시설·사업장 등의 경영자(이하 '기관의 장 등'이라 한다)가 경비를 부담할 것을 조건으로 경찰의 배치를 신청하는 경우 그 기관·시설·사업장 등의 경비를 담당하게 하기 위하여 배치하는 경찰을 말한다.
> ② 청원경찰을 배치받으려는 기관의 장 등은 관할 지방경찰청장에게 청원경찰 배치를 신청하여야 한다.
> ③ 지방경찰청장은 제2항의 청원경찰 배치신청을 받으면 지체 없이 그 배치 여부를 결정하여야 한다.
> ④ 지방경찰청장은 청원경찰 배치가 필요한 경우 관할 구역에 소재하는 기관의 장 등에게 청원경찰을 배치할 것을 요청할 수 있다.
> 제○○조 ① 청원경찰은 청원경찰의 배치결정을 받은 자[이하 '청원주'(請願主)라 한다]와 배치된 기관·시설·사업장의 구역을 관할하는 경찰서장의 감독을 받아 그 경비구역만의 경비를 목적으로 필요한 범위에서 「경찰관 직무집행법」에 따른 경찰관의 직무를 수행한다.
> ② 청원경찰은 제1항에도 불구하고 수사활동 등 사법경찰관리(司法警察官吏)의 직무를 수행해서는 아니 된다.
> 제○○조 ① 청원경찰은 청원주가 임용하되, 임용을 할 때에는 미리 관할 지방경찰청장의 승인을 받아야 한다.
> ② 「국가공무원법」의 결격사유에 해당하는 사람은 청원경찰로 임용될 수 없다.
> ③ 청원경찰의 임용자격·임용방법·교육 및 보수에 관하여는 대통령령으로 정한다.
> 제○○조 청원주가 청원경찰이 휴대할 무기를 대여받으려는 경우에는 관할 경찰서장을 거쳐 지방경찰청장에게 무기대여를 신청하여야 한다.

① 청원경찰의 임용승인과 직무감독의 권한은 관할 경찰서장에게 있다.
② 청원경찰은 관할 지방경찰청장의 요청뿐만 아니라 배치받으려는 기관의 장 등의 신청에 의해서도 배치될 수 있다.
③ 청원경찰의 임용자격 및 임용방법은 「국가공무원법」에 따르며, 청원경찰의 결격사유는 대통령령으로 정한다.
④ 청원경찰은 배치된 사업장의 경비를 목적으로 필요한 범위에서 수사활동 등 사법경찰관리의 직무를 수행할 수 있다.
⑤ 청원경찰은 직무수행에 필요한 경우 직접 관할 지방경찰청장에게 무기대여를 신청하여야 한다.

문제해설

Step 1 문제 해결의 출발점

네 개 조로 구성된 분절적 구조의 규범형 문제이다. 역시 선택지의 키워드를 빠르게 매칭해 판단하면 어렵지 않게 해결이 가능할 것이다.

Step 2 선택지 분석

① (×) 제2조 제1항에 의하면 청원경찰은 청원경찰의 배치결정을 받은 자(청원주)와 배치된 기관·시설·사업장의 구역을 관할하는 경찰서장의 감독을 받지만, 제3조 제1항에 따르면 청원경찰에 대한 임용승인 권한은 관할 지방경찰청장에게 있다.

② (○) 제1조 제2항과 동조 제4항에 따르면 청원경찰을 배치받으려는 기관의 장은 배치 신청을, 지방경찰청장은 필요한 경우 기관의 장 등에게 배치 요청을 할 수 있다. 따라서 적절한 선택지이다.

③ (×) 제3조 제2항과 제3항에 따르면 청원경찰 결격사유를 「국가공무원법」에서 다루고 임용자격이나 임용방법 등에 대해서는 대통령령으로 정하는 것이다.

④ (×) 제2조 제2항에 따르면 청원경찰은 수사활동 등 사법경찰관리의 직무를 수행해서는 안 된다.

⑤ (×) 제4조에 의하면 청원주가 청원경찰이 휴대할 무기를 대여받으려는 경우에 관할 경찰서장을 거쳐 지방경찰청장에게 무기대여를 신청하는 것이지, 청원경찰이 직접 신청하는 것이 아니다.

정답 | ②

22 규범형 문제
5급공채 2020 나책형 4번

다음 글을 근거로 판단할 때 옳은 것은?

제○○조 ① 다음 각 호의 어느 하나에 해당하는 자는 농식품경영체에 대한 투자를 목적으로 하는 농식품투자조합을 결성할 수 있다.
1. 중소기업창업투자회사
2. 투자관리전문기관

② 제1항에 따른 조합은 그 채무에 대하여 무한책임을 지는 1인 이상의 조합원(이하 '업무집행조합원'이라 한다)과 출자액을 한도로 하여 유한책임을 지는 조합원(이하 '유한책임조합원'이라 한다)으로 구성한다. 이 경우 업무집행조합원은 다음 각 호의 어느 하나에 해당하는 자로 하되, 그 중 1인은 제1호에 해당하는 자이어야 한다.
1. 제1항 각 호의 어느 하나에 해당하는 자
2. 「보험업법」에 따른 보험회사

제○○조 업무집행조합원은 농식품투자조합의 업무를 집행할 때 다음 각 호의 어느 하나에 해당하는 행위를 하여서는 아니 된다.
1. 자기나 제3자의 이익을 위하여 농식품투자조합의 재산을 사용하는 행위
2. 농식품투자조합 명의로 자금을 차입하는 행위
3. 농식품투자조합의 재산으로 지급보증 또는 담보를 제공하는 행위

제○○조 ① 농식품투자조합은 다음 각 호의 어느 하나에 해당하는 사유가 있을 때에는 해산한다.
1. 존속기간의 만료
2. 유한책임조합원 또는 업무집행조합원 전원의 탈퇴
3. 농식품투자조합의 자산이 출자금 총액보다 적어지거나 그 밖의 사유가 생겨 업무를 계속 수행하기 어려운 경우로서 조합원 총수의 과반수와 조합원 총지분 과반수의 동의를 받은 경우

② 농식품투자조합이 해산하면 업무집행조합원이 청산인이 된다. 다만 조합의 규약으로 정하는 바에 따라 업무집행조합원 외의 자를 청산인으로 선임할 수 있다.
③ 농식품투자조합의 해산 당시의 출자금액을 초과하는 채무가 있으면 업무집행조합원이 그 채무를 변제하여야 한다.

① 농식품투자조합이 해산한 경우, 조합의 규약에 다른 규정이 없는 한 업무집행조합원이 청산인이 된다.
② 투자관리전문기관은 농식품투자조합의 유한책임조합원이 될 수 있지만 업무집행조합원이 될 수 없다.
③ 업무집행조합원은 농식품투자조합의 업무를 집행할 때, 그 조합의 재산으로 지급을 보증하는 행위를 할 수 있다.
④ 농식품투자조합 해산 당시 출자금액을 초과하는 채무가 있으면, 유한책임조합원 전원이 연대하여 그 채무를 변제하여야 한다.

⑤ 농식품투자조합의 자산이 출자금 총액보다 적어 업무를 계속 수행하기 어려운 경우, 조합원 총수의 과반수의 동의만으로 농식품투자조합은 해산한다.

문제해설

Step 1 문제 해결의 출발점

법조문이 긴 편이지만 분절적 정보 구조라는 것은 한 눈에 파악할 수 있을 것이다. 마찬가지 방식으로 접근해서 빠르게 해결하자.

Step 2 선택지 분석

① (○) '해산'은 제3조에서 다루고 있다. 제2항에 의하면 농식품투자조합이 해산하면 조합의 규약으로 정하는 바에 따라 업무집행조합원 외의 청산인을 선임하는 것을 제외하면 업무집행조합원이 청산인이 되는 것이 기본이다. 따라서 적절한 진술이다.

② (×) 제1조 제1항 제2호에 따르면 투자관리전문기관도 조합을 결성할 수 있다. 여기에 제2항 제1호에 따라 투자관리전문기관도 업무집행조합원이 될 수 있다.

③ (×) 제2조 제3호에 따르면 업무집행조합원은 농식품투자조합의 업무를 집행할 때 그 조합의 재산으로 지급보증하는 행위를 할 수 없다.

④ (×) 제3조 제3항에 의하면 농식품투자조합 해산 당시 출자금액을 초과하는 채무가 있을 경우 유한책임조합원이 아니라 업무집행조합원이 그 채무를 변제해야 한다.

⑤ (×) 제3조 제1항의 제3호에 의하면 농식품투자조합의 자산이 출자금 총액보다 적어 업무를 계속 수행하기 어려운 경우에는 조합원 총수의 과반수뿐만 아니라 조합원 총지분 과반수의 동의를 모두 얻어야 해산이 가능하다.

정답 | ①

23 규범형 문제

5급공채 2020 나책형 5번

다음 글을 근거로 판단할 때, 〈보기〉에서 민원을 정해진 기간 이내에 처리한 것만을 모두 고르면?

제○○조 ① 행정기관의 장은 '질의민원'을 접수한 경우에는 다음 각 호의 기간 이내에 처리하여야 한다.

1. 법령에 관해 설명이나 해석을 요구하는 질의민원 : 7일
2. 제도·절차 등에 관해 설명이나 해석을 요구하는 질의민원 : 4일

② 행정기관의 장은 '건의민원'을 접수한 경우에는 10일 이내에 처리하여야 한다.
③ 행정기관의 장은 '고충민원'을 접수한 경우에는 7일 이내에 처리하여야 한다. 단, 고충민원의 처리를 위해 14일의 범위에서 실지조사를 할 수 있고, 이 경우 실지조사 기간은 처리기간에 산입(算入)하지 아니한다.
④ 행정기관의 장은 '기타민원'을 접수한 경우에는 즉시 처리하여야 한다.
제○○조 ① 민원의 처리기간을 '즉시'로 정한 경우에는 3근무시간 이내에 처리하여야 한다.
② 민원의 처리기간을 5일 이하로 정한 경우에는 민원의 접수시각부터 '시간' 단위로 계산한다. 이 경우 1일은 8시간의 근무시간을 기준으로 한다.
③ 민원의 처리기간을 6일 이상으로 정한 경우에는 '일' 단위로 계산하고 첫날을 산입한다.
④ 공휴일과 토요일은 민원의 처리기간과 실지조사 기간에 산입하지 아니한다.

※ 업무시간은 09:00~18:00이다. (점심시간 12:00~13:00 제외)
※ 3근무시간 : 업무시간 내 3시간
※ 광복절(8월 15일, 화요일)과 일요일은 공휴일이고, 그 이외에 공휴일은 없다고 가정한다.

〈보 기〉

ㄱ. A부처는 8.7(월) 16시에 건의민원을 접수하고, 8.21(월) 14시에 처리하였다.
ㄴ. B부처는 8.14(월) 13시에 고충민원을 접수하고, 10일간 실지조사를 하여 9.7(목) 10시에 처리하였다.
ㄷ. C부처는 8.16(수) 17시에 기타민원을 접수하고, 8.17(목) 10시에 처리하였다.
ㄹ. D부처는 8.17(목) 11시에 제도에 대한 설명을 요구하는 질의민원을 접수하고, 8.22(화) 14시에 처리하였다.

① ㄱ, ㄴ
② ㄱ, ㄷ
③ ㄴ, ㄹ
④ ㄱ, ㄷ, ㄹ
⑤ ㄴ, ㄷ, ㄹ

문제해설

Step 1 문제 해결의 출발점

날짜, 시간에 대해 다루는 법조문은 일반적인 분절적 정보 구조의 규범형 문제에 비해 조심스레 접근해야 한다. 특히 규정 마지막 항과 세 번째 각주에 언급된 내용에 주의해서 공휴일을 기간에 산입하는 우를 범하지 말아야 하며, 기간이 일 단위로 설정된 경우에는 초일(이 문제에서는 민원 신청일)을 산입한다는 것도 주의해야 한다.

Step 2 선택지 분석

기간을 계산할 때는 제1조를 적용하는 것이 기본이지만, 제2조에 언급된 케이스별 시간 처리 방식을 함께 고려해야 한다. 특히 민원처리 기간이 5일 이하인지 6일 이상인지에 따른 차이를 정확하게 이해해야 한다. 앞서 언급한 것처럼 공휴일과 토요일은 민원처리 기간 및 실지조사 기간에 산입하지 않는다.

ㄱ. (○) 제1조 제2항에 따라 건의민원은 10일 이내에 처리해야 한다. 8.7(월)~8.21(월)은 총 15일인데, 그 사이에 공휴일 및 토요일은 8.12(토), 8.13(일), 8.15(광복절), 8.19(토), 8.20(일)로 5일이다. 따라서 8.21은 10일 이내에 처리한 것이다.

ㄴ. (×) 제1조 제3항에 따라 고충민원은 7일 이내에 처리해야 하지만 실지조사 기간을 14일까지 두는 게 가능하다. 8.14(월)~9.7(목)은 총 25일인데(8월은 31일까지 있으므로), 그 사이에 8.15(광복절), 8.19(토), 8.20(일), 8.26(토), 8.27(일), 9.2(토), 9.3(일)으로 총 7일의 공휴일과 토요일이 있다. 실지조사 기간 10일을 제외하더라도 15일에서 7일을 뺀 8일째에 민원을 처리한 것이므로 정해진 기간을 지나 처리된 것이다.

ㄷ. (○) 제1조 제4항에 따르면 기타민원은 '즉시' 처리 대상이며, 이는 제2조 제1항에 따라 3근무시간 이내에 처리해야 한다. 여기서 각주의 진술을 잘 봐야 하는데, 두 번째 각주에 따르면 3근무시간은 업무시간 내 3시간을 의미하고, 여기서 업무시간은 세 번째 각주에 따라 09:00부터 18:00까지이다. 8.16(수) 17시에 기타민원이 접수되었다면 처리 기한은 그 다음날인 8.17(목) 11:00까지이다. 따라서 ㄷ은 정해진 기간 이내에 처리한 경우이다.

ㄹ. (○) 제1조 제1항의 제2호에 따라 제도에 대한 설명을 요구하는 질의민원의 처리 기한은 4일이다. 4일은 제2조 제2항에 따라 접수시각부터 '시간' 단위로 계산해야 하는 대상이며 이때 1일은 8시간의 근무시간을 기준으로 한다. 8.17(목) 11시에 접수된 경우(접수일의 남은 업무시간은 6시간) 8.19(토)와 8.20(일)을 제외하고 8.23(수) 11시까지 처리해야 한다. 따라서 8.22(화) 14시에 처리한 것은 정해진 기간 이내에 처리한 것이다.

정답 | ④

24 규범형 문제

5급공채 2020 나책형 6번

다음 글을 근거로 판단할 때 옳은 것은?

「국가공무원법」은 정무직 공무원을 ① 선거로 취임하는 공무원, ② 임명할 때 국회의 동의가 필요한 공무원, ③ 고도의 정책결정 업무를 담당하거나 이러한 업무를 보조하는 공무원으로서 법률이나 대통령령에서 정무직으로 지정하는 공무원으로 규정하고 있다. 이에 해당하는 정무직 공무원에는 대통령, 감사원장, 민주평화통일자문회의 사무처장, 국가정보원장, 대통령비서실 수석비서관 등이 있다.

「지방공무원법」에서는 정무직 공무원을 ① 선거로 취임하는 공무원, ② 임명할 때 지방의회의 동의가 필요한 공무원, ③ 고도의 정책결정 업무를 담당하거나 이러한 업무를 보조하는 공무원으로서 법령 또는 조례에서 정무직으로 지정하는 공무원으로 규정하고 있다.

정무직 공무원은 재산등록의무가 있으며 병역사항 신고의무도 있다. 한편 「국가공무원법」상 정무직 공무원은 국가공무원의 총정원에 포함되지 않지만 그 인사에 관한 사항은 관보에 게재된다.

행정기관 소속 정무직 공무원으로는 정부부처의 차관급 이상 공무원, 특별시의 행정부시장과 정무부시장 등이 있다. 이들은 정책결정자 역할과 함께 최고관리자 역할도 수행한다. 여기에는 일과 인력을 조직화하고 소속 직원의 동기를 부여하며 업무 수행을 통제하는 역할이 포함된다. 그리고 이들은 정책을 개발할 뿐만 아니라 정책집행의 법적 책임도 진다. 행정기관 소속 정무직 공무원은 좁은 의미의 공무원을 지칭하는 정부관료집단에 포함되지 않는 것이 보통이다.

① 감사원장은 국가공무원 총정원에 포함된다.
② 조례로 정무직 공무원을 지정하는 것이 가능하다.
③ 「국가공무원법」상 정무직 공무원의 임명에는 모두 국회의 동의가 필요하다.
④ 대통령비서실 수석비서관은 재산등록의무가 있으나 병역사항 신고의무는 없다.
⑤ 정부부처의 차관은 정부관료집단의 일원이지만 정책집행의 법적 책임은 지지 않는다.

문제해설

Step 1 문제 해결

① (×) 총정원은 3문단에 제시되어 있는데, 정무직 공무원은 총정원에 포함되지 않는다. 1문단에 의하면 감사원장은 정무직 공무원에 해당하므로 국가공무원 총정원에 포함되지 않는다.

② (○) 2문단에 의하면 「지방공무원법」에 따른 정무직 공무원은 조례로 정하는 것이 가능하다.

③ (×) 1문단에 의하면 정무직 공무원 가운데 임명 시 국회 동의가 필요한 공무원은 제2항의 경우뿐이다. 「국가공무원법」상의 모든 정무직 공무원이 반드시 국회 동의를 필요로 하는 것은 아니다.

④ (×) 1문단에 따라 대통령비서실 수석비서관은 「국가공무원법」상 정무직 공무원이며, 3문단에 의하면 정무직 공무원은 재산등록의무와 병역사항 신고 의무를 모두 지닌다.

⑤ (×) 4문단에 의하면 정부부처의 차관급 이상 공무원 등은 정책집행의 법적 책임도 진다.

정답 | ②

25 규범형 문제

5급공채 2020 나책형 21번

다음 글과 〈상황〉을 근거로 판단할 때, 2020년 5월 16일 현재 공무원 신분인 사람만을 모두 고르면?

제○○조 ① 다음 각 호의 어느 하나에 해당하는 자는 공무원으로 임용될 수 없다.
1. 파산선고를 받고 복권되지 아니한 자
2. 금고 이상의 실형을 선고받고 그 집행이 종료되거나 집행을 받지 아니하기로 확정된 후 5년이 지나지 아니한 자
3. 금고 이상의 형을 선고받고 그 집행유예 기간이 끝난 날부터 2년이 지나지 아니한 자
4. 금고 이상의 형의 선고유예를 받은 경우에 그 선고유예 기간 중에 있는 자

② 제1항 각 호의 어느 하나에 해당하는 자가 국가의 과실로 인해 공무원으로 임용된 경우 공무원 신분은 발생하지 않는다.
③ 공무원이 제1항 각 호의 어느 하나에 해당할 경우에는 당연히 퇴직된다.
제○○조 ① 공무원의 정년은 60세로 한다.
② 공무원은 그 정년에 이른 날이 1월부터 6월 사이에 있으면 6월 30일에, 7월부터 12월 사이에 있으면 12월 31일에 각각 당연히 퇴직된다.
제○○조 정직은 1개월 이상 3개월 이하의 기간으로 하고, 정직처분을 받은 자는 그 기간 중 공무원의 신분은 보유하나 직무에 종사하지 못하며 보수는 전액을 감한다.

〈상 황〉

○ 파산선고를 받고 복권된 후 다시 신용불량 상태에서 공무원으로 임용되어 근무중인 甲
○ 결격사유 없이 공무원으로 임용되었다가 금고형의 선고유예를 받고 선고유예 기간 중에 있는 乙
○ 결격사유 없이 공무원으로 임용되었다가 비위행위를 이유로 정직처분을 받아 정직 중에 있는 丙
○ 금고형을 선고받고 그 집행유예 기간 중에 국가의 과실로 공무원으로 임용되어 근무중인 丁
○ 결격사유 없이 공무원으로 임용되어 2020년 3월 31일 정년에 이른 戊

① 甲, 丁　② 乙, 丁　③ 甲, 丙, 戊
④ 乙, 丙, 戊　⑤ 甲, 乙, 丁, 戊

문제해설

Step 1 문제 해결의 출발점

날짜 계산을 요구하는 선택지까지 포함된 법조문 문제이다. 하지만 모든 선택지가 날짜 계산을 요구하는 것은 아니다. 이런 조합일 때는 일반적인 규범형 문제처럼 직관적 판단이 가능한 선지부터 먼저 처리해서 소거법을 적용하도록 한다.

Step 2 선택지 분석

갑 (○) : 조금 주의를 요하는 케이스이다. 제1조 제1항의 제1호에서는 파산선고를 받고 복권되지 아니한 자가 임용될 수 없다고 되어 있을 뿐이다. 즉 파산선고를 받았더라도 복권이 되었다면 제1호의 결격사유에 해당하지 않기 때문에 임용될 수 있다고 보아야 한다. 또한 법률에 신용불량이 결격사유라는 규정은 제시되어 있지 않다. 따라서 갑은 임용이 가능하다.

을 (×) : 제1조 제1항의 제4호에 의하면 금고 이상의 형의 선고유예를 받은 경우에 그 선고유예 기간 중에 있는 자는 임용이 불가능하다.

병 (○) : '정직' 관련 사항은 제3조에서 다루고 있다. 이에 따르면 정직처분을 받은 자는 그 기간 중 공무원의 신분을 보유한다. 정직처분의 사유가 '비위행위'인지 여부는 전혀 문제가 안 된다.

(여기까지만 봐도 선택지 구조상 ③이 정답이다)

정 (×) : 제1조 제2항에 의하면 제1항 각 호의 어느 하나에 해당하는 자('정'은 제4호)가 국가의 과실로 인해 공무원으로 임용된 경우에 공무원 신분은 '발생하지' 않는데, 여기서 발생하지 않는다는 것은 결국 공무원으로 임용될 수 없다는 것을 의미한다.

무 (○) : 제2조 제2항에 따라 정년에 이른 날이 1월~6월 사이이면 6월 30일에 당연 퇴직, 즉 공무원이 아니게 된다. 발문에서 2020년 5월 16일을 기준으로 잡았으므로 무의 신분은 아직 공무원이다.

정답 | ③

26 규범형 문제
5급공채 2020 나책형 22번

다음 글을 근거로 판단할 때 옳은 것은?

> 제○○조 ① 특별자치시장·특별자치도지사·시장·군수 또는 자치구의 구청장(이하 '시장·군수 등'이라 한다)은 빈집이 다음 각 호의 어느 하나에 해당하면 빈집정비계획에서 정하는 바에 따라 그 빈집 소유자에게 철거 등 필요한 조치를 명할 수 있다. 다만 빈집정비계획이 수립되어 있지 아니한 경우에는 지방건축위원회의 심의를 거쳐 그 빈집 소유자에게 철거 등 필요한 조치를 명할 수 있다.
>
> 1. 붕괴·화재 등 안전사고나 범죄발생의 우려가 높은 경우
> 2. 공익상 유해하거나 도시미관 또는 주거환경에 현저한 장애가 되는 경우
>
> ② 제1항의 경우 빈집 소유자는 특별한 사유가 없으면 60일 이내에 조치를 이행하여야 한다.
>
> ③ 시장·군수 등은 제1항에 따라 빈집의 철거를 명한 경우 그 빈집 소유자가 특별한 사유 없이 제2항의 기간 내에 철거하지 아니하면 직권으로 그 빈집을 철거할 수 있다.
>
> ④ 시장·군수 등은 제3항에 따라 철거할 빈집 소유자의 소재를 알 수 없는 경우 그 빈집에 대한 철거명령과 이를 이행하지 아니하면 직권으로 철거한다는 내용을 일간신문 및 홈페이지에 1회 이상 공고하고, 일간신문에 공고한 날부터 60일이 지난 날까지 빈집 소유자가 빈집을 철거하지 아니하면 직권으로 철거할 수 있다.
>
> ⑤ 시장·군수 등은 제3항 또는 제4항에 따라 빈집을 철거하는 경우에는 정당한 보상비를 빈집 소유자에게 지급하여야 한다. 이 경우 시장·군수 등은 보상비에서 철거에 소요된 비용을 빼고 지급할 수 있다.
>
> ⑥ 시장·군수 등은 다음 각 호의 어느 하나에 해당하는 경우에는 보상비를 법원에 공탁하여야 한다.
>
> 1. 빈집 소유자가 보상비 수령을 거부하는 경우
> 2. 빈집 소유자의 소재불명(所在不明)으로 보상비를 지급할 수 없는 경우

※ 공탁이란 채무자가 변제할 금액을 법원에 맡기면 채무(의무)가 소멸하는 것을 말한다.

① A자치구 구청장은 주거환경에 현저한 장애가 되더라도 붕괴 우려가 없는 빈집에 대해서는 빈집정비계획에 따른 철거를 명할 수 없다.

② B군 군수가 소유자의 소재를 알 수 없는 빈집의 철거를 명한 경우, 일간신문에 공고한 날부터 60일 내에 직권으로 철거해야 한다.

③ C특별자치시 시장은 직권으로 빈집을 철거한 경우, 그 소유자에게 철거에 소요된 비용을 빼지 않고 보상비 전액을 지급해야 한다.

④ D군 군수가 빈집을 철거한 경우, 그 소유자가 보상비 수령을 거부하면 그와 동시에 보상비 지급의무는 소멸한다.

⑤ E시 시장은 빈집정비계획에 따른 빈집 철거를 명한 후 그 소유자가 특별한 사유 없이 60일 이내에 철거하지 않으면, 지방건축위원회의 심의 없이 직권으로 철거할 수 있다.

문제해설

Step 1 문제 해결의 출발점

분절적 정보 구조의 법조문으로 각 항의 진술을 보면 전항과의 연결고리가 많은 편이다. 이것만 주의하면 기존과 동일한 방식으로 접근해서 해결이 가능하다.

Step 2 선택지 분석

① (×) 제1조 제1항과 제2호에 따르면 주거환경에 현저한 장애가 되는 빈집에 대해서는 구청장이 철거를 명할 수 있다. 단서 규정에서 말하고 있는 것은 빈집정비계획인 수립되어 있지 않을 때의 절차일 뿐이고, 이어지는 2항부터의 내용에도 붕괴 우려가 없는 빈집에 대한 규정은 나와 있지 않다. 따라서 철거를 명할 수 없다는 진술은 부적절하다.

② (×) 소유자의 소재를 알 수 없는 빈집은 제4항에 해당한다. 이 경우 일간신문에 공고한 날부터 60일이 지난 날까지 빈집 소유자가 빈집을 철거하지 않았을 때 시장·군수 등이 직권으로 철거할 수 있는 것이지, 60일 내에 무조건 철거해야 하는 것은 아니다.

③ (×) 보상비는 제5항에서 다루고 있다. 이에 따르면 철거에 소요된 비용은 빼고 보상비를 지급할 수 있다.

④ (×) 제6항에 따라 빈집 소유자가 철거에 따른 보상비 수령을 거부하는 경우에는 보상비를 법원에 공탁해야 한다. 각주에 따르면 '공탁'은 채무자가 변제할 금액을 법원에 맡길 시 채무(의무)가 소멸하는 것을 말하는데, 여기서 주의해야 할 것은 보상비를 법원에 공탁해야 채무 즉 보상비 지급의무가 소멸하는 것이지 빈집 소유자가 보상비 수령을 거부하는 동시에 지급의무가 소멸하는 것은 아니다. 순서를 잘 파악해야 한다.

⑤ (○) 제1항에 따르면 일반적인 경우 빈집정비계획에서 정하는 바에 따라 빈집 소유자에게 철거 등을 명할 수 있지만, 제2항 및 제3항에 따라 조치를 명한 후 60일 이내에 철거가 이루어지지 않으면 시장·군수 등은 직권으로 그 빈집을 철거할 수 있다.

정답 | ⑤

27 규범형 문제

5급공채 2020 나책형 23번

다음 글을 근거로 판단할 때 옳은 것은?

제○○조 ① 체육시설업은 다음과 같이 구분한다.

1. 등록 체육시설업 : 스키장업, 골프장업, 자동차 경주장업
2. 신고 체육시설업 : 빙상장업, 썰매장업, 수영장업, 체력단련장업, 체육도장업, 골프연습장업, 당구장업, 무도학원업, 무도장업, 야구장업, 가상체험 체육시설업

② 체육시설업자는 체육시설업의 종류에 따라 아래 <시설기준>에 맞는 시설을 설치하고 유지·관리하여야 한다.

<시설기준>

필수시설	○ 수용인원에 적합한 주차장(등록 체육시설업만 해당한다) 및 화장실을 갖추어야 한다. 다만 해당 체육시설이 같은 부지 또는 복합건물 내에 다른 시설물과 함께 위치한 경우로서 그 다른 시설물과 공동으로 사용하는 주차장 및 화장실이 있을 때에는 별도로 갖추지 아니할 수 있다. ○ 수용인원에 적합한 탈의실과 급수시설을 갖추어야 한다. 다만 신고 체육시설업(수영장업은 제외한다)과 자동차 경주장업에는 탈의실을 대신하여 세면실을 설치할 수 있다. ○ 부상자 및 환자의 구호를 위한 응급실 및 구급약품을 갖추어야 한다. 다만 신고 체육시설업(수영장업은 제외한다)과 골프장업에는 응급실을 갖추지 아니할 수 있다.
임의시설	○ 체육용품의 판매·수선 또는 대여점을 설치할 수 있다. ○ 식당·목욕시설·매점 등 편의시설을 설치할 수 있다(무도학원업과 무도장업은 제외한다). ○ 등록 체육시설업의 경우에는 해당 체육시설을 이용하는 데에 지장이 없는 범위에서 그 체육시설 외에 다른 종류의 체육시설을 설치할 수 있다. 다만 신고 체육시설업의 경우에는 그러하지 아니하다.

① 무도장을 운영할 때 목욕시설과 매점을 설치하는 경우 시설기준에 위반된다.
② 수영장을 운영할 때 수용인원에 적합한 세면실과 급수시설을 모두 갖추어야 한다.
③ 체력단련장을 운영할 때 이를 이용하는 데에 지장이 없는 범위에서 가상체험 체육시설을 설치할 수 있다.
④ 복합건물 내에 위치한 골프연습장을 운영할 때 다른 시설물과 공동으로 사용하는 주차장이 없다면, 수용인원에 적합한 주차장을 반드시 갖추어야 한다.
⑤ 수영장을 운영할 때 구급약품을 충분히 갖추어 부상자 및 환자의 구호에 지장이 없다면, 응급실을 갖추지 않아도 시설기준에 위반되지 않는다.

문제해설

Step 1 문제 해결의 출발점

일반 법조문과 표 형태의 요건이 복합된 문제이다. 기존 기출에서도 본 것처럼 표 형태의 규정이 제시되어 있더라도 접근 방식은 달라질 것이 없다. <시설기준> 표의 괄호 속 단서 규정만 주의하면서 파악하면 쉽게 해결될 것이다.

Step 2 선택지 분석

① (○) 임의시설 규정의 두 번째 항목 괄호 속 진술에 의하면 무도장은 식당·목욕시설·매점 등의 편의시설 설치가 불가능하다. 따라서 무도장 운영 시 목욕시설과 매점을 설치하는 것은 시설기준 위반이 맞다.

② (×) 필수시설 규정 두 번째 항목에 의하면 수용인원에 적합한 탈의실과 급수시설을 설치해야 하는데, 단서 규정에 의하면 수영장을 제외한 신고 체육시설업과 자동차 경주장업에는 탈의실을 대신해 세면실 설치가 가능하다. 즉 수영장은 세면실이 아니라 탈의실을 갖추어야 한다.

③ (×) 임의시설 규정 세 번째 항목에 의하면 등록 체육시설업의 경우에 이용하는 데 지장이 없는 범위에서 다른 종류의 체육시설 설치가 가능한 것이고, 체력단련장업이 포함된 신고 체육시설업은 이것이 불가능하다.

④ (×) 필수시설 규정 첫 번째 항목에 의하면 등록 체육시설업의 경우에 적절한 주차장을 갖추어야 한다. 골프연습장업은 신고 체육시설업이기 때문에 이에 해당하지 않는다.

⑤ (×) 필수시설 규정 세 번째 항목에 의하면 수영장업까지 포함하는 등록 체육시설업은 부상자 및 환자의 구호를 위한 응급실 및 구급약품을 의무로 갖추어야 한다.

정답 | ①

28 규범형 문제

5급공채 2020 나책형 24번

다음 글과 〈상황〉을 근거로 판단할 때 옳은 것은?

> 주주총회의 소집절차 또는 그 결의방법이 법령이나 정관을 위반하거나 그 결의내용이 정관을 위반한 경우, 주주총회 결의취소의 소(이하 '결의취소의 소'라 한다)를 제기할 수 있는 사람은 해당 회사의 주주, 이사 또는 감사이다. 이들 이외의 사람이 결의취소의 소를 제기하면 소는 부적법한 것으로 각하된다. 결의취소의 소를 제기한 주주·이사·감사는 변론이 종결될 때까지 그 자격을 유지하여야 한다. 따라서 변론종결 전에 원고인 주주가 주식을 전부 양도하거나 이사·감사가 임기만료나 해임·사임·사망 등으로 그 지위를 상실한 경우, 소는 부적법한 것으로 각하된다. 소가 부적법 각하되면 주주총회의 결의를 취소하는 것이 정당한지에 관한 법원의 판단 없이 소송은 그대로 종료하게 된다.
>
> 결의취소의 소는 해당 회사를 피고로 해야 하며, 회사 아닌 사람을 공동피고로 한 경우 그 사람에 대한 소는 부적법한 것으로 각하되고, 회사에 대한 소송만 진행된다. 한편 회사가 피고가 된 소송에서는 회사의 대표이사가 회사를 대표하여 소송을 수행한다. 그렇지만 이사가 결의취소의 소를 제기한 때에는 이사와 대표이사의 공모를 막기 위해서 감사가 회사를 대표하여 소송을 수행한다. 이와 달리 이사 이외의 자가 결의취소의 소를 제기한 때에는 대표이사가 소송을 수행하며, 그 대표이사가 결의취소의 소의 대상이 된 주주총회 결의로 선임된 경우라 하더라도 마찬가지이다.

〈상 황〉

> A회사의 주주총회는 대표이사 甲을 해임하고 새로이 乙을 대표이사로 선임하는 결의를 하여 乙이 즉시 대표이사로 취임하였다. 그런데 그 주주총회의 소집절차는 법령에 위반된 것이었다. A회사의 주주는 丙과 丁 등이 있고, 이사는 戊, 감사는 己이다. 甲과 乙은 주주가 아니며, 甲은 대표이사 해임결의로 이사의 지위도 상실하였다.

① 甲이 A회사를 피고로 하여 결의취소의 소를 제기하면, 법원은 결의를 취소하는 것이 정당한지에 관해 판단해야 한다.

② 丙이 A회사를 피고로 하여 결의취소의 소를 제기하면, 乙이 A회사를 대표하여 소송을 수행한다.

③ 丁이 A회사와 乙을 공동피고로 하여 결의취소의 소를 제기하면, A회사와 乙에 대한 소는 모두 부적법 각하된다.

④ 戊가 A회사를 피고로 하여 결의취소의 소를 제기하면, 甲이 A회사를 대표하여 소송을 수행한다.

⑤ 己가 A회사를 피고로 하여 제기한 결의취소의 소의 변론이 종결된 후에 己의 임기가 만료된다면, 그 소는 부적법 각하된다.

문제해설

Step 1 문제 해결의 출발점

줄글 형태의 규범형 문제이다. 1문단에는 주주총회 결의취소의 소를 제기할 수 있는 자격 및 자격 유지 요건이, 2문단에는 소송 대상 및 소송 수행 주체에 대한 내용이 다뤄지고 있다.

Step 2 선택지 분석

① (×) 1문단 1번째 문장에 의하면 결의취소의 소를 제기할 수 있는 사람은 해당 회사의 주주, 이사 또는 감사이다. 갑은 현재 A회사의 주주가 아니며 이사의 지위도 상실했으므로 소 제기의 자격이 없다.

② (○) 병은 A회사의 주주이므로 결의취소의 소 제기가 가능하며 2문단에 의하면 소의 피고는 해당 회사인 A회사가 된다. 그리고 회사가 피고가 된 소송에서는 회사의 대표이사가 회사를 대표해 소송을 수행한다. <상황>에 의하면 을이 대표이사가 된 상태이므로 적절한 진술이다.

③ (×) 2문단 첫 번째 문장에 의하면 회사가 아닌 사람을 공동피고로 해서 소를 제기한 경우에는 회사에 대한 소송만 인정된다. 따라서 을에 대한 소만 부적법 각하된다.

④ (×) 무는 A회사의 이사이므로, 2문단 두 번째 문장에 의해 감사가 회사를 대표하여 소송을 수행한다. 이 경우 회사의 감사인 기가 소송을 수행하게 된다.

⑤ (×) 1문단 세 번째와 네 번째 문장에 의하면 결의취소의 소를 제기한 주주 등은 변론이 종결될 때까지 그 자격을 유지해야 하는 것인데, 기의 변론이 종결된 후에 그의 임기가 만료된 것이므로 문제될 것이 없다.

정답 | ②

29 규범형 문제
5급공채 2020 나책형 25번

다음 글과 〈상황〉을 근거로 판단할 때 옳은 것은?

제○○조 ① 법원은 소송비용을 지출할 자금능력이 부족한 사람의 신청에 따라 또는 직권으로 소송구조(訴訟救助)를 할 수 있다. 다만 패소할 것이 분명한 경우에는 그러하지 아니하다.
② 제1항의 신청인은 구조의 사유를 소명하여야 한다.
제○○조 소송구조의 범위는 다음 각 호와 같다. 다만 법원은 상당한 이유가 있는 때에는 다음 각 호 가운데 일부에 대한 소송구조를 할 수 있다.
1. 재판비용의 납입유예
2. 변호사 보수의 지급유예
3. 소송비용의 담보면제

제○○조 ① 소송구조는 이를 받은 사람에게만 효력이 미친다.
② 법원은 소송승계인에게 미루어 둔 비용의 납입을 명할 수 있다.
제○○조 소송구조를 받은 사람이 소송비용을 납입할 자금능력이 있다는 것이 판명되거나, 자금능력이 있게 된 때에는 법원은 직권으로 또는 이해관계인의 신청에 따라 언제든지 구조를 취소하고, 납입을 미루어 둔 소송비용을 지급하도록 명할 수 있다.

※ 소송구조 : 소송수행상 필요한 비용을 감당할 수 없는 경제적 약자를 위하여 비용을 미리 납입하지 않고 소송을 할 수 있도록 하는 제도
※ 소송승계인 : 소송 중 소송당사자의 지위를 승계한 사람

〈상 황〉

甲은 乙이 운행하던 차량에 의해 교통사고를 당했다. 이에 甲은 乙을 상대로 불법행위로 인한 손해배상청구의 소를 제기하였다.

① 甲의 소송구조 신청에 따라 법원이 소송구조를 하는 경우, 甲의 재판비용 납입을 면제할 수 있다.
② 甲이 소송구조를 받아 소송을 진행하던 중 증여를 받아 자금능력이 있게 되었더라도 법원은 직권으로 소송구조를 취소할 수 없다.
③ 甲의 신청에 의해 법원이 소송구조를 한 경우, 甲뿐만 아니라 乙에게도 그 효력이 미쳐 乙은 법원으로부터 변호사 보수의 지급유예를 받을 수 있다.
④ 甲이 소송비용을 지출할 자금능력이 부족함을 소명하여 법원에 소송구조를 신청한 경우, 법원은 甲이 패소할 것이 분명하더라도 소송구조를 할 수 있다.
⑤ 甲이 소송구조를 받아 소송이 진행되던 중 丙이 甲의 소송승계인이 된 경우, 법원은 소송구조에 따라 납입유예한 재판비용을 丙에게 납입하도록 명할 수 있다.

문제해설

Step 1 문제 해결

① (×) 제2조에 따르면 소송구조의 범위는 각 호에 따라 유예와 면제가 구분된다. 제1호에 의하면 재판비용의 납입은 면제가 아닌 유예 대상이다.

② (×) 마지막 조에 따르면 소송구조를 받은 사람이 소송비용을 납입할 자금 능력이 있게 된 때에는 법원이 직권으로 구조를 취소할 수 있다.

③ (×) 제3조 제1항에 따라 소송구조의 효력은 구조를 받은 사람인 갑에게만 미친다.

④ (×) 제1조 제1항의 단서 규정에 의하면 패소할 것이 분명한 경우에는 소송구조를 할 수 없다.

⑤ (○) 제3조 제2항에 따라 법원은 소송승계인에게 미루어 둔 비용의 납입을 명할 수 있는데, 병이 갑의 소송승계인이 된 경우이므로 납입유예한 재판 비용을 병에게 납입하도록 명하는 것이 가능하다.

정답 | ⑤

30 규범형 문제
5급공채 2021 가책형 1번

다음 글을 근거로 판단할 때 옳은 것은?

> 제○○조 ① 특별시장·광역시장·특별자치시장·도지사 또는 특별자치도지사(이하 '시·도지사'라 한다)는 아이돌보미의 양성을 위하여 적합한 시설을 교육기관으로 지정·운영하여야 한다.
> ② 시·도지사는 교육기관이 다음 각 호의 어느 하나에 해당하는 경우 사업의 정지를 명하거나 그 지정을 취소할 수 있다. 다만 제1호에 해당하는 경우 지정을 취소하여야 한다.
> 1. 거짓이나 그 밖의 부정한 방법으로 교육기관으로 지정을 받은 경우
> 2. 교육과정을 1년 이상 운영하지 아니하는 경우
>
> ③ 제2항 제1호의 방법으로 교육기관 지정을 받은 자는 1년 이하의 징역 또는 1천만 원 이하의 벌금에 처한다.
> ④ 아이돌보미가 되려는 사람은 시·도지사가 지정·운영하는 교육기관에서 교육과정을 수료하여야 한다.
> ⑤ 아이돌보미가 되려는 사람은 여성가족부장관이 실시하는 적성·인성검사를 받아야 한다.
> 제○○조 ① 아이돌보미는 다른 사람에게 자기의 성명을 사용하여 아이돌보미 업무를 수행하게 하거나 수료증을 대여하여서는 아니 된다.
> ② 아이돌보미가 아닌 사람은 아이돌보미 또는 이와 유사한 명칭을 사용할 수 없다.
> ③ 제1항, 제2항을 위반한 사람에게는 300만 원 이하의 과태료를 부과한다.
> 제○○조 ① 여성가족부장관은 아이돌봄서비스의 질적 수준과 아이돌보미의 전문성 향상을 위하여 보수교육을 실시하여야 한다.
> ② 제1항에 따른 보수교육은 전문기관에 위탁하여 실시할 수 있다.

① 아이돌보미가 아닌 보육 관련 종사자도 아이돌보미 명칭을 사용할 수 있다.
② 시·도지사는 아이돌보미 양성을 위한 교육기관을 지정·운영하고 보수교육을 실시하여야 한다.
③ 아이돌보미가 되려는 사람은 시·도지사가 실시하는 적성·인성검사를 받아야 한다.
④ 서울특별시의 A기관이 부정한 방법을 통해 아이돌보미 양성을 위한 교육기관으로 지정을 받은 경우, 서울특별시장은 200만 원의 과태료를 부과할 수 있다.
⑤ 인천광역시의 B기관이 아이돌보미 양성을 위한 교육기관으로 지정된 후 교육과정을 1년간 운영하지 않은 경우, 인천광역시장은 그 지정을 취소할 수 있다.

문제해설

Step 1 문제 해결

① (×) 제2조 제2항에 의하면 아이돌보미가 아닌 사람은 아이돌보미 또는 이와 유사한 명칭을 사용할 수 없다. 따라서 '아이돌보미'가 아닌 보육 관련 종사자가 아이돌보미 명칭을 사용할 수 있다는 진술은 부적절하다.

② (×) 제1조 제1항에 의하면, 아이돌보미 양성을 위한 교육기관을 지정하고 운영하는 주체는 시·도지사가 맞다. 그러나 제3조 제1항에 따를 경우 보수교육의 실시 주체는 시·도지사가 아닌 여성가족부장관이다.

③ (×) 제1조 제5항에 의하면 아이돌보미가 되려는 사람은 시·도지사가 아닌 여성가족부장관이 실시하는 적성·인성검사를 받아야 한다.

④ (×) 제1조 제2항과 제3항에 의하면, 부정한 방법으로 교육기관 지정을 받은 경우에는 지정이 취소되며, 1년 이하의 징역 또는 1천만 원 이하의 벌금에 처해진다. 따라서 200만 원의 과태료가 부과될 수 있다는 진술은 부적절하다.

⑤ (○) 제1조 제2항 제2호에 해당하는 경우이다. 이 경우에는 시·도지사가 사업의 정지를 명하거나 그 지정을 취소할 수 있는 재량을 가진다. 따라서 B기관은 인천광역시의 아이돌보미 기관이므로 인천광역시장이 그 지정을 취소할 수 있다.

정답 | ⑤

31 규범형 문제

5급공채 2021 가책형 2번

다음 글과 〈상황〉을 근거로 판단할 때 옳은 것은?

제○○조 ① 문화재청장은 학술조사 또는 공공목적 등에 필요한 경우 다음 각 호의 지역을 발굴할 수 있다.

1. 고도(古都)지역
2. 수중문화재 분포지역
3. 폐사지(廢寺址) 등 역사적 가치가 높은 지역

② 문화재청장은 제1항에 따라 발굴할 경우 발굴의 목적, 방법, 착수 시기 및 소요 기간 등의 내용을 발굴 착수일 2주일 전까지 해당 지역의 소유자, 관리자 또는 점유자(이하 '소유자 등'이라 한다)에게 미리 알려 주어야 한다.

③ 제2항에 따른 통보를 받은 소유자 등은 그 발굴에 대하여 문화재청장에게 의견을 제출할 수 있으며, 발굴을 거부하거나 방해 또는 기피하여서는 아니 된다.

④ 문화재청장은 제1항의 발굴이 완료된 경우에는 완료된 날부터 30일 이내에 출토유물 현황 등 발굴의 결과를 소유자 등에게 알려 주어야 한다.

⑤ 국가는 제1항에 따른 발굴로 손실을 받은 자에게 그 손실을 보상하여야 한다.

⑥ 제5항에 따른 손실보상에 관하여는 문화재청장과 손실을 받은 자가 협의하여야 하며, 보상금에 대한 합의가 성립하지 않은 때에는 관할 토지수용위원회에 재결(裁決)을 신청할 수 있다.

⑦ 문화재청장은 제1항에 따른 발굴 현장에 발굴의 목적, 조사기관, 소요 기간 등의 내용을 알리는 안내판을 설치하여야 한다.

〈상 황〉

문화재청장 甲은 고도(古都)에 해당하는 A지역에 대한 학술조사를 위해 2021년 3월 15일부터 A지역의 발굴에 착수하고자 한다. 乙은 자기 소유의 A지역을 丙에게 임대하여 현재 임차인 丙이 이를 점유·사용하고 있다.

① 甲은 A지역 발굴의 목적, 방법, 착수 시기 및 소요 기간 등에 관한 내용을 丙에게 2021년 3월 29일까지 알려주어야 한다.
② A지역의 발굴에 대한 통보를 받은 丙은 甲에게 그 발굴에 대한 의견을 제출할 수 있다.
③ 乙은 발굴 현장에 발굴의 목적 등을 알리는 안내판을 설치하여야 한다.
④ A지역의 발굴로 인해 乙에게 손실이 예상되는 경우, 乙은 그 발굴을 거부할 수 있다.
⑤ A지역과 인접한 토지 소유자인 丁이 A지역의 발굴로 인해 손실을 받은 경우, 丁은 보상금에 대해 甲과 협의하지 않고 관할 토지수용위원회에 재결을 신청할 수 있다.

문제해설

Step 1 문제 해결

A지역은 고도(古都)에 해당하므로 제1항의 제1호에 따라 학술조사나 공공목적 등에 의해 발굴 가능한 지역이다.

① (×) 제2항에 의하면 문화재청장은 발굴의 목적, 방법, 착수 시기 및 소요 기간 등의 내용을 발굴 착수일 2주일 전까지 해당 지역의 '소유자 등(점유자도 포함)'에게 미리 알려줘야 한다. 그런데 문화재청장이 점유자인 병에게 3월 15일로부터 2주일 전인 3월 1일까지 해당 내용을 알려준 것이 아니라 3월 29일까지 알려주어야 한다고 진술되어 있으므로 부적절하다.

② (○) 제3항에 따라 제2항에 따른 통보를 받은 '소유자 등'은 그 발굴에 대해 문화재청장인 갑에게 의견을 제출할 수 있다.

③ (×) 제7항에 의하면 발굴의 목적 등을 알리는 안내판을 설치하는 주체는 문화재청장이다.

④ (×) 제3항에 따라 발굴 통보를 받은 '소유자 등'은 발굴을 거부하거나 방해/기피해서는 안 된다. 발굴로 인한 손실이 발생할 경우 제5항에 따라 해당 손실을 보상받는 것은 가능하다.

⑤ (×) 정도 A지역 발굴로 인해 손실을 받았으므로 제5항에 따라 손실 보상을 받게 된다. 단, 제6항에 의할 경우 정과 갑이 손실보상에 관해 협의하여야 하며, 이에 따른 합의가 성립하지 않은 때에 관할 토지수용위원회에 재결을 신청하는 것이 가능하다. 갑과 협의하지 않고 곧장 관할 토지수용위원회에 재결을 신청할 수는 없는 것이다.

정답 | ②

32 규범형 문제
5급공채 2021 가책형 3번

다음 글을 근거로 판단할 때 옳은 것은?

> 제○○조 ① 농림축산식품부장관은 채소류 등 저장성이 없는 농산물의 가격안정을 위하여 필요하다고 인정할 때에는 생산자 또는 생산자단체로부터 농산물가격안정기금으로 해당 농산물을 수매할 수 있다. 다만 가격안정을 위하여 특히 필요하다고 인정할 때에는 도매시장에서 해당 농산물을 수매할 수 있다.
> ② 제1항에 따라 수매한 농산물은 판매 또는 수출하거나 사회복지단체에 기증하는 등 필요한 처분을 할 수 있다.
> ③ 농림축산식품부장관은 제1항과 제2항에 따른 수매 및 처분에 관한 업무를 농업협동조합중앙회·산림조합중앙회(이하 '농림협중앙회'라 한다) 또는 한국농수산식품유통공사에 위탁할 수 있다.
> 제○○조 ① 농림축산식품부장관은 농산물(쌀과 보리는 제외한다. 이하 이 조에서 같다)의 수급조절과 가격안정을 위하여 필요하다고 인정할 때에는 농산물가격안정기금으로 농산물을 비축하거나 농산물의 출하를 약정하는 생산자에게 그 대금의 일부를 미리 지급하여 출하를 조절할 수 있다.
> ② 제1항에 따른 비축용 농산물은 생산자 또는 생산자단체로부터 수매할 수 있다. 다만 가격안정을 위하여 특히 필요하다고 인정할 때에는 도매시장에서 수매하거나 수입할 수 있다.
> ③ 농림축산식품부장관은 제1항과 제2항에 따른 사업을 농림협중앙회 또는 한국농수산식품유통공사에 위탁할 수 있다.
> ④ 농림축산식품부장관은 제2항 단서에 따라 비축용 농산물을 수입하는 경우, 국제가격의 급격한 변동에 대비하여야 할 필요가 있다고 인정할 때에는 선물거래(先物去來)를 할 수 있다.

① 한국농수산식품유통공사는 가격안정을 위해 수매한 저장성이 없는 농산물을 외국에 수출할 수 없다.
② 채소류의 가격안정을 위해서 특히 필요하다고 인정되어 수매할 경우, 농림협중앙회는 소매시장에서 수매하여야 한다.
③ 농림협중앙회는 보리의 수급조절을 위하여 보리 생산자에게 대금의 일부를 미리 지급하여 출하를 조절할 수 있다.
④ 농림축산식품부장관은 개별 생산자로부터 비축용 농산물을 수매할 수 있다.
⑤ 농림축산식품부장관은 비축용 농산물 국제가격의 급격한 변동에 대비하여야 할 필요가 있다고 인정할 경우에도 선물거래를 할 수 없다.

문제해설

Step 1 문제 해결

① (×) 제1조 제1항~제2항에 의하면 농림축산식품부장관은 저장성이 없는 농산물을 수매한 경우 이를 수출할 수 있다. 그리고 제3항에 의하면 농림축산식품부장관은 이러한 처분에 관한 업무를 한국농수산식품유통공사에 위탁하는 것이 가능하다. 따라서 해당 공사가 가격안정을 위해 수매한 저장성 없는 농산물을 외국에 수출할 수 있다.

② (×) 제3항에 의해 농림협중앙회가 농산물 수매를 위탁받아 처리할 수 있으며, 제1항 단서 조항에 따르면 가격안정을 위해 특히 필요하다고 인정될 시 도매시장에서 해당 농산물을 수매하는 것이 가능하다.

③ (×) 제2조 제1항에 의하면, 농산물의 수급조절을 위해 생산자에게 대금의 일부를 미리 지급해 출하를 조절하는 것이 가능하지만 쌀과 보리는 대상에서 제외된다.

④ (○) 제2조 제1항과 제2항에 의하면 농림축산식품부장관은 비축용 농산물을 생산자로부터 수매할 수 있다.

⑤ (×) 제2조 제4항에 의하면 농림축산식품부장관은 국제가격의 급격한 변동에 대비해야 할 필요가 있다고 인정할 때 선물거래를 통해 비축용 농산물을 수입하는 것이 가능하다.

정답 | ④

33 규범형 문제

5급공채 2021 가책형 4번

다음 글을 근거로 판단할 때 옳지 않은 것은?

> A협회는 매년 12월 열리는 정기총회에서 다음해 협회장을 선출한다. 협회장의 선출은 ① 입후보자가 1인인 경우에는 '찬반투표'로 이루어지고, ② 입후보자가 2인 이상인 경우에는 '선거'를 통해 이루어진다.
>
> '찬반투표'에 참여할 수 있는 회원의 자격은 투표일 현재까지 A협회의 정회원인 사람으로 한정한다. A협회의 정회원은 A협회의 준회원으로 만 1년 이상을 활동한 후 정회원 가입 신청을 하고 연회비를 납부한 자를 말한다. 기준에 따라 정회원 가입을 신청하고 연회비를 납부한 그 날부터 정회원 자격이 부여된다. 정회원은 정회원 자격을 획득한 다음해부터 매해 1월 30일까지 연회비를 납부하여야 그 자격이 유지된다. 기한 내에 연회비를 납부하지 않은 정회원은 그 자격이 유보되어 권리를 행사할 수 없고, 정회원 자격을 회복하기 위해서는 그 다음해 연회비 납부일까지 연회비의 3배를 납부하여야 한다. 2년 연속 연회비를 납부하지 않은 사람은 A협회의 회원 자격이 영구히 박탈된다.
>
> 한편 '선거'에 참여할 수 있는 회원의 자격은 선거일을 기준으로 정회원 자격을 얻은 후 만 1년을 경과한 정회원으로 한정한다. 연회비 미납부로 정회원 자격이 유보된 사람도 정회원 자격을 회복한 후 만 1년을 경과하여야 선거에 참여할 수 있다.

① 2019년 10월 A협회 정회원 자격을 얻은 甲은 '2020년 협회장' 선출을 위한 '선거'에 참여할 수 있었다.

② 2018년 10월 A협회 정회원 자격을 얻은 乙은 2019년 연회비 납부 여부와 관계없이 '2019년 협회장' 선출을 위한 '찬반투표'에 참여할 수 있었다.

③ 2017년 10월 A협회 정회원 자격을 얻은 丙이 연회비 미납부로 자격이 유보되었다가 2019년에 정회원 자격을 회복하였더라도 '2020년 협회장' 선출을 위한 '선거'에 참여할 수 없었다.

④ 2017년 10월 A협회 준회원 활동을 시작한 丁이 최소 요구 연한 경과 직후에 정회원 자격을 획득하였다면 '2019년 협회장' 선출을 위한 '찬반투표'에 참여할 수 있었다.

⑤ 2016년 10월 처음으로 A협회 정회원 자격을 얻은 戊가 2017년부터 연회비를 계속 납부하지 않았다면 협회장 선출을 위한 '선거'에 한 번도 참여할 수 없었다.

문제해설

Step 1 문제 해결

① (×) 3문단에 의하면 '선거'에 참여할 수 있는 회원은 선거일 기준으로 정회원 자격을 얻은 후 만 1년이 경과된 정회원이다. 1문단에 의하면 12월에 열리는 정기총회에서 다음해의 협회장을 선출하므로 2020년 협회장 선출을 위한 정기총회는 2019년 12월에 열린다. 따라서 해당 선거일은 2019년 12월이며, 2019년 10월에 A협회 정회원 자격을 얻은 갑은 그로부터 만 1년이 경과되지 않은 상태이므로 협회장 '선거'에 참여할 수 없다.

② (○) 2019년 협회장 선출을 위한 '찬반투표'는 2018년 12월에 시행된다. 2문단에 의하면 '찬반투표'에 참여할 수 있는 회원의 자격은 투표일 현재까지 정회원인 사람으로 한정된다. 을은 2018년 10월에 정회원 자격을 얻은 상태이므로 2018년 12월에 열리는 찬반투표는 2019년 연회비 납부 여부와 관계없이 참여가 가능하다.

③ (○) 3문단에 의하면 연회비 미납부로 정회원 자격이 유보된 사람이 '선거'에 참여하려면 정회원 자격이 회복된 후 만 1년이 경과되어야 한다. 병은 2019년에 정회원 자격을 회복하였으므로 '2020년 협회장' 선출을 위한 2019년 12월의 '선거'에는 아직 만 1년이 경과하지 않은 탓에 참여할 수 없다.

④ (○) 2017년 10월에 준회원 활동을 시작한 정이 최소 요구 연한이 경과한 직후에 정회원 자격을 획득하였다면 2018년 10월에 정회원이 되었음을 의미한다. 따라서 2018년 12월에 열리는 '2019년 협회장' 선출을 위한 '찬반투표'에 참여하는 데에는 문제가 없다.

⑤ (○) 2016년 10월에 처음으로 정회원이 되었는데 2017년부터 연회비를 납부하지 않았으므로 2017년 1월 30일이 경과한 이후로는 정회원 자격이 유보되고 이듬해에도 연회비를 납부하지 않았다면 2018년에는 회원 자격이 영구히 박탈될 것이다. '선거'에 참여하기 위해서는 정회원이 된 후 만 1년이 경과되어야 하는데 무는 2016년 10월 이후로 정회원 자격을 만 1년 이상 유지하지 못하였으므로 '선거'에는 한 번도 참여할 수 없었던 것이 맞다.

정답 | ①

34 규범형 문제

5급공채 2021 가책형 5번

다음 글과 〈상황〉을 근거로 판단할 때 옳은 것은?

공소제기는 법원에 특정한 형사사건의 심판을 청구하는 검사의 소송행위이다. 그러나 공소시효 기간이 만료(공소시효가 완성)된 범죄에 대하여는 검사가 공소를 제기할 수 없다. 공소시효는 범죄 후 일정 기간이 지나면 국가의 형벌소추권을 소멸시키는 제도이다. 따라서 공소시효가 완성된 범죄에 대한 검사의 공소제기는 위법하다.

공소시효는 범죄행위가 종료된 때를 기준으로 계산한다. 예컨대 감금죄의 경우 범죄행위의 종료는 감금된 날이 아니라 감금에서 벗어나는 날이 기준이므로 그날부터 공소시효를 계산한다. 또한 초일은 시간을 계산하지 않고 1일로 산정하며, 기간의 말일이 공휴일이거나 토요일이라도 기간에 산입한다. 연 또는 월 단위로 정한 기간은 연 또는 월 단위로 기간을 계산한다. 예컨대 절도행위가 2021년 1월 5일에 종료된 경우 절도죄의 공소시효는 7년이고 1월 5일을 1일로 계산하므로 2028년 1월 4일 24시에 공소시효가 완성된다.

한편 공소시효는 일정한 사유로 정지될 수 있다. 공소시효가 정지되었다가 그 사유가 없어지면 그날부터 나머지 공소시효 기간이 진행된다. 예컨대 범인이 형사처벌을 면할 목적으로 1년간 국외에 있다가 귀국하였다면 공소시효의 계산에서 1년을 제외한다. 다만 공범이 있는 경우 국외로 출국하지 않은 공범은 그 기간에도 공소시효가 정지되지 않는다.

또한 공소가 제기되면 그때부터 공소시효가 정지되고, 이는 공범의 경우에도 마찬가지이다. 따라서 공범 1인에 대하여 공소가 제기되면 그날부터 다른 공범의 공소시효도 정지되었다가 공범이 재판에서 유죄로 확정된 날부터 다른 공범에 대한 나머지 공소시효 기간이 진행된다. 그러나 공소가 먼저 제기된 사람이 범죄혐의 없음을 이유로 무죄판결을 받은 경우, 다른 공범에 대한 공소시효는 정지되지 않는다.

〈상 황〉

○ 甲은 2015년 5월 1일 피해자를 불법으로 감금하였는데, 피해자는 2016년 5월 2일에 구조되어 감금에서 풀려났다. 甲은 피해자를 감금 후 수사망이 좁혀오자 2개월간 국외로 도피하였다가 2016년 5월 1일에 귀국하였다.

○ 乙, 丙, 丁이 공동으로 행한 A죄의 범죄행위가 2015년 2월 1일 종료되었다. 그 후 乙은 국내에서 도피 중 2016년 1월 1일 공소제기 되어 2016년 6월 30일 범죄혐의 없음을 이유로 무죄 확정판결을 받았다. 한편 丙은 범죄행위 종료 후 형사처벌을 면할 목적으로 1년간 국외에서 도피 생활을 하다가 귀국한 뒤 2020년 1월 1일 공소가 제기되어 2020년 12월 31일 유죄 확정판결을 받았다. 丁은 범죄행위 종료 후 계속 국내에서 도피 중이다.

※ 감금죄의 공소시효는 7년, A죄의 공소시효는 5년임

① 甲에 대해 공소가 제기되기 전 정지된 공소시효 기간은 2개월이다.
② 2023년 5월 1일 甲에 대해 공소가 제기된다면 위법한 공소제기이다.
③ 丙에 대해 공소가 제기되기 전 정지된 공소시효 기간은 1년이다.
④ 丙의 국외 도피기간 중 丁의 공소시효는 정지된다.
⑤ 2022년 1월 31일 丁에 대해 공소가 제기된다면 적법한 공소제기이다.

문제해설

Step 1 문제 해결

조문 및 <상황> 분석

<갑> • 감금죄에 해당

• 2문단에 의하면 감금죄의 경우에는 감금에서 벗어나는 날이 범죄행위 종료일이 되며 이날부터 공소시효를 계산함. (구체적인 시효 계산은 마지막 문장)

<을> • 공동으로 행한 범죄행위의 사례

• 공범이 있는 범죄인 경우, 국외로 출국하지 않은 공범은 다른 공범이 공소시효 기간 내에 국외로 출국하였더라도 해당 기간 동안 공소시효가 정지되지 않음

• 공범 1인에 대해 공소가 제기되면 그날부터 다른 공범의 공소시효도 정지, 공범이 재판에서 유죄로 확정되면 그날부터 다른 공범에 대한 나머지 공소시효 기간이 진행, 무죄로 판결되면 다른 공범에 대한 공소시효는 정지되지 않음

① (×) 3문단에 의하면 범인이 형사처벌을 면할 목적으로 국외에 있다가 귀국한 경우 해당 기간은 공소시효 계산에서 제외(공소시효 정지)한다. <상황>에 의하면 피해자가 2016년 5월 2일에 감금에서 벗어났으므로 공소시효는 이날부터 계산된다. 2016년 5월 1일에 귀국하기 전까지 2개월간의 국외 도피 기간은 공소시효가 진행되기 전에 이루어진 것이므로 이로 인한 공소시효의 정지는 없다.

② (×) 각주에 의하면 감금죄의 공소시효는 7년이다. ①에서 살펴본 것처럼 갑이 국외로 도피한 2개월의 기간은 공소시효 정지에 해당하지 않으므로, 해당 범죄의 공소시효는 2016년 5월 2일을 기준으로 7년 뒤인 2023년 5월 1일 24시에 완성된다. 따라서 2023년 5월 1일에 공소가 제기된 것은 위법하지 않다.

③ (○) 을과 정은 범죄행위 종료 후 계속 '국내'에서 도피하였으므로 이 기간들은 병의 공소시효 기간에 영향을 미치지 않는다. 을이 2016년에 먼저 공소제기 되었고 재판을 통해 무죄 확정판결을 받았으므로 이로 인해 병의 공소시효가 정지되지는 않는다. 따라서 병이 범죄행위 종료 후 1년간 국외에서 도피 생활을 한 기간만 공소시효 정지 기간에 해당한다.

④ (×) 위에서 살펴본 것처럼 국외로 출국하지 않은 공범은 다른 공범이 공소시효 기간 내에 국외로 출국하였더라도 해당 기간 동안 공소시효가 정지되지 않는다. 따라서 병이 국외 도피한 1년은 정이 공소시효에 아무런 영향을 미치지 않는다.

⑤ (×) 을, 병, 정의 범죄행위 종료일은 2015년 2월 1일이다. 그런데 병이 2020년 1월 1일에 공소제기 되었고 2020년 12월 31일에 유죄 확정판결을 받았으므로 이 기간(1년) 동안은 정의 공시시효가 정지된다. 그렇다고 해도 정의 공소시효 완성일은 2021년 1월 31일 24시이므로, 2022년 1월 31일에 정에게 제기된 공소는 위법하다.

정답 | ③

35 **규범형 문제**
5급공채 2021 가책형 21번

다음 글과 〈상황〉을 근거로 판단할 때, 〈보기〉에서 옳은 것만을 모두 고르면?

제○○조 ① 급식은 유아의 교육을 위하여 설립·운영되는 국립·공립·사립 유치원을 대상으로 실시한다.
② 제1항에도 불구하고 원아수 50명 미만의 사립 유치원은 급식 대상에서 제외한다. 다만 교육감이 필요하다고 인정하는 경우 급식 대상에 포함시킬 수 있다.
③ 교육감은 제2항에 따라 급식 대상에서 제외되는 유치원의 명칭과 주소를 매년 1월말까지 공시하여야 한다.
제○○조 ① 유치원에 두는 영양교사의 배치기준은 다음 각 호와 같다.
1. 급식을 실시할 유치원에는 영양교사 1명을 둔다.
2. 제1호에도 불구하고 같은 교육지원청의 관할구역에 있는 원아수 각 200명 미만인 유치원은 2개 이내의 유치원에 순회 또는 공동으로 영양교사를 둘 수 있다.
② 교육감은 급식을 위한 시설과 설비를 갖춘 유치원 중 원아수 100명 미만의 유치원에 대하여 영양관리, 식생활 지도 등의 업무를 지원하기 위하여 교육지원청에 전담직원을 둘 수 있다. 이 경우 교육지원청의 지원을 받는 유치원에는 영양교사를 둔 것으로 본다.

〈상 황〉

○ 현재 유치원 현황은 다음과 같다.

유치원	분류	원아수	관할 교육지원청
A	공립	223	甲
B	사립	152	乙
C	사립	123	乙
D	사립	74	丙
E	공립	46	丙

〈보 기〉

ㄱ. A유치원은 급식을 실시하기 위하여 영양교사 1명을 배치해야 한다.
ㄴ. B유치원과 C유치원은 공동으로 영양교사 1명을 배치할 수 있다.
ㄷ. 급식을 위한 시설과 설비를 갖춘 D유치원이 丙교육지원청의 전담직원을 통하여 영양관리, 식생활 지도 등의 업무를 지원받고 있다면, D유치원은 영양교사를 둔 것으로 본다.
ㄹ. E유치원은 급식 대상에서 제외되는 유치원으로 그 명칭과 주소가 매년 1월말까지 공시되어야 한다.

① ㄱ, ㄴ　　② ㄱ, ㄹ　　③ ㄷ, ㄹ
④ ㄱ, ㄴ, ㄷ　　⑤ ㄴ, ㄷ, ㄹ

문제해설

Step 1 문제 해결

ㄱ. (○) 영양교사 배치 인원 기준은 제2조에 나와 있다. A유치원은 갑 교육지원청 관할에 있는 유일한 유치원이므로 제1항 제2호의 순회/공동 영양교사를 둘 수는 없다. 따라서 A유치원에는 고정 1인의 영양교사를 두어야 한다.

ㄴ. (○) B와 C 유치원의 관할 교육지원청은 '을'로 동일하다. 그리고 두 유치원의 원아수는 둘 다 200명 미만이다. 따라서 제2조 제1항 제2호에 따라 두 유치원 공동 영양교사 1명을 배치하는 것이 가능하다.

ㄷ. (○) 제2조 제2항에 의하면 급식을 위한 시설과 설비를 갖춘 원아수 100명 미만의 유치원에 대해 교육지원청의 전담직원을 통한 업무 지원이 있을 경우에는 유치원에 영양교사를 둔 것으로 간주하는데, D유치원이 이러한 상황에 해당한다. 따라서 D유치원은 영양교사를 둔 것으로 보는 것이 맞다.

ㄹ. (×) 제1조 제2항에 의하면 급식 대상에서 제외되고, 명칭과 주소가 매년 1월말까지 공시되어야 하는 것은 원아수 50명 미만의 '사립' 유치원이다. E는 공립 유치원이므로 해당 조항의 적용 대상이 아니다.

정답 | ④

36 규범형 문제
5급공채 2021 가책형 22번

다음 글을 근거로 판단할 때 옳은 것은?

> 제○○조 ① 재산공개대상자 및 그 이해관계인이 보유하고 있는 주식의 직무관련성을 심사·결정하기 위하여 인사혁신처에 주식백지신탁 심사위원회(이하 '심사위원회'라 한다)를 둔다.
>
> ② 심사위원회는 위원장 1명을 포함한 9명의 위원으로 구성한다.
>
> ③ 심사위원회의 위원장 및 위원은 대통령이 임명하거나 위촉한다. 이 경우 위원 중 3명은 국회가, 3명은 대법원장이 추천하는 자를 각각 임명하거나 위촉한다.
>
> ④ 심사위원회의 위원은 다음 각 호의 어느 하나에 해당하는 자격을 갖추어야 한다.
>
> 1. 대학이나 공인된 연구기관에서 부교수 이상의 직에 5년 이상 근무하였을 것
> 2. 판사, 검사 또는 변호사로 5년 이상 근무하였을 것
> 3. 금융 관련 분야에 5년 이상 근무하였을 것
> 4. 3급 이상 공무원 또는 고위공무원단에 속하는 공무원으로 3년 이상 근무하였을 것
>
> ⑤ 위원장 및 위원의 임기는 2년으로 하되, 1차례만 연임할 수 있다. 다만 임기가 만료된 위원은 그 후임자가 임명되거나 위촉될 때까지 해당 직무를 수행한다.
>
> ⑥ 주식의 직무관련성은 주식 관련 정보에 관한 직접적·간접적인 접근 가능성, 영향력 행사 가능성 등을 기준으로 판단하여야 한다.

① 심사위원회의 위원장은 위원 중에서 호선한다.
② 심사위원회의 위원 중 3명은 국회가 위촉한다.
③ 심사위원회의 위원이 4년을 초과하여 직무를 수행하는 경우가 있다.
④ 주식 관련 정보에 관한 간접적인 접근 가능성은 주식의 직무관련성을 판단하는 기준이 될 수 없다.
⑤ 금융 관련 분야에 5년 이상 근무하였더라도 대학에서 부교수 이상의 직에 5년 이상 근무하지 않으면 심사위원회의 위원이 될 수 없다.

문제해설

Step 1 문제 해결

① (×) '호선'이라는 용어에 대한 사전적 이해가 필요한데, 호선은 '어떤 조직의 구성원들이 그 가운데에서 어떠한 사람을 뽑음'이라는 뜻이다. 제3항에 의하면 위원장 및 위원은 대통령이 임명하거나 위촉하는 것이지, 위원들이 선출하는 게 아니다.

② (×) 역시 제3항에 따르면 위원 중 3명은 국회가 추천하는 것이지, 임명이나 위촉의 주체는 대통령이다.

③ (○) 제5항에 의하면 위원의 임기는 2년이고 1차례 연임이 가능하다. 그런데 단서 조항의 내용처럼 후임자가 임명되거나 위촉될 때까지는 직무를 수행하므로, 임기 2년에 1차례 연임을 거쳐 4년이 지나고 나서도 직무를 수행하는 경우가 나타날 수 있다.

④ (×) 제6항에서 주식 관련 정보에 관한 간접적인 접근 가능성도 주식의 직무관련성을 판단하는 기준에 해당한다고 명시하였다.

⑤ (×) 제4항의 제1호~제4호의 자격 요건은 '어느 하나에 해당'하기만 하면 되는 선언적 관계이다. 따라서 금융 관련 분야에 5년 이상 근무하였다면 그 자체로 심사위원회의 위원이 될 자격을 갖춘 것이다.

정답 | ③

37 규범형 문제
5급공채 2021 가책형 23번

다음 글을 근거로 판단할 때, 〈보기〉에서 옳은 것만을 모두 고르면?

제○○조 ① 여객자동차플랫폼운송사업(이하 '플랫폼운송사업'이라 한다)은 운송플랫폼과 자동차를 확보하고 다른 사람의 수요에 응하여 운송플랫폼을 통해 운송계약을 여객과 체결하여 유상으로 여객을 운송하는 사업을 말한다.

② 플랫폼운송사업을 경영하려는 자는 국토교통부장관의 허가를 받아야 한다.

③ 국토교통부장관은 제2항에 따라 플랫폼운송사업을 허가하는 경우, 30년 이내에서 기간을 한정하여 허가하거나 플랫폼운송사업의 질서를 확립하기 위하여 필요한 조건을 붙일 수 있다.

④ 플랫폼운송사업자는 매출액, 허가대수 또는 운행횟수를 고려하여 다음 각 호에 따른 여객자동차운송시장안정기여금(이하 '기여금'이라 한다)을 국토교통부장관에게 납부해야 한다.

1. 기여금은 월 단위로 산정하여 해당 월의 차차 월(다음다음 달) 말일까지 납부해야 한다.
2. 기여금은 매출액의 5%, 운행횟수당 800원, 허가대수당 40만 원 중 사업자가 어느 하나를 선택할 수 있다. 다만 허가대수가 총 300대 미만인 사업자는 아래 표와 같이 완화하여 적용한다.

허가대수 / 기여금 산정방식	200대 미만	200대 이상 300대 미만
매출액 대비 정률	1.25%	2.5%
운행횟수당 정액	200원	400원
허가대수당 정액	10만 원	20만 원

〈보 기〉

ㄱ. 국토교통부장관은 플랫폼운송사업을 하려는 甲에게 사업 기간을 15년으로 하여 허가할 수 있다.

ㄴ. 플랫폼운송사업허가를 받아 2020년 12월 15일부터 사업을 시작한 乙은 첫 기여금을 2021년 1월 31일까지 납부하여야 한다.

ㄷ. 100대의 차량으로 플랫폼운송사업허가를 받은 丙이 1개월 동안 20,000회 운행하여 매출 3억 원을 올렸다면, 丙이 납부해야 할 해당 월의 기여금은 400만 원 미만이 될 수 있다.

ㄹ. 300대의 차량으로 플랫폼운송사업허가를 받은 丁은 매출액의 5%에 해당하는 금액 또는 허가대수당 800원 중에서 선택하여 기여금을 납부할 수 있다.

① ㄱ, ㄴ ② ㄱ, ㄷ ③ ㄱ, ㄹ
④ ㄴ, ㄷ ⑤ ㄷ, ㄹ

문제해설

Step 1 문제 해결

ㄱ. (○) 제3항에 의하면 국토교통부장관은 플랫폼운송사업을 경영하려는 자에게 30년 이내에서 기간을 한정하여 허가할 수 있다.

ㄴ. (×) 제4항 제1호에 의하면 기여금은 월 단위로 산정하여 해당 월의 차차 월(다음다음 달) 말일까지 납부해야 한다. 을은 2020년 12월 15일부터 사업을 시작하였으므로 첫 기여금은 다음다음 달의 말일인 2021년 2월 28일까지(21년은 윤년이 아니라는 가정 하에) 납부해야 한다.

ㄷ. (○) 병이 허가받은 차량 대수는 100대이므로 제4항 제2호의 단서 조항에 따라 완화된 기준이 적용된다. 세 가지 기여금 산정방식 가운데 '매출액 대비 정률'은 3억 원의 1.25%이므로 375만 원이 된다. 기여금은 세 가지 산정방식 가운데 어느 하나를 선택해 납부하는 것이므로, '매출액 대비 정률'만 확인해도 해당 월의 기여금이 400만 원 미만이 가능함을 알 수 있다.

ㄹ. (×) 허가대수가 300대 이상이므로 제4항 제2호의 일반 규정에 따라 기여금을 산출해야 한다. 이 경우 매출액의 5% 또는 운행횟수당 800원 또는 허가대수당 40만 원 중 하나를 선택하게 되는데, 허가대수당 800원이 후보로 포함되어 있으므로 부적절하다.

정답 | ②

38 규범형 문제
5급공채 2021 가책형 24번

다음 글을 근거로 판단할 때 옳은 것은?

상속에는 혈족상속과 배우자상속이 있다. 혈족상속인은 피상속인(사망자)과의 관계에 따라 피상속인의 직계비속(1순위), 피상속인의 직계존속(2순위), 피상속인의 형제자매(3순위), 피상속인의 4촌 이내 방계혈족(4순위) 순으로 상속인이 된다. 후순위 상속인은 선순위 상속인이 없는 경우에 상속재산을 상속할 수 있다. 같은 순위의 혈족상속인이 여럿인 경우, 그 법정상속분은 균분(均分)한다.

피상속인의 배우자는 언제나 상속인이 된다. 그 배우자의 법정상속분은 직계비속과 공동으로 상속하는 때에는 직계비속 상속분의 5할을 가산하고, 직계존속과 공동으로 상속하는 때에는 직계존속 상속분의 5할을 가산한다. 피상속인에게 배우자만 있고 직계비속도 직계존속도 없는 때에는 배우자가 단독으로 상속한다.

한편 개인은 자신의 재산을 증여하거나 유언(유증)으로 자유롭게 처분할 수 있다. 그런데 이러한 자유를 무제한 허용한다면 상속재산의 전부가 타인에게 넘어가 상속인의 생활기반이 붕괴될 우려가 있다. 그래서 법률은 일정한 범위의 상속인에게 유류분을 인정하고 있다. 유류분이란 법률상 상속인에게 귀속되는 것이 보장되는 상속재산에 대한 일정비율을 의미한다.

피상속인이 유류분을 침해하는 유증이나 증여를 하는 경우, 유류분 권리자는 자기가 침해당한 유류분에 대해 반환을 청구할 수 있다. 유류분 권리자는 피상속인의 직계비속, 배우자, 직계존속 및 형제자매이다. 유류분은 피상속인의 배우자 또는 직계비속의 경우 그 법정상속분의 2분의 1, 피상속인의 직계존속 또는 형제자매의 경우 그 법정상속분의 3분의 1이다.

유류분반환청구권의 행사는 반드시 소에 의한 방법으로 하여야 할 필요는 없고, 유증을 받은 자 또는 증여를 받은 자에 대한 의사표시로 하면 된다. 유류분반환청구권은 유류분 권리자가 상속의 개시(피상속인의 사망시)와 반환하여야 할 증여 또는 유증을 한 사실을 안 때부터 1년 내에 행사하지 않거나, 상속이 개시된 때부터 10년이 경과하면 시효에 의하여 소멸한다.

① 피상속인이 유언에 의해 재산을 모두 사회단체에 기부한 경우, 그의 자녀는 유류분 권리자가 될 수 없다.
② 피상속인의 자녀에게는 법정상속분 2분의 1의 유류분이 인정되며, 유류분 산정액은 피상속인의 배우자의 그것과 같다.
③ 피상속인의 부모는 피상속인의 자녀와 공동으로 상속재산을 상속할 수 있다.
④ 상속이 개시한 때부터 10년이 경과하였다면, 소에 의한 방법으로 유류분반환청구권을 행사해야 한다.
⑤ 피상속인에게 3촌인 방계혈족만 있는 경우, 그 방계혈족은 상속인이 될 수 있지만 유류분 권리자는 될 수 없다.

문제해설

Step 1 문제 해결

① (×) 3문단에서 법률은 일정한 범위의 상속인에게 유류분을 인정하고 있다 하였으며, 4문단에 의하면 피상속인의 직계비속의 경우 유류분은 법정상속분의 2분의 1이다. 그리고 피상속인이 유류분을 침해하는 유증이나 증여를 한 경우에는 유류분 권리자가 침해당한 유류분에 대해 반환을 청구하는 것이 가능하다. 따라서 피상속인이 유언(유증)에 의해 재산을 모두 사회단체에 기부한 경우라도 그의 자녀는 유류분 권리자가 되어 침해당한 유류분에 대한 반환을 청구할 수 있다.

② (×) 2문단에 의하면 배우자의 법정상속분은 직계비속의 상속분에 5할을 가산하여 계산된다. 그리고 4문단에 따라 유류분은 피상속인의 배우자나 직계비속일 경우 그 법정상속분의 2분의 1이 된다. 따라서 배우자의 유류분은 직계비속 한 명의 유류분의 1.5배만큼인 것이다.

③ (×) 1문단에 의하면 피상속인의 직계존속은 직계비속에 비해 후순위이며, 후순위 상속인은 선순위 상속인이 없는 경우에 상속재산을 상속할 수 있다. 따라서 피상속인의 부모(직계존속)이 피상속인의 자녀(직계비속)와 공동으로 상속하는 것은 불가능하다.

④ (×) 5문단에 의하면 상속이 개시된 때부터 10년이 경과하면 유류분반환청구권은 시효에 의해 소멸된다.

⑤ (○) 1문단에 따라 피상속인의 3촌인 방계혈족은 기본적으로 4순위 상속인이 되며 다른 혈족이 없는 경우에는 그가 상속인이 된다. 하지만 4문단에 의하면 유류분은 피상속인의 배우자, 직계비속, 직계존속 및 형제자매까지이므로 3촌인 방계혈족은 유류분권자는 될 수 없다.

정답 | ⑤

39 규범형 문제
5급공채 2021 가책형 25번

다음 글을 근거로 판단할 때, 〈보기〉에서 옳은 것만을 모두 고르면?

제○○조 이 법에서 사용하는 용어의 뜻은 다음과 같다.

1. '임종과정에 있는 환자'란 담당의사와 해당 분야의 전문의 1명으로부터 임종과정에 있다는 의학적 판단을 받은 자를 말한다.
2. '연명의료계획서'란 말기환자 등의 의사에 따라 담당의사가 환자에 대한 연명의료중단결정 및 호스피스에 관한 사항을 계획하여 문서(전자문서를 포함한다)로 작성한 것을 말한다.
3. '사전연명의료의향서'란 19세 이상인 사람이 자신의 연명의료중단결정 및 호스피스에 관한 의사를 직접 문서(전자문서를 포함한다)로 작성한 것을 말한다.
4. '연명의료중단결정'이란 임종과정에 있는 환자에 대한 연명의료를 시행하지 아니하거나 중단하기로 하는 결정을 말한다.

제○○조 ① 말기환자 등은 담당의사에게 연명의료계획서의 작성을 요청할 수 있다.
② 의료기관의 장은 작성된 연명의료계획서를 등록·보관하여야 한다.

제○○조 ① 연명의료중단결정을 원하는 환자의 의사는 다음 각 호의 어느 하나의 방법으로 확인한다.

1. 의료기관에서 작성된 연명의료계획서가 있는 경우 이를 환자의 의사로 본다.
2. 담당의사가 사전연명의료의향서의 내용을 환자에게 확인하는 경우 이를 환자의 의사로 본다.

② 제1항에 해당하지 아니하여 환자의 의사를 확인할 수 없고 환자가 의사표현을 할 수 없는 의학적 상태인 경우 다음 각 호의 어느 하나에 해당할 때에는 해당 환자를 위한 연명의료중단결정이 있는 것으로 본다. 다만 담당의사 또는 해당 분야 전문의 1명이 환자가 연명의료중단결정을 원하지 아니하였다는 사실을 확인한 경우는 제외한다.

1. 미성년자인 환자의 법정대리인(친권자에 한정한다)이 연명의료중단결정의 의사표시를 하고 담당의사와 해당 분야 전문의 1명이 확인한 경우
2. 환자가족 중 다음 각 목에 해당하는 사람(19세 이상인 사람에 한정하며, 행방불명자 등 대통령령으로 정하는 사유에 해당하는 사람은 제외한다) 전원의 합의로 연명의료중단결정의 의사표시를 하고 담당의사와 해당 분야 전문의 1명이 확인한 경우
   가. 배우자
   나. 1촌 이내의 직계 존속·비속

〈보 기〉

ㄱ. 17세 환자가 자신의 연명의료중단결정에 관한 전자문서를 직접 작성하였다면, 그 문서는 사전연명의료의향서에 해당된다.
ㄴ. 말기환자의 요청에 따라 담당의사가 의료기관에서 문서로 작성한 연명의료계획서가 등록·보관되어 있는 경우, 연명의료중단결정을 원하는 환자의 의사가 있는 것으로 본다.
ㄷ. 21세 환자가 의사를 표현할 수 없는 의학적 상태인 경우, 환자가 1년 전 작성해 둔 사전연명의료의향서가 있다면 담당의사의 확인이 없더라도 연명의료중단결정을 원하는 환자의 의사가 있는 것으로 본다.
ㄹ. 임종과정에 있는 환자에게 배우자, 자녀, 손자녀가 있는 경우, 그 환자에 대한 연명의료중단결정에는 이들 모두의 합의된 의사표시가 필요하다.

① ㄴ
② ㄹ
③ ㄱ, ㄴ
④ ㄴ, ㄷ
⑤ ㄷ, ㄹ

문제해설

Step 1 문제 해결

ㄱ. (×) 제1조 제3호의 용어 정의에 따르면, '사전연명의료의향서'란 19세 이상인 사람이 자신의 연명의료중단결정 등에 관한 의사를 직접 문서(전자문서 포함)로 작성한 것을 말한다. 17세 환자가 작성한 것은 사전연명의료의향서가 될 수 없다.

ㄴ. (○) 제2조 제1항에 의하면 말기환자는 담당의사에게 연명의료계획서의 작성을 요청할 수 있으며, 제3조 제1항에 따르면 이렇게 작성된 연명의료계획서가 있는 경우에는 이를 연명의료중단결정을 원하는 환자의 의사로 본다.

ㄷ. (×) 환자가 1년 전에 작성해 둔 사전연명의료의향서가 있지만, 제3조 제1항 제2호에 따르면 담당의사가 해당 의향서의 내용을 환자에게 확인해야 이를 환자의 의사로 볼 수 있다. 선지의 상황에서는 환자가 이러한 의사 표현이 불가능한 상태이므로 제2항이 적용된다. 제2항에 의하면 제1호는 환자가 미성년자인 경우이므로 해당이 없고, 제2호에 따를 때 환자가족 중 배우자 및 1촌 이내의 직계 존속·비속 모두의 합의 및 담당의사와 해당 분야 전문의 1명이 확인하여야 환자의 의사가 있는 것으로 간주된다.

ㄹ. (×) 만약 해당 환자가 의사 표시가 가능하거나 의료기관에서 작성된 연명의료계획서가 있는 경우에는 제1항에 따르면 된다. 그렇지 않은 경우, 제3조 제2항 제2호에 따라 합의가 필요한 것은 배우자와 1촌 이내의 직계 존·비속이다. 손자녀는 1촌 이내가 아니므로 이들의 합의는 불필요하다.

정답 | ①

40 규범형 문제

5급공채 2022 나책형 1번

다음 글을 근거로 판단할 때 옳은 것은?

제○○조 ① 자신의 생명 또는 신체상의 위험을 무릅쓰고 급박한 위해에 처한 다른 사람의 생명·신체 또는 재산을 구하기 위한 구조행위로서 다음 각 호의 어느 하나의 경우에 대해서는 이 법을 적용한다. 다만 자신의 행위로 인하여 위해에 처한 사람에 대하여 구조행위를 하다가 사망하거나 부상을 입은 행위는 제외한다.

1. 범죄행위를 제지하거나 그 범인을 체포하다가 사망하거나 부상을 입은 경우
2. 운송수단의 사고로 위해에 처한 다른 사람의 생명·신체 또는 재산을 구하다가 사망하거나 부상을 입은 경우
3. 천재지변, 수난(水難), 화재 등으로 위해에 처한 다른 사람의 생명·신체 또는 재산을 구하다가 사망하거나 부상을 입은 경우
4. 물놀이 등을 하다가 위해에 처한 다른 사람의 생명 또는 신체를 구하다가 사망하거나 부상을 입은 경우

② 의사자(義死者)란 직무 외의 행위로서 구조행위를 하다가 사망하여 □□부장관이 의사자로 인정한 사람을 말한다.

③ 의상자(義傷者)란 직무 외의 행위로서 구조행위를 하다가 신체상의 부상을 입어 □□부장관이 의상자로 인정한 사람을 말한다.

제○○조 ① 국가는 의사자·의상자가 보여준 살신성인의 숭고한 희생정신과 용기가 항구적으로 존중될 수 있도록 서훈(敍勳)을 수여하는 등 필요한 조치를 할 수 있다.

② 국가와 지방자치단체는 의사자를 추모하고 숭고한 뜻을 기리기 위한 동상 및 비석 등의 기념물을 설치하는 기념사업을 수행할 수 있다.

③ 국가는 다음 각 호의 기준에 따라 의상자 및 의사자 유족에게 보상금을 지급한다.

1. 의상자의 경우에는 그 본인에게 지급한다.
2. 의사자의 경우에는 그 배우자, 자녀, 부모, 조부모, 형제자매의 순으로 지급한다. 이 경우 같은 순위의 유족이 2인 이상인 때에는 보상금을 같은 금액으로 나누어 지급한다.

※ 서훈 : 공적의 등급에 따라 훈장을 내림

① 의사자 甲에게 배우자와 자녀가 있는 경우, 보상금은 전액 배우자에게 지급된다.

② 지방자치단체는 의상자 乙에게 서훈을 수여하거나 동상을 설치하는 기념사업을 수행할 수 있다.

③ 소방관 丙이 화재 현장에 출동하여 화재를 진압하던 중 부상을 입은 경우, 丙은 의상자로 인정될 수 있다.

④ 물놀이를 하던 丁이 물에 빠진 애완동물을 구조하던 중 부상을 입은 경우, 丁은 의상자로 인정될 수 있다.

⑤ 운전자 戊가 자신이 일으킨 교통사고의 피해자를 구조하던 중 다른 차량에 치여 부상당한 경우, 戊는 의상자로 인정될 수 있다.

문제해설

Step 1 문제 해결

① (○) 제2조 제3항 제2호에 의하면 의사자의 경우 배우자-자녀-부모-조부모-형제자매의 순으로 보상금을 지급한다. 배우자와 자녀가 있는 경우에는 배우자가 1순위자이므로 보상금 전액은 배우자에게 지급된다.

② (×) 제2조 제1항에 의하면 의사자 및 의상자에게 서훈을 수요하는 주체는 국가이다. 또한 제2항에 따라 동상 설치 등의 기념사업 대상이 되는 것은 의상자가 아닌 의사자이다.

③ (×) 제1조 제3항에 의하면 직무 외의 행위로서 구조행위를 하다가 신체상의 부상을 입은 경우에 의상자가 될 수 있다.

④ (×) 제1조 제1항에 의하면 급박한 위해에 처한 다른 '사람'의 생명이나 신체 또는 재산을 구하기 위한 구조행위여야 의사자나 의상자가 될 수 있다.

⑤ (×) 제1조 제1항의 단서 조항에 따르면 자신의 행위로 인해 위해에 처한 사람에 대하여 구조행위를 하는 것은 제외된다. 운전자 무는 자신이 일으킨 교통사고의 피해자를 구조하던 중이었으므로 이 법의 적용 대상이 아니다.

정답 | ①

41 규범형 문제

5급공채 2022 나책형 2번

다음 글을 근거로 판단할 때 옳은 것은?

제○○조 ① 본인 또는 배우자, 직계혈족(이하 '본인 등'이라 한다)은 가족관계등록부의 기록사항에 관하여 발급할 수 있는 증명서(가족관계증명서, 기본증명서, 혼인관계증명서, 입양관계증명서, 친양자입양관계증명서 등)의 교부를 청구할 수 있고, 본인 등의 대리인이 청구하는 경우에는 본인 등의 위임을 받아야 한다. 다만 다음 각 호의 어느 하나에 해당하는 경우에는 본인 등이 아닌 경우에도 교부를 신청할 수 있다.

1. 국가 또는 지방자치단체가 직무상 필요에 따라 문서로 신청하는 경우
2. 소송·민사집행의 각 절차에서 필요한 경우
3. 다른 법령에서 본인 등에 관한 증명서를 제출하도록 요구하는 경우

② 제1항에도 불구하고 친양자입양관계증명서는 다음 각 호의 어느 하나에 해당하는 경우에 한하여 교부를 청구할 수 있다.

1. 친양자가 성년이 되어 신청하는 경우
2. 법원의 사실조회촉탁이 있거나 수사기관이 수사상 필요에 따라 문서로 신청하는 경우

③ 제1항 및 제2항에 따라 증명서의 교부를 청구하는 사람은 수수료를 납부하여야 하며, 증명서의 송부를 신청하는 경우에는 우송료를 따로 납부하여야 한다.

④ 본인 또는 배우자, 부모, 자녀는 가족관계등록부의 기록사항 전부 또는 일부에 대하여 전자적 방법에 의한 열람을 청구할 수 있다. 다만 친양자입양관계증명서의 기록사항에 대하여는 친양자가 성년이 된 이후에만 청구할 수 있다.

① A의 직계혈족인 B가 A의 기본증명서 교부를 청구할 때에는 A의 위임을 받아야 한다.
② 본인의 입양관계증명서 교부를 청구한 C는 수수료와 우송료를 일괄 납부하여야 한다.
③ 지방자치단체는 직무상 필요에 따라 구두로 지역주민 D의 가족관계증명서 교부를 신청할 수 있다.
④ E의 자녀 F는 E의 혼인관계증명서의 기록사항에 대해 전자적 방법에 의한 열람을 청구할 수 있다.
⑤ 미성년자 G는 본인의 친양자입양관계증명서의 기록사항에 대해 전자적 방법에 의한 열람을 청구할 수 있다.

문제해설

Step 1 문제 해결

① (×) 제1항에 의하면 본인 또는 배우자, 직계혈족은 기본증명서의 교부를 청구할 수 있다. 따라서 A의 직계혈족인 B가 A의 기본증명서 교부를 청구할 때에는 A의 위임 없이도 가능하다.

② (×) 제3항에 의하면 증명서의 교부를 청구한 경우 수수료는 필수적으로 납부해야 하지만, 우송료는 증명서의 송부를 신청한 경우에 따로 납부한다.

③ (×) 제1항의 단서 조항에 따르면 국가나 지방자치단체가 직무상 필요에 따라 '문서로' 신청하는 경우 '본인 등'이 아닌 경우에도 교부를 신청할 수 있다. 따라서 지방자치단체가 직무상 필요에 따라 '구두로' 교부를 신청하는 것은 부적절하다.

④ (○) 제4항에 의하면 자녀도 가족관계등록부의 기록사항(혼인관계증명서 포함)에 대해 전자적 방법에 의한 열람을 청구할 수 있다.

⑤ (×) 제4항에 의하면 친양자가 성년이 된 이후에만 친양자입양관계증명서의 시록사항에 대한 열람 청구가 가능하다.

정답 | ④

42 규범형 문제
5급공채 2022 나책형 3번

다음 글과 〈상황〉을 근거로 판단할 때 옳은 것은?

제○○조 ① 소비자는 물품 등의 사용으로 인한 피해의 구제를 한국소비자원에 신청할 수 있다.
② 국가·지방자치단체 또는 소비자단체는 소비자로부터 피해구제의 신청을 받은 때에는 한국소비자원에 그 처리를 의뢰할 수 있다.
③ 사업자는 소비자로부터 피해구제의 신청을 받은 때에는 다음 각 호의 어느 하나에 해당하는 경우에 한하여 한국소비자원에 그 처리를 의뢰할 수 있다.

1. 소비자로부터 피해구제의 신청을 받은 날부터 30일이 경과하여도 합의에 이르지 못하는 경우
2. 한국소비자원에 피해구제의 처리를 의뢰하기로 소비자와 합의한 경우

제□□조 ① 한국소비자원장은 피해구제신청사건을 처리함에 있어서 당사자 또는 관계인이 법령을 위반한 것으로 판단되는 때에는 관계 기관에 이를 통보하고 적절한 조치를 의뢰하여야 한다. 다만 다음 각 호의 경우에는 그러하지 아니하다.

1. 피해구제신청사건의 당사자가 피해보상에 관한 합의를 하고 법령위반행위를 시정한 경우
2. 관계 기관에서 위법사실을 이미 인지·조사하고 있는 경우

② 한국소비자원장은 피해구제신청의 당사자에 대하여 피해보상에 관한 합의를 권고할 수 있다.
제△△조 한국소비자원장은 제○○조의 규정에 따라 피해구제의 신청을 받은 날부터 30일 이내에 제□□조 제2항의 규정에 따른 합의가 이루어지지 아니하는 때에는 지체 없이 소비자분쟁조정위원회에 분쟁조정을 신청하여야 한다.
제◇◇조 한국소비자원의 피해구제 처리절차 중에 법원에 소를 제기한 당사자는 그 사실을 한국소비자원에 통보하여야 한다.

〈상 황〉

소비자 甲은 사업자 乙이 생산한 물품을 사용하다가 피해를 입었다. 이에 甲은 乙에게 피해구제를 신청하였다.

① 乙이 신청을 받은 날부터 30일이 지나도록 甲과 합의에 이르지 못한 경우, 乙은 한국소비자원에 그 처리를 의뢰할 수 있다.
② 甲과 乙이 한국소비자원에 피해구제의 처리를 의뢰하기로 합의한 경우, 乙은 30일 이내에 소비자분쟁조정위원회에 분쟁조정을 신청하여야 한다.
③ 한국소비자원이 甲의 피해구제 처리절차를 진행하는 중에는 甲은 해당 사건에 대해 법원에 소를 제기할 수 없다.
④ 한국소비자원장이 권고한 피해보상에 관한 합의가 甲과 乙 사이에 이루어지지 않은 경우, 한국소비자원장은 30일 이내에 소비자분쟁조정위원회에 분쟁조정을 신청하여야 한다.
⑤ 한국소비자원장은 피해구제신청사건을 처리함에 있어서 乙이 법령을 위반한 것으로 판단되면, 관계 기관에서 위법사실을 이미 인지·조사하고 있는 경우라도 관계 기관에 이를 통보하고 적절한 조치를 의뢰하여야 한다.

문제해설

Step 1 문제 해결

<상황>에서 피해를 입은 갑은 사업자인 을에게 직접 피해구제를 신청한 상태이다.

① (○) 제○○조 제3항 제1호에 의하면 사업자가 소비자로부터 피해구제의 신청을 받은 날부터 30일이 경과하여도 합의에 이르지 못한 경우에는 한국소비자원에 그 처리를 의뢰할 수 있다.

② (×) 제○○조 제3항 제2호에 따라 사업자가 소비자와 한국소비자원에 피해구제의 처리를 의뢰하기로 합의한 경우에는 별도의 기간 제한 없이 한국소비자원에 피해구제 처리를 의뢰하는 것이 가능하다.

③ (×) 제◇◇조에 따르면 한국소비자원의 피해구제 처리절차 중에도 당사자는 해당 사건에 대해 법원에 소를 제기하는 것이 가능하다.

④ (×) 제△△조에 의하면, 제○○조에 따른 피해구제의 신청을 받은 날부터 30일 이내에 한국소비자원장이 권고한 합의가 이루어지지 아니한 경우에 지체 없이 소비자분쟁조정위원회에 분쟁조정을 신청해야 하는 것이지, 합의가 이루어지지 않은 경우 30일 이내에 분쟁조정을 신청하는 것이 아니다.

⑤ (×) 제□□조 제1항에 의하면 관계 기관에서 당사자나 관계인의 위법사실을 이미 인지·조사하고 있는 경우에는 한국소비자원장이 관계 기관에 이를 통보하고 적절한 조치를 의뢰할 필요가 없다.

정답 | ①

43 규범형 문제
5급공채 2022 나책형 4번

다음 글과 〈상황〉을 근거로 판단할 때 옳은 것은?

제○○조 ① 박물관에는 임원으로서 관장 1명, 상임이사 1명, 비상임이사 5명 이내, 감사 1명을 둔다.
② 감사는 비상임으로 한다.
③ 관장은 정관으로 정하는 바에 따라 □□부장관이 임면하고, 상임이사와 비상임이사 및 감사의 임면은 정관으로 정하는 바에 따른다.
제○○조 ① 관장의 임기는 3년으로 하며, 1년 단위로 연임할 수 있다.
② 이사와 감사의 임기는 2년으로 하며, 1년 단위로 연임할 수 있다.
③ 임원의 사임 등으로 인하여 선임되는 임원의 임기는 새로 시작된다.
④ 관장은 박물관을 대표하고 그 업무를 총괄하며, 소속 직원을 지휘·감독한다.
⑤ 관장이 부득이한 사유로 직무를 수행할 수 없을 때에는 상임이사가 그 직무를 대행하고, 상임이사도 직무를 수행할 수 없을 때에는 정관으로 정하는 임원이 그 직무를 대행한다.
제○○조 ① 박물관의 중요 사항을 심의·의결하기 위하여 박물관에 이사회를 둔다.
② 이사회는 의장을 포함한 이사로 구성하고 관장이 의장이 된다.
③ 이사회는 재적이사 과반수의 출석으로 개의하고, 재적이사 과반수의 찬성으로 의결한다.
④ 감사는 직무와 관련하여 필요한 경우 이사회에 출석하여 발언할 수 있다.
제○○조 ① 박물관의 임직원이나 임직원으로 재직하였던 사람은 그 직무상 알게 된 비밀을 누설하거나 도용하여서는 아니 된다.
② 제1항을 위반하여 직무상 알게 된 비밀을 누설하거나 도용한 사람은 2년 이하의 징역 또는 2천만 원 이하의 벌금에 처한다.

〈상 황〉

○○박물관에는 임원으로 이사인 관장 A, 상임이사 B, 비상임이사 C, D, E, F와 감사 G가 있다.

① A가 2년간 재직하다가 퇴직한 경우, 새로 임명된 관장의 임기는 1년이다.
② 이사회에 A, B, C, D, E가 출석한 경우, 그 중 2명이 반대하면 안건은 부결된다.
③ A가 부득이한 사유로 직무를 수행할 수 없을 때에는 G가 소속 직원을 지휘·감독한다.
④ B가 직무상 알게 된 비밀을 누설한 경우, 1년의 징역과 500만 원의 벌금에 처해질 수 있다.
⑤ ○○박물관 정관에 "관장은 이사, 감사를 임면한다."라고 규정되어 있는 경우, A는 G의 임기가 만료되면 H를 상임감사로 임명할 수 있다.

문제해설

Step 1 문제 해결

① (×) <상황>에 따르면 A는 관장이고, 제2조 제3항에 따라 임원의 사임 등으로 인하여 선임되는 임원의 임기는 새로 시작한다고 되어 있다. 제2조 제1항에 따르면 관장의 임기는 3년이므로, 신임 관장의 임기 역시 3년이다.

② (○) 제3조 제1항~제4항에 따르면, 이사회는 의장을 포함한 이사로 구성하므로 재적이사는 관장을 포함한 A, B, C, D, E, F 6명이다. 그리고 재적이사 과반수 출석에 재적이사 과반수가 찬성해야 안건이 의결된다. 이사회에 A, B, C, D, E 5명의 이사가 출석한 경우 이사회는 열리지만, 그 중 2명이 반대하면 찬성표가 최대 3표이므로 가결에 필요한 과반의 찬성표가 확보되지 않아 안건은 부결된다.

③ (×) 제2조 제5항에 따르면 관장인 A가 부득이한 사유로 직무를 수행할 수 없을 때에는 상임이사가, 상임이사도 직무를 수행할 수 없을 때에는 정관으로 정하는 임원이 그 직무를 대행한다. 현재 상임이사 B가 존재하므로 감사인 G가 아니라 상임이사 B가 우선적으로 관장의 직무를 대행하게 된다.

④ (×) 제4조에 의하면 임직원이 그 직무상 알게 된 비밀을 누설한 경우 2년 이하의 징역이나 2천만 원 이하의 벌금에 처한다. 이때의 징역형과 벌금형은 선택적으로 부과되는 것이지, 1년의 징역과 500만 원의 벌금처럼 병과하는 것은 불가능하다.

⑤ (×) 제1조 제3항에 따라 이사와 감사의 임면은 정관으로 정하는 바에 따르게 된다. 정관이 "관장은 이사, 감사를 임면한다."라고 규정되어 있을 경우, G의 임기가 만려되면 H를 후속 감사로 임명하는 것은 가능하지만, 그를 '상임'감사로 임명하는 것은 불가능하다(제2항에서 감사는 비상임이라고 한정하였으므로).

정답 | ②

44 규범형 문제
5급공채 2022 나책형 5번

다음 글과 〈상황〉을 근거로 판단할 때 옳은 것은?

19세 이상 주민(이하 '주민'이라 한다)은 지방자치단체에 조례의 제정·개정 및 폐지를 청구할 수 있다. 시·도와 인구 50만 이상 대도시에서는 주민 총수의 100분의 1 이상, 시·군 및 자치구에서는 주민 총수의 50분의 1 이상의 연서로 해당 지방자치단체의 장에게 조례를 제정하거나 개정 또는 폐지할 것을 청구할 수 있다. 이때 청구인 대표자는 조례의 제정안·개정안 및 폐지안(이하 '주민청구조례안'이라 한다)을 작성하여 제출해야 한다. 지방자치단체의 장은 청구를 받은 날부터 5일 이내에 그 내용을 공표하여야 하며, 공표한 날을 포함하여 10일간 청구인명부나 그 사본을 공개된 장소에서 누구나 열람할 수 있도록 해야 한다. 청구인명부의 서명에 관하여 이의가 있는 주민은 열람기간 동안 해당 지방자치단체의 장에게 이의를 신청할 수 있다. 지방자치단체의 장은 이의신청을 받으면 열람기간이 끝난 날의 다음 날부터 14일 이내에 그에 대해 심사·결정하고 그 결과를 당사자에게 알려야 한다.

지방자치단체의 장은 이의신청이 없는 경우 또는 이의신청에 대해 그 결정이 끝난 경우 청구를 수리하고, 요건을 갖추지 못하였다면 청구를 각하한다. 지방자치단체의 장은 청구를 수리한 날을 포함하여 60일 이내에 주민청구조례안을 지방의회에 부의하여야 하며, 그 결과를 청구인 대표자에게 알려야 한다.

지방의회는 재적의원 3분의 1 이상의 출석으로 개의한다. 의결 사항은 재적의원 과반수의 출석과 출석의원 과반수의 찬성으로 의결한다.

〈상 황〉

○ □□도 A시의 인구는 30만 명이며, 19세 이상 주민은 총 20만 명이다.
○ A시 주민 甲은 청구인 대표자로 2022. 1. 3. ○○조례에 대한 개정을 청구했고, 이에 A시 시장 B는 같은 해 1. 5. 이를 공표하였다.
○ A시 의회 재적의원은 12명이다.

① A시에서 주민이 조례 개정을 청구하기 위해서는 최소 6,000명 이상의 연서가 필요하다.
② A시 주민이 甲의 조례 개정 청구인명부의 서명에 대해 이의를 신청할 수 있는 기간은 2022. 1. 14.까지이다.
③ A시 주민 乙이 2022. 1. 6. 청구인명부의 서명에 대해 이의를 신청했다면, B는 같은 해 1. 31.까지 그에 대한 심사·결정 결과를 당사자에게 통보해야 한다.
④ 甲의 조례 개정 청구가 2022. 2. 1. 수리되었다면, B는 같은 해 4. 2.까지 ○○조례 개정안을 A시 의회에 부의해야 한다.
⑤ A시 의회는 의원 3명의 참석으로 ○○조례 개정안에 대해 개의할 수 있다.

문제해설

Step 1 문제 해결의 출발점

'시·도'와 '시·군·구'에서 각각의 '시'는 구분해야 한다. 전자의 '시'는 광역자치단체인 광역시나 특별시를 말하고, 후자의 '시'는 기초자치단체로서의 일반적인 시를 의미한다.

Step 2 선택지 분석

① (×) 일차적으로 '주민'은 19세 이상이어야 하므로, A시의 주민은 20만 명으로 간주해야 한다. A시는 인구가 30만 명이므로 '시·도와 인구 50만 이상 대도시'의 경우에는 해당하지 않으며 시·군 및 자치구의 경우에 따라 주민 총수 50분의 1 이상의 연서가 필요하다. 따라서 20만 명의 1/50인 4,000명의 연서가 있으면 조례 개정 청구가 가능하다.

② (○) 1문단 후반부에 의하면 청구인명부의 서명에 관해 이의가 있는 주민은 열람기간 동안 이의신청이 가능하다. 열람기간은 직전 문장에 따라 공표한 날 포함 10일 간이므로, <상황>에 적용하면 2022. 1. 5.부터 2022. 1. 14.까지가 열람기간이며, 이 기간에 주민은 청구인명부의 서명에 대해 이의를 신청할 수 있다.

③ (×) 1문단 마지막 문장에 의하면 이의신청을 받은 경우, 지방자치단체의 장은 열람기간(2022. 1. 14.까지)이 끝난 날의 다음 날부터 14일 이내에 결과를 당사자에게 통보해야 한다. 따라서 B는 2022. 1. 28.까지(초일을 산입하는 경우) 심사·결정 결과를 당사자에게 통보해야 한다.

④ (×) 2문단에 의하면 지방자치단체의 장은 청구를 수리한 날을 포함해 60일 이내에 주민청구조례안을 지방의회에 부의해야 한다. 따라서 조례 개정 청구가 2022. 2. 1에 수리되었다면 시장인 B는 같은 해 4. 1.까지(2022년은 윤년이 아니므로 2월은 28일까지 있다는 가정 하에) 해당 주민청구조례안을 지방의회에 부의해야 한다.

⑤ (×) 마지막 문단에 의하면 지방의회 재적의원 1/3 이상의 출석으로 개의한다. 현재 A시 의회 재적의원은 12명이므로 3명이 참석하면 개의가 불가능하다.

정답 | ②

45 규범형 문제
5급공채 2022 나책형 21번

다음 글과 〈상황〉을 근거로 판단할 때, A시장이 잘못 부과한 과태료 초과분의 합은?

제○○조 ① ☆☆영업을 하려는 자는 시·도지사에게 기간 내에 일정한 사항을 신고하여야 한다.

② 신고의무자가 부실하게 신고한 경우에는 신고하지 아니한 것으로 본다.

③ 시·도지사는 신고의무자가 기간 내에 신고하지 아니한 경우, 일정한 기간(이하 '사실조사기간'이라 한다)을 정하여 그 사실을 조사하고, 신고의무자에게 사실대로 신고할 것을 촉구하여야 한다.

④ 시·도지사는 신고의무자가 기간 내에 신고하지 아니한 경우에는 다음 각 호의 기준에 따라 과태료를 부과한다. 단, 제3항의 촉구를 받은 신고의무자가 신고하지 아니한 경우에는 다음 각 호 기준 금액의 2배를 부과한다.

1. 신고기간이 지난 후 1개월 이내 : 1만 원
2. 신고기간이 지난 후 1개월 초과 6개월 이내 : 3만 원
3. 신고기간이 지난 후 6개월 초과 : 5만 원

제○○조 시·도지사는 과태료 처분대상자가 다음 각 호의 어느 하나에 해당하는 경우에는 과태료를 경감하여 부과한다. 단, 둘 이상에 해당하는 경우에는 그 중 높은 경감비율만을 한 차례 적용한다.

1. 사실조사기간 중 자진신고한 자 : 2분의 1 경감
2. 「장애인복지법」상 장애인 : 10분의 2 경감

〈상 황〉

A시장은 신고기간 내에 신고를 하지 않은 甲, 乙, 丙을 대상으로 사실조사를 실시하였고, 사실조사기간 중 자진신고를 한 丙을 제외한 모든 자에게 신고를 촉구하였다. 촉구를 받은 甲은 사실대로 신고하였지만 乙은 부실하게 신고하였다. 그 후 A시장은 甲, 乙, 丙에게 아래의 금액을 과태료로 부과하였다.

<과태료 부과현황>

대상자	신고기간 후 경과일수	특이사항	부과액
甲	200일	국가유공자	10만 원
乙	71일		6만 원
丙	9일	「장애인복지법」상 장애인	1만 5천 원

① 57,000원　② 60,000원　③ 72,000원
④ 85,000원　⑤ 90,000원

문제해설

Step 1 문제 해결

먼저 병부터 살펴보면, 병은 사실조사기간 중 자진신고를 하였고 「장애인복지법」상 장애인에도 해당하므로, 경감비율이 더 높은 1/2 경감을 적용받는다. 제1조 제4항에 따라 신고기간이 지난 후 1개월 이내인 경우인 1만 원에 감경 사유까지 적용하면 병이 내야 할 과태료는 5,000원이 된다. (초과분은 1만 원)

갑은 촉구를 받은 이후 사실대로 신고하였으므로 제1조 제4항 단서조항의 2배 가중은 적용받지 않는다. 갑은 신고기간 후 경과일수가 200일이므로 제1조 제4항의 제3호가 적용되어 5만 원의 과태료를 내면 되는데, 10만 원을 부과하였으므로 초과분은 5만 원이다. (갑의 특이사항인 '국가유공자'는 별도의 감경 사유에 해당하지 않는다)

마지막으로 을은 촉구를 받은 이후 부실하게 신고하였는데 이는 제1조 제2항에 따라 신고하지 아니한 것으로 간주되어 을의 과태료는 2배로 가중된다. 그리고 을의 신고기간 후 경과일수는 71일(1개월 초과 6개월 이내)이므로 최종 과태료는 3만 원의 2배인 6만 원이다. 따라서 을의 경우 초과분은 없다.

정답 | ②

46 규범형 문제
5급공채 2022 나책형 22번

다음 글과 〈상황〉을 근거로 판단할 때 옳은 것은?

제○○조 ① 사업주는 다음 각 호의 어느 하나에 해당하는 작업을 도급하여 자신의 사업장에서 수급인의 근로자가 그 작업을 하도록 해서는 아니 된다.
1. 도금작업
2. 수은, 납 또는 카드뮴을 가공·처리하는 작업

② 사업주는 제1항에도 불구하고 다음 각 호의 어느 하나에 해당하는 경우에는 제1항 각 호에 따른 작업을 도급하여 자신의 사업장에서 수급인의 근로자가 그 작업을 하도록 할 수 있다.
1. 일시적·간헐적으로 하는 작업을 도급하는 경우
2. 수급인이 보유한 기술이 전문적이고 해당 사업주의 사업 운영에 필수불가결한 경우로서 고용노동부장관의 승인을 받은 경우

③ 제2항 제2호에 따른 승인을 받은 작업을 도급받은 수급인은 그 작업을 하도급할 수 없다.

제□□조 도급인은 수급인의 근로자가 자신의 사업장에서 작업을 하는 경우, 자신의 근로자와 수급인의 근로자의 산업재해를 예방하기 위하여 필요한 안전조치 및 보건조치를 하여야 한다.

제△△조 고용노동부장관은 사업주가 다음 각 호의 어느 하나에 해당하는 경우에는 10억 원 이하의 과징금을 부과·징수할 수 있다.
1. 제○○조 제1항을 위반하여 도급한 경우
2. 제○○조 제2항 제2호를 위반하여 승인을 받지 아니하고 도급한 경우
3. 제○○조 제3항을 위반하여 재하도급한 경우

제◇◇조 제□□조를 위반한 자는 3년 이하의 징역 또는 3천만 원 이하의 벌금에 처한다.

※ 도급(都給) : 공사 등을 타인(수급인)에게 맡기는 일

〈상 황〉

장신구 제조업체 甲(도급인)은 도금작업을 위해 도금 전문업체 乙(수급인)과 도급계약을 체결하였다.

① 도금작업이 일시적인 경우, 甲은 고용노동부장관의 승인 없이 乙의 근로자를 자신의 사업장에서 작업하도록 할 수 있다.
② 도금작업이 상시적인 경우, 甲이 乙의 근로자를 자신의 사업장에서 작업하도록 하였다면 3년 이하의 징역에 처한다.
③ 乙은 자신의 기술이 甲의 사업 운영에 필수불가결한 경우가 아니라면 그 작업을 하도급할 수 없다.
④ 乙의 근로자가 甲의 사업장에서 작업을 하는 경우, 안전조치 및 보건조치를 할 의무는 乙이 진다.
⑤ 甲이 자신의 사업장에서 작업을 하는 乙의 근로자에 대해 필요한 안전조치 및 보건조치를 하지 않을 경우, 고용노동부장관은 3억 원의 과징금을 부과할 수 있다.

문제해설

Step 1 문제 해결

① (○) 제○○조 제2항 제1호에 의하면 도금작업이라 하더라도 일시적·간헐적으로 하는 작업을 도급하는 경우에는 수급인의 근로자(을의 근로자)를 자신의 사업장에서 작업하도록 하는 것이 가능하다.

② (×) 도금작업이 상시적인 경우에 해당할 경우라도 제○○조 제2항 제2호에 따라 해당 작업을 맡은 수급인이 보유한 기술이 전문적이고 해당 사업주의 사업 운영에 필수불가결한 경우로서 고용노동부장관의 승인을 받은 경우라면 도급인이 수급인의 근로자로 하여금 도금작업을 하도록 하는 것이 가능하다.

③ (×) 제○○조 제3항에 의하면 제2항 제2호의 경우(선지 ②에서 확인한 조건)에 해당할 경우 수급인이 그 작업을 하도급하는 것이 불가능하다. 선지 ③의 상황처럼 을의 기술이 갑의 사업 운영에 필수불가결한 경우가 아니라면 제2항 제2호에 해당하지 않으므로 수급인이 해당 작업을 하도급하더라도 문제될 것이 없다.

④ (×) 제□□조에 따르면 안전조치 및 보건조치를 해야 할 의무의 주체는 도급인인 '갑'이다.

⑤ (×) 안전조치 및 보건조치를 취하지 않는 것은 제□□조를 위반한 것이다. 이 경우 제◇◇조에 따라 3년 이하의 징역 또는 3천만 원 이하의 벌금에 처하게 된다.

정답 | ①

47 규범형 문제

5급공채 2022 나책형 23번

다음 글과 〈상황〉을 근거로 판단할 때 옳은 것은?

민사소송에서 법원은 원고가 청구한 금액의 한도 내에서만 판결을 해야 하고, 그 상한을 넘는 금액을 인정하는 판결을 해서는 안 된다. 예컨대 임대인(원고)이 임차인(피고)을 상대로 밀린 월세를 이유로 2천 4백만 원의 지급을 청구하는 소를 제기하였다. 이 경우 법원은 심리 결과 임차인의 밀린 월세를 2천만 원으로 판단하면 2천만 원을 지급하라고 판결해야 하지만, 3천만 원으로 판단하더라도 3천만 원을 지급하라고 판결할 수는 없다. 다만 임대인이 소송 도중 청구금액을 3천만 원으로 변경하면 비로소 법원은 3천만 원을 지급하라고 판결할 수 있다.

그런데 교통사고 등으로 신체상 손해를 입은 경우, 피해자인 원고는 적극적 손해(치료비), 소극적 손해(일실수익), 위자료 등 3가지 손해항목으로 금액을 나누어 손해배상을 청구하는 것이 일반적이다. 예컨대 교통사고 피해자가 적극적 손해 3백만 원, 소극적 손해 4백만 원, 위자료 2백만 원으로 손해항목을 나누고 그 총액인 9백만 원의 지급을 청구하는 소를 제기하는 것이다. 이와 관련하여 손해배상 총액을 초과하지 않으면, 법원이 손해항목별 상한을 넘는 금액을 인정하는 판결을 할 수 있는지가 문제된다. 위 사례에서 법원이 심리 결과 적극적 손해 2백만 원, 소극적 손해 5백만 원, 위자료 2백만 원이 타당하다고 판단한 경우, 피고가 원고에게 합계 9백만 원의 손해배상을 지급하라고 판결할 수 있는지에 대해 3가지 견해가 있다. A견해는 각 손해항목별로 금액의 상한을 초과하는 판결을 할 수 없다고 한다. B견해는 손해배상 총액의 상한만 넘지 않으면 손해항목별 상한 금액을 넘더라도 무방하다고 한다. C견해는 적극적 손해와 소극적 손해는 동일한 '재산상 손해'이지만 '위자료'는 정신적 고통에 대한 배상으로 그 성질이 다르다는 점을 중시하여, 적극적 손해와 소극적 손해를 합산한 '재산상 손해' 그리고 '위자료' 두 개의 손해항목으로 나누고 그 항목별 상한 금액을 넘지 않으면 된다고 한다.

※ 일실수익 : 교통사고 등으로 사망하거나 신체상의 상해를 입은 사람이 장래 얻을 수 있는 수입액의 상실분

〈상 황〉

甲은 乙 소유의 주택에 화재를 일으켰다. 이로 인해 乙은 주택 소실에 따른 재산상 손해를 입었고 주택의 임차인 丙이 화상을 입었다. 이에 乙은 재산상 손해 6천만 원의 지급을 청구하는 소를, 丙은 치료비 1천만 원, 일실수익 1억 원, 위자료 5천만 원, 합계 1억 6천만 원의 지급을 청구하는 소를 甲을 상대로 각각 제기하였다.

법원은 심리 결과 乙의 재산상 손해는 5천만 원이고, 丙의 손해는 치료비 5백만 원, 일실수익 1억 2천만 원, 위자료 3천 5백만 원이 타당하다고 판단하였다.

① 법원은 甲이 乙에게 6천만 원을 지급하라고 판결해야 한다.
② 소송 도중 乙이 청구금액을 8천만 원으로 변경한 경우, 법원은 심리 결과 손해액을 5천만 원으로 판단하더라도 甲이 乙에게 8천만 원을 지급하라고 판결해야 한다.
③ A견해에 따르면, 법원은 甲이 丙에게 1억 6천만 원을 지급하라고 판결해야 한다.
④ B견해에 따르면, 법원은 甲이 丙에게 1억 4천만 원을 지급하라고 판결해야 한다.
⑤ C견해에 따르면, 법원은 甲이 丙에게 1억 4천 5백만 원을 지급하라고 판결해야 한다.

문제해설

Step 1 문제 해결

A견해 : 애당초 각 손해항목별 금액 상한을 초과하는 판결은 불가

B견해 : 손해배상 총액 상한만 넘지 않으면 손해항목별 상한 금액을 초과하는 것은 무방

C견해 : 적극적 손해와 소극적 손해를 묶어, 전체를 두 개의 손해항목으로 나눈 후 항목별 상한을 넘지 않아야 함

<상황> 분석

을 : 재산상 손해만 지급 청구하였으므로 계산이 간단하다. 을이 청구한 금액은 6천만 원이므로, 법원이 을의 재산상 손해를 5천만 원으로 판단하였다면 판결 역시 5천만 원을 지급하라는 것으로 나와야 한다. 소송 도중 을이 청구금액을 8천만 원으로 변경했다 하더라도, 법원의 심리 결과 손해액이 여전히 5천만 원으로 판단되었다면 지급 금액은 5천만 원이다. (① ×, ② ×)

병 : 적극적 손해(치료비) 1천만 원, 소극적 손해(일실수익) 1억 원, 위자료 5천만 원의 지급 청구의 소를 제기한 상태이다. 이에 대한 법원의 판단에서 적극적 손해와 위자료는 청구금액 내로 산정되었지만, 소극적 손해는 청구금액을 넘는 1억 2천만 원으로 산정된 것이 핵심이다.

③ (×) A견해에 따르면 각 손해항목별 금액 상한을 초과하는 판결은 불가능하다. 따라서 법원의 심리 결과에 따른 항목별 산정액의 합산금인 1억 6천만 원의 판결은 나올 수 없다.

④ (×) B견해에 따르면 손해배상 총액 상한만 넘지 않으면 손해항목별 상한 금액을 초과하는 것은 무방하다. 을의 손해배상 청구금액은 1억 6천만 원이고, 법원이 산정한 금액 역시 1억 6천만 원이므로 법원은 1억 4천만 원이 아닌 1억 6천만 원의 지급 판결을 내려야 한다.

⑤ (○) 을이 청구한 적극적/소극적 손해의 합산금액은 1억 1천만 원이다. 따라서 법원은 이 금액을 한도로 적극적 손해와 소극적 손해의 합산 금액의 지급 판결을 내려야 한다. 위자료는 을이 청구한 금액 내에서 심리 결과가 나왔으므로 3천 5백만 원을 그대로 인정한다. 따라서 전체 지급액은 1억 4천 5백만 원이다.

정답 | ⑤

48 규범형 문제
5급공채 2022 나책형 24번

다음 글을 근거로 판단할 때, 입찰공고 기간을 준수한 것은?

> 제○○조 ① 입찰공고(이하 '공고'라 한다)는 입찰서 제출마감일의 전일부터 기산(起算)하여 7일 전에 이를 행하여야 한다.
> ② 공사를 입찰하는 경우로서 현장설명을 실시하는 경우에는 현장설명일의 전일부터 기산하여 7일 전에 공고하여야 한다. 다만 입찰참가자격을 사전에 심사하려는 공사에 관한 입찰의 경우에는 현장설명일의 전일부터 기산하여 30일 전에 공고하여야 한다.
> ③ 공사를 입찰하는 경우로서 현장설명을 실시하지 아니하는 경우에는 입찰서 제출마감일의 전일부터 기산하여 다음 각 호에서 정한 기간 전에 공고하여야 한다.
> 1. 입찰가격이 10억 원 미만인 경우 : 7일
> 2. 입찰가격이 10억 원 이상 50억 원 미만인 경우 : 15일
> 3. 입찰가격이 50억 원 이상인 경우 : 40일
>
> ④ 제1항부터 제3항까지의 규정에도 불구하고 다음 각 호의 어느 하나에 해당하는 경우에는 입찰서 제출마감일의 전일부터 기산하여 5일 전까지 공고할 수 있다.
> 1. 재공고입찰의 경우
> 2. 다른 국가사업과 연계되어 일정조정이 불가피한 경우
> 3. 긴급한 행사 또는 긴급한 재해예방·복구 등을 위하여 필요한 경우
>
> ⑤ 협상에 의해 계약을 체결하는 경우에는 제1항 및 제4항에도 불구하고 제안서 제출마감일의 전일부터 기산하여 40일 전에 공고하여야 한다. 다만 다음 각 호의 어느 하나에 해당하는 경우에는 제안서 제출마감일의 전일부터 기산하여 10일 전까지 공고할 수 있다.
> ·1. 제4항 각 호의 어느 하나에 해당하는 경우
> 2. 입찰가격이 고시금액 미만인 경우

① A부서는 건물 청소 용역업체 교체를 위해 제출마감일을 2021. 4. 1.로 정하고 2021. 3. 26. 공고를 하였다.

② B부서는 입찰참가자격을 사전에 심사하고 현장설명을 실시하는 신청사 건설공사 입찰가격을 30억 원에 진행하고자, 현장설명일을 2021. 4. 1.로 정하고 2021. 3. 15. 공고를 하였다.

③ C부서는 협상에 의해 헬기도입에 관한 계약을 체결하려고 하였는데, 다른 국가사업과 연계되어 일정조정이 불가피하게 되자 제출마감일을 2021. 4. 1.로 정하고 2021. 3. 19. 공고를 하였다.

④ D부서는 협상에 의해 다른 국가사업과 관계없는 계약을 체결하고자, 제출마감일을 2021. 4. 1.로 정하고 2021. 3. 26. 공고를 하였다.

⑤ E부서는 현장설명 없이 5억 원에 주차장 공사를 입찰하고자 2021. 4. 1.을 제출마감일로 하여 공고하였으나, 입찰자가 1개 회사밖에 없어 제출마감일을 2021. 4. 9.로 다시 정하고 2021. 4. 5. 재공고하였다.

문제해설

Step 1 문제 해결

① (×) 건물 청소 용역업체 교체를 위한 공고는 제2~3항의 공사 입찰의 경우가 아니고 제4항에서 다루고 있는 특수 사례들도 아니므로, 제1항에 따라 제출마감일의 전일부터 기산하여 7일 전에 공고를 하여야 한다. 제출마감일이 2021. 4. 1.로 정해졌으므로 그 전일인 3. 31.부터 기산하여 (31일도 포함) 7일 전인 3월 25일에 공고하여야 한다.
여기서 '7일 전에'라고 표현된 것에 주의해야 한다. 만약 규정이 '7일 전까지'로 되어 있다면 3월 25일이 아니라 그 이전에 공고가 이루어져도 무방하지만, 입찰공고와 같이 특정 시점이 중요한 사안에서는 '~까지'가 아니라 '~전에'와 같은 표현이 나오게 된다.

② (×) 건설공사 입찰이고 입찰참가자격을 사전에 심사하는 경우이므로 제2항의 단서 조항이 적용된다. 이에 의하면 현장설명일의 전일부터 기산하여 30일 전에 공고하여야 하는데, 현장설명일이 4월 1일이므로 3월 2일에 공고해야 한다(3월은 31일까지이므로).

③ (○) 다른 국가사업과 연계되어 일정조정이 불가피한 경우이므로 제4항이 적용된다. 이 경우 입찰서 제출마감일의 전일부터 기산해 5일 전'까지' 공고할 수 있다. 제출마감일이 4월 1일이므로 3월 31일부터 기산해 5일 전까지인 3월 27일까지 공고하는 것은 문제가 없다. 따라서 3월 19일의 공고는 공고 기간을 준수한 것이다.

④ (×) 협상에 의해 계약을 체결하는 경우이므로 제5항이 적용되며, 다른 국가사업과 관계없는 계약이므로 단서 조항이 적용되지 않고 제5항의 일반 법리가 그대로 적용된다. 이에 따라 제출마감일인 4월 1일의 전일부터 기산하여 40일 전에 공고하여야 하는데, 3월 26일의 공고는 이로부터 한참 지난 후이다.

⑤ (×) 현장설명을 실시하지 않는 공사는 제3항에 따른다. 이 경우, 입찰가격이 5억 원이므로 제1호에 따라 입찰서 제출마감일 전일부터 기산해 7일 전에 공고해야 한다. 그런데 선지에서는 입찰자가 1개 회사밖에 없어 재공고하였다 했으므로 제4항 제1호에 따라 재공고시에는 제출마감일의 전일부터 기산해 5일 전'까지' 공고할 수 있다. 즉 4월 4일까지 공고해야 하는 것이다.

정답 | ③

49 규범형 문제

5급공채 2022 나책형 25번

다음 글을 근거로 판단할 때, 〈상황〉의 ㉠~㉢을 옳게 짝지은 것은?

1957년 제정 저작권법은 저작물의 저작재산권을 저작자가 생존하는 동안과 사망한 후 30년간 존속하는 것으로 규정하고 있었다.

이후 1987년 개정 저작권법은 저작재산권을 저작자가 생존하는 동안과 사망 후 50년간 존속하도록 개정하여 저작재산권의 보호기간(이하 '보호기간'이라 한다)을 연장하였다. 다만 1987년 저작권법이 시행된 1987. 7. 1. 이전에 1957년 저작권법에 따른 보호기간이 이미 경과한 저작물은 더 이상 보호하지 않는 것으로 규정하였다.

또한 2011년 개정 저작권법은 보호기간을 저작자 생존 기간 동안과 사망 후 70년간으로 개정하였으며, 다만 2011년 저작권법이 시행된 2013. 7. 1. 이전에 1987년 저작권법에 따른 보호기간이 이미 경과한 저작물은 더 이상 보호하지 않는 것으로 규정하였다.

한편 보호기간을 산정할 때는 저작자가 사망한 다음 해의 1월 1일을 기산일(起算日)로 한다. 예컨대 '저작물 X'를 창작한 저작자 甲이 1957. 4. 1. 사망하였다면 저작물 X의 보호기간은 1958. 1. 1.부터 기산하여 1987년 저작권법에 의해 2007. 12. 31.까지 연장되지만, 2011년 저작권법에 따르면 보호기간이 이미 만료된 상태이다.

〈상 황〉

'저작물 Y'를 창작한 저작자 乙은 1963. 1. 1. 사망하였다. 저작물 Y의 보호기간은 1957년 제정 저작권법에 따르면 (㉠)이고, 1987년 개정 저작권법에 따르면 (㉡)이며, 2011년 개정 저작권법에 따르면 (㉢)이다.

	㉠	㉡	㉢
①	1992. 1. 1.까지	2012. 1. 1.까지	이미 만료된 상태
②	1992. 12. 31.까지	2012. 12. 31.까지	이미 만료된 상태
③	1992. 12. 31.까지	2012. 12. 31.까지	2032. 12. 31.까지
④	1993. 12. 31.까지	2013. 12. 31.까지	이미 만료된 상태
⑤	1993. 12. 31.까지	2013. 12. 31.까지	2033. 12. 31.까지

문제해설

Step 1 문제 해결의 출발점

마지막 문단의 사례를 참조하여 <상황>에 제시된 Y 저작물이 추가된 개정 저작권법에 의해 계속해서 보호기간의 연장을 받게 되는지 그렇지 않은지를 정확히 판단하여야 한다. 두 개정 저작권법은 1957년 저작권법에 비해 각각 20년씩 보호기간이 연장되는 것이므로, 첫 번째 보호기간만 잡으면 그 다음으로 연장된 시점을 계산하는 것은 어렵지 않다.

Step 2 〈상황〉 분석

저작물 Y를 창작한 저작자 을은 1963. 1. 1. 사망하였으므로 보호기간은 다음 해인 1964. 1. 1.을 기산일로 잡아 산정된다. 그 결과 일차적으로 1957년의 제정 저작권법에 따라 Y의 저작재산권이 보호받는 기간은 1993. 12. 31.까지인데, 이는 1987년 개정 저작권법의 시행일 이후이므로 이에 따라 보호기간이 20년 연장된다. 그 결과 2013. 12. 31.까지로 연장되는데, 이 시점은 다시 2011년 개정 저작권법이 시행된 2013. 7. 1. 이후에 해당하므로 2011년 개정 저작권법에 따라 보호기간은 한 번 더 연장된다. 이에 따른 보호기간은 20년이 추가되어 2033. 12. 31.까지가 된다. 따라서 정답은 ⑤이다.

정답 | ⑤

50 규범형 문제

5급공채 2023 가책형 1번

다음 글을 근거로 판단할 때 옳은 것은?

> 제○○조(동물학대 등의 금지) 누구든지 동물에 대하여 학대행위를 하여서는 아니 된다.
> 제△△조(동물보호센터의 설치·지정 등) ① 지방자치단체의 장은 동물의 구조·보호조치 등을 위하여 A부장관이 정하는 기준에 맞는 동물보호센터를 설치·운영할 수 있다.
> ② A부장관은 지방자치단체의 장이 설치·운영하는 동물보호센터의 설치·운영비용의 전부 또는 일부를 지원할 수 있다.
> ③ 지방자치단체의 장은 A부장관이 정하는 기준에 맞는 기관이나 단체를 동물보호센터로 지정하여 동물의 구조·보호조치 등을 하게 할 수 있고, 이때 소요비용(이하 '보호비용'이라 한다)의 전부 또는 일부를 지원할 수 있다.
> ④ 제3항에 따른 동물보호센터로 지정받으려는 기관이나 단체는 A부장관이 정하는 바에 따라 지방자치단체의 장에게 신청하여야 한다.
> ⑤ 지방자치단체의 장은 지정된 동물보호센터가 다음 각 호의 어느 하나에 해당하는 경우에는 그 지정을 취소할 수 있다. 다만 제1호에 해당하는 경우에는 지정을 취소하여야 한다.
> 1. 거짓이나 그 밖의 부정한 방법으로 지정을 받은 경우
> 2. 제3항에 따른 지정기준에 맞지 아니하게 된 경우
> 3. 제○○조의 규정을 위반한 경우
> 4. 보호비용을 거짓으로 청구한 경우
>
> ⑥ 지방자치단체의 장은 제5항에 따라 지정이 취소된 기관이나 단체를 지정이 취소된 날부터 1년 이내에는 다시 동물보호센터로 지정하여서는 아니 된다. 다만 제5항 제3호에 따라 지정이 취소된 기관이나 단체는 지정이 취소된 날부터 2년 이내에는 다시 동물보호센터로 지정하여서는 아니 된다.

① A부장관은 지방자치단체의 장이 지정한 동물보호센터에 보호비용의 일부를 지원하여야 한다.
② 지정된 동물보호센터가 동물을 학대한 사실이 확인된 경우, 지방자치단체의 장은 그 지정을 취소하여야 한다.
③ 동물보호센터로 지정받고자 하는 기관은 지방자치단체의 장이 정하는 바에 따라 A부장관에게 신청하여야 한다.
④ 부정한 방법으로 동물보호센터 지정을 받아 그 지정이 취소된 기관은 지정이 취소된 날부터 2년이 지나야 다시 동물보호센터로 지정받을 수 있다.
⑤ 지정된 동물보호센터가 보호비용을 거짓으로 청구한 경우라도 지방자치단체의 장은 그 지정을 취소해야 하는 것은 아니다.

문제해설

Step 1 문제 해결

① (×) 의무 vs 재량의 구도를 묻고 있다. 제△△조 제2항에 의하면 A부장관은 비용의 전부 또는 일부를 '지원할 수 있다'. 따라서 보호비용의 일부를 지원하여야 한다는 진술은 부적절하다.

② (×) 제△△조 제5항에 의하면 제1호(거짓이나 그 밖의 부정한 방법으로 지정을 받은 경우)에 해당할 경우에만 지정을 취소해야 하고 나머지 2~4호에 해당할 경우에는 재량에 따라 취소할 수 있는 것이다. 동물을 학대한 사실이 확인된 경우는 제○○조를 위반한 것이므로 제3호에 해당하며, 이는 지방자치단체의 장의 재량에 해당하는 경우이다. 따라서 지정을 취소하여야 한다는 진술은 부적절하다.

③ (×) 제△△조 제4항에 따라 동물보호센터로 지정받고자 하는 기관은 A부장관이 정하는 바에 따라 지방자치단체의 장에게 신청하여야 하는 것이다. 선지는 순서를 뒤집어 진술하였다.

④ (×) 부정한 방법으로 지정을 받아 그 지정이 취소된 기관은 제△△조 제5항의 지정 취소 사유 가운데 제1호에 해당하며, 이는 제△△조 제6항에 따르면 지정이 취소된 날부터 1년 이내에 재지정이 불가능한 경우이다. 따라서 2년이 지나야 다시 지정받을 수 있다는 진술은 부적절하다.

⑤ (○) ②에서 살펴본 것처럼 보호비용을 거짓으로 청구한 것은 제△△조 제5항의 제4호에 해당하며, 이는 지방자치단체의 장이 지정을 취소할 수 있는 재량 사항이다. 따라서 지방자치단체의 장이 그 지정을 반드시 취소해야 하는 것은 아니다.

정답 | ⑤

51 규범형 문제

5급공채 2023 가책형 2번

다음 글을 근거로 판단할 때 옳은 것은?

제○○조(소하천의 점용 등) ① 소하천에서 다음 각 호의 어느 하나에 해당하는 행위를 하려는 자는 그 소하천을 지정한 시장·군수 또는 구청장(이하 '관리청'이라 한다)의 허가(이하 '소하천 점용·사용 허가'라 한다)를 받아야 한다.

1. 유수(流水)의 점용
2. 토지의 점용
3. 토석·모래·자갈, 그 밖의 소하천 산출물의 채취
4. 인공구조물의 신축·개축 또는 변경

② 관리청은 소하천에 대하여 제1항 제1호에 따른 허가를 한 때에는 그 내용을 A부장관에게 통보하여야 한다.

제○○조(원상회복 의무) ① 소하천 점용·사용 허가를 받은 자는 그 허가가 실효(失效)되거나 점용 또는 사용을 폐지한 경우에는 그 소하천을 원상으로 회복시켜야 한다.

② 관리청은 필요한 경우 제1항의 원상회복 의무를 면제할 수 있고, 이때 그 인공구조물이나 그 밖의 물건은 해당 지방자치단체에 무상(無償)으로 귀속된다.

제○○조(점용료 등의 징수) ① 관리청은 소하천 점용·사용 허가를 받은 자로부터 유수 및 토지의 점용료, 토석·모래·자갈 등 소하천 산출물의 채취료(이하 '점용료 등'이라 한다)를 징수할 수 있다.

② 관리청은 소하천 점용·사용 허가를 받지 아니하고 소하천을 점용하거나 사용한 자로부터 변상금을 징수할 수 있다.

③ 소하천 점용·사용 허가를 받으려는 자는 수수료를 내야 한다.

④ 관리청은 소하천 점용·사용 허가를 하는 경우로서 다음 각 호의 어느 하나에 해당하는 경우에는 점용료 등 또는 수수료를 감면할 수 있다. 이 경우 점용료 등의 감면 비율은 대통령령으로 정하고, 수수료의 감면 비율은 해당 지방자치단체의 조례로 정한다.

1. 공공용 사업, 그 밖의 공익 목적 비영리사업인 경우
2. 재해나 그 밖의 특별한 사정으로 본래의 점용 목적을 달성할 수 없는 경우

① 관리청은 소하천에서의 토석 채취를 허가한 경우, 그 내용을 A부장관에게 통보하여야 한다.

② 관리청이 소하천에서의 인공구조물 신축 허가를 받은 자에게 원상회복 의무를 면제한 경우, 해당 인공구조물은 그 허가를 받은 자에게 귀속된다.

③ 소하천 점용·사용 허가에 따른 점용료 등과 수수료의 각 감면 비율은 해당 지방자치단체의 조례로 정한다.

④ 소하천 점용·사용 허가를 하는 경우에 재해로 인하여 본래의 점용 목적을 달성할 수 없는 때에는 관리청은 점용료 등을 감면할 수 있다.

⑤ 공공용 사업을 위해 소하천 점용·사용 허가를 받지 않고 소하천을 점용한 경우, 관리청은 변상금을 감면할 수 있다.

문제해설

Step 1 문제 해결

① (×) 앞서 살펴본 2023년도 1번 문항과 비슷한 구도이다. 제1조 제2항에 의하면 제1항 제1호에 따른 허가를 한 때에 그 내용을 A부장관에게 통보하여야 하는 의무가 발생한다. 토석 채취를 허가한 경우는 제1조 제1항 제3호에 해당하며 이는 통보 대상이 아니다. 따라서 해당 내용을 A부장관에게 통보하여야 한다는 진술은 부적절하다.

② (×) 제2조 제2항에 따라 원상회복 의무를 면제한 경우에는 해당 인공구조물은 그 허가를 받은 자가 아니라 해당 지방자치단체에 무상으로 귀속된다.

③ (×) 제3조 제4항에 의하면, 점용료 등의 감면 비율을 대통령령으로 정하고 수수료의 감면 비율은 해당 지방자치단체의 조례로 정한다. 선지는 이 둘을 모두 해당 지자체의 조례로 정한다고 하였으므로 틀렸다.

④ (○) 제3조 제4항 제2호에 의하면 재해나 그 밖의 특별한 사정으로 인해 본래의 점용 목적을 달성할 수 없는 경우에는 관리청이 소하천 점용·사용 허가를 하는 경우에 점용료 등을 감면할 수 있다.

⑤ (×) 제3조 제4항 제1호(공공용 사업)에 해당하는 경우에는 관리청으로부터 점용료 등 또는 수수료를 감면받을 수 있는 것이다. 소하천 점용·사용 허가를 받지 않고 소하천을 점용한 경우라면 제3조 제2항에 해당하는 것이 되어 변상금을 징수할 수 있다. 변상금은 제4항에서 말한 감면 대상이 아니다.

정답 | ④

52 규범형 문제
5급공채 2023 가책형 3번

다음 글을 근거로 판단할 때 옳은 것은?

제○○조(정의) 이 법에서 사용하는 용어의 뜻은 다음과 같다.
1. "인공우주물체"란 우주공간에서 사용하는 것을 목적으로 설계·제작된 물체(우주발사체, 인공위성, 우주선 및 그 구성품을 포함한다)를 말한다.
2. "우주발사체"란 자체 추진기관에 의하여 인공위성이나 우주선 등을 우주공간에 진입시키는 인공우주물체를 말한다.

제○○조(인공우주물체의 국내 등록) ① 인공우주물체(우주발사체는 제외한다. 이하 같다)를 발사하려는 경우, 다음 각 호의 구분에 따라 발사 예정일부터 180일 전까지 과학기술정보통신부장관에게 예비등록을 하여야 한다.
1. 대한민국 국민이 국내외에서 발사하려는 경우
2. 대한민국 국민이 아닌 자가 대한민국 영역 또는 대한민국의 관할권이 미치는 지역·구조물에서 발사하려는 경우
3. 대한민국 국민이 아닌 자가 대한민국 정부 또는 국민이 소유하고 있는 우주발사체를 이용하여 국외에서 발사하려는 경우

② 제1항에 따라 인공우주물체를 예비등록하려는 자는 다음 각 호의 사항이 포함된 발사계획서를 첨부하여야 한다.
1. 인공우주물체의 사용 목적에 관한 사항
2. 인공우주물체의 소유권자 또는 이용권자에 관한 사항
3. 인공우주물체의 기본적 궤도에 관한 사항
4. 우주사고 발생 시의 손해배상책임 이행에 관한 사항

③ 제1항에 따라 인공우주물체를 예비등록한 자는 그 인공우주물체가 위성궤도에 진입한 날부터 90일 이내에 과학기술정보통신부장관에게 인공우주물체를 등록하여야 한다. 다만 국제 협약에 따라 발사국 정부와 합의하여 외국에 등록한 인공우주물체에 대하여는 그러하지 아니하다.

① 대한민국 국민이 우주발사체를 발사하려는 경우, 과학기술정보통신부장관에게 그 발사체를 예비등록하여야 한다.
② 대한민국 국민이 아닌 자가 대한민국 정부 소유의 우주발사체를 이용하여 국내에서 인공위성을 발사하려는 경우, 그 위성을 예비등록할 필요가 없다.
③ 우주선을 발사하려는 자는 그 사용 목적에 관한 사항이 포함된 발사계획서를 첨부하여 발사 예정일부터 9개월 전까지 예비등록하여야 한다.
④ 국제 협약에 따라 발사국 정부와 합의하여 외국에 등록한 인공위성의 경우, 위성궤도에 진입한 날부터 90일이 경과했더라도 과학기술정보통신부장관에게 그 위성을 등록하지 않아도 된다.
⑤ 인공위성을 예비등록한 자가 그 위성을 발사한 경우, 발사한 날부터 90일 이내에 과학기술정보통신부장관에게 인공위성을 등록하여야 한다.

문제해설

Step 1 문제 해결

① (×) 제2조 제1항의 괄호 속 진술처럼, 이 조의 내용은 인공우주물체에만 적용되고 우주발사체에는 적용되지 않는다. 따라서 대한민국 국민이 우주발사체를 발사하려는 경우 과학기술정보통신부장관계에 예비등록을 해야 하는지 여부는 확인이 불가능하다.

② (×) 제1조에 따르면 인공위성은 '인공우주물체'에 속한다. 따라서 대한민국 국민이 아닌 자가 인공위성을 대한민국 정부 소유의 우주발사체를 이용해 '국내에서' 발사하려는 경우는 제2조 제1항의 제2호에 해당한다. 이는 예비등록을 해야 하는 대상이다.

③ (×) 우주선은 제1조에 따라 '인공우주물체'에 속한다. 한편 제2조 제2항에 따르면 해당 인공우주물체의 사용 목적에 관한 사항이 포함된 발사계획서를 첨부하여야 하며, 제1항에 따라 이를 발사 예정일 180일 전까지 예비등록하여야 한다. 기간 설정이 잘못되었다.

④ (○) 제2조 제3항의 단서에 해당하는 내용이다. 국제 협약에 따라 발사구구 정부와 합의하여 외국에 등록한 인공우주물체(인공위성 포함)인 경우에는 위성궤도에 진입한 날부터 90일 이내에 과학기술정보통신부장관에게 등록하여야 한다는 앞 문장의 규정이 적용되지 않는다. 따라서 90일 경과했더라도 해당 위성을 과학기술정보통신부장관에게 등록하지 않아도 된다.

⑤ (×) 제2조 제3항에 따르면, 발사한 날부터 90일 이내가 아니라 해당 인공우주물체(인공위성)가 위성궤도에 진입한 날부터 90일 이내에 등록하여야 한다.

정답 | ④

53 **규범형 문제**
5급공채 2023 가책형 4번

다음 글과 〈상황〉을 근거로 판단할 때 옳은 것은?

제○○조(신고) 식품판매업을 하려는 자는 영업소 소재지를 관할하는 시장·군수·구청장(이하 '시장 등'이라 한다)에게 신고해야 한다.
제□□조(준수사항) ① 식품판매업자는 다음 각 호의 사항을 지켜야 한다.
1. 소비기한이 경과된 식품을 판매의 목적으로 진열·보관하거나 이를 판매하지 말 것
2. 식중독 발생 시 보관 또는 사용 중인 식품은 역학조사가 완료될 때까지 폐기하지 않고 원상태로 보존하여야 하며, 식중독 원인규명을 위한 행위를 방해하지 말 것

② 관할 시장 등은 식품판매업자가 제1항을 위반한 경우에는 6개월 이내의 기간을 정하여 그 영업의 전부 또는 일부를 정지하거나 영업소 폐쇄를 명할 수 있다.
③ 관할 시장 등은 다음 각 호의 행위를 신고한 자에게는 포상금을 지급한다.
1. 제1항 제1호에 위반되는 행위 : 7만 원
2. 제2항에 따른 영업정지 또는 영업소 폐쇄명령에 위반하여 영업을 계속하는 행위 : 20만 원

제◇◇조(제품교환 등) 식품판매업자는 소비자에게 다음 각 호에 따른 조처를 이행해야 한다.
1. 소비자가 소비기한이 경과한 식품을 구입한 경우 : 제품교환 또는 구입가 환급
2. 소비자가 제1호의 식품을 섭취함으로써 신체에 부작용이 발생한 경우 : 치료비, 경비 및 일실소득 배상

제△△조(벌칙) 다음 각 호의 어느 하나에 해당하는 식품판매업자는 3년 이하의 징역 또는 3천만 원 이하의 벌금에 처한다.
1. 제□□조 제1항의 사항을 위반한 경우
2. 제□□조 제2항의 명령을 위반하여 영업을 계속한 경우

〈상 황〉

식품판매업자 甲은 A도 B군에 영업소를 두고 있다. 乙은 甲의 영업소에 진열되어 있는 C식품을 구입하였는데, 집에서 확인해보니 구매 당시 이미 소비기한이 지나 있었고 이 사실을 친구 丙에게 알려 주었다.

① A도지사는 소비기한이 경과된 식품을 판매한 甲에 대해 1개월의 영업정지 명령을 내릴 수 있다.
② 甲에 대한 영업정지 또는 영업소 폐쇄명령 여부에 관계없이 甲은 3년 이하의 징역에 처해질 수 있다.
③ 乙이 C식품에 대해 제품교환을 요구하는 경우, 甲은 乙에게 제품교환과 함께 구입가 환급을 해 주어야 한다.
④ 丙이 甲의 소비기한 경과 식품 판매 사실을 신고한 경우, 乙과 丙은 각각 7만 원의 포상금을 지급받는다.
⑤ 乙이 C식품의 일부를 먹고 식중독에 걸렸는데 먹다 남은 C식품을 丙이 폐기함으로써 식중독 원인규명이 방해된 경우, 丙은 500만 원의 벌금에 처해질 수 있다.

문제해설

Step 1 문제 해결

① (×) 제□□조 제2항에 의하면 식품판매업자가 소비기한이 경과된 식품을 판매하는 경우 등에는 관할 시장(영업소 소재지 관할 시장·군수·구청장)이 해당 영업의 전부나 일부를 정지하거나 폐쇄하는 명령을 내릴 수 있다. 도지사는 관할 '시장'에 포함되지 않는다.

② (○) 징역은 제△△조의 벌칙에 해당한다. 이에 따르면 갑은 제□□조 제1항의 사항을 위반한 것이며, 제△△조의 규정에 따라 식품판매업자인 갑은 3년 이항의 징역 또는 3천만 원 이하의 벌금에 처해진다. 이는 제□□조의 영업 정지나 영업소 폐쇄와는 별개의 조항이므로 선지의 진술은 적절하다.

③ (×) 제◇◇조 제1호에 의하면 소비자가 소비기한이 경과한 식품을 구입한 경우에는 제품교환 또는 구입가 환급의 조처를 취해야 한다(선택적). 따라서 갑은 을이 제품교환을 요구한 경우에는 제품교환을 해 주면 된다.

④ (×) 제□□조 제3항에 의하면 포상금은 신고한 자에게 지급된다. 따라서 병이 소비기한 경과 식품 판매 사실을 신고하였다면 병만 7만 원의 포상금을 지급받는다.

⑤ (×) 제△△조에서 처벌 대상으로 삼은 것은 식품판매업자이다. 병은 식품판매업자가 아니므로 징역이나 벌금의 벌칙이 적용되는 대상이 아니다.

정답 | ②

54 규범형 문제

5급공채 2023 가책형 5번

다음 글과 〈상황〉을 근거로 판단할 때, 〈보기〉에서 A가 가맹금을 반환해야 하는 것만을 모두 고르면?

제○○조(정보공개서의 제공의무) 가맹본부는 가맹희망자에게 정보공개서를 제공하지 아니하였거나 제공한 날부터 14일이 지나지 아니한 경우에는 다음 각 호의 행위를 하여서는 아니 된다.

1. 가맹희망자로부터 가맹금을 수령하는 행위
2. 가맹희망자와 가맹계약을 체결하는 행위

제□□조(허위·과장된 정보제공의 금지) 가맹본부는 가맹희망자나 가맹점사업자에게 정보를 제공함에 있어서 다음 각 호의 행위를 하여서는 아니 된다.

1. 사실과 다르게 정보를 제공하거나 사실을 부풀려 정보를 제공하는 행위
2. 계약의 체결·유지에 중대한 영향을 미치는 사실을 은폐하거나 축소하는 방법으로 정보를 제공하는 행위

제△△조(가맹금의 반환) 가맹본부는 다음 각 호의 어느 하나에 해당하는 경우에는 가맹희망자나 가맹점사업자가 서면으로 요구하면 가맹금을 반환하여야 한다.

1. 가맹본부가 제○○조를 위반한 경우로서 가맹희망자 또는 가맹점사업자가 가맹계약 체결 전 또는 가맹계약의 체결일부터 4개월 이내에 가맹금의 반환을 요구하는 경우
2. 가맹본부가 제□□조를 위반한 경우로서 가맹희망자가 가맹계약 체결 전에 가맹금의 반환을 요구하는 경우
3. 가맹본부가 정당한 사유 없이 가맹사업을 일방적으로 중단한 경우로서 가맹희망자 또는 가맹점사업자가 가맹사업의 중단일부터 4개월 이내에 가맹금의 반환을 요구하는 경우

〈상 황〉

甲, 乙, 丙은 가맹본부 A에게 지급했던 가맹금의 반환을 2023. 2. 27. 서면으로 A에게 요구하였다.

〈보 기〉

ㄱ. 2023. 1. 18. A가 甲에게 정보공개서를 제공하고, 2023. 1. 30. 가맹계약을 체결한 경우
ㄴ. 2022. 9. 27. 가맹계약을 체결한 乙이 건강상의 이유로 2023. 1. 3. 가맹점사업을 일방적으로 중단한 경우
ㄷ. 2023. 3. 7. 가맹계약을 체결할 예정인 가맹희망자 丙에게 A가 2023. 2. 10. 제공하였던 정보공개서상 정보의 내용이 사실과 다른 경우

① ㄱ ② ㄷ ③ ㄱ, ㄴ
④ ㄱ, ㄷ ⑤ ㄴ, ㄷ

문제해설

Step 1 문제 해결

제△△조의 제1호~제3호에 해당하는 경우 가맹희망자나 가맹점사업자가 서면으로 요구하면 가맹금을 반환해야 한다. 따라서 ㄱ~ㄷ이 각 호에 해당하는지 여부를 먼저 판단해야 하며, 제1호나 제3호의 경우에는 날짜 계산까지 수행해야 한다.

ㄱ. (○) 제○○조에 따르면 가맹본부(A)가 가맹희망자(갑~병)에게 정보공개서를 제공한 날부터 14일이 지나지 아니한 경우에 가맹희망자와 가맹계약을 체결하면 규정을 위반한 것이 된다. ㄱ에서 가맹본부가 갑에게 정보공개서를 제공한 것은 2023년 1월 18일이고 가맹계약 체결일은 같은 해 1월 30일이므로 14일이 지나기 전에 계약을 체결한 것이어서 규정 위반이다. 이에 따라 제△△조 제1호에 해당하며, 2023년 2월 27일은 가맹계약 체결일로부터 4개월 이내이므로 가맹금 반환이 인정된다.

ㄴ. (×) ㄴ은 제○○조나 제□□조의 위반 사항이 없으므로 제△△조의 제1호나 제2호에 해당하지 않는다. 또한 가맹본부가 아니라 가맹사업자인 을이 가맹점사업을 일방적으로 중단한 경우이므로 제△△조 제3호에도 해당하지 않는다. 따라서 을에게는 가맹금을 반환할 필요가 없다.

ㄷ. (○) 가맹희망자에게 제공했던 정보공개서상 정보의 내용이 사실과 다르므로 제□□조 제1호를 위반한 경우이다. 이는 제△△조 제2호의 적용 대상이며, 가맹계약 체결 전에 가맹금의 반환을 요구하면 반환이 인정된다.

정답 | ④

55 **규범형 문제**
5급공채 2023 가책형 21번

다음 글을 근거로 판단할 때 옳은 것은?

제○○조(간행물 정가 표시 및 판매) ① 출판사가 판매를 목적으로 간행물(전자출판물을 포함한다. 이하 같다)을 발행할 때에는 소비자에게 판매하는 가격(이하 '정가'라 한다)을 정하여 해당 간행물의 표지에 표시하여야 한다.
② 제1항에도 불구하고 전자출판물의 경우에는 출판사가 정가를 서지정보에 명기하고, 전자출판물을 판매하는 자는 출판사가 서지정보에 명기한 정가를 구매자가 식별할 수 있도록 판매사이트에 표시하여야 한다.
③ 간행물을 판매하는 자는 이를 정가대로 판매하여야 한다.
④ 제3항에도 불구하고 간행물을 판매하는 자는 독서 진흥을 위하여 정가의 15퍼센트 이내에서 가격할인과 경제상의 이익을 자유롭게 조합하여 판매할 수 있다. 이 경우 가격할인은 정가의 10퍼센트 이내로 하여야 한다.
⑤ 다음 각 호의 어느 하나에 해당하는 간행물에 대하여는 제3항 및 제4항에 따른 제한을 적용하지 아니한다.
1. 사회복지시설에 판매하는 간행물
2. 저작권자에게 판매하는 간행물
⑥ 제4항에서 "경제상의 이익"이란 간행물의 거래에 부수하여 소비자에게 제공되는 다음 각 호의 어느 하나에 해당하는 것을 말한다.
1. 물품
2. 할인권
3. 상품권

① 출판사가 사회복지시설에 판매할 목적으로 간행물을 발행할 때에는 정가를 표시할 필요가 없다.
② 전자출판물을 판매하는 자는 서지정보에 정가가 명기되어 있다면, 판매사이트에는 할인된 가격만 표시해도 된다.
③ 간행물을 판매하는 자는 저작권자에게 간행물을 정가의 20퍼센트 할인한 가격으로 판매할 수 없다.
④ 간행물을 판매하는 자가 간행물을 할인하여 판매할 경우, 가격할인은 정가의 15퍼센트로 한다.
⑤ 간행물을 판매하는 자는 독서 진흥을 위하여 정가 20,000원인 간행물을 19,000원에 판매하고 이에 부수하여 2,000원 상당의 물품을 제공할 수 있다.

문제해설

Step 1 문제 해결

① (×) 제1항에 따르면 출판사가 판매를 목적으로 간행물을 발행할 때에는 정가를 간행물 표지에 표시하여야 한다. 이는 제5항 제1호에 해당하는 사회복지시설에 판매하는 간행물일 경우에도 마찬가지인데, 제5항에서 다루고 있는 것은 사회복지시설에 판매하는 경우에는 제3항이나 제4항에서 제한한 할인 범위 등을 적용하지 않는다는 것일 뿐이다.

② (×) 제2항에 따르면, 전자출판물의 경우 정가를 서지정보에 명기하는 한편 해당 정가를 구매자가 식별할 수 있도록 판매사이트에도 표시하여야 한다. 전자가 충족되었다고 후자를 생략할 수 있는 선언적 구조가 아니다.

③ (×) 일반적인 경우에는 제4항에 따라 정가의 10퍼센트 이내에서 가격할인이 가능하지만, 간행물을 제5항 제1호와 제2호에서 규정한 시설이나 인물에게 판매하는 경우에는 이러한 할인 범위의 제한을 받지 않는다. 따라서 저작권자에게는 20퍼센트 할인한 가격으로 판매할 수 있다.

④ (×) ③에서 본 것처럼 가격할인은 정가의 10퍼센트 이내에서 가능하며, 특수한 경우(제5항)에는 이를 벗어난 요율로도 할인이 가능하다. 정가의 15퍼센트로 고정되는 것이 아니다.

⑤ (○) 제4항에 따라 독서 진흥의 목적으로 정가의 15퍼센트 이내에서 가격할인(최대 10%) 및 경제상의 이익(최소 5%)을 조합할 수 있다. 정가가 20,000원이면 15%는 3,000원인데, 가격할인으로 1,000원을 할인하였으므로 나머지 2,000원은 제6항에 따라 '물품'으로 제공하는 것이 가능하다.

정답 | ⑤

56 규범형 문제

5급공채 2023 가책형 22번

다음 글을 근거로 판단할 때 옳은 것은?

제○○조(정의) 이 법에서 사용하는 용어의 뜻은 다음과 같다.

1. “건강검사”란 신체의 발달상황 및 능력, 정신건강 상태, 생활습관, 질병의 유무 등에 대하여 조사하거나 검사하는 것을 말한다.
2. “학교”란 유치원, 초·중·고등학교, 대학·산업대학·교육대학·전문대학 및 각종학교를 말한다.
3. “관할청”이란 다음 각 목의 구분에 따른 지도·감독기관을 말한다.
   가. 국립 유치원, 국립 초·중·고등학교 : 교육부장관
   나. 공·사립 유치원, 공·사립 초·중·고등학교 : 교육감
   다. 대학·산업대학·교육대학·전문대학 및 각종학교 : 교육부장관

제○○조(건강검사 등) ① 학교의 장은 학생과 교직원에 대하여 건강검사를 실시하여야 한다.
② 학교의 장은 천재지변 등 부득이한 사유가 있는 경우 관할청의 승인을 받아 건강검사를 연기하거나 건강검사의 전부 또는 일부를 생략할 수 있다.
③ 학교의 장은 정신건강 상태 검사를 실시할 때 필요한 경우에는 학부모의 동의 없이 실시할 수 있다. 이 경우 학교의 장은 그 실시 후 지체 없이 해당 학부모에게 검사 사실을 통보하여야 한다.

제○○조(등교 중지) ① 감염병으로 인해 주의 이상의 위기경보가 발령되는 경우, 교육부장관은 질병관리청장과 협의하여 등교 중지가 필요하다고 인정되는 학생 또는 교직원에 대하여 등교를 중지시킬 것을 학교의 장에게 명할 수 있다. 이 경우 해당 학교의 관할청을 경유하여야 한다.
② 제1항에 따른 명을 받은 학교의 장은 해당 학생 또는 교직원에 대하여 지체 없이 등교를 중지시켜야 한다.

① 건강검사와 관련하여 국·공립 중학교의 관할청은 교육부장관이다.
② 학생의 정신건강 상태 검사를 실시하는 경우, 학교의 장은 필요한 때에는 학부모의 동의 없이 이를 실시할 수 있다.
③ 교육부장관이 사립대학 교직원의 등교 중지를 명하는 경우, 관할 교육감을 경유하여야 한다.
④ 학교의 장은 천재지변이 발생한 경우, 건강검사를 다음 학년도로 연기하거나 생략하여야 한다.
⑤ 감염병으로 인해 주의 이상의 위기경보가 발령되는 경우, 질병관리청장은 학교의 장에게 학생 또는 교직원에 대한 등교 중지를 명할 수 있다.

문제해설

Step 1 문제 해결

① (×) 제1조 제3호의 관할청 항목에서 확인할 수 있다. 국립 중학교의 관할청은 교육부장관이 맞지만(가목), 공립 중학교의 관할청은 교육부장관이 아니라 교육감이다(나목).

② (○) 제2조 제3항에 의하면 학교의 장은 정신건강 상태 검사를 실시할 때 필요한 경우 학부모의 동의 없이 실시하는 것이 가능하다.

③ (×) 제3조 제1항에 따르면 필요에 따라 교직원에 대해 등교 중지를 명할 경우, 교육부장관은 해당 학교의 관할청을 경유해야 한다. 사립대학의 관할청은 제1조 제3항에 따라 교육부장관이다.

④ (×) 제2조 제2항에 따라 학교의 장은 천재지변 등의 사유가 있을 때에는 건강검사를 연기하거나 건강검사의 전부 또는 일부를 생략할 수 있는 것이다. 재량권이 주어진 것이지 무조건 연기하거나 생략해야 하는 의무가 아니다.

⑤ (×) 제3조 제1항에 의하면 등교 중지를 명령하는 주체는 교육부장관이다. 질병관리청장은 교육부장관이 협의하는 대상일 뿐이다.

정답 | ②

57 규범형 문제

5급공채 2023 가책형 23번

다음 글을 근거로 판단할 때 옳지 않은 것은?

제○○조(지방전문경력관직위 지정) 지방자치단체의 장(교육감을 포함한다. 이하 같다)은 해당 기관의 공무원 직위 중 순환보직이 곤란하거나 장기 재직 등이 필요한 특수 업무 분야의 직위를 지방전문경력관직위로 지정할 수 있다.

제○○조(직위군 구분) ① 지방전문경력관직위의 군(이하 '직위군'이라 한다)은 직무의 특성·난이도 및 직무에 요구되는 숙련도 등에 따라 가군, 나군 및 다군으로 구분한다.

② 지방자치단체의 장이 지방전문경력관직위를 지정할 때에는 해당 지방전문경력관직위를 제1항의 직위군 중 어느 하나에 배정하여야 한다.

제○○조(시험실시기관) 지방전문경력관의 임용시험은 특별시·광역시·특별자치시·도·특별자치도(이하 '시·도'라 한다) 단위로 해당 시·도 인사위원회에서 실시한다.

제○○조(임용시험 공고) 시·도 인사위원회는 다음 각 호의 어느 하나에 해당하는 경우에는 지방전문경력관 임용시험 공고를 하지 아니할 수 있다.

1. 임용시험에 따른 비용이 지나치게 많이 들거나 그 밖에 이에 준하는 특별한 사유가 있는 경우
2. 외국인, 북한이탈주민을 임용하는 경우로서 불가피한 사유가 있는 경우

제○○조(임용시험의 방법) 임용권자는 지방전문경력관을 임용할 때에는 응시요건을 갖추었는지 등을 서면으로 심사하고, 해당 직무 수행에 필요한 지식·능력 및 적격성 등을 필기시험, 실기시험, 면접시험을 통하여 검정(檢定)하여야 한다. 다만 필기시험 또는 실기시험은 시·도 인사위원회가 필요하다고 인정하는 경우에만 실시한다.

제○○조(시보임용) 지방전문경력관 가군을 신규임용할 때에는 1년간 시보(試補)로 임용하고, 지방전문경력관 나군 및 지방전문경력관 다군은 각각 6개월간 시보로 임용한다.

① 甲도지사가 지방전문경력관직위를 지정할 때에는 가군, 나군, 다군 중 어느 하나에 배정해야 한다.

② 乙교육감은 해당 기관 내 장기 재직이 필요한 특수 업무 분야의 직위를 지방전문경력관직위로 지정할 수 있다.

③ 丙이 지방전문경력관으로 신규임용될 경우, 시보임용 기간은 해당 직위군에 따라 다를 수 있다.

④ 임용시험을 실시하는 경우, 그 실시에 비용이 지나치게 많이 든다면 임용권자는 면접시험을 통한 검정 없이 지방전문경력관을 임용할 수 있다.

⑤ 외국인을 지방전문경력관으로 임용하는 경우, 불가피한 사유가 있는 때에는 임용시험 공고를 하지 아니할 수 있다.

문제해설

Step 1 문제 해결

① (○) 제1조에 따라 지방자치단체의 장이 특수 업무 분야의 직위를 지방전문경력관직위로 지정할 수 있으며, 제2조 제1항 및 제2항에 따라 해당 지방자치단체의 장은 직무의 특성, 난이도, 직무에 요구되는 숙련도 등에 따라 직위를 가군, 나군, 및 다군으로 구분하여 어느 하나에 배정해야 한다.

② (○) 제1조에 따르면 교육감도 지방자치단체의 장과 함께 직위 지정을 할 수 있는 주체에 포함된다. 교육감이 해당 기관 내 장기 재직이 필요한 특수 업무 분야의 직위를 지방전문경력관직위로 지정하는 것은 제1조에 따라 가능하다.

③ (○) 마지막 조에 의하면 신규임용시 가군은 1년간 시보로 임용되고, 나군 및 다군은 각각 6개월간 시보로 임용된다. 따라서 적절한 진술이다.

④ (×) 제4조 제1호에 따라 임용시험에 따른 비용이 지나치게 많이 드는 경우 시·도 인사위원회는 임용시험 공고를 하지 않을 수 있는 것일 뿐, 임용권자가 면접시험을 통한 검정 없이 지방전문경력관을 임용하는 것이 가능한 것은 아니다. 제5조에 따라 시·도 인사위원회가 필요하다고 인정하는 경우에만 필기시험이나 실기시험을 실시하는 것이므로 제외될 수 있는 과정은 면접시험이 아니라 필기시험이나 실기시험이다.

⑤ (○) 제4조 제2호에 해당하는 경우로 이때에는 임용시험 공고를 하지 않는 것이 가능하다.

정답 | ④

58 규범형 문제

5급공채 2023 가책형 24번

다음 글과 〈상황〉을 근거로 판단할 때 옳은 것은?

제○○조(입주민대표회의 구성) ① 입주민대표회는 공동주택의 각 동별로 선출된 입주민대표자(이하 '동대표자'라 한다)들로 구성된다.
② 동대표자는 동대표자 선출공고에서 정한 각종 서류 제출 마감일(이하 '서류 제출 마감일'이라 한다)을 기준으로 해당 동에 주민등록을 마친 후 계속하여 6개월 이상 거주하고 있는 입주민 중에서 선출한다.
③ 서류 제출 마감일을 기준으로 다음 각 호의 어느 하나에 해당하는 사람은 동대표자가 될 수 없고, 이에 해당하면 그 자격을 상실한다.
  1. 미성년자, 피성년후견인 또는 피한정후견인
  2. 파산자
  3. 금고형 또는 징역형의 실형 선고가 확정되고 그 집행이 끝나거나 집행이 면제된 날부터 2년이 지나지 아니한 사람
  4. 금고형 또는 징역형의 집행유예 선고가 확정되고 그 유예기간 중에 있는 사람
④ 동대표자가 임기 중에 제2항에 따른 자격요건을 충족하지 않게 된 경우나 제3항 각 호에 따른 결격사유에 해당하게 된 경우에는 당연히 퇴임한다.

〈상 황〉

K공동주택은 A, B, C, D동으로 구성되어 있고, 甲은 A동, 乙은 B동, 丙은 C동, 丁은 D동의 입주민이다.

① K공동주택의 입주민대표회는 A, B, C, D동의 동별 구분 없이 선출된 입주민대표자들로 구성된다.
② 서류 제출 마감일이 2023. 3. 2.이고 선출일이 2023. 3. 31.인 A동대표자 선출에서, 2023. 3. 20.에 성년이 되는 甲은 A동대표자가 될 수 있다.
③ 서류 제출 마감일이 2023. 1. 2.인 B동대표자의 선출에서, B동에 2022. 7. 29. 주민등록을 마쳤고 계속 거주하여 온 乙은 B동대표자로 선출될 자격이 있다.
④ 징역 2년의 실형 선고를 받고 2020. 1. 1.에 그 집행이 종료된 丙이 C동대표자 선출을 위한 서류 제출 마감일인 2023. 1. 2. 현재 파산자인 경우, C동대표자로 선출될 수 있다.
⑤ 임기가 2023. 12. 31.까지인 D동대표자 丁에 대하여 2023. 3. 7.에 징역 6개월 집행유예 1년의 선고가 확정된다면, 丁은 D동대표자의 직에서 당연히 퇴임한다.

문제해설

Step 1 문제 해결

① (×) 제1항에 따르면 입주민대표회는 공동주택 각 동별로 선출된 입주민대표자(동대표자)들로 구성되어야 한다.

② (×) 제3항에 의하면 서류 제출 마감일 기준으로 미성년자인 자는 동대표자가 될 수 없는데, 서류 제출 마감일은 2023. 3. 2.이고 갑은 2023. 3. 20.에 성년이 되므로 서류 제출 마감일 당시에는 미성년자이다. 따라서 갑은 동대표자가 될 수 없다.

③ (×) 제2항에 의하면, 서류 제출 마감일 기준으로 해당 동에 주민등록을 마친 후 계속하여 6개월 이상 거주하고 있는 입주민이어야 동대표자로 선출될 수 있는 자격을 갖는다. 을은 2022. 7. 29.에 B동으로 주민등록을 마쳤고 서류 제출 마감일은 2023. 1. 2.이므로 아직 6개월이 경과되지 않았다. 따라서 을은 B동대표자로 선출될 자격이 없다.

④ (×) 제3항 제2호 및 제3호와 관련된 경우이다. 병은 2020. 1. 1.에 실형 선고에 대한 집행이 종료되었으므로 서류 제출 마감일이 2023. 1. 2.인 경우에 제3항 제3호의 결격 사유는 없다. 하지만 이 시점에 병은 파산자이므로 제2호에 따라 동대표자로 선출될 자격이 없다.

⑤ (○) 정은 임기 만료 전인 2023. 3. 7.에 집행유예 선고가 확정되어 그 유예기간 중에 있는 사람이므로 제3항에 따른 결격사유에 해당하게 되어 당연히 퇴임한다.

정답 | ⑤

59 규범형 문제
5급공채 2023 가책형 25번

다음 글과 〈상황〉을 근거로 판단할 때 옳은 것은?

□ 특허무효심판

가. 특허청에 등록된 특허를 무효로 하기 위해서는 이해관계인 또는 특허청 심사관이 특허권자를 상대로 특허심판원에 특허무효심판을 제기해야 한다.

나. 특허심판원은 특허가 무효라고 판단하면 인용심결을, 특허가 유효라고 판단하면 기각심결을 선고하여 심판을 종료한다. 특허의 유·무효에 관한 심결이 잘못되었음을 주장하여 심결에 대해 불복하는 자는 심결의 등본을 송달받은 날부터 30일 이내에 특허법원에 심결취소의 소를 제기해야 한다.

□ 심결취소의 소

가. 특허법원은 특허의 유·무효에 관한 특허심판원의 심결에 잘못이 없다고 인정한 경우에는 기각판결을, 잘못이 있다고 인정한 경우에는 인용판결을 선고하여 소송을 종료한다. 예컨대 특허심판원의 인용심결에 대해 특허법원 역시 특허가 무효라고 판단하여 심결에 잘못이 없다고 인정하면 기각판결을 한다. 특허법원의 판결이 잘못되었음을 주장하여 판결에 대해 불복하는 자는 판결의 등본을 송달받은 날부터 2주 이내에 대법원에 상고해야 한다.

나. 대법원은 특허법원의 판결에 잘못이 없다고 인정한 경우에는 기각판결을, 잘못이 있다고 인정한 경우에는 인용판결을 선고하여 상고심을 종료한다. 이 판결에 대해서는 불복할 수 없다.

〈상 황〉

특허청에 등록된 甲의 특허에 대해서 이해관계인 乙이 특허무효심판을 제기하였다.

① 특허심판원은 甲의 특허가 무효라고 판단한 경우, 기각심결을 선고하여 심판을 종료한다.
② 특허심판원의 인용심결이 선고된 경우, 乙은 심결의 등본을 송달받은 날부터 30일 이내에 특허법원에 심결취소의 소를 제기해야 한다.
③ 특허심판원의 인용심결에 대한 심결취소의 소에서 특허법원이 甲의 특허가 유효하다고 판단한 경우, 인용판결을 선고해야 한다.
④ 특허심판원의 기각심결에 대한 심결취소의 소에서 특허법원이 기각판결을 선고하고 이에 대한 상고심에서 기각판결이 선고된 경우, 대법원은 甲의 특허가 무효라고 판단한 것이다.
⑤ 특허심판원의 기각심결에 대한 심결취소의 소에서 특허법원이 기각판결을 선고하고 이에 대한 상고심에서 기각판결이 선고된 경우, 乙은 상고심 판결의 등본을 송달받은 날부터 2주 이내에 불복할 수 있다.

문제해설

Step 1 문제 해결

'특허무효심판' 규정과 '심결취소의 소' 규정을 각각 제1조와 제2조라고 하자.

① (×) 제1조 나목에 의하면 특허가 무효라고 판단될 경우 특허심판원은 인용심결을 선고해야 한다. 기각심결은 특허가 유효라고 판단되었을 때 선고된다.

② (×) 인용심결이 선고된 것은 특허가 무효라고 판단된 것이므로 '을'이 특허무효심판에서 이긴 것이다. 따라서 을이 심결에 대해 심결취소의 소를 제기할 리가 없다.

③ (○) 특허심판원이 인용심결을 선고했다는 것은 특허가 무효라고 판단했다는 것이고, 심결취소의 소에서 특허법원이 갑의 특허가 유효하다고 판단했다면 제2조 가목에 따라 특허법원은 특허심판원에 잘못이 있다고 인정하여 인용판결을 선고할 것이다.

④ (×) 특허심판원의 기각심결은 특허가 유효라고 판단한 것이고, 특허법원이 이에 대한 심결취소의 소에서 기각판별을 하였다면 역시 특허가 유효하다고 판단한 결과이다. 마지막으로 상고심에서 기각판결이 났다면 역시 특허가 유효라고 판단한 결과이므로, 대법원은 갑의 특허가 유효라고 판단하였을 것이다.

⑤ (×) ④에서 본 것처럼 특허심판원과 특허법원 모두에서 기각되었다면 해당 특허는 유효로 인정된 것이다. 마지막으로 상고심에서도 기각판결이 났다면 갑의 특허가 유효하다는 것으로 을은 패소한 것인데, 제2조 나목에 따라 상고심 판결에 대해서는 불복할 수 없다.

정답 | ③

60 규범형 문제
5급공채 2024 나책형 1번

다음 글을 근거로 판단할 때 옳은 것은?

> 제○○조(공공데이터의 제공 및 이용 활성화에 관한 기본계획) ① 정부는 공공데이터의 제공 및 이용 활성화에 관한 기본계획(이하 '기본계획'이라 한다)을 수립하여야 한다.
> ② 기본계획은 행정안전부장관이 과학기술정보통신부장관과 협의하여 매 3년마다 국가 및 각 지방자치단체의 부문계획을 종합하여 수립하며, 공공데이터전략위원회(이하 '전략위원회'라 한다)의 심의·의결을 거쳐 확정한다. 기본계획 중 중요한 사항을 변경하는 경우에도 또한 같다.
> ③ 행정안전부장관은 전략위원회의 심의를 거쳐 국가와 지방자치단체의 부문계획의 작성지침을 정하고 이를 관계 기관에 통보할 수 있으며, 기본계획의 작성을 위하여 필요한 경우 공공기관의 장에게 관련 자료의 제출을 요청할 수 있다.
> 제○○조(공공데이터의 제공 및 이용 활성화에 관한 시행계획) ① 국가와 지방자치단체의 장은 기본계획에 따라 매년 공공데이터의 제공 및 이용 활성화에 관한 시행계획(이하 '시행계획'이라 한다)을 수립하여야 한다.
> ② 중앙행정기관의 장과 지방자치단체의 장은 시행계획을 전략위원회에 제출하고, 전략위원회의 심의·의결을 거쳐 시행하여야 한다. 시행계획 중 중요한 사항을 변경하는 경우에도 또한 같다.
> 제○○조(공공데이터의 제공 운영실태 평가) ① 행정안전부장관은 매년 공공기관(국회·법원·헌법재판소 및 중앙선거관리위원회는 제외한다. 이하 이 조에서 같다)을 대상으로 공공데이터의 제공기반조성, 제공현황 등 제공 운영실태를 평가하여야 한다.
> ② 행정안전부장관은 제1항에 따른 평가결과를 전략위원회와 국무회의에 보고한 후 이를 공공기관의 장에게 통보하고 공표하여야 하며, 전략위원회가 개선이 필요하다고 권고한 사항에 대하여는 해당 공공기관에 시정요구 등의 조치를 취하여야 한다.
> ③ 행정안전부장관은 제1항에 따른 평가결과가 우수한 공공기관이나 공공데이터 제공에 이바지한 공로가 인정되는 공무원 또는 공공기관 임직원을 선정하여 포상할 수 있다.

① 행정안전부장관은 기본계획의 작성을 위해 필요한 경우, 관련 자료의 제출을 공공기관의 장에게 요청할 수 있다.

② 지방자치단체의 장은 시행계획 중 중요한 사항을 변경하는 경우, 공공데이터전략위원회의 심의를 생략하고 이를 시행할 수 있다.

③ 행정안전부장관은 헌법재판소를 대상으로 공공데이터의 제공 운영실태를 평가하여야 한다.

④ 공공데이터전략위원회는 공공데이터의 제공 운영실태 평가결과를 행정안전부장관에게 보고하여야 한다.

⑤ 공공데이터의 제공 운영실태 평가에 따른 포상 대상은 공무원에 한한다.

문제해설

Step 1 문제 해결

① (○) 첫 번째 조 제3항에 의하면 행정안전부장관은 기본계획의 작성을 위해 필요한 경우 공공기관의 장에게 관련 자료의 제출을 요청할 수 있다. 그대로 반영되어 있다.

② (×) 두 번째 조 제2항에 의하면 지방자치단체의 시행계획 중 중요한 사항을 변경하는 경우에도 시행 때의 절차와 마찬가지로 전략위원회의 심의·의결을 거쳐야 한다.

③ (×) 세 번째 조 제1항에 의하면 헌법재판소 등은 공공데이터의 제공 운영실태 평가 대상에서 제외된다(괄호 속 언급은 늘 주의).

④ (×) 세 번째 조 제2항에 의하면 공공데이터의 제공 운영실태 평가결과를 보고하고 공공기관의 장에게 통보 및 공표하는 주체는 행정안전부장관이다. 주체와 객체가 바뀐 선지이다.

⑤ (×) 세 번째 조 제3항에 의하면 포상 대상에는 공무원뿐만 아니라 공공기관 임직원(비공무원)도 포함된다.

정답 | ①

61 규범형 문제
5급공채 2024 나책형 2번

다음 글을 근거로 판단할 때 옳은 것은?

> 제○○조(문화관광형시장의 지정·육성) ① 시장·군수·구청장(이하 '시장 등'이라 한다)은 직접 또는 상인조직을 대표하는 자가 신청하는 경우 시·도지사의 승인을 받아 문화관광형시장을 지정할 수 있다. 이 경우 시·도지사는 중소벤처기업부장관 및 문화체육관광부장관과 협의를 거쳐 승인 여부를 결정하여야 한다.
> ② 시장 등은 문화관광형시장을 지정한 경우에는 그 지정 내용과 육성계획을 중소벤처기업부장관과 시·도지사에게 제출하여야 한다.
> ③ 정부와 지방자치단체는 지정된 문화관광형시장을 육성하기 위하여 다음 각 호의 사항을 지원할 수 있다.
> 1. 문화관광형시장으로 육성하기 위하여 필요한 공공시설과 편의시설의 설치 및 개량
> 2. 기념품 및 지역특산품의 개발과 판매시설 설치
> 3. 지역특성을 반영한 축제·행사·문화공연 개최
> 4. 시장·상점가와 지역 문화·관광자원을 연계한 상품 및 문화·관광 콘텐츠의 개발과 홍보
> 5. 문화관광형시장의 상인 및 상인조직에 대한 교육
>
> 제□□조(문화관광형시장 지정의 해제) ① 시·도지사는 지정된 문화관광형시장이 다음 각 호의 어느 하나에 해당하는 경우에는 그 지정을 해제할 수 있다.
> 1. 문화관광형시장을 지정한 날부터 3개월 이내에 제○○조 제2항에 따라 지정 내용과 육성계획이 제출되지 아니한 경우
> 2. 문화관광형시장을 지정한 날부터 2년 이내에 제○○조 제2항의 육성계획이 추진되지 아니한 경우
>
> ② 시·도지사는 문화관광형시장의 지정을 해제하려는 경우에는 시장 등 및 그 밖의 이해관계인에게 의견진술의 기회를 주어야 한다.
> ③ 시·도지사는 문화관광형시장의 지정을 해제한 때에는 그 내용을 중소벤처기업부장관, 문화체육관광부장관 및 시장 등에게 통보하여야 한다.

① 시·도지사는 개별 상인의 신청에 따라 문화관광형시장을 지정할 수 있다.
② 문화관광형시장의 지정을 해제한 때에는 시·도지사가 그 내용을 중소벤처기업부장관에게 통보할 필요가 없다.
③ 시·도지사는 문화관광형시장의 지정 해제를 함에 있어 이해관계인에게 의견진술의 기회를 줄 필요는 없다.
④ 지방자치단체는 지정된 문화관광형시장을 육성하기 위해 지역특산품의 개발과 판매시설 설치를 지원할 수 있지만, 기념품 개발과 판매시설 설치는 지원할 수 없다.
⑤ 시장·군수·구청장이 문화관광형시장을 지정한 날부터 3개월 이내에 그 지정 내용과 육성계획을 제출하지 않은 경우, 시·도지사는 그 지정을 해제할 수 있다.

문제해설

Step 1 문제 해결

① (×) 첫 번째 조 제1항에 의하면 문화관광형시장 지정의 주체는 시장·군수·구청장('시장 등')이다. 시·도지사는 승인의 주체이다. 또한 지정에 필요한 요건으로 시장 등이 직접 또는 상인조직을 대표하는 자의 신청이 필요한데, 개별 상인의 신청은 이에 해당하지 않는다.

② (×) 두 번째 조 제3항에 의하면 시·도지사가 문화관광형시장의 지정을 해제한 때에는 그 내용을 중소벤처기업부장관 등에게 통보해야 한다.

③ (×) 두 번째 조 제2항에 의하면 지정을 해제하려는 경우에는 시장 등 및 그 밖의 이해관계인에게 의견진술의 기회가 주어져야 한다.

④ (×) 첫 번째 조 제3항에 의하면 정부와 지방자치단체는 지정된 문화관광형시장을 육성하기 위해 제1호부터 제5호까지의 사항을 지원할 수 있다('다음 각 호의 어느 하나'라는 표현이 아님에 주의). 따라서 지역특산품의 개발과 판매시설 설치를 지원하면서 동시에 기념품 개발과 판매시설 설치도 지원할 수 있다.

⑤ (○) 두 번째 조 제1항의 의하면 문화관광형시장을 지정한 날부터 3개월 이내에 그 지정 내용과 육성계획이 제출되지 않았을 경우에는 시·도지사가 해당 시장의 지정을 해제할 수 있다.

정답 | ⑤

62 규범형 문제

5급공채 2024 나책형 3번

다음 글을 근거로 판단할 때 옳은 것은?

제○○조(자연지진·지진해일·화산의 관측 결과 통보) 기상청장은 국내외에서 발생하는 주요 자연지진·지진해일·화산에 대한 관측 결과 및 특보 등의 정보를 보도기관 또는 인터넷 홈페이지를 이용하거나 다른 적절한 방법을 통하여 관계 기관과 국민에게 알릴 수 있다.

제○○조(지진조기경보체제 구축·운영) ① 기상청장은 지진관측 즉시 관련 정보를 국민에게 알릴 수 있는 지진조기경보체제를 구축·운영하여야 한다.

② 기상청장은 다음 각 호의 경우 즉시 지진조기경보를 발령하여야 한다.

1. 규모 5.0 이상으로 예상되는 지진이 국내에서 발생한 경우
2. 규모 5.0 이상으로 예상되는 지진으로서 국내에 상당한 영향을 미칠 것으로 예상되는 지진이 국외에서 발생한 경우

제○○조(지진·지진해일·화산의 관측 결과 통보의 제한) ① 기상청장 외의 자는 지진·지진해일·화산에 대한 관측 결과 및 특보를 발표할 수 없다. 다만, 다음 각 호의 경우에는 그러하지 아니하다.

1. 핵실험이나 대규모 폭발 등으로 인하여 발생한 인공지진에 대한 관측 결과를 발표하는 경우
2. 지진·지진해일·화산에 대한 관측 결과를 학문연구를 위하여 발표하는 경우

② 기상청장 외의 자가 제1항 단서에 따른 발표를 하려는 때에는 기상청장의 승인을 받아야 한다.

① 기상청장은 국내외에서 발생하는 모든 자연지진에 대한 관측 결과를 관계 기관과 국민에게 알려야 한다.

② 지진조기경보는 지진의 발생이 예상되는 즉시 발령되어야 한다.

③ 기상청장은 화산에 대한 관측 결과를 학문연구를 위해 발표할 수 없다.

④ 핵실험으로 인해 발생한 인공지진에 대한 관측 결과를 기상청장 외의 자가 발표하려는 경우, 기상청장의 승인은 필요 없다.

⑤ 국외에서 규모 6.0으로 예상되는 지진이 발생하였으나 그 지진이 국내에 영향을 미치지 않을 것으로 예상된다면, 기상청장은 즉시 지진조기경보를 발령하지 않아도 된다.

문제해설

Step 1 문제 해결

① (×) 첫 번째 조에 의하면 기상청장은 국내외에서 발생하는 '주요' 자연지진 등에 대한 관측 결과를 관계 기관과 국민에게 '알릴 수' 있다. '모든'과 '알려야 한다' 두 부분에서 틀렸다.

② (×) 두 번째 조 제2항에 의하면 지진조기경보는 실제로 규모 5.0 이상으로 예상되는 지진이 국내나 국외에서 발생한 경우에 발령된다.

③ (×) 세 번째 조 제1항에 의하면 기상청장 외의 자라도 지진이나 지진해일, 화산에 대한 관측 결과를 학문연구를 위한 경우에는 발표할 수 있다.

④ (×) 세 번째 조 제1항 및 제2항에 의하면 핵실험으로 인해 발생한 인공지진에 대한 관측 결과를 기상청장 외의 자가 발표하려 할 때는 기상청장의 승인을 받아야 한다.

⑤ (○) ②에서 본 것처럼 국외에서 발생한 지진은 규모 5.0 이상으로 예상되는 지진으로서 국내에 상당한 영향을 미칠 것으로 예상되는 경우에 즉시 지진조기경보를 발령하여야 한다. 따라서 국외에서 발생한 규모 6.0으로 예상되는 지진이라 하더라도 그 지진이 국내에 영향을 미치지 않을 것으로 예상된다면 기상청장은 즉시 지진조기경보를 발령하지 않아도 무방하다.

정답 | ⑤

63 규범형 문제

5급공채 2024 나책형 4번

다음 글을 근거로 판단할 때 옳은 것은?

제○○조(헌혈증서의 발급 및 수혈비용의 보상 등) ① 혈액원이 헌혈자로부터 헌혈을 받았을 때에는 헌혈증서를 그 헌혈자에게 발급하여야 한다.
② 제1항에 따른 헌혈자 또는 그 헌혈자의 헌혈증서를 양도받은 사람은 의료기관에 그 헌혈증서를 제출하면 무상으로 혈액제제를 수혈받을 수 있다.
③ 보건복지부장관은 의료기관이 제2항에 따라 헌혈증서 제출자에게 수혈을 하였을 때에는 제□□조 제2항에 따른 헌혈환급적립금에서 그 비용을 해당 의료기관에 보상하여야 한다.
제□□조(헌혈환급예치금 및 헌혈환급적립금) ① 혈액원이 헌혈자로부터 헌혈을 받았을 때에는 헌혈환급예치금을 보건복지부장관에게 내야 한다.
② 보건복지부장관은 제1항에 따른 헌혈환급예치금으로 헌혈환급적립금(이하 '적립금'이라 한다)을 조성·관리한다.
③ 적립금은 다음 각 호의 어느 하나에 해당하는 용도에만 사용하여야 한다.
1. 제○○조 제3항에 따른 수혈비용의 보상
2. 헌혈의 장려
3. 혈액관리와 관련된 연구
제△△조(특정수혈부작용 및 채혈부작용의 보상) ① 혈액원은 다음 각 호의 어느 하나에 해당하는 사람에 대하여 특정수혈부작용 및 채혈부작용에 대한 보상금(이하 '보상금'이라 한다)을 지급할 수 있다.
1. 혈액원이 공급한 혈액이 직접적인 원인이 되어 질병이 발생하거나 사망한 특정수혈부작용자
2. 헌혈이 직접적인 원인이 되어 질병이 발생하거나 사망한 채혈부작용자
② 제1항에도 불구하고 다음 각 호의 어느 하나에 해당하는 경우에는 보상금을 지급하지 아니할 수 있다.
1. 채혈부작용이 헌혈자 본인의 고의 또는 중대한 과실로 인하여 발생한 경우
2. 채혈부작용이라고 결정된 사람 또는 그 가족이 손해배상청구소송 등을 제기한 경우 또는 소송제기 의사를 표시한 경우

① 헌혈증서를 제출함으로써 무상으로 혈액제제를 수혈받을 수 있는 사람은 헌혈자에 한한다.
② 혈액원은 헌혈이 직접적인 원인이 되어 사망한 자에 대하여 헌혈환급적립금에서 보상금을 지급하여야 한다.
③ 보건복지부장관은 혈액원으로부터 적립받은 헌혈환급적립금으로 헌혈환급예치금을 조성·관리하여야 한다.
④ 혈액원이 공급한 혈액이 직접적인 원인이 되어 질병이 발생한 특정수혈부작용자가 손해배상청구소송을 제기한 경우, 혈액원의 보상금 지급대상에서 제외된다.
⑤ 의료기관이 헌혈증서를 제출한 헌혈자에게 무상으로 혈액제제를 수혈한 경우, 해당 의료기관은 보건복지부장관으로부터 그 비용을 보상받을 수 있다.

문제해설

Step 1 문제 해결

① (×) 첫 번째 조 제2항에 의하면 헌혈자뿐만 아니라 그 헌혈자의 헌혈증서를 양도받은 사람도 그 헌혈증서를 의료기관에 제출하면 무상으로 혈액제제를 수혈받는 게 가능하다.

② (×) 두 번째 조 제3항에 따르면 헌혈환급적립금은 수혈비용의 보상, 헌혈의 장려, 혈액관리와 관련된 연구 용도로만 사용될 수 있다. 세 번째 조 제1항에 의하면 혈액원이 공급한 혈액이 직접적인 원인이 되어 사망한 자에 대한 보상금은 이와는 별개로 지급되는 것이다.

③ (×) 두 번째 조 제1항 및 제2항에 의하면 헌혈환급예치금으로 헌혈환급적립금을 조성·관리하는 것이다. 수단과 목적이 뒤바뀐 선지이다.

④ (×) 세 번째 조 제1항의 제1호와 제2호에 의하면 특정수혈부작용자와 채혈부작용자는 다른 개념이다. 제2항에 따르면 특정수혈부작용자가 아니라 채혈부작용자가 손해배상청구소송을 제기한 경우에 보상금을 지급하지 아니할 수 있는 것이다.

⑤ (○) 첫 번째 조 제3항에 의하면 의료기관이 헌혈증서를 제출한 자에게 수혈을 한 경우 보건복지부장관은 헌혈환급적립금에서 그 비용을 해당 의료기관에 보상해야 한다.

정답 | ⑤

64 규범형 문제
5급공채 2024 나책형 5번

다음 글을 근거로 판단할 때 옳은 것은?

제○○조(건축물에 대한 미술작품의 설치 등) ① 일정 규모 이상의 건축물을 건축하려는 자(이하 '건축주'라 한다)는 제4항에 따른 금액을 사용하여 회화·조각·공예 등 건축물 미술작품(이하 '미술작품'이라 한다)을 설치하여야 한다.
② 건축주는 건축물에 미술작품을 설치하려는 경우 해당 건축물이 소재하는 지역을 관할하는 시·도지사에게 해당 미술작품의 가격과 예술성 등에 대한 감정·평가를 받아야 한다.
③ 제1항에 따라 미술작품을 설치해야 하는 건축물은 다음 각 호의 어느 하나에 해당되는 건축물로서 연면적이 1만 제곱미터(증축하는 경우에는 증축되는 부분의 연면적이 1만 제곱미터) 이상인 것으로 한다.
1. 공동주택(기숙사 및 공공건설임대주택은 제외한다)
2. 문화 및 집회시설 중 공연장·집회장 및 관람장
3. 업무시설

④ 미술작품의 설치에 사용해야 하는 금액은 다음과 같다.
1. 제3항 제1호의 공동주택 : 건축비용의 1천분의 1
2. 제3항 제1호 이외의 건축물 : 건축비용의 1천분의 5
3. 제1호 및 제2호에도 불구하고 제3항 제1호부터 제3호까지의 건축물로서 건축주가 국가 또는 지방자치단체인 건축물 : 건축비용의 1백분의 1

제□□조(건축물에 대한 미술작품의 설치 등) ① 건축주(국가 및 지방자치단체는 제외한다)는 제○○조 제4항에 따른 금액을 미술작품의 설치에 사용하는 대신에 문화예술진흥기금에 출연할 수 있다.
② 제1항에 따라 문화예술진흥기금에 출연하는 금액은 제○○조 제4항에 따른 금액의 1백분의 70에 해당하는 금액으로 한다.
③ 건축물의 설계변경으로 건축비용이 인상됨에 따라 제○○조 제4항에 따른 금액이 종전에 제○○조 제2항에 따른 감정·평가를 거친 금액보다 커진 경우에는 그 차액을 문화예술진흥기금에 출연하는 것으로 미술작품을 변경하여 설치하는 것을 갈음할 수 있다.

① A지방자치단체가 건축비용 30억 원으로 연면적 1만 5천 제곱미터의 공연장을 건립하려는 경우, 미술작품 설치에 1천 5백만 원을 사용하여야 한다.
② B지방자치단체가 건축비용 25억 원으로 연면적 1만 제곱미터 이상의 업무시설을 건립하려는 경우, 미술작품을 설치하는 대신에 1,750만 원을 문화예술진흥기금에 출연하여도 된다.
③ C회사가 건축비용 10억 원으로 기존 연면적 7천 제곱미터의 업무시설을 전체 연면적 1만 2천 제곱미터의 업무시설로 증축하려는 경우, 미술작품을 설치할 필요가 없다.
④ D대학교가 건축비용 20억 원으로 연면적 1만 제곱미터의 기숙사를 건립하려는 경우, 미술작품의 설치에 200만 원을 사용하여야 한다.
⑤ E회사가 건축비용 40억 원으로 연면적 1만 제곱미터의 집회장을 건립하면서 2천만 원의 미술작품을 설치하기로 한 후, 설계변경으로 건축비용이 45억 원으로 늘어났다면 2천만 원을 문화예술진흥기금에 출연하여야 한다.

문제해설

Step 1 문제 해결

① (×) 첫 번째 조 제3항에 따르면 연면적이 1만 5천 제곱미터인 공연장은 미술작품을 설치해야 하는 건축물에 해당한다. 그런데 ①의 건축물은 건축주가 지방자치단체이므로 이 경우 제4항 제3호가 되며 이에 따라 미술작품의 설치에 사용해야 하는 금액은 건축비용 30억의 1백분의 1인 3천만 원이다.

② (×) 두 번째 조 제1항의 괄호 속 단서에 의하면 지방자치단체가 건축주인 경우에는 문화예술진흥기금에 미술작품 설치에 드는 금액을 출연하는 것이 불가능하다.

③ (○) 첫 번째 조 제3항의 괄호 속 진술에 의하면 증축하는 경우에는 증축되는 부분의 연면적이 1만 제곱미터 이상이어야 미술작품의 설치 의무가 발생한다. 그런데 선지의 건축물은 기존 연면적이 7천 제곱미터이고 증축되면 전체 연면적이 1만 2천 제곱미터가 되므로 증축되는 부분의 연면적은 5천 제곱미터에 불과해 미술작품 설치 의무 대상에 해당하지 않는다.

④ (×) 첫 번째 조 제3항 제1호에 의하면 기숙사 및 공공건설임대주택은 미술작품 설치 대상 건축물에서 제외된다.

⑤ (×) 집회장은 첫 번째 조 제3항에 따라 미술작품 설치 대상 건축물에 해당한다. 한편 두 번째 조 제3항에 의하면 건축물의 설계변경으로 건축비용이 인상된 경우에는 기존(40억의 1천분의 5인 2천만 원)보다 증가한 차액만큼(5억의 1천분의 5인 250만 원)을 문화예술진흥기금에 출연해야 한다.

정답 | ③

65 규범형 문제

5급공채 2024 나책형 6번

다음 글을 근거로 판단할 때, 〈보기〉에서 옳은 것만을 모두 고르면?

○○문화예술위원회는 매년 문학적 역량이 뛰어난 작가의 집필활동을 지원하기 위해 문학창작기금 지원사업(이하 '지원사업'이라 한다)을 실시하고 있다. 지원대상은 집필이 완료된 작품의 작품집을 발간하려는 작가이며, 선정된 작가에게는 작품집의 발간을 위해 창작지원금(원고료 및 출판 비용 등) 1,000만 원이 지급된다. 2024년 지원사업의 신청 마감일은 2024년 6월 30일이고, 창작지원금은 2025년 1월 중 지급한다.

신청 대상은 국적에 관계없이 한국에서 활동 중인 시, 시조, 소설, 수필, 평론, 희곡 분야의 작가이다. 신청 마감일을 기준으로 신청 분야의 최초 창작활동 시작 후 3년 이상 경과한 작가에게 자격요건이 있으며, 창작활동 경력은 신청 분야와 활동 분야가 동일한 경우에 한해 인정된다. 신청 분야의 창작활동 시작 시점은 ① 신청 분야 신춘문예 당선일, ② 신청 분야 단행본 출간일, ③ 신청 분야 신인문학상 수상일, ④ 신청 분야 문예매체 작품 발표일, ⑤ 최초 공연일(희곡 분야에 한함)로 한다.

선정된 작가는 창작지원금을 지급받은 해의 12월 말일까지 작품집을 발간해야 한다. 지정된 날짜까지 작품집 발간 실적이 없는 경우, 창작지원금이 반환처리될 수 있다.

〈보 기〉

ㄱ. 지원사업은 한국에서 활동 중인 한국인 작가만을 대상으로 한다.
ㄴ. 2015년 4월 16일 소설 분야 신춘문예에 당선된 이후 한국에서 활동 중인 작가는 2024년 지원사업의 소설 분야 신청 자격이 있다.
ㄷ. 2020년 6월 28일 최초 공연된 작품으로 3개월 뒤 희곡 분야 신인문학상을 수상한 이후 한국에서 활동 중인 작가는 희곡 분야 2024년 지원사업 신청 자격이 없다.
ㄹ. 2024년 지원사업에 선정된 작가가 2025년 12월 말일까지 작품집을 발간하지 않는 경우, 창작지원금이 반환처리될 수 있다.

① ㄱ, ㄷ
② ㄱ, ㄹ
③ ㄴ, ㄷ
④ ㄴ, ㄹ
⑤ ㄱ, ㄴ, ㄷ

문제해설

Step 1 문제 해결

ㄱ. (×) 2문단 첫 번째 문장에 의하면 신청 대상은 국제에 관계없이 한국에서 활동 중인 작가이다.

ㄴ. (○) 2문단 두 번째와 세 번째 문장에 의하면, 신청 마감일 기준으로 신청 분야의 최초 창작활동 시작 후 3년 이상 경과해야 하고 신청 분야와 같은 활동 분야에서 창작활동 경력을 쌓아 온 작가여야 하는데, 소설 분야 신춘문예 당선일이 2015년 4월 16일이므로 2024년 지원사업의 소설 분야 신청 자격이 인정된다.

ㄷ. (×) 2문단 마지막에 따르면 희곡 분야 신인문학상 수상일이 202년 9월이므로 2024년은 최초 창작활동 시작 후 3년 이상 경과한 것이다. 해당 작품의 최초 공연일을 창작활동 시작 시점으로 삼는다고 하더라도 2020년 6월 28일에 최초 공연된 작품이므로 역시 3년 이상 경과한 것이다. 따라서 신청 자격이 있다.

ㄹ. (○) 3문단에 의하면 창작지원금을 지급받은 해의 12월 말일까지 작품집을 발간하지 않으면 창작지원금은 반환처리될 수 있다. 1문단에 따라 2024년 지원사업에 신청하여 선정된 경우에는 2025년 1월 중에 지원금이 지급되므로 2025년 12월 말일까지 작품집을 발간하지 않았다면 지원금이 반환처리될 수 있다.

정답 | ④

66 규범형 문제

5급공채 2024 나책형 21번

다음 글을 근거로 판단할 때 옳은 것은?

제○○조(정의) 이 법에서 사용하는 용어의 뜻은 다음과 같다.

1. "공연"이란 음악·무용·연극 등 예술적 관람물을 실연(實演)에 의하여 공중에게 관람하도록 하는 행위를 말한다.
2. "공연장"이란 공연을 주된 목적으로 설치하여 운영하는 시설을 말한다.
3. "연소자"란 18세 미만의 사람(고등학교에 재학 중인 사람을 포함한다)을 말한다.

제□□조(유해 공연물 관람금지) 누구든지 다음 각 호의 기준에 따른 연소자 유해 공연물을 연소자에게 관람시킬 수 없다.

1. 연소자에게 성적인 욕구를 자극하는 선정적인 것
2. 각종 폭력 행위 또는 약물의 남용을 자극하거나 미화하는 것

제△△조(공연장 설치·운영 등) ① 공연장을 설치하여 운영하려는 자(이하 '공연장 운영자'라 한다)는 공연장 소재지를 관할하는 시장, 군수, 구청장(이하 '시장 등'이라 한다)에게 등록하여야 한다.

② 제1항에 따라 공연장의 등록을 한 자가 영업을 폐지한 경우에는 폐지한 날부터 30일 이내에 관할 시장 등에게 폐업신고를 하여야 한다.

③ 관할 시장 등은 제2항에 따라 폐업신고를 하여야 하는 자가 폐업신고를 하지 아니하면 폐업한 사실을 확인한 후 그 등록사항을 직권으로 말소할 수 있다.

④ 공연장 운영자는 화재 등 재해나 그 밖의 위급한 상황의 발생 시 관람자가 안전하게 피난할 수 있도록 공연장에 피난안내도를 갖추어 두어야 한다.

⑤ 공연장 외의 장소에서 1천 명 이상의 관람자가 있을 것으로 예상되는 공연을 하려는 자가 갖추어 두어야 할 피난안내도에 관하여는 제4항을 준용한다.

제◇◇조(벌칙) ① 제□□조를 위반한 자는 3년 이하의 징역 또는 3천만 원 이하의 벌금에 처한다.

② 공연의 입장권을 판매하는 자의 동의 없이 다른 사람에게 입장권을 상습 또는 영업으로 자신이 구입한 가격을 넘는 금액으로 판매한 자(이하 '암표상'이라 한다)는 20만 원 이하의 벌금, 구류 또는 과료에 처한다.

① 甲이 A도 B군에서 공연장을 설치하여 운영하려는 경우, A도지사에게 등록하여야 한다.
② 공연장 등록을 한 乙이 영업을 폐지한 경우 관할 시장 등에게 폐업신고를 하지 않는다면, 관할 시장 등은 그 등록사항을 직권으로 말소할 수 없다.
③ 丙이 18세인 고등학생에게 약물의 남용을 자극하는 내용의 공연물을 관람시킨 경우, 丙은 3천만 원의 벌금에 처해질 수 있다.
④ 丁이 암표상으로부터 공연장 입장권을 구매한 경우, 丁은 10만 원의 벌금에 처해질 수 있다.
⑤ 戊가 공연장 외의 장소에서 500명의 관람자가 있을 것으로 예상되는 공연을 하는 경우, 피난안내도를 갖추어 두어야 한다.

문제해설

Step 1 문제 해결

① (×) 세 번째 조 제1항에 의하면 공연장을 설치하여 운영하려는 자는 도지사가 아닌 시장·군수·구청장에게 해당 공연장을 등록하여야 한다.

② (×) 세 번째 조 제3항에 따라 폐업신고를 하여야 하는 을이 폐업신고를 하지 않은 경우에는 관할 시장 등이 폐업 사실을 확인 후 그 등록사항을 직권으로 말소하는 것이 가능하다.

③ (○) 첫 번째 조의 정의에 의하면 고등학교에 재학 중인 병은 18세여도 연소자에 해당한다. 두 번째 조 및 네 번째 조에 따르면 연소자에게 약물의 남용을 자극하는 내용의 공연물을 관람시킨 경우에는 3천만 원 이하의 벌금에 처할 수 있다. 따라서 적절한 선지이다.

④ (×) 네 번째 조 제2항에 의하면 암표상이 벌금에 처해지는 것이지, 암표상으로부터 공연장 입장권을 구매한 자를 벌금에 처한다는 규정은 없다.

⑤ (×) 세 번째 조 제5항에 의하면 공연장 외의 장소에서 1천 명 이상의 관람자가 있을 것으로 예상되는 공연을 하려는 경우에 피안안내도를 갖춰 두어야 하는 것이다.

정답 | ③

67 규범형 문제

5급공채 2024 나책형 22번

다음 글을 근거로 판단할 때 옳은 것은?

> 제○○조(참전유공자 등) ① 이 법에서 "참전유공자"란 다음 각 호의 어느 하나에 해당하는 사람을 말한다. 다만, 6·25전쟁이나 월남전쟁 참전 중 범죄행위로 인하여 금고 이상의 형을 선고받고 불명예스러운 제대를 하거나 파면된 사실이 있는 사람은 제외한다.
>
> 1. 6·25전쟁에 참전하고 전역 또는 퇴직한 군인 및 경찰공무원
> 2. 월남전쟁에 참전하고 전역한 군인
> 3. 6·25전쟁에 참전한 사실 또는 월남전쟁에 참전한 사실이 있다고 국방부장관이 인정한 사람
> 4. 경찰서장 등 경찰관서장의 지휘·통제를 받아 6·25전쟁에 참전한 사실이 있다고 경찰청장이 인정한 사람
>
> ② 참전유공자로서 제□□조에 따라 등록된 사람은 이 법에 따른 예우를 받는다.
>
> 제□□조(참전유공자 등록 등) ① 참전유공자로서 이 법을 적용받으려는 사람은 국가보훈부장관에게 등록을 신청하여야 한다.
>
> ② 국가보훈부장관은 제○○조 제1항에 따른 참전유공자임에도 불구하고 제1항에 따른 등록을 마치지 못하고 사망한 사람에 대해서는 참전유공자로 기록하고 예우 및 관리를 할 수 있다.
>
> 제△△조(참전명예수당) ① 국가보훈부장관은 65세 이상의 참전유공자에게는 참전의 명예를 기리기 위하여 참전명예수당을 지급한다.
>
> ② 참전명예수당은 제1항에 따른 참전명예수당 지급연령이 된 날이 속하는 달부터 지급한다. 다만, 참전명예수당 지급연령이 지난 후에 제□□조 제1항에 따른 등록신청을 한 경우에는 등록신청을 한 날이 속하는 달부터 지급한다.
>
> ③ 참전유공자가 국적을 상실한 경우에도 참전명예수당을 지급할 수 있다.
>
> ④ 참전명예수당은 수당지급 대상자가 지정하는 예금계좌에 입금하는 방법으로 지급한다. 다만, 불가피한 사유가 있는 경우에는 해당 수당지급 대상자의 신청에 따라 현금으로 지급할 수 있다.

① 65세 이상의 참전유공자가 이 법에 따른 등록을 마친 후 대한민국 국적을 상실한 경우에도 국가보훈부장관은 참전명예수당을 지급할 수 있다.

② 월남전쟁에 참전한 사실이 있다고 경찰청장이 인정한 사람은 참전유공자가 된다.

③ 참전명예수당은 불가피한 사유가 있는 경우, 해당 수당지급 대상자가 신청하지 않더라도 현금으로 지급한다.

④ 6·25전쟁에 참전한 군인이 전역 후에 범죄행위를 저질러 금고 이상의 형을 선고받은 경우, 참전유공자에서 제외된다.

⑤ 참전유공자가 참전명예수당 지급연령이 지난 후 참전유공자 등록신청을 한 경우, 참전명예수당은 그 지급연령이 된 날이 속하는 달부터 소급하여 지급한다.

문제해설

Step 1 문제 해결

① (○) 세 번째 조 제3항에 따라 참전유공자로 인정된 자가 국적을 상실한 경우에도 참전명예수당을 지급하는 게 가능하다. 그리고 제1항에 의하면 수당 지급의 주체는 국가보훈부장관이다.

② (×) 첫 번째 조 제1항에 의하면, 실제로 월남전쟁에 참전하고 전역한 군인과 경찰청장이 인정하는 것은 별개이다. 2호에 의하면 월남전쟁에 참전하고 전역한 군인이 참전유공자가 될 수 있는 것이고, 경찰청장이 인정할 수 있는 대상은 6·25전쟁에 참전한 자이다.

③ (×) 세 번째 조 제4항에 의하면 불가피한 사유가 있는 경우에 해당 수당지급 대상자의 신청에 따라 현금 지급이 가능하다. 따라서 대상자가 신청하지 않으면 현금으로 지급할 수 없다.

④ (×) 첫 번째 조 제1항에 의하면 6·25전쟁이나 월남전쟁 '참전 중'의 범죄행위로 인해 금고 이상의 형을 선고받고 불명예스러운 제대를 하거나 파면된 경우에 참전유공자 지정에서 제외된다. 전역 후에 저지른 범죄행위는 예외 대상이 아니다.

⑤ (×) 세 번째 조 제2항의 단서에 의하면 참전명예수당 지급연령이 지난 후에 등록신청을 한 경우에는 등록신청을 한 날이 속하는 달부터 명예수당을 지급한다.

정답 | ①

68 **규범형 문제**
5급공채 2024 나책형 23번

다음 글을 근거로 판단할 때 옳은 것은?

제○○조(등록대상 선박) 국제선박으로 등록할 수 있는 선박은 다음 각 호의 어느 하나에 해당하는 선박으로 한다.

1. 대한민국 국민이 소유한 선박
2. 대한민국 법률에 따라 설립된 상사(商事) 법인이 소유한 선박

제□□조(등록절차) ① 국제선박으로 등록하려는 등록대상 선박의 소유자는 해양수산부장관에게 등록을 신청하여야 한다. 이 경우 선박소유자는 국제선박으로 등록하기 전에 선적항을 관할하는 지방해양수산청장에게 신청하여 그 선박을 선박원부에 등록하고 선박국적증서를 발급받아야 한다.

② 해양수산부장관은 제1항에 따른 국제선박의 등록신청을 받은 경우에는 그 선박이 제○○조에 따른 국제선박의 등록대상이 되는 선박인지를 확인한 후, 등록대상인 경우 지체 없이 이를 국제선박등록부에 등록하고 신청인에게 국제선박등록증을 발급하여야 한다.

③ 제2항에 따라 등록된 국제선박의 선박소유자는 선박소유자, 구조변경 등 등록사항이 변경된 경우에는 그 사실이 발생한 날부터 1개월 이내에 해양수산부장관에게 변경등록을 신청하여야 한다.

④ 제2항에 따라 등록된 국제선박은 국내항과 외국항 간 또는 외국항 간에만 운항하여야 한다.

① 등록된 국제선박의 선박소유자 甲은 그 국제선박을 부산항과 인천항 간에 운항할 수 있다.
② 외국법에 따라 설립된 상사 법인 乙은 소유하고 있는 선박을 국제선박으로 등록할 수 있다.
③ 대한민국 국민 丙은 자신의 선박을 국제선박으로 등록한 후에 관할 지방해양수산청장에게 신청하여 선박국적증서를 발급받아야 한다.
④ 대한민국 국민 丁이 자신의 선박을 국제선박으로 등록신청한 경우, 해양수산부장관은 그 선박을 선박원부에 등록하고 丁에게 국제선박등록증을 발급할 수 있다.
⑤ 등록된 국제선박의 선박소유자 戊가 구조변경을 하여 등록사항이 변경된 경우, 戊는 그 사실이 발생한 날부터 1개월 이내에 해양수산부장관에게 변경등록을 신청해야 한다.

문제해설

Step 1 문제 해결

① (×) 두 번째 조 제4항에 의하면 등록절차를 밟아 국제선박으로 등록된 선박은 국내항과 외국항 간 또는 외국항 간에만 운항하여야 한다. 부산항과 인천항은 모두 국내항이므로 규정을 위반하는 것이다.

② (×) 첫 번째 조에 따르면 외국법에 따라 설립된 상사 법인은 국제선박 등록의 주체 자격이 없다.

③ (×) 두 번째 조 제1항에 의하면, 국제선박 소유자는 해당 선박을 국제선박으로 등록하기 전에 관할 지방해양수산청장에게 신청하여 선박국적증서를 발급받아야 한다. 따라서 등록 후에 발급받는 것은 위법하다.

④ (×) 두 번째 조 제2항에 의하면 해양수산부장관이 조건을 갖춘 선박에 대해 국제선박등록증을 발급해야 하는 주체인 것은 맞다. 하지만 제1항에 따르면 선박원부에 등록하는 것은 선박소유자이다.

⑤ (○) 두 번째 조 제3항에 의하면 등록된 국제선박이 구조변경으로 인해 등록사항이 변경된 경우에는 그 사실이 발생한 날부터 1개월 이내에 해양수산부장관에게 변경등록을 신청해야 한다.

정답 | ⑤

69 규범형 문제

5급공채 2024 나책형 24번

다음 글과 〈상황〉을 근거로 판단할 때 옳은 것은?

제○○조(특허표시 및 특허출원표시) ① 특허권자는 다음 각 호의 구분에 따른 방법으로 특허표시를 할 수 있다.

1. 물건의 특허발명의 경우 : 그 물건에 "특허"라는 문자와 그 특허번호를 표시
2. 물건을 생산하는 방법의 특허발명의 경우 : 그 방법에 따라 생산된 물건에 "방법특허"라는 문자와 그 특허번호를 표시

② 특허출원인은 다음 각 호의 구분에 따른 방법으로 특허출원표시를 할 수 있다.

1. 물건의 특허출원의 경우 : 그 물건에 "특허출원(심사중)"이라는 문자와 그 출원번호를 표시
2. 물건을 생산하는 방법의 특허출원의 경우 : 그 방법에 따라 생산된 물건에 "방법특허출원(심사중)"이라는 문자와 그 출원번호를 표시

③ 제1항 또는 제2항에 따른 특허표시 또는 특허출원표시를 할 수 없는 물건의 경우에는 그 물건의 용기 또는 포장에 특허표시 또는 특허출원표시를 할 수 있다.

제□□조(허위표시의 금지) 누구든지 특허된 것이 아닌 물건, 특허출원 중이 아닌 물건, 특허된 것이 아닌 방법이나 특허출원 중이 아닌 방법에 의하여 생산한 물건 또는 그 물건의 용기나 포장에 특허표시 또는 특허출원표시를 하거나 이와 혼동하기 쉬운 표시를 하는 행위를 하여서는 아니 된다.

제△△조(허위표시의 죄) ① 제□□조를 위반한 자는 3년 이하의 징역 또는 3천만 원 이하의 벌금에 처한다.

② 법인의 대표자나 법인 또는 개인의 대리인, 사용인, 그 밖의 종업원이 그 법인 또는 개인의 업무에 관하여 제□□조에 해당하는 위반행위를 하면 그 행위자를 벌하는 외에 그 법인에는 6천만 원 이하의 벌금형을, 그 개인에게는 제1항의 벌금형을 과한다.

〈상 황〉

○ 물건의 특허발명에 해당하는 잠금장치를 발명한 甲은 그 발명에 대해 특허를 출원하여 특허권을 부여받은 후, 乙을 고용하여 해당 잠금장치를 생산하고 있다.

○ 황금색 도자기를 생산하는 방법을 발명한 丙은 그 발명에 대해 특허출원 중이며, 그 방법에 따라 황금색 도자기를 생산하고 있다. 丁은 丙의 황금색 도자기를 포장하는 데 사용되는 종이박스를 생산하고 있다.

① 甲이 잠금장치에 "방법특허"라는 문자와 특허번호를 표시한 경우, 허위표시에 해당하지 않는다.

② 丙이 황금색 도자기의 밑부분에 "특허출원(심사중)"이라는 문자와 출원번호를 표시한 경우, 허위표시에 해당하지 않는다.

③ 甲이 잠금장치에 특허표시를 하지 않은 경우, 허위표시의 죄로 처벌된다.

④ 甲의 지시에 따라 乙이 잠금장치에 허위의 특허표시를 한 경우, 乙은 허위표시의 죄로 처벌되지 않는다.

⑤ 丁이 丙의 황금색 도자기를 포장하는 종이박스에 허위의 특허출원표시를 한 경우, 丁은 허위표시의 죄로 처벌된다.

문제해설

Step 1 문제 해결

① (×) 갑은 물건의 특허발명으로 특허권을 부여받았다. 따라서 첫 번째 조 제1항에 따라 잠금장치에 "특허"라는 문자와 그 특허번호를 표시해야 하는데, "방법특허"를 표시하였으므로 허위표시에 해당한다.

② (×) 병은 물건을 생산하는 방법에 대해 특허출원 중이다. 따라서 첫 번째 조 제2항에 따라 "방법특허출원(심사중)"이라는 문자를 표시해야 하는데, "특허출원(심사중)"으로 표시하였으므로 허위표시에 해당한다.

③ (×) 첫 번째 조에 의하면 특허권자는 특허표시나 특허출원표시를 '할 수' 있는 것으로 이러한 표시를 하지 않았다고 해서 의무를 위반한 것은 아니다. 허위표시의 죄는 특허된 것이 아닌 물건이나 특허출원 중이 아닌 물건 등에 대해 표시를 하는 경우이다.

④ (×) 세 번째 조 제2항(양벌규정)에 따라 개인의 대리인, 사용인, 그 밖의 종업원이 허위의 특허표시를 하였다면 해당 행위자도 처벌한다. 지시에 의해 수행했다는 것이 면죄의 조건이 되지 않는다.

⑤ (○) 종이박스에 허위의 특허표시를 한 것은 두 번째 조에서 금지한 허위표시 행위에 해당한다. 당연히 정은 허위표시의 죄로 처벌된다.

정답 | ⑤

70 규범형 문제

5급공채 2024 나책형 25번

다음 글을 근거로 판단할 때 옳은 것은?

제○○조(어장청소 등) ① 양식업면허를 받은 자는 그 양식업면허를 받은 날부터 3개월 이내에 해당 어장의 퇴적물이나 어장에 버려진 폐기물을 수거·처리(이하 '어장청소'라 한다)해야 하고, 어장청소를 끝낸 날부터 정해진 주기에 따라 어장청소를 해야 한다.
② 제1항의 어장청소 주기는 다음의 표와 같다. 단, 같은 면허 내에서 서로 다른 양식방법을 혼합하거나 두 종류 이상의 수산동식물을 양식하는 경우, 어장청소 주기는 그중 단기로 한다.

면허의 종류	양식방법	양식품종	주기
해조류 양식업	수하식 (지주망식)	김, 매생이 등	5년
	수하식 (연승식)	미역, 다시마, 톳, 모자반 등	4년
어류 등 양식업	가두리식	조피볼락, 돔류, 농어, 방어, 고등어, 민어 등	3년
	수하식 (연승식)	우렁쉥이, 미더덕, 오만둥이 등	4년

③ 제1항에도 불구하고, 양식업면허의 유효기간이 만료된 자가 해당 어장에서 기존 면허와 동일한 신규 면허를 받은 경우에는 면허의 유효기간 만료 전 마지막으로 어장청소를 끝낸 날부터 제2항의 주기에 따라 어장청소를 할 수 있다.
④ 시장·군수·구청장(이하 '시장 등'이라 한다)은 양식업면허를 받은 자가 제1항을 위반하여 어장청소를 하지 아니하는 경우 어장청소를 명하되, 60일 이내의 범위에서 이행기간을 부여해야 한다.
제□□조(이행강제금) ① 시장 등은 제○○조 제4항에 따른 명령을 받고 그 정한 기간 내에 명령을 이행하지 아니한 자에게 어장 규모 등을 고려하여 이행강제금을 부과한다.
② 시장 등은 제○○조 제4항에 따른 최초의 명령을 한 날을 기준으로 1년에 2회 이내의 범위에서 그 명령이 이행될 때까지 반복하여 제1항의 이행강제금을 부과할 수 있다.
③ 제1항에 따른 이행강제금은 면허면적 0.1ha당 5만 원이며, 1회 부과하는 이행강제금은 250만 원을 초과할 수 없다.

① 유효기간이 10년인 해조류 양식업면허를 처음으로 받은 甲이 수하식(지주망식)으로 매생이를 양식하는 경우, 유효기간 동안 어장청소를 두 번은 해야 한다.
② 어류 등 양식업면허를 받은 乙이 가두리식으로 방어와 수하식(연승식)으로 우렁쉥이를 양식하는 경우, 어장청소 주기는 4년이다.
③ 유효기간이 만료된 후 해당 어장에서 기존 면허와 동일한 신규 면허를 받은 丙은 신규 면허를 받은 날부터 3개월 이내에 어장청소를 해야 한다.
④ 6ha 면적의 어류 등 양식업면허를 받은 丁이 지속적으로 어장청소를 하지 않을 경우, 1회 300만 원의 이행강제금이 부과된다.
⑤ 2020. 12. 11. 어류 등 양식업면허를 받아 수하식(연승식)으로 미더덕을 양식하는 戊가 2024. 3. 11.까지 어장청소를 한 번밖에 하지 않는다면, 2024. 3. 12.에 이행강제금이 부과된다.

문제해설

Step 1 문제 해결

① (○) 수하식(지주망식) 매생이 양식의 어장청소 주기는 5년이다. 첫 번째 조 1항에 따라 처음 양식업면허를 받은 날부터 3개월 이내에 어장청소를 해야 하고, 그로부터 5년 뒤에 두 번째 어장청소를 하게 된다. 세 번째 어장청소는 그로부터 5년 뒤인데, 유효기간이 10년이므로 세 번째 어장청소는 하지 않아도 된다. 따라서 최소 2회는 어장청소를 해야 한다.

② (×) 첫 번째 조 제2항에 따라 같은 면허 내에서 서로 다른 양식방법을 혼합하는 경우에는 어장청소 주기를 그중 단기로 한다. 어류 등 양식업에서 가두리식과 수하식(연승식) 가운데 주기가 짧은 것은 3년인 가두리식이므로 어장청소 주기는 4년이 아닌 3년이다.

③ (×) 첫 번째 조 제3항에 따라 양식업면허의 유효기간이 만료된 자가 해당 어장에서 기존 면허와 동일한 신규 면허를 받은 경우에는 신규 면허를 받은 날부터 3개월 이내가 아니라 기존 면허의 유효기간 만료 전 마지막으로 어장청소를 끝낸 날부터 제2항의 주기에 따라 어장청소를 하는 게 가능하다.

④ (×) 두 번째 조 제3항에 따르면 1회 부과하는 이행강제금은 250만 원을 초과할 수 없다.

⑤ (×) 어류 등 양식업면허로 수하식(연승식) 양식을 하는 경우의 어장청소 주기는 4년이다. 2020년 12월 11일에 면허를 받았으므로 이로부터 3개월 이내에(늦어도 2021년 3월 10일 이내에) 첫 번째 어장청소를 했을 것이며, 이로부터 4년 뒤이면 2024년 12월에서 2025년 3월 사이이다. 따라서 2024년 3월 11일까지 어장청소를 한 번만 한 것은 문제될 것이 없다.

정답 | ①

01 계산형 문제

5급공채 2018 나책형 8번

다음 글을 근거로 판단할 때, 평가대상기관(A~D) 중 최종순위 최상위기관과 최하위기관을 고르면?

<공공시설물 내진보강대책 추진실적 평가기준>

○ 평가요소 및 점수부여

- $\text{내진성능평가지수} = \dfrac{\text{내진성능평가실적건수}}{\text{내진보강대상건수}} \times 100$

- $\text{내진보강공사지수} = \dfrac{\text{내진보강공사실적건수}}{\text{내진보강대상건수}} \times 100$

- 산출된 지수 값에 따른 점수는 아래 표와 같이 부여한다.

구 분	지수 값 최상위 1개 기관	지수 값 중위 2개 기관	지수 값 최하위 1개 기관
내진성능평가점수	5점	3점	1점
내진보강공사점수	5점	3점	1점

○ 최종순위 결정

- 내진성능평가점수와 내진보강공사점수의 합이 큰 기관에 높은 순위를 부여한다.
- 합산 점수가 동점인 경우에는 내진보강대상건수가 많은 기관을 높은 순위로 한다.

<평가대상기관의 실적>

(단위 : 건)

구분	A	B	C	D
내진성능평가실적	82	72	72	83
내진보강공사실적	91	76	81	96
내진보강대상	100	80	90	100

	최상위기관	최하위기관
①	A	B
②	B	C
③	B	D
④	C	D
⑤	D	C

문제해설

Step 1 문제 해결의 출발점

순위 비교형 계산형 문제이다. 각 기관별 내진성능평가지수와 내진보강공사지수를 먼저 산출하고, 해당 지수별 상대적 순위를 통해 점수를 부여해 나가면 큰 어려움 없이 해결이 가능하다. 한편, 동점 처리 규칙이 제시되어 있으므로 십중팔구 동점 상황이 발생할 것임을 예상할 수 있다.

Step 2 점수 계산

먼저 본문 후반부에 제시된 <실적> 자료를 바탕으로 각 기관별 '평가지수'와 '공사지수'를 구하고, 상대적 순위에 따른 점수를 부여하면 다음과 같이 정리된다.

	A	B	C	D
내진성능평가실적	82	72	72	83
내진보강공사실적	91	76	81	96
내진보강대상	100	80	90	100
평가점수	3	5	1	3
공사점수	3	3	1	5
총점	6	8	2	8

최하위 기관은 C로 바로 확정된다. B와 D가 총점 8점으로 동점인 상태인데, '최종순위 결정' 방식에 따라 동점인 경우에는 내진보강대상건수가 많은 기관을 상위 순위로 하므로 최종적으로는 D가 1순위가 된다.

정답 | ⑤

02 계산형 문제
5급공채 2018 나책형 9번

다음 글을 근거로 판단할 때, 〈보기〉에서 옳은 것만을 모두 고르면?

○ 평가대상기관은 甲, 乙, 丙, 丁 4개 기관이다.
○ 평가요소는 국정과제, 규제개혁, 정책성과, 홍보실적 총 4개이다. 평가요소별로 100점을 4개 평가대상기관에 배분하며, 평가대상기관이 받는 평가요소별 최소점수는 3점이다.
○ 4개 평가요소의 점수를 기관별로 합산하여 총점이 높은 순서로 평가순위를 매긴다. 평가 결과 2위 기관까지 인센티브가 주어진다.
○ 4개 기관의 평가 결과는 아래와 같다.

(단위 : 점)

평가요소 / 기관	국정과제	규제개혁	정책성과	홍보실적
甲	30	40	A	25
乙	20	B	30	25
丙	10	C	40	20
丁	40	30	D	30
합계	100	100	100	100

※ 특정 평가요소에 가중치를 n배 줄 경우 해당 평가요소점수는 n배가 된다.

〈보 기〉

ㄱ. 丙은 인센티브를 받을 수 있다.
ㄴ. B가 27이고 D가 25 이상이면 乙이 2위가 된다.
ㄷ. 국정과제에 가중치를 2배 준다면 丁은 인센티브를 받을 수 없다.
ㄹ. 국정과제에 가중치를 3배 준다면 丁은 1위가 된다.

① ㄱ, ㄴ
② ㄱ, ㄹ
③ ㄴ, ㄷ
④ ㄴ, ㄹ
⑤ ㄴ, ㄷ, ㄹ

문제해설

Step 1 문제 해결의 출발점

평가 항목 가운데 빈칸이 존재하는 조건부 추론 구조의 순위 비교형 계산 문제이다. 표에 제시된 수치는 100점을 평가요소별로 배분한 결과라는 점에 주의해야 한다. 예를 들어 정책성과 점수 항목에서 갑 기관의 점수 A와 정 기관의 점수 D를 합산한 값은 30점이 되는 방식이다. 마찬가지로 B와 C의 합산값은 30이다.

Step 2 선택지 분석

계산 가능한 수치부터 우선 구한다. 각 기관별 현재까지의 총점은 다음과 같다.

기관 \ 점수	확정	미확정
甲	95	A
乙	75	B
丙	70	C
丁	100	D

ㄱ. (×) '병'의 현재까지 점수는 최하위이다. '병'이 인센티브를 받으려면 2순위가 되어야 하는데 평가요소별 최소점수가 3점이므로 C의 최댓값은 27점이다(총점 최대치는 97점). 그런데 '갑'의 미확정 점수 A는 최소 3점이므로 갑은 적어도 98점을 얻어 '병'의 총점 최댓값보다 무조건 높게 된다. 따라서 '병'은 인센티브를 받을 수 없다.

ㄴ. (○) ㄱ에서 살펴본 것처럼 '병'은 무조건 3순위 이하이므로 '을'이 2위가 될 수 있느냐를 따질 때는 갑과의 비교가 핵심이다. B가 27이면 '을'의 최종 점수는 102점이 되는데, D가 25 이상이면 위에서 살펴본 것처럼 A는 5 이하가 된다('갑'의 총점 최댓값은 100점). 이 경우 정이 1위, 을이 2위를 하게 된다.

ㄷ. (×) 국정과제의 가중치가 2배가 되면 현재까지의 확정 점수는 다음과 같이 변동된다.

기관 \ 점수	확정	미확정
甲	125	A
乙	95	B
丙	80	C
丁	140	D

B의 최댓값은 27이므로(B+C=30) '을'과 '병'은 3~4순위, '갑'과 '정'이 1~2순위를 차지해 정은 인센티브를 받게 된다.

ㄹ. (○) 국정과제의 가중치가 3배가 되면 현재까지의 확정 점수는 '갑'이 155, '을'이 115, '병'이 90, '정'이 180이 된다. 앞선 선지에서 살펴본 것처럼 A~C의 최대 점수는 27점이므로 어떤 경우이건 갑~병의 총점은 정의 현재까지 점수인 180점보다 낮아 정이 무조건 1순위가 된다.

정답 | ④

03 계산형 문제

5급공채 2018 나책형 11번

다음 글을 근거로 판단할 때, 선수 A와 B의 '합계점수'를 더하면?

스키점프는 스키를 타고 급경사면을 내려오다가 도약대에서 점프하여 날아가 착지하는 스포츠로, 착지의 기준점을 뜻하는 K점에 따라 경기 종목이 구분된다. 도약대로부터 K점까지의 거리가 75m 이상 99m 이하이면 '노멀힐', 100m 이상이면 '라지힐' 경기이다. 예를 들어 '노멀힐 K-98'의 경우 도약대로부터 K점까지의 거리가 98m인 노멀힐 경기를 뜻한다.

출전선수의 점수는 '거리점수'와 '자세점수'를 합산하여 결정되며, 이를 '합계점수'라 한다. 거리점수는 도약대로부터 K점을 초과한 비행거리 1m당 노멀힐의 경우 2점이, 라지힐의 경우 1.8점이 기본점수 60점에 가산된다. 반면 K점에 미달하는 비행거리 1m당 가산점과 같은 점수가 기본점수에서 차감된다. 자세점수는 날아가는 동안의 자세, 균형 등을 고려하여 5명의 심판이 각각 20점 만점을 기준으로 채점하며, 심판들이 매긴 점수 중 가장 높은 것과 가장 낮은 것을 각각 하나씩 제외한 나머지를 합산한 점수이다.

다음은 선수 A와 B의 경기 결과이다.

<경기 결과>

출전종목	선수	비행거리(m)	자세점수(점)				
			심판 1	심판 2	심판 3	심판 4	심판 5
노멀힐 K-98	A	100	17	16	17	19	17
라지힐 K-125	B	123	19	17	20	19.5	17.5

① 226.6
② 227
③ 227.4
④ 364
⑤ 364.4

문제해설

Step 1 문제 해결의 출발점

제시된 규칙대로 점수를 계산하면 무난하게 해결될 수 있는 문제이다. 심판들이 매긴 점수 중 가장 높은 것과 가장 낮은 것을 각각 하나씩 제외한 나머지를 합산하는 채점 방식은 이미 기본이론 편에서 다룬 패턴이다.

Step 2 인물별 점수 계산

- A의 점수
  노멀힐 K-98 종목이므로 기본 거리는 98m이다. 비행거리는 100m이므로 거리점수는 기본점수 60점에 추가로 날아간 2m에 대한 점수(+)를 더해 64점이 된다.
  자세점수는 심판2와 4의 점수를 제외한 나머지 점수가 17점으로 동일하므로 3×17=51점이다.
  따라서 최종 점수는 115점이다.
- B의 점수
  라지힐 k-125 종목이므로 기본 거리는 125m인데 비행거리가 123m이므로 1m당 1.8점이 기본점수에서 차감된다. 따라서 B의 거리점수는 60-3.6=56.4이다. 제사점수는 심판 2와 3의 점수를 제외한 나머지 점수의 합인 56점이므로, B의 최종점수는 112.4점이다.

따라서 두 선수의 합계점수 합은 227.4점이다.

정답 | ③

04 계산형 문제

5급공채 2018 나책형 12번

다음 글을 근거로 판단할 때, 〈보기〉에서 옳은 것만을 모두 고르면?

> ○ 甲국의 1일 통관 물량은 1,000건이며, 모조품은 1일 통관 물량 중 1%의 확률로 존재한다.
> ○ 검수율은 전체 통관 물량 중 검수대상을 무작위로 선정해 실제로 조사하는 비율을 뜻하는데, 현재 검수율은 10%로 전문 조사 인력은 매일 10명을 투입한다.
> ○ 검수율을 추가로 10%p 상승시킬 때마다 전문 조사 인력은 1일당 20명이 추가로 필요하다.
> ○ 인건비는 1인당 1일 기준 30만 원이다.
> ○ 모조품 적발시 부과되는 벌금은 건당 1,000만 원이며, 이 중 인건비를 차감한 나머지를 세관의 '수입'으로 한다.

※ 검수대상에 포함된 모조품은 모두 적발되고, 부과된 벌금은 모두 징수된다.

〈보 기〉

ㄱ. 1일 평균 수입은 700만 원이다.
ㄴ. 모든 통관 물량에 대해 전수조사를 한다면 수입보다 인건비가 더 클 것이다.
ㄷ. 검수율이 40%면 1일 평균 수입은 현재의 4배 이상일 것이다.
ㄹ. 검수율을 30%로 하는 방안과 검수율을 10%로 유지한 채 벌금을 2배로 인상하는 방안을 비교하면 벌금을 인상하는 방안의 1일 평균 수입이 더 많을 것이다.

① ㄱ, ㄴ
② ㄴ, ㄷ
③ ㄱ, ㄴ, ㄹ
④ ㄱ, ㄷ, ㄹ
⑤ ㄴ, ㄷ, ㄹ

문제해설

Step 1 문제 해결의 출발점

기댓값 계산을 통해 특정 상황별 수치를 도출하는 계산형 문제이다. '수입'을 판단할 때 본문의 마지막 조건에 따라 벌금의 기댓값에서 인건비를 차감해야 한다는 것만 놓치지 않는다면 실제 계산 과정은 크게 복잡하지 않다.

Step 2 선택지 분석

본문에 제시된 조건을 순서대로 조건 1~조건 5라고 하자.

ㄱ. (O) 조건 2에 따르면 1일 평균 전체 통관 물량 1,000건 가운데 10%(100건)를 실제로 조사하며, 조건 1에 의하면 모조품은 통관 물량 중 1%의 확률로 존재하므로 100건 가운데 1건이 평균적으로 적발된다. 따라서 1일 평균 벌금은 1,000만 원이며, 인건비는 검수율 10%일 때 10명(1인당 30만 원)이므로 300만 원이다. 따라서 1일 평균 수입은 700만 원이 된다.

ㄴ. (O) 1일 통관 물량 1,000건 모두에 대해 검수를 할 경우, 모조품은 1%인 10건이 적발될 것이다. 이때의 벌금은 1억 원이다.
한편, 기존 10%의 검수율에서 90%p를 상승시켜 100%로 만들기 위해서는 기존 인력 10명에 추가로 180명의 인력을 더해야 한다. 따라서 인건비는 190명 × 30만 원 = 5,700만 원이다. 이 경우 수입은 4,300만 원이므로 인건비가 더 크다는 진술은 적절하다.

ㄷ. (×) 검수율이 40%이면 1일 평균 4개의 모조품이 적발되므로 평균 벌금은 4,000만 원이다. 한편 검수율이 30%p 증가했으므로 전체 인력은 70명이 되어 인건비는 총 2,100만 원이 나간다. 그 결과 평균 수입은 1,900만 원이 되므로, 1일 평균 수입은 현재의 700만 원에 비해 4배가 안 된다.

ㄹ. (O) 검수율 30%일 경우 : 벌금 3,000만 원 - 인건비 1,500만 원 = 1일 평균 1,500만 원의 수입
검수율 10%이면서 벌금 2배 인상한 경우 : 벌금 2,000만 원 - 인건비 300만 원 = 1일 평균 1,700만 원의 수입
따라서 ㄹ의 진술은 적절하다.

정답 | ③

05 계산형 문제

5급공채 2018 나책형 14번

다음 글과 〈선정 방식〉을 근거로 판단할 때, 〈보기〉에서 옳은 것만을 모두 고르면?

△△기업은 3개 신문사(甲~丙)를 대상으로 광고비를 지급하기 위해 3가지 선정 방식을 논의 중이다. 3개 신문사의 정보는 다음과 같다.

신문사	발행부수(부)	유료부수(부)	발행기간(년)
甲	30,000	9,000	5
乙	30,000	11,500	10
丙	20,000	12,000	12

※ 발행부수 = 유료부수+무료부수

〈선정 방식〉

○ 방식 1 : 항목별 점수를 합산하여 고득점 순으로 500만 원, 300만 원, 200만 원을 광고비로 지급하되, 80점 미만인 신문사에는 지급하지 않는다.

평가항목	항목별 점수			
발행부수(부)	20,000 이상	15,000~19,999	10,000~14,999	10,000 미만
	50점	40점	30점	20점
유료부수(부)	15,000 이상	10,000~14,999	5,000~ 9,999	5,000 미만
	30점	25점	20점	15점
발행기간(년)	15 이상	12~14	9~11	6~8
	20점	15점	10점	5점

※ 항목별 점수에 해당하지 않을 경우 해당 항목을 0점으로 처리한다.

○ 방식 2 : A등급에 400만 원, B등급에 200만 원, C등급에 100만 원을 광고비로 지급하되, 등급별 조건을 모두 충족하는 경우에만 해당 등급을 부여한다.

등급	발행부수(부)	유료부수(부)	발행기간(년)
A	20,000 이상	10,000 이상	10 이상
B	10,000 이상	5,000 이상	5 이상
C	5,000 이상	2,000 이상	2 이상

※ 하나의 신문사가 복수의 등급에 해당할 경우, 그 신문사에게 가장 유리한 등급을 부여한다.

○ 방식 3 : 1,000만 원을 발행부수 비율에 따라 각 신문사에 광고비로 지급한다.

<보 기>

ㄱ. 乙은 방식 3이 가장 유리하다.
ㄴ. 丙은 방식 1이 가장 유리하다.
ㄷ. 방식 1로 선정할 경우, 甲은 200만 원의 광고비를 지급받는다.
ㄹ. 방식 2로 선정할 경우, 丙은 甲보다 두 배의 광고비를 지급받는다.

① ㄱ, ㄴ ② ㄱ, ㄷ ③ ㄴ, ㄷ
④ ㄴ, ㄹ ⑤ ㄷ, ㄹ

문제해설

Step 1 문제 해결의 출발점

발행부수 및 발행기간 등의 정보를 바탕으로, <선정 방식>에 제시된 세 가지 점수 계산 방식을 각각 적용해 선지를 판단해야 하는 계산형 문제이다. 선지의 진술 형태상 모든 방식을 다 적용해 결과값을 비교해야 하므로 시간이 오래 걸릴 수밖에 없는 문제이긴 하지만, 항목별 급간을 잘 찾아가기만 한다면 계산 과정이 크게 복잡하지는 않다. <방식 1>을 적용할 때는 총점 80점 미만인 신문사에는 광고비가 지급되지 않는다는 자격 조건을 놓치지 말아야 한다.

Step 2 방식별 광고비 계산

각 방식을 적용해 세 신문사가 받게 될 광고비를 계산하면 다음과 같다.

<방식 1> : 발행기간 최소는 6년이므로 갑 신문사는 발행기간 점수가 0점이 된다.

	발행부수	유료부수	발행기간	총점
갑	50	20	0	70
을	50	25	10	85
병	50	25	15	90

→ 갑은 0원, 을은 300만 원, 병은 500만 원

<방식 2> : 각 항목별 제시된 수치 이상이 되어야 해당 항목 하나가 충족되는 구조임에 주의하도록 한다. 예를 들어 2개 항목은 A가 나와도 다른 하나가 B이면 최종 등급은 B이다.

	발행부수	유료부수	발행기간	확정 등급
갑	A	B	B	B
을	A	A	A	A
병	A	A	A	A

→ 갑은 200만 원, 을과 병은 각각 400만 원

<방식 3> : 발행부수 비율은 갑:을:병이 3:3:2이므로 1,000만 원을 이 비율대로 배분하면 갑과 을이 각각 375만 원, 병이 250만 원이 된다.

이렇게 정리한 정보에 따르면 <보기> 가운데 ㄴ과 ㄹ만 옳은 것임을 알 수 있다.

정답 | ④

06 계산형 문제
5급공채 2018 나책형 28번

다음 글을 근거로 판단할 때 옳지 않은 것은?

○ 甲부서에서는 2018년도 예산을 편성하기 위해 2017년에 시행되었던 정책(A~F)에 대한 평가를 실시하여, 아래와 같은 결과를 얻었다.

<정책 평가 결과>

(단위 : 점)

정책	계획의 충실성	계획 대비 실적	성과지표 달성도
A	96	95	76
B	93	83	81
C	94	96	82
D	98	82	75
E	95	92	79
F	95	90	85

○ 정책 평가 영역과 각 영역별 기준 점수는 다음과 같다.
- 계획의 충실성 : 기준 점수 90점
- 계획 대비 실적 : 기준 점수 85점
- 성과지표 달성도 : 기준 점수 80점

○ 평가 점수가 해당 영역의 기준 점수 이상인 경우 '통과'로 판단하고 기준 점수 미만인 경우 '미통과'로 판단한다.

○ 모든 영역이 통과로 판단된 정책에는 전년과 동일한 금액을 편성하며, 2개 영역이 통과로 판단된 정책에는 전년 대비 10% 감액, 1개 영역만 통과로 판단된 정책에는 15% 감액하여 편성한다. 다만 '계획 대비 실적' 영역이 미통과인 경우 위 기준과 상관없이 15% 감액하여 편성한다.

○ 2017년도 甲부서의 A~F 정책 예산은 각각 20억 원으로 총 120억 원이었다.

① 전년과 동일한 금액의 예산을 편성해야 하는 정책은 총 2개이다.
② 甲부서의 2018년도 A~F 정책 예산은 전년 대비 9억 원이 줄어들 것이다.
③ '성과지표 달성도' 영역에서 '통과'로 판단된 경우에도 예산을 감액해야 하는 정책이 있다.
④ 예산을 전년 대비 15% 감액하여 편성하는 정책들은 모두 '계획 대비 실적' 영역이 '미통과'로 판단되었을 것이다.
⑤ 2개 영역이 '미통과'로 판단된 정책에 대해서만 전년 대비 2018년도 예산을 감액하는 것으로 기준을 변경하는 경우에는 총 1개의 정책만 감액해야 한다.

문제해설

Step 1 문제 해결의 출발점

평가 점수가 그대로 합산되는 방식이 아니라는 것만 주의하면 어렵지 않을 것이다. 본문 3번째와 4번째 항목이 핵심인데, 각 영역별로 받은 점수가 해당 영역의 기준 점수 이상인 경우(통과)와 미만인 경우(미통과)로 나누고, 이렇게 정리한 통과의 개수가 각각 3개, 2개, 1개인 경우로 나누어 금액 변동을 정리하면 된다.

Step 2 〈정책 평가 결과〉 분석

각 정책별 평가 영역의 통과 여부를 정리하면 다음과 같다.

정책	계획의 충실성 (90점)	계획 대비 실적 (85점)	성과지표 달성도 (80점)	개수
A	통과	통과	미통과	2
B	통과	미통과	통과	2
C	통과	통과	통과	3
D	통과	미통과	미통과	1
E	통과	통과	미통과	2
F	통과	통과	통과	3

본문 4번째 항목에 의하면 '계획 대비 실적' 영역이 미통과이면 나머지의 통과 여부와 상관없이 무조건 15% 감액 대상이다. 이에 해당하는 것은 B와 D 정책이다. 나머지는 A와 E가 10% 감액, C와 F가 전년과 동일이다. 따라서 옳지 않은 선택지는 ②이다. 2018년도의 갑 부서 정책 예산은 A와 E에서 각각 2억, B와 D에서 각각 3억씩 감액되어 전년 대비 9억이 아니라 10억이 줄어든다.

정답 | ②

07 계산형 문제

5급공채 2018 나책형 29번

다음 글을 근거로 판단할 때, 甲이 구매하게 될 차량은?

甲은 아내 그리고 자녀 둘과 함께 총 4명이 장거리 이동이 가능하도록 배터리 완전충전 시 주행거리가 200km 이상인 전기자동차 1대를 구매하려고 한다. 구매와 동시에 집 주차장에 배터리 충전기를 설치하려고 하는데, 배터리 충전시간(완속 기준)이 6시간을 초과하지 않으면 완속 충전기를, 6시간을 초과하면 급속 충전기를 설치하려고 한다.

한편 정부는 전기자동차 활성화를 위하여 전기자동차 구매 보조금을 구매와 동시에 지원하고 있는데, 승용차는 2,000만 원, 승합차는 1,000만 원을 지원하고 있다. 승용차 중 경차는 1,000만 원을 추가로 지원한다. 배터리 충전기에 대해서는 완속 충전기에 한하여 구매 및 설치 비용을 구매와 동시에 전액 지원하며, 2,000만 원이 소요되는 급속 충전기의 구매 및 설치 비용은 지원하지 않는다.

이러한 상황을 감안하여 甲은 차량 A~E 중에서 실구매 비용(충전기 구매 및 설치 비용 포함)이 가장 저렴한 차량을 선택하려고 한다. 단, 실구매 비용이 동일할 경우에는 아래의 '점수 계산 방식'에 따라 점수가 가장 높은 차량을 구매하려고 한다.

차량	A	B	C	D	E
최고속도 (km/h)	130	100	120	140	120
완전충전시 주행거리(km)	250	200	250	300	300
충전시간 (완속 기준)	7시간	5시간	8시간	4시간	5시간
승차 정원	6명	8명	2명	4명	5명
차종	승용	승합	승용(경차)	승용	승용
가격(만 원)	5,000	6,000	4,000	8,000	8,000

○ 점수 계산 방식
- 최고속도가 120km/h 미만일 경우에는 120km/h를 기준으로 10km/h가 줄어들 때마다 2점씩 감점
- 승차 정원이 4명을 초과할 경우에는 초과인원 1명당 1점씩 가점

① A ② B ③ C
④ D ⑤ E

문제해설

Step 1 **문제 해결의 출발점**

순위 비교형 계산형 문제인데, 각 문단별로 제시된 조건들에 주의해야 한다. 먼저, 1문단 1번째 문장에서 확인할 수 있는 것처럼 4명이 이동해야 하므로 2인승인 C는 처음부터 배제한다. 2문단 마지막 문단에 제시된 완속 vs 급속 충전기에 따른 지원 여부는 1문단 후반부의 내용과 연결해서 파악해야 한다.

Step 2 **가격 및 점수 비교**

3문단에 의하면 우선 차량 가격이 저렴한 것이 우선 순위가 되지만, 실구매 비용이 동일할 경우에는 점수 계산 방식에 따른 점수가 가장 높은 차량을 구매하게 된다.

먼저 실구매 비용을 분석하면, 배터리 충전시간(완속 기준)이 6시간을 초과하지 않으면 완속 충전기를, 6시간을 초과하면 급속 충전기를 설치하는데 2문단에 의하면 급속 충전기는 2,000만 원의 추가 비용이 든다. 따라서 A는 제시된 가격에 급속 충전기 가격을 추가해야 한다. 보조금은 2문단의 정보대로 승용차, 승합차, 경차 여부에 따라 적용하면 된다. 이를 정리하면 다음과 같다.

차량	A(승용)	B(승합)	D(승용)	E(승용)
기본 가격	5,000	6,000	8,000	8,000
급속 충전기 여부	+2,000	0	0	0
보조금	-2,000	-1,000	-2,000	-2,000
실구매 비용	5,000	5,000	6,000	6,000

A와 B의 실구매 비용이 동일하므로 점수를 계산해야 한다.

A는 최고속도가 120km/h를 초과하므로 첫 번째 항목의 감점 요소는 없으며, 승차 정원이 6명이므로 4인 초과 시 초과인원 1명당 1점 가점에 따라 +2점이 된다.

동일한 방식으로 계산하면, B는 최고속도 항목에서 -4점, 승차 정원 항목에서 +4점이 되어 최종 점수는 0점이다.

따라서 구매할 차량은 A가 된다.

정답 | ①

08 계산형 문제

5급공채 2018 나책형 32번

다음 〈상황〉을 근거로 판단할 때, 〈대안〉의 월 소요 예산 규모를 비교한 것으로 옳은 것은?

〈상 황〉

○ 甲사무관은 빈곤과 저출산 문제를 해결하기 위한 대안을 분석 중이다.
○ 전체 1,500가구는 자녀 수에 따라 네 가지 유형으로 구분할 수 있는데, 그 구성은 무자녀 가구 300가구, 한 자녀 가구 600가구, 두 자녀 가구 500가구, 세 자녀 이상 가구 100가구이다.
○ 전체 가구의 월 평균 소득은 200만 원이다.
○ 각 가구 유형의 30%는 맞벌이 가구이다.
○ 각 가구 유형의 20%는 빈곤 가구이다.

〈대 안〉

A안 : 모든 빈곤 가구에게 전체 가구 월 평균 소득의 25%에 해당하는 금액을 가구당 매월 지급한다.
B안 : 한 자녀 가구에는 10만 원, 두 자녀 가구에는 20만 원, 세 자녀 이상 가구에는 30만 원을 가구당 매월 지급한다.
C안 : 자녀가 있는 모든 맞벌이 가구에 자녀 1명당 30만 원을 매월 지급한다. 다만 세 자녀 이상의 맞벌이 가구에는 일률적으로 가구당 100만 원을 매월 지급한다.

① A<B<C
② A<C<B
③ B<A<C
④ B<C<A
⑤ C<A<B

문제해설

Step 1 문제 해결의 출발점

대안으로 제시된 세 가지 공식에 따라 예산 규모를 계산하면 되는 문제이다. <상황>의 4번째와 5번째 정보는 특정 요소의 비율 형태로 제시되어 있기 때문에 살짝 주의를 요한다.

Step 2 〈대안〉별 분석

- A안 : 모든 빈곤 가구에게 전체 가구 월 평균 소득의 25%에 해당하는 금액을 가구당 매월 지급한다.
  → 각 가구 유형의 20%는 빈곤 가구이므로 전체 가구 수 1,500가구 가운데 20%인 300가구가 빈곤 가구이다. 여기에 월 평균 소득의 25%인 50만 원을 곱하면 15,000만 원이 예산으로 소요된다.
- B안 : 한 자녀 가구에는 10만 원, 두 자녀 가구에는 20만 원, 세 자녀 이상 가구에는 30만 원을 가구당 매월 지급한다.
  → 한 자녀 가구 600가구, 두 자녀 가구 500가구, 세 자녀 이상 가구 100가구이므로 계산은 간단하다. 600가구×10만 원 + 500가구×20만 원+ 100가구×30만 원= 19,000만 원이다.
- C안 : 자녀가 있는 모든 맞벌이 가구에 자녀 1명당 30만 원을 매월 지급한다. 다만 세 자녀 이상의 맞벌이 가구에는 일률적으로 가구당 100만 원을 매월 지급한다.
  → 맞벌이 가구는 각 가구 유형의 30%이므로 이는 마지막에 일률 계산한다. 한 자녀 가구와 두 자녀 가구의 경우에는 30만 원을 곱하고 세 자녀 이상 가구에는 100만 원을 곱한다는 것만 주의하면 될 것이다.
  0.3 × (600가구×30만 원 + 500가구×30만 원 + 100가구×100만 원) = 17,400만 원이다.

따라서 예산 규모의 크기는 A<C<B이다.

정답 | ②

09 **계산형 문제**
5급공채 2019 가책형 8번

다음 글을 근거로 판단할 때, 甲이 구매해야 할 재료와 그 양으로 옳은 것은?

甲은 아내, 아들과 함께 짬뽕을 만들어 먹기로 했다. 짬뽕요리에 필요한 재료를 사기 위해 근처 전통시장에 들른 甲은 아래 <조건>을 만족하도록 재료를 모두 구매한다. 다만 짬뽕요리에 필요한 각 재료의 절반 이상이 냉장고에 있으면 그 재료는 구매하지 않는다.

<조건>

○ 甲과 아내는 각각 성인 1인분, 아들은 성인 0.5인분을 먹는다.
○ 매운 음식을 잘 먹지 못하는 아내를 고려하여 '고추'라는 단어가 들어간 재료는 모두 절반만 넣는다.
○ 아들은 성인 1인분의 새우를 먹는다.

〈냉장고에 있는 재료〉

면 200g, 오징어 240g, 돼지고기 100g, 양파 100g, 청양고추 15g, 고추기름 100ml, 대파 10cm, 간장 80ml, 마늘 5g

〈짬뽕요리 재료(성인 1인분 기준)〉

면 200g, 해삼 40g, 소라 30g, 오징어 60g, 돼지고기 90g, 새우 40g, 양파 60g, 양송이버섯 50g, 죽순 40g, 고추기름 20ml, 건고추 8g, 청양고추 10g, 대파 10cm, 마늘 10g, 청주 15ml

① 면 200g
② 양파 50g
③ 새우 100g
④ 건고추 7g
⑤ 돼지고기 125g

문제해설

Step 1 문제 해결의 출발점

제시된 조건에 따라 전체 요리에 추가로 필요한 재료의 양을 구하는 문제이다. 모든 재료를 다 정리할 필요는 없고 선택지에 제시된 재료들만 판단하면 된다. 필요한 각 재료의 절반 이상이 냉장고에 있으면 그 재료는 구매하지 않는다는 조건을 주의하도록 하자.

Step 2 선택지 분석

<조건>에 의하면 세 사람의 섭취량은 성인 기준 2.5인분인데, 고추는 필요한 재료량의 절반인 1.25인분, 새우는 아들이 성인 1인분을 섭취하므로 성인 기준 3인분이 필요하다.

① (×) 면은 200 × 2.5 = 500g이 필요하다. 냉장고에 있는 재료가 200g이므로 300g이 더 필요하다.

② (×) 양파는 60 × 2.5 = 150g이 필요하다. 냉장고에 이의 절반(75g)보다 많은 100g이 있으므로 추가로 구매할 필요가 없다.

③ (×) 새우는 40 × 3 = 120g이 필요하다. 냉장고에 새우가 없으므로 120g 전부 다 사와야 한다.

④ (×) 건고추는 고추가 들어간 단어이므로 1.25인분인 10g이 필요하다. 냉장고에 건고추가 없으므로 10g 전부 다 사와야 한다.

⑤ (○) 돼지고기는 90 × 2.5 = 225g이 필요하다. 냉장고에 있는 재료가 100g이므로 125g을 더 사와야 한다. 따라서 ⑤가 정답이다.

정답 | ⑤

10 계산형 문제
5급공채 2019 가책형 9번

다음 〈통역경비 산정기준〉과 〈상황〉을 근거로 판단할 때, A사가 甲시에서 개최한 설명회에 쓴 총 통역경비는?

<통역경비 산정기준>

통역경비는 통역료와 출장비(교통비, 이동보상비)의 합으로 산정한다.

○ 통역료(통역사 1인당)

구분	기본요금 (3시간까지)	추가요금 (3시간 초과시)
영어, 아랍어, 독일어	500,000원	100,000원/시간
베트남어, 인도네시아어	600,000원	150,000원/시간

○ 출장비(통역사 1인당)

- 교통비는 왕복으로 실비 지급
- 이동보상비는 이동 시간당 10,000원 지급

〈보 기〉

A사는 2019년 3월 9일 甲시에서 설명회를 개최하였다. 통역은 영어와 인도네시아어로 진행되었고, 영어 통역사 2명과 인도네시아어 통역사 2명이 통역하였다. 설명회에서 통역사 1인당 영어 통역은 4시간, 인도네시아어 통역은 2시간 진행되었다. 甲시까지는 편도로 2시간이 소요되며, 개인당 교통비는 왕복으로 100,000원이 들었다.

① 244만 원
② 276만 원
③ 288만 원
④ 296만 원
⑤ 326만 원

문제해설

Step 1 문제 해결의 출발점

통역료를 계산할 때 3시간 초과시 추가 요금의 계산만 주의한다면 크게 어려울 것이 없는 문제이다. 통역료는 언어별로 구분해서 적용하고 출장비는 언어 구분 없이 공통으로 적용된다는 점을 놓치지 말자.

Step 2 통역경비 계산

- 통역료 계산
  영어 통역사 2명은 1인당 4시간을 통역했으므로 각각 기본요금 50만 원에 1시간 추가 요금 10만 원이 추가된 60만 원씩, 전체 120만 원이 든다.
  인도네시아 통역사 2명은 기본요금의 최대 통역시간 이내인 2시간만 통역했으므로 기본요금인 60만 원의 2인분인 120만 원이 든다.
  → 통역료 240만 원

- 출장비 계산
  교통비는 왕복으로 실비 지급이므로 1인당 10만 원, 이동보상비는 이동 시간당 1만 원이므로 1인당 4만 원(편도 2시간 × 2 × 1만 원)이다. 따라서 전체 출장비는 4 × 14 = 56만 원이다.

통역료와 출장비를 합산하면 총 296만 원의 경비가 든다.

정답 | ④

11 계산형 문제
5급공채 2019 가책형 15번

다음 글을 근거로 판단할 때 옳은 것은?

□□학과는 지망자 5명(A~E) 중 한 명을 교환학생으로 추천하기 위하여 각각 5회의 평가를 실시하고, 그 결과에 바탕을 둔 추첨을 하기로 했다. 평가 및 추첨 방식과 현재까지 진행된 평가 결과는 아래와 같다.

○ 매 회 100점 만점으로 10점 단위의 점수를 매기며, 100점을 얻은 지망자에게는 5장의 카드, 90점을 얻은 지망자에게는 2장의 카드, 80점을 얻은 지망자에게는 1장의 카드를 부여한다. 70점 이하를 얻은 지망자에게는 카드를 부여하지 않는다.

○ 5회차 평가 이후 각 지망자는 자신이 받은 모든 카드에 본인의 이름을 적고, 추첨함에 넣는다. 다만 5번의 평가의 총점이 400점 미만인 지망자는 본인의 카드를 추첨함에 넣지 못한다.

○ □□학과장은 추첨함에서 한 장의 카드를 무작위로 뽑아 카드에 이름이 적힌 지망자를 □□학과의 교환학생으로 추천한다.

<평가 결과>

(단위 : 점)

구분	1회	2회	3회	4회	5회
A	90	90	90	90	
B	80	80	70	70	
C	90	70	90	70	
D	70	70	70	70	
E	80	80	90	80	

① A가 5회차 평가에서 80점을 얻더라도 다른 지망자의 점수에 관계없이 추천될 확률이 가장 높다.

② B가 5회차 평가에서 90점을 얻는다면 적어도 D보다는 추천될 확률이 높다.

③ C가 5회차 평가에서 카드를 받지 못하더라도 B보다는 추천될 확률이 높다.

④ D가 5회차 평가에서 100점을 받고 다른 지망자가 모두 80점을 받는다면 D가 추천될 확률은 세 번째로 높다.

⑤ E가 5회차 평가에서 카드를 받지 못하더라도 E는 추첨 대상에 포함될 수 있다.

문제해설

Step 1 문제 해결의 출발점

자격 조건이 제시된 순위 비교형 문제인데, 5회차 평가의 결과는 미지수로 제시된 추가 조건 제시형 계산 문제이다. 따라서 우선 <평가 결과>에 제시된 현재까지의 점수의 합계 및 각 지망자가 현재까지 확정적으로 받은 카드의 수를 정리한 후 선택지에 제시된 추가 조건에 따라 판단한다.

Step 2 선택지 분석

일차적으로 4회까지의 결과를 정리하면 다음과 같다.

구분	점수	카드 수
A	360	8
B	300	2
C	320	4
D	280	0
E	330	5

매 회 100점 만점으로 10점 단위의 점수를 매기므로 D는 5회에서 100점을 받더라도 총점이 400점 미만으로 카드를 한 장도 받지 못하게 된다. 이제 각 선택지별로 정보를 판단한다. 추천될 확률은 보유한 카드의 수의 많을수록 높아지게 된다.

① (×) A가 5회차 평가에서 80점을 얻으면 카드 1장을 추가로 얻어 총 9장의 카드를 갖게 된다. 하지만 만약 E가 5회차 평가에서 100점을 얻으면 카드 5장이 추가되어 총 10장의 카드를 갖게 되어 이때에는 E가 추천될 확률이 가장 높다.

② (×) B가 5회차 평가에서 90점을 받으면 총점이 400점 미만이어서 카드를 추첨함에 넣을 수 없다. 따라서 D와 마찬가지로 추천될 확률은 0이다.

③ (×) C가 5회차 평가에서 카드를 받지 못한다는 것은 70점 이하의 점수를 받는다는 것을 의미하며 그 결과 C의 총점은 400점 미만이 된다. 이 경우에도 추천될 확률은 0이다.

④ (×) 이미 살펴본 것처럼 D는 5회차 평가 점수와 무관하게 추천될 확률이 0이다. 다른 지망자가 모두 80점을 받으면 A, C, E만 추첨함에 카드를 넣을 수 있고 카드 수에 따라 A>E>C 순으로 추천될 확률이 높다.

⑤ (○) E가 5회차 평가에서 카드를 받지 못했다는 것은 70점 이하의 점수를 받았다는 것을 의미한다. 만약 5회차 점수가 70점이면 카드는 받지 못하지만 총점은 400점이므로 4회차까지 얻은 카드를 추첨함에 넣는 것이 가능하다.

정답 | ⑤

12 계산형 문제
5급공채 2019 가책형 29번

다음 글과 〈표〉를 근거로 판단할 때, A사무관이 선택할 4월의 광고수단은

○ 주어진 예산은 월 3천만 원이며, A사무관은 월별 광고효과가 가장 큰 광고수단 하나만을 선택한다.
○ 광고비용이 예산을 초과하면 해당 광고수단은 선택하지 않는다.
○ 광고효과는 아래와 같이 계산한다.

$$\text{광고효과} = \frac{\text{총 광고 횟수} \times \text{회당 광고노출자 수}}{\text{광고비용}}$$

○ 광고수단은 한 달 단위로 선택된다.

<표>

광고수단	광고 횟수	회당 광고노출자 수	월 광고비용 (천 원)
TV	월 3회	100만 명	30,000
버스	일 1회	10만 명	20,000
KTX	일 70회	1만 명	35,000
지하철	일 60회	2천 명	25,000
포털사이트	일 50회	5천 명	30,000

① TV
② 버스
③ KTX
④ 지하철
⑤ 포털사이트

문제해설

Step 1 문제 해결의 출발점

월 3,000만 원의 예산이므로 처음부터 KTX는 제외하고 시작한다. 광고효과 계산 공식에 따라 각 광고수단별 광고효과를 구하면 쉽게 해결되는 문제이다. 광고 횟수는 서로 다른 기준으로 제시되어 있는데 이를 한 달 단위로 통일해 주는 게 계산이 편하다.

Step 2 광고수단별 광고 효과 분석

광고 횟수를 월 단위로 치환하면 버스는 30회, 지하철은 1,800회, 포털사이트는 1,500회가 된다.

- TV : 월 3회 × 1,000,000명 ÷ 30,000 = 300만/30,000
- 버스 : 월 30회 × 100,000명 ÷ 20,000 = 300만/20,000
- 지하철 : 월 1,800회 × 2,000명 ÷ 30,000 = 360만/25,000
- 포털사이트 : 월 1,500회 × 5,000명 ÷ 30,000 = 750만/30,000

굳이 모든 광고수단을 상대적으로 비교하지 않아도 포털사이트의 광고 효과가 가장 높음을 알 수 있다.

정답 | ⑤

13 **계산형 문제**
5급공채 2019 가책형 35번

다음 글을 근거로 판단할 때 옳은 것은?

○○국 의회의 의원 정수는 40명이다. 현재는 4개의 선거구(A~D)로 이루어져 있고 각 선거구에서 10명씩 의원을 선출한다. 정당은 각 선거구별로 정당별 득표율에 따라 의석을 배분받는다. 각 선거구에서 정당별 의석수는 정당별 득표율에 그 선거구의 총 의석수를 곱한 수에서 소수점 이하를 제외한 정수만큼 의석을 각 정당에 배분하고, 잔여 의석은 소수점 이하가 큰 순서대로 1석씩 차례로 배분한다. 그런데 유권자 1표의 가치 차이를 조정하기 위해 선거 제도를 개편할 필요성이 제기되었고, X안이 논의 중이다.

X안은 현재의 4개 선거구를 2개의 선거구로 통합하되, 이 경우 두 선거구 유권자수가 1:1이 되도록 A, C선거구와 B, D선거구를 각각 통합한다. 이때 통합된 A·C선거구와 B·D선거구의 의석수는 각각 20석이다. 선거구별 정당 의석 배분 방식은 현행제도와 동일하다. 다음은 ○○국에서 최근 실시된 의원 선거의 각 선거구별 유권자수와 정당 득표수이다.

<선거구별 유권자수>

(단위 : 천 명)

선거구	A	B	C	D	합계
유권자수	200	400	300	100	1,000

<선거구별 정당 득표수>

(단위 : 천 표)

정당＼선거구	A	B	C	D
甲	80	120	150	40
乙	60	160	60	40
丙	40	40	90	10
丁	20	80	0	10
합계	200	400	300	100

※ 특정 선거구 '유권자 1표의 가치'는 해당 선거구 의원 의석수를 해당 선거구 유권자수로 나눈 값임

① 최근 실시된 의원 선거에서 유권자 1표의 가치가 가장 큰 곳은 B선거구이다.
② 최근 실시된 의원 선거의 결과에 X안을 적용할 경우, 丁정당의 의석수는 현행제도보다 늘어난다.
③ 최근 실시된 의원 선거의 결과에 X안을 적용할 경우, 甲정당의 의석수는 현행제도와 차이가 없다.
④ 최근 실시된 의원 선거의 결과에 X안을 적용할 경우, A선거구 유권자 1표의 가치가 현행제도보다 커진다.
⑤ 최근 실시된 의원 선거의 결과에 X안을 적용할 경우, 乙정당과 丙정당은 의석수에 있어서 현행제도가 X안보다 유리하다.

문제해설

Step 1 문제 해결의 출발점

조건이 복잡한 계산형 문제이다. 선택지에서도 알 수 있듯이 현행 정당별 의석 배분 방식과 개선안인 X안에 따른 의석 배분 방식을 모두 검토해야 한다.

Step 2 선택지 분석

먼저 구체적인 의석수 계산이 필요 없는 선택지부터 처리한다.

①, ④ (×) 이들 선택지는 구체적인 계산이 없어도 해결이 가능하다. 각주에 의하면 특정 선거구에서 유권자 1표의 가치는 해당 선거구 의원 의석수를 해당 선거구 유권자 수로 나눈 값인데, 본문 1문단의 정보에 따르면 각 선거구의 의석수는 10석으로 동일하다. 따라서 유권자 수가 가장 적은 D 선거구에서 유권자 1표의 가치가 가장 크다. 마찬가지로 X안이 적용된 결과도 분석하면, 현행 제도에서 A선거구 유권자 1표의 가치는 10/200인데, X안을 적용할 경우 통합된 선거구(A+C)에서 유권자 1표의 가치는 20/500으로 현행 제도보다 작아진다.

나머지 선택지를 판단하기 위해서는 현행 제도 및 X안에 따른 각각의 의석수를 구해야 한다. 먼저 현행 제도에 따른 의석수를 구하는데(1문단의 세 번째 문장), 소수점 이하가 발생하지 않기 때문에 쉽게 계산될 것이다.

선거구 / 정당	A	B	C	D	합계
甲	4	3	5	4	16석
乙	3	4	2	4	13석
丙	2	1	3	1	7석
丁	1	2	0	1	4석
합계	10석	10석	10석	10석	40석

X안을 적용한 결과는 다음과 같다.

선거구 / 정당	AC	BD	의석수	
			AC	BD
甲	80+150=230	120+40=160	9.2	6.4
乙	60+60=120	160+40=200	4.8	8
丙	40+90=130	40+10=50	5.2	2
丁	20+0=20	80+10=90	0.8	3.6
합계	500	500		

먼저 소수점 이하를 제외한 정수만큼 의석을 각 정당에 배분하고 잔여 의석은 소수점 이하가 큰 순서대로 1석씩 차례로 배분해야 한다. 따라서 AC 선거구에서는 9+4+5=18석이 우선 배분되고 남은 2석은 소수점 이하가 큰 순서로 '을'과 '정' 정당에게 1석씩 돌아간다. 같은 방식으로 BD 선거구의 의석 배분을 정리하면 잔여 의석 1석은 '정' 정당에게 돌아간다.

이렇게 도출된 두 제도에 따른 의석 배분 결과를 비교하면 선택지 ②만 적절하다.

정답 | ②

14 계산형 문제

5급공채 2020 나책형 8번

다음 글을 근거로 판단할 때, 창렬이가 결제할 최소 금액은?

○ 창렬이는 이번 달에 인터넷 면세점에서 가방, 영양제, 목베개를 각 1개씩 구매한다. 각 물품의 정가와 이번 달 개별 물품의 할인율은 다음과 같다.

구분	정가(달러)	이번 달 할인율(%)
가방	150	10
영양제	100	30
목베개	50	10

○ 이번 달 개별 물품의 할인율은 자동 적용된다.

○ 이번 달 구매하는 모든 물품의 결제 금액에 대해 20%를 일괄적으로 할인받는 '이달의 할인 쿠폰'을 사용할 수 있다.

○ 이번 달은 쇼핑 행사가 열려, 결제해야 할 금액이 200달러를 초과할 때 '20,000원 추가 할인 쿠폰'을 사용할 수 있다.

○ 할인은 '개별 물품 할인 → 이달의 할인 쿠폰 → 20,000원 추가 할인 쿠폰' 순서로 적용된다.

○ 환율은 1달러 당 1,000원이다.

① 180,000원
② 189,000원
③ 196,000원
④ 200,000원
⑤ 210,000원

문제해설

Step 1 문제 해결의 출발점

하나의 결과값을 구하는 계산형 문제이다. 발문에서 결제할 최소 금액을 묻고 있으므로 여러 가능성 가운데 최선의 선택지를 골라야 한다. 계산 과정 자체는 복잡하지 않기 때문에 큰 어려움 없이 문제를 해결할 수 있을 것이다.

Step 2 선택지 분석

첫 번째 할인인 개별 물품 할인은 자동 적용된다.

→ 가방 135달러 + 영양제 70달러 + 목베개 45달러 = 250달러

'이달의 할인 쿠폰'을 사용한 할인이나 200달러 초과시 '20,000원 추가 할인 쿠폰'을 사용한 할인은 선택적이다. 따라서 두 할인 중 어느 것이 결제 금액을 최소화할지 비교한다.

- 이달의 할인 쿠폰 적용
  : 모든 물품의 결제 금액에 대한 20% 할인이므로 250달러 × 0.8 = 200달러
- 2만 원 추가 할인 쿠폰
  : 이달의 할인 쿠폰을 적용한 상태라면 최종 금액이 200달러이므로 추가 할인 쿠폰은 적용이 불가능하다.
  만약 추가 할인 쿠폰을 사용한다면 첫 번째 할인을 받은 결과인 250달러에서 2만 원(20달러)을 추가로 할인받게 되어 230달러가 된다.

따라서 결제할 최소 금액은 200달러이고 환율을 적용하면 200,000원이다.

정답 | ④

15 계산형 문제

5급공채 2020 나책형 9번

다음 글을 근거로 판단할 때, 오늘날을 기준으로 1석(石)은 몇 승(升)인가?

> 옛날 도량에는 두(斗), 구(區), 부(釜), 종(鍾) 등이 있었다. 1두(斗)는 4승(升)인데, 4두(斗)가 1구(區)이고, 4구(區)가 1부(釜)이며, 10부(釜)가 1종(鍾)이었다.
>
> 오늘날 도량은 옛날과 다소 달라졌다. 지금의 1승(升)이 옛날 1승(升)에 비해 네 배가 되어 옛날의 1두(斗)와 같아졌다. 오늘날 4구(區)는 1부(釜)로 옛날과 같지만, 4승(升)이 1구(區)가 되며, 1부(釜)는 1두(豆) 6승(升), 1종(鍾)은 16두(豆)가 된다. 오늘날 1석(石)은 1종(鍾)에 비해 1두(豆)가 적다.

① 110승

② 120승

③ 130승

④ 140승

⑤ 150승

문제해설

Step 1 문제 해결의 출발점

단위 환산형 계산 문제이다. 발문의 질문 내용처럼 '석'과 '승' 사이의 환산 비율을 파악해야 한다. 각 문단에 언급된 단위들 사이의 관계를 하나씩 연결해 나가면 될 것인데, '두'는 한자가 다른 두 종류가 있다는 것을 놓치지 말아야 한다. 1문단의 '두'는 '斗', 2문단의 두 번째 문장부터 등장하는 '두'는 '豆'이다.

Step 2 선택지 분석

석과 승을 연결하는 게 목표이므로 언급된 단위들을 '승'을 기준으로 정리해 나간다.

1문단에 따른 옛날 도량은 다음과 같다.

1두(斗) = 4승

1구 = 4두(斗) = 16승

1부 = 4구 = 16두(斗) = 64승

1종 = 10부 = 40구 = 160두(斗) = 640승

2문단에 의하면 오늘날은 도량이 달라져 1승이 옛날 1승에 비해 4배가 되어 1승=1두(斗)이다. 따라서 1종은 160두(斗)=160승이다. 한편 1부 = 4구인 것은 달라지지 않았고, 1승=1두(斗)이므로 1구 = 4두 = 4승인 것도 이미 도출하였다. 즉 이제 과거의 두(斗)는 1승과 같아졌기 때문에 필요가 없어진 것이다. 이를 반영하면 1종 = 10부 = 40구 = 160승이다.

다음으로, 1부 = 1두(豆) 6승이고 1종 = 16두(豆)이므로

1종 = 10부 = 10(豆) 60승 = 160승

따라서 1두(豆)는 10승이다.

최종 목표인 1석은 1종에 비해 1두가 적다고 하였으므로

1석 = 1종 - 1두(豆) = 16두(豆) - 1두(豆) = 15두(豆) = 150승

정답 | ⑤

16 계산형 문제

5급공채 2020 나책형 16번

다음 글을 근거로 판단할 때, 〈보기〉에서 옳은 것만을 모두 고르면?

○ A청은 업무능력 평가를 통해 3개 부서(甲~丙) 중 평가항목별 최종점수의 합계가 높은 2개 부서를 포상한다.

○ 4명의 평가위원(가~라)은 문제인식, 실현가능성, 성장전략으로 구성된 평가항목을 5개 등급(최상, 상, 중, 하, 최하)으로 각각 평가하여 점수를 부여한다.

○ 각 평가항목의 등급별 점수는 다음과 같다.

구분	최상	상	중	하	최하
문제인식	30	24	18	12	6
실현가능성	30	24	18	12	6
성장전략	40	32	24	16	8

○ 평가항목별 최종점수는 아래의 식에 따라 산출한다. 단, 최고점수 또는 최저점수가 복수인 경우 각각 하나씩만 차감한다.

$$\frac{\text{평가항목에 대한 점수 합계} - (\text{최고점수} + \text{최저점수})}{\text{평가위원 수} - 2}$$

○ 평가결과는 다음과 같다.

구분	평가위원	점수		
		문제인식	실현가능성	성장전략
甲	가	30	24	24
	나	24	30	24
	다	30	18	40
	라	ⓐ	12	32
乙	가	6	24	32
	나	12	24	ⓑ
	다	24	18	16
	라	24	18	32
丙	가	12	30	ⓒ
	나	24	24	24
	다	18	12	40
	라	30	6	24

〈보 기〉

ㄱ. ⓐ값에 관계없이 문제인식 평가항목의 최종점수는 甲이 제일 높다.
ㄴ. ⓑ=ⓒ>16이라면, 성장전략 평가항목의 최종점수는 乙이 丙보다 낮지 않다.
ㄷ. ⓐ=18, ⓑ=24, ⓒ=24일 때, 포상을 받게 되는 부서는 甲과 丙이다.

① ㄴ ② ㄷ ③ ㄱ, ㄴ ④ ㄱ, ㄷ ⑤ ㄱ, ㄴ, ㄷ

문제해설

Step 1 문제 해결의 출발점

길이가 긴 편이지만 차분하게 접근하면 충분히 해결 가능한 계산형 문제이다. 평가항목별 최종점수는 다른 기출에서도 본 적이 있는 최고, 최저 점수 배제형 방식으로 산출한다. 평가결과 표를 보면 미지수가 존재하므로 바로 <보기>의 선지를 분석한다.

Step 2 선택지 분석

평가항목별 최종점수 산출 공식에는 평가위원 가운데 중간 점수 2개의 합계를 2로 나누라고 되어 있지만 어차피 상대적 순위를 구하는 게 목표이므로 굳이 나누지 않아도 된다.

ㄱ. (○) 문제인식 항목에서 을과 병의 최종점수는 각각 36, 42이다. 갑의 ⓐ 부분이 최하 점수인 6점이 되더라도 갑의 문제인식 항목 최종점수는 30+24=54로 최고 점수이다. 따라서 옳은 진술이다.

ㄴ. (○) ⓑ = ⓒ > 16인데, 성장전략 항목에서 16점보다 높은 점수는 40, 32, 24 세 가지가 가능하다. 각각의 경우에 두 부서의 점수를 비교해 보면

ⓑ = ⓒ = 40인 경우 → 을 : 32+32=64 vs 병 : 40+24=64
ⓑ = ⓒ = 32인 경우 → 을 : 32+32=64 vs 병 : 32+24=56
ⓑ = ⓒ = 24인 경우 → 을 : 32+24=56 vs 병 : 24+24=48

어떤 경우건 을이 병보다 낮은 경우는 없다.

ㄷ. (×) ⓐ=18, ⓑ=24, ⓒ=24를 대입하여 계산한다.

	문제인식	실현가능성	성장전략
갑	54	42	56
을	36	42	56
병	42	36	48

합계점수는 갑>을>병 순이므로 갑과 을 부서가 포상을 받게 된다.

정답 | ③

17 계산형 문제

5급공채 2020 나책형 17번

다음 글을 근거로 판단할 때, 〈보기〉에서 〈A사업의 상황별 대안의 기대이익〉에 대한 설명으로 옳은 것만을 모두 고르면?

기준 Ⅰ, 기준 Ⅱ, 기준 Ⅲ을 이용하여 불확실한 상황에서 대안을 비교·평가할 수 있다.

기준 Ⅰ은 최상의 상황이 발생할 것이라는 가정에서 최선의 대안을 선택하는 것이다. <표 1>에서 각 대안의 최대 기대이익을 비교하여, 그 중 가장 큰 값을 갖는 '대안 1'을 선택하는 것이다.

기준 Ⅱ는 최악의 상황이 발생할 것이라는 가정에서 최선의 대안을 선택하는 것이다. <표 1>에서 각 대안의 최소 기대이익을 비교하여, 그 중 가장 큰 값을 갖는 '대안 3'을 선택하는 것이다.

<표 1> ○○사업의 상황별 대안의 기대이익

구분	상황 1	상황 2	상황 3	최대 기대이익	최소 기대이익
대안 1	30	10	-10	30	-10
대안 2	20	14	5	20	5
대안 3	15	15	15	15	15

기준 Ⅲ은 최대 '후회'가 가장 작은 대안을 선택하는 것이다. 후회는 일정한 상황에서 특정 대안을 선택함으로써 최선의 대안을 선택하였더라면 얻을 수 있는 기대이익을 얻지 못해 발생하는 손실을 의미한다. <표 1>의 상황별 최대 기대이익에서 각 대안의 기대이익을 차감하여 <표 2>와 같이 후회를 구할 수 있다. 이후 각 대안의 최대 후회를 비교하여, 그 중 가장 작은 값을 갖는 '대안 2'를 선택하는 것이다.

<표 2> ○○사업의 후회

구분	상황 1	상황 2	상황 3	최대 후회
대안 1	0	5	25	25
대안 2	10	1	10	10
대안 3	15	0	0	15

<A사업의 상황별 대안의 기대이익>

구분	상황 S_1	상황 S_2	상황 S_3
대안 A1	50	16	-9
대안 A2	30	19	5
대안 A3	20	15	10

〈보 기〉

ㄱ. 기준 Ⅰ로 대안을 선택한다면, 대안 A2를 선택하게 된다.
ㄴ. 기준 Ⅱ로 대안을 선택한다면, 대안 A3을 선택하게 된다.
ㄷ. 상황 S_2에서 대안 A2의 후회는 11이다.
ㄹ. 기준 Ⅲ으로 대안을 선택한다면, 대안 A1을 선택하게 된다.

① ㄱ, ㄴ ② ㄱ, ㄷ ③ ㄴ, ㄹ
④ ㄷ, ㄹ ⑤ ㄴ, ㄷ, ㄹ

문제해설

Step 1 문제 해결의 출발점

내용이 길고 낯선 개념이 등장하기 때문에 처음에는 접근이 망설여질 계산형 문제이다. 총 3개의 기준에 따라 판단하는 개별 기준 적용형 문제인데 각각의 기준별로 어떤 것이 선택의 기준이 되는지만 잘 파악하면 실제 계산 과정은 단순해 어렵지 않게 해결이 가능하다.

Step 2 선택지 분석

기준 Ⅰ과 기준 Ⅱ에 따른 대안 비교 방식은 본문의 설명처럼 <A사업의 상황별 대안의 기대이익> 표에서 최대 기대이익과 최소 기대이익을 정리해 비교하면 간단하게 해결된다. 최대 기대이익은 상황들 가운데 가장 큰 기대이익, 최소 기대이익은 가장 작은 기대이익의 수치이다.

기준 Ⅲ은 각각의 상황에서 대안들 사이의 비교라는 점을 주의해야 한다. 본문 중반부 이후의 설명처럼 상황 S_1에서 가장 기대이익이 큰 대안은 A1이므로 A1의 후회는 0이고 대안 A2는 최고의 기대이익인 50에 비해 20이 적으므로 20의 후회, 마찬가지로 대안 A3는 최고의 기대익인 50에 비해 30이 적으므로 30의 후회가 된다. 이제 이러한 기준들을 정리하면 다음과 같다. 괄호 속의 수치는 각 상황에서 대안별 후회 수치이다.

구분	상황 S_1	상황 S_2	상황 S_3	최대 기대이익	최소 기대이익	최대 후회
대안 A1	50 (0)	16 (3)	-9 (19)	50	-9	19
대안 A2	30 (20)	19 (0)	5 (5)	30	5	20
대안 A3	20 (30)	15 (4)	10 (0)	20	10	30

ㄱ. (×) 기준 Ⅰ에 의하면 최대 기대이익이 가장 큰 대안 A1을 선택한다.
ㄴ. (○) 기준 Ⅱ에 의하면 최소 기대이익이 가장 큰 대안 A3를 선택한다.
ㄷ. (×) 위 표에서 알 수 있듯이 상황 S_2에서 대안 A2의 후회는 0이다.
ㄹ. (○) 기준 Ⅲ에 의하면 최대 후회가 가장 작은 대안 A1을 선택한다.

정답 | ③

18 계산형 문제
5급공채 2020 나책형 18번

다음 글을 근거로 판단할 때, 태은이의 만족도 점수의 합은?

태은이는 모처럼의 휴일을 즐길 계획을 세우고 있다. 예산 10만 원을 모두 사용하여 외식, 전시회 관람, 쇼핑을 한 번씩 한다. 태은이는 만족도 점수의 합이 최대가 되도록 항목별로 최대 6만 원까지 1만 원 단위로 지출한다. 다음은 항목별 지출에 따른 태은이의 만족도 점수이다.

구분	1만 원	2만 원	3만 원	4만 원	5만 원	6만 원
외식	3점	5점	7점	13점	15점	16점
전시회 관람	1점	3점	6점	9점	12점	13점
쇼핑	1점	2점	6점	8점	10점	13점

① 23점
② 24점
③ 25점
④ 26점
⑤ 27점

문제해설

Step 1 문제 해결의 출발점

한계 효용 개념을 활용하면 생각보다 쉽게 해결이 가능한 문제이다. 기본 정보를 살펴보면, 10만 원 예산에서 외식, 전시회 관람, 쇼핑의 세 가지 항목을 한 번씩 하므로 각 항목별로 최소 1만 원 이상 지출해야 한다. 그리고 각 항목은 1만 원 단위로 지출 금액이 늘어날 때마다 만족도가 증가하는데, 그 증가 폭이 일정한 것이 아니라 단계마다 조금씩 차이가 있다. 문제의 목표는 최대 만족도를 구하는 것이므로 최소 1만 원의 지출 이후 1만 원 지출당 늘어나는 만족도가 최대인 지점을 우선 파악해야 한다.

Step 2 한계 효용(만족도) 분석

외식, 전시회 관람, 쇼핑별 지출 1만 원 단위 증가시 늘어나는 만족도 값을 정리하면 다음과 같다.

구분	1만 원		2만 원		3만 원		4만 원		5만 원		6만 원
외식	3점	+2	5점	+2	7점	+6	13점	+2	15점	+1	16점
전시회 관람	1점	+2	3점	+3	6점	+3	9점	+3	12점	+1	13점
쇼핑	1점	+1	2점	+4	6점	+2	8점	+2	10점	+3	13점

세 항목 중에서 1만 원 추가 지출 시 만족도 증가 폭이 가장 큰 지점은 외식에서 3만 원→4만 원이다. 이때의 만족도인 13점은 다른 두 항목의 최고 만족도에 해당하는 점수이기도 하므로 외식에 4만 원을 지출하는 것이 출발점이다.

쇼핑은 2만 원→3만 원 구간에서 +4로 증가폭이 가장 크지만, 쇼핑에 3만 원을 지출하면 전시회 관람도 3만 원 지출이 되는데 이 경우 전체 만족도는 13+6+6으로 25점이다.

이에 비해 전시회 관람은 3만 원부터 5만 원까지 1만 원 추가할 때마다 동일한 +3의 만족도 증가가 나타나며 5만 원 지출시 12점의 만족도를 얻는다. 따라서 전시회 관람에 5만 원, 쇼핑에 1만 원을 지출하는 것이 13+12+1=26점으로 더 높은 만족도를 얻는다.

선택지 ⑤에는 27점이 제시되어 있는데, 27점이 나올 수 있는 조합은 외식 5만 원, 전시회 관람 5만 원밖에 없다. 이는 쇼핑을 아예 하지 않는 것이므로 조건에 위배된다.

따라서 정답은 26점인 ④이다.

정답 | ④

19 계산형 문제
5급공채 2020 나책형 27번

다음 글을 근거로 판단할 때, 우수부서 수와 기념품 구입 개수를 옳게 짝지은 것은?

A기관은 탁월한 업무 성과로 포상금 5,000만 원을 지급받았다. <포상금 사용기준>은 다음과 같다.

<포상금 사용기준>

○ 포상금의 40% 이상은 반드시 각 부서에 현금으로 배분한다.
- 전체 15개 부서를 우수부서와 보통부서 두 그룹으로 나누어 우수부서에 150만 원, 보통부서에 100만 원을 현금으로 배분한다.
- 우수부서는 최소한으로 선정한다.

○ 포상금 중 2,900만 원은 직원 복지 시설을 확충하는 데 사용한다.

○ 직원 복지 시설을 확충하고 부서별로 현금을 배분한 후 남은 금액을 모두 사용하여 개당 1만 원의 기념품을 구입한다.

	우수부서 수	기념품 구입 개수
①	9개	100개
②	9개	150개
③	10개	100개
④	10개	150개
⑤	11개	50개

문제해설

Step 1 문제 해결의 출발점

퀴즈형 문제라고 봐도 무방한 계산형 문제이다. 포상금 5,000만 원 가운데 2,900만 원은 복지 시설 확충 용도로 지출되었으므로 남은 2,100만 원의 배분에 집중하자.

Step 2 선택지 분석

복지 시설 확충에 쓰고 남은 2,100만 원은 포상금과 개당 1만 원의 기념품 구입에 사용되었다. 이때 <포상금 사용기준>의 첫 번째 조건에 따라 5,000만 원의 40% 이상(2,000만 원 이상)은 포상금으로 배분되어야 하므로 포상금이 2,000만 원 미만인 경우는 배제해야 한다.

전체 부서는 15개인데, 우수부서가 몇 개인가에 따라 전체 포상금액이 달라질 것이므로 선택지에 제시된 우수부서의 수에 따라 가능한 경우를 검토한다.

①, ② (×) 우수부서가 9개이면 포상금은 150×9 + 100×6 = 1,950만 원으로 조건에 위배된다.

③ (○) 우수부서가 10개이면 포상금은 150×10 + 100×5 = 2,000만 원으로 조건을 충족한다. 이 경우 남은 100만 원으로 100개의 기념품을 살 수 있는데 ③에는 이 수치대로 기념품 구입 개수가 제시되어 있다.

따라서 ④, ⑤는 더 볼 필요도 없이 ③이 정답이다.

정답 | ③

20 계산형 문제
5급공채 2020 나책형 28번

다음 글을 근거로 판단할 때, 서연이가 구매할 가전제품과 구매할 상점을 옳게 연결한 것은?

○ 서연이는 가전제품 A~E를 1대씩 구매하기 위하여 상점 甲, 乙, 丙의 가전제품 판매가격을 알아보았다.

<상점별 가전제품 판매가격>

(단위 : 만 원)

구분	A	B	C	D	E
甲	150	50	50	20	20
乙	130	45	60	20	10
丙	140	40	50	25	15

○ 서연이는 각각의 가전제품을 세 상점 중 어느 곳에서나 구매할 수 있으며, 아래의 <혜택>을 이용하여 총 구매액을 최소화하고자 한다.

<혜 택>

- 甲 : 200만 원 이상 구매시 전품목 10% 할인
- 乙 : A를 구매한 고객에게는 C, D를 20% 할인
- 丙 : C, D를 모두 구매한 고객에게는 E를 5만 원에 판매

① A - 甲
② B - 乙
③ C - 丙
④ D - 甲
⑤ E - 乙

문제해설

Step 1 문제 해결의 출발점

각각의 가전제품별로 어느 상점에서 구매할지를 결정해야 하는 문제이다. 각 상점별로 구매 혜택이 모두 다르게 설정되어 있으므로 단순히 표의 가격만으로 결정할 수는 없다.

Step 2 상점별 할인 혜택 적용

- 갑 상점은 200만 원 이상 구매해야 10% 할인이 적용되는데 B~E를 모두 합해도 140만 원이므로 이 혜택을 받으려면 A를 무조건 구매해야 한다.
- 을 상점은 A 구매시 C, D가 20% 할인이다.
- 병 상점은 C, D 모두 구매시 E를 5만 원에 판매한다.

이제 각 혜택이 적용되었을 때의 할인된 가격을 표에 추가하여 비교해 본다. (빗금 왼쪽은 혜택 적용 전, 오른쪽은 혜택 적용 후)

구분	A	B	C	D	E
甲 (A구매시)	150/135	50/45	50/45	20/18	20/18
乙 (A구매시)	130	45	60/48	20/16	10
丙 (C, D 구매시)	140	40	50	25	15/5

구매 가격을 비교할 때는 특정 상점에 혜택이 적용된 것과 다른 상점에는 혜택이 적용되지 않은 것을 상호비교해야 한다. 예를 들어 A는 갑 상점에서 혜택을 받아도 을 상점보다 비싸다. C는 을 상점에서 A와 함께 구매할 경우 갑이나 병 상점보다 2만 원 싸다. 나머지 D와 E도 A와 함께 구매할 경우 다른 상점의 기본 판매 가격에 비해 최저가이다. 따라서 A, C, D, E는 을 상점에서 구매하고, B는 최저가 판매점인 병 상점에서 구매하는 것이 총 구매액을 최소화하는 선택이다.

정답 | ⑤

21 계산형 문제
5급공채 2020 나책형 30번

다음 글을 근거로 판단할 때, ○○공장에서 4월 1일과 4월 2일에 작업한 최소 시간의 합은?

○○공장은 작업반 A와 B로 구성되어 있고 제품 X와 제품 Y를 생산한다. 다음 표는 각 작업반이 1시간에 생산할 수 있는 각 제품의 수량을 나타낸다. 각 작업반은 X와 Y를 동시에 생산할 수 없고 작업 속도는 일정하다.

<작업반별 시간당 생산량>

(단위 : 개)

구분	X	Y
작업반 A	2	3
작업반 B	1	3

○○공장은 4월 1일 오전 9시에 X 24개와 Y 18개를 주문받았으며, 4월 2일에도 같은 시간에 동일한 주문을 받았다. 당일 주문받은 물량은 당일에 모두 생산하였다.

4월 1일에는 작업 여건상 두 작업반이 같은 시간대에 동일한 종류의 제품만을 생산해야 했지만, 4월 2일에는 그러한 제약이 없었다. 두 작업반은 매일 동시에 작업을 시작하며, 작업 시간은 작업 시작 시점부터 주문받은 물량 생산 완료 시점까지의 시간을 의미한다.

① 19시간
② 20시간
③ 21시간
④ 22시간
⑤ 23시간

문제해설

Step 1 문제 해결의 출발점

발문에서 각 일자별 작업한 최소 시간의 합을 묻고 있다. 1일의 작업 시간은 간단하게 계산될 것인데, 2일의 작업 시간은 상대적으로 생산성이 우위인 작업반을 찾아야 한다.

Step 2 선택지 분석

구분	X	Y
작업반 A	2	3
작업반 B	1	3

4월 1일과 2일의 작업 방식이 다른데, 1일은 간단하게 정리할 수 있다. 1일에는 두 작업반이 같은 시간대에 동일한 종류의 제품만을 생산해야 하므로 X는 시간당 3개, Y는 시간당 6개씩 생산된다. 따라서 X 24개와 Y 18개를 생산하는 데 든 시간은 8시간과 3시간을 합쳐 총 11시간이다.

문제는 2일인데, 2일은 두 작업반이 같은 시간대에 동일한 종류의 제품만 생산해야 하는 제약이 사라졌다. 따라서 상대적으로 생산성이 높은 제품을 각 반이 전담해서 생산해야 한다. X에 대한 시간당 작업량은 A반이 더 높으므로 X는 A반이 맡고 Y는 생산성이 동일하므로 B반이 맡는다. 이 경우 B반은 6시간 뒤에 Y 18개를 모두 생산한 상태가 되고 A반은 X를 12개 생산한 상태이다. 아직 12개의 X를 더 생산해야 하므로 이제 Y반도 X 생산에 투입되면 시간당 X 생산량이 3으로 바뀌는 것이므로 4시간 뒤에 모든 물량의 생산이 완료된다.

따라서 최소 시간의 합은 11+10=21시간이다.

정답 | ③

22 계산형 문제

5급공채 2020 나책형 36번

다음 글과 〈상황〉을 근거로 판단할 때 옳지 않은 것은?

甲국은 국가혁신클러스터 지구를 선정하고자 한다. 산업단지를 대상으로 <평가 기준>에 따라 점수를 부여하고 이를 합산한다. 지방자치단체(이하 '지자체')의 육성 의지가 있는 곳 중 합산점수가 높은 4곳의 산업단지를 국가혁신클러스터 지구로 선정한다.

<평가 기준>

○ 산업단지 내 기업 집적 정도

산업단지 내 기업 수	30개 이상	10~29개	9개 이하
점수	40점	30점	20점

○ 산업단지의 산업클러스터 연관성

업종	연관 업종	유사 업종	기타
점수	40점	20점	0점

※ 연관 업종 : 자동차, 철강, 운송, 화학, IT
유사 업종 : 소재, 전기전자

○ 신규투자기업 입주공간 확보 가능 여부

입주공간 확보	가능	불가
점수	20점	0점

○ 합산점수가 동일할 경우 우선순위는 다음과 같은 순서로 정한다.

1) 산업클러스터 연관성 점수가 높은 산업단지
2) 기업 집적 정도 점수가 높은 산업단지
3) 신규투자기업의 입주공간 확보 가능 여부 점수가 높은 산업단지

〈보 기〉

산업단지(A~G)에 관한 정보는 다음과 같다.

산업 단지	산업단지 내 기업 수	업종	입주공간 확보	지자체 육성 의지
A	58개	자동차	가능	있음
B	9개	자동차	가능	있음
C	14개	철강	가능	있음
D	10개	운송	가능	없음
E	44개	바이오	가능	있음
F	27개	화학	불가	있음
G	35개	전기전자	가능	있음

① B는 선정된다.
② A가 '소재'산업단지인 경우 F가 선정된다.
③ 3곳을 선정할 경우 G는 선정되지 않는다.
④ F는 산업단지 내에 기업이 3개 더 있다면 선정된다.
⑤ D가 소재한 지역의 지자체가 육성 의지가 있을 경우 D는 선정된다.

문제해설

Step 1 문제 해결의 출발점

자격 조건이 포함된 순위 비교형 계산 문제이다. 본문 전반부에서 지자체의 육성 의지가 있는 곳 중에서 4곳을 선정한다고 하였으므로 육성 의지 항목이 '없음'인 D는 처음부터 배제된다. 나머지 6곳을 대상으로 <평가 기준>에 있는 항목별 급간 점수를 부여해 총점을 비교해 가는 방식으로 접근하면 큰 문제없이 해결될 것이다.

Step 2 산업단지 별 점수 분석

D를 제외한 나머지 산업 단지에 대해 <평가 기준>의 항목별로 점수를 부여하면 다음과 같다.

산업 단지	산업단지 내 기업 수 (집적 점수)		업종 (연관성 점수)		입주공간 확보 (입주공간 점수)		총점
A	58개	40	자동차	40	가능	20	100
B	9개	20	자동차	40	가능	20	80
C	14개	30	철강	40	가능	20	90
E	44개	40	바이오	0	가능	20	60
F	27개	30	화학	40	불가	0	70
G	35개	40	전기전자	20	가능	20	80

순위는 A > C > B, G이다. B, G가 동점인데 산업클러스트 연관성 점수에서 B가 높으므로 순위는 A > C > B > G가 된다.

① (O) 맞는 진술이다.

② (×) A가 '소재'산업단지이면 연관성 점수가 20점이 되어 총점 80점으로 C, D > A, B, G로 순위가 변동된다. 하지만 F는 여전히 4순위 안에 들 가능성이 없으므로 굳이 A, B 사이의 순위를 따지지 않아도 ②가 틀린 진술임을 알 수 있다.

③ (O) 기본 순위가 A > C > B > G이므로 3곳을 선정하면 G는 선정되지 않는다.

④ (O) F의 산업단지 내 기업 수가 3개 추가되어 30개가 되면 총점은 80점이 되고 연관성 점수는 40점이다. 이에 따라 A > C > B ,F ,G의 순위가 설정되는데, 앞서 정리한 것처럼 B>G인 상태에서 B와 F는 연관성 점수에서 동점이고 기업 집적 정도는 F가 높으므로 F가 3순위로 선정된다.

⑤ (O) D의 평가 점수 합계는 90점인데, 지자체 육성 의지가 있다면 3순위 내에 포함되므로 선정된다.

정답 | ②

23 계산형 문제
5급공채 2021 가책형 6번

다음 글을 근거로 판단할 때, 甲이 수강할 과목만을 모두 고르면?

○ 甲이 소속된 기관에서는 상시학습 과목을 주기적으로 반복하여 수강하도록 하고 있다.
○ 甲은 2021년 1월 15일 하루 동안 상시학습 과목을 수강하여 '학습점수'를 최대화하고자 한다.
○ 甲이 하루에 수강할 수 있는 최대 시간은 8시간이다.
○ 2021년 1월 15일 기준, 권장 수강주기가 지난 상시학습 과목을 수강하는 경우 수강시간만큼 학습점수로 인정한다.
○ 2021년 1월 15일 기준, 권장 수강주기 이내에 상시학습 과목을 수강하는 경우 수강시간의 두 배를 학습점수로 인정한다.
○ 과목별 수강시간을 다 채운 경우에 한하여 학습점수를 인정한다.

<상시학습 과목 정보>

과목명	수강시간	권장 수강주기	甲의 직전 수강일자
통일교육	2	12개월	2020년 2월 20일
청렴교육	2	9개월	2020년 4월 11일
장애인식교육	3	6개월	2020년 6월 7일
보안교육	3	3개월	2020년 9월 3일
폭력예방교육	5	6개월	2020년 8월 20일

① 통일교육, 폭력예방교육
② 통일교육, 장애인식교육, 보안교육
③ 통일교육, 청렴교육, 보안교육
④ 청렴교육, 장애인식교육, 폭력예방교육
⑤ 보안교육, 폭력예방교육

문제해설

Step 1 문제 해결

목표는 2021년 1월 15일 하루 동안 최대 8시간을 투자해 학습점수를 최대화하는 것이다. 또한 4번째와 5번째 조건에 따라 권장 수강주기 이내의 과목을 수강하는 것이 그렇지 않은 것에 비해 학습점수를 2배로 받을 수 있다. 이에 따라 권장 수강주기 이내의 과목부터 먼저 선별하면 통일교육, 폭력예방교육이다.

이 두 개를 들으면 학습점수는 4+10=14점이고 수강시간이 1시간이 남는다. 다른 과목들은 모두 <표>에 제시된 수강시간만큼의 학습점수만 받을 수 있으므로, 8시간을 꽉 채우는 방식으로 과목을 조합해도 14점을 얻는 것은 불가능하다.

통일교육 + 장애인인식교육 + 보안교육 = 4+3+3 = 10

폭력예방교육 + 장애인식교육(or 보안교육) = 10+3 = 13

따라서 통일교육과 폭력예방교육을 듣는 것이 학습점수를 최대화하는 선택이다.

정답 | ①

24 계산형 문제

5급공채 2021 가책형 8번

다음 글을 근거로 판단할 때, ㉠과 ㉡을 옳게 짝지은 것은?

> 동물로봇공학에서는 다양한 형태의 동물 로봇을 개발한다. 로봇 연구자들이 가장 본뜨고 싶어 하는 곤충은 미국바퀴벌레이다. 이 바퀴벌레는 초당 150cm의 속력으로 달린다. 이는 1초에 몸길이의 50배가 되는 거리를 간다는 뜻이다. 신장이 180cm인 육상선수가 1초에 신장의 50배가 되는 거리를 가려면 시속 (㉠)km로 달려야 한다. 이 바퀴벌레의 걸음걸이를 관찰한 결과, 모양이 서로 다른 세 쌍의 다리를 달아주면 로봇의 보행 속력을 끌어올릴 수 있는 것으로 밝혀졌다.
>
> 한편 동물로봇공학에서는 수중 로봇에 대한 연구도 활발하다. 바닷가재나 칠성장어의 운동 능력을 본뜬 수중 로봇도 연구되고 있다. 미국에서 개발된 바닷가재 로봇은 높이 20cm, 길이 61cm, 무게 2.9kg으로, 물속의 기뢰제거에 사용될 계획이다. 2005년 10월에는 세계 최초의 물고기 로봇이 영국 런던의 수족관에 출현했다. 길이 (㉡)cm, 두께 12cm인 이 물고기 로봇은 미국바퀴벌레의 1/3 속력으로 헤엄칠 수 있다. 수중에서의 속력이라는 점을 감안하면 엄청난 수준이다. 이는 1분에 몸길이의 200배가 되는 거리를 간다는 뜻이다. 이 물고기 로봇은 해저탐사나 기름 유출의 탐지 등에 활용될 것으로 전망되었다.

	㉠	㉡
①	81	5
②	162	10
③	162	15
④	324	10
⑤	324	15

문제해설

Step 1 문제 해결

㉠에 들어갈 숫자부터 먼저 도출해 보자.

신장이 180cm인 육상선수의 신장 50배 되는 거리는 9,000cm이다. 즉 1초에 9,000cm를 가는 것인데, 이를 시속 기준으로 정리하려면 여기에 3,600(1시간=3,600초이므로)을 곱해야 한다.

0.09km × 3,600 = 324km

다음으로 ㉡을 보면, ㉡에 들어갈 수는 2문단 후반부에 집중되어 있다. 미국바퀴벌레의 속력은 1초에 150cm이고, 물고기 로봇은 이의 1/3 속력이므로 50cm/초임을 알 수 있다. 한편 이는 1분에 몸길이의 200배가 되는 거리를 간다는 뜻이라 하였는데, 물고기 로봇의 초속을 분속으로 바꾸면

50cm × 60 = 3,000cm/분이다. 3,000cm가 몸길이의 200배이므로 ㉡에는 15가 들어간다.

정답 | ⑤

25 계산형 문제
5급공채 2021 가책형 9번

다음 글을 근거로 판단할 때 옳지 않은 것은?

> 도시 O, A, B, C는 순서대로 동일 직선상에 배치되어 있으며 도시 간 거리는 각각 30km로 동일하다. ($\overline{OA}$: 30km, $\overline{AB}$: 30km, $\overline{BC}$: 30km)
>
> A, B, C가 비용을 분담하여 O에서부터 A와 B를 거쳐 C까지 연결하는 직선도로를 건설하려고 한다. A, B, C 주민은 O로의 이동을 위해서만 도로를 이용한다. 도로 1km당 건설비용은 동일하다. 비용 분담안으로 다음 세 가지 안이 논의되고 있다.
>
> ○ Ⅰ안 : 각 도시가 균등하게 비용을 부담
> ○ Ⅱ안 : 각 도시가 이용 구간의 길이에 비례하여 비용을 부담
> ○ Ⅲ안 : 도로를 $\overline{OA}$, $\overline{AB}$, $\overline{BC}$로 나누어 해당 구간을 이용하는 도시가 해당 구간 건설비용을 균등하게 부담

① A에게는 Ⅲ안이 가장 부담 비용이 낮다.
② B의 부담 비용은 Ⅰ안과 Ⅱ안에서 같다.
③ Ⅱ안에서 A와 B의 부담 비용의 합은 C의 부담 비용과 같다.
④ Ⅰ안에 비해 부담 비용이 낮아지는 도시의 수는 Ⅱ안보다 Ⅲ안에서 더 많다.
⑤ C의 부담 비용은 Ⅲ안이 Ⅰ안의 2배 이상이다.

문제해설

Step 1 문제 해결

Ⅰ안과 Ⅱ안에 따른 각 도시별 분담 비용(비율)을 구하는 것은 간단하다.

Ⅰ안 : 각 도시가 1:1:1의 비율로 분담하므로 전체 공사비의 1/3씩 분담

Ⅱ안 : 각 도시의 주민은 O로의 이동을 위해서만 도로를 이용한다고 하였다. 따라서 도시별 이용 구간의 길이가 A는 30km, B는 60km, C는 90km이므로 각 도시의 분담 비율은 1:2:3이다.
(A는 1/6, B는 1/3, C는 1/2만큼 분담)

전체 거리를 비용이라고 간주하고 각 분담안별로 도시들이 부담하는 비용을 정리하면 다음과 같다.

	A	B	C
Ⅰ안	30	30	30
Ⅱ안	15	30	45
Ⅲ안			

Ⅲ안은 도로 $\overline{OA}$, $\overline{AB}$, $\overline{BC}$를 나누고, 해당 구간을 이용하는 도시가 비용을 균등하게 분담하는 방식이다. 예를 들어 $\overline{OA}$는 A, B, C 세 도시가 모두 이용하므로 각각 10의 비용을 분담하고, $\overline{AB}$는 B와 C 두 도시만 이용하므로 두 도시가 15씩 분담한다. 마지막 $\overline{BC}$는 C도시만 이용하므로 30의 비용은 전부 C가 부담한다. 이를 반영하면 다음과 같다.

	A	B	C
Ⅰ안	30	30	30
Ⅱ안	15	30	45
Ⅲ안	10	25	55

이상을 바탕으로 선지를 판단하면, C의 부담 비용이 Ⅲ안이 Ⅰ안의 2배 이상이라고 한 ⑤가 부적절하여 정답이다.

정답 | ⑤

26 계산형 문제

5급공채 2021 가책형 16번

다음 글을 근거로 판단할 때, A시 예산성과금을 가장 많이 받는 사람은?

<A시 예산성과금 공고문>

○ 제도의 취지
- 예산의 집행방법과 제도 개선 등으로 예산을 절감하거나 수입을 증대시킨 경우 그 일부를 기여자에게 성과금(포상금)으로 지급함으로써 예산의 효율적 사용 장려

○ 지급요건 및 대상
- 자발적 노력을 통한 제도 개선 등으로 예산을 절감하거나 세입원을 발굴하는 등 세입을 증대한 경우
- 예산절감 및 수입증대 발생시기 : 2020년 1월 1일~2020년 12월 31일
- A시 공무원, A시 사무를 위임(위탁) 받아 수행하는 기관의 임직원
- 예산낭비를 신고하거나, 지출절약이나 수입증대에 관한 제안을 제출하여 A시의 예산절감 및 수입증대에 기여한 국민

○ 지급기준
- 1인당 지급액

구분	예산절감		수입증대
	주요사업비	경상적 경비	
지급액	절약액의 20%	절약액의 50%	증대액의 10%

- 타 부서나 타 사업으로 확산 시 지급액의 30%를 가산하여 지급

① 사업물자 계약방법을 개선하여 2019년 12월 주요사업비 8천만 원을 절약한 A시 사무관 甲
② 제도 개선을 통해 2020년 5월 주요사업비 3천 5백만 원을 절약하여 개선된 제도가 A시청 전 부서에 확대 시행되는 데 기여한 A시 사무관 乙
③ A시 지역축제에 관한 제안을 제출하여 2020년 7월 8천만 원의 수입증대에 기여한 국민 丙
④ A시 위임사무를 수행하면서 제도 개선을 통해 2020년 8월 경상적 경비 1천 8백만 원을 절약한 B기관 이사 丁
⑤ A시장의 지시를 받아 사무용품 조달방법을 개선하여 2020년 9월 경상적 경비 1천만 원을 절약한 A시 사무관 戊

문제해설

Step 1 문제 해결의 출발점

법규형 계산 문제이다. 일차적으로 <공고문>의 지급요건 및 대상 항목에 포함되는지 여부를 선지별로 판단하고, 해당할 경우 지급기준에 따라 1인당 지급액을 산정해 나가도록 한다.

Step 2 선택지 판별

① 사업비 8천만 원을 절약(예산절감)한 시점이 2019년 12월이므로 지급요건 중 발생시기에서 조건을 충족하지 못한다. 따라서 예산성과금은 0원이다.

② 2020년 5월, 예산절감의 일환으로 주요사업비를 절약한 A시 공무원이므로 모든 조건을 충족한다. 지급기준에 따라 주요사업비 절약액의 20%를 기본으로 하며, 개선된 제도가 A시청 전 부서에 확대 시행되었으므로 지급기준의 마지막 항목에 따라 지급액의 30%를 가산하여 지급한다. 이를 계산하면, 3천 5백만 원 × 0.2 × 1.3(가산) = 700 × 1.3 = 910만 원이다.

③ 수입증대에 기여한 국민도 지급 대상이 된다. 기간 등의 나머지 요건도 모두 충족되므로 수입증대 항목에 따라 증대액의 10%를 성과금으로 지급한다. 따라서 병의 성과금은 8천만 원 × 0.1 = 800만 원이다.

④ A시 사무를 위임받아 수행한 B기관의 이사인 정 역시 자발적 노력을 통한 제도 개선에 따라 2020년 7월에 경상적 경비 1천 8백만 원을 절약하였으므로 경상적 경비 항목에 따른 절약액 50%의 성과금을 지급받는다. 따라서 정의 성과금은 900만 원이다.

⑤ 지급요건은 '자발적 노력'을 통한 제도 개선인데, 사무관 무는 A시장의 지시를 받아 경비 절약을 이루어내었으므로 요건 미달이다.

정답 | ②

27 계산형 문제

5급공채 2021 가책형 17번

다음 글과 〈상황〉을 근거로 판단할 때, 甲관할구역 소방서에 배치되어야 하는 소방자동차의 최소 대수는?

<소방서에 두는 소방자동차 배치기준>

가. 소방사다리차

1) 관할구역에 층수가 11층 이상인 아파트가 20동 이상 있거나 11층 이상 건축물(아파트 제외)이 20개소 이상 있는 경우에는 고가사다리차를 1대 이상 배치한다.
2) 관할구역에 층수가 5층 이상인 아파트가 50동 이상 있거나 5층 이상 백화점, 복합상영관 등 대형 화재의 우려가 있는 건물이 있는 경우에는 굴절사다리차를 1대 이상 배치한다.
3) 고가사다리차 또는 굴절사다리차가 배치되어 있는 119안전센터와의 거리가 20km 이내인 경우에는 배치하지 않을 수 있다.

나. 화학차(내폭화학차 또는 고성능화학차) : 위험물을 저장·취급하는 제조소·옥내저장소·옥외탱크저장소·옥외저장소·암반탱크저장소 및 일반취급소(이하 '제조소 등'이라 한다)의 수에 따라 화학차를 설치한다. 관할구역 내 제조소 등이 50개소 이상 500개소 미만인 경우는 1대를 배치한다. 500개소 이상인 경우는 2대를 배치하며, 1,000개소 이상인 경우는 다음 계산식에 따라 산출(소수점 이하 첫째자리에서 올림)된 수만큼 추가 배치한다.

화학차 대수 = (제조소 등의 수 - 1,000) ÷ 1,000

다. 지휘차 및 순찰차 : 각각 1대 이상 배치한다.

라. 그 밖의 차량 : 소방활동을 원활하게 추진하기 위하여 소방서장이 필요하다고 판단하는 경우 배연차, 조명차, 화재조사차, 중장비, 견인차, 진단차, 행정업무용 차량 등을 추가로 배치할 수 있다.

〈상 황〉

甲관할구역 내에는 소방서 한 곳이 설치되어 있으며, 이 소방서와 가장 가까운 119안전센터(乙관할구역)는 소방서로부터 25km 떨어져 있다. 甲관할구역 내에는 층수가 11층 이상인 아파트가 30동 있고, 3층 백화점 건물이 하나 있으며, 위험물을 저장·취급하는 제조소 등이 1,200개소 있다.

① 3
② 4
③ 5
④ 6
⑤ 7

문제해설

Step 1 문제 해결

조건에 따라 수량이 달라지는 다른 차들과 달리 <다>의 지휘차 및 순찰차는 각각 1대 이상으로 고정이다. 소방서에 배치되어야 하는 소방자동차의 최소 대수를 구하는 게 목표이므로 우선 이들 차량은 각 1대씩으로 잡는다. <라>의 그 밖의 차량은 재량적 차량이므로 제외한다. 남은 것은 <가>의 소방사다리차와 <나>의 화학차인데, 이들은 조건을 <상황>에 적용하면서 판단한다.

- 소방사다리차
  119안전센터가 있지만, 거리가 25km 떨어져 있으므로 <가>의 3)은 적용되지 않는다. <상황>에 의하면 갑 관할구역에는 층수가 11층 이상인 아파트가 30동(기준 : 20동 이상) 있으므로 소방사다리차를 최소 1대 배치해야 한다. 한편 <가>의 2)에 해당하는 조건은 충족되지 않으므로 굴절사다리차는 배치하지 않는다.

- 화학차
  갑 관할구역 내에 위험물을 저장·취급하는 제조소 등이 1,200개소 있으므로 <나>의 후반부에 따라 1,000개소 이상일 때의 기본 대수 2대에 계산식에 따라[(1,200 - 1,000)÷1,000에서 산출된 0.2를 소수점 이하 첫째짜리에서 올림한 1대 추가] 1대 추가하여 3대의 화학차를 배치해야 한다.

따라서 최소 대수는 6대이다.

정답 | ④

28 계산형 문제
5급공채 2021 가책형 18번

다음 글과 〈상황〉을 근거로 판단할 때, 甲이 보고할 내용으로 옳은 것은?

대규모 외환거래는 런던, 뉴욕, 도쿄, 프랑크푸르트, 싱가포르 같은 금융중심지에서 이루어진다. 최근 들어 세계 외환거래 규모는 급증하고 있다. 하루 평균 세계 외환거래액은 1989년에 6천억 달러 수준이었는데, 2019년에는 6조 6천억 달러로 크게 늘어났다.

은행 간 외환거래는 대부분 미국 달러를 통해 이루어진다. 달러는 이처럼 외환거래에서 중심적인 역할을 하기 때문에 기축통화라고 불린다. 기축통화는 서로 다른 통화를 사용하는 거래 참여자가 국제거래를 위해 널리 사용하는 통화이다. 1999년 도입된 유럽 유로는 달러와 동등하게 기축통화로 발전할 것으로 예상되었으나, 2020년 세계 외환거래액의 32%를 차지하는 데 그쳤다. 이는 4년 전보다는 2%p 높아진 것이지만 10년 전보다는 오히려 8%p 낮아진 수치이다.

〈상 황〉

2010년과 2016년의 하루 평균 세계 외환거래액은 각각 3조 9천억 달러와 5조 2천억 달러였다. ○○은행 국제자본이동분석팀장 甲은 2016년 유로로 이루어진 하루 평균 세계 외환거래액을 2010년과 비교(달러 기준)하여 보고하려 한다.

① 10억 달러 감소
② 10억 달러 증가
③ 100억 달러 감소
④ 100억 달러 증가
⑤ 변화 없음

문제해설

Step 1 문제 해결

<상황>에 따랐을 때, 갑이 보고할 내용은 2010년 대비 2016년 유로로 이루어진 하루 평균 세계 외환거래액의 변동량이다. 그리고 이와 관련된 핵심 정보는 본문의 2문단 후반부에 제시되어 있는데, 이에 따르면 2020년의 유로화의 하루 평균 외환거래액은 세계 외환거래액의 32%였고, 2016년은 이보다 낮은 30%, 2010년은 40%였다.

한편 <상황>에 의하면 2010년과 2016년의 하루 평균 세계 외환거래액은 각각 3조 9천억 달러와 5조 2천억 달러이다. 본문에 달러와 유로의 교환 비율도 제시되지 않았고, 어차피 갑이 보고하는 내용도 달러 기준이므로 이 금액을 바탕으로 2010년에서 2016년으로의 변동량을 구하면 된다.

2010년 : 3조 9천억 × 0.4 = 1.56억

2016년 : 5조 2천억 × 0.3 = 1.56억

여기서, 구체적인 금액 계산을 하지 않더라도 3조 9천억은 1.3조의 3배이고 5조 2천억은 1.3조의 4배이므로

2010년 : 1.3 × 3 × 0.4 = 2016년 : 1.3 × 4 × 0.3

임을 통해 유로 외환거래액에 변동이 없음을 도출할 수도 있다.

정답 | ⑤

29 계산형 문제

5급공채 2021 가책형 26번

다음 글을 근거로 판단할 때, '친구 단위'로 입장한 사람의 수와 '가족 단위'로 입장한 사람의 수를 옳게 짝지은 것은?

> A놀이공원은 2명의 친구 단위 또는 4명의 가족 단위로만 입장이 가능하다. 발권기계는 2명의 친구 단위 또는 4명의 가족 단위당 1장의 표를 발권한다. 놀이공원의 입장객은 총 158명이며, 모두 50장의 표가 발권되었다.

	'친구 단위'로 입장한 사람의 수	'가족 단위'로 입장한 사람의 수
①	30	128
②	34	124
③	38	120
④	42	116
⑤	46	112

문제해설

Step 1 문제 해결

친구 단위와 가족 단위를 각각 a, b라고 하면 다음과 같은 연립 방정식을 세울 수 있다.

(1) $2\times a + 4\times b = 158$(명)

(2) $a + b = 50$(장)

(1) - (2)×2 = $2b = 58$

따라서 b는 29, a는 21이다.

문제에서 묻는 것은 각 단위로 입장한 '사람의 수'이므로

친구 단위는 $21\times 2 = 42$명, 가족 단위는 $29\times 4=116$명이다.

[다른 풀이]

친구 단위는 2명씩, 가족 단위는 4명씩 하나로 묶이는데, 표는 이렇게 묶인 단위 하나에 대해 발권된다. 따라서 각 선지에 제시된 단위별 수를 각각 2와 4로 나누어 더한 값이 50이 되어야 한다. 이를 적용하면

① 15 + 32 = 47

② 17 + 31 = 49

③ 19 + 30 = 49

④ 21 + 29 = 50

⑤ 23 + 28 = 51

이므로 ④가 정답임을 알 수 있다.

정답 | ④

30 계산형 문제

5급공채 2021 가책형 30번

다음 글을 근거로 판단할 때, 〈보기〉에서 옳은 것만을 모두 고르면?

> 아르키메데스는 대장장이가 만든 왕관이 순금인지 알아내기 위해 질량 1kg인 왕관을 물이 가득 찬 용기에 완전히 잠기도록 넣었을 때 넘친 물의 부피를 측정하였다.
>
> 이 왕관은 금, 은, 구리, 철 중 1개 이상의 금속으로 만들어졌고, 밀도는 각각 20, 10, 9, 8g/cm^{3}이다.
>
> 밀도와 질량, 부피 사이의 관계는 아래 식과 같다.
>
> $$\text{밀도}(g/cm^3) = \frac{\text{질량}(g)}{\text{부피}(cm^3)}$$

※ 각 금속의 밀도, 질량, 부피 변화나 금속 간의 반응은 없고, 둘 이상의 금속을 합해 만든 왕관의 질량(또는 부피)은 각 금속의 질량(또는 부피)의 합과 같다.

〈보 기〉

ㄱ. 대장장이가 왕관을 금으로만 만들었다면, 넘친 물의 부피는 50cm^{3}이다.

ㄴ. 넘친 물의 부피가 80cm^{3}이고 왕관이 금과 은으로만 만들어졌다면, 왕관에 포함된 은의 부피는 왕관에 포함된 금 부피의 3배이다.

ㄷ. 넘친 물의 부피가 80cm^{3}이고 왕관이 금과 구리로만 만들어졌다면, 왕관에 포함된 구리의 부피는 왕관에 포함된 금 부피의 3배 이상이다.

ㄹ. 넘친 물의 부피가 120cm^{3}보다 크다면, 왕관은 철을 포함하고 있다.

① ㄱ, ㄴ
② ㄴ, ㄷ
③ ㄷ, ㄹ
④ ㄱ, ㄴ, ㄹ
⑤ ㄱ, ㄷ, ㄹ

문제해설

Step 1 문제 해결의 출발점

밀도, 질량, 부피 사이의 관계를 바탕으로, 주어진 내용들에서 미지수를 하나로 만들어 방정식을 세우고 이를 풀어내는 방식으로 접근하면 될 것이다.

Step 2 선택지 판별

ㄱ. (○) 왕관이 금으로만 만들어졌으므로 왕관의 질량 1kg, 금의 밀도 $20g/cm^3$를 공식에 대입해 정리하면 왕관이 부피(넘친 물의 부피)가 나온다.

$1{,}000g \div 20g/cm^3 = 50cm^3$

ㄴ. (○) 넘친 물의 부피는 왕관의 부피이므로 왕관의 부피는 $80/cm^3$이다. 이를 공식에 대입하면, 왕관의 밀도는 $1{,}000 \div 80 = 12.5$이다.

한편 왕관은 금과 은으로만 만들어졌는데, 각각의 밀도는 20, 10이다. 두 금속을 합한 질량은 1,000g으로 고정되어 있으므로, 전체 80의 부피 중에서 금의 부피를 a라고 은의 부피는 80-a라고 하여 다음과 같이 식을 정리하면 금과 은의 부피를 알 수 있다.

금의 질량 [20 × a] + 은의 질량 [10 × (80-a)] = 1,000

10a = 200

따라서 금의 부피는 20이고 은의 부피는 60이다.

• 가중 평균을 이용한 접근

〈자료해석〉 과목에서 학습할 가중평균 개념을 이용해 접근할 수도 있다. 결합된 두 요소의 각 비율에서 가중평균까지의 거리는 해당 비율의 가중치에 반비례한다는 점을 활용하는 것이다. 밀도 10인 부피 X의 은과 밀도 20인 부피 Y의 금이 결합하여 밀도 12.5인 부피 80의 합성 왕관이 만들어졌다. 즉 두 금속이 혼합된 결과물의 밀도 가중평균이 12.5이다. 따라서 각 비율(은 10, 금 20)에서 가중평균까지의 거리 비는 은 : 금 = 2.5 : 7.5 = 1:3 이며, 이를 부피의 비로 환산하면 1:3에 반비례하는 3:1이 된다. 즉 은과 금의 비중이 1 : 3인 것이다.

ㄷ. (×) ㄴ과 동일한 방식으로 정리하면 된다. 왕관의 부피가 80이므로 왕관의 밀도는 역시 12.5이다. 왕관은 금과 구리로만 만들어졌으므로, 금의 부피를 a, 구리의 부피를 80-a라고 하면

20×a + 9×(80-a) = 1,000

11a = 280

따라서 금속의 부피는 대략 25, 구리의 부피는 대략 55가 나오며 구리의 부피는 금의 부피의 3배를 넘지 않는다.

ㄹ. (○) 일단 넘친 물의 부피가 120이라고 가정해 보면, 왕관의 밀도는 대략 8.33이다. 만약 넘친 물의 부피가 120보다 크다면 왕관의 밀도는 8.33보다 더 낮아지게 된다. 부피가 120이라고 했을 때, 왕관의 밀도가 8.33이 나온다는 것은 어느 하나의 금속만으로 왕관이 만들어지지는 않았다는 것을 의미한다. 또한 두 개 이상의 금속을 조합할 때, ㄴ이나 ㄷ에서 살펴본 것처럼 최종 밀도는 조합된 금속들의 밀도의 사잇값이어야 한다. 그런데 4개의 금속 가운데 8.33보다 낮은 밀도를 갖는 것은 철뿐이다. 따라서 철이 반드시 포함되어 있어야 한다.

정답 | ④

31 계산형 문제

5급공채 2021 가책형 32번

다음 글을 근거로 판단할 때, A물건 1개의 무게로 가능한 것은?

> 甲이 가진 전자식 체중계는 소수점 이하 첫째 자리에서 반올림하여 kg 단위의 자연수로 무게를 표시한다. 甲은 이 체중계를 아래와 같이 이용하여 A물건의 무게를 추정하고자 한다.
>
> ○ 甲이 체중계에 올라갔더니 66이 표시되었다.
> ○ 甲이 A물건을 2개 들고 체중계에 올라갔지만 66이 그대로 표시되었다.
> ○ 甲이 A물건을 3개 들고 체중계에 올라갔더니 67이 표시되었다.
> ○ 甲이 A물건을 4개 들고 체중계에 올라갔을 때에도 67이 표시되었다.
> ○ 甲이 A물건을 5개 들고 체중계에 올라갔더니 68이 표시되었다.

① 200g
② 300g
③ 400g
④ 500g
⑤ 600g

문제해설

Step 1 문제 해결

전자식 체중계는 소수점 이하 첫째 자리에서 반올림하여 kg 단위의 자연수로 무게를 표시한다. 따라서 A물건에 의해 추가된 무게가 기준이 되는 66(실제로는 65.5kg 이상 66.4kg 이하)에 더해진 결과가 어떻게 표시되었는가를 순차적으로 추적해 나가야 한다. A물건의 무게 또는 갑의 몸무게의 범위를 설정할 때는 극단에 해당하는 A 2개와 5개인 경우를 기준으로 삼는 것이 효과적이다.

1) A물건 없이 체중계에 올랐을 때 66이 표시되었으므로 갑의 몸무게는 65.5kg ~ 66.4kg이다.
2) A물건 2개를 들었을 때도 66이 표시되었다는 것은 A물건 두 개의 무게 합이 1kg 이상은 나가지 않는다는 의미이다. 따라서 ④와 ⑤는 제거된다.
3) A물건을 5개 들었을 때 68이 표시되려면 5×A가 2kg 이상은 되어야 한다는 의미이다(갑이 최소 범위인 65.5kg이더라도 2kg을 더하면 67.5kg으로 체중계에는 68로 표시됨). 따라서 ①도 제외된다.

이제 남은 것은 300g 또는 400g이다.

A가 300g일 경우, 먼저 가장 많은 5개를 든 경우부터 따져보자. A 5개의 무게는 1.5kg인데, 여기에 갑의 몸무게를 합쳐 68이 표시되려면 갑의 합산 무게가 67.5kg 이상은 되어야 한다. 즉 갑의 몸무게는 최소 66kg이다. 그런데 이 경우 갑이 A물건 2개를 들면 합산 무게는 66.6kg 이상이므로 체중계에 66은 표시될 수 없다. (반대로, A가 300g일 때 A를 2개 들었을 때를 기준으로 갑의 몸무게 상/하한을 설정해 5개를 든 경우의 68 표시가 가능한지를 따져봐도 된다. 동일하게 적용하면, A를 2개 들었을 때 66으로 표시되려면 갑의 몸무게는 65.8kg 이하여야 한다. 그런데 A를 5개 들면 여기에 1.5kg이 추가되어 전체 무게는 67.2kg 이하가 된다. 이는 체중계의 68 표시에 어긋난다.)

따라서 A는 300g이 될 수 없고 A 1개의 무게로 가능한 것은 400g이다.

정답 | ③

32 계산형 문제
5급공채 2021 가책형 38번

다음 글과 〈상황〉을 근거로 판단할 때, 수질 개선 설비 설치에 필요한 최소 비용은?

○ 용도에 따른 필요 수질은 다음과 같다.
- 농업용수 : 중금속이 제거되고 3급 이상인 담수
- 공업용수 : 중금속이 제거되고 2급 이상인 담수
- 생활용수 : 중금속이 제거되고 음용이 가능하며 1급인 담수

○ 수질 개선에 사용하는 설비의 용량과 설치 비용은 다음과 같다.

수질 개선 설비	기능	처리 용량 (대당)	설치 비용 (대당)
1차 정수기	5~4급수를 3급수로 정수	5톤	5천만 원
2차 정수기	3~2급수를 1급수로 정수	1톤	1억 6천만 원
3차 정수기	음용 가능 처리	1톤	5억 원
응집 침전기	중금속 성분 제거	3톤	5천만 원
해수담수화기	염분 제거	10톤	1억 원

- 3차 정수기에는 2차 정수기의 기능이 포함되어 있다.
- 모든 수질 개선 설비는 필요 용량 이상으로 설치되어야 한다. 예를 들어 18톤의 해수를 담수로 개선하기 위해 해수담수화기가 최소 2대 설치되어야 한다.
- 수질 개선 전후 수량 변화는 없는 것으로 간주한다.

〈상 황〉

○○기관은 중금속이 포함된 4급에 해당하는 해수 3톤을 정수 처리하여 생활용수 3톤을 확보하려 한다. 이를 위해 필요한 설비를 갖추어 수질을 개선하여야 한다.

① 16억 원
② 16억 5천만 원
③ 17억 원
④ 18억 6천만 원
⑤ 21억 8천만 원

문제해설

Step 1 문제 해결

<상황>을 참조하여 용도에 따른 필요 수질을 먼저 확인하고(1급 담수) 이를 위해 어떤 과정을 거쳐야 하는지 검토해 나가는 순서로 접근한다.

목표는 생활용수 3톤이다. 필요 수질에 따라 중금속이 제거되고 음용이 가능한 1급 담수여야 한다. <상황>에 의하면 초기 상태는 중금속이 포함된 4급의 해수 3톤이다.

1) 염분을 제거하여 담수로 전환해야 하므로 '해수담수화기(10톤까지)'가 필요 → 1억 원
2) 중금속 성분을 제거하는 데 '응집 침전기(3톤까지)'가 필요 → 5천만 원
3) 4급수를 1급수로 만드는 데는 1차 정수기와 2차 정수기가 필요하며, 추가로 음용 가능 처리를 위해 3차 정수기도 있어야 한다. 그런데 표 바로 아래의 조건에 따르면 3차 정수기에는 2차 정수기 기능이 포함되어 있으므로 용량에 맞게 1차 정수기와 3차 정수기만 마련하면 최소 비용 조건을 만족하게 된다.
   1차 정수기(5톤까지) → 5천만 원
   3차 정수기(1톤까지) → ×3대 = 15억 원

따라서 최소 비용은 15억(3차 정수기 3대) + 1억(해수담수화기) + 5천만(응집 침전기) + 5천만(1차 정수기) = 17억 원이다.

정답 | ③

33 계산형 문제

5급공채 2022 나책형 9번

다음 글과 〈상황〉을 근거로 판단할 때, 〈보기〉에서 옳은 것만을 모두 고르면?

甲 : 수면무호흡증으로 고생하고 있는데 양압기를 사용하면 많이 개선된다고 들었어요. 건강보험 급여 적용을 받으면 양압기 대여료가 많이 저렴해진다던데 설명 좀 들을 수 있을까요?

乙 : 급여 대상이 되려면 수면다원검사를 받으시고, 검사 결과 무호흡·저호흡 지수가 15 이상이면 돼요. 무호흡·저호흡 지수가 10 이상 15 미만이면 불면증·주간졸음·인지기능저하·기분장애 중 적어도 하나에 해당하면 돼요.

甲 : 그러면 제가 부담하는 대여료는 얼마인가요?

乙 : 일단 수면다원검사 결과 급여 대상에 해당하면 양압기 처방을 받으실 수 있어요. 양압기는 자동형과 수동형이 있는데 둘 중 하나를 선택해야 하고 중간에 바꿀 수는 없어요. 자동형의 기준금액은 하루에 3,000원이고 수동형은 하루에 2,000원이에요. 대여기간 중에는 사용 여부와 관계없이 대여료가 부과돼요. 처방일부터 최대 90일간 순응기간이 주어져요. 순응기간에는 기준금액 중 50%만 고객님이 부담하시면 되고, 나머지는 건강보험공단에서 저희 회사로 지급해요. 90일 기간 내에 연이은 30일 중 하루 4시간 이상 사용한 일수가 21일이 되면 그날로 순응기간이 종료돼요. 그러면 바로 그다음 날부터는 정식사용기간이 시작되어 기준금액의 20%만 고객님이 부담하시면 됩니다.

〈상 황〉

수면다원검사 결과 甲의 무호흡·저호흡 지수는 16이었다. 甲은 2021년 4월 1일 양압기 처방을 받고 그날 양압기를 대여받았다.

〈보 기〉

ㄱ. 甲은 불면증·주간졸음·인지기능저하·기분장애 증상이 없었더라도 양압기 처방을 받았을 것이다.

ㄴ. 甲이 2021년 4월 한 달 동안 부담한 양압기 대여료가 30,000원이라면, 甲은 수동형 양압기를 대여받았을 것이다.

ㄷ. 甲의 순응기간이 2021년 5월 21일에 종료되었다면, 甲은 해당 월에 양압기를 최소한 48시간 이상 사용하였을 것이다.

ㄹ. 甲이 자동형 양압기를 대여받았고 2021년 6월에 부담한 대여료가 36,000원이라면, 甲이 처방일부터 3개월간 부담한 총 대여료는 126,000원일 것이다.

① ㄱ, ㄷ ② ㄴ, ㄹ ③ ㄷ, ㄹ

④ ㄱ, ㄴ, ㄷ ⑤ ㄱ, ㄴ, ㄹ

문제해설

Step 1 문제 해결

ㄱ. (O) 을의 첫 진술에 의하면, 급여 대상 조건은 두 가지이다. 첫 번째는 수면다원검사 결과 무호흡·저호흡 지수가 15이상인 경우이고, 두 번째는 무호흡·저호흡 지수가 10 이상 15 미만이지만 불면증·주간졸음·인지기능저하·기분장애 중 적어도 하나에 해당하는 경우이다. 따라서 불면증 등의 증상이 없더라도 수면다원검사 결과 무호흡·저호흡 지수가 16이면 그 자체로 급여 대상이 된다.

ㄴ. (O) 대여료는 순응기간을 고려해 계산해야 한다. 갑은 처음으로 양압기를 대여한 것이므로 최대 90일간 순응기간이 주어지고, 대여료는 기준금액의 50%이다. <상황>에 따르면 갑은 4월 1일부터 양압기를 대여받았다. 따라서 4월 한 달 동안 부담한 양압기 대여료가 30,000원이라면 갑은 수동형을 대여받아 하루에 1,000원씩 30일 동안 대여한 것이 된다.

ㄷ. (O) 갑이 양압기를 대여한 날은 4월 1일인데 순응기간이 같은 해 5월 21일에 종료되었다는 것은 90일이 되기 전에 순응기간이 종료된 것을 의미한다. 2문단에 의하면 90일 기간 내에 연이은 30일 중 하루 4시간 이상 사용한 일수가 21일이 되면 그날로 순응기간이 종료된다. 여기서 '연이은 30일 중'이라는 표현에 주의해야 하는데, 4시간 이상 사용한 일수가 연속으로 21일이라는 게 아니라 연속된 30일 중에서 21일이면 된다는 것이다. ㄷ에서는 갑의 순응기간 종료일이 5월 21일이므로 이로부터 역으로 30일 전인 4월 22일부터 양압기를 하루에 4시간 이상 사용한 일수가 총 21일이면 되는 것이다.
그런데 ㄷ에서는 해당 월 즉 5월에 양압기를 사용한 최소 시간을 묻고 있다. 이를 도출하려면 4월에는 최대 며칠 동안 양압기를 4시간 이상 사용한 것인지를 알아야 한다. 4월 22일부터 연속된 30일이므로 4월에는 22일부터 30일까지 9일간을 전부 4시간 이상 사용하였다고 하면 5월에는 12일만 4시간씩 사용하면 총 21일이 채워진다. 따라서 5월에 양압기를 사용한 최소 시간은 12일 × 4시간 = 48시간이다.

ㄹ. (×) 갑이 대여를 시작한 날은 4월 1일이다. ㄹ은 자동형 양압기를 대여받았다는 전제에서 처방일부터 3개월간 총 대여료가 126,000원이라 하였는데, 6월 부담 대여료 36,000원을 빼면 갑의 4~5월 2달간 부담한 대여료는 90,000원이라는 의미가 된다.
자동형의 기준금액은 3,000원이므로 순응기간 동안의 부담금은 50%인 1,500원, 정식사용기간에는 20%인 600원이 된다. 그런데 4월과 5월은 총 61일이다. 61일 동안 일당 1,500원의 대여료 기준을 적용하면 91,500원이 된다. 6월이 되기 전에 순응기간이 종료되었다고 가정해도, 예를 들어 60일의 순응기간에 1일의 정식사용기간이라 하면 90,000+600=90,600원이 되고, 59일의 순응기간에 2일의 정식사용기간이라고 해도 88,500+600=89,100원이 된다. 정식사용기간이 더 많아질수록 합산 금액은 더 낮아지게 된다. 따라서 ㄹ처럼 3개월간의 총 대여료가 126,000원이 되는 것은 불가능하다.

정답 | ④

34 계산형 문제
5급공채 2022 나책형 10번

다음 글과 〈상황〉을 근거로 판단할 때, □□시가 A동물보호센터에 10월 지급할 경비의 총액은?

□□시는 관할구역 내 동물보호센터에 다음과 같은 기준으로 경비를 지급하고 있다.

○ 사료비

구분	무게	1일 사료 급여량	사료가격
개	10kg 미만	300g/마리	5,000원/kg
	10kg 이상	600g/마리	5,000원/kg
고양이	-	400g/마리	5,000원/kg

○ 인건비
- 포획활동비(1일 1인당) : 안전관리사 노임액(115,000원)
- 관리비(1일 1마리당) : 안전관리사 노임액(115,000원)의 100분의 20

○ 주인이 유실동물을 찾아간 경우 동물보호센터가 주인에게 보호비를 징수한다. 보호비는 보호일수와 관계없이 1마리당 100,000원이다. 단, 3일 미만 보호 시 징수하지 않으며, 7일 이상 보호 시 50%를 가산한다.

○ □□시는 사료비와 인건비를 합한 금액에서 보호비를 공제한 금액을 다음 달에 경비로 지급한다.

〈상 황〉

○ □□시 소재 A동물보호센터가 9월 한 달간 관리한 동물의 일평균 마릿수는 다음과 같다.

개	10kg 미만	10
	10kg 이상	5
고양이	-	5

○ A동물보호센터는 9월 한 달간 1인을 8일 동안 포획활동에 투입하였다.

○ A동물보호센터에서 9월 한 달간 주인에게 반환된 유실동물의 마릿수는 다음과 같다.

보호일수	1일	2일	3일	4일	5일	6일	7일 이상
마릿수	2	3	1	1	2	0	2

① 1,462만 원 ② 1,512만 원 ③ 1,522만 원
④ 1,532만 원 ⑤ 1,572만 원

문제해설

Step 1 문제 해결

경비 계산의 공식은 본문 마지막에 나와 있는 것처럼
[사료비 + 인건비 - 보호비]이다.

- 사료비
  10kg 미만 개 : 10마리이므로 1일 사료 급여량은 총 3kg, 1일 사료비는 1.5만 원, 9월은 30일가지 있으므로 30일 × 1.5만 원 = 45만 원
  10kg 이상 개 : 5마리이므로 1일 사료 급여량은 총 3kg, 동일하게 45만 원
  고양이 : 1일 사료 급여량은 2kg, 따라서 9월 동안의 총 사료비는 30만 원
  총합 : 45 + 45 + 30 = 120만 원

- 인건비
  포획활동비 : 포획활동에는 1인이 투입되었으므로 115,000원 × 8일 = 92만 원
  관리비 : 1일 1마리당임에 주의해야 한다. 관리비는 안전관리사 노임액의 20%이므로 1일 1마리당 23,000원이며, 총 20마리가 있었으므로 20마리 × 30일 × 23,000원 =1,380만 원

- 보호비
  3일 미만 보호 시에는 보호비를 징수하지 않으므로 보호일수가 3일 이상인 경우에 보호비를 징수한다. 그리고 7일 이상인 경우에는 50%를 가산하므로,
  4×100,000원 + 2×150,000원 = 70만 원

전체 금액을 계산하면
120만 원 + 92만 원 + 1,380만 원 - 70만 원 = 1,522만 원

정답 | ③

35 **계산형 문제**
5급공채 2022 나책형 16번

다음 글과 〈상황〉을 근거로 판단할 때, 청년미래공제에 참여 가능한 기업을 모두 고르면?

<2022년 청년미래공제 참여기업 모집 공고문>

○ 목적
- 미취업 청년의 중소기업 유입을 촉진하고, 청년 근로자의 장기 근속과 자산 형성을 지원

○ 참여 자격
- 고용보험 피보험자 수 5인 이상 중소기업
- 고용보험 피보험자 수 1인 이상 5인 미만의 기업이라도 청년기업은 참여 가능
  ※ 청년기업 : 14세 이상 39세 이하인 청년이 현재 대표이면서 사업을 개시한 날부터 7년이 지나지 않은 기업

○ 참여 제한
- 청년수당 가입유지율이 30% 미만인 기업은 참여 불가. 단, 청년수당 가입 인원이 2인 이하인 경우는 참여 가능

※ $\text{청년수당 가입유지율(\%)} = \dfrac{\text{청년수당 6개월 이상 가입 유지 인원(㉡)}}{\text{청년수당 가입 인원(㉠)}} \times 100$

〈상 황〉

2022년 현재 중소기업(A~E)에 관한 정보는 다음과 같다.

기업	고용보험 피보험자 수	대표자 나이	사업 개시 경과연수	(㉠)	(㉡)
A	45	39	8	25	7
B	30	40	8	25	23
C	4	40	6	2	2
D	2	39	6	2	0
E	2	38	8	2	2

① A, C
② A, D
③ B, D
④ B, E
⑤ C, E

문제해설

Step 1 문제 해결

자격 조건이 존재하므로 <상황>의 기업들 중 자격 미달인 기업부터 먼저 걸러낸다.

기본적인 참여 자격은 고용보험 피보험자 수 5인 이상인 중소기업이고, 청년기업은 이 이원이 1인 이상 5인 미만이더라도 참여가 가능하다.

우선 A와 B 기업은 이 조건을 충족한다.

C는 첫 번째 자격 조건에 미달이면서, 청년기업도 아니므로 배제된다.

D는 첫 번째 자격 조건은 미달이지만 대표자 나이가 39세 이하이고 사업 개시일로부터 7년이 지나지 않은 청년기업이므로 자격 충족이다.

E는 사업 개시일로부터 7년이 경과한 기업이므로 자격 미달이다.

결국 A, B, D만 1차 자격을 충족한다.

다음으로 참여 제한 항목에 따르면,

단서 항목에 따라 청년 수당 가입 인원이 2인 이하인 D 기업은 참여 가능하다.

남아 있는 A와 B의 경우,

A는 청년수당 가입유지율이 7/25이므로 30% 이상이라는 조건을 미충족한다.

B는 청년수당 가입유지율이 23/25이므로 30% 이상이라는 조건을 충족한다.

따라서 최종적으로 참여 가능한 기업은 B와 D이다.

정답 | ③

36 계산형 문제

5급공채 2022 나책형 17번

다음 글을 근거로 판단할 때, ⟨보기⟩에서 옳은 것만을 모두 고르면?

국민은 A, B 두 집단으로 구분되며, 현행 정책과 개편안에 따라 각 집단에 속한 개인이 얻는 혜택은 다음과 같다.

집단	현행 정책	개편안
A	100	90
B	50	80

정부는 다음 (가), (나), (다) 중 하나를 판단기준으로 하여 정책을 채택하려고 한다.

(가) 국민 전체 혜택의 합이 더 큰 정책을 채택한다.
(나) 개인이 얻는 혜택이 적은 집단에 더 유리한 정책을 채택한다.
(다) A, B 두 집단 간 개인 혜택의 차이가 더 작은 정책을 채택한다.

⟨보 기⟩

ㄱ. (가)를 판단기준으로 할 경우, A인구가 B인구의 4배라면 현행 정책이 유지된다.
ㄴ. (가)를 판단기준으로 할 경우, B인구가 전체 인구의 30%라면 개편안이 채택된다.
ㄷ. (나)를 판단기준으로 할 경우, A와 B의 인구와 관계없이 개편안이 채택된다.
ㄹ. (다)를 판단기준으로 할 경우, A인구가 B인구의 5배라면 현행 정책이 유지된다.

① ㄱ, ㄴ
② ㄱ, ㄹ
③ ㄴ, ㄷ
④ ㄷ, ㄹ
⑤ ㄱ, ㄴ, ㄷ

문제해설

Step 1 문제 해결

A와 B 두 집단의 인구가 제시되지 않은 상황이며, 본문의 표에 주어진 수치는 각 집단에 속한 '개인'이 얻는 혜택이다. 따라서 (가)와 같은 기준이 적용될 경우에는 두 집단 사이의 인구 비율(차이)이 밝혀져야 한다. 즉, 현행 정책과 개편안을 비교했을 때 A집단은 개편안이 채택될 경우 1인당 혜택은 -10이고, B집단은 +30이어서 각 집단에 1인만 있다고 가정하면 현행 정책보다는 개편안이 좋지만, A와 B의 인원이 3:1의 비율이라면 혜택의 +/-는 상쇄되어 전체 혜택은 0이 된다. (가)에 비해 (나)나 (다)를 판단하는 것은 보다 쉽게 이루어질 것이다.

ㄱ. (○) 위에서 살펴본 것처럼 (가)를 기준으로 할 경우 A집단과 B집단의 인구 비율이 3 : 1일 때를 기준으로 A집단의 인구가 더 많으면 현행 정책의 혜택이, B집단의 인구가 더 많으면 개편안이 채택된다. 따라서 A인구가 B인구의 4배인 경우에는 현행 정책이 유지된다.

ㄴ. (○) (가)가 기준일 때, B인구가 전체 인구의 30%이면 두 집단의 인구비는 3 : 1에서 B쪽이 더 많은 것이 된다. 이 경우에는 개편안이 채택된다.

ㄷ. (○) (나)는 집단의 인구 전체가 아닌 개인이 얻는 혜택을 기준으로 결정된다. 개인이 얻는 혜택이 더 적은 집단은 현행 정책이든 개편안이든 B집단이다. B집단의 입장에서는 현행 정책보다 개편안에서 얻는 혜택이 더 많으므로 개편안이 채택된다.

ㄹ. (×) 두 집단 간 개인 혜택의 차이는 현행 정책이 50, 개편안이 10이다. 따라서 (다)를 기준으로 삼으면 개인 간 혜택 차이가 더 작은 개편안이 채택된다. 인구비는 영향을 미치지 않는다.

정답 | ⑤

37 **계산형 문제**
5급공채 2022 나책형 18번

다음 글과 〈상황〉을 근거로 판단할 때, 2022년에 건강검진을 받을 직원이 가장 많은 검진 항목은?

A기관은 직원들을 대상으로 건강검진 프로그램을 운영하고 있다. 직원들은 각 검진항목의 대상에 해당하는 경우 주기에 맞춰 반드시 검진을 받는다. 다만 검진주기가 2년인 검진항목은 최초 검진대상이 되는 해 또는 그다음 해에 검진을 받아야 한다. 예를 들어 2021년에 45세가 된 직원은 2021년 또는 2022년 중 한 번 심장 검진을 받고, 이후 2년마다 심장 검진을 받아야 한다.

<A기관 건강검진 프로그램>

검진항목	대상	주기
위	40세 이상	2년
대장	50세 이상	1년
심장	45세 이상	2년
자궁경부	30세 이상 45세 미만 여성	2년
간	40세 이상 간암 발생 고위험군	1년

〈상 황〉

A기관 직원 甲~戊의 2020년 건강검진 기록은 다음과 같다. 2020년 검진 이후 A기관 직원 현황과 간암 발생 고위험군 직원은 변동이 없다.

<2020년 A기관 직원 건강검진 기록>

이름	나이(세)	성별	검진항목
甲	28	여	없음
乙	45	남	위
丙	40	여	간
丁	48	남	심장
戊	54	여	대장

① 위　② 대장　③ 심장
④ 자궁경부　⑤ 간

문제해설

Step 1 문제 해결

인물별로 <프로그램>의 대상/주기와 <상황>의 건강검진 기록을 대조해 본다.

- 갑 : 22년에는 30세이고 여성이므로 자궁경부 검진 대상이 된다. 자궁경부는 검진주기가 2년이므로 갑은 22년에 검진을 받아도 되지만 다음 해인 23년에 받아도 무방하다. 따라서 22년에 자궁경부 검진을 받는다고 확정할 수는 없다. (확정 항목 없음)
- 을 : 위 검진은 40세가 최초 검진 시점인데 을은 20년에 45세이면서 위 검진을 받았으므로 2년 뒤인 22년에도 위 검진을 받아야 한다. 심장 검진은 2년 주기이므로 22년에 반드시 받아야 하는 것은 아니다. 마지막으로 1년 주기인 간 검진을 20년에 받지 않았다는 것은 을이 간암 발생 고위험군이 아니라는 것을 의미하므로 22년에 간 검진을 받을 필요도 없다. (위 검진 확정)
- 병 : 병이 40세 때 간 검진을 받았다는 것은 간암 발생 고위험군이라는 것을 의미한다. <상황>에서 간암 발생 고위험군 직원에 변동이 없다고 하였으므로 병은 계속 간암 발생 고위험군에 속한다. 따라서 22년에도 병은 간 검진을 받아야 한다. (간 검진 확정)
- 정 : 45세 이상부터 받는 심장 검진을 48세인 20년에 받았으므로, 2년 뒤인 22년에도 반드시 심장 검진을 받아야 한다. 또한 22년에는 50세이므로 검사주기가 1년인 대장 검진 또한 반드시 받아야 한다. 한편 20년에 위 검진을 받지 않았다는 것은 19년에 검진을 받은 것을 의미하므로 위 검진은 홀수 해에 받게 되고, 1년 주기인 간 검진을 20년에 받지 않았으므로 을과 마찬가지로 22년에 간 검진을 받을 필요도 없다. (심장 및 대장 검진 확정)
- 무 : 50세 이상이므로 1년 주기인 대장 검진은 반드시 받아야 한다. 한편 2년 주기인 위 검진이나 심장 검진은 20년에 받지 않았으므로 22년에도 받지 않는다. 자궁경부는 45세 미만 여성이 받으므로 무는 해당 사항이 없다. (대장 검진 확정)

따라서 22년에 건강검진을 받을 직원이 가장 많은 검진 항목은 대장이다.

정답 | ②

38 **계산형 문제**
5급공채 2022 나책형 28번

다음 글을 근거로 판단할 때, 〈상황〉의 ㉠과 ㉡을 옳게 짝지은 것은?

> 수액을 주입할 때 사용하는 단위 gtt는 방울이라는 뜻의 라틴어 gutta에서 유래한 것으로, 수액 용기에서 떨어지는 수액의 방울 수를 나타낸다. 일반적으로 20gtt/ml가 '기준규격'이며, 이는 용기에서 20방울이 떨어졌을 때 수액 1ml가 주입되는 것을 말한다.

〈상 황〉

○ 기준규격에 따라 수액 360ml를 2시간 동안 모두 주입하려면, 1초당 (㉠)gtt씩 주입하여야 한다.
○ 기준규격에 따라 3초당 1gtt로 수액을 주입하면, 24시간 동안 최대 (㉡)ml를 주입할 수 있다.

	㉠	㉡
①	0.5	720
②	1	720
③	1	1,440
④	2	1,440
⑤	2	2,880

문제해설

Step 1 문제 해결

수액 주입 시의 기준규격은 20gtt/ml이다.

- 첫 번째 항목
  : 수액이 360ml이므로 기준규격으로는 7,200gtt가 된다. 이를 2시간 내에 모두 주입해야 하는데, 2시간은 7,200초이므로 1초에 1gtt씩 주입하면 된다.

- 두 번째 항목
  : 기준규격에 따라 3초당 1gtt로 주입하면 20gtt가 주입되는 데는 60초(1분)가 걸리고, 이때 주입되는 수액의 양은 1ml이다. 24시간 동안 24 × 60(분) = 1440ml를 주입할 수 있다.

정답 | ③

39 **계산형 문제**
5급공채 2022 나책형 29번

다음 글을 근거로 판단할 때, 진로의 순위를 옳게 짝지은 것은?

○ 甲은 A, B, C 3가지 진로에 대해 비용편익분석(편익 - 비용)을 통하여 최종 결과값이 큰 순서대로 순위를 정하려고 한다.
○ 각 진로별 예상되는 편익은 다음과 같다.
  - 편익 = 근속연수×평균연봉
  - 연금이 있는 경우 편익에 1.2를 곱한다.

구분	A	B	C
근속연수	25	35	30
평균연봉	1억 원	7천만 원	5천만 원
연금 여부	없음	없음	있음

○ 각 진로별 예상되는 비용은 다음과 같다.
  - 비용 = 준비연수×연간 준비비용×준비난이도 계수
  - 준비난이도 계수는 상 2.0, 중 1.5, 하 1.0으로 한다.
  - 연고지가 아닌 경우 비용에 2억 원을 더한다.

구분	A	B	C
준비연수	3	1	4
연간 준비비용	6천만 원	1천만 원	3천만 원
준비난이도	중	하	상
연고지 여부	연고지	비연고지	비연고지

○ 평판도가 1위인 경우, 비용편익분석 결과값에 2를 곱한다.

구분	A	B	C
평판도	2위	3위	1위

	1순위	2순위	3순위
①	A	B	C
②	B	A	C
③	B	C	A
④	C	A	B
⑤	C	B	A

문제해설

Step 1 문제 해결

진로별 비용편익분석 공식은 단순하다.

먼저 진로별로 예상되는 편익을 구하면

A는 25×1억=25억, B는 35×0.7억=24.5억, C는 30×0.5×1.2(연금이 있으므로)=18억이다.

다음으로 진로별 예상 비용(준비연수×연간준비비용×준비난이도 계수)은

구분	A	B	C
준비연수	3	1	4
연간 준비비용	6천만 원	1천만 원	3천만 원
준비난이도	중	하	상
연고지 여부	연고지	비연고지	비연고지
비용	3×0.6×1.5 = 2.7억	1×1×1.0 + 2억 = 2.1억	4×0.3×2.0 + 2억 =4.4억

여기까지의 정보에서 일차적으로 편익-비용을 계산하면 A는 22.3억, B는 22.4억, C는 13.6억이 나온다. 마지막으로 평판도가 1위인 경우 비용편익분석 결과값에 2를 곱하므로 C의 결과값은 27.2억이 된다.

진로는 비용편익분석의 최종 결과값이 큰 순서대로 순위를 정하므로 C – B – A 순이다.

정답 | ⑤

40 계산형 문제
5급공채 2022 나책형 30번

다음 글과 〈상황〉을 근거로 판단할 때, X의 범위는?

A국은 다음과 같은 원칙에 따라 소득에 대해 과세한다.

○ 근로소득자나 사업자 모두 원칙적으로 과세대상소득의 20%를 세금으로 납부한다.
○ 근로소득자의 과세대상소득은 근로소득이고, 사업자의 과세대상소득은 매출액에서 생산비용을 공제한 값이다.
○ 근로소득자의 경우 신용카드 지출금액의 5%는 과세대상소득에서 공제한다. 예를 들어 원래 과세대상소득이 1천만 원인 사람이 10만 원을 신용카드로 지출하면 이 사람의 실제 과세대상소득은 5천 원 감소하여 999만 5천 원이 된다.
○ 사업자는 신용카드로 취득한 매출액의 1%를 수수료로 카드회사에 지불한다. 수수료는 생산비용에 포함되지 않는다.
○ 지역상권 활성화를 위해 2021년 한시적으로 지역상권부흥상품권을 통한 거래는 사업자의 과세대상에서 제외하기로 했다.

〈상 황〉

2021년 A국의 근로소득자 甲은 가구를 제작·판매하는 사업자 乙로부터 100만 원에 판매되는 식탁을 신용카드로 구입하려고 하였다. 乙이 이 식탁을 제작하는 데 드는 생산비용은 80만 원이다. 그런데 乙은 지역상권부흥상품권으로 자신이 판매하는 가구를 구매하는 고객에게 (X)만 원을 할인하는 행사를 진행하였고, 甲은 이 사실을 알게 되었다. 이에 甲은 지역상권부흥상품권으로 이 식탁을 구매하였으며, 결과적으로 신용카드로 거래하는 것보다 甲과 乙 모두 금전적으로 이득을 보았다.

① $0<X<5$
② $1<X<5$
③ $1<X<6$
④ $3<X<6$
⑤ $3<X<10$

문제해설

Step 1 문제 해결

1) 근로소득자의 과세대상소득은 근로소득, 사업자는 (매출액-생산비용)이다.
2) 근로소득자는 신용카드 지출금액의 5%가 과세대상소득에서 공제된다. 공제된 만큼 내야 하는 세금도 줄어든다.
3) 사업자는 기본적으로 신용카드 거래 시 매출액에서 생산비용을 뺀 금액의 20%를 세금으로 납부해야 한다. 여기에 신용카드 취득 매출액의 1%를 수수료로 지불하는데, 이 금액은 생산비용에 포함되지 않으므로 별도의 세금 감면 혜택은 없다. 즉 사업자가 신용카드 거래를 할 경우 세금 및 수수료를 모두 지불해야 한다.
4) 지역상권부흥상품권을 통해 근로소득자가 사업자로부터 물품을 구매한 경우, 해당 지출금액은 근로소득자 입장에서 과세대상소득의 공제 대상이 아니므로 세금 감면 혜택을 볼 수 없게 된다. 이에 비해 사업자 입장에서는 해당 매출액이 과세대상에서 제외되므로 세금을 덜 내게 되고 수수료 지불도 없다.

• <상황> 분석

결론적으로 보면, 지역상권부흥상품권(이하 '상품권')으로 식탁을 구매한 것이 신용카드로 구매한 것보다 근로소득자나 사업자 모두에게 금전적 이득이 되었다.

먼저 근로소득자인 갑의 입장에서 보면, 갑이 상품권 대신 신용카드로 100만 원에 식탁을 구매했을 경우에는 100만 원의 5%인 5만 원이 과세대상소득에서 공제된다. 세금은 과세대상소득의 20%이므로 결과적으로 갑은 신용카드 거래에서 세금 1만 원을 할인받는 것이 된다. 따라서 갑의 입장에서 상품권의 할인 가격이 1만 원보다 커야 신용카드 거래를 통해 세금 1만 원 할인받는 것보다 더 유리하다.

(∴ X>1)

다음으로 사업자인 을이 신용카드 거래로 가구를 판매하였을 경우를 살펴보면, 취득 매출액인 100만 원의 1%인 1만 원을 카드회사에 수수료로 지불해야 한다. 수수료는 생산비용에 포함되지 않으므로 공제 혜택이 없고, 따라서 을은 해당 매출에 대한 세금으로 과세대상소득 20만 원(100만 - 80만)의 20%인 4만 원을 세금으로 납부해야 한다. 즉 신용카드 거래로 가구를 판매하면 을은 5만 원(수수료 +세금)을 손해봐야 한다. 이에 비해 해당 거래를 상품권으로 진행하게 되면 판매 금액 100만 원은 과세대상에서 제외되고 별도의 수수료도 없다. 따라서 할인 없이 상품권 거래를 진행할 경우 을은 신용카드 거래에 비해 5만 원이 이득이다. 따라서 을은 5만 원 미만으로 할인해 줄 경우 이득을 보게 된다.

(∴ X<5)

정답 | ②

41 계산형 문제

5급공채 2022 나책형 36번

다음 글과 〈상황〉을 근거로 판단할 때, 일반하역사업 등록이 가능한 사업자만을 모두 고르면?

<일반하역사업의 최소 등록기준>

구분	1급지 (부산항, 인천항, 포항항, 광양항)	2급지 (여수항, 마산항, 동해·묵호항)	3급지 (1급지와 2급지를 제외한 항)
총시설 평가액	10억 원	5억 원	1억 원
자본금	3억 원	1억 원	5천만 원

○ 사업자의 시설 중 본인 소유 시설평가액 총액이 등록기준에서 정한 급지별 '총시설평가액'의 3분의 2 이상이어야 한다.

○ 사업자의 하역시설 평가액 총액은 해당 사업자의 시설평가액 총액의 3분의 2 이상이어야 한다.

○ 3급지 항에 대해서는 자본금이 1억 원 이상이면 등록기준에서 정한 급지별 '총시설평가액'을 2분의 1로 완화한다.

〈상 황〉

○ 시설 A~F 중 하역시설은 A, B, C이다.

○ 사업자 甲~丁 현황은 다음과 같다.

사업자	항만	자본금	시설	시설 평가액	본인 소유 여부
甲	부산항	2억 원	B	4억 원	○
			C	2억 원	○
			D	1억 원	×
			E	3억 원	×
乙	광양항	3억 원	C	8억 원	○
			E	1억 원	×
			F	2억 원	×
丙	동해·묵호항	4억 원	A	1억 원	○
			C	4억 원	○
			D	3억 원	×
丁	대산항	1억 원	A	6천만 원	○
			B	1천만 원	×
			C	1천만 원	×
			D	1천만 원	○

① 甲, 乙　　② 甲, 丙　　③ 乙, 丙
④ 乙, 丁　　⑤ 丙, 丁

문제해설

Step 1 문제 해결

사업자 갑의 경우부터 순차적으로 정리하면서 전체 얼개를 파악해 나가자.

사업자	항만	자본금	시설	시설 평가액	본인 소유 여부
甲	부산항	2억 원	B	4억 원	○
			C	2억 원	○
			D	1억 원	×
			E	3억 원	×

갑의 하역시설은 부산항에 있으므로 1급지 기준을 적용해야 한다. 사업자의 시설 중 본인 소유 시설 평가액 총액 : 사업자의 시설 평가액 총액은 10억 원이고, 본인 소유 시설 평가액은 6억 원(B+C)이다. 본문의 첫 번째 요건을 미충족한다. 또한 등록기준 표에 의하면 자본금은 3억 원 이상이어야 하는데, 갑의 자본금은 2억 원이다. 이 또한 요건 미충족이다.

이제 나머지 사업자들의 경우도 마찬가지 방식으로 파악해 보자.

을 : 광양항은 1급지이다. 자본금은 3억 원이므로 기준을 충족하며, 총시설평가액 10억 원 기준(을은 11억)도 충족한다. 한편 본인 소유 시설이자 하역시설인 C의 평가액이 8억 원이므로 본문의 첫 번째와 두 번째 항목도 충족한다.

병 : 동해·묵호항은 2급지이다. 자본금 기준 통과, 총시설평가액 5억 기준(병은 8억)과 본인 소유 시설평가액 총액 기준(5억/5억)도 통과한다. 그러나 사업자의 하역시설 평가액 총액(5억:A+C)이 시설평가액 총액(8억)의 3분의 2가 되지 않는다. 따라서 병은 등록 가능 사업자가 아니다.

(여기까지만 봐도 정답은 갑과 병을 제외한 ④가 된다.)

정 : 대산항은 1급지 및 2급지에 속하지 않으므로 3급지이다. 3급지에서 자본금이 1억 원 이상인 경우에는 급지별 '총시설평가액'이 절반으로 완화된다. 따라서 정은 총시설평가액 대비 본인 소유 시설평가액 3분의 2 기준을 통과하며(9천만 원/5천만 원), 하역시설 평가액 총액 기준도 통과한다(8천만 원/9천만 원).

정답 | ④

42 계산형 문제
5급공채 2022 나책형 37번

다음 글과 〈상황〉을 근거로 판단할 때, 甲소방서에서 폐기대상을 제외하고 가장 먼저 교체 대상이 될 장비는?

○ <소방장비 내용연수 기준>에 따라 소방장비 구비목록의 소방장비를 교체해야 한다. 사용연수가 내용연수 기준을 초과한 소방장비는 폐기하고, 초과하지 않은 소방장비는 내용연수가 적게 남은 것부터 교체해야 한다.

<소방장비 내용연수 기준>

구분		내용연수
소방자동차		10
소방용로봇		7
구조장비	산악용 들것	5
	구조용 안전벨트	3
방호복	특수방호복	5
	폭발물방호복	10

※ 내용연수 : 소방장비의 내구성을 고려할 때, 최대 사용연수로 적절한 기준 연수

○ 내용연수 기준을 초과한 소방장비의 기한을 연장하여 사용할 필요가 있는 경우에는 다음 기준에 따라 1회에 한해 연장 사용할 수 있으며, 이 경우 내용연수 기준을 초과하지 않은 것으로 본다.
- 소방자동차 : 1년(단, 특수정비를 받은 경우에는 3년까지 가능)
- 그 밖의 소방장비 : 1년

○ 위의 내용연수 기준과 연장 사용 기준에도 불구하고 다음 어느 하나에 해당하는 경우에는 내용연수 기준을 초과한 것으로 본다.
- 소방자동차의 운행거리가 12만km를 초과한 경우
- 실사용량이 경제적 사용량을 초과한 경우

〈상 황〉

○ 甲소방서의 현재 소방장비 구비목록은 다음과 같다.

구분	사용연수	연장사용 여부	비고
소방자동차 1	12	2년 연장	운행거리 15만km 특수정비 받음
소방자동차 2	9	없음	운행거리 8만km 특수정비 불가
소방용로봇	4	없음	
구조용 안전벨트	5	1년 연장	경제적 사용량 1,000회 실사용량 500회
폭발물방호복	9	없음	경제적 사용량 500회 실사용량 600회

① 소방자동차 1
② 소방자동차 2
③ 소방용로봇
④ 구조용 안전벨트
⑤ 폭발물방호복

문제해설

Step 1 문제 해결

본문 첫 번째 조건에 따라 일차적으로 사용연수가 내용연수 기준을 초과한 소방장비부터 폐기하고, 나머지 것들 중에서 내용연수가 적게 남은 것들의 순서를 정리해야 한다.

본문 두 번째 조건에 따르면 내용연수 기준을 초과한 경우라도 1회에 한해 소방장비 기한을 연장한 경우에는 내용연수 기준을 초과하지 않은 것으로 간주한다.

본문 세 번째 조건에 따르면, 위의 조건들에도 불구하고 소방자동차 운행거리가 12만 km를 초과한 경우, 실사용량이 경제적 사용량을 초과한 경우는 그 자체로 내용연수 기준을 초과한 것이 되어 폐기 대상이 된다.

소방자동차 1 : 운행거리가 15만km이므로 세 번째 조건에 따라 폐기 대상이다.

소방자동차 2 : 기본적으로 내용연수 기준까지 1년 남은 상태이다. 특수정비 불가 차량이므로 1년까지 연장이 가능해 최대 2년 남은 상태이다.

소방용로봇 : 기본적으로 내용연수 기준까지 3년 남은 상태이고, 연장을 하면 4년 남은 상태이다.

구조용 안전벨트 : 내용연수 기준은 3년인데 1년 연장한 사용연수가 5년이므로 폐기 대상이다.

폭발물방호복 : 실사용량이 경제적 사용량을 초과한 경우이므로 폐기 대상이다.

따라서 폐기대상을 제외하고 내용연수가 가장 적게 남은 소방자동차 2부터 교체되어야 한다.

정답 | ②

43 계산형 문제

5급공채 2022 나책형 38번

다음 글을 근거로 판단할 때, 甲과 乙이 선택할 스포츠 종목은?

○ 甲과 乙은 함께 스포츠 데이트를 하려 한다. 이들이 고려하고 있는 종목은 등산, 스키, 암벽등반, 수영, 볼링이다.

○ 甲과 乙은 비용, 만족도, 위험도, 활동량을 기준으로 종목별 점수를 부여하고, 종목별로 두 사람의 점수를 더하여 합이 가장 높은 종목을 선택한다. 단, 동점일 때는 乙이 부여한 점수의 합이 가장 높은 종목을 선택한다.

○ 甲과 乙이 점수를 부여하는 방식은 다음과 같다.
  - 甲과 乙은 비용이 적게 드는 종목부터, 만족도가 높은 종목부터 순서대로 5점에서 1점까지 1점씩 차이를 두고 부여한다.
  - 甲은 위험도가 높은 종목부터, 활동량이 많은 종목부터 순서대로 5점에서 1점까지 1점씩 차이를 두고 부여하며, 乙은 그 반대로 점수를 부여한다.

구분	등산	스키	암벽등반	수영	볼링
비용(원)	8,000	60,000	32,000	20,000	18,000
만족도	30	80	100	20	70
위험도	40	100	80	50	60
활동량	50	100	70	90	30

① 등산
② 스키
③ 암벽등반
④ 수영
⑤ 볼링

문제해설

Step 1 문제 해결

비용과 만족도는 갑과 을의 순위 설정 방식이 동일하나, 위험도와 활동량은 반대이다.

비용은 적은 종목부터 5점에서 1점으로, 만족도는 높은 종목부터 5점에서 1점으로 점수가 부여된다.

위험도는 갑의 경우 높은 종목부터 5점에서 1점으로, 을의 경우는 낮은 종목부터 5점에서 1점으로 부여된다. 활동량 역시 갑의 경우 많은 종목부터 5점에서 1점으로 부여되고 을은 그와는 반대로 적은 종목부터 높은 점수가 부여된다. 그런데 본문의 2번째 조건에 의하면, 종목별로 두 사람의 점수를 더한 합산값이 가장 높은 종목이 선택된다. 위험도와 활동량은 갑이 5점인 종목은 을이 1점, 갑이 2점인 종목은 을이 4점인 것과 같이 결과적으로 두 종목에 대한 갑과 을의 점수 합산값은 6점으로 고정이다. 따라서 일차적인 계산은 비용과 만족도에 의한 점수 합산만 해도 된다.

구분	등산	스키	암벽등반	수영	볼링
비용(원)	8,000	60,000	32,000	20,000	18,000
갑&을	5	1	2	3	4
만족도	30	80	100	20	70
갑&을	2	4	5	1	3
합계	7	5	7	4	7

등산, 암벽등반, 볼링 세 종목이 7점으로 공동 1위이다. 나머지 두 요소에 대한 두 사람의 점수 합산값이 더해져도 순위는 동일할 것이다. 따라서 순위를 결정짓는 것은 상대적으로 을이 부여한 점수의 합이 가장 높은 종목을 선택한다는 기준이다.

구분	등산		암벽등반		볼링	
갑/을	1	5	4	2	3	3
활동량	50		70		30	
갑/을	2	4	3	3	1	5
을 합계	9		5		8	

따라서 을의 부여 점수가 가장 높은 등산이 선택된다.

정답 | ①

44 계산형 문제

5급공채 2023 가책형 7번

다음 글을 근거로 판단할 때, A팀이 1박스 분량의 용지를 사용하는 데 걸리는 일수는?

> □□부처의 A팀은 甲~丁 총 4명으로 구성되어 있고, 甲~丁 각각은 매일 일정한 양의 용지를 사용한다. 개인의 용지 사용량과 관련하여 甲~丁은 다음과 같이 진술하였다.
>
> 甲 : 나는 용지 1박스를 사용하는 데 20일 걸려.
> 乙 : 나는 용지 1박스를 사용하는 데 甲의 4배의 시간이 걸려.
> 丙 : 나도 乙과 같아.
> 丁 : 丙이 용지 1/2 박스를 사용하는 동안, 나는 1박스를 사용해.

① 5
② 8
③ 9
④ 10
⑤ 12

문제해설

Step 1 문제 해결의 출발점

간단한 분수 연산형 문제이다. 각 인물의 진술을 1일당 용지 사용량으로 환산해 처리하자.

Step 2 본문 분석

갑~정의 진술로부터 개인별 1일 용지 사용량을 정리하면 다음과 같다.

갑 : 1/20

을 : 1/80

병 : 1/80

정 : 병보다 2배 속도로 사용한다는 의미이므로 1/40

갑~정이 1일에 사용하는 용지의 양은 1/20 + 1/80 + 1/80 + 1/40 = 8/80이다.

따라서 1박스 분량의 용지를 사용하는 데 걸리는 일수는 10일이다.

정답 | ④

45 계산형 문제

5급공채 2023 가책형 10번

다음 글을 근거로 판단할 때, 주사위에서 나오지 않는 수는?

> 자연수 1~6 중 어느 하나는 전혀 나오지 않고, 나머지는 모두 동일한 확률로 나오는 주사위가 있다. 이 주사위를 3번 던졌을 때 3번 모두 같은 홀수가 나올 확률은 1.6%이다. 또한 이 주사위를 10번 던지면 그중 소수(素數)가 나오는 횟수는 평균적으로 6번이다.

① 1
② 2
③ 3
④ 4
⑤ 6

문제해설

Step 1 문제 해결

자연수 1~6 중 어느 하나는 전혀 나오지 않는다고 하였으므로 5개의 숫자만 나온다.

본문의 세 번째 문장부터 먼저 살펴보면,

1~6 가운데 소수는 2, 3, 5인데, 주사위를 10번 던져서 그중 소수가 나오는 횟수가 평균 6번이므로 5개의 숫자 가운데 3개가 소수임을 알 수 있다. 따라서 2, 3, 5는 나오는 수이다.

다음으로 두 번째 문장을 보면,

주사위를 3번 던졌을 때 3번 모두 같은 수가 나올 확률은 1/5의 3제곱이므로 1/125 = 0.8%이다.

그런데 주사위를 3번 던져 3번 모두 같은 홀수가 나올 확률이 1.6%라 하였으므로 홀수는 2개가 나오는 수여야 한다. 소수인 3, 5가 이미 홀수이므로 1은 제외되어야 한다.

정답 | ①

46 계산형 문제

5급공채 2023 가책형 17번

다음 글과 〈상황〉을 근거로 판단할 때, □□연구지원센터가 지급할 연구비 총액은?

□□연구지원센터는 최대 3개의 연구팀을 선정하여 연구비를 지급하고자 한다. 선정 및 연구비 지급 기준은 아래와 같다.

○ 평가 항목은 연구실적 건수, 피인용 횟수, 연구계획서 평가결과, 특허출원 건수이며, 항목별 점수는 다음과 같다.
  - 연구실적 건수 : 1건당 15점
  - 피인용 횟수 : 5회마다 1점
  - 연구계획서 평가결과 : '우수' 25점, '보통' 20점, '미흡' 15점
  - 특허출원 건수 : 1건당 3점

○ 합계 점수 상위 3개 팀을 고르되, 합계 점수가 80점 미만인 팀은 3위 안에 들더라도 선정에서 제외한다.

○ 선정된 연구팀에게 지급할 연구비는 다음과 같다.
  - 1위 : 10억 원, 2위 : 7억 원, 3위 : 4억 원
  - 단, 선정된 연구팀 가운데 연구계획서 평가에서 '우수'를 받은 연구팀은 1억 원을 증액 지급하고, 특허출원이 3건 미만인 연구팀은 1억 원을 감액 지급한다.

〈보 기〉

다음은 연구팀 A~E에 대한 평가 자료이다.

구분	연구실적 건수	피인용 횟수	연구계획서 평가결과	특허출원 건수
A	2	45	보통	3
B	3	62	우수	4
C	2	88	미흡	5
D	4	37	보통	2
E	1	165	우수	2

① 17억 원
② 18억 원
③ 19억 원
④ 21억 원
⑤ 22억 원

문제해설

Step 1 문제 해결의 출발점

자주 보던 급간별 점수 계산형 문제이다. 최대 3개의 연구팀을 선정하지만, 지급 기준 항목 2번째에 따라 합계 점수가 80점 미만이면 3위 안에 포함되더라도 선정에서 제외된다는 것만 주의하면 될 것이다.

Step 2 본문 분석

지급 기준 첫 번째 항목에 따라 각 팀별 평가 자료를 점수화하면 다음과 같다. 피인용횟수의 경우, 5회마다 1점이므로 예를 들어 7회면 5회를 1점으로 환산하고 남는 2점은 절삭하는 방식이다.

구분	연구실적 건수	피인용 횟수	연구계획서 평가결과	특허출원 건수
A	30	9	20	9
B	45	12	25	12
C	30	17	15	15
D	60	7	20	6
E	15	33	25	6

합계 점수가 80점 미만인 A, C, E는 처음부터 배제하자. B가 94점으로 1위이고 D가 93점으로 2위이다. 세 번째 항목에 따라 B에는 10억, D에는 7억이 기본적으로 지급되며, B는 '연구계획서 평가결과'에서 우수를 받았으므로 1억이 증액되고 D는 특허출원이 3건 미만이므로 1억이 감액된다. 결과적으로 지급되는 연구비 총액은 17억 원이다.

정답 | ①

47 계산형 문제
5급공채 2023 가책형 18번

다음 글을 근거로 판단할 때, 甲사무관이 선택할 경로는?

○ 甲사무관은 차를 운전하여 A부처에서 B연구소로 출장을 가려고 한다.
○ 甲사무관은 회의 시작 시각까지 회의 장소에 도착하려고 한다.
○ 출발 시각은 오전 11시이며, 회의 시작 시각은 당일 오후 1시 30분이다.
○ 甲사무관은 A부처에서 B연구소 주차장까지 갈 경로를 다음 5가지 중에서 선택하려고 한다.

경로	주행 거리	소요시간	통행요금	피로도
최적경로	128km	1시간 34분	2,600원	4
최소시간경로	127km	1시간 6분	7,200원	2
최단거리경로	116km	2시간 6분	0원	2
무료도로경로	132km	1시간 31분	0원	5
초보자경로	129km	1시간 40분	4,600원	1

※ 피로도 수치가 작을수록 피로가 덜한 것을 의미함

○ 甲사무관은 통행요금이 5,000원을 넘으면 해당 경로를 이용하지 않으며, 통행요금이 5,000원을 넘지 않으면 피로가 가장 덜한 경로를 선택한다.
○ 甲사무관은 B연구소 주차장에 도착한 후, 도보 10분 거리의 음식점으로 걸어가 점심식사(30분 소요)를 마치고 다시 주차장까지 걸어온 뒤, 주차장에서 5분 걸려 회의 장소에 도착할 예정이다.

① 최적경로
② 최소시간경로
③ 최단거리경로
④ 무료도로경로
⑤ 초보자경로

문제해설

Step 1 문제 해결의 출발점

조건부 제약이 포함된 비교형 계산 문제이다. 전반부에 제시된 출발 시각, 회의 시작 시각과 같은 시간 정보도 선택의 기준이 될 것임을 예측하면서 접근해야 한다.

Step 2 조건 분석

제외되는 경로부터 살펴보자.

2번째와 3번째 항목에 따르면 갑사무관은 출발 시각으로부터 2시간 30분 이내에 회의 장소에 도착해야 하는데, 6번째 항목에 따라 갑사무관은 주행에 소요되는 시간 이외에도 B연구소 주차장에 도착한 후의 이동 시간을 고려해야 한다. 이를 정리하면

도보 10분 → 점심식사 30분 → 다시 주차장까지 도보 10분 → 주차장에서 회의 장소까지 5분

의 경로로 총 55분이 추가된다. 따라서 소요시간이 1시간 35분 이내여야 하는데 이 조건에 따라 세 번째(최단거리경로)와 다섯 번째(초보자경로)는 제외된다.

다음으로 5번째 항목에 따라 통행요금이 5,000원을 초과하는 두 번째(최소시간경로)도 제외된다. 남아 있는 두 개 경로 가운데 피로도가 가장 낮은 것은 첫 번째의 '최적경로'이다.

정답 | ①

48 계산형 문제
5급공채 2023 가책형 26번

다음 글과 〈상황〉을 근거로 판단할 때, 甲이 ○○약국에 지불해야 할 약값의 총액은?

甲은 병원에서 받은 처방에 따라 ○○약국에서 약을 구매하려 한다. 甲이 처방받은 약은 기침약, 콧물약, 항생제, 위장약 총 4가지이며 각 약의 형태와 복용방법은 다음과 같다.

종류	형태	복용방법
기침약	알약	1일 3정 복용(매 아침, 점심, 저녁 식사 후)
콧물약	캡슐	1일 1정 복용(매 점심 식사 후)
항생제	알약	1일 2정 복용(매 아침, 저녁 식사 후)
위장약	캡슐	항생제 1정 복용 시 1정씩 함께 복용

○○약국의 약 종류와 가격은 다음과 같다.

종류	1정당 가격(원)	비고
기침약	300	같은 종류의 약을 10정 이상 구매 시, 해당 약 구매액의 10% 할인(단, 캡슐 형태의 약에 한정)
콧물약	200	
항생제	500	
위장약	700	

〈상 황〉

甲은 병원에서 다음과 같이 처방을 받았다.
○ 기침약 3일치
○ 콧물약, 항생제 각 7일치
○ 위장약

① 19,220원
② 19,920원
③ 20,200원
④ 20,320원
⑤ 20,900원

문제해설

Step 1 문제 해결의 출발점

총액 계산형 문제이다. 복용 방법에 따라 약 종류별로 하루에 먹는 횟수가 일정하지 않다는 점만 주의하면 크게 복잡할 것은 없을 것이다.

Step 2 정보 분석

먼저 약 종류별 구매량부터 정리하자.

기침약 : 1일 3정 × 3일 = 9정

콧물약 : 1일 1정 × 7일 = 7정

항생제 : 1일 2정 × 7일 = 14정

위장약 : 항생제와 함께 복용하므로 14정

두 번째 표에 따라 이 가운데 캡슐 형태인 위장약은 해당 약 구매액의 10%를 할인 받는다.

이를 적용해 계산하면

기침약 9×300원 = 2,700원

콧물약 7×200원 = 1,400원

항생제 14×500원 = 7,000원

위장약 14×700원×0.9 = 8,820원

합산하면 19,920원이다.

정답 | ②

49 **계산형 문제**
5급공채 2023 가책형 27번

다음 글을 근거로 판단할 때 옳지 않은 것은?

> 승화는 100원 단위로 가격이 책정되어 있는 아이스크림을 5개 샀다. 5개 아이스크림 가운데 1개의 가격은 다른 4개의 아이스크림 가격을 합한 것과 같았다. 승화가 산 아이스크림 중 두 번째로 비싼 아이스크림 가격은 1,500원이었고, 이는 승화가 산 어떤 한 아이스크림 가격의 3배였다. 승화가 산 5개 아이스크림 가격의 합은 5,000원이었다.

① 승화는 500원짜리 아이스크림을 샀다.
② 승화는 400원짜리 아이스크림을 샀을 수도 있다.
③ 승화는 가격이 같은 아이스크림을 2개 샀을 수도 있다.
④ 승화가 산 아이스크림 가운데 가장 비싼 아이스크림의 가격은 2,500원이었다.
⑤ 승화가 산 가장 비싼 아이스크림의 가격은 승화가 산 가장 싼 아이스크림 가격의 20배를 넘었을 수도 있다.

문제해설

Step 1 문제 해결

가격이 비싼 아이스크림부터 순서대로 A, B, C, D, E라고 하자.

마지막 문장에 의하면 5개의 가격 합이 5,000원인데, 두 번째 문장에 의하면 1개의 가격이 다른 4개의 가격을 합한 것이므로 이 1개는 가장 비싼 A가 되고 따라서 A의 가격은 5,000원의 절반인 2,500원이 된다. 두 번째로 비싼 아이스크림(B)은 1,500원이고, 이것이 다른 어떤 한 아이스크림 가격의 3배라 하였으므로 이 아이스크림의 가격은 500원이다. 이들 세 아이스크림의 가격의 합이 4,500원이므로, 가격이 500원인 아이스크림은 C가 되고 나머지 D와 E의 가격 합은 500원이어야 한다.

① (○) 세 번째로 비싼 아이스크림이 500원이다.

② (○) D와 E의 합이 500원이므로 이 가운데 어느 하나가 400원일 수도 있다.

③ (×) D와 E의 가격이 같다면 각각의 가격은 250원이 되는데, 본문의 첫 번째 문장에서 말한 것처럼 가격은 100원 단위이므로 이는 불가능하다.

④ (○) 가장 비싼 A가 2,500원이다.

⑤ (○) 만약 D가 400원이고 E가 100원이라고 하면 A는 E의 20배가 넘는다.

정답 | ③

50 계산형 문제

5급공채 2023 가책형 30번

다음 글을 근거로 판단할 때, 3월 3일의 '일 지수'를 옳게 계산한 것은?

> 甲, 乙, 丙은 함께 밭을 일구었다. 이들은 하루 동안 한 일의 양을 산정하기 위해 다음과 같은 '일 지수'를 만들었다.
>
> 일 지수 = [甲이 한 일의 양] × [乙이 한 일의 양] × [丙이 한 일의 양]
>
> 甲은 3월 3일의 일 지수를 계산할 때, 자신이 실제로 한 일의 양의 $\frac{1}{5}$을 늘려서 계산했다. 甲은 계산된 일 지수가 잘못된 것을 깨닫고, 앞에서 계산했던 방식에서 乙이 한 일의 양의 $\frac{1}{5}$을 줄이고 그 외는 동일하게 계산했다. 甲이 이렇게 계산한 이유는 자신이 실제로 한 일과 乙이 실제로 한 일의 양이 같았기 때문이다. 하지만 이렇게 계산한 일 지수는 옳게 계산한 일 지수보다 3이 작았다.

① 66
② 69
③ 72
④ 75
⑤ 84

문제해설

Step 1 문제 해결

갑은 자신이 실제로 한 일의 양의 1/5을 늘려서 계산했으므로 갑의 한 일의 양은 원래에 비해 6/5가 된다. 한편 갑은 이를 바로잡기 위해 자신이 아닌 을이 한 일의 양을 1/5 줄였는데 이는 을의 한 일의 양이 원래에 비해 4/5가 됨을 의미한다. 병이 한 일의 양은 변동이 없으므로 이 수치들만 기존 식에 적용해 주면

수정된 계산값 = 갑 × 6/5 × 을 × 4/5 × 병 = 갑 × 을 × 병 × 24/25

이다. 즉 원래의 일 지수에 비해 24/25가 된 것이다.

그런데 이렇게 수정된 일 지수가 옳게 계산된 것에 비해 3이 작다.

즉 1/25만큼이 3이므로 전체(1/1)는 75가 된다.

정답 | ④

51 계산형 문제

5급공채 2023 가책형 32번

다음 글을 근거로 판단할 때, 2022년 A시 인구수의 천의 자리 숫자는?

A시는 2022년까지 매년 인구수를 발표해 왔다. 2010년 이후 이 도시의 인구는 매년 600명 이내에서 지속적으로 증가만 해왔다.

그런데 A시의 2019년 인구수는 2,739,372로 독특한 형태를 보이고 있다. 천의 자리 숫자(한가운데 숫자)를 중심으로 하여, 나머지 숫자들이 마치 데칼코마니처럼 대칭으로 놓여있다. 즉, 2739372는 9를 중심으로 2, 7, 3이 각각 좌우 대칭으로 자리 잡고 있는 모습이다. 3년 뒤인 2022년 인구수도 마찬가지 형태이다.

① 0
② 1
③ 2
④ 3
⑤ 4

문제해설

Step 1 문제 해결

1문단에 의하면 A시 인구는 2010년 이후로 매년 600명 이내에서 2022년까지 지속적으로 증가만 해왔다. 그리고 2문단 마지막 문장의 진술처럼 2022년의 인구수도 2019년과 마찬가지로 대칭적 모습을 취한다.

2문단에 의하면 A시의 2019년 인구는 2,739,372이다. 이를 격자형으로 정리하면

2	7	3	9	3	7	2

이다.

2019년 이후로 2022년까지 3년 동안의 인구가 반영되어야 하는데 매년 인구는 600명 이내에서 증가하므로 3년 내내 600명씩 증가했다고 가정해도 최대 1,800명 증가이다. 이를 반영하면 2019년의 인구에서 백만 자리와 십만 자리는 변동이 없고, 천 자리는 9, 0, 1 가운데 하나임을 알 수 있다. 이로부터 선지 ③, ④, ⑤는 제외된다. 선지에 9는 없으므로 인구는 628명 이상 증가했다는 것도 알 수 있다. 즉 천 자리는 0 또는 1이다.

그런데 이렇게 천 자리가 0 또는 1이라면 만 자리는 1이 증가해 4가 되어야 한다. 따라서 대칭은 2 7 4 : 4 7 2 의 형태로 이루어져야 한다.

628 이상 1,800 이하의 범위에서 372에 더해져 □472의 형태가 되게 만드는 수는 1,100뿐이며, 따라서 천의 자리 숫자는 0이 된다.

정답 | ①

52 계산형 문제
5급공채 2023 가책형 36번

다음 글과 〈상황〉을 근거로 판단할 때, △△대회 개최지로 선정될 곳은?

甲위원회는 △△대회를 개최하기 위해 후보지 5곳(A~E)에 대하여 다음과 같은 세 단계의 절차를 거쳐 최종 점수가 높은 상위 2곳을 개최지로 선정하기로 하였다.

○ 1단계 : 인프라, 안전성, 홍보효과 항목에 대해 점수를 부여한다.

○ 2단계 : 안전성 점수에는 2배의 가중치를, 홍보효과 점수에는 1.5배의 가중치를 부여한 후, 각 항목별 점수를 합산한다.

○ 3단계 : △△대회를 2회 이상 개최한 적이 있는 곳에 대해서는 합산 점수에서 10점을 감점한다.

〈상 황〉

○ 1단계에서 부여된 각 평가 항목의 점수는 다음과 같다.

구분	A	B	C	D	E
인프라	13	12	18	23	12
안전성	18	20	17	14	19
홍보효과	16	17	13	20	19

○ △△대회를 2회 이상 개최한 적이 있는 곳은 C, D이다.

① A, B
② A, C
③ A, E
④ B, D
⑤ B, E

문제해설

Step 1 문제 해결의 출발점

후반부 순서에 등장한 계산형 문제치고 매우 간단한 구조의 문제이다. 이게 과연 5급공채 문제가 맞나 싶을 정도이다. 조건이 3개뿐이므로 곧장 1단계 항목부터 순차적으로 적용해 나간다.

Step 2 조건 분석

1단계에 따른 점수 부여 결과는 <상황>의 표에 이미 반영되어 있다.

2단계의 항목별 가중치를 적용해 계산하면 다음과 같다.

구분	A	B	C	D	E
인프라	13	12	18	23	12
안전성	36	40	34	28	38
홍보효과	24	25.5	19.5	30	28.5
합	73	77.5	71.5	81	78.5

이 가운데 대회를 2회 이상 개최한 적이 있는 C와 D는 10점을 감점한다.

결과적으로 E(78.5)가 1위, B(77.5)가 2위가 된다.

정답 | ⑤

53 계산형 문제

5급공채 2023 가책형 38번

다음 글과 〈상황〉을 근거로 판단할 때, 가원이가 A무인세탁소 사업자로부터 받을 총액은?

A무인세탁소의 사업자가 사업장 내 기기의 관리상 주의를 소홀히 하여 세탁물이 훼손된 경우, 아래와 같은 배상 및 환급 기준을 적용한다.

○ 훼손된 세탁물에 대한 배상액은 '훼손된 세탁물의 구입가격 × 배상비율'로 산정한다. 배상비율은 물품의 내구연한과 사용일수에 따라 다르며 아래 <배상비율표>에 따른다.

○ 물품의 사용일수는 사용개시일에 상관없이 구입일부터 세탁일까지의 일수이다.

○ 사업자는 훼손된 세탁물에 대한 배상과는 별도로 고객이 지불한 이용요금 전액을 환급한다.

<배상비율표>

내구연한	배상비율			
	80%	60%	40%	20%
1년	0~44일	45~134일	135~269일	270일~
2년	0~88일	89~268일	269~538일	539일~
3년	0~133일	134~403일	404~808일	809일~

〈상 황〉

가원이는 2022. 12. 20. A무인세탁소에서 셔츠, 조끼, 치마를 한꺼번에 세탁하였다. 그런데 사업자의 세탁기 관리 소홀로 인하여 세탁물 모두가 훼손되었다.

A무인세탁소의 이용요금은 세탁 1회당 8,000원이며, 가원이의 세탁물 정보는 다음과 같다.

구분	내구연한	구입일	사용개시일	구입가격
셔츠	1년	2022. 10. 10.	2022. 11. 15.	4만 원
조끼	3년	2021. 1. 20.	2022. 1. 22.	6만 원
치마	2년	2022. 12. 1.	2022. 12. 10.	7만 원

① 124,000원
② 112,000원
③ 104,000원
④ 96,000원
⑤ 88,000원

문제해설

Step 1 문제 해결의 출발점

본문의 <배상비율표>를 분석할 때, <상황>의 세탁물 종류별 내구연한 및 사용일수를 찾아 그에 맞는 배상비율을 찾는 순서로 정리해야 하는 것만 주의하면 될 것이다.

Step 2 본문 및 〈상황〉 분석

구분	내구연한	구입일	사용개시일	구입가격
셔츠	1년	2022. 10. 10.	2022. 11. 15.	4만 원
조끼	3년	2021. 1. 20.	2022. 1. 22.	6만 원
치마	2년	2022. 12. 1.	2022. 12. 10.	7만 원

먼저 가원이 지불한 이용요금부터 구하면, 세 개의 세탁물을 한꺼번에 세탁하였으므로 세탁 1회당 8,000원 기준에 따라 이용요금은 8,000원이 나온다.

다음으로 세탁물별 배상비율을 구하면 다음과 같다.

셔츠 : 내구연한 1년 + 사용일수 대략 70일 → 배상비율 60%

조끼 : 내구연한 3년 + 사용일수 대략 23개월(690일 가량) → 배상비율 40%

치마 : 내구연한 2년 + 사용일수 대략 20일 → 배상비율 80%

이를 적용해 각 세탁물별 배상액을 구하면,

셔츠 2.4만 원, 조끼 2.4만 원, 치마 5.6만 원이다.

이들 금액을 모두 합산하면 2.4+2.4+5.6+0.8=11.2만 원이다.

정답 | ②

54 **계산형 문제**
5급공채 2024 나책형 8번

다음 글과 〈상황〉을 근거로 판단할 때, ㉠과 ㉡을 옳게 짝지은 것은?

자동차 연비를 표시하는 단위는 나라마다 다르다. A국은 자동차 연비를 1갤런의 연료로 달릴 수 있는 거리(마일)로 계산하며, 단위는 mpg를 사용한다. B국에서는 100km를 달릴 때 소요되는 연료량(L)으로 계산하며, 단위는 L/100km를 사용한다. C국은 연료 1L로 주행할 수 있는 거리(km)로 계산하며 km/L를 단위로 사용한다.

※ 1갤런은 4L, 1마일은 1.6km로 간주한다.

〈상 황〉

X, Y, Z 세 대의 자동차가 있다. 각 자동차의 연비는 순서대로 15mpg, 8L/100km, 18km/L이다. 따라서 X는 120km를 이동하는 데 연료 [㉠] L가 소요된다. 그리고 4갤런의 연료로 Z는 Y보다 [㉡] km 더 이동할 수 있다.

	㉠	㉡
①	5	72
②	5	88
③	20	72
④	20	88
⑤	32	88

문제해설

Step 1 문제 해결의 출발점

단위 환산형 계산 문제이다. 각국의 연비 표시가 의미하는 바를 이해하고 이를 각주에 제시된 환산율에 따라 타국의 경우로 치환하도록 한다.

Step 2 분석

A국과 C국은 연료당 거리 개념으로 연비가 제시되는데 비해 B국은 거리당 연료 개념이므로 B국의 연비를 나머지 두 국가와 같은 방식으로 변환해 보자.

Y가 B국 방식인데 8L로 100km를 가므로 1L당 12.5km를 가는 셈이다. 따라서 Y를 C국 표시로 정리하면 12.5km/L이다.

㉠ : 1마일은 1.6km이므로 120km는 75마일이다. X의 연비는 15mpg이므로 75마일을 가는 데에는 5갤런이 필요하다. 5갤런은 20L이다.

㉡ : Y의 이동 가능 거리부터 구하자. 4갤런은 16L인데 Y의 연비는 12.5km/L이므로 Y는 4갤런으로 200km를 갈 수 있다. 한편 Z는 연비가 18km/L이므로 4갤런(16L)으로 288km를 갈 수 있다. 따라서 ㉡은 88이다.

정답 | ④

55 **계산형 문제**
5급공채 2024 나책형 11번

다음 글을 근거로 판단할 때, 甲과 乙이 가지고 있는 닭의 마릿수는?

> 甲 : 닭 가격이 올랐으니 지금이 닭을 팔 좋은 기회야. 우리 둘이 가진 닭 중 75마리를 팔면, 지금 가진 사료만으로도 닭을 팔기 전보다 20일 더 먹일 수 있어.
> 乙 : 하지만 내 생각에는 닭 가격이 앞으로 더 오를 것 같아. 지금은 닭을 팔기보다는 사는 것이 낫다고 생각해. 만약 닭을 100마리 사면 지금 가진 사료가 15일 일찍 동이 나겠지만, 사료는 더 구매하면 되는 것이고….
> 甲 : 그래? 그럼 닭을 팔아야 할지 사야 할지 다시 고민해보자.

① 100
② 200
③ 300
④ 400
⑤ 500

문제해설

Step 1 문제 해결의 출발점

미지수가 여럿 설정되는 문제이다. 대화에서 초점은 닭의 수가 줄어들었을 때와 늘었을 때 각각 현재 먹일 수 있는 날 수보다 더 혹은 덜 먹일 수 있다는 것이다.

Step 2 분석

갑과 을이 가진 닭의 수를 X라 하고, 이 닭을 현재 가진 사료로 먹일 수 있는 날 수를 Y, 전체 먹이의 양을 Z라고 하자.

그러면

Z÷X = Y

Z÷(X-75) = Y+20

Z÷(X+100) = Y-15

의 연립 방정식을 세울 수 있다.

좌변은 분자에 Z가 공통이므로 결과적으로는 X와 Y의 연립방정식으로 정리할 수 있는데

Z=XY이므로

두 번째 식은 XY = (X-75)×(Y+20),

세 번째 식은 XY = (X+100)×(Y-15)로 정리된다.

이를 다시 풀어서 정리하면

20X-75Y = 1,500

-15X+100Y = 1,500

으로 정리된다. 목표는 X이므로 두 식에서 Y를 300Y로 통일해 정리하면

35X=10,500이 된다.

따라서 X는 300이다.

정답 | ③

56 계산형 문제
5급공채 2024 나책형 16번

다음 글과 〈상황〉을 근거로 판단할 때 옳은 것은?

△△부는 A~D업체 중 여론조사를 수행할 1개의 업체를 선정하고자 한다. 각 업체가 제출한 제안서에 대해 5명의 평가위원이 상, 중, 하 3개의 등급으로 평가하여 각각 100점, 90점, 80점을 부여한다.

업체를 선정하는 방식은 다음과 같다.

평가점수 중 최고점과 최저점을 제외한 나머지 점수들의 합이 가장 큰 업체를 선정한다. 단, 최고점이 여러 개일 경우 1개의 점수만 제외하고, 최저점이 여러 개일 경우도 마찬가지이다. 최고 득점 업체가 복수인 경우, 최고 득점 업체를 대상으로 2차 발표 평가를 추가로 진행한다.

〈상 황〉

다음은 5명의 평가위원이 A ~ D업체에 부여한 평가점수에 대한 정보이다.

구분	A업체	B업체	C업체	D업체
최고점	100	90	90	100
최저점	80	80	?	80
평균점수	92	?	88	?

① A업체는 평가위원 3명으로부터 중의 등급을 받았다.
② C업체는 평가위원 2명으로부터 하의 등급을 받았다.
③ B업체가 선정될 가능성은 없다.
④ C업체가 선정될 가능성이 있다.
⑤ 3개 업체가 2차 발표 평가 대상이 될 가능성이 있다.

문제해설

Step 1 문제 해결의 출발점

기존 기출에서도 자주 등장했던 최고점, 최저점 배제 방식의 점수 산출 방식이 적용된 문제이다. 기존 기출들과 달리 각 평가위원의 점수가 아니라 최고점, 최저점에 평균점수가 제시되어 있다는 점이 다른 지점인데, 평균점수가 제시된 두 업체는 5명 위원의 합산 점수를 평균점수로부터 도출해 최고점과 최저점을 제외하는 방식으로 나머지 3명 위원의 점수 합을 도출할 수 있다.

Step 2 분석

일단 평균점수가 제시된 A업체와 C업체를 보자. A업체는 평균이 92이므로 5인 점수 합산은 460점이다. 여기서 최고점과 최저점을 빼면 위원 3인의 점수 합은 280점이다. 따라서 선지 ①은 틀렸음을 알 수 있다.

같은 방식으로 C업체를 살펴보면, 5인 점수 합산은 440점이고 최고점을 빼면 350점이 된다. 최저점은 미지수인데, 만약 최저점이 80점이라면 위원 3인의 점수 합은 270점이 되고 최저점이 90점이라면 모든 위원이 90점을 준 것이므로 평균이 5인 점수 합산이 450점이 되어 주어진 정보에 위배된다. 따라서 최저점은 80점이며 나머지 위원 3인의 점수 합은 270이다. 이 가운데 2명의 점수가 하 등급인 80점이어서는 270점이라는 점수가 나올 수 없으므로 선지 ②도 틀렸고, 최종 점수가 A보다 낮으므로 ④도 틀렸다.

B업체는 평균 점수가 없으므로 극단적 상황을 가정해 봐야 하는데, 만약 최고점과 최저점을 제외한 나머지 3인의 점수가 모두 90점일 경우에도 합산 점수는 270점으로 A업체에 비해 낮다. 따라서 ③은 옳은 선지이다.

⑤와 관련해서는, 이미 살펴본 것처럼 B와 C는 애초에 최종점수가 A보다 낮으므로 A와 동점일 가능성이 있는 업체는 D뿐이다. 따라서 2차 발표 평가 대상이 될 가능성이 있는 업체는 2개이다.

정답 | ③

57 계산형 문제
5급공채 2024 나책형 17번

다음 글과 〈신청 사업자 현황〉을 근거로 판단할 때, 용역사업자로 선정될 사업자는?

□□부처는 정밀안전진단 용역사업자를 선정하고자 한다. 평가항목별 합산 점수가 가장 높은 사업자를 선정하되, 합산 점수가 가장 높은 사업자가 복수인 경우 실적 건수가 가장 많은 사업자를 선정한다. 단, 초급 기술을 가진 사업자는 선정에서 제외한다.

다음은 정밀안전진단 용역사업자 <평가항목 및 배점>이다.

<평가항목 및 배점>

(가) 기술 등급

기술 등급	특급	고급	중급
점수	4	3	2

(나) 경력 기간

경력 기간	10년 이상	10년 미만 9년 이상	9년 미만 8년 이상	8년 미만 7년 이상	7년 미만
점수	8	7	6	5	4

(다) 실적 건수

실적 건수	14건 이상	14건 미만 12건 이상	12건 미만 10건 이상	10건 미만 8건 이상	8건 미만
점수	5	4	3	2	1

(라) 실적 금액

실적 금액	7억 원 이상	7억 원 미만 6억 원 이상	6억 원 미만 5억 원 이상	5억 원 미만 4억 원 이상	4억 원 미만
점수	5	4	3	2	1

〈상 황〉

사업자	기술 등급	경력 기간	실적 건수	실적 금액
甲	중급	9.5년	13건	8억 원
乙	고급	9년	12건	6억 원
丙	특급	8.5년	9건	8.5억 원
丁	특급	8년	10건	7.5억 원
戊	초급	13년	14건	5.5억 원

① 甲　② 乙　③ 丙
④ 丁　⑤ 戊

문제해설

Step 1 문제 해결의 출발점

자격 조건 및 동점 처리 규칙이 포함된 전형적인 순위 설정형 문제이다. 자격 조건에 따라 초급 기술을 가진 무 사업자는 처음부터 배제하고 분석에 임하도록 하자.

Step 2 분석

배점 기준에 따라 각 사업자의 항목별 점수를 구하면 다음과 같다.

사업자	기술 등급		경력 기간		실적 건수		실적 금액		총점
甲	중급	2	9.5년	7	13건	4	8억 원	5	18
乙	고급	3	9년	7	12건	4	6억 원	4	18
丙	특급	4	8.5년	6	9건	2	8.5억 원	5	17
丁	특급	4	8년	6	10건	3	7.5억 원	5	18

갑, 을, 정의 합산 점수가 18점으로 동점이다. 이 경우 실적 건수가 가장 많은 갑이 최종 용역사업자로 선정된다.

정답 | ①

58 계산형 문제

5급공채 2024 나책형 27번

다음 글과 〈상황〉을 근거로 판단할 때, 甲이 2024년에 받게 될 탄소중립포인트는?

○ A시는 주민의 전기, 상수도, 도시가스 사용량 감축률에 따라 다음년도에 탄소중립포인트를 지급하는 온실가스 감축 제도를 운영하고 있다.

○ 탄소중립포인트 지급기준은 다음과 같다.

(단위 : 포인트)

감축률	전기	상수도	도시가스
5 % 이상 10 % 미만	600	75	300
10 % 이상 15 % 미만	750	150	600
15 % 이상	1,000	200	800

○ $감축률(\%) = \frac{직전연도\ 월평균\ 사용량 - 당해연도\ 월평균\ 사용량}{직전년도\ 월평균\ 사용량} \times 100$

〈상 황〉

A시 주민 甲의 2022년 및 2023년 전기, 상수도, 도시가스 월평균 사용량은 다음과 같다.

연도	전기(kWh)	상수도(m^3)	도시가스(m^3)
2022	400	11	60
2023	350	10	51

① 1,425
② 1,625
③ 1,675
④ 1,700
⑤ 1,750

문제해설

Step 1 문제 해결의 출발점

제시된 감축률 공식에 따라 전기, 상수도, 도시가스별 감축률을 구해 포인트를 계산하면 된다.

Step 2 분석

전기 : 감축률은 50/400으로 12.5%이다. 포인트는 750

상수도 : 감축률은 1/11로 대략 9%이다. 포인트는 75

도시가스 : 감축률은 9/60으로 15%이다. 포인트는 800

따라서 최종적으로 받게 될 2024년도 탄소중립포인트는 1,625이다.

정답 | ②

59 계산형 문제

5급공채 2024 나책형 29번

다음 글을 근거로 판단할 때, 甲이 결제할 최소 금액은?

甲은 열대어를 다음 조건에 따라 구입하여 기르고자 한다.

○ 베타를 포함하여 2종류 이상의 열대어 4마리를 구입한다.
○ 열대어를 기르기 위해 필요한 어항을 함께 구입한다.
○ 베타는 다른 종류의 열대어와 한 어항에서 기를 수 없다.
○ 구입할 수 있는 열대어와 어항은 다음과 같다.

열대어 종류	가격(원/마리)	필요 어항용적(cm^3/마리)
구피	3,000	400
몰리	3,500	500
베타	4,000	300

어항 종류	용적(cm^3)	가격(원/개)
A형	900	35,000
B형	1,500	40,000

① 56,000원
② 84,000원
③ 84,500원
④ 85,000원
⑤ 85,500원

문제해설

Step 1 문제 해결의 출발점

2종류 이상의 열대어를 구입해야 하고 베타를 최소 1마리 포함해야 하며 베타를 기를 어항은 별도로 구입해야 한다는 것이 핵심이다. 즉 어항은 최소 2개가 필요하다. 따라서 선지 ①은 처음부터 배제된다.

Step 2 분석

일단 베타를 1마리, 나머지 3마리는 가격 및 필요 어항용적이 상대적으로 몰리에 비해서 작은 구피로 구매한다고 가정하자. 이 경우 열대어 구입에 13,000원, 어항 구입에 75,000원(베타용 A형 1개 + 구피용 B형 1개)이 소요된다. 선택지를 봐도 이러한 조합은 최소 금액 조합이 아님을 알 수 있다. 이를 통해 알 수 있듯이, B형 어항을 구매하면 A형에 비해 5,000원이 더 필요하지만 열대어를 구피 대신 베타를 더 많이 산다고 해도 늘어나는 금액은 이보다 작다. 따라서 어항은 A형으로 2개를 구매한다. 이 경우 각 어항에 900cm^3 한도에서 물고기를 기를 수 있다.

따라서 베타를 2마리 구입하고 나머지 한 종류는 구피로 2마리를 구입하면,

열대어 구입 금액 : 베타 2마리 8,000원(600cm^3) + 구피 2마리 6,000원(800cm^3)

어항 구입 금액 : A형 2개 70,000원

로 84,000원에 조건에 맞춰 구입할 수 있다.

정답 | ②

60 계산형 문제

5급공채 2024 나책형 30번

다음 글을 근거로 판단할 때, 甲이 2024년 1월 10일에 보유한 포인트는?

2022년 1월 1일 甲은 A그룹 통합 멤버십 서비스에 가입하였다. 해당 서비스는 A그룹 제휴 업체에서 결제 시 결제금액의 일부를 포인트로 적립하고, 적립된 포인트를 다음 결제부터 현금처럼 사용할 수 있는 제도이다. 결제 시 포인트를 사용하는 경우, 보유한 포인트 중 가장 먼저 적립된 포인트부터 사용되며, 결제금액 중 사용포인트를 제외한 금액에 대해서만 포인트가 적립된다. 단, 사용하지 않은 포인트는 적립일(결제일)로부터 1년이 되는 날이 속한 달의 말일에 소멸된다.

甲이 A그룹 제휴 업체에서 결제한 내역은 다음과 같다.

날짜	제휴 업체	결제금액(원)	적립률(%)	사용포인트
2022. 1. 5.	A영화관	50,000	5	
2022. 9. 20.	A카페	22,000	2	2,000
2023. 1. 9.	A편의점	25,000	2	
2023. 3. 27.	A레스토랑	50,300	4	300
2024. 1. 5.	A화장품점	10,500	5	500

① 2,000
② 2,300
③ 2,500
④ 2,600
⑤ 3,100

문제해설

Step 1 문제 해결의 출발점

날짜별로 적립된 포인트와 사용한 포인트 및 추가로 적립된 포인트를 순차적으로 계산해 나가면 된다. 결제 시 포인트를 사용하는 경우에는 보유한 포인트 중 가장 먼저 적립된 포인트부터 사용되고 결제금액 중 사용포인트를 제외한 금액에 대해서만 포인트가 적립된다는 것이 핵심이다.

Step 2 분석

날짜별로 적립된 포인트, 사용하고 남은 포인트, 추가로 적립된 포인트, 소멸된 포인트를 정리하면 다음과 같다.

날짜	결제금액	적립률(%)	사용포인트	1차	2차	3차	4차	5차
2022. 1. 5.	50,000	5		2,500				
2022. 9. 20.	22,000	2	2,000	500	400			
2023. 1. 9.	25,000	2		소멸	400	500		
2023. 3. 27.	50,300	4	300		100	500	2,000	
2024. 1. 5.	10,500	5	500		소멸	사용	2,000	500

따라서 정답은 ③이다.

정답 | ③

61 계산형 문제

5급공채 2024 나책형 31번

다음 글을 근거로 판단할 때, 임용 후 외향형이자 사고형인 사람의 수는?

> A부는 100명의 신입 사무관을 대상으로 임용 전과 임용 후의 성격유형을 검사하였다. 성격유형은 쌍을 이루는 두 가지 지표(외향형 - 내향형, 감정형 - 사고형)로 구성되었다. 100명의 검사결과는 다음과 같다.
>
> ○ 내향형이자 사고형인 사람의 수는 임용 전후 모두 20명이다.
> ○ 임용 후 내향형인 사람의 수는 임용 전의 두 배가 되었다.
> ○ 임용 후 사고형인 사람의 수는 임용 전의 절반이 되었다.
> ○ 임용 후 외향형이자 감정형인 사람의 수는 임용 전의 두 배가 되었다.

① 10
② 20
③ 30
④ 40
⑤ 60

문제해설

Step 1 문제 해결의 출발점

검사 결과를 이원 분류표로 정리하면 쉽게 해결될 것이다.

Step 2 분석

먼저 임용 전 검사결과에 따른 외향형-내향형을 행으로, 감정형-사고형을 열로 구분하여 다음과 같이 미지수를 설정하자.

임용 전		
	감정형	사고형
외향형	a	b
내향형	c	d

a+b+c+d=100

조건 1 : 임용 전이나 후나 d=20

조건 2 : 임용 후 내향형 = 2c + 40

조건 3 : 임용 후 사고형 = b/2 + 10

조건 4 : 임용 후 외향형·감정형 = 2a

임용 후에도 조사 인원은 100명이므로

전체인원(내향형 전체+사고형 전체+외향형·감정형-내향형·사고형)은

2a + b/2 + 2c + 30 = 100이다.

임용 전의 인원 구성과 임용 후의 인원 구성을 연립해서 풀면

$\frac{3}{2}$b=90이므로 b=60이다.

임용 전 사고형(b+d=80)이 임용 후에는 절반(40)으로 줄어들었는데, 내향형이자 사고형인 사람의 수는 20으로 고정이므로 임용 후 외향형이자 사고형인 사람의 수는 20이다.

정답 | ②

62 계산형 문제
5급공채 2024 나책형 37번

다음 글과 〈상황〉을 근거로 판단할 때, 설치업체로 선정될 곳은?

甲시는 전기차충전기 설치업체를 선정하려고 한다. 다음과 같은 <평가표>를 바탕으로 후보업체 5곳(A~E) 중 최종 점수가 가장 높은 곳을 선정한다.

<평가표>

평가항목	등급	점수
품질	상	5
	중	3
	하	1
가격	8억 원 미만	7
	8억 원 이상 9억 원 미만	5
	9억 원 이상 10억 원 미만	3
	10억 원 이상	1
안전성	상	5
	중	3
	하	1

○ 품질 점수에 대해서는 3배의 가중치를 부여하고 안전성 점수에 대해서는 2배의 가중치를 부여한 후, 항목별로 산출한 점수를 합하여 최종 점수를 산정한다. 단, 설치업체로 2회 이상 선정된 적이 있는 업체에 대해서는 2.5점의 가점을 부여하여 최종 점수를 산출한다.

〈상 황〉

○ 각 업체의 평가 결과는 다음과 같다.

구분	A	B	C	D	E
품질	중	하	상	중	상
가격(천 원)	735,000	784,200	900,000	850,000	1,120,000
안전성	하	중	중	상	중

※ E는 설치업체로 2회 선정된 적이 있다.

① A
② B
③ C
④ D
⑤ E

문제해설

Step 1 문제 해결의 출발점

등급에 따른 점수 부여 체계의 계산형 문제이다. 3배, 2배의 가중치가 부여된다는 점 이외에는 별다른 특이 사항이 없다. 바로 <상황>의 업체별 점수 계산으로 나아가자.

Step 2 분석

품질 점수에서 가중치 3배, 안정성 점수에서 가중치 2배는 각각 산출된 등급표상의 점수에 ×3과 ×2를 해주는 방식으로 처리하자. 다음과 같이 정리된다.

구분	A	B	C	D	E
품질	중	하	상	중	상
	9	3	15	9	15
가격(천 원)	735,000	784,200	900,000	850,000	1,120,000
	7	7	3	5	1
안전성	하	중	중	상	중
	2	6	6	10	6
총점	18	16	24	24	22+2.5

따라서 E업체가 선정된다.

정답 | ⑤

63 계산형 문제
5급공채 2024 나책형 38번

다음 글과 〈상황〉을 근거로 판단할 때, 甲부처가 지급할 지원금액의 총합은?

○ 甲부처는 에너지 사용을 효율적으로 관리하기 위해 신청 기업을 대상으로 에너지경영시스템 인프라 구축을 지원하고자 함
○ 지원대상
- 발전부문 에너지 목표관리기업(단, 배출권거래제에 참여 중인 기업은 지원대상에서 제외)
- 중간보고서 점수의 20%, 시설설치 점수의 30%, 최종보고서 점수의 50%를 합한 총점이 70점 이상인 기업

○ 지원금액
- 중소기업 : 총 비용의 80%
- 중견기업 : 총 비용의 50%
- 대기업 : 총 비용의 30%

〈상 황〉

신청 기업 A~E는 모두 발전부문 에너지 목표관리기업이다. 각 기업의 평가결과 및 현황은 다음과 같다.

구분	중간보고서 점수	시설설치 점수	최종보고서 점수	총 비용	기업 규모
A	60	70	70	10억 원	중견기업
B	90	60	80	6억 원	중소기업
C	85	60	70	7억 원	중소기업
D	70	90	80	12억 원	중견기업
E	80	90	90	15억 원	대기업

※ D는 배출권거래제에 참여 중인 기업이다.

① 10.4억 원
② 14.9억 원
③ 19.9억 원
④ 20.9억 원
⑤ 25.9억 원

문제해설

Step 1 문제 해결의 출발점

가중치 적용이 포함된 총합 계산형 문제이다. 지원대상의 자격 조건부터 하나씩 검토해 나가자.

Step 2 분석

중간보고서는 0.2, 시설설치 점수는 0.3, 최종보고서 점수는 0.5의 가중치를 적용해 총점이 70점 이상인지 여부부터 확인한다.

A는 12+21+35=68점이므로 자격 미달이다. D는 각주에 따라 배출권거래제에 참여 중인 기업이므로 지원대상 첫 번째 항목의 괄호 속 진술에 의해 역시 자격 미달이다.

나머지 3개 기업 가운데 점수 분포가 가장 낮은 C부터 보면 17+18+35=70점으로 딱 자격을 충족한다. 나머지 B, E기업은 가중치가 가장 큰 최종보고서 점수에서만도 10점 이상 앞서므로 모두 자격을 충족한다.

이제 B, C, E기업의 지원금액을 계산해 보자.

B : 중소기업이고 총 비용이 6억이므로 지원금액은 4.8억 원이다.

C : 중소기업이고 총 비용이 7억이므로 지원금액은 5.6억 원이다.

E : 대기업이고 총 비용이 15억이므로 지원 금액은 4.5억 원이다.

따라서 지급할 지원금액 총합은 14.9억 원이다.

정답 | ②

01 규칙형 문제
5급공채 2018 나책형 10번

다음 〈조건〉을 근거로 판단할 때, 〈보기〉에서 옳은 것만을 모두 고르면?

〈조 건〉

○ 인공지능 컴퓨터와 매번 대결할 때마다, 甲은 A, B, C 전략 중 하나를 선택할 수 있다.
○ 인공지능 컴퓨터는 대결을 거듭할수록 학습을 통해 각각의 전략에 대응하므로, 동일한 전략을 사용할수록 甲이 승리할 확률은 하락한다.
○ 각각의 전략을 사용한 횟수에 따라 각 대결에서 甲이 승리할 확률은 아래와 같고, 甲도 그 사실을 알고 있다.

<전략별 사용횟수에 따른 甲의 승률>

(단위 : %)

전략별 사용횟수 / 전략종류	1회	2회	3회	4회
A전략	60	50	40	0
B전략	70	30	20	0
C전략	90	40	10	0

〈보 기〉

ㄱ. 甲이 총 3번의 대결을 하면서 각 대결에서 승리할 확률이 가장 높은 전략부터 순서대로 선택한다면, 3가지 전략을 각각 1회씩 사용해야 한다.
ㄴ. 甲이 총 5번의 대결을 하면서 각 대결에서 승리할 확률이 가장 높은 전략부터 순서대로 선택한다면, 5번째 대결에서는 B전략을 사용해야 한다.
ㄷ. 甲이 1개의 전략만을 사용하여 총 3번의 대결을 하면서 3번 모두 승리할 확률을 가장 높이려면, A전략을 선택해야 한다.
ㄹ. 甲이 1개의 전략만을 사용하여 총 2번의 대결을 하면서 2번 모두 패배할 확률을 가장 낮추려면, A전략을 선택해야 한다.

① ㄱ, ㄴ ② ㄱ, ㄷ ③ ㄴ, ㄹ
④ ㄱ, ㄷ, ㄹ ⑤ ㄴ, ㄷ, ㄹ

문제해설

Step 1 문제 해결의 출발점

<조건>에 특별한 내용은 없다. 표에 제시된 갑의 승률은 조건 2의 진술처럼 동일 전략이 반복될수록 갑의 승률은 낮아지는 구조를 띠고 있다. 출발점에 해당하는 초깃값이 없으므로 바로 <보기>의 선지별로 분석을 시작한다.

Step 2 선택지 분석

ㄱ. (○) 3회 대결을 하면서 각 대결에서 승리할 확률이 가장 높은 전략부터 순서대로 선택하면 첫 번째 시합은 C, 두 번째 시합은 B, 세 번째 시합은 A전략을 선택하는 방법 외에는 없다.

ㄴ. (×) 5회 대결을 하면서 각 대결에서 승리할 확률이 가장 높은 전략부터 순서대로 선택하면 ㄱ에서와 마찬가지로 1R는 C, 2R는 B, 3R는 A를 선택하게 되며, 이어지는 4R는 A, 5R는 C전략을 선택해야 한다. 따라서 틀린 진술이다.

ㄷ. (○) '총 3번의 대결을 하면서 3번 모두 승리할 확률'이란 각 라운드별 승리 확률을 곱셈해 확률을 구하는 것을 의미한다. 이에 따른 확률은 A전략이 0.12, B전략이 0.042, C전략이 0.036이므로 ㄷ의 조건에서 선택해야 할 전략은 A이다.

ㄹ. (×) 패배할 확률은 표에 제시된 승률을 100%에서 뺀 값을 곱해 주어 도출하면 된다. 2번의 대결을 진행하므로, A전략은 0.4×0.5=0.2, B전략은 0.3×0.7=0.21, C전략은 0.1×0.6=0.06이다. 따라서 2번의 대결에서 2번 모두 패배할 확률을 가장 낮추는 선택은 A전략이 아니라 C전략이다.

정답 | ②

02 규칙형 문제

5급공채 2018 나책형 17번

다음 글을 근거로 판단할 때, 〈보기〉에서 옳은 것만을 모두 고르면?

○ 甲회사는 A기차역에 도착한 전체 관객을 B공연장까지 버스로 수송해야 한다.
○ 이때 甲회사는 아래 표와 같이 콘서트 시작 4시간 전부터 1시간 단위로 전체 관객 대비 A기차역에 도착하는 관객의 비율을 예측하여 버스를 운행하고자 한다. 단, 콘서트 시작 시간까지 관객을 모두 수송해야 한다.

시각	전체 관객 대비 비율(%)
콘서트 시작 4시간 전	a
콘서트 시작 3시간 전	b
콘서트 시작 2시간 전	c
콘서트 시작 1시간 전	d
계	100

○ 전체 관객 수는 40,000명이다.
○ 버스는 한 번에 대당 최대 40명의 관객을 수송한다.
○ 버스가 A기차역과 B공연장 사이를 왕복하는 데 걸리는 시간은 6분이다.

※ 관객의 버스 승·하차 및 공연장 입·퇴장에 소요되는 시간은 고려하지 않는다.

〈보 기〉

ㄱ. a = b = c = d = 25라면, 甲회사가 전체 관객을 A기차역에서 B공연장으로 수송하는 데 필요한 버스는 최소 20대이다.
ㄴ. a = 10, b = 20, c = 30, d = 40이라면, 甲회사가 전체 관객을 A기차역에서 B공연장으로 수송하는 데 필요한 버스는 최소 40대이다.
ㄷ. 만일 콘서트가 끝난 후 2시간 이내에 전체 관객을 B공연장에서 A기차역까지 버스로 수송해야 한다면, 이때 甲회사에게 필요한 버스는 최소 50대이다.

① ㄱ
② ㄴ
③ ㄱ, ㄴ
④ ㄱ, ㄷ
⑤ ㄴ, ㄷ

문제해설

Step 1 문제 해결의 출발점

각 시간대별 전체 관객 대비 수송해야 할 관객 비율이 미지수로 제시되어 있다. 기본 정보만 파악하고 곧장 <보기>의 ㄱ부터 분석을 시작하도록 한다.

버스 1대당 40명의 관객 수송이 가능하며 기차역과 공연장 사이를 왕복하는 데 6분이 걸리므로, 버스 한 대는 1시간 동안 총 10회 수송을 통해 400명의 관객을 나를 수 있다는 것이 기본 공식이라 할 수 있다.

Step 2 선택지 분석

ㄱ. (×) a = b = c = d = 25이므로 매 시간 10,000명씩 수송해야 한다. 버스 한 대가 1시간당 400명을 수송할 수 있으므로, 1시간에 25대의 버스가 필요하다.

ㄴ. (○) 가장 많은 관객을 수송해야 하는 시간대에 필요한 버스의 수가 전체 관객 수송에 필요한 버스의 대수가 된다는 점을 간파해야 한다. 네 번째 시간대에 수송해야 할 승객 수가 가장 많은데, 총 16,000명(4만의 40%)이다. 이 인원을 수송하기 위해서는 총 40대의 버스가 필요하다.

ㄷ. (○) 콘서트가 끝난 후 2시간 이내에 필요한 버스의 수를 묻고 있으므로 콘서트 시작 전의 수송에 필요한 버스는 굳이 고민할 필요가 없다. ㄱ과 ㄴ을 통해 정리가 되었겠지만(특히 ㄴ), 관객 수송에 필요한 버스의 수를 최소화하려면 시간대별로 수송해야 할 관객의 수를 동일하게 설정해야 한다. 따라서 1시간에 20,000만 명씩 수송하면 되고, 이때 필요한 버스의 수는 50대가 된다.

정답 | ⑤

03 규칙형 문제

5급공채 2018 나책형 33번

다음 글을 근거로 판단할 때, 〈보기〉에서 옳은 것만을 모두 고르면?

○ 甲과 乙은 책의 쪽 번호를 이용한 점수 게임을 한다.
○ 책을 임의로 펼쳐서 왼쪽 면 쪽 번호의 각 자리 숫자를 모두 더하거나 모두 곱해서 나오는 결과와 오른쪽 면 쪽 번호의 각 자리 숫자를 모두 더하거나 모두 곱해서 나오는 결과 중에 가장 큰 수를 본인의 점수로 한다.
○ 점수가 더 높은 사람이 승리하고, 같은 점수가 나올 경우 무승부가 된다.
○ 甲과 乙이 가진 책의 시작 면은 1쪽이고, 마지막 면은 378쪽이다. 책을 펼쳤을 때 왼쪽 면이 짝수, 오른쪽 면이 홀수 번호이다.
○ 시작 면이나 마지막 면이 나오게 책을 펼치지는 않는다.

※ 쪽 번호가 없는 면은 존재하지 않는다.
※ 두 사람은 항상 서로 다른 면을 펼친다.

〈보 기〉

ㄱ. 甲이 98쪽과 99쪽을 펼치고, 乙은 198쪽과 199쪽을 펼치면 乙이 승리한다.
ㄴ. 甲이 120쪽과 121쪽을 펼치고, 乙은 210쪽과 211쪽을 펼치면 무승부이다.
ㄷ. 甲이 369쪽을 펼치면 반드시 승리한다.
ㄹ. 乙이 100쪽을 펼치면 승리할 수 없다.

① ㄱ, ㄴ
② ㄱ, ㄷ
③ ㄱ, ㄹ
④ ㄴ, ㄷ
⑤ ㄴ, ㄹ

문제해설

Step 1 **문제 해결의 출발점**

책을 임의로 펼쳤을 때 나오는 면의 구성부터 파악해야 한다. 조건 네 번째와 다섯 번째에서 책의 시작면(1쪽)이나 마지막 면(378쪽)이 나오게 하지 않고 책을 펼친다 하였으므로 나오게 되는 책 면수의 패턴은 짝수면-홀수면(2-3, 4-5, 6-7 … 374-375, 376-378)이 된다. 나머지는 두 번째와 세 번째 조건에 따라 각 선지별로 점수를 비교해 나간다.

Step 2 **선택지 분석**

ㄱ. (×) “甲이 98쪽과 99쪽을 펼치고, 乙은 198쪽과 199쪽을 펼치면 乙이 승리한다.”

→ 갑과 을 모두 각 자릿수를 곱하는 방식이 높은 점수가 나온다. 갑은 9×9=81점, 을도 1×9×9=81점으로 무승부가 나온다.

ㄴ. (○) “甲이 120쪽과 121쪽을 펼치고, 乙은 210쪽과 211쪽을 펼치면 무승부이다.”

→ 갑과 을 모두 각 자릿수를 더하는 방식이 높은 점수가 나오는데, 갑은 1+2+1=4점이고 을도 2+1+1=4점으로 동점이다.

ㄷ. (×) “甲이 369쪽을 펼치면 반드시 승리한다.”

→ 369쪽을 펼쳤다는 것은 368-369면을 펼쳤다는 것이다. 상대적으로 더 높은 점수가 나올 369를 곱하는 방식으로 하면 3×6×9=162의 점수가 나온다. 상당히 높은 점수이지만 을이 298-299면을 펼치면 이때 을의 점수 역시 2×9×9=162로 동점이 된다. 따라서 반드시 갑이 승리한다고 단언할 수 없다.

ㄹ. (○) “乙이 100쪽을 펼치면 승리할 수 없다.”

→ 100쪽을 펼쳤다는 것은 100-101면을 펼친 것을 의미한다. 곱셈 방식은 0이 되므로 합산 방식을 적용해야 하는데, 그래봐야 최고점수는 2점이다. 2점으로 을이 이기려면 갑이 펼친 면의 최고점수가 0이나 1이 나와야 하는데, 100-101면 이외의 페이지 가운데 10-11을 제외한 나머지는 모두 갑의 점수가 더 높게 나온다(201-202도 4점은 나옴). 그리고 10-11면이 나온 경우 갑의 점수는 2점이 되어 무승부가 될 뿐, 을이 이기는 것은 불가능하다.

정답 | ⑤

04 규칙형 문제
5급공채 2018 나책형 35번

다음 글과 〈표〉를 근거로 판단할 때, 〈보기〉에서 세 사람 사이의 관계가 '모호'한 것만을 모두 고르면?

○ 임의의 두 사람 사이의 관계는 '동갑'과 '위아래' 두 가지 경우로 나뉜다.
- 두 사람이 태어난 연도가 같은 경우 초등학교 입학년도에 상관없이 '동갑' 관계가 된다.
- 두 사람이 태어난 연도가 다른 경우 '위아래' 관계가 된다. 이때 생년이 더 빠른 사람이 '윗사람', 더 늦은 사람이 '아랫사람'이 된다.
- 두 사람이 태어난 연도가 다르더라도 초등학교 입학년도가 같고 생년월일의 차이가 1년 미만이라면 '동갑' 관계가 된다.

○ 두 사람 사이의 관계를 바탕으로 임의의 세 사람(A~C) 사이의 관계는 '명확'과 '모호' 두 가지 경우로 나뉜다.
- A와 B, A와 C가 '동갑' 관계이고 B와 C 또한 '동갑' 관계인 경우 세 사람 사이의 관계는 '명확'하다.
- A와 B가 '동갑' 관계이고 A가 C의 '윗사람', B가 C의 '윗사람'인 경우 세 사람 사이의 관계는 '명확'하다.
- A와 B, A와 C가 '동갑' 관계이고 B와 C가 '위아래' 관계인 경우 세 사람 사이의 관계는 '모호'하다.

이름	생년월일	초등학교 입학연도
甲	1992. 4. 11.	1998
乙	1991. 10. 3.	1998
丙	1991. 3. 1.	1998
丁	1992. 2. 14.	1998
戊	1993. 1. 7.	1999

〈보 기〉

ㄱ. 甲, 乙, 丙
ㄴ. 甲, 乙, 丁
ㄷ. 甲, 丙, 丁
ㄹ. 乙, 丁, 戊

① ㄱ, ㄴ ② ㄱ, ㄷ ③ ㄴ, ㄹ
④ ㄱ, ㄷ, ㄹ ⑤ ㄴ, ㄷ, ㄹ

문제해설

Step 1 문제 해결의 출발점

발문에 의하면 문제의 목표는 세 사람 사이의 관계가 '모호'한 것을 고르는 것이다. 그런데 이를 도출하기 위해서는 먼저 세 사람(A~C) 가운데 두 사람씩 짝을 지었을 때의 관계를 먼저 분석하여야 한다. 주어진 조건에 따라 <표>에 제시된 인물들 사이의 관계를 따져나가면 되므로 경우의 수를 따지거나 할 필요는 없다.

Step 2 선택지 분석

임의의 두 사람 사이의 관계에 대한 본문 전반부의 규칙을 규칙 1, 2, 3이라고 하고 임의의 세 사람 사이의 관계에 대한 본문 후반부의 규칙은 규칙 4, 5, 6이라고 하자.

ㄱ. "갑, 을, 병"

먼저 갑-을, 갑-병, 을-병의 관계를 파악해야 한다. '갑-을'은 규칙 3에 따라 '동갑' 관계가 되고, '갑-병'은 규칙 1이나 3에 해당하지 않으므로 '위아래' 관계가 된다. 마지막으로 '을-병'은 태어난 연도가 같으므로 규칙 1에 따라 '동갑' 관계이다.

따라서 이들 세 사람 사이의 관계는 규칙 6에 따라 '모호'가 된다.

ㄴ. "갑, 을, 정"

'갑-을'은 ㄱ에서 도출한 것처럼 '동갑' 관계이다. '갑-정'은 태어난 연도가 같으므로 규칙 1에 따라 '동갑', '을-정'은 규칙 3에 따라 역시 '동갑' 관계가 된다. 따라서 이들 셋 사이의 관계는 규칙 4에 따라 '명확'이 된다.

ㄷ. "갑, 병, 정"

'갑-병'의 관계는 ㄱ에서 도출한 것처럼 '위아래' 관계이다. '갑-정'의 관계는 ㄴ에서 도출한 것처럼 '동갑', '병-정'의 고나계는 '위아래'이다. 따라서 이들 셋 사이의 관계는 규칙6에 따라 '모호'이다.

ㄹ. "을, 정, 무"

'을-정'의 관계는 ㄴ에서 도출한 것처럼 '동갑', '정-무'의 관계는 규칙 1도 규칙 3도 아니므로 규칙 2에 따라 '위아래', '을-무'의 관계 역시 규칙 2에 따라 '위아래'가 된다. 따라서 이들 셋 사이의 관계는 규칙 5에 따라 '명확'이 된다.

정답 | ②

05 규칙형 문제

5급공채 2018 나책형 37번

다음 글과 〈라운드별 음식값〉을 근거로 판단할 때, 음식값을 가장 많이 낸 사람과 그가 낸 음식값을 고르면?

○ 甲, 乙, 丙이 가위바위보를 하여 음식값 내기를 하고 있다.
○ 라운드당 한 번씩 가위바위보를 하여 음식값을 낼 사람을 정하며 총 5라운드를 겨룬다.
○ 가위바위보에서 승패가 가려진 경우 패자는 해당 라운드의 음식값을 낸다.
○ 비긴 경우에는 세 사람이 모두 음식값을 낸다. 단, 직전 라운드 가위바위보의 승자는 음식값을 내지 않는다.
○ 음식값을 낼 사람이 2명 이상인 라운드에서는 음식값을 낼 사람들이 동일한 비율로 음식값을 나누어 낸다.
○ 甲은 가위 - 바위 - 보 - 가위 - 바위를 순서대로 낸다.
○ 乙은 1라운드에서 바위를 낸 후 2라운드부터는 직전 라운드 가위바위보에서 이긴 경우 가위를, 비긴 경우 바위를, 진 경우 보를 낸다. 단, 乙이 직전 라운드에서 음식값을 낸 경우에는 가위를 낸다.
○ 丙은 1라운드에서 바위를 낸 후 2라운드부터는 직전 라운드 가위바위보에서 이긴 경우 보를, 비긴 경우 바위를, 진 경우 가위를 낸다.

※ 주어진 조건 외에는 고려하지 않는다.

<라운드별 음식값>

라운드	1	2	3	4	5
음식값(원)	12,000	15,000	18,000	25,000	30,000

	음식값을 가장 많이 낸 사람	음식값
①	甲	57,000원
②	乙	44,000원
③	乙	51,500원
④	丙	44,000원
⑤	丙	51,500원

문제해설

Step 1 문제 해결의 출발점

발문을 보면 질문의 대상은 확정적 정보이다. 본문의 조건들도 가위바위보의 변형된 형태의 규칙들일 뿐, 각 인물이 내는 가위바위보의 종류는 고정된 형태에 해당한다. 따라서 제시된 정보를 바탕으로 1라운드부터 경기 결과를 하나씩 정리해 나가도록 한다.

Step 2 경기 흐름 분석

가위바위보의 승패 조건은 현실의 가위바위보와 달라진 것이 없다. 을과 병이 낸 것은 1라운드만 확정적으로 제시되어 있으므로 1라운드의 경기 결과에 따라 다음 라운드에 낼 종류를 추론해 하나씩 표를 채워 나가자.

1) 2라운드 : 무승부가 났는데, 본문의 조건 4에 따라 비긴 경우에는 직전 라운드의 승자는 음식값을 내지 않으므로 갑만 15,000원을 낸다.

	1R	2R	3R	4R	5R
갑	가위	바위	보	가위	바위
을	바위	가위			
병	바위	보			
비고	갑 패배	무승부			
음식값	갑 12,000원				

2) 4라운드 : 을은 직전 라운드에서 지 경우에는 보를 내지만, 단서 조건에 따라 직전 라운드에서 음식값을 낸 경우에는 가위를 낸다. 따라서 4라운드는 무승부가 된다. 직전 3라운드의 승자가 갑이므로, 4라운드에서는 을과 병만 음식값을 낸다.

	1R	2R	3R	4R	5R
갑	가위	바위	보	가위	바위
을	바위	가위	바위	가위	
병	바위	보	바위	가위	
결과	갑 패	무승부	을, 병 패	무승부	
음식값	갑 12,000원	갑 15,000원	을, 병 9,000씩원	을, 병 12,500원씩	

3) 5라운드 : 을은 직전 라운드에서 벌금을 냈으므로 가위를 내고 병은 비겼으므로 바위를 낸다. 따라서 5라운드는 을의 패배로 을 혼자 30,000원을 낸다.

따라서 갑은 27,000원, 을은 51,500원, 병은 21,500원을 내게 되어 정답은 ③이 된다.

정답 | ③

06 규칙형 문제

5급공채 2019 가책형 10번

다음 글을 근거로 판단할 때, 〈보기〉에서 옳은 것만을 모두 고르면?

> A부족과 B부족은 한쪽 손의 손모양으로 손가락 셈법(지산법)을 사용하여 셈을 한다.
>
> ○ A부족의 손가락 셈법에 따르면, 손모양을 보아 손바닥이 보이면 펴져 있는 손가락 개수만큼 더하고, 손등이 보이면 펴져 있는 손가락 개수만큼을 뺀다.
>
> ○ B부족의 손가락 셈법에 따르면, 손모양을 보아 엄지가 펴져 있으면 엄지를 제외하고 펴져 있는 손가락 개수만큼 더하고, 엄지가 접혀 있으면 펴져 있는 손가락 개수만큼 뺀다.

〈보 기〉

ㄱ. 손바닥이 보이는 채로, 손가락 다섯 개가 세 번 모두 펴져 있으면, 셈의 합은 A부족이 15이고 B부족은 12일 것이다.

ㄴ. B부족의 셈법에 따르면, 세 번 다 엄지만이 펴져 있는 것의 셈의 합과 세 번 다 주먹이 쥐어져 있는 것의 셈의 합은 동일하다.

ㄷ. 손바닥이 보이는 채로, 첫 번째는 엄지·검지·중지만이 펴져 있고, 두 번째는 엄지가 접혀 있고 검지·중지만 펴져 있고, 세 번째는 다른 손가락은 접혀 있고 엄지만 펴져 있다. 이 경우 셈의 합은 A부족이 6이고 B부족은 3일 것이다.

ㄹ. 세 번 동안 손가락이 몇 개씩 펴져 있는지는 알 수 없으나 세 번 내내 엄지는 꼭 펴져 있었다. 이를 A부족, B부족 각각의 셈법에 따라 셈을 하였을 때, 셈의 합이 똑같이 9가 나올 수 있다.

① ㄱ, ㄴ

② ㄴ, ㄷ

③ ㄷ, ㄹ

④ ㄱ, ㄴ, ㄹ

⑤ ㄱ, ㄷ, ㄹ

문제해설

Step 1 문제 해결의 출발점

본문에 제시된 두 부족의 손가락 셈법에 따라 <보기>의 선지를 차분하게 분석하자. <보기> ㄹ이 상대적으로 판단하기가 어려운데, 어느 한 부족의 셈법을 기준으로 셈의 합이 9가 나오는 경우를 설정해 다른 부족의 셈법에서 이러한 경우가 나타날 수 있는지 검토하는 방법으로 접근한다.

Step 2 선택지 분석

ㄱ. (○) A부족의 셈법은 손바닥이 보일 경우 펴져 있는 손가락 개수만큼 더하는 방식이다. 따라서 손가락 다섯 개가 세 번 모두 펴져 있으면 총 15가 된다. B부족의 셈법에 따르면 손가락 다섯 개가 모두 펴져 있는 것은 엄지가 펴져 있을 경우에 해당하므로 엄지를 제외한 4개의 손가락 개수만큼 더하여 총 12가 된다.

ㄴ. (○) B부족의 셈법에 따를 때 세 번 다 엄지만이 펴져 있으면 엄지를 제외한 펴져 있는 손가락은 0개이므로 결과는 0이다. 세 번 다 주먹이 쥐어져 있을 경우에는 엄지가 접혀 있는 경우이므로 펴져 있는 손가락 개수만큼 빼는데, 펴진 손가락이 없으므로 역시 결과는 0이다.

ㄷ. (×) A부족은 손바닥이 보일 경우 펴져 있는 손가락 개수만큼 더하면 되므로 결과는 3+2+1=6이다. B부족의 셈법에서는 첫 번째와 세 번째 경우는 엄지가 펴져 있으므로 나머지 펴진 손가락 개수만큼 더해 2+0이 되고, 두 번째 경우는 엄지가 접혀 있으므로 펴져 있는 손가락 개수인 2만큼을 빼 -2가 된다. 따라서 B부족의 셈 결과는 0이다.

ㄹ. (×) 제시된 조건이 복잡하다. A부족의 셈법에서는 손바닥이 보이는지가 기준이므로 엄지가 펴져 있다는 것만으로는 덧셈이 될지 뺄셈이 될지 불분명하다(즉 경우가 복잡함). 따라서 상대적으로 간단한 B부족의 셈법에 따른 결과부터 먼저 정리한다.
세 번 모두 엄지가 펴져 있었으므로 셈의 합은 엄지를 제외한 다른 펴진 손가락의 수를 더한 것이며, 그 결과가 9가 나올 수 있는 경우는 (1,4,4), (2,3,4), (3,3,3) 세 가지이다. 이 경우에 실제로는 엄지 손가락도 펴져 있는 것이므로, 펴진 손가락의 수는 (2,5,5), (3,4,5), (4,4,4,)의 세 가지 조합이 나오게 된다. 이러한 조합에서 A부족의 셈법에 따라(다 더하거나 다 뺌) 9를 만들어 낼 수 있는 방법은 없다.

정답 | ①

07 규칙형 문제

5급공채 2019 가책형 12번

다음 글을 근거로 판단할 때 옳은 것은?

전문가 6명(A~F)의 <회의 참여 가능 시간>과 <회의 장소 선호도>를 반영하여, <조건>을 충족하는 회의를 월~금요일 중 개최하려 한다.

<회의 참여 가능 시간>

전문가 \ 요일	월	화	수	목	금
A	13:00 ~ 16:20	15:00~17:30	13:00~16:20	15:00~17:30	16:00~18:30
B	13:00~16:10	-	13:00~16:10	-	16:00~18:30
C	16:00~19:20	14:00~16:20	-	14:00~16:20	16:00~19:20
D	17:00~19:30	-	17:00~19:30	-	17:00~19:30
E	-	15:00~17:10	-	15:00~17:10	-
F	16:00~19:20	-	16:00~19:20	-	16:00~19:20

※ - : 참여 불가

<회의 장소 선호도>

(단위 : 점)

장소 \ 전문가	A	B	C	D	E	F
가	5	4	5	6	7	5
나	6	6	8	6	8	8
다	7	8	5	6	3	4

〈조 건〉

○ 전문가 A~F 중 3명 이상이 참여할 수 있어야 회의 개최가 가능하다.

○ 회의는 1시간 동안 진행되며, 회의 참여자는 회의 시작부터 종료까지 자리를 지켜야 한다.

○ 회의 시간이 정해지면, 해당 일정에 참여 가능한 전문가들의 선호도를 합산하여 가장 높은 점수가 나온 곳을 회의 장소로 정한다.

① 월요일에는 회의를 개최할 수 없다.

② 금요일 16시에 회의를 개최할 경우 회의 장소는 '가'이다.

③ 금요일 18시에 회의를 개최할 경우 회의 장소는 '다'이다.

④ A가 반드시 참여해야 할 경우 목요일 16시에 회의를 개최할 수 있다.

⑤ C, D를 포함하여 4명 이상이 참여해야 할 경우 금요일 17시에 회의를 개최할 수 있다.

문제해설

Step 1 문제 해결의 출발점

회의 참여가 가능한 요일과 시간대를 분석하기 위해서는 먼저 <조건>의 세 가지 항목부터 파악하여야 한다. 조건 1과 2에 따라 전문가 3명이 1시간 동안 진행되는 회의에 모두 참여할 수 있는 요일과 시간대를 먼저 찾고, 회의 장소 후보 가운데 참여 가능한 전문가들의 선호도 합산값이 가장 높은 후보를 선정하는 흐름으로 접근한다. 선택지가 개별 요일에 대해 질문하고 있으므로 바로 선택지 ①부터 분석해 들어간다.

Step 2 선택지 분석

요일 전문가	월	화	수	목	금
A	13:00~16:20	15:00~17:30	13:00~16:20	15:00~17:30	16:00~18:30
B	13:00~16:10	-	13:00~16:10	-	16:00~18:30
C	16:00~19:20	14:00~16:20	-	14:00~16:20	16:00~19:20
D	17:00~19:30	-	17:00~19:30	-	17:00~19:30
E	-	15:00~17:10	-	15:00~17:10	-
F	16:00~19:20	-	16:00~19:20	-	16:00~19:20

① (×) 월요일은 17:00~19:20 사이에 C, D, F의 참여가 가능하므로 틀린 진술이다.

② (×) 금요일 16시에 회의를 개최할 경우 참여 가능 전문가는 A, B, C, F이다. 이들의 회의 장소 선호도 합은 가 19점, 나 28점, 다 24점이어서 '나'가 회의 장소로 선정된다.

③ (×) 금요일 18시에 회의를 개최할 경우 참여 가능 전문가는 C, D, F이다. 이들의 회의 장소 선호도 합은 가 16점, 나 22점, 다 15점이어서 역시 '나'가 회의 장소로 선정된다.

④ (×) 목요일 16시에 회의를 개최하려고 한다면 A와 E만 참여가 가능하므로 회의 개최가 아예 불가능하다.

⑤ (○) 금요일 17시에 회의를 개최할 경우 A, B, C, D, F 다섯 명이 회의 참여가 가능하다.

정답 | ⑤

08 규칙형 문제

5급공채 2019 가책형 14번

다음 글을 근거로 판단할 때, 〈보기〉에서 옳은 것만을 모두 고르면?

○ 甲과 乙은 민원을 담당하는 직원으로 각자 한 번에 하나의 민원만 접수한다.

○ 민원은 'X민원'과 'Y민원' 중 하나이고, 민원을 접수한 직원은 'X민원' 접수 시 기분이 좋아져 감정도가 10 상승하지만 'Y민원' 접수 시 기분이 나빠져 감정도가 20 하락한다.

○ 甲과 乙은 오늘 09:00부터 18:00까지 근무했다.

○ 09:00에 甲과 乙의 감정도는 100이다.

○ 매시 정각 甲과 乙의 감정도는 5씩 상승한다. (단, 09:00, 13:00, 18:00 제외)

○ 13:00에는 甲과 乙의 감정도가 100으로 초기화된다.

○ 18:00가 되었을 때, 감정도가 50 미만인 직원에게는 1일의 월차를 부여한다.

○ 甲과 乙이 오늘 접수한 각각의 민원은 아래 <민원 등록 대장>에 모두 기록됐다.

<민원 등록 대장>

접수 시각	접수한 직원	민원 종류
09:30	甲	Y민원
10:00	乙	X민원
11:40	甲	Y민원
13:20	乙	Y민원
14:10	甲	Y민원
14:20	乙	Y민원
15:10	甲	㉠
16:10	乙	Y민원
16:50	乙	㉡
17:00	甲	X민원
17:40	乙	X민원

〈보 기〉

ㄱ. ㉠, ㉡에 상관없이 18:00에 甲의 감정도는 乙의 감정도보다 높다.

ㄴ. ㉡이 'Y민원'이라면, 乙은 1일의 월차를 부여받는다.

ㄷ. 12:30에 乙의 감정도는 125이다.

① ㄱ　② ㄴ　③ ㄱ, ㄷ

④ ㄴ, ㄷ　⑤ ㄱ, ㄴ, ㄷ

문제해설

Step 1 문제 해결의 출발점

여섯 번째 조건에 따라 13:00에 감정도가 100으로 초기화된다고 하였으므로 이 시간 이후에 대해 묻고 있는 <보기> ㄱ, ㄴ을 분석할 때는 13:20 이후의 접수 상황만 분석하면 된다. 1시간마다 감정도가 +5씩 상승한다는 것(단, 09:00, 13:00, 18:00 제외)을 질문의 대상이 되는 최종 시간대에 맞춰 전체적으로 계산하면 풀이 과정이 조금 더 수월해질 것이다.

Step 2 선택지 분석

ㄱ. (○) 13:00에 감정도가 100으로 초기화되므로 13:00 이후의 접수 민원을 분석한다. 갑과 을 모두 기본적으로 18:00가 되었을 때 기본 감정도는 120이다(14시, 15시, 16시, 17시마다 +5). 접수한 민원에 따라 갑과 을의 감정도 상태가 달라지는데, 갑은 ㉠을 제외하고 X민원 1회, Y민원 1회를 접수한 상태이므로 감정도 -10이 되어 ㉠을 제외한 감정도는 110(120-10)이 된다. 한편 을은 13:00 이후에 ㉡을 제외하고 X민원 1회, Y민원 3회를 접수했으므로 감정도 -50이 되어 ㉡을 제외한 감정도는 70(120-70)이 된다. 이제 남은 것은 ㉠과 ㉡ 민원인데, 갑이 Y민원을 접수하고(110-20=90) 을이 X민원을 접수하더라도(70+10) 감정도는 갑이 을보다 더 높다.

ㄴ. (×) ㄱ에서 살펴본 것처럼 을의 ㉡을 제외한 감정도가 18:00의 감정도는 70이다. 여기에 ㉡이 Y민원이라는 조건이 추가되어도 최종 감정도는 50이 되는데, 월차는 감정도가 50 '미만'인 직원에게만 부여되므로 을은 월차를 받지 못한다.

ㄷ. (○) 13:00 이전까지 을은 10시, 11시, 12시에 5씩 감정도가 상승하였고(100+15), 10:00에 X민원만 접수하였으므로 최종 감정도는 125가 된다.

정답 | ③

09 규칙형 문제

5급공채 2019 가책형 16번

다음 글을 근거로 판단할 때 옳지 않은 것은?

A구와 B구로 이루어진 신도시 甲시에는 어린이집과 복지회관이 없다. 이에 甲시는 60억 원의 건축 예산을 사용하여 아래 <건축비와 만족도>와 <조건> 하에서 시민 만족도가 가장 높도록 어린이집과 복지회관을 신축하려고 한다.

<건축비와 만족도>

지역	시설 종류	건축비(억 원)	만족도
A구	어린이집	20	35
	복지회관	15	30
B구	어린이집	15	40
	복지회관	20	50

<조 건>

1) 예산 범위 내에서 시설을 신축한다.
2) 시민 만족도는 각 시설에 대한 만족도의 합으로 계산한다.
3) 각 구에는 최소 1개의 시설을 신축해야 한다.
4) 하나의 구에 동일 종류의 시설을 3개 이상 신축할 수 없다.
5) 하나의 구에 동일 종류의 시설을 2개 신축할 경우, 그 시설 중 한 시설에 대한 만족도는 20% 하락한다.

① 예산은 모두 사용될 것이다.
② A구에는 어린이집이 신축될 것이다.
③ B구에는 2개의 시설이 신축될 것이다.
④ 甲시에 신축되는 시설의 수는 4개일 것이다.
⑤ <조건> 5)가 없더라도 신축되는 시설의 수는 달라지지 않을 것이다.

문제해설

Step 1 문제 해결의 출발점

조건에 따라 시민 만족도가 최대가 되는 조합을 찾아야 하는 최적화 패턴의 규칙형 문제이다. 예산 범위 60억 이내에서 건설할 수 있는 시설 조합을 설정하고 이들의 만족도 합을 상호 비교하는 흐름으로 접근하면 큰 어려움 없이 해결이 가능할 것이다.

Step 2 최대 시민 만족도 조합 찾기

조건 2)~5)를 정리하면, 각 구에 최소 1개 시설 신축해야 하고, 하나의 구에 2개까지만 동일 종류 시설을 신축이 가능하며, 하나의 구에 동일 종류 시설을 2개 신축하면 그 중 하나의 만족도는 20% 하락한다. 예산이 60억이고 각 시설의 건축비는 20억이거나 15억이므로, 시민 만족도를 최대로 해야 한다는 기본 조건 및 <조건> 3)~5)를 고려하면 가능한 조합이 다음 두 가지 정도로 도출된다.

첫 번째 : 15(A)+15(A)+15(B)+15(B)

두 번째 : 20(A)+20(B)+20(B)이다.

첫 번째 조합은 만족도 합이 30+40+0.8×(30+40) = 126이고 두 번째 조합에서의 만족도 합은 35+50+0.8×50=125이다. 나머지 어린이집 2개 + 복지회관 1개 등의 조합은 만족도 값이 이들 두 조합보다 직관적으로 낮다는 것을 바로 파악할 수 있을 것이다. 따라서 최선의 선택은 A구에 복지회관 2개, B구에 어린이집 2개를 짓는 것이다.

① (○) 예산 60억이 모두 사용되므로 옳은 진술이다.

② (×) A구에는 복지회관만 2개 신축될 것이다.

③ (○) B구에는 어린이집이 2개 신축될 것이다.

④ (○) 옳은 진술이다.

⑤ (○) <조건> 5)가 없을 경우 첫 번째 조합의 만족도는 140, 두 번째 조합의 만족도는 135가 되므로 역시 A구에 복지회관 2개, B구에 어린이집 2개를 짓는 것이 최선의 선택이 된다.

정답 | ②

10 규칙형 문제

5급공채 2019 가책형 18번

다음 글을 근거로 판단할 때, 甲이 얻을 수 있는 최대 이윤과 이때 채굴한 원석의 개수로 옳게 짝지은 것은? (단, 원석은 정수 단위로 채굴한다)

보석 가공업자인 甲은 원석을 채굴하여 목걸이용 보석과 반지용 보석으로 1차 가공한다. 원석 1개를 1차 가공하면 목걸이용 보석 60개와 반지용 보석 40개가 생산된다.

이렇게 생산된 보석들은 1차 가공 직후 판매할 수 있지만, 2차 가공을 거쳐서 판매할 수도 있다. 목걸이용 보석 1개는 2차 가공을 통해 목걸이 1개로, 반지용 보석 1개는 2차 가공을 통해 반지 1개로 생산된다. 甲은 보석 용도별로 2차 가공 여부를 판단하는데, 2차 가공하여 판매할 때의 이윤이 2차 가공을 하지 않고 판매할 때의 이윤보다 큰 경우에만 2차 가공하여 판매한다.

<생산단계별 비용 및 판매가격>

○ 원석 채굴 : 최초에 원석 1개를 채굴할 때에는 300만 원의 비용이 들고, 두 번째 채굴 이후부터는 원석 1개당 채굴 비용이 100만 원씩 증가한다. 즉, 두 번째 원석의 채굴 비용은 400만 원이 되어 원석 2개의 총 채굴 비용은 700만 원이다.

○ 1차 가공 : 원석의 1차 가공 비용은 개당 250만 원이며, 목걸이용 보석은 개당 7만 원에, 반지용 보석은 개당 5만 원에 판매된다.

○ 2차 가공 : 목걸이용 보석의 2차 가공 비용은 개당 40만 원이며, 목걸이는 개당 50만 원에 판매된다. 반지용 보석의 2차 가공 비용은 개당 20만 원이며, 반지는 개당 15만 원에 판매된다.

	최대 이윤	원석의 개수
①	400만 원	2개
②	400만 원	3개
③	450만 원	3개
④	450만 원	4개
⑤	500만 원	4개

문제해설

Step 1 문제 해결의 출발점

갑이 얻을 수 있는 최대 이윤과 이때 채굴한 원석의 개수를 묻고 있다. 이윤이 발생하는 구조가 다층적인데, 우선 원석 1개를 1차 가공하면 목걸이용 보석 60개와 반지용 보석 40개가 생산된다. 그리고 나서 이렇게 1차 가공한 보석들을 그대로 판매할지 아니면 2차 가공을 거쳐 판매할지는 2차 가공에 든 비용과 판매 이익의 비교를 통해 판단하여야 한다. 따라서 2차 가공을 할지 여부부터 우선 판단하도록 하자.

Step 2 단계별 이윤 및 비용 분석

목걸이용 보석의 2차 가공 비용은 개당 40만 원, 이렇게 가공된 목걸이의 판매 가격은 개당 50만 원이므로 목걸이 1개당 이윤은 10만 원이다. 1차 가공만 한 채로 목걸이용 보석으로 판매하면 개당 7만 원에 판매되므로 목걸이용 보석은 2차 가공까지 해서 목걸이로 판매하는 것이 이윤이 더 크다. 이에 비해 반지용 보석은 반지의 개당 판매 가격에 비해 2차 가공 비용이 더 비싸므로 2차 가공을 하는 게 손해이다. 따라서 목걸이만 2차 가공을 하고 반지는 1차 가공 단계에서 판매한다.

원석 1개를 1차 가공하면 목걸이용 보석 60개와 반지용 보석 40개가 생산된다. 원석 1개의 1차 가공 비용은 목걸이용/반지용 구분 없이 단일하게 250만 원이다. 원석 1개당 생산되는 수량은 목걸이용 보석이 60개, 반지용 보석이 40개인데, 목걸이용 보석은 2차 가공까지 해서 판매한 최종 개당 이윤 10만 원을 60개에 곱한 600만 원, 반지용 보석은 1차 가공 단계에서 그대로 판매하므로 개당 5만 원을 40개에 곱한 200만 원이 이윤으로 남는다. 따라서 원석 1개당 이윤은 800-250=550만 원이다.

원석 채굴 비용은 갈수록 증가하는 구조를 지니며, 1개 채굴시 300만 원, 2번째 채굴은 400만 원, 3번째 채굴은 500만 원의 비용이 든다. 앞서 살펴본 것처럼 원석 1개당 발생되는 보석 및 2차 가공품을 통한 최종 이윤은 550만 원이므로 3번째 채굴된 원석까지만 이윤이 발생하고 4번째로 원석을 채굴하면 원석 채굴 비용이 600만 원이 되어 원석 1개당 이윤보다 더 커 손해가 난다. 따라서 최대 이윤을 위해 채굴하는 원석의 개수는 3개, 이때의 이윤은

(550만 원 × 3회) - 채굴비용 1,200만 원 = 450만 원이다.

정답 | ③

11 규칙형 문제

5급공채 2019 가책형 23번

다음 글을 근거로 판단할 때, 〈보기〉에서 옳은 것만을 모두 고르면?

○ 정부□□청사 신축 시 <화장실 위생기구 설치기준>에 따라 위생기구(대변기 또는 소변기)를 설치하고자 한다.

○ 남자 화장실에는 위생기구 수가 짝수인 경우 대변기와 소변기를 절반씩 나누어 설치하고, 홀수인 경우 대변기를 한 개 더 많게 설치한다. 여자 화장실에는 모두 대변기를 설치한다.

<화장실 위생기구 설치기준>

기준	각 성별 사람 수(명)	위생기구 수(개)
A	1~9	1
	10~35	2
	36~55	3
	56~80	4
	81~110	5
	111~150	6
B	1~15	1
	16~40	2
	41~75	3
	76~150	4
C	1~50	2
	51~100	3
	101~150	4

〈보 기〉

ㄱ. 남자 30명과 여자 30명이 근무할 경우, A기준과 B기준에 따라 설치할 위생기구 수는 같다.

ㄴ. 남자 50명과 여자 40명이 근무할 경우, B기준에 따라 설치할 남자 화장실과 여자 화장실의 대변기 수는 같다.

ㄷ. 남자 80명과 여자 80명이 근무할 경우, A기준에 따라 설치할 소변기는 총 4개이다.

ㄹ. 남자 150명과 여자 100명이 근무할 경우, C기준에 따라 설치할 대변기는 총 5개이다.

① ㄱ, ㄴ ② ㄴ, ㄷ ③ ㄷ, ㄹ

④ ㄱ, ㄴ, ㄹ ⑤ ㄱ, ㄷ, ㄹ

문제해설

Step 1 문제 해결의 출발점

남자 화장실에는 위생기구 수가 짝수인 경우 대변기와 소변기를 절반씩 나누어 설치하고, 홀수인 경우 대변기를 한 개 더 많게 설치한다는 조건만 주의하면 <보기>의 각 선지별로 <설치기준>에 해당하는 위생기구 개수를 대입해 판단하면 되는 문제이다.

Step 2 선택지 분석

ㄱ. (○) 남자와 여자 각각 30명이므로 A기준에서는 위생기구 2개, B기준에서도 2개가 나온다. 대변기 소변기 구분을 묻고 있지 않으므로 더 고민할 필요 없이 올바른 진술임을 알 수 있다.

ㄴ. (○) B기준에 따를 때 남자 50명은 위생기구 3개, 여자 40명은 위생기구 2개가 필요하다. 본문 전반부의 진술처럼 남자 화장실에는 위생기구 수가 홀수일 때 대변기를 한 개 더 많게 설치해야 하므로 남자 화장실은 소변기 1개, 대변기 2개가 설치된다. 여자 화장실은 대변기만 설치하므로 대변기의 개수는 양쪽 모두 2개로 동일하다.

ㄷ. (×) A기준에 따를 경우 80명의 인원은 위생기구 4개를 필요로 한다. 남자 화장실은 조건에 따라 이 가운데 2개를 소변기로 설치하고 여자 화장실은 모두 대변기이므로 전체 소변기의 수는 4개가 아니라 2개이다.

ㄹ. (○) C기준에 따를 때, 남자 150명에 해당하는 위생기구는 4개, 여자 100명에 해당하는 위생기구는 3개이다. 남자 화장실은 대변기 2개가 설치되므로 전체 대변기의 수는 5개이다.

정답 | ④

12 **규칙형 문제**
5급공채 2019 가책형 24번

다음 글을 근거로 판단할 때 옳은 것은?

○ 가뭄 예·경보는 농업용수 분야와 생활 및 공업용수 분야로 구분하여 발령한다.
○ 예·경보 발령은 '주의', '심함', '매우심함' 3단계로 구분하며, '매우심함'이 가장 심각한 단계이다.
○ 가뭄 예·경보는 다음에서 정한 날에 발령한다.
- 주의 : 해당 기준에 도달한 매 월 10일
- 심함 : 해당 기준에 도달한 매 주 금요일
- 매우심함 : 해당 기준에 도달한 매 일마다 수시

<가뭄 예·경보 발령 기준>

주의	농업용수	영농기(4~9월)에 저수지 저수율이 평년의 70% 이하 또는 밭 토양 유효수분율이 60% 이하에 해당되는 경우
	생활 및 공업용수	하천여유수량을 감량 공급하는 상황에서 현재 하천유지유량이 고갈되거나, 장래 1~3개월 후 하천 및 댐 등에서 농업용수 공급이 어려울 것으로 판단되는 경우
심함	농업용수	영농기(4~9월)에 저수지 저수율이 평년의 60% 이하 또는 밭 토양 유효수분율이 40% 이하에 해당되는 경우
	생활 및 공업용수	하천유지유량을 감량 공급하는 상황에서 현재 하천 및 댐 등에서 농업용수 공급이 부족하거나, 장래 1~3개월 후 생활 및 공업용수 공급이 어려울 것으로 판단되는 경우
매우심함	농업용수	영농기(4~9월)에 저수지 저수율이 평년의 50% 이하 또는 밭 토양 유효수분율이 30% 이하에 해당되는 경우
	생활 및 공업용수	현재 하천 및 댐 등에서 농업용수, 생활 및 공업용수 공급이 부족하고, 장래 1~3개월 후 생활 및 공업용수 공급에도 차질이 발생할 것으로 판단되는 경우

※ 단, 상황이 여러 기준에 모두 해당되는 경우 더 심각한 단계에 해당되는 것으로 판단

① 영농기에 저수지 저수율이 평년의 50%라면 농업용수 가뭄 예·경보 기준의 심함에 해당한다.
② 영농기에 밭 토양 유효수분율이 70%일 경우 농업용수 가뭄 예·경보를 그 달 10일에 발령한다.
③ 하천유지유량을 감량 공급하는 상황에서 현재 하천 및 댐 등에서 농업용수 공급이 부족한 경우, 농업용수 가뭄 예·경보 기준의 심함에 해당한다.
④ 12월 23일 금요일에 저수지 저수율이 평년의 60% 이하이거나 밭 토양 유효수분율이 40% 이하이면 농업용수 가뭄 예·경보가 발령될 것이다.
⑤ 5월 19일 목요일에 생활 및 공업용수 가뭄 예·경보가 발령되었다면, 현재 하천 및 댐 등에서 농업용수, 생활 및 공업용수 공급이 부족하고, 장래 1~3개월 후 생활 및 공업용수 공급에도 차질이 발생할 것으로 판단되는 경우일 것이다.

문제해설

Step 1 문제 해결의 출발점

가뭄 예·경보의 기준과 각 단계별 발령 시점에 대한 규칙이 제시되어 있다. 표에 제시된 정보량이 많아 보이지만 단계별, 종류별 구분일 뿐이므로 선택지의 키워드에 매칭되는 항목을 빠르게 찾아가기만 한다면 금방 해결될 수 있는 문제이다. 다만 각주의 언급처럼 상황이 여러 기준에 모두 해당되는 경우에는 더 심각한 단계에 해당되는 것으로 판단한다는 정보를 놓치지 말아야 한다. 예를 들어 영농기에 저수지 저수율이 평년의 40%라면 주의, 심함, 매우심함의 단계 모두의 기준 범위에 해당하는 것이지만 실제 결과는 가장 심각한 단계인 매우심함으로 판단한다.

Step 2 선택지 분석

① (×) 영농기 저수지 저수율이 50%이므로 농업용수 가뭄 예·경보 기준의 매우심함에 해당한다.

② (×) 영농기 밭 토양 유효수분율은 60% 이하일 때부터 주의 단계에 포함된다. 70%는 이러한 기준 범위에 포함되지 않으므로 어떤 예·경보 기준에도 해당하지 않는다.

③ (×) 하천유지유량을 감량 공급하는 상황에서 현재 하천 및 댐 등에서 농업용수 공급이 부족한 경우는 농업용수에 대한 예·경보 기준이 아니라 생활 및 공업용수에 대한 예·경보 기준에서 심함 단계에 해당한다.

④ (×) 농업용수에 대한 예·경보 기준을 진술하고 있는데, 12월 23일은 영농기가 아니므로 제시된 기준과 관련이 없다.

⑤ (○) 본문의 세 번째 조건 항목에 의하면 5월 '19일' '목요일'에 예·경보가 발령될 수 있는 것은 매우심함 단계뿐이다. 생활 및 공업용수의 매우심함 단계는 현재 하천 및 댐 등에서 농업용수, 생활 및 공업용수 공급이 부족하고, 장래 1~3개월 후 생활 및 공업용수 공급에도 차질이 발생할 것으로 판단되는 경우이므로 적절한 진술이다.

정답 | ⑤

13 규칙형 문제

5급공채 2019 가책형 27번

다음 글을 근거로 판단할 때, A학자의 언어체계에서 표기와 그 의미를 연결한 것으로 옳지 않은 것은?

A학자는 존재하는 모든 사물들을 자연적인 질서에 따라 나열하고 그것들의 지위와 본질을 표현하는 적절한 기호를 부여하면 보편언어를 만들 수 있다고 생각했다.

이를 위해 A학자는 우선 세상의 모든 사물을 40개의 '속(屬)'으로 나누고, 속을 다시 '차이(差異)'로 세분했다. 예를 들어 8번째 속인 돌은 순서대로 아래와 같이 6개의 차이로 분류된다.

(1) 가치 없는 돌

(2) 중간 가치의 돌

(3) 덜 투명한 가치 있는 돌

(4) 더 투명한 가치 있는 돌

(5) 물에 녹는 지구의 응결물

(6) 물에 녹지 않는 지구의 응결물

이 차이는 다시 '종(種)'으로 세분화되었다. 예를 들어, '가치 없는 돌'은 그 크기, 용도에 따라서 8개의 종으로 분류되었다.

이렇게 사물을 전부 분류한 다음에 A학자는 속, 차이, 종에 문자를 대응시키고 표기하였다. 예를 들어, 7번째 속부터 10번째 속까지는 다음과 같이 표기된다.

(7) 원소 : de

(8) 돌 : di

(9) 금속 : do

(10) 잎 : gw

차이를 나타내는 표기는 첫 번째 차이부터 순서대로 b, d, g, p, t, c, z, s, n을 사용했고, 종은 순서대로 w, a, e, i, o, u, y, yi, yu를 사용했다. 따라서 'di'는 돌을 의미하고 'dib'는 가치 없는 돌을 의미하며, 'diba'는 가치 없는 돌의 두 번째 종을 의미한다.

① ditu - 물에 녹는 지구의 응결물의 여섯 번째 종
② gwpyi - 잎의 네 번째 차이의 네 번째 종
③ dige - 덜 투명한 가치 있는 돌의 세 번째 종
④ deda - 원소의 두 번째 차이의 두 번째 종
⑤ donw - 금속의 아홉 번째 차이의 첫 번째 종

문제해설

Step 1 문제 해결의 출발점

1~49까지의 숫자를 일정한 규칙에 따라 문자화하는 규칙을 제시한 민경채 2013 인책형 21번 기출과 유사한 패턴이다. 본문에서 속-차이-종의 위계 구도를 잘 파악해야 한다. 선택지에 제시된 표기들에서 de, di, do, gw는 각각 원소, 돌, 금속, 잎이라는 '속'을 표시한 것임을 알아차렸다면, 그 다음 글자는 '차이', 마지막 글자(yi와 같이 두 글자인 경우도 있음)는 '종'을 나타낸다는 것을 알 수 있을 것이다.

Step 2 선택지 분석

① (O) ditu - 순서대로 di/t/u로 끊어지므로 '돌 - 6번째 차이 - 6번째 종'이다. 돌의 6번째 차이는 (6)의 물에 녹지 않는 지구의 응결물이므로 올바르게 연결되었다.

② (×) gwpyi - gw/p/yi로 끊어지므로 '잎 - 4번째 차이 - 8번째 종'이다. 종 부분의 순서가 잘못 제시되어 있으므로 정답이다.

③ (O) dige - di/g/e로 끊어지므로 '돌 - 3번째 차이 - 3번째 종'이다.

④ (O) deda - de/d/a로 끊어지므로 '원소 - 2번째 차이 - 2번째 종'이다.

⑤ (O) donw - do/n/w로 끊어진다. '금속 - 9번째 차이 - 1번째 종'이다.

정답 | ②

14 규칙형 문제

5급공채 2019 가책형 36번

다음 글을 근거로 판단할 때, 수호가 세탁을 통해 가질 수 있는 수건의 색조합으로 옳지 않은 것은?

> ○ 수호는 현재 빨간색, 파란색, 노란색, 흰색, 검은색 수건을 각 1개씩 가지고 있다.
> ○ 수호는 본인의 세탁기로 세탁하며, 동일한 수건을 여러 번 세탁할 수 있다.
> ○ 수호가 가지고 있는 세탁기는 수건을 2개까지 동시에 세탁할 수 있고, 다른 색의 수건을 함께 세탁하면 다음과 같이 색이 변한다.
> - 빨간색 수건과 파란색 수건을 함께 세탁하면, 모두 보라색 수건이 된다.
> - 빨간색 수건과 노란색 수건을 함께 세탁하면, 각각 빨간색 수건과 주황색 수건이 된다.
> - 파란색 수건과 노란색 수건을 함께 세탁하면, 각각 파란색 수건과 초록색 수건이 된다.
> - 흰색 수건을 다른 색 수건과 함께 세탁하면, 모두 그 다른 색 수건이 된다.
> - 검은색 수건을 다른 색 수건과 함께 세탁하면, 모두 검은색 수건이 된다.

① 빨간색 1개, 파란색 1개, 보라색 2개, 검은색 1개
② 주황색 1개, 파란색 1개, 노란색 1개, 검은색 2개
③ 빨간색 1개, 주황색 1개, 파란색 2개, 검은색 1개
④ 보라색 3개, 초록색 1개, 검은색 1개
⑤ 빨간색 2개, 초록색 1개, 검은색 2개

문제해설

Step 1 문제 해결의 출발점

이러한 문제는 풀이에 대한 특별한 기준을 제시하기가 어렵다. 제시된 규칙에 따라 각 선택지에 제시된 특정 수건 색상을 역으로 적용해 초기에 지니고 있던 수건 색상이 나타날 수 있는지를 판단한다.

Step 2 선택지 분석

초기 설정은 빨간색, 파란색, 노란색, 흰색, 검은색 수건 각 1개씩이다.

① (×) 빨간색 1개, 파란색 1개, 보라색 2개, 검은색 1개

→ 초기 설정에서 달라진 것은 노란색, 흰색이 모두 보라색 2개로 변했다는 것이다. 색이 변하는 패턴들을 보면, 보라색은 빨간색과 파란색을 함께 빨았을 때 2개가 나타나는 방식으로만 얻을 수 있다. 따라서 보라색 2개가 나오려면 빨간색 1개, 파란색 1개가 추가로 있었어야 한다. 그런데 초기 설정에서 흰색은 빨간색이나 파란색과 함께 빨아 빨간색/파란색으로 변하는 게 가능하지만 노란색은 어떤 조합으로도 빨간색이나 파란색으로 만들 수 없다(색상 변화 패턴에서 2번째와 3번째를 보면 노란색이 주황색이나 초록색으로 변하는 것이다). 따라서 ①이 정답이다.

(실전에서라면 당연히 ①이 정답임을 확인하였다면 뒤도 돌아보지 말고 다른 문제로 넘어가야 한다)

② (○) 노란색+흰색 → 노란색, 노란색

빨간색+노란색 → 빨간색, 주황색

빨간색+검은색 → 검은색. 검은색

의 과정을 거쳐 주1, 파1, 노1, 검2가 나올 수 있다.

나머지 선택지도 마찬가지 방식으로 접근하므로 여기서는 생략한다.

정답 | ①

15 규칙형 문제

5급공채 2020 나책형 7번

다음 글을 근거로 판단할 때, 〈보기〉에서 옳은 것만을 모두 고르면?

甲국은 출산장려를 위한 경제적 지원 정책으로 다음과 같은 세 가지 안(A~C)을 고려 중이다.

○ A안 : 18세 이하의 자녀가 있는 가정에 수당을 매월 지급하되, 자녀가 둘 이상인 경우에 한한다. 18세 이하의 자녀에 대해서 첫째와 둘째는 각각 15만 원, 셋째는 30만 원, 넷째부터는 45만 원씩의 수당을 해당 가정에 지급한다.

○ B안 : 18세 이하의 자녀가 있는 가정에 수당을 매월 지급한다. 다만 자녀가 18세를 초과하더라도 재학 중인 경우에는 24세까지 수당을 지급한다. 첫째와 둘째는 각각 20만 원, 셋째는 22만 원, 넷째부터는 25만 원씩의 수당을 해당 가정에 지급한다.

○ C안 : 자녀가 중학교를 졸업할 때(상한 연령 16세)까지만 해당 가정에 수당을 매월 지급한다. 우선 3세 미만의 자녀가 있는 가정에는 3세 미만의 자녀 1명 당 10만 원을 지급한다. 3세부터 초등학교를 졸업할 때까지는 첫째와 둘째는 각각 8만 원, 셋째부터는 10만 원씩 해당 가정에 지급한다. 중학생 자녀의 경우, 일률적으로 1명 당 8만 원씩 해당 가정에 지급한다.

〈보 기〉

ㄱ. 18세 이하 자녀 3명만 있는 가정의 경우, 지급받는 월 수당액은 A안보다 B안을 적용할 때 더 많다.
ㄴ. A안을 적용할 때 자녀가 18세 이하 1명만 있는 가정은 월 15만 원을 수당으로 지급받는다.
ㄷ. C안의 수당을 50% 증액하더라도 중학생 자녀 2명(14세, 15세)만 있는 가정은 A안보다 C안을 적용할 때 더 적은 월 수당을 지급받는다.
ㄹ. C안을 적용할 때 한 자녀에 대해 지급되는 월 수당액은 그 자녀가 성장하면서 지속적으로 증가하는 특징이 있다.

① ㄱ, ㄷ
② ㄱ, ㄹ
③ ㄴ, ㄹ
④ ㄱ, ㄴ, ㄷ
⑤ ㄴ, ㄷ, ㄹ

문제해설

Step 1 문제 해결의 출발점

출산장려를 위한 세 가지 경제적 지원 정책이 제시되어 있다. 각 지원안의 수당 지급 방식이 다르고 선지에서도 각 안의 차이점을 비교하는 형태의 진술이 주이므로 바로 <보기> ㄱ부터 분석을 시작한다.

Step 2 선택지 분석

ㄱ. (○) A안에 따른 수당 지급액은 첫째와 둘째는 각각 15만 원, 셋째는 30만 원으로 총 60만 원이다. B안에 따른 수당 지급액은 20+20+22=62만 원이므로 B안에 따른 수당액이 더 많다.

ㄴ. (×) 18세 이하의 자녀가 있는 가정 가운데 자녀가 둘 이상인 경우에 한하므로 18세 이하 자녀가 1명만 있을 때는 수당을 지원받지 못한다.

ㄷ. (○) C안에 따르면 중학생 자녀에게는 일률적으로 1인당 8만 원씩 지급한다. 따라서 현재의 안에서는 16만 원, 변경안에서는 24만 원을 받는다. A안에 따르면 18세 이하 자녀 가운데 첫째와 둘째는 각각 15만 원씩 지급받으므로 30만 원이다. 따라서 ㄷ은 옳은 진술이다.

ㄹ. (×) C안에 따를 경우, 1명의 자녀만 있으면 3세 미만일 때는 10만 원, 3세부터 초등 졸업 때까지는 8만 원, 중학생 자녀는 8만 원이므로 지속적으로 증가한다고 볼 수 없다.

정답 | ①

16 규칙형 문제

5급공채 2020 나책형 11번

다음 글을 근거로 판단할 때, 〈보기〉에서 옳은 것만을 모두 고르면?

○ 甲과 乙은 총 10장의 카드를 5장씩 나누어 가진 후에 심판의 지시에 따라 게임을 한다.
○ 카드는 1부터 9까지의 서로 다른 숫자가 하나씩 적힌 9장의 숫자카드와 1장의 만능카드로 이루어진다.
○ 이 중 6 또는 9가 적힌 숫자카드는 9와 6 중에서 원하는 숫자카드 하나로 활용할 수 있다.
○ 만능카드는 1부터 9까지의 숫자 중 원하는 숫자가 적힌 카드 하나로 활용할 수 있다.

〈보 기〉

ㄱ. 심판이 가장 큰 다섯 자리의 수를 만들라고 했을 때, 가능한 가장 큰 수는 홀수이다.
ㄴ. 상대방보다 작은 두 자리의 수를 만들면 승리한다고 했을 때, 乙이 '12'를 만들었다면 승리한다.
ㄷ. 상대방보다 큰 두 자리의 수를 만들면 승리한다고 했을 때, 甲이 '98'을 만들었다면 승리한다.
ㄹ. 심판이 10보다 작은 3의 배수를 상대방보다 많이 만들라고 했을 때, 乙이 3개를 만들었다면 승리한다.

① ㄱ, ㄴ
② ㄱ, ㄷ
③ ㄷ, ㄹ
④ ㄱ, ㄴ, ㄹ
⑤ ㄴ, ㄷ, ㄹ

문제해설

Step 1 문제 해결의 출발점

갑과 을 각각이 1~9까지 숫자가 적힌 카드와 만능카드 한 장을 포함해 총 10장의 카드를 5장씩 나눠 가지고 게임을 진행한다. 기본적인 조건만 파악하고 바로 <보기>의 선지별로 분석을 들어간다.

Step 2 선택지 분석

ㄱ. (○) 가장 큰 다섯 자리 수가 되려면 9부터 시작해야 한다. 6카드와 9카드는 서로 상대 카드로 치환이 가능하고 만능카드 한 장이 있다면 이 카드를 9로 설정하는 것 역시 가능하다. 따라서 99987이 만들 수 있는 가장 큰 다섯 자리 수가 된다.

ㄴ. (○) 을이 12를 만들었을 때, 갑이 만약 만능카드를 지니고 있고 이를 1로 치환한다고 가정하고 가질 수 있는 가장 작은 수의 조합은 1과 3이다. 이것으로 만들 수 있는 가장 작은 수는 13이다. 반대로 을이 만능카드로 1을 만들었다고 해도 갑이 가질 수 있는 가장 작은 수의 조합은 1과 3이므로 13을 만드는 게 최선이다. 따라서 어떤 경우건 을이 승리한다.

ㄷ. (×) 갑이 98을 만들었을 때, 을이 6카드와 만능카드를 들고 있다면 이들을 모두 9로 치환해 99를 만드는 것이 가능하며 이 경우에는 을이 승리한다.

ㄹ. (○) 10보다 작은 3의 배수는 3, 6, 9밖에 없다. 을이 이들 3개를 만들었다는 것은 3번, 6번, 9번 카드를 모두 사용했거나 만능카드 하나를 사용해 이중 하나를 대체했다는 것이 된다. 만약 만능카드가 갑에게 있다고 해도 갑이 만들 수 있는 3의 배수는 하나밖에 없으므로 을이 승리한다.

정답 | ④

17 규칙형 문제

5급공채 2020 나책형 13번

다음 글을 근거로 판단할 때, 〈보기〉에서 옳은 것만을 모두 고르면?

甲과 乙은 시계와 주사위를 이용한 게임을 하며, 규칙은 다음과 같다.

○ 1~12시까지 적힌 시계 문자판을 말판으로 삼아, 1개의 말을 12시에 놓고 게임을 시작한다.

○ 주사위를 던져 짝수가 나오면 말을 시계 방향으로 1시간 이동시키며, 홀수가 나오면 말을 반시계 방향으로 1시간 이동시킨다.

○ 甲과 乙이 번갈아 주사위를 각 12번씩 총 24번 던져 말의 최종 위치로 게임의 승자를 결정한다.

○ 말의 최종 위치가 1~5시이면 甲이 승리하고, 7~11시이면 乙이 승리한다. 6시 또는 12시이면 무승부가 된다.

〈보 기〉

ㄱ. 말의 최종 위치가 3시일 확률은 $\frac{1}{12}$ 이다.

ㄴ. 말의 최종 위치가 4시일 확률과 8시일 확률은 같다.

ㄷ. 乙이 마지막 주사위를 던질 때, 홀수가 나오는 것보다 짝수가 나오는 것이 甲에게 항상 유리하다.

ㄹ. 乙이 22번째 주사위를 던져 말을 이동시킨 결과 말의 위치가 12시라면, 甲이 승리할 확률은 무승부가 될 확률보다 낮다.

① ㄱ, ㄷ

② ㄴ, ㄷ

③ ㄴ, ㄹ

④ ㄷ, ㄹ

⑤ ㄱ, ㄴ, ㄹ

문제해설

Step 1 문제 해결의 출발점

말의 이동 패턴을 빠르게 파악하는 것이 핵심이다. 출발점은 12시이고, 주사위를 던져 나온 수가 짝수이냐 홀수이냐에 따라 +1(시계 방향으로 한 칸 이동) 혹은 -1(반시계 반향으로 한 칸 이동)씩 이동한다. 이러한 조건에서는 주사위를 짝수 번 던질 경우 말이 이동한 칸은 무조건 짝수(+2, 0, -2 가운데 하나)가 된다는 것이 출발점이다.

Step 2 선택지 분석

ㄱ. (×) 가장 중요한 정보는 총 24번을, 즉 짝수 번을 던진다는 것이다. 각 회차에서 갑과 을이 던진 주사위의 수가 나오는 경우의 수는 매우 많지만 주사위가 이동한 칸은 결국 2시, 4시, 6시, 8시, 10시, 12시 중 어느 곳이 될 수밖에 없다. 따라서 ㄱ은 틀린 진술이다.

ㄴ. (○) 4시와 8시를 비교한 이유를 빠르게 간파하자. 시계를 12시와 6시를 잇는 선을 축으로 반으로 접으면 4시와 8시 지점은 겹친다. 즉 12시에서 시작해 4시에 위치하게 되는 경우나 12시에서 시작해 8시에 위치하는 경우나 나올 수 있는 이동 패턴은 +4, +16, -8, -20(8시가 되는 경우는 +8, +20, -4, -16)으로 사실상 동일하다. 이처럼 게임 결과 각 시간대에 위치할 수 있는 경우의 수가 같으므로 확률 역시 동일하다.

ㄷ. (×) 을이 마지막 주사위를 던지기 전까지 주사위가 23번 던져졌으므로 이때 말의 위치는 홀수 칸(1, 3, 5, 9, 11)일 것이다. 이제 을이 마지막 주사위를 던지면 여기에서 +1이나 -1의 이동을 하게 되는데 23회째의 말이 어디에 위치하는지에 따라 승패는 다음과 같이 결정된다.

- 짝수(+1) : 23회째 말의 위치가 1이나 3이면 갑 승리, 7이나 9면 을 승리, 5나 11이면 무승부
- 홀수(-1) : 23회째 말의 위치가 3이나 5이면 갑 승리, 9나 11이면 을 승리, 1이나 7이면 무승부

즉 23회째 말의 위치가 어디이냐에 따라 홀/짝에 따른 갑의 유리함이 달라지므로 홀수보다 짝수가 갑에게 항상 유리하다는 진술은 부적절하다.

ㄹ. (○) 말이 12시에 위치해 있는 상황에서 남은 주사위 던지기는 2회이다. 이 2회로 이동 가능한 경우는 +1+1, +1-1, -1+1, -1-1의 네 가지인데, 결과적으로는 2시, 12시, 12시, 10시로 갑이 승리할 확률(1/4)은 무승부가 될 확률(1/2)보다 낮다.

정답 | ③

18 규칙형 문제
5급공채 2020 나책형 31번

다음 글과 〈상황〉을 근거로 판단할 때, 〈보기〉에서 옳은 것만을 모두 고르면?

甲~戊로 구성된 A팀은 회식을 하고자 한다. 회식메뉴는 다음의 <메뉴 선호 순위>와 <메뉴 결정 기준>을 고려하여 정한다.

<메뉴 선호 순위>

팀원 \ 메뉴	탕수육	양고기	바닷가재	방어회	삼겹살
甲	3	2	1	4	5
乙	4	3	1	5	2
丙	3	1	5	4	2
丁	2	1	5	3	4
戊	3	5	1	4	2

<메뉴 결정 기준>

○ 기준 1 : 1순위가 가장 많은 메뉴로 정한다.
○ 기준 2 : 5순위가 가장 적은 메뉴로 정한다.
○ 기준 3 : 1순위에 5점, 2순위에 4점, 3순위에 3점, 4순위에 2점, 5순위에 1점을 부여하여 각각 합산한 뒤, 점수가 가장 높은 메뉴로 정한다.
○ 기준 4 : 기준3에 따른 합산 점수의 상위 2개 메뉴 중, 1순위가 더 많은 메뉴로 정한다.
○ 기준 5 : 5순위가 가장 많은 메뉴를 제외하고 남은 메뉴 중, 1순위가 가장 많은 메뉴로 정한다.

〈상 황〉

○ 丁은 바닷가재가 메뉴로 정해지면 회식에 불참한다.
○ 丁이 회식에 불참하면 丙도 불참한다.
○ 戊는 양고기가 메뉴로 정해지면 회식에 불참한다.

〈보 기〉

ㄱ. 기준 1과 기준 4 중 어느 것에 따르더라도 같은 메뉴가 정해진다.
ㄴ. 기준 2에 따르면 탕수육으로 메뉴가 정해진다.
ㄷ. 기준 3에 따르면 모든 팀원이 회식에 참석한다.
ㄹ. 기준 5에 따르면 戊는 회식에 참석하지 않는다.

① ㄱ, ㄴ　　② ㄴ, ㄷ　　③ ㄷ, ㄹ
④ ㄱ, ㄴ, ㄹ　　⑤ ㄱ, ㄷ, ㄹ

문제해설

Step 1 문제 해결의 출발점

<보기>를 보면 기준 1~5를 종합적으로 적용해야 하는 문제가 아님을 알 수 있다. 따라서 <상황>을 빠르게 읽고 바로 <보기>의 선지별로 판단을 들어가도록 한다. <메뉴 선호 순위>는 점수가 아닌 '순위'를 나타낸다는 것을 놓치지 말자.

Step 2 선택지 분석

기준 3과 기준 4는 점수화 과정이 동반되므로 순위표만으로 바로 판단할 수 있는 기준 1, 2, 5가 적용되는 선지 ㄴ, ㄹ부터 먼저 판단한다.

ㄴ. (○) 기준 2에 따르면 5순위가 가장 적은 탕수육(5순위 하나도 없음)이 메뉴로 결정된다.

ㄹ. (○) 기준 5에 따르면 5순위가 2개로 가장 많은 바닷가재를 먼저 제외한다. 남은 메뉴 중 1순위가 가장 많은 메뉴는 양고기인데, 양고기로 메뉴가 결정되면 <상황> 3번에 따라 무는 회식에 불참한다.

ㄱ. (○) 기준 1에 따르면 1순위가 가장 많은 바닷가재(3번)가 선택된다. 기준4는 기준3에 따른 순위 점수를 부여한 후 상위 2개 메뉴 중 1순위가 더 많은 메뉴로 결정한다. 각 메뉴의 점수를 구하면 다음 표와 같다(괄호 속이 점수).

팀원 \ 메뉴	탕수육	양고기	바닷가재	방어회	삼겹살
甲	3(3)	2(4)	1(5)	4(2)	5(1)
乙	4(2)	3(3)	1(5)	5(1)	2(4)
丙	3(3)	1(5)	5(1)	4(2)	2(4)
丁	2(4)	1(5)	5(1)	3(3)	4(2)
戊	3(3)	5(1)	1(5)	4(2)	2(4)
총점	15	18	17	10	15

양고기와 바닷가재가 마지막으로 경합을 벌이는데, 1순위는 바닷가재가 더 많으므로 최종 메뉴는 바닷가재로 결정된다. 따라서 어떤 기준에 따르건 바닷가재로 결정된다.

ㄷ. (×) ㄱ에서 살펴본 것처럼 기준 3에 따르면 가장 점수가 높은 양고기가 메뉴로 결정되는데 이 경우 무는 회식에 불참한다.

정답 | ④

19 규칙형 문제

5급공채 2020 나책형 37번

다음 〈대화〉와 〈품질인증서번호 부여 규칙〉을 근거로 판단할 때, 乙이 발급받은 품질인증서 번호는?

〈대 화〉

甲 : 안녕하세요? '품질인증서' 발급을 신청하러 오셨나요?

乙 : 토목분야로 예전에 품질인증서를 발급받은 적이 있어요. 재발급받으려 합니다.

甲 : 인증서 유효기간은 발급일로부터 2년까지입니다. 선생님께선 2017년 11월 20일에 발급받으셨네요. 오늘 접수하시면 유효기간 만료일로부터 30일이 지난 겁니다.

乙 : 그렇군요. 저희가 2019년 11월에 본사와 공장을 전부 이전해서 주소가 바뀌었어요. 본사는 대전으로 이전했고, 공장은 중동에서 베트남으로 이전해 있어요. 이러한 내용으로 발급해 주세요.

甲 : 접수되었습니다. 품질인증서는 접수일로부터 3주 후에 발급됩니다.

〈품질인증서번호 부여 규칙〉

품질인증서번호는 부여 규칙(가~라)에 따라 아래와 같이 ㉠~㉣란에 숫자 또는 코드가 기재된다.

㉠	㉡	㉢	㉣

가. ㉠란에 발급연도의 3, 4번째 숫자를 기재한다.

나. ㉡란에 아래의 신청유형별 코드를 기재한다.

신청유형	코드	신청유형	코드
신규신청	1A	재발급(기간만료 후)	4B
연장신청(기간만료 전)	2A	재발급(양도)	5C
규격확인 신청	3B	재발급(공장주소변경)	6C

※ 2개 이상의 신청유형에 해당되는 경우에는 해당 코드를 모두 기재하되, 각 코드에 포함된 숫자가 큰 코드를 먼저 기재한다.

다. ㉢란에 아래의 분야별 코드를 기재한다.

분야명	코드	분야명	코드
기계	AA	에너지	CC
전기·전자	AB	토목	CD
정보·통신	BB	의료기기	DD

라. ㉣란에 아래의 지역구분 코드를 기재한다. (단, 지역구분 코드는 발급연도를 기준으로 공장소재지에 따른다)

국내	코드	국외	코드
서울·인천·경기	DA	아시아	FA
대전·세종·충남·충북	DB	미주	FB
광주·전남·전북·제주	DC	유럽	FC
부산·울산·경남	DD	중동	FD
대구·경북	DE	아프리카	FE
강원	DF	기타지역	FF

① 196C4BCDFA ② 194B6CCCDB ③ 196C4BCDFD
④ 204B6CCDDB ⑤ 206C4BCDFA

문제해설

Step 1 문제 해결의 출발점

<대화>와 <품질인증서번호 부여 규칙>을 오가며 ㉠~㉣에 들어갈 코드를 찾아야 하는 규칙형 문제이다. <품질인증서번호 부여 규칙>이 길고 복잡하지만 대화에서 해당 항목만 잘 찾아낸다면 두려워할 필요는 없는 문제이다.

Step 2 선택지 분석

㉠ : 발급연도의 3, 4번째 숫자를 기재해야 한다. <대화>를 보면 현재 날짜가 명시적으로 나와 있지 않은데 추론을 통해 도출해야 한다. 인증서 유효기간은 발급일로부터 2년까지인데, 2017년 11월 20일에 발급한 인증서가 현재 유효기간 만료일로부터 30일이 지난 상태이다. 따라서 현재 날짜는 2019년 12월 20일이다. 주의해야 할 것은 인증서 발급은 대화가 진행된 현재 날짜에 바로 이루어지는 것이 아니라, 갑의 마지막 진술에서처럼 접수일로부터 3주 후에 이루어진다. 따라서 발급연도는 2020년이 되므로 ㉠은 20이다.

㉡ : ㉡에 대해 판단할 때는 '나'목 아래의 각주를 놓치지 않아야 한다. 각주에 따르면 2개 이상의 신청유형에 해당하면 해당 코드를 모두 기재하되, 각 코드에 포함된 숫자가 큰 코드를 앞에 기재한다. 을의 첫 번째 대화와 갑의 두 번째 대화를 보면 을은 품질인증서를 '재발급' 받으려는 것인데 인증서 유효기간이 만료된 이후에 접수하는 것이므로 '재발급(기간만료 후)'의 코드 4B가 된다. 또한 을의 공장이 이전한 것이므로 '재발급(공장주소변경)'의 코드 6C도 부여되어야 한다. 그 결과 ㉡은 6C4B이다.

(여기까지만 봐도 정답은 ⑤임을 바로 알 수 있다)

㉢, ㉣ : ㉢은 토목 분야이므로 CD가, ㉣은 발급연도 기준 공장소재지이므로 아시아(베트남) 지역에 해당하는 FA가 부여된다.

정답 | ⑤

20 규칙형 문제

5급공채 2020 나책형 38번

다음 글과 〈상황〉을 근거로 판단할 때, 〈보기〉에서 옳은 것만을 모두 고르면?

여러 가지 성분으로 구성된 물질을 조성물이라고 한다. 조성물을 구성하는 각 성분의 양은 일정한 범위 내에 있고, 이는 각 성분의 '중량%' 범위로 표현할 수 있다. 중량% 범위의 최솟값을 최소성분량, 최댓값을 최대성분량이라고 한다.

다음 중 어느 하나에라도 해당되는 조성물을 '불명확'하다고 한다.

○ 모든 성분의 최소성분량의 합이 100중량%를 초과하는 경우
○ 모든 성분의 최대성분량의 합이 100중량%에 미달하는 경우
○ 어느 한 성분의 최소성분량과 나머지 모든 성분의 최대성분량의 합이 100중량%에 미달하는 경우
○ 어느 한 성분의 최대성분량과 나머지 모든 성분의 최소성분량의 합이 100중량%를 초과하는 경우

〈상 황〉

조성물 甲은 성분 A, B, C, D, E만으로 구성되어 있고, 각각의 최소성분량과 최대성분량은 다음과 같다.

(단위:중량%)

성분	최소성분량	최대성분량
A	5	10
B	25	30
C	10	20
D	20	40
E	x	y

〈보 기〉

ㄱ. x가 4이고 y가 10인 경우, 조성물 甲은 불명확하다.
ㄴ. x가 10이고 y가 20인 경우, 조성물 甲은 불명확하다.
ㄷ. x가 25이고 y가 26인 경우, 조성물 甲은 불명확하다.
ㄹ. x가 20이고 y가 x보다 크고 40보다 작은 경우, 조성물 甲은 불명확하지 않다.

① ㄱ, ㄴ ② ㄱ, ㄷ ③ ㄴ, ㄹ
④ ㄱ, ㄷ, ㄹ ⑤ ㄴ, ㄷ, ㄹ

문제해설

Step 1 문제 해결의 출발점

본문에 제시된 4개의 조건 가운데 어느 하나라도 해당한다면 불명확 판정을 받게 된다는 것을 놓치지 말자. <보기> ㄱ을 해결하면서 접근 방향을 바로 파악할 수 있을 것이다. 본문에 제시된 불명확 판단의 조건들을 각각 조건 1~조건 4라고 하자.

Step 2 선택지 분석

조건 1과 2를 판단하기 쉽도록 A~D까지의 성분량 합을 미리 구해둔다. 각각 60과 100이다. <보기> ㄱ~ㄹ을 보면 x의 최댓값이 25이고 y의 최솟값이 10이다. 어떤 선지이건 조건 1과 조건 2는 충족하지 않는다는 것을 알 수 있다. 따라서 각 선지를 분석할 때는 조건 3과 조건 4에 집중한다.

조건 3을 적용할 때는 성분량의 합을 최대한 줄였을 때 100중량%에 미달하는지 판단해야 하고 조건 4를 적용할 때는 성분량의 합을 최대한 증가시켰을 때 100중량%를 초과하는지 판단해야 한다. 성분 가운데 D가 최소성분량과 최대성분량의 차가 가장 크게 나므로 D를 조건 3이나 4에 제시된 '어느 성분'으로 삼고 분석해야 한다.

성분	최소성분량	최대성분량
A	5	10
B	25	30
C	10	20
D	20	40
E	x	y

ㄱ. (○) x가 4이고 y가 10인 경우, 조건 3에 따라 A, B, C, E의 최대성분량(합은 70)과 D의 최소성분량(20)을 합하면 90이 되어 100중량%에 미달한다. 따라서 옳은 선지이다.

ㄴ. (×) 가 10이고 y가 20인 경우, 조건 3에 따른 합산값은 100, 조건 4에 따른 합산값은 90이므로 두 조건 모두 충족한다. 따라서 이 경우 조성물 값은 명확하다.

ㄷ. (○) x가 25이고 y가 26인 경우, 조건 4에 따를 때 D의 최대성분량과 나머지 성분들의 최소성분량의 합은 105로 100중량%를 초과해 불명확하다.

ㄹ. (○) x가 20, y가 x보다 크고 40보다 작으므로 최소성분량과 최대성분량의 격차가 가장 큰 성분은 여전히 D이다. 따라서 D를 '어느 성분'으로 간주한다는 틀은 그대로 유지된다. 이 경우, y가 21이라고 가정하면 조건 3에 따른 합산값은 101로 100중량%를 초과하고, 조건 3에 따른 합산값은 100으로 100중량% 이내이다. 따라서 불명확 조건을 모두 충족하지 않으므로 불명확하지 않다는 판단은 적절하다.

정답 | ④

21 규칙형 문제

5급공채 2021 가책형 10번

다음 글을 근거로 판단할 때, 하나의 단어를 표현하는 가장 긴 코드의 길이는?

일반적으로 대화에는 약 18,000개의 단어가 사용된다. 항공우주연구소는 화성에 보낸 우주비행사와의 통신을 위해 아래의 <원칙>에 따라 단어를 코드로 바꾸어 교신하기로 하였다.

<원 칙>

○ 하나의 코드는 하나의 단어만을 나타낸다.

○ 26개의 영어 알파벳 소문자를 사용하여 왼쪽에서부터 오른쪽으로 일렬로 나열한 코드를 만든다.

○ 코드 중 가장 긴 것의 길이를 최소화한다.

○ 18,000개의 단어를 표현할 수 있어야 한다.

<단어 - 코드 변환의 예>

코드	단어	코드	단어
a	우주비행사	aa	지구
b	우주정거장	ab	외계인
⋮	⋮	⋮	⋮

※ 코드의 길이는 코드에 표시된 글자의 수를 뜻한다.

① 1

② 2

③ 3

④ 4

⑤ 5

문제해설

Step 1 문제 해결

<원칙>과 <단어-코드 변환의 예>를 종합하면, 2자리 이상의 코드부터는 동일한 알파벳들로 이루어진 코드라 해도 알파벳이 어느 자리에 위치하느냐에 따라 서로 다른 코드가 되므로(예를 들어, ab와 ba는 다른 코드) 경우의 수는 각 자릿수에 들어가는 알파벳의 종류들의 제곱수 구조가 된다. 따라서

코드가 1자리로 이루어질 때 : 26개의 단어를

코드가 2자리(□□형태)로 이루어질 때 : 26×26개의 단어를

코드가 3자리(□□□형태)로 이루어질 때 : 26×26×26개의 단어를

표현할 수 있다.

각각의 수는 26, 676, 17576이고, 이를 모두 더하면 18,000을 넘는다.

따라서 하나의 단어를 표현하는 가장 긴 코드의 길이는 3이다.

정답 | ③

22 규칙형 문제
5급공채 2021 가책형 31번

다음 글을 근거로 판단할 때, ㉠과 ㉡을 옳게 짝지은 것은?

○ 甲회사는 재고를 3개의 창고 A, B, C에 나누어 관리하며, 2020년 1월 1일자 재고는 A창고 150개, B창고 100개, C창고 200개였다.

○ 2020년 상반기 입·출고기록은 다음 표와 같으며, 재고는 입고 및 출고에 의해서만 변화한다.

입고기록				출고기록			
일자 \ 창고	A	B	C	일자 \ 창고	A	B	C
3월 4일	50	80	0	2월 18일	30	20	10
4월 10일	0	25	10	3월 27일	10	30	60
5월 11일	30	0	0	4월 13일	20	0	15

○ 2020년 5월 25일 하나의 창고에 화재가 발생하여 그 창고 안에 있던 재고 전부가 불에 그을렸는데, 그 개수를 세어보니 150개였다.

○ 화재 직후인 2020년 5월 26일 甲회사의 재고 중 불에 그을리지 않은 것은 [㉠]개였다.

○ 甲회사는 2020년 6월 30일 상반기 장부를 정리하던 중 두 창고 [㉡]의 상반기 전체 출고기록이 맞바뀐 것을 뒤늦게 발견하였다.

	㉠	㉡
①	290	A와 B
②	290	A와 C
③	290	B와 C
④	300	A와 B
⑤	300	A와 C

문제해설

Step 1 문제 해결

2020년 1월 1일자 재고를 출발점으로 삼아, 입고는 +, 출고는 - 처리를 하여 화재 발생일인 5월 25일 직전까지 각 창고별 재고상황을 먼저 정리해 둔다.

A창고 : 150 + 80 - 60 = 170

B창고 : 100 + 105 - 50 = 155

C창고 : 200 + 10 - 85 = 125

문제는, 본문의 마지막 정보에 따랐을 때 실제로 표의 상반기 장부 내용에서 두 창고의 상반기 전체 출고기록이 맞바뀌어 있었다는 것이다. 즉, 위에서 정리한 5월 25일 직전의 창고별 재고 수치는 실제와는 맞지 않는 것이다.

다음으로, 세 번째 정보에 의하면 5월 25일의 화재로 인해 특정 창고의 재고 전부가 불에 그을렸고, 그 수는 150개이다. 이미 확인한 것처럼, <표>를 통해 정리한 5월 25일 직전의 창고별 재고 상황에는 150이라는 수치가 없으므로 두 창고 전체의 '출고기록'이 맞바뀌어 한쪽이 150의 재고량이 도출되어야 한다. 이제 출고기록을 보면, A창고는 60, B창고는 50, C창고는 85의 출고가 이루어진 것으로 나온다. 이 가운데 두 출고량을 맞바꾸어 150이라는 최종 재고량이 나오는 경우는 A와 C를 바꾸면 된다.

A = 150 + 80 - 85 = 145

C = 200 + 10 - 60 = 150

따라서 ⓒ에 들어갈 것은 'A와 C'이고 C창고를 제외한 나머지 두 창고의 전체 재고량의 합은 290이다.

정답 | ②

23 규칙형 문제
5급공채 2021 가책형 36번

다음 글을 근거로 판단할 때, 규칙 위반에 해당하는 것은?

<드론 비행 안전 규칙>

드론을 비행하려면 다음 요건을 갖추어야 한다.

구 분		기체검사	비행승인	사업등록	구 분		장치신고	조종자격
이륙중량 25kg 초과	사업자	○	○	○	자체중량 12kg 초과	사업자	○	○
	비사업자	○	○	×		비사업자	○	×
이륙중량 25kg 이하	사업자	×	△	○	자체중량 12kg 이하	사업자	○	×
	비사업자	×	△	×		비사업자	×	×

※ ○ : 필요, × : 불필요
△ : 공항 또는 비행장 중심 반경 5km 이내에서는 필요

① 비사업자인 甲은 이륙중량 20kg, 자체중량 10kg인 드론을 공항 중심으로부터 10km 떨어진 지역에서 비행승인 없이 비행하였다.

② 비사업자인 乙은 이륙중량 30kg, 자체중량 10kg인 드론을 기체검사, 비행승인을 받아 비행하였다.

③ 사업자인 丙은 이륙중량 25kg, 자체중량 12kg인 드론을 사업등록, 장치신고를 하고 비행승인 없이 비행장 중심으로부터 4km 떨어진 지역에서 비행하였다.

④ 사업자인 丁은 이륙중량 30kg, 자체중량 20kg인 드론을 기체검사, 사업등록, 장치신고, 조종자격을 갖추고 비행승인을 받아 비행하였다.

⑤ 사업자인 戊는 이륙중량 20kg, 자체중량 13kg인 드론을 사업등록, 장치신고, 조종자격을 갖추고 비행승인 없이 비행장 중심으로부터 20km 떨어진 지역에서 비행하였다.

문제해설

Step 1 문제 해결의 출발점

이륙 중량, 자체 중량, 사업자/비사업자 조건에 따라 각 선지의 상황을 표로 제시된 <규칙>에 대응시켜 하나씩 판별해 나가면 되는 문제이다.

Step 2 선택지 판별

선택지별 해당 항목을 체크하면 다음과 같다.

<table>
<tr><th colspan="2">구 분</th><th>기체검사</th><th>비행승인</th><th>사업등록</th><th colspan="2">구 분</th><th>장치신고</th><th>조종자격</th></tr>
<tr><td rowspan="2">이륙중량 25kg 초과</td><td>사업자 ④</td><td>○</td><td>○</td><td>○</td><td rowspan="2">자체중량 12kg 초과</td><td>사업자 ④⑤</td><td>○</td><td>○</td></tr>
<tr><td>비사업자 ②</td><td>○</td><td>○</td><td>×</td><td>비사업자</td><td>○</td><td>×</td></tr>
<tr><td rowspan="2">이륙중량 25kg 이하</td><td>사업자 ③⑤</td><td>×</td><td>△</td><td>○</td><td rowspan="2">자체중량 12kg 이하</td><td>사업자 ③</td><td>○</td><td>×</td></tr>
<tr><td>비사업자 ①</td><td>×</td><td>△</td><td>×</td><td>비사업자 ①②</td><td>×</td><td>×</td></tr>
</table>

① (×) 갑의 드론은 '비행 승인' 항목에서 △이므로 공항 또는 비행장 중심 반경 5km 이내에서만 비행승인을 받으면 된다. 10km 떨어진 지역에서는 비행승인 없이 비행이 가능하다.

② (×) 을의 드론은 '기체검사'와 '비행승인'이 둘 다 필요한데, 둘 다 받아서 비행하였으므로 문제될 것이 없다.

③ (○) 병의 드론은 '사업등록'과 '장치신고'가 필요하며, 갑과 마찬가지로 공항 또는 비행장 중심 반경 5km 이내에서는 비행승인을 받고 비행해야 한다. 따라서 병이 규칙을 위반하였다.

④ (×) 정의 드론은 '기체검사', '비행승인', '사업등록', '장치신고', '조정자격' 모두 필요하고 정은 이를 모두 이행하였으므로 문제될 것이 없다.

⑤ (×) 무의 드론은 '사업등록', '장치신고', '조정자격'이 필요하고, 공항 또는 비행장 중심 반경 5km 이내에서만 비행승인을 받으면 된다. 모두 충족하였으므로 역시 문제될 것이 없다.

정답 | ③

24 규칙형 문제
5급공채 2021 가책형 37번

다음 글과 〈대화〉를 근거로 판단할 때, 인영이가 현장답사 대상으로 선정한 기업은?

○ 인영은 기업 현장답사 계획안을 작성해야 한다.
○ 현장답사 할 기업을 먼저 선정해야 하는데, 기업 후보를 5개 받았으며 이 가운데에서 한 기업을 골라야 한다. 현장답사 후보 기업 관련 정보는 다음과 같다.

기업	업종	직원수	실내/실외 여부	근접역 유무 및 역과의 거리
A	제조	80명	실외	있음, 20km
B	서비스	500명	실내	있음, 10km
C	서비스	70명	실외	있음, 12km
D	서비스	100명	실내	없음
E	제조	200명	실내	있음, 8km

○ 인영은 서연에게 도움을 요청했고, 다음 <대화>를 바탕으로 현장답사 대상 기업을 선정하였다.

〈대 화〉

인영 : 서연아, 예전에 기업 현장답사 계획한 적 있었지? 나도 이번에 계획안을 작성해야 하는데, 현장답사 기업을 선정할 때 어떤 업종이 좋을까?
서연 : 응, 했었지. 얼마 전 있었던 현장답사 기업이 제조기업이었으니, 이번에는 서비스기업에 가는 것이 좋겠어.
인영 : 그렇구나, 기업의 위치는 어떤 곳이 좋을까?
서연 : 아무래도 일정이 바쁜 사람이 많을 테니 근접역과의 거리가 15km 이내면 좋겠어. 그리고 기업의 규모도 중요할텐데, 관련한 조건은 없었어?
인영 : 그러고 보니 이번에는 직원수가 100명 이하인 곳이어야 해. 그런데 근접역이 없으면 아예 답사 대상에서 제외되는 거야?
서연 : 아니야. 근접역이 없을 때는 차량지원이 나오기 때문에 답사 대상으로 선정 가능해.
인영 : 그렇구나, 또 고려해야 할 것은 없어?
서연 : 답사 예정 날짜를 보니 비 예보가 있네. 그러면 실외는 안 되겠다.

① A
② B
③ C
④ D
⑤ E

문제해설

Step 1 문제 해결

<대화>를 하나씩 검토하면서 후보 기업을 좁혀나가면 된다.

서연의 첫 번째 대화에서 업종은 서비스 기업(B, C, D)으로 좁혀진다.

서연의 두 번째 및 세 번째 대화에서는 추가로 제외되는 기업이 없다.

인영의 세 번째 대화에서 B 기업은 제외된다.

서연의 마지막 대화에서 실외인 C 기업도 제외된다.

따라서 답사 대상 기업은 D이다.

정답 | ④

25 규칙형 문제

5급공채 2022 나책형 11번

다음 글과 〈상황〉을 근거로 판단할 때, A가 새로 읽기 시작한 350쪽의 책을 다 읽은 때는?

○ A는 특별한 일이 없는 경우 월~금요일까지 매일 시외버스를 타고 30분씩 각각 출근과 퇴근을 하며 밤 9시 이전에 집에 도착한다.

○ A는 대중교통을 이용할 때 책을 읽는다. 단, 시내버스에서는 책을 읽지 않고, 또 밤 9시가 넘으면 어떤 대중교통을 이용해도 책을 읽지 않는다.

○ A는 10분에 20쪽의 속도로 책을 읽는다. 다만 책의 1쪽부터 30쪽까지는 10분에 15쪽의 속도로 읽는다.

〈상 황〉

A는 이번 주 월~금요일까지 출퇴근을 했는데, 화요일에는 회사 앞에서 회식이 있어 밤 8시 30분에 시외버스를 타고 30분 후에 집 근처 정류장에 내려 퇴근했다. 수요일에는 오전 근무를 마치고 회의를 위해서 지하철로 20분 이동한 후 다시 시내버스를 30분 타고 회의 장소로 갔다. 회의가 끝난 직후 밤 9시 10분에 지하철을 40분 타고 퇴근했다. A는 200쪽까지 읽은 280쪽의 책을 월요일 아침 출근부터 이어서 읽었고, 그 책을 다 읽은 직후 곧바로 350쪽의 새로운 책을 읽기 시작했다.

① 수요일 회의 장소 이동 중
② 수요일 퇴근 중
③ 목요일 출근 중
④ 목요일 퇴근 중
⑤ 금요일 출근 중

문제해설

Step 1 문제 해결의 출발점

<상황>을 보면, A는 이번 주 월요일 아침 출근부터 기존에 읽고 있던 책(X라고 하자)의 201쪽부터 280쪽까지 읽은 후 곧바로 이어서 350쪽의 새로운 책(Y라고 하자)을 읽기 시작하였다. 따라서 X를 다 읽은 시점부터 먼저 구해야 한다. 요일별로 특이사항을 반영해 읽은 책의 쪽수를 정리해 보자.

월요일 : 별다른 특이사항이 없다. 따라서 출근과 퇴근 각 30분씩 시외버스를 타고 가며 책을 읽었다. 이미 200쪽까지 읽은 상태이므로 조건 3에 따라 10분에 20쪽씩 읽으며, 전체 40분이면 남은 80쪽을 다 읽게 된다. 따라서 월요일 퇴근 후 10분이 지난 시점부터 Y를 읽기 시작한 것이다. 남은 20분은 책의 초반부를 읽은 것이므로 10분에 15쪽의 속도로 읽으며, 그 결과 월요일에는 Y의 30쪽까지 읽는다.

화요일 : 회식이 있었지만, 출근과 퇴근 시간 동안 온전히 책을 읽을 수 있었다. 따라서 총 60분 동안 10분에 20쪽의 속도로 120쪽을 추가로 읽는다. (현재 150쪽까지)

수요일 : 출근 시간에 책을 읽었고(30분 동안 60쪽), 회의를 위해 지하철로 이동한 20분 동안 추가로 40쪽의 책을 읽었다(현재 250쪽). 회의를 위한 이동 시 탄 시내버스에서는 책을 읽지 않았고, 퇴근 시간이 9시 10분이므로 이때에도 책을 읽지 않았다.

목요일 : 목요일부터는 특이사항이 없다. 남은 것은 100쪽인데, 출근 시간에 60쪽을 읽고 남은 40쪽은 퇴근 시간 중에 다 읽게 된다.

정답 | ④

26 규칙형 문제

5급공채 2022 나책형 12번

다음 글을 근거로 판단할 때, '사무관'을 옳게 암호화한 것은?

A암호화 방식은 단어를 <자모변환표>와 <난수표>를 이용하여 암호로 변환한다.

〈자모변환표〉

ㄱ	ㄲ	ㄴ	ㄷ	ㄸ	ㄹ	ㅁ	ㅂ	ㅃ	ㅅ	ㅆ	ㅇ	ㅈ	ㅉ	ㅊ	ㅋ	ㅌ	ㅍ	ㅎ	ㅏ
120	342	623	711	349	035	537	385	362	479	421	374	794	734	486	325	842	248	915	775
ㅐ	ㅑ	ㅒ	ㅓ	ㅔ	ㅕ	ㅖ	ㅗ	ㅘ	ㅙ	ㅚ	ㅛ	ㅜ	ㅝ	ㅞ	ㅟ	ㅠ	ㅡ	ㅢ	ㅣ
612	118	843	451	869	917	615	846	189	137	789	714	456	198	275	548	674	716	496	788

〈난수표〉

484496112135348641056095137458625153864418913…

○ 우선 암호화하고자 하는 단어의 자모를 초성(첫 자음자) - 중성(모음자) - 종성(받침) 순으로 나열하되, 종성이 없는 경우 초성 - 중성으로만 나열한다. 예를 들어 '행복'은 'ㅎㅐㅇㅂㅗㄱ'이 된다.

○ 그 다음 각각의 자모를 <자모변환표>에 따라 대응하는 세 개의 숫자로 변환한다. 예를 들어 '행복'은 '915612374385846120'으로 변환된다.

○ 변환된 숫자와 <난수표>의 숫자를 가장 앞의 숫자부터 순서대로 하나씩 대응시켜 암호 숫자로 바꾼다. 이때 암호 숫자는 그 암호 숫자와 변환된 숫자를 더했을 때 그 결과값의 일의 자리가 <난수표>의 대응 숫자와 일치하도록 하는 0~9까지의 숫자이다. 따라서 '행복'에 대한 암호문은 '579884848850502521'이다.

① 015721685634228562433
② 015721685789228562433
③ 905721575679228452433
④ 015721685789228805381472
⑤ 905721575679228795281472

문제해설

Step 1 문제 해결의 출발점

암호 변환 방식의 두 번째 과정까지는 직관적인 이해가 가능할 것이다.

마지막 과정에서는 <자모변환표>를 통해 생성된 각 자리의 수에 암호문의 수를 더한 결과의 일의 자리 수가 난수표의 해당 자리의 수가 되도록 조정해야 한다. 즉 9 + 5 = (1)4

이제 '사무관'을 해체하면,

ㅅ / ㅏ / ㅁ / ㅜ / ㄱ / ㅘ / ㄴ 으로 분해되며, 이를 자모변환표에서 각각 찾아 전환하면

479 775 537 456 120 189 623 이다.

길이에서부터 차이가 나는 ④와 ⑤는 바로 제거된다.

다음으로, 위에서 정리한 규칙에 따라 암호문을 도출하면

첫 번째 자음 ㅅ은 015로 전환되며(③ 제외)

네 번째의 모음 ㅜ는 789로 전환된다(① 제외).

따라서 정답은 ②이다.

정답 | ②

27 규칙형 문제

5급공채 2022 나책형 31번

다음 글을 근거로 판단할 때, 5세트가 시작한 시점에 경기장에 남아 있는 관람객 수의 최댓값은?

○ 총 5세트의 배구경기에서 각 세트를 이길 때마다 세트 점수 1점을 획득하여 누적 세트 점수 3점을 먼저 획득하는 팀이 승리한다.
○ 경기 시작 전, 경기장에는 홈팀을 응원하는 관람객 5,000명과 원정팀을 응원하는 관람객 3,000명이 있었다.
○ 각 세트가 끝날 때마다 누적 세트 점수가 낮은 팀을 응원하는 관람객이 경기장을 나가는데, 홈팀은 1,000명, 원정팀은 500명이 나간다.
○ 경기장을 나간 관람객은 다시 들어오지 못하며, 경기 중간에 들어온 관람객은 없다.
○ 경기는 원정팀이 승리했으나 홈팀이 두 세트를 이기며 분전했다.

① 6,000명
② 6,500명
③ 7,000명
④ 7,500명
⑤ 8,000명

문제해설

Step 1 문제 해결

5세트 시작 시점에 경기장에 남아 있는 관람객 수가 최대가 되는 경우를 도출해야 한다. 그런데 조건 3에 따르면 각 세트가 끝날 때마다 '누적 세트 점수가 낮은 팀'의 응원 관람객이 경기장을 나가는데, 홈팀이 1,000명씩 원정팀은 500명씩 나간다. 따라서 5세트가 시작한 시점(4세트까지의 관람객 탈출의 결과)에서 최대를 도출하려면 4세트가 끝날 때까지 원정팀 응원 관람객이 나간 경우가 최대가 되도록 해야 한다. 또한 누적 세트 점수가 낮을 때 해당 팀을 응원하는 관람객이 나가는 방식이므로 동점 상황이 최대한 많이 나와야 한다.

이를 바탕으로 각 세트별 점수 진행을 도출해 보면 다음과 같다.

1세트 : 홈팀 승 vs 원정팀 패 (1:0) - 세트 종료 후 원정팀 500명 아웃

2세트 : 홈팀 패 vs 원정팀 승 (1:1) - 세트 종료 후 아웃되는 인원 없음

3세트 : 홈팀 승 vs 원정팀 패 (2:1) - 세트 종료 후 원정팀 500명 아웃

4세트 : 홈팀 패 vs 원정팀 승 (2:2) - 세트 종료 후 아웃되는 인원 없음

결과적으로 5세트가 시작한 시점에 경기장에 남아 있는 관람객 수의 최댓값은 7,000명이다.

정답 | ③

28 규칙형 문제

5급공채 2022 나책형 32번

다음 글을 근거로 판단할 때, 〈보기〉에서 옳은 것만을 모두 고르면?

1에서 9까지 아홉 개의 숫자버튼이 있고, 단계별로 숫자버튼을 한 번 누르면 <규칙>에 따라 값이 출력되는 장치가 있다.

<규　칙>

1단계 : 숫자버튼을 누르면 그 수가 그대로 출력된다.

2단계 : '1단계 출력값'에 '2단계에서 누른 수에 11을 곱한 값'을 더한 값이 출력된다.

3단계 : '2단계 출력값'에 '3단계에서 누른 수에 111을 곱한 값'을 더한 값이 출력된다. 다만 그 값이 1,000 이상인 경우 0이 출력된다.

〈보 기〉

ㄱ. 100부터 999까지의 정수는 모두 출력 가능하다.

ㄴ. 250이 출력되도록 숫자버튼을 누르는 방법은 한 가지이다.

ㄷ. 100의 배수(0 제외)가 출력되었다면 처음 누른 숫자버튼은 반드시 1이다.

① ㄱ

② ㄴ

③ ㄱ, ㄴ

④ ㄱ, ㄷ

⑤ ㄴ, ㄷ

문제해설

Step 1 문제 해결의 출발점

<규칙>에서 단계가 올라갈수록 더 큰 숫자를 만들 수 있음을 금방 알아챌 수 있다. 문제는 2단계부터의 규칙에 따라 만들어지는 수가 한정적이라는 것이다. 이에 대해서는 처음부터 모든 경우를 다 도출하는 것은 비효율적이므로 <보기>에서 묻는 수를 대상으로 바로 판단하는 것이 좋다.

Step 2 선택지 판별

ㄱ. (×) 큰 수인 999부터 판단해 보자. 2단계를 통해서는 최대로 99(9×11) + 9 = 108까지만 만들 수 있다. 따라서 999는 3단계 과정을 통해 만들 수 있다. 그런데 2단계부터는 해당 단계에서 누른 수에 11이나 111을 곱한 수에 이전 단계에서 구한 수를 더하는 방식이다. 따라서 9×111의 방식으로 999를 만들 수는 없다(2단계 출력값이 추가로 더해져야 하므로). 그렇다면 8×111(=888)에 111을 더하는 방식으로 만드는 수밖에 없는데, 2단계 출력값으로 만들 수 있는 최댓값은 108이다. 따라서 999를 출력하는 것은 불가능하다. 한편 100은 2단계에서 1(1단계) + 99(2단계)를 통해 만들 수 있다.

ㄴ. (○) 250은 3단계 출력값일 수밖에 없다. 구성을 보면 250 = 222+28 = 222+22+6의 결합으로만 만들어낼 수 있다. 따라서 250이 출력되도록 숫자버튼을 누르는 방법은 1가지이다.

ㄷ. (○) ㄱ에서 살펴본 것처럼 100은 99+1로(2단계) 만들 수 있다. 200부터는 3단계를 통해 만들어야 하는데, 역시 동일한 방식으로

200 = 199+1 = 111+88+1

300 = 299+1 = 222+77+1

…

900 = 899+1 = 888+11+1

과 같이 만들어진다는 것을 알 수 있으며, 모든 경우에서 처음 누르는 숫자버튼은 반드시 1이어야 한다.

정답 | ⑤

29 규칙형 문제

5급공채 2022 나책형 35번

다음 글을 근거로 판단할 때, 〈보기〉에서 옳은 것만을 모두 고르면?

A마을에서는 다음과 같이 양의 이름을 짓는다.

○ '물', '불', '돌', '눈' 중 한 개 이상의 글자를 사용하여 이름을 짓는다.
○ 봄에 태어난 양의 이름에는 '물', 여름에 태어난 양의 이름에는 '불', 가을에 태어난 양의 이름에는 '돌', 겨울에 태어난 양의 이름에는 '눈'이 반드시 포함되어야 한다.
○ 수컷 양의 이름에는 '물', 암컷 양의 이름에는 '불'이 반드시 포함되어야 한다.
○ 같은 글자가 두 번 이상 사용되어서는 안 된다.

〈보 기〉

ㄱ. 겨울에 태어난 A마을 양이 암컷이라면, 그 양에게 붙일 수 있는 두 글자 이름은 두 가지이다.
ㄴ. A마을 양 '물불'은 여름에 태어났다면 수컷이고 봄에 태어났다면 암컷이다.
ㄷ. A마을 양의 이름은 모두 두 글자 이상 네 글자 이하이다.

① ㄱ
② ㄴ
③ ㄷ
④ ㄱ, ㄴ
⑤ ㄴ, ㄷ

문제해설

Step 1 문제 해결의 출발점

양의 이름을 짓는 규칙 자체는 간단하다. 태어난 계절에 따라 '물/불/돌/눈'이 포함되어야 하고, 수컷인지 암컷인지에 따라 '물/불'이 포함되어야 한다. 문제는 계절 및 암/수에 따른 글자가 반드시 포함되어야 한다는 말을, 이들 글자만으로 이름을 만들어야 한다는 뜻으로 오독하지 말아야 한다는 것이다.

Step 2 선택지 판별

ㄱ. (○) 겨울에 태어난 암컷 양이므로 이 양의 이름에는 '눈'과 '불'이 반드시 포함되어야 한다. 또한 두 글자 이름을 지어야 하므로 만들 수 있는 이름은 '눈불'과 '불눈'의 2가지 뿐이다.

ㄴ. (×) 여름에 태어난 수컷 이름에 '불'과 '물'이 반드시 포함되고, 봄에 태어난 암컷 이름에도 역시 '물'과 '불'이 반드시 포함되어야 하므로 이들 이름이 '물불'로 명명되는 것은 가능하다. 그러나 반대로, '물불'이라는 이름이 반드시 여름에 태어난 수컷과 봄에 태어난 암컷을 의미한다고 단정할 수는 없다. 왜냐하면 여름에 태어난(불) 암컷(불)은 불이 중복되므로 '불'을 한 번만 쓰고, 여기에 계절이나 암수와는 관련이 없는 '물'을 결합해 '물불(불물)'로 명명할 수도 있기 때문이다. 위에서도 확인한 것처럼 양의 이름에는 계절 및 암수에 따른 글자가 반드시 포함되어야 하는 것이지 이들 글자로만 구성되어야 한다는 제약은 없다. 또한 조건의 마지막에서 같은 글자가 두 번 이상 사용될 수는 없다고 하였다.

ㄷ. (×) ㄴ에서 살펴본 사례인 여름에 태어난(불) 암컷(불)의 경우에는 마지막 조건에 따라 '불'이라는 외자 이름을 짓는 것도 가능하다. 조건에는 외자 이름을 지어서는 안 된다는 제약이 없다.

정답 | ①

30 규칙형 문제
5급공채 2023 가책형 9번

다음 글과 〈상황〉을 근거로 판단할 때, 〈방식 1〉과 〈방식 2〉에 따른 결승점을 옳게 짝지은 것은?

신설된 어느 스포츠 종목은 두 팀이 대결하는 경기로, 1점씩 득점하며 경기 종료 시 더 많은 득점을 한 팀이 승리한다. 이 종목의 '결승점'을 정의하는 방식으로 다음 두 가지가 있다.

<방식 1>

상대 팀의 점수보다 1점 많아지는 득점을 한 후, 경기 종료 시까지 동점이나 역전을 허용하지 않고 승리할 때, 그 득점을 결승점으로 정의한다.

<방식 2>

승리한 팀의 득점 중 자기 팀의 점수가 상대 팀의 최종 점수보다 1점 많아질 때의 득점을 결승점으로 정의한다.

〈상 황〉

두 팀 A, B가 맞붙어 다음과 같은 순서로 득점을 하고 경기가 종료되었다. (A, B는 득점한 팀을 나타낸다)

A - A - B - B - B - A - B - A - A - A - B

	방식 1	방식 2
①	A의 세 번째 득점	A의 두 번째 득점
②	A의 다섯 번째 득점	A의 다섯 번째 득점
③	A의 다섯 번째 득점	A의 여섯 번째 득점
④	A의 여섯 번째 득점	A의 다섯 번째 득점
⑤	A의 여섯 번째 득점	A의 여섯 번째 득점

문제해설

Step 1 문제 해결

단순한 규칙 적용형 문제이다. 방식 1과 방식 2 각각에 따른 결승점을 곧장 도출해 보자.

<방식 1>

상대 팀 점수보다 1점 많아지는 득점을 한 후 경기 종료 시까지 동점이나 역전을 허용하지 않고 승리해야 한다. 경기 종료시 점수는 A팀이 6점, B팀이 5점인데 A팀의 전적 흐름은

2:0(2회) → 2:3(5회) → 3:3(6회) → 4:4(8회) → 5:4(9회) → 이후 동점이나 역전 없음

이므로 다섯 번째 득점이 결승점이 된다.

<방식 2>

위에서 본 것처럼 B팀의 최종 점수는 5점이고, 이보다 A팀 점수가 1점 많아지는 때는 전체 회차로는 10회 경기이다. 이는 A팀의 6번째 득점이다.

정답 | ③

31 규칙형 문제

5급공채 2023 가책형 11번

다음 글을 근거로 판단할 때, A와 B가 선택하지 않을 결혼식 날짜는?

A와 B는 다음 달에 결혼식을 하려고 한다. 두 사람은 결혼식에 5명의 친구들(甲~戊)을 초대할 예정이며, 그 친구들이 가장 많이 올 수 있도록 결혼식 날짜를 선택하려고 한다.

甲~戊의 다음 달 일정은 아래와 같으며, 일정이 있는 날짜에는 결혼식에 갈 수 없고 그 외의 날짜에는 결혼식에 갈 수 있다.

○ 甲은 매주 월요일부터 금요일까지는 휴일에 상관없이 회사에 간다.
○ 乙은 매주 화, 목, 토요일에는 세미나가 있다.
○ 丙은 1일부터 14일까지 여행을 간다.
○ 丁은 매주 일요일에는 등산을 한다.
○ 戊는 3의 배수 또는 3, 6, 9가 포함되는 날짜에는 부모님 간병을 한다.

<다음 달 달력>

일	월	화	수	목	금	토
					1	2
3	4	5	6	7	8	9
10	11	12	13	14	15	16
17	18	19	20	21	22	23
24	25	26	27	28	29	30
31						

① 다음 달 9일
② 다음 달 17일
③ 다음 달 20일
④ 다음 달 22일
⑤ 다음 달 25일

문제해설

Step 1 문제 해결의 출발점

달력형 자리 배치 문제의 외형을 띠고 있다. 각 인물별 참석 가능/불가능한 요일 및 일자를 적용해 나가면 쉽게 해결된다.

Step 2 조건 분석

인물별로 정리해 보면 다음과 같다.

갑 : 토/일만 가능

을 : 월/수/금/일 가능

병 : 15일부터 가능(요일 무관)

정 : 일요일은 불가능(나머지 요일은 다 가능)

무 : 3(일), 6(수), 9(토), 13(수), 16(토), 19(화), 23(토), 26(화), 29(금) 불가능

요일별 규칙성을 갖는 갑, 을, 정을 반영해 요일별로 정리해 보면 다음과 같다.

일	월	화	수	목	금	토
갑, 을	을, 정	정	을, 정	정	을, 정	갑, 정

선택지 ①은 9일(토)인데, 15일 이전의 토요일은 갑과 정만 가능하다.

선지 ②부터는 15일 이후 일자인데,

17일(일) : 갑, 을, 병 3명 가능

20일(수) : 을, 병, 정 3명 가능

22일(금) : 을, 병, 정 3명 가능

25일(월) : 을, 병, 정 3명 가능

으로 다 3명이 참석 가능하다. 따라서 정답은 ①이다.

정답 | ①

32 규칙형 문제

5급공채 2023 가책형 12번

다음 글을 근거로 판단할 때 옳은 것은?

> ○ → 는 자연수의 맨 앞 숫자를 맨 뒤로 보내라는 기호이다. (예 : → 4321 = 3214)
> ○ ← 는 자연수의 맨 뒤 숫자를 맨 앞으로 보내라는 기호이다. (예 : ← 4321 = 1432)
> ○ → 또는 ← 적용하여 0이 맨 앞 숫자가 되면 그 0을 제거한다.
> ○ 기호가 연속된 경우에는 숫자에 가까운 기호부터 차례대로 적용한다. (예 : → ← 4321 = → 1432 = 4321)

① → 43의 결과는 홀수이다.
② 두 자리 자연수에 → ←를 적용하면 원래 수와 같다.
③ 세 자리 자연수에 → → →를 적용하면 원래 수와 같다.
④ 두 자리 자연수에 → ←를 적용한 결과와 ← →를 적용한 결과는 다르다.
⑤ 두 자리 자연수 A가 있을 때 (→ A)+A의 결과는 11의 배수이다.

문제해설

Step 1 문제 해결의 출발점

두 자리 이상의 자연수에서 숫자의 위치를 바꾸는 규칙이 제시되어 있다. 나머지는 특별할 것이 없고, 세 번째 항목에서 0이 맨 앞 숫자가 되었을 때는 해당 0을 제거한다는 것만 주의하자.

Step 2 선택지 분석

① (×) '→ 43'을 적용하면 34가 되므로 짝수이다.

② (×) 세 번째 항목을 고려해야 한다. 만약 10에 '→ ←'를 적용하면 '→'의 적용 결과 1이 되므로 최종 결과는 원래 수와 같지 않다.

③ (×) ②와 마찬가지로 100에 '→ → →'를 적용하면 첫 번째 단계에서 10이 되고 두 번째 단계에서 1이 된다.

④ (×) 두 자리 자연수이므로 맨 앞 숫자를 맨 뒤로 보냈다가 맨 뒤 숫자를 맨 앞으로 보내든 반대의 순서로 진행하든 결과는 동일하다.

⑤ (○) A의 일의 자리가 0이 아닌 경우와 0인 경우를 나누어 살펴보자.

먼저 0이 아닌 경우, A를 [X|Y]로 나타낼 수 있는데 여기에 선지의 처리 과정을 적용하면 [Y|X] + [X|Y] 가 된다. 십의 자리가 X+Y이고 일의 자리도 X+Y이므로 결과는 11(X+Y)의 형태가 될 수밖에 없다.

만약 A의 일의 자리가 0이면 처리 결과는 X + [X|0] 이 된다. 즉 [X|X] 형태이므로 이 역시 11의 배수가 된다.

정답 | ⑤

33 규칙형 문제

5급공채 2023 가책형 13번

다음 글과 〈A부처 스크랩 후보〉를 근거로 판단할 때, 스크랩의 앞에서부터 5번째에 배치되는 기사 제목은?

> ○ A부처는 당일 조간신문 및 전일 석간신문 기사(사설과 논평 포함)를 선별하여 스크랩하고 있다.
>
> ○ 다음 조건들을 '조건 1'부터 순서대로 적용하여 기사를 선별·배치한다. 조건을 적용할 때 먼저 적용한 조건을 위배할 수 없다.
>
> 조건 1 : 제목에 '정책'이라는 단어가 포함된 기사는 다른 기사보다 앞에 배치(단, '△△정책'이 제목에 포함된 기사는 스크랩에서 제외)
>
> 조건 2 : 사설과 논평은 일반기사보다 뒤에 배치
>
> 조건 3 : 제목에 '규제'나 '혁신'이라는 단어가 포함된 기사는 다른 기사보다 앞에 배치
>
> 조건 4 : 조간신문 기사는 석간신문 기사보다 앞에 배치

<A부처 스크랩 후보>

구분	종류	기사 제목
조간	논평	규제 샌드박스, 적극 확대되어야
석간	사설	★★정책 추진결과, "양호"
조간	논평	플랫폼경제의 명암
석간	일반기사	△△정책 추진계획 발표
석간	일반기사	□□산업 혁신 성장 포럼 성황리 개최
석간	사설	◎◎생태계는 진화 중
석간	사설	네거티브 규제, 현실성 고려해야
조간	논평	◇◇정책 도입의 효과, 어디까지?
조간	일반기사	▼▼수요 증가로 기업들 화색
조간	일반기사	정부 혁신 중간평가 성적표 공개

① 규제 샌드박스, 적극 확대되어야
② △△정책 추진계획 발표
③ □□산업 혁신 성장 포럼 성황리 개최
④ ◎◎생태계는 진화 중
⑤ ▼▼수요 증가로 기업들 화색

문제해설

Step 1 문제 해결의 출발점

항목 두 번째에 따라 조건 1부터 순서대로 정리해 나가면 된다. 발문에서 앞에서부터 5번째에 배치될 기사 제목을 고르라고 한 것을 놓치지 말자.

Step 2 조건 분석

표에 나열된 순서대로 기사 제목을 1번~10번 제목이라고 설정하자.

조건 1 : 일단 괄호 속 기준에 따라 △△정책이 포함된 4번 제목은 제외된다. 2번, 8번 제목이 상대적으로 앞에 배치된다. 문제의 요구 대상은 앞에서부터 5번째 제목이므로 이제 이 두 제목에 대한 배치는 신경쓸 필요가 없다.

조건 2 : 2번과 8번을 제외한 나머지 제목들에서는 1번, 3번, 6번, 7번이 상대적으로 5번, 9번, 10번 제목보다 뒤에 놓인다. 따라서 후보는 5, 9, 10번이다.

조건 3 : 5, 9, 10번 중에서 '규제'나 '혁신'이 포함된 기사는 5번, 10번이다. 따라서 9번인 '▼▼수요 증가로 기업들 화색' 제목이 5번째에 놓인다. 여기까지만 봐도 정답이 도출된다.

정답 | ⑤

34 규칙형 문제

5급공채 2023 가책형 15번

다음 글을 근거로 판단할 때, 정책자문단을 구성하는 경우의 수는?

○ A부서는 다음 조건에 따라 정책자문단을 구성하는 중이다.
- 정책자문단은 8명의 정책자문위원으로 구성하며, 그 중 여성이 2명 이상이어야 한다.
- 정책자문위원은 학계, 예술계, 법조계, 언론계 4개 분야의 전문가 중 위촉한다.
- 각 분야의 전문가를 1명 이상 위촉해야 하며, 같은 분야의 전문가를 4명 이상 위촉해서는 안 된다.

○ 정책자문위원 위촉 현황은 다음과 같다.

분야				성별	
학계	예술계	법조계	언론계	남성	여성
2	3	0	1	5	1

○ 다음 전문가(甲~戊) 중 정책자문위원을 추가로 위촉하여 정책자문단 구성을 완료하려 한다.

전문가	분야	성별
甲	예술계	남성
乙	법조계	남성
丙	법조계	여성
丁	학계	여성
戊	언론계	남성

① 1
② 2
③ 3
④ 4
⑤ 5

문제해설

Step 1 문제 해결의 출발점

현황 자료를 통해 추가로 위촉해야 하는 인원 중에 필수 인원부터 정리해 나가자.

Step 2 현황 및 명단 분석

총 인원이 8명인데 현재 2명이 부족한 상태이고, 조건 3에 따라 법조계 1인 및 여성 1인(동일 인물일 수도 있음)은 필수로 추가해야 한다. 역시 조건 3에 따라 예술계는 추가가 불가능하다.

이상을 적용하면 분야 항목에서는 을/병 가운데 적어도 1명, 성별 항목에서는 병/정 가운데 적어도 1명이 추가된다. 을 vs 병의 구도로 경우의 수를 살펴보자.

을 추가 - 여성이 부족하므로 병 또는 정이 추가되어야 한다. (을병, 을정 조합)

병 추가 - 갑을 제외한 나머지 3명과의 조합 모두 가능하다. 이 가운데 을병 조합은 이미 나온 것이므로 병정, 병무 조합이 가능하다.

따라서 가능한 경우의 수는 4가지이다.

정답 | ④

35 규칙형 문제
5급공채 2023 가책형 28번

다음 글을 근거로 판단할 때, 〈보기〉에서 옳은 것만을 모두 고르면?

> 나이는 현재 연도에서 출생 연도를 뺀 '연 나이'와, 태어난 날을 0살로 하여 매해 생일에 한 살씩 더하는 '만 나이'로 구분된다. 연 나이와 만 나이에 따라 甲~丁이 각각 존댓말 사용 여부를 결정하는 방식은 다음과 같다.
>
> 甲 : 만 나이 기준으로 자신보다 나이가 많으면 존댓말을 쓰고, 그렇지 않으면 존댓말을 쓰지 않는다.
> 乙 : 연 나이 기준으로 자신보다 두 살 이상 많으면 존댓말을 쓰고, 그렇지 않으면 존댓말을 쓰지 않는다.
> 丙 : 연 나이 기준으로 자신보다 두 살 이상 많거나 만 나이 기준으로 한 살 이상 많으면 존댓말을 쓰고, 그렇지 않으면 존댓말을 쓰지 않는다.
> 丁 : 연 나이, 만 나이 모두 자신과 같으면 존댓말을 쓰지 않고, 그렇지 않으면 존댓말을 쓴다.
>
> 甲은 1995년 10월 21일에, 乙은 1994년 7월 19일에, 丙은 1994년 7월 6일에, 丁은 1994년 11월 22일에 태어났다.

〈보 기〉

ㄱ. 甲은 乙에게 항상 존댓말을 쓴다.
ㄴ. 乙과 丙은 서로에게 존댓말을 쓰지 않는다.
ㄷ. 2022년 9월 26일에 丁은 甲에게 존댓말을 쓰지 않는다.
ㄹ. 乙은 丁에게 존댓말을 쓰지 않지만, 丁은 乙에게 존댓말을 쓰는 경우가 있다.

① ㄱ, ㄴ
② ㄴ, ㄷ
③ ㄷ, ㄹ
④ ㄱ, ㄴ, ㄹ
⑤ ㄱ, ㄷ, ㄹ

문제해설

Step 1 문제 해결의 출발점

갑~병에 따라 존댓말 사용 여부가 제각각이다. 선지에서는 두 인물 사이의 존댓말 사용 여부를 묻고 있는데 누가 누구에서 존댓말을 할지를 묻는 것인지 잘 파악해 ㄱ부터 하나씩 정리해 나가도록 하자.

Step 2 선택지 분석

인물별 생년월인은 다음과 같다.

갑 : 1995.10.21.

을 : 1994.07.19.

병 : 1994.07.06.

정 : 1994.11.22

ㄱ. (○) 갑이 을에게 존댓말을 쓸지 여부를 묻고 있으므로 갑의 기준만 적용하면 된다. 만 나이 기준에서는 생일의 격차가 중요한데, 갑과 을은 생일이 1년 넘게 차이가 난다. 예를 들어 1995년 7월 19일에 을은 1살이지만 갑은 아직 태어나지도 않았고, 같은 해 10.21일에야 갑은 0살이 된다. 1996년 7월 19일에는 을이 2살이 되지만 갑은 아직 0살이다. 즉 생년월일 차이가 1년 넘게 나면 만 나이 기준으로도 먼저 태어난 사람이 항상 나이가 더 많다. 따라서 갑은 을에게 항상 존댓말을 쓴다.

ㄴ. (○) 연 나이 기준으로는 을과 병이 동갑이므로 을의 기준에서는 존댓말을 쓰지 않을 것이다. 병의 경우, 연 나이 기준으로 두 살 이상 차이가 나지 않지만, 만 나이 기준으로는 7월 6일부터 7월 18일까지 기간에는 병이 한 살 더 많은 것이 되므로 병 역시 을에게 존댓말을 쓸 이유가 없다.

ㄷ. (×) 연 나이와 만 나이가 모두 같을 경우에만 존댓말을 쓰지 않는다 하였으므로, 설령 본인의 나이가 더 많더라도 나이 차이가 나면 정은 상대에게 존댓말을 쓰는 것이다. 갑과 정은 태어난 연도가 나르므로 연 나이에서 1살 차이가 난다. 따라서 정은 갑에게 존댓말을 쓴다.

ㄹ. (○) 을 기준으로, 연 나이가 서로 같으므로 을은 정에게 존댓말을 쓸 이유가 없다. 정의 기준에서는 을과 정의 생일이 다른 한 만 나이에서 차이가 나는 기간이 발생하므로 해당 기간에는 을에게 존댓말을 쓰게 된다.

정답 | ④

36 규칙형 문제

5급공채 2023 가책형 29번

다음 글과 〈상황〉을 근거로 판단할 때, 甲이 얻을 수 있는 득점 총합의 최댓값과 최솟값을 옳게 짝지은 것은?

두 선수가 겨루는 어느 스포츠 종목의 경기 규칙은 다음과 같다.

○ 한 경기는 최대 3세트까지 진행되며, 한 선수가 두 세트를 이기면 그 선수가 승자가 되고 경기가 종료된다.

○ 1~2세트는 15점을 먼저 득점하는 선수가 이기며, 3세트는 10점을 먼저 득점하는 선수가 이긴다.

○ 단, 1~2세트는 점수가 14 : 14가 되면 점수가 먼저 2점 앞서거나 20점에 먼저 도달하는 선수가 이기며, 3세트는 점수가 9 : 9가 되면 점수가 먼저 2점 앞서거나 15점에 먼저 도달하는 선수가 이긴다.

○ 경기 결과(세트 스코어)에 따른 승자와 패자의 승점은 다음과 같다.

경기 결과 (세트 스코어)	승점	
	경기 승자	경기 패자
2 : 0	3	0
2 : 1	2	1

〈상 황〉

甲은 두 경기를 하여 승점 4점을 얻었다.

	최댓값	최솟값
①	93	45
②	93	50
③	108	45
④	108	50
⑤	111	52

문제해설

Step 1 문제 해결의 출발점

발문에서 갑이 얻을 수 있는 득점 총합의 최댓값과 최솟값을 묻고 있다. 일단 경기의 규칙에 따라 경기 횟수, 세트 수 등을 정리할 필요가 있다.

규칙 1에 따르면 하나의 경기는 최대 3세트, 적어도 2세트 진행된다. 규칙 2에 따르면 각 세트는 특정 점수를 먼저 획득하는 쪽이 이기는 시스템이지만, 실제로는 규칙 3에 따라 각 세트별 설정된 승리 기준 점수보다 더 높은 점수가 나올 수 있다.

마지막으로 <상황>을 보면 갑은 두 경기를 치렀다. 따라서 갑의 득점 총합이 최댓값이 되려면 각 경기에서 3세트까지 진행했고 갑이 각 세트에서 규칙 3에 따라 최대로 얻을 수 있는 점수까지 확보한 상태로 이기거나 졌어야 한다. 이와 달리 갑의 득점 총합이 최솟값이 되려면 반대 방향의 논리가 적용된다.

Step 2 구체적 분석

갑은 두 경기를 하여 승점 4점을 얻었다. 규칙 4의 승/패 승점에 따르면 4점이 나올 수 있는 경우는 3(2:0 승)+1(1:2 패) 또는 2(2:1 승)+2(2:1 승)이다.

위에서 살펴본 것처럼 득점 총합이 최대가 되려면 진행한 세트 수가 많아야 한다. 따라서 최댓값은 승점 구조가 2+2 형태여야 한다. 2:1 승리는 3세트까지 진행된 것인데, 규칙 3에 따르면 1~2세트에서는 한 세트는 20점으로 이기고 한 세트는 19점으로 져야 최대 점수이다. 그리고 3세트는 15점으로 이기는 게 최대이다. 따라서 한 경기의 최대 득점은 20+19+15=54이고, 동일한 방식으로 한 경기를 더 진행한다고 가정하면 최댓값은 108이 된다.

반대로 득점 총합이 최소가 되려면 진행한 세트 수가 2:0, 1:2로 총 5세트여야 한다. 2:0 경기의 경우 두 세트 모두 이기되 최소 점수로 이기려면 규칙 2에 따라 기본 승리 조건인 15점 득점으로 이겨야 한다. 즉 두 세트 모두 15 득점으로 이기면 이 경기에서의 득점 총합은 30이 된다. 한편 1:2 경기는 1~2세트 중 한 경기는 이겨야 하므로 역시 최소 득점 15점으로 이긴 것이 된다. 한편 패한 경기는 득점을 0점으로 설정하면 된다. 따라서 득점 총합의 최솟값은 45이다.

정답 | ③

37 규칙형 문제

5급공채 2023 가책형 31번

다음 글을 근거로 판단할 때, COW와 EA를 곱한 결과로 가능하지 않은 수는?

甲은 수를 영문자로 표현하는 새로운 방법을 고안하였다. 그 방법은 숫자 0~9를 다음 표와 같이 영문자로 표현하는 것이다. 예를 들어 301은 FBC 또는 FAE 등으로 표현된다.

숫자	영문자
0	A 또는 B
1	C 또는 E
2	D 또는 I
3	F 또는 O
4	G 또는 U
5	H 또는 W
6	J 또는 Y
7	AI 또는 K
8	EA 또는 M
9	N 또는 OW

① 120
② 152
③ 190
④ 1080
⑤ 1350

문제해설

Step 1 문제 해결

COW와 EA의 각 영문자가 표현할 수 있는 숫자를 따져본다.

COW : C(1) / O(3) / W(5) 또는 C(1) / OW(9)

EA : E(1) / A(0) 또는 EA(8)

즉, COW는 135 또는 19를 의미하고 EA는 10 또는 8을 의미한다.

따라서 152(19×8), 190(19×10), 1080(135×8), 1350(135×10)은 가능하지만 120은 불가능하다.

정답 | ①

38 규칙형 문제
5급공채 2023 가책형 35번

다음 글을 근거로 판단할 때, 〈보기〉에서 옳은 것만을 모두 고르면?

○ △△강좌의 교수는 수강생을 3개의 팀으로 편성하려고 한다.
○ 모든 수강생들에 대한 정보는 다음 표와 같다. 빈칸은 현재 알 수 없는 정보이지만, 해당 정보가 무엇이더라도 '팀 편성 규칙'에 위배되지 않도록 팀을 편성해야 한다.

구분	수강생	학년	성별	학과
팀장	A	3		수학과
	B	2	남성	통계학과
	C		여성	화학과
팀원	甲	4	남성	경영학과
	乙	4	여성	영문학과
	丙	3	남성	국문학과
	丁	3	여성	경영학과
	戊	2	여성	물리학과
	己	2	여성	기계공학과

○ 팀 편성 규칙은 다음과 같다.
- 각 팀은 팀장 1명과 팀원 2명으로 구성한다.
- 4학년 학생 2명을 한 팀에 편성할 수 없다.
- 동일 학과 학생을 한 팀에 편성할 수 없다.
- 물리학과 학생과 화학과 학생은 한 팀에 편성한다.
- 각 팀은 특정 성(性)의 수강생만으로 편성할 수 없다.
- 丙과 丁은 한 팀에 편성할 수 없다.

〈보 기〉

ㄱ. 乙과 丁은 한 팀에 편성한다.
ㄴ. 경영학과 학생과 기계공학과 학생은 한 팀에 편성할 수 없다.
ㄷ. 己는 A의 팀에 편성한다.

① ㄱ
② ㄴ
③ ㄱ, ㄷ
④ ㄴ, ㄷ
⑤ ㄱ, ㄴ, ㄷ

문제해설

Step 1 문제 해결의 출발점

배치형 문제이다. 본문 두 번째 항목에 의하면 빈칸이 두 개 존재하는데 이곳들의 정보가 무엇이 되든 '팀 편성 규칙'에는 위배되지 않게 팀을 편성해야 한다는 것이 중요하다. 일단 '규칙'에 따라 팀 구성 작업을 진행해 보자.

(1) 각 팀은 팀장 1명, 팀원 2명이므로 A~C는 서로 다른 팀에 배정된다. 따라서 이들의 이름으로 팀을 구성하자.

(2) 명시적인 4학년은 갑과 을 2명이다. 이들은 서로 다른 팀에 배정되어야 한다.

(3) 동일학과는 경영학과인 갑과 정 2명이다. 이들도 서로 다른 팀에 배정되어야 한다.

(4) 무(물리학과)는 C(화학과)팀에 배정된다. 둘 다 여성이므로 나머지 한 명은 남성이 배정되어야 한다. 팀원 가운데 남성은 갑과 병이므로 두 가지 경우가 가능한데, 만약 갑이 C팀에 배정되면, 갑이 4학년이므로, C가 4학년일 경우 규칙 2번에 위배되는 상황이 나타날 수 있다. 따라서 병이 C팀에 배정되어야 한다.

이상을 반영하면 다음과 같다.

A(3/?/수학)	B(2/남/통계)	C(?/여/화학)
		무(2/여/물리)
		병(3/남/국문)

(5) 각팀은 특정 성의 수강생만으로 편성할 수 없는데, 남은 빈칸은 A의 성별이다. 팀원은 남성 1명, 여성 3명이 남은 상태인데, 만약 갑(남성)이 B팀에 배정되면 A가 여성인 경우 A팀은 모두 여성으로 구성되어 규칙5에 위배된다. 따라서 갑은 A팀에 배정되어야 한다. 여기에 규칙3을 적용하면 정은 B팀에 배정된다. 또한 규칙2에 따라 을은 B팀으로 간다. 자동적으로 기는 A팀에 배정된다.

A(3/?/수학)	B(2/남/통계)	C(?/여/화학)
갑(4/남/경영)	정(3/여/경영)	무(2/여/물리)
기(2/여/기계공)	을(4/여/영문)	병(3/남/국문)

Step 2 선택지 분석

ㄱ. (○) 을과 정은 B팀으로 한 팀에 편성된다.

ㄴ. (×) 갑과 기가 각각 경영학과와 기계공학과로 A팀에 함께 편성되어 있다.

ㄷ. (○) 기는 A팀이 맞다.

정답 | ③

39 규칙형 문제
5급공채 2023 가책형 37번

다음 글을 근거로 판단할 때, 〈보기〉에서 옳은 것만을 모두 고르면?

○ 건축물 점검기관은 점검대상 건축물의 연면적에 따라 다음과 같이 책임자와 점검자를 각각 따로 두어야 한다.

인력 \ 연면적	3천m^2 미만	3천m^2 이상 1만m^2 미만	1만m^2 이상
책임자(명)	1	1	1
점검자(명)	2	3	4

※ 연면적 : 한 건축물의 각층 바닥면적의 합계

○ 책임자와 점검자는 다음의 교육을 받아야 한다.
1. 교육의 종류 및 시간
   가. 기본교육 : 7시간(단, 책임자는 35시간)
   나. 보수교육 : 7시간
2. 교육 이수 주기
   가. 기본교육 : 매년 이수
   나. 보수교육 : 3년마다 이수

〈보 기〉

ㄱ. 연면적 2천m^2인 건축물을 점검하는 점검기관의 책임자와 점검자가 이수해야 할 연간 교육시간의 총합은 49시간 이상이다.
ㄴ. 책임자 1명, 점검자 3명으로 구성된 점검기관은 각층 바닥면적이 5천m^2인 2층 건축물을 점검할 수 있다.
ㄷ. 연면적 2만m^2인 건축물을 점검하는 점검기관의 책임자와 점검자는 총 35시간의 보수교육을 매년 이수해야 한다.

① ㄱ
② ㄴ
③ ㄱ, ㄷ
④ ㄴ, ㄷ
⑤ ㄱ, ㄴ, ㄷ

문제해설

Step 1 문제 해결의 출발점

연면적 규모에 따라 인력을 도출하고 인원수에 맞춰 교육 시간 등을 계산하면 된다. 바로 선지 분석으로 들어가자.

Step 2 선택지 분석

ㄱ. (○) 연면적 2천m^2이면 책임자 1명, 점검자 2명을 두어야 한다. 기본교육 시간만 봐도 책임자 35시간에 점검자 2명의 14시간으로 49시간이다. 보수교육은 3년 주기로 이수하는데 해당 연이 아니라 하더라도 기본 49시간의 교육시간이 나온다.

ㄴ. (×) 각층 바닥면적이 5천m^2인 2층 건축물의 연면적은 1만이며, 이 건물에는 책임자 1명과 점검자 4명이 있어야 한다.

ㄷ. (×) 연면적에 따른 인력 수를 구하지 않아도 쉽게 판단되는 선지이다. 보수교육은 3년마다 이수하므로 매년 이수해야 한다는 진술은 부적절하다.

정답 | ①

40 규칙형 문제
5급공채 2024 나책형 9번

다음 글과 〈상황〉을 근거로 판단할 때, 甲과 乙이 각각 선택할 은행과 그 은행에서 적용받을 최종금리를 옳게 짝지은 것은?

A, B, C은행은 고객의 계좌를 개설할 때, 다음과 같이 최종금리를 결정하고 있다.

최종금리(%) = 기본금리 + 특별금리 + 우대금리

은행	기본금리	특별금리
A	4.2 %	0.5 %
B	4.0 %	0.5 %
C	3.8 %	0.5 %

※ 특별금리 조건 : 연소득 2,400만 원 이하

은행	우대금리 조건	최대가산 우대금리
A	- 주택청약 보유 0.5 % - 공과금 자동이체 0.5 % - K카드 실적 월 30만 원 이상 0.5 %	1.0 %
B	- 최초 신규고객 1.0 % - 공과금 자동이체 0.5 %	1.5 %
C	- 급여이체 0.7 % - 최초 신규고객 0.6 % - K카드 실적 월 60만 원 이상 0.4 %	1.7 %

〈상 황〉

甲과 乙은 A, B, C은행 중 적용받을 최종금리가 가장 높은 은행을 각각 선택하여 계좌를 개설하려 한다. 이들은 아래와 같은 대화를 나누었다.

甲 : 나는 여태 A은행만 이용해 왔고, 주택청약도 보유하고 있어. 공과금 자동이체 계좌는 다른 은행으로 바꿀 수 있지만, 급여이체 계좌는 바꿀 수 없어. 나는 한 달에 K카드를 40만 원 사용해. 나는 연소득 2,200만 원이야.

乙 : 나는 B은행만 이용해 왔어. 급여이체와 공과금 자동이체를 어떤 은행에서 하더라도 괜찮아. 나는 한 달에 K카드를 70만 원 사용해. 나는 연소득 3,600만 원이야.

	甲	乙
①	A은행, 5.7%	A은행, 5.2%
②	A은행, 6.2%	C은행, 5.5%
③	B은행, 6.0%	A은행, 5.7%
④	B은행, 6.0%	C은행, 5.5%
⑤	C은행, 6.0%	A은행, 5.7%

문제해설

Step 1 문제 해결의 출발점

<상황>에 제시된 인물별 대화 내용을 기준으로 각각이 선택할 은행을 좁혀 나가도록 한다. 은행별 우대금리를 따질 때는 '최대가산 우대금리' 즉 상한선이 존재한다는 것을 놓치지 말아야 한다. 특히 A은행은 우대금리 조건 3가지가 모두 해당되더라도 최대가산 우대금리는 1.0%에 그친다.

Step 2 분석

갑 : A은행은 기본금리 4.2%이다. 갑은 연소득 2,200만 원이므로 특별금리 0.5%를 추가로 적용받는다. 우대금리는 주택청약 0.5%에, K카드 실적 월 30만 원 이상이므로 추가로 0.5%를 적용받는다(공과금 자동이체 계좌는 다른 은행으로 바꿀 수 있다고 하였으므로 역시 적용 가능하지만 우대금리 최대가산이 1.0%이므로 어쨌거나 1.0%가 최대). 결론적으로 A은행에서는 5.7%이다. 이에 비해 B은행은 기본+특별금리 4.5%에 최초 신규고객 우대금리 1.0%와 공과금 자동이체 계좌를 B은행으로 바꿀 경우 0.5%가 추가되어 최종 6.0%가 된다. C은행은 우대금리 조건이 모두 충족될 경우 B은행과 동일한 6.0%가 되는데, 급여이체 조건을 미충족하므로 볼 필요가 없다. 결론적으로 갑의 선택은 6.0%의 B은행이다.

을 : 연소득 조건 미충족이므로 특별금리는 없다. A은행의 경우 주택청약 미보유이지만 공과금 및 K카드 실적 조건은 충족 가능하므로 최대가산 우대금리 1.0%가 추가된 5.2%가 최종 금리이다. B은행은 공과금 자동이체 조건만 해당하므로 4.5%가 최종이고, C은행은 급여이체, 최초 신규고객, K카드 실적 조건을 모두 충족 가능하므로 5.5%가 최종이다. 따라서 을은 5.5%의 C은행을 선택한다.

정답 | ④

41 규칙형 문제
5급공채 2024 나책형 13번

다음 글을 근거로 판단할 때 옳은 것은?

A마을에 사는 5명(甲~戊)은 서로 나이가 다르다. 이들은 자신보다 연상인 사람의 나이는 모르지만, 연하인 사람의 나이는 알고 있다.

A마을 사람들은 연상인 사람에 대해서는 아래 표에 따라 칭하는 말을 붙인다.

화자 \ 칭하는 대상	여자	남자
여자	우후	우히
남자	이후	이히

甲~丁은 아래와 같은 대화를 나누었다.

甲 : 戊 우후가 몇 살이지?
乙 : 글쎄, 모르겠네. 甲, 네가 나보다 1살 어린 건 기억나는데.
丙 : 乙 이히가 모르는 것도 있네.
丁 : 내 나이는 모르는 사람이 없지. 戊 이후도 내 나이를 알고 있어.

① 甲은 丙에게 '우히'를 붙인다.
② 丁은 丙에게 '이후'를 붙인다.
③ 丙과 戊의 나이 차는 2살 이하이다.
④ 甲~戊 중 여자가 남자보다 더 많다.
⑤ 甲~戊 중 두 번째로 나이가 많은 사람은 乙이다.

문제해설

Step 1 문제 해결의 출발점

표에 제시된 호칭은 연상인 사람에 대해 붙이는 표현임에 주의해야 한다. 표에 제시된 화자-대상별 명칭의 종류를 바탕으로 이 명칭을 사용한 진술들에서 화자와 지칭 대상의 연상-연하 관계 및 성별의 윤곽을 알 수 있다.

Step 2 분석

갑의 진술 : 무를 '우후'라 칭했으므로 갑과 무 모두 여자이고 무가 갑보다 나이가 많다.

을의 진술 : 무의 나이를 모르므로 무의 나이가 을보다 더 많다. 한편 갑은 을보다 1살 어리다.
무>을>갑

병의 진술 : 을을 '이히'라 칭했으므로 병과 을 모두 남자이고 을이 병보다 나이가 많다.
무>을>병

정의 진술 : 정의 나이를 모르는 사람이 없다는 것은 정을 제외한 나머지 인물들은 모두 정을 연하로 대하는 것이 된다. 따라서 정의 나이가 가장 작다. 또한 무를 '이후'로 칭했으므로 정은 남자이다.

이상을 정리하면 다음과 같다.

나이 : 무>을>갑>정 & 무>을>병>정 (갑과 병의 상대적 나이는 파악할 수 없음)

성별 : 남자는 을, 병, 정이고 여자는 갑, 무

① (×) 병의 나이가 갑보다 많은지 적은지 알 수 없으므로 갑이 병을 '우히'로 부른다고 단정할 수 없다.

② (×) 병이 정보다 연상이고 둘 다 남자이므로 정은 병에게 '이히'를 붙여야 한다.

③ (×) 갑과 병의 상대적 나이를 알 수 없으므로 만약 병이 갑보다도 나이가 더 어리다면 무와 병의 나이 차는 최소 3살이다.

④ (×) 남자가 더 많다.

⑤ (○) 갑과 병의 상대적 나이와 상관없이 을은 무조건 두 번째로 나이가 많은 사람이다.

정답 | ⑤

42 규칙형 문제

5급공채 2024 나책형 14번

다음 글과 〈상황〉을 근거로 판단할 때, ㉠에 들어갈 수 있는 최솟값과 최댓값을 옳게 짝지은 것은?

A시는 호우특보(호우주의보 또는 호우경보) 발효 중에 현장 모니터링을 위해 당직자를 다음과 같이 지정한다.

○ 호우주의보 발효 중에는 하루에 1명씩 당직을 선다.
○ 호우경보 발효 중에는 하루에 2명씩 당직을 선다.
○ 당직 대상자는 총 3명(甲~丙)이다.
○ 출장이나 휴가를 간 날에는 당직을 설 수 없다.
○ 같은 사람이 이틀 연속 당직을 설 수 없다.

〈상 황〉

A시에 8월 중에는 7일부터 14일까지 8일간만 호우특보가 발효되었다. 8월 9일과 13일에는 호우경보가, 나머지 날에는 모두 호우주의보가 발효되었다. 乙은 8월 11일에 하루 출장을 갔고, 丙은 8월 13일에 하루 휴가를 갔다. 甲~丙은 8월에 호우특보 발효 기간에만 당직을 섰다. 丙은 8월 중 총 ㉠ 일 당직을 섰다.

	최솟값	최댓값
①	2	3
②	2	4
③	3	4
④	3	5
⑤	4	5

문제해설

Step 1 문제 해결의 출발점

간단하게 달력을 만들어 정보를 반영하는 게 효과적일 것이다. 13일은 병과 관련된 특이 사항이 있는 날이므로 이 날에 초점을 맞춰 정리하자.

Step 2 분석

기본 정보를 다음과 같이 표 형태로 정리할 수 있다.

요일	7	8	9	10	11	12	13	14
당직인원	1	1	2(경보)	1	1	1	2(경보)	1
특이사항					을×		병×	

최대부터 먼저 정리해 보자.

병은 13일에 휴가이므로 12일과 14일에는 당직을 서도록 한다. 한편 같은 사람이 이틀 연속 당직을 설 수는 없으므로 이틀 간격으로 병이 당직을 서게 하면 8, 10, 12, 14일로 총 4회 당직을 설 수 있다. 병이 7, 9, 11일에 당직을 서게 배치해도 13일은 당직을 설 수 없으므로 14일을 추가해 최대 4회가 끝이다.

다음으로 최소를 정리하면,

13일은 병이 휴가인데 호우경보가 발효된 날이므로 갑과 을 모두 당직을 서야 한다. 이에 따라 12일과 14일에는 무조건 병이 당직을 서게 된다. 11일에는 을이 출장이고 병은 12일에 당직을 서야 하므로 11일의 당직은 갑으로 확정이다. 병의 당직일수가 최소여야 하므로 10일은 을이 당직을 서게 된다. 다음으로 9일은 2명이 당직을 서야 하는데 10일에 을이 당직을 서므로 9일에는 갑과 병이 서야 한다. 8일과 7일은 각각 을과 갑이 당직을 서면 병의 당직 일수는 3일로 최소가 된다.

정답 | ③

43 규칙형 문제

5급공채 2024 나책형 15번

다음 글을 근거로 판단할 때, 甲이 일주일에 강아지를 산책시키는 최대 횟수는?

> 강아지 한 마리를 키우고 있는 甲은 다음 조건에 따라 매주 같은 횟수로 강아지를 산책시키고 있다.
>
> 강아지 산책은 아침, 점심, 저녁에 각 한 번, 하루 세 번까지 가능하다. 하루에 세 번 강아지를 산책시키면 이튿날은 아침과 점심에 강아지를 산책시킬 수 없다. 그리고 하루에 점심, 저녁 연달아 강아지를 산책시키면 이튿날 아침에는 산책을 쉬어야 한다. 강아지를 하루에 한 번도 산책시키지 않으면 이튿날 아침에도 산책을 시키지 않는다. 甲은 매주 수요일에는 하루 종일 출장을 가서 강아지를 산책시킬 수 없다. 또한 매주 금요일 저녁에는 강아지를 산책시킬 수 없다.

① 12
② 13
③ 14
④ 15
⑤ 16

문제해설

Step 1 문제 해결의 출발점

매주 수요일 및 금요일 저녁에 특이사항이 있으므로 이를 중심으로 일주일의 산책 흐름을 파악해 나가도록 하자. 한편 본문 첫 번째 문장에서 매주 같은 횟수로 산책시킨다고 한 것을 놓치지 말아야 한다.

Step 2 분석

일단 월-화의 산책 흐름을 살펴보자. 수요일은 출장으로 산책이 불가능하므로 화요일의 영향을 받지 않는다는 게 중요하다. 하루 세 번 산책을 시키면 다음날 저녁에만 산책이 가능하므로 월요일에 3회 모두 산책시키는 것은 최대 횟수 조건에 불리하다. 점심, 저녁 연달아 산책시키는 경우에도 이튿날 아침 산책을 쉬어야 하므로 역시 불리하다. 따라서 월요일에 아침, 저녁 산책을 시키고 화요일에 아침, 점심, 저녁 산책을 시키면 최대 5회가 가능하다.

수요일은 강아지를 산책시킬 수 없으므로 목요일 아침 산책은 무조건 쉬어야 한다. 금요일 저녁에 산책이 불가능하므로 목-금 흐름에서는 산책 가능한 시간대가 총 3회이다(목 2회, 금 1회 또는 목 1회 금 2회).

토-일 흐름은 월-화 흐름과 동일하게 하면 최대 횟수가 도출될 것 같지만, 본문 첫 번째 문장에서 매주 같은 횟수로 강아지를 산책시키고 있다는 점을 놓치지 말아야 한다. 만약 토요일에 아침, 저녁, 일요일에 아침, 점심, 저녁 산책을 시키면 이튿날인 월요일에는 저녁 산책만 가능하다. 따라서 토요일과 일요일 모두 아침-저녁과 같이 2번씩만 산책시켜 4회 산책시키는 것이 최대치이다.

이상을 모두 종합하면 일주일에 최대 12회 산책이 가능하다.

정답 | ①

44 규칙형 문제

5급공채 2024 나책형 18번

다음 글과 〈상황〉을 근거로 판단할 때, 청년후계농으로 선발될 수 있는 지원자는?

<2023년 청년후계농 선발 공고문>

□ 목적

○ 젊고 유능한 인재의 농업분야 유입을 촉진하고, 청년 근로자의 영농 정착과 농업 인력구조 개선을 도모

□ 지원자격

○ 만 19세~만 40세(병역이행기간은 연령 계산 시 미산입)

○ 독립경영 3년 이하인 자 및 독립경영 예정자

- 독립경영 : ① 본인명의로 농지를 임차하거나 구입하고, ② 경영주로 등록한 후, ③ 본인이 직접영농에 종사하는 경우
- 위의 독립경영 요건 중 ①과 ②를 충족하였으나 ③을 충족하지 못한 경우를 독립경영 예정자로 봄

○ 2023. 1. 1. 현재 위의 기준을 충족한 자에 한함

〈상 황〉

지원자(甲~戊)에 관한 정보는 다음과 같다.

지원자	甲	乙	丙	丁	戊
생년월일	1980. 5. 4.	2000. 2. 27.	1994. 7. 5.	1989. 10. 20.	1992. 8. 8.
병역이행 기간	6개월	×	30개월	24개월	×
농지	2021. 12. 31. 본인명의 구입	2022. 10. 31. 본인명의 임차	2018. 1. 31. 본인명의 구입	2020. 5. 10. 본인명의 임차	2022. 4. 10. 본인명의 구입
경영주 등록	2022. 1. 10.	2023. 1. 3.	2018. 2. 3.	2020. 12. 3.	×
직접영농 개시	2022. 1. 10.	×	2018. 2. 3.	2021. 1. 5.	×

① 甲

② 乙

③ 丙

④ 丁

⑤ 戊

문제해설

Step 1 문제 해결의 출발점

우리나라도 나이를 계산하는 방법이 만 나이 계산법으로 바뀐 이유에서인지 이번 문제와 다음 페이지의 33번 문제 모두 만 나이 계산법을 활용하는 것으로 출제되었다. 일반적인 선발형 문제와 마찬가지로 자격을 하나씩 적용해 지원자를 좁혀 나가도록 한다.

Step 2 분석

나이 조건에서 병역이행기간은 연령 계산 시 미산입이라 하였으므로 지원자별 만 나이를 구한 후 병역이행 기간이 있는 지원자는 해당 기간을 빼야 한다. 자격 3에 의하면 2023년 1월 1일 기준이므로 생년월일이 극단인 갑과 을을 보면, 갑은 만 42세인데 병역 이행 기간이 6개월이므로 이를 만 나이에서 차감해도 만 40세 이하 조건을 충족하지 못한다. 가장 어린 을은 만 22세이고 병역이행기간은 없으므로 나이 조건은 충족한다. 나머지 병~무는 더 볼 필요도 없이 나이 조건을 모두 충족한다.

자격 2에 따르면 경영주로 등록해야 하는데 무는 이 조건에서 탈락이다. 한편 2023년 1월 1일 기준 독립경영 3년 이하 또는 독립경영 예정자여야 하는데, 을은 기준일보다 나중에 경영주로 등록하였으므로 독립경영 예정자에도 해당하지 않는다. 병은 2018년 2월 3일부터 독립경영을 해 왔으므로 기간이 3년을 초과한다. 정은 2021년 1월 5일부터 독립경영을 해 왔으므로 독립경영 기간이 아직 3년 이하이다.

따라서 선발될 수 있는 지원자는 정이다.

정답 | ④

45 규칙형 문제
5급공채 2024 나책형 33번

다음 글과 〈상황〉을 근거로 판단할 때, 乙의 주민등록번호 앞 6자리로 가능한 것은?

○ '청년 교통비 지원사업'의 내용은 다음과 같다.
- 매년 4월 10일에 지원금 지급
- 지급일 기준 만 20세 이상 만 35세 이하의 청년에게 지원금 지급
- 홀수해에는 지급 대상자 중 홀수일에 태어난 사람에게, 짝수해에는 지급 대상자 중 짝수일에 태어난 사람에게 기념품 증정

〈상 황〉

○ '청년 교통비 지원사업' 담당자 甲은 지급내역을 정리하다가 2023년에 지원금을 받은 乙의 주민등록번호 앞 6자리가 지워져 있음을 발견하였다.
○ 甲은 乙의 주민등록번호 앞 6자리와 관련하여 다음과 같은 특징을 기억하고 있다.
- 3가지 숫자로만 구성되어 있다.
- 같은 숫자가 연속되는 부분이 있다.
○ 乙은 2022년에 지원금을 받았으나 기념품은 받지 못했다.
○ 乙은 2028년에도 지원금을 받을 수 있다.

① 920202
② 931118
③ 000610
④ 010411
⑤ 031103

문제해설

Step 1 문제 해결의 출발점

만 나이 계산법을 활용하는 간단한 규칙 적용형 문제이다. 기념품을 받을 수 있는 조건을 활용해 후보가 될 수 있는 선지를 빠르게 걸러내는 게 중요하다.

Step 2 분석

본문의 '지원사업' 내용을 진술 순서대로 조건 1~조건 3이라고 하자.

조건 3과 상황 3에 따르면 을은 2022년에 지원금만 받고 기념품은 받지 못했으므로 그가 태어난 날은 홀수일임을 알 수 있다. 따라서 ①, ②, ③은 제외된다.

한편 조건 2에 따르면 지급일 기준 만 20세 이상 청년에게 지원금이 지급되는데, 만약 을의 생년월일이 ⑤와 같이 2003년 11월 3일이면 2022년 4월 10일에 을의 만 나이는 19세로 지급 대상이 아니다. 따라서 ④가 정답이다.

(만 나이 계산 : 현재 연도에서 태어난 연도를 뺀 후, 생일이 지나지 않았다면 해당 결과에서 추가로 1을 뺌)

정답 | ④

46 규칙형 문제
5급공채 2024 나책형 34번

다음 글과 〈1차 투표 결과〉를 근거로 판단할 때 옳은 것은?

○ △△부서에서는 팀원 5명(甲~戊)의 투표를 통해 프로젝트명을 정하려 한다.
○ 프로젝트명 후보는 3개(A~C)이다.
○ 1차 투표에서는 한 명당 두 표를 가지며, 두 표 모두 하나의 후보에 줄 수도 있다.
○ 1차 투표 결과에 따라 최다 득표 후보를 프로젝트명으로 선정하며, 최다 득표 후보가 복수인 경우 최소 득표 후보를 제외하고 2차 투표를 실시한다.
○ 2차 투표에서는 한 명당 한 표씩 행사하여, 최다 득표 후보를 프로젝트명으로 선정한다.

〈1차 투표 결과〉

○ 하나의 후보에 두 표를 모두 준 사람은 甲과 乙뿐이며, 이들은 동일한 후보에 표를 주었다.
○ A에 투표한 사람은 3명이다.
○ B에 투표한 사람은 2명이다.
○ C에 투표한 사람은 3명이다.

① B는 선정될 수 없다.
② 1차 투표에서 丙과 丁이 투표한 후보의 조합은 서로 다르다.
③ 1차 투표에서 A가 받은 표는 최대 5표이다.
④ 1차 투표에서 C는 4표 이상 받았다.
⑤ 2차 투표를 실시하는 경우가 있다.

문제해설

Step 1 문제 해결의 출발점

기본 규칙만 주어져 있을 뿐 확정적 정보가 많지 않고, 선지에서도 경우의 수를 고려해야 하는 표현이 많다. 따라서 하나의 후보에 두 표를 모두 준 갑과 을을 중심으로 선지를 하나씩 판별해 나가도록 하자.

Step 2 분석

1명당 2표이므로 총 10표이며, <결과>에 언급된 수치는 각 후보별로 투표한 인원 수이므로 실제 득표수는 언급된 수치보다 더 클 수 있다.

① (×) 만약 갑과 을이 두 표 모두 B에 투표했고, 나머지 병~무는 A와 C에 각각 2표씩 투표했다면 B가 총 4표로 최다 득표 후보가 될 수도 있다.

② (×) ①에서 확인한 것처럼 1차 투표에서 병과 정이 투표한 후보의 조합이 일치할 가능성도 열려 있다.

③ (○) 만약 갑과 을이 두 표 모두 A에 투표했다면 A에 투표한 나머지 한 명은 A에 1표만 행사한 것이 되므로 1차 투표에서 A가 받은 표는 최대 5표까지 가능하다.

④ (×) ①에서 확인한 것처럼 갑과 을이 B에 몰표를 주었다면 C는 3표가 최대이다. 따라서 1차 투표에서 C가 4표 이상 받았다고 단정할 수는 없다.

⑤ (×) 조건에 따르면 1차 투표에서 최다 득표 후보가 복수일 때 2차 투표를 실시한다. 하지만 위 선지들에서 살펴본 것처럼 갑과 을은 동일한 후부에 표를 주기 때문에 이들이 투표한 후보가 어떤 것이냐에 따라 1차 투표에서는 해당 후보가 최다 득표를 하게 된다.

정답 | ③

47 규칙형 문제
5급공채 2024 나책형 36번

다음 글을 근거로 판단할 때, 〈보기〉에서 옳은 것만을 모두 고르면?

다음은 甲 스포츠 팀의 시즌 11번째, 12번째 경기의 결과와 직전 10개 경기 전적을 나타낸 것이다.

구분	11번째 경기	12번째 경기
결과	㉠	㉡
직전 10개 경기 전적	6승 4패	㉢

〈보 기〉

ㄱ. ㉠이 '패'라면, ㉢은 '6승 4패'가 될 수 없다.
ㄴ. ㉠이 '승'이고 ㉢이 '7승 3패'라면, ㉡은 '승'이다.
ㄷ. ㉠이 '승'이고 ㉢이 '6승 4패'라면, 시즌 1번째 경기의 결과는 '승'이다.
ㄹ. ㉠, ㉡이 모두 '패'이고 ㉢이 '5승 5패'라면, 시즌 13번째 경기의 직전 10개 경기 전적은 '4승 6패'이다.

① ㄱ
② ㄷ
③ ㄱ, ㄴ
④ ㄴ, ㄹ
⑤ ㄷ, ㄹ

문제해설

Step 1 문제 해결의 출발점

본문의 표에서 '직전 10개 경기 전적'을 항목으로 설정했음에 주의해야 한다. 직전 10개 경기이므로, 예를 들어 패-패-패-패-승-승-승-승-승-승의 전적이라면 1패가 추가되더라도 직전 10개 경기의 전적은 6승 4패가 될 수 있다. 즉 11번째 경기에서의 직전 10개 경기 전적에서 1번째 경기의 결과가 빠지고 ㉠이 추가되어 ㉢이 도출되는 구조인 것이다.

Step 2 분석

ㄱ. (×) 위에서 살펴본 것처럼 ㉠이 패여도 ㉢이 6승 4패가 될 수 있다.

ㄴ. (×) ㉡은 12번째 경기의 결과로, 앞선 전적으로부터 아무런 영향도 받지 않는다. 따라서 주어진 조건에서 ㉡이 승이라고 단정할 수 없다.

ㄷ. (○) ㉠이 승이어서 1승이 추가됐는데도 직전 10개 경기 전적이 그대로 6승 4패라면, 1번째 경기의 '승'이 빠지고 11번째 경기의 '승'이 추가되는 흐름이어야 한다. 따라서 적절하다.

ㄹ. (×) ㉠이 패이고 ㉢이 5승 5패면 11번째 경기 기준 직전 10개 경기의 1번째 경기는 '승'이었던 것이 된다. 하지만 이것만으로 12번째 경기 기준 직전 10개 경기의 1번째 경기가 승인지 패인지는 알 수가 없다. 따라서 ㉡도 패일 경우, 시즌 13번째 경기의 직전 10개 경기 전적은 4승 6패가 될 수도 있지만 5승 5패일 수도 있다.

정답 | ②

퀴즈형

01 퀴즈형 문제

5급공채 2018 나책형 13번

다음 글을 근거로 판단할 때, 사과 사탕 1개와 딸기 사탕 1개를 함께 먹은 사람과 戊가 먹은 사탕을 옳게 짝지은 것은?

> 사과 사탕, 포도 사탕, 딸기 사탕이 각각 2개씩 있다. 다섯 명의 사람(甲~戊) 중 한 명이 사과 사탕 1개와 딸기 사탕 1개를 함께 먹고, 다른 네 명이 남은 사탕을 각각 1개씩 먹었다. 이 사실만을 알고 甲~戊는 차례대로 다음과 같이 말했으며, 모두 진실을 말하였다.
>
> 甲 : 나는 포도 사탕을 먹지 않았어.
> 乙 : 나는 사과 사탕만을 먹었어.
> 丙 : 나는 사과 사탕을 먹지 않았어.
> 丁 : 나는 사탕을 한 종류만 먹었어.
> 戊 : 너희 말을 다 듣고 아무리 생각해봐도 나는 딸기 사탕을 먹은 사람 두 명 다 알 수는 없어.

① 甲, 포도 사탕 1개
② 甲, 딸기 사탕 1개
③ 丙, 포도 사탕 1개
④ 丙, 딸기 사탕 1개
⑤ 戊, 사과 사탕 1개와 딸기 사탕 1개

문제해설

Step 1 **문제 해결의 출발점**

전형적인 매칭형 퀴즈 문제이다. 간단하게 표를 그려 확정적 정보부터 우선적으로 매칭시켜 나가도록 한다. '~ 않았어.'의 부정 진술도 정보를 알려준다는 것을 놓치지 말자.

Step 2 **선택지 분석**

사탕의 종류는 사과, 포도, 딸기가 각각 2개씩 총 6개이다. 본문 두 번째 진술에 나와 있듯이, 5명 중 한 명이 사과와 딸기 사탕 1개씩을 먹고 나머지는 모두 1개씩만 먹었다는 점을 전제로 아래에 나온 진술 가운데 확정적 정보부터 표를 채워 나간다.

1) 갑 - 포도 × / 2) 을 - 사과만 ○ / 3) 병 - 사과 × / 4) 정 - 사탕 1개만 먹음

	사과	포도	딸기	개수
갑		×		
을	○	×	×	1개
병	×			
정				1개
무				

정리한 정보에서 사과 사탕을 먹을 수 있는 사람은 갑, 정, 무 가운데 한 명으로 압축되는데, 본문의 두 번째 문장의 진술에서 확인하였듯이 그 인물은 딸기 사탕도 함께 먹은 것이 되어야 한다. 따라서 정은 사과 사탕을 먹은 사람이 될 수 없다.

	사과	포도	딸기	개수
갑		×		
을	○	×	×	1개
병	×			
정	×			1개
무				

사과 사탕을 먹은 사람으로 가능한 인물은 갑과 무 두 명으로 압축되었다(경우의 수 고려). 만약 무가 사과 사탕을 먹었다면 갑은 사과 사탕을 먹은 사람이 될 수 없고 자동적으로 딸기 사탕 1개만 먹은 것이 된다. 그런데 이 경우에는 무가 딸기 사탕을 먹은 사람이 누군지(무 본인과 갑) 알 수 있게 되어 무의 진술과 모순된다. 따라서 갑이 사과 사탕과 딸기 사탕을 1개씩 먹은 것이 확정된다.

	사과	포도	딸기	개수
갑	○	×	○	2개
을	○	×	×	1개
병	×			1개
정	×			1개
무	×			1개

여기까지 정리된 정보에서, 만약 무가 딸기 사탕을 먹은 것이 되면 역시 무의 진술과 모순되므로, 무가 먹은 것은 포도 사탕이 되어야 한다. 따라서 정답은 ①이다.

정답 | ①

02 퀴즈형 문제

5급공채 2018 나책형 15번

다음 글을 근거로 판단할 때, 하이디와 페터가 키우는 양의 총 마리 수와 ㉠~㉣ 중 옳게 기록된 것만을 짝지은 것은?

○ 하이디와 페터는 알프스의 목장에서 양을 키우는데, 목장은 4개의 구역(A~D)으로 이루어져 있다. 양들은 자유롭게 다른 구역을 넘나들 수 있지만 목장을 벗어나지 않는다.

○ 하이디와 페터는 양을 잘 관리하기 위해 구역별 양의 수를 파악하고 있어야 하는데, 양들이 계속 구역을 넘나들기 때문에 양의 수를 정확히 헤아리는 데 어려움을 겪고 있다. 고민 끝에 하이디와 페터는 시간별로 양의 수를 기록하되, 하이디는 특정 시간 특정 구역의 양의 수만을 기록하고, 페터는 양이 구역을 넘나들 때마다 그 시간과 그때 이동한 양의 수를 기록하기로 하였다.

○ 하이디와 페터가 같은 날 오전 9시부터 오전 10시 15분까지 작성한 기록표는 다음과 같으며, ㉠~㉣을 제외한 모든 기록은 정확하다.

하이디의 기록표			페터의 기록표		
시간	구역	마리 수	시간	구역 이동	마리 수
09:10	A	17마리	09:08	B → A	3마리
09:22	D	21마리	09:15	B → D	2마리
09:30	B	8마리	09:18	C → A	5마리
09:45	C	11마리	09:32	D → C	1마리
09:58	D	㉠21마리	09:48	A → C	4마리
10:04	A	㉡18마리	09:50	D → B	1마리
10:10	B	㉢12마리	09:52	C → D	3마리
10:15	C	㉣10마리	10:05	C → B	2마리

※ 구역 이동 외의 양의 수 변화는 고려하지 않는다.

① 59마리, ㉡, ㉣
② 59마리, ㉢, ㉣
③ 60마리, ㉠, ㉢
④ 61마리, ㉠, ㉡
⑤ 61마리, ㉡, ㉣

문제해설

Step 1 문제 해결의 출발점

하이디의 기록표는 특정 시간 특정 구역에 존재하는 양의 마리 수이고, 페터의 기록표는 특정 시간에 구역 간 이동을 한 양의 마리 수이다. 발문에서 ㉠~㉣ 가운데 잘못된 수치가 있음을 확인할 수 있으므로, 정확하게 기록된 구역별 마리수에서 출발해 페터의 기록표에 따라 구역 간 이동한 양의 수를 적용해 결과를 도출하는 흐름으로 접근하면 된다.

Step 2 시간별 정보 정리

하이디의 기록표에서 09:45까지의 구역별 마리 수는 정확한 정보이다. 따라서 09:10 이후 이루어진 구역 간 이동을 시간대별로 반영해 각 구역별 수치의 변동을 추론해 나가면 된다. 이동 기록을 모두 반영한 구역별 최종 수치를 모두 합하면 키우는 양의 총 마리 수가 도출된다는 것도 고려해야 한다.

A 구역 : 10:04 이전의 이동 기록을 살펴봐야 한다. 09:10에 17마리인 상태에서, 09:18에 C로부터 5마리가 넘어오고(+5) 09:48에 A에서 C로 4마리가 넘어간다(-4). 따라서 10:04에 A에 남은 양의 수는 18이다.

B 구역 : 09:30부터 10:10 사이의 이동 기록을 살펴봐야 한다. 09:30에 8마리인 상태에서 09:50과 10:05에 D와 C로부터 총 3마리의 양이 이동하였다(+3). 따라서 10:10에 B에 남은 양의 수는 11이다.

C 구역 : 09:45부터 10:15 사이의 이동 기록을 살펴봐야 한다. 09:45에 11마리인 상태에서, 09:48에 A로부터 4마리(+4), 09:52에 D로 3마리(-3), 10:05에 B로 2마리(-2)가 이동하였다. 따라서 10:15에 C에 남은 양의 수는 10이다.

D 구역 : 09:22부터 09:58 사이의 이동 기록을 살펴봐야 한다. 09:22에 21마리인 상태에서 09:3와 09:50에 각각 C와 B로 1마리씩이 이동하였고(-2), 09:52에는 C로부터 3마리가 넘어 왔다(+3). 따라서 09:58에 D에 남은 양의 수는 22이다.

따라서 수치 정보가 올바른 것은 ㉡과 ㉣이며, 전체 양의 수는 18+11+10+22=61이다.

정답 | ⑤

03 퀴즈형 문제
5급공채 2018 나책형 16번

다음 글을 근거로 판단할 때, A에서 가장 멀리 떨어진 도시는?

○ 甲지역에는 7개의 도시(A~G)가 있다.
○ E, F, G는 정남북 방향으로 일직선상에 위치하며, B는 C로부터 정동쪽으로 250km 떨어져 있다.
○ C는 A로부터 정남쪽으로 150km 떨어져 있다.
○ D는 B의 정북쪽에 있으며, B와 D 간의 거리는 A와 C 간의 거리보다 짧다.
○ E와 F 간의 거리는 C와 D 간의 직선거리와 같다.
○ G는 D로부터 정동쪽으로 350km 거리에 위치해 있으며, A의 정동쪽에 위치한 도시는 F가 유일하다.

※ 모든 도시는 동일 평면상에 있으며, 도시의 크기는 고려하지 않는다.

① B
② D
③ E
④ F
⑤ G

문제해설

Step 1 문제 해결의 출발점

제시된 정보들을 바탕으로 도시 사이의 위치 관계를 파악하는 문제이다. 대략적인 거리 차이를 설정하는 것만으로도 위치 관계 파악은 충분하다.

Step 2 도시 사이의 위치 설정

본문의 각 조건을 순서대로 1~6번이라 하자. 연결고리가 형성되는 도시를 중심으로 파악한다.

2번 : E, F, G는 정남북 방향으로 일직선상에 위치, B는 C로부터 정동쪽으로 250km 떨어짐
→ E, F, G의 상대적 위치(어느 도시가 북쪽이고 남쪽인지)는 아직 알 수 없다. B는 C의 정동쪽 250km 위치에 있다.

3번 : C는 A로부터 정남쪽으로 150km 떨어짐
→ C는 A의 정남쪽, B의 정서쪽에 위치해 크게 ㄴ자 형태의 위치가 설정된다.

4번 : D는 B의 정북쪽에 있으며, B와 D 간의 거리는 A와 C 간의 거리보다 짧음
→ B의 정북쪽에 D가 있는데, 그 간격은 A-C 간격보다 짧다.

현재까지의 정보로부터 다음과 같은 그림이 만들어진다.

A				
		D		
C		B		

5번 : E와 F 간의 거리는 C와 D 간의 직선거리와 같음
→ E와 F의 상대적 위치 관계가 아직 파악되지 않았으므로 일단 보류한다.

6번 : G는 D로부터 정동쪽으로 350km 거리에 위치해 있으며, A의 정동쪽에 위치한 도시는 F가 유일함
→ D의 위치가 파악된 상태이므로 G를 그림 위에 배치할 수 있다. D의 정동쪽에 G, A의 정동쪽에 F가 위치한다.

A				F
150km		D	350km	G
C	250km	B		

지금까지 정리한 정보로부터도 E의 정확한 위치는 알 수 없다. 그러나 문제에서 요구하는 것은 A에서 가장 멀리 떨어진 도시이고, 2번 및 5번 정보로부터 E는 F의 정북쪽이나 정남쪽 방향으로 C-D 사이의 거리만큼 떨어져 있다는 것(즉 F-G 사이의 거리보다 더 멀리 떨어져 있음)은 알 수 있다. 따라서 직관적으로 파악해도 A에서 가장 멀리 떨어진 도시는 E임을 알 수 있다.

정답 | ③

04 퀴즈형 문제

5급공채 2018 나책형 18번

다음 〈상황〉을 근거로 판단할 때, 〈보기〉에서 옳은 것만을 모두 고르면?

〈상 황〉

○ 체육대회에서 8개의 종목을 구성해 각 종목에서 우승 시 얻는 승점을 합하여 각 팀의 최종 순위를 매기고자 한다.

○ 각 종목은 순서대로 진행하고, 3번째 종목부터는 각 종목 우승 시 받는 승점이 그 이전 종목들의 승점을 모두 합한 점수보다 10점 더 많도록 구성하였다.

※ 승점은 각 종목의 우승 시에만 얻을 수 있으며, 모든 종목의 승점은 자연수이다.

〈보 기〉

ㄱ. 1번째 종목과 2번째 종목의 승점이 각각 10점, 20점이라면 8번째 종목의 승점은 1,000점을 넘게 된다.

ㄴ. 1번째 종목과 2번째 종목의 승점이 각각 100점, 200점이라면 8번째 종목의 승점은 10,000점을 넘게 된다.

ㄷ. 1번째 종목과 2번째 종목의 승점에 상관없이 8번째 종목의 승점은 6번째 종목 승점의 네 배이다.

ㄹ. 만약 3번째 종목부터 각 종목 우승 시 받는 승점이 그 이전 종목들의 승점을 모두 합한 점수보다 10점 더 적도록 구성한다면, 1번째 종목과 2번째 종목의 승점에 상관없이 8번째 종목의 승점은 6번째 종목 승점의 네 배보다 적다.

① ㄱ, ㄷ
② ㄱ, ㄹ
③ ㄴ, ㄷ
④ ㄱ, ㄴ, ㄹ
⑤ ㄴ, ㄷ, ㄹ

문제해설

Step 1 문제 해결의 출발점

수리형 퀴즈 문제로, <상황>에 제시된 정보가 매우 적지만 그만큼 함축적이어서 꽤나 어려운 문제에 해당한다. <상황>의 첫 번째에서 8개의 종목별 승점을 합하는 방식 자체는 단순 구조인데, 두 번째에서 설명한 승점 구성의 방식을 잘 정리해야 한다. 1~2번째 종목의 승점은 개별적으로 고정되어 있고, 3번째 종목부터의 승점은 순차적으로 이전 종목들의 승점 합에 +10을 한 것이 된다. <보기>의 ㄱ과 ㄴ은 이러한 규칙성을 파악하지 않고도 정오를 판단할 수 있지만, ㄷ이나 ㄹ을 해결하기 위해서는 이로부터 일정한 규칙성을 발견해 내어야 한다.

Step 2 승점 구성 방식 파악 및 선지 분석

1번째와 2번째 종목의 승점을 a와 b로 설정하면, 3번째 종목부터는 이 a와 b가 포함된 수식으로 정리할 수 있다. 일단 6번째 종목의 승점까지 구해 보자.

1번째 : a / 2번째 : b / 3번째 : a + b + 10

4번째 : a + b + (a + b + 10) + 10

5번째 : a + b + (a + b + 10) + {a + b + (a + b + 10) + 10} + 10

6번째 : a + b + (a + b + 10) + {a + b + (a + b + 10) + 10} + [a + b + (a + b + 10) + {a + b + (a + b + 10) + 10} + 10] + 10

3~6번째의 수식을 보면 하나의 규칙성을 발견할 수 있는데, 회차가 이어질수록 a와 b는 4번째에서 2(a+b), 5번째에서 4(a+b), 6번째에서 8(a+b)와 같이 증가하고 10점의 구성 역시 4번째에서 10×2, 5번째에서 10×4, 6번째에서 10×8과 같이 2의 제곱수만큼 증가한다. 따라서 7~8번째는 다음과 같이 정리된다.

7번째 : 16(a+b) + 10×16

8번째 : 32(a+b) + 10×32

ㄱ. (○) 제시된 조건으로 계산을 하면 8번째 종목의 승점은 (32×30) + 320 = 960 + 320 = 1280이다.

ㄴ. (×) 제시된 조건으로 계산을 하면 8번째 종목의 승점은 (32×300) + 320 = 9600 + 320 = 9920으로, 10,000점을 못 넘는다.

ㄷ. (○) 위에서 정리한 대로 두 승점을 비교하면
6번째 = 8(a+b) + 8×10
8번째 = 32(a+b) + 32×10 이므로 8번째 종목의 승점은 6번째 종목 승점의 4배가 된다.

ㄹ. (×) 3번째 종목부터 이전 종목까지의 승점 합에 10점을 빼는 방식으로 변경되었지만, 규칙성은 크게 달라진 것이 없다. 위에서 진행했던 것과 마찬가지로 정리하면
6번째 = 8(a+b) - 8×10
8번째 = 32(a+b) - 32×10 이므로, ㄷ과 마찬가지로 8번째의 승점음 6번째 승점의 4배가 된다.

정답 | ①

05 퀴즈형 문제

5급공채 2018 나책형 30번

다음 글과 〈실험〉을 근거로 판단할 때, 히스티딘을 합성하게 하는 '코돈'은?

인류 역사상 가장 위대한 업적 중 하나는 20세기 초중반에 걸쳐 이루어진 유전정보에 관한 발견이다. DNA는 유전물질이며 유전정보를 가지고 있다. 이러한 DNA의 유전정보는 RNA로 전달되어 단백질을 합성하게 함으로써 형질을 발현시킨다.

RNA는 뉴클레오타이드라는 단위체가 연결되어 있는 형태이다. RNA를 구성하는 뉴클레오타이드는 A, G, C, U의 4종류가 있다. 연속된 3개의 뉴클레오타이드 조합을 '코돈'이라 한다. 만약 G와 U 2종류의 뉴클레오타이드가 GUUGUGU와 같이 연결되어 RNA를 구성하고 있다면, 가능한 코돈은 GUU, UUG, UGU, GUG의 4가지이다. 하나의 코돈은 하나의 아미노산만을 합성하게 한다. 그러나 특정한 아미노산을 합성하게 하는 코돈은 여러 개일 수 있다.

※ 아미노산 : 단백질의 기본단위로서 히스티딘, 트레오닌, 프롤린, 글루타민, 아스파라긴 등이 있다.

〈실 험〉

어떤 과학자가 아미노산을 합성하게 하는 RNA의 유전정보를 번역하기 위해 뉴클레오타이드 A와 C를 가지고 다음과 같은 실험을 하였다.

실험 1 : A와 C를 교대로 연결하여 …ACACAC…인 RNA를 만들고, 이 RNA의 코돈을 이용하여 히스티딘과 트레오닌을 합성하였다.

실험 2 : A와 2개의 C인 ACC를 반복적으로 연결하여 …ACCACCACC…인 RNA를 만들고, 이 RNA의 코돈을 이용하여 히스티딘, 트레오닌, 프롤린을 합성하였다.

실험 3 : C와 2개의 A인 CAA를 반복적으로 연결하여 …CAACAACAA…인 RNA를 만들고, 이 RNA의 코돈을 이용하여 트레오닌, 글루타민, 아스파라긴을 합성하였다.

① AAC
② ACA
③ CAA
④ CAC
⑤ CCA

문제해설

Step 1 문제 해결의 출발점

본문의 핵심 정보는 2문단의 4번째 문장부터 제시되어 있다. 특정 뉴클레오타이드가 배열되는 순서에 따라 가능한 코돈이 달라지며, 특히 하나의 코돈은 하나의 아미노산만을 합성하게 하지만 특정한 아미노산을 합성하게 하는 코돈은 여러 개일 수 있다. 예를 들어 히스티딘을 합성하게 하는 코돈은 X와 Y 두 가지가 있을 수 있는데, 이들 X와 Y는 오직 히스티딘만을 합성하게 만든다는 것이다.

Step 2 〈실험〉 분석

- 실험 1에서 가능한 코돈은 ACA, CAC 두 종류이다. 이들로부터 히스티딘과 트레오닌이 합성되었다.
- 실험 2에서 가능한 코돈은 ACC, CCA, CAC 세 종류이다. 이들로부터 히스티딘, 트레오닌, 프롤린이 합성되었는데, CAC가 실험 1과 겹친다.
- 실험 3에서 가능한 코돈은 CAA, AAC, ACA 세 종류이다. 이들로부터 트레오닌, 글루타민, 아스파라긴이 합성되었는데, 문제에서 요구하는 히스티딘은 나오지 않았으므로 이들 세 코돈은 배제한다.

실험 3에서 ACA는 히스티딘을 합성할 수 없는 코돈임을 확인하였는데, 실험 1에서 가능한 코돈에 ACA가 포함되어 있다. 따라서 ACA는 트레오닌을 합성한 것이고 히스티딘을 합성한 것은 CAC임을 알 수 있다. 어차피 히스티딘을 합성한 코돈만 찾으면 되므로 실험 2의 결과를 추가로 분석할 필요는 없다.

정답 | ④

06 퀴즈형 문제
5급공채 2018 나책형 31번

다음 글을 근거로 판단할 때, 〈보기〉에서 옳은 것만을 모두 고르면?

甲, 乙, 丙이 바둑돌을 손가락으로 튕겨서 목표지점에 넣는 게임을 한다. 게임은 총 5라운드까지 진행하며, 라운드마다 바둑돌을 목표지점에 넣을 때까지 손가락으로 튕긴 횟수를 해당 라운드의 점수로 한다. 각 라운드의 점수가 가장 낮은 사람이 해당 라운드의 1위가 되며, 모든 라운드의 점수를 합산하여 그 값이 가장 작은 사람이 게임에서 우승한다.

아래의 표는 각 라운드별로 甲, 乙, 丙의 점수를 기록한 것이다. 4라운드와 5라운드의 결과는 실수로 지워졌는데, 그중 한 라운드에서는 甲, 乙, 丙 모두 점수가 같았고, 다른 한 라운드에서는 바둑돌을 한 번 튕겨서 목표지점에 넣은 사람이 있었다.

	1라운드	2라운드	3라운드	4라운드	5라운드	점수 합
甲	2	4	3			16
乙	5	4	2			17
丙	5	2	6			18

〈보 기〉

ㄱ. 4라운드와 5라운드만을 합하여 바둑돌을 튕긴 횟수가 가장 많은 사람은 甲이다.
ㄴ. 바둑돌을 한 번 튕겨서 목표지점에 넣은 사람은 乙이다.
ㄷ. 丙의 점수는 라운드마다 달랐다.
ㄹ. 만약 각 라운드에서 단독으로 1위를 한 횟수가 가장 많은 사람이 우승하는 것으로 규칙을 변경한다면, 丙이 우승한다.

① ㄱ, ㄴ
② ㄱ, ㄷ
③ ㄴ, ㄹ
④ ㄱ, ㄷ, ㄹ
⑤ ㄴ, ㄷ, ㄹ

문제해설

Step 1 문제 해결의 출발점

게임의 중간 과정이 미지수로 설정된 퀴즈형 문제이다. 일단 확정된 점수부터 합산해서 구한 후 선택지에 제시된 추가 정보에 따라 상황을 판단한다. 2문단 후반부의 정보는 선지를 판단할 때 기준이 되는 정보들임을 놓치지 말자.

Step 2 선택지 분석

	1라운드	2라운드	3라운드	4라운드	5라운드	점수 합
甲	2	4	3	7		16
乙	5	4	2	6		17
丙	5	2	6	5		18

ㄱ. (○) 점수는 바둑돌을 튕긴 횟수를 의미하므로 4~5라운드 한정으로 바둑돌을 튕긴 횟수가 가장 많은 사람은 갑이 맞다.

ㄴ. (×) 2문단의 정보에서 알 수 있듯이 4~5라운드 가운데 하나에서는 세 인물이 동점이 나오고 다른 하나에서는 1점이 나와야 한다. 만약 을이 바둑돌을 한 번 튕겨서 성공한 사람이라면 4라운드나 5라운드 가운데 하나는 1점이 되고 다른 한 라운드는 5점이 되어야 한다. 그리고 을이 5점을 받은 라운드가 동시에 세 인물이 동점인 라운드가 된다. 이 경우 병이 해당 라운드에서 5점이 되면 다른 한 라운드는 0점 즉 한 번도 안 튕기고 목표지점에 넣은 사람이 되어버려 모순이 발생한다. 이는 갑의 경우도 마찬가지이다. 따라서 바둑돌을 한 번 튕겨 목표지점에 넣은 사람은 병이 되어야 한다. 이에 따른 결과를 정리하면 다음과 같다(4-5라운드의 순서 배치는 바뀌어도 무관).

	1라운드	2라운드	3라운드	4라운드	5라운드	점수 합
甲	2	4	3	3	4	16
乙	5	4	2	2	4	17
丙	5	2	6	1	4	18

ㄷ. (○) ㄴ에서 확인한 바를 적용하면 병의 라운드별 점수는 5, 2, 6, 4, 1(또는 5, 2, 6, 1, 4)이 된다.

ㄹ. (○) ㄴ에서 정리한 표로 분석하면 각 라운드에서 단독으로 1위를 한 횟수(점수가 가장 낮은 사람)가 가장 많은 사람은 병이 된다.

정답 | ④

07 퀴즈형 문제
5급공채 2018 나책형 34번

다음 글을 근거로 판단할 때, 〈보기〉에서 옳은 것만을 모두 고르면?

△△국 농구리그에는 네 팀(甲~丁)이 참여하고 있다. 이 리그의 2019 시즌 신인선수 선발은 2018 시즌 종료 후 1·2라운드로 나누어 다음과 같이 진행한다.

○ 1라운드 : 2018 시즌 3, 4등에게 무작위 추첨을 통해 신인선수 선발 권한 1, 2순위를 부여하는데, 2018 시즌 3, 4등은 이 추첨에 반드시 참여하여야 한다. 2018 시즌 2등은 3순위로, 2018 시즌 1등은 마지막 순위로 선수를 선발한다.

○ 2라운드 : 1라운드에서 부여된 신인선수 선발 순위의 역순으로 선수를 선발한다.

○ 각 팀은 희망 선수 선호도에 따라 선수를 라운드당 1명씩 선발해야 한다.

2018 시즌에는 팀당 60경기를 치르며, 경기에서 무승부는 없다. 승수가 많을수록 등수가 높다. 2018년 3월 10일 현재 각 팀별 성적 및 희망 선수 선호도는 다음과 같다.

현재등수	팀명	승	패	희망 선수 선호도
1	甲	50	9	A-B-C-D-E-F-G-H
2	乙	30	29	H-G-C-A-E-B-D-F
3	丙	29	29	H-A-C-D-F-E-B-G
4	丁	8	50	A-B-F-H-D-C-E-G

※ 희망 선수 선호도는 오른쪽에서 왼쪽으로 갈수록 더 높으며, 2019 시즌 신인선수 선발 종료 시점까지 변하지 않는다.
※ 시즌 종료시 최종 등수가 같은 경우는 나오지 않는다.

〈보 기〉

ㄱ. 甲팀은 2라운드에서 가장 먼저 선수를 선발할 것이다.
ㄴ. 乙팀이 2등으로 2018 시즌을 종료할 경우, H선수를 선발할 것이다.
ㄷ. 丙팀이 2등으로 2018 시즌을 종료할 경우, C선수와 F선수를 선발할 것이다.
ㄹ. 丁팀은 남은 경기의 결과에 따라 1라운드 1순위 선발 권한을 확보하기 위한 추첨에 참여하지 못할 수도 있다.

① ㄱ, ㄴ ② ㄱ, ㄷ ③ ㄴ, ㄹ
④ ㄱ, ㄷ, ㄹ ⑤ ㄴ, ㄷ, ㄹ

문제해설

Step 1 문제 해결의 출발점

신인선수 선발 방식은 간단한 편이다. 1라운드는 2018시즌 3, 4등이 무작위 추첨을 거쳐 1, 2순위가 되고, 2018 시즌 1등과 2등은 각각 4순위와 3순위 선발권을 갖게 된다. 2라운드는 1라운드의 선발 순위의 역순으로 선수를 선발하므로 2018시즌 1순위 - 2순위 - 3순위 또는 4순위 - 4순위 또는 3순위 순서가 된다.

본문 하단에 제시된 경기 전적은 아직 미완성 상태이지만, 팀별로 고작 1경기 또는 2경기가 남은 상태이므로 1순위와 4순위는 각각 갑과 정으로 결정되어 있다. 2순위와 3순위가 을과 병 가운데 각각 누가 될지는 미확정 상태이므로 곧바로 <보기>를 하나씩 처리해 나가도록 한다.

Step 2 선택지 분석

ㄱ. (○) 갑은 남은 한 경기의 결과와 상관없이 2018시즌 1등이 확정이다. 따라서 1라운드 선발에서는 4순위가 되고, 2라운드에서는 역순에 따라 1순위로 선발권이 부여된다.

ㄴ. (×) 을이 2018 시즌 2등이면 1라운드 선발 순서는 병과 정이 추첨을 통해 1순위와 2순위가 되고 을은 3순위가 된다. 병과 정 사이의 순위는 확정지을 수 없지만, 만약 병이 1순위라면 H를 먼저 선발할 것이고, 정이 1순위라고 해도 정이 A를 먼저 선발한 뒤 2순위인 병이 H를 선발할 것이므로 을팀은 H선수 다음 선호 선수인 G를 선발할 것이다.

ㄷ. (○) 을이 2018 시즌 2등이면 1라운드 선발 순서는 (을, 정) - 병 - 갑이 된다. 을과 정의 순서를 거치면 H와 A가 각팀에 선발되고, 3순위인 병은 C를 선발하게 되며 4순위인 갑이 B를 선발한다. 2라운드는 갑 - 병 - (을, 정) 순서가 되므로 갑이 D, 병이 F를 선발한다. 따라서 병팀이 선발할 선수는 C와 F이다.

ㄹ. (×) 정팀은 현재까지의 승/패로 봤을 때 2018 시즌 4등 확정이다. 본문의 1라운드 진행 방식에 의하면 2018 시즌 3, 4등은 무작위 추첨에 무조건 참여해야 한다.

정답 | ②

08 퀴즈형 문제

5급공채 2018 나책형 36번

다음 글을 근거로 판단할 때, 〈보기〉에서 옳은 것만을 모두 고르면?

○ 甲, 乙, 丙은 12장의 카드로 게임을 하고 있다.
○ 12장의 카드 중에는 봄, 여름, 가을, 겨울 4가지 종류의 계절 카드가 각각 3장씩 있는데, 카드 뒷면만 보고는 어느 계절 카드인지 알 수 없다.
○ 참가자들은 게임을 시작할 때 무작위로 4장씩 카드를 나누어 갖는다.
○ 참가자들은 자신의 카드를 확인한 후 1대 1로 카드를 각자 2장씩 맞바꿀 수 있다. 맞바꿀 카드는 상대방의 카드 뒷면만 보고 무작위로 동시에 선택한다.
○ 가장 먼저 봄, 여름, 가을, 겨울 카드를 모두 갖게 된 사람이 우승한다.
○ 게임을 시작하여 4장의 카드를 나누어 가진 직후에 참가자들은 자신들이 가진 카드에 대해 아래와 같이 사실을 말했다.
甲 : 겨울 카드는 내가 모두 갖고 있다.
乙 : 나는 봄과 여름 2가지 종류의 계절 카드만 갖고 있다.
丙 : 나는 여름 카드가 없다.

〈보 기〉

ㄱ. 게임 시작시 3가지 종류의 계절 카드를 받은 사람은 1명이다.
ㄴ. 게임 시작시 참가자 모두 봄 카드를 받았다면, 가을 카드는 모두 丙이 갖고 있다.
ㄷ. 첫 번째 맞바꾸기에서 甲과 乙이 카드를 맞바꿔서 甲이 바로 우승했다면, 게임 시작시 丙은 봄 카드를 2장 받았다.

① ㄱ
② ㄴ
③ ㄱ, ㄴ
④ ㄱ, ㄷ
⑤ ㄴ, ㄷ

문제해설

Step 1 문제 해결의 출발점

본문의 조건 1부터 조건 4까지의 정보는 별다른 것이 없다. 구체적인 카드 배정에 대한 정보는 조건 5부터 등장하는데, 간단하게 표를 작성해 인물별로 가지고 있는 카드의 종류를 정리해 가는 것이 유리하다.

Step 2 〈상황〉 분석

카드의 종류는 봄 3장, 여름 3장, 가을 3장, 겨울 4장으로 총 12장이며, 인물별로 4장씩의 카드를 지닌다. 이제 조건 6에 제시된 각 인물별 진술을 정리해 보자.

1) 갑이 겨울 카드 3장을 모두 갖고 있으므로, 을과 병에게 겨울 카드는 없다.

2) 을은 봄과 여름 2가지 종류의 카드만 갖고 있으므로 가을 카드와 겨울 카드는 없다.

3) 병은 여름 카드가 없으며, 1)에 따라 겨울 카드도 없다.

	봄	여름	가을	겨울
갑				○○○
을			×	×
병		×		×

이상을 정리하면, 갑은 나머지 카드 1장은 봄/여름/가을 중 하나에 해당한다. 을은 봄 카드와 여름 카드를 지니고 있는데, 그 수는 아직 알 수가 없다. 병은 봄 카드와 가을 카드만 가지고 있다.

ㄱ. (×) 위에서 정리한 것처럼 게임 시작시 3가지 종류의 계절 카드를 받은 사람은 없다.

ㄴ. (○) 게임 시작시 참가자 모두 봄 카드를 받았다면 표는 다음과 같이 정리된다.

	봄	여름	가을	겨울
갑	○	×	×	○○○
을	○	○○○	×	×
병	○	×	○○○	×

따라서 가을 카드는 모두 병이 갖게 된다.

ㄷ. (○) 초기 배분 상태에서 갑과 을이 첫 번째 맞바꾸기를 하면, 을에게는 봄과 여름 카드만 있으므로 갑이 맞바꾸기를 통해 입수할 수 있는 것 역시 봄과 여름 카드이다. 그런데 이 교환을 통해 갑이 바로 우승하게 되었으므로, 갑은 처음부터 가을 카드 1장을 지닌 채 시작한 것이 된다. 이를 정리해 표에 반영하면 다음과 같다.

	봄	여름	가을	겨울
갑	×	×	○	○○○
을	○	○○○	×	×
병	○○	×	○○	×

이 경우 병은 게임 시작시 봄 카드 2장을 받았던 것이 되므로 옳은 진술이다.

정답 | ⑤

09 퀴즈형 문제
5급공채 2018 나책형 38번

다음 글을 근거로 판단할 때, ㉠에 들어갈 일시는?

> ○ 서울에 있는 甲사무관, 런던에 있는 乙사무관, 시애틀에 있는 丙사무관은 같은 프로젝트를 진행하면서 다음과 같이 영상업무회의를 진행하였다.
> ○ 회의 시각은 런던을 기준으로 11월 1일 오전 9시였다.
> ○ 런던은 GMT+0, 서울은 GMT+9, 시애틀은 GMT-7을 표준시로 사용한다. (즉, 런던이 오전 9시일 때, 서울은 같은 날 오후 6시이며 시애틀은 같은 날 오전 2시이다)
>
> 甲 : 제가 프로젝트에서 맡은 업무는 오늘 오후 10시면 마칠 수 있습니다. 런던에서 받아서 1차 수정을 부탁드립니다.
> 乙 : 네, 저는 甲사무관님께서 제시간에 끝내 주시면 다음날 오후 3시면 마칠 수 있습니다. 시애틀에서 받아서 마지막 수정을 부탁드립니다.
> 丙 : 알겠습니다. 저는 앞선 두 분이 제시간에 끝내 주신다면 서울을 기준으로 모레 오전 10시면 마칠 수 있습니다. 제가 업무를 마치면 프로젝트가 최종 마무리 되겠군요.
> 甲 : 잠깐, 다들 말씀하신 시각의 기준이 다른 것 같은데요? 저는 처음부터 런던을 기준으로 이해하고 말씀드렸습니다.
> 乙 : 저는 처음부터 시애틀을 기준으로 이해하고 말씀드렸는데요?
> 丙 : 저는 처음부터 서울을 기준으로 이해하고 말씀드렸습니다. 그렇다면 계획대로 진행될 때 서울을 기준으로 (㉠)에 프로젝트를 최종 마무리할 수 있겠네요.
> 甲, 乙 : 네, 맞습니다.

① 11월 2일 오후 3시
② 11월 2일 오후 11시
③ 11월 3일 오전 10시
④ 11월 3일 오후 3시
⑤ 11월 3일 오후 7시

문제해설

Step 1 문제 해결의 출발점

경도에 따른 표준시 차이가 반영되어 시각을 파악해야 하는 문제이므로 한 번에 처리하기 어려울 수 있다는 인상을 줄 것이다. 하지만 문제가 최종적으로 묻고 있는 것은 업무가 계획대로 진행되었을 때 서울 기준으로 언제 종료되는가이다. 결국 이를 구하기 위해서는 각 인물별로 필요한 업무 시간을 합산하고, 런던 기준 11월 1일 9시가 서울 기준으로 며칠 몇시인지를 파악해 여기에 총 업무 시간을 더해 주면 된다.

Step 2 〈대화〉 분석

회의 시각은 런던 기준 11월 1일 오전 9시이다. 인물별 두 번째 발언 내용을 고려해 각각이 말한 업무 종료 시각을 기준으로 인물마다 업무에 필요한 시간이 얼마인지 계산한다.

갑 : 런던 시각 기준, 회의 시간인 오전 9시(런던 기준)부터 시작해 같은 날 오후 10시에 업무를 마칠 수 있다 하였으므로 갑의 업무는 13시간이 소요된다.

을 : 시애틀 시각 기준인데, 을의 업무에 필요한 시간을 구할 때는 굳이 시각 조정을 할 필요가 없다. 왜냐하면 을은 갑이 말한 '오늘 오후 10시'를 시애틀 기준으로 받아들인 상태에서 그로부터 17시간이 지난 후인 '다음 날 오후 3시'에 마칠 수 있다고 한 것이기 때문이다. 즉 어차피 '오늘 오후 10시'나 '다음 날 오후 3시'나 시애틀 기준으로 이해한 것이기 때문에 업무에 소요되는 시간이 총 17시간인 것은 변함이 없다.

병 : 병은 서울 시각을 기준으로 이해하였는데, 을과 마찬가지로 병의 첫 번째 발언을 분석할 때도 을이 말한 '다음 날 오후 3시'와 병이 말한 '모레 오전 10시'가 동일한 표준시를 기준으로 한 것임을 알 수 있다. 따라서 병의 업무에 소요되는 시간은 2일차 오후 3시와 3일차 오전 10시의 간극인 19시간이다.

갑, 을, 병의 업무 소요 시간을 모두 합하면 전체 49시간이며, 이제 이를 서울 기준으로 정리하면 된다. 런던 기준 11월 1일 오전 9시는 서울 기준으로는 11월 1일 오후 6시이다. 따라서 이로부터 49시간 되면 11월 3일 오후 7시가 된다.

정답 | ⑤

10 퀴즈형 문제

5급공채 2019 가책형 11번

다음 〈감독의 말〉과 〈상황〉을 근거로 판단할 때, 甲~戊 중 드라마에 캐스팅되는 배우는?

> <감독의 말>
>
> 안녕하세요 여러분. '열혈 군의관, 조선시대로 가다!' 드라마 오디션에 지원해 주셔서 감사합니다. 잠시 후 오디션을 시작할 텐데요. 이번 오디션에서 캐스팅하려는 역은 20대 후반의 군의관입니다. 오디션 실시 후 오디션 점수를 기본 점수로 하고, 다음 채점 기준의 해당 점수를 기본 점수에 가감하여 최종 점수를 산출하며, 이 최종 점수가 가장 높은 사람을 캐스팅합니다.
>
> 첫째, 28세를 기준으로 나이가 많거나 적은 사람은 1세 차이당 2점씩 감점하겠습니다. 둘째, 이전에 군의관 역할을 연기해 본 경험이 있는 사람은 5점을 감점하겠습니다. 시청자들이 식상해 할 수 있을 것 같아서요. 셋째, 저희 드라마가 퓨전 사극이기 때문에, 사극에 출연해 본 경험이 있는 사람에게는 10점의 가점을 드리겠습니다. 넷째, 최종 점수가 가장 높은 사람이 여럿인 경우, 그 중 기본 점수가 가장 높은 한 사람을 캐스팅하도록 하겠습니다.

〈상 황〉

○ 오디션 지원자는 총 5명이다.
○ 오디션 점수는 甲이 76점, 乙이 78점, 丙이 80점, 丁이 82점, 戊가 85점이다.
○ 각 배우의 오디션 점수에 각자의 나이를 더한 값은 모두 같다.
○ 오디션 점수가 세 번째로 높은 사람만 군의관 역할을 연기해 본 경험이 있다.
○ 나이가 가장 많은 배우만 사극에 출연한 경험이 있다.
○ 나이가 가장 적은 배우는 23세이다.

① 甲
② 乙
③ 丙
④ 丁
⑤ 戊

문제해설

Step 1 문제 해결의 출발점

정보 매칭형 퀴즈 문제이다. 나이와 관련된 조건이 많기 때문에 지원자별 나이를 알아내는 것이 급선무이다. 나이를 파악한 후 점수를 구할 때는 표를 만들어 내용을 정리하는 것이 효과적이다.

Step 2 정보 매칭

<상황>의 조건 3이 핵심인데, 각 배우의 오디션 점수가 조건 2처럼 서로 다른 상황에서, 각 배우의 오디션 점수에 각자의 나이를 더한 값이 모두 같아야 한다. 예를 들어 갑과 을을 비교하면 '76점+갑의 나이 = 78점+을의 나이'인 것이다. 이로부터 갑이 을보다 2살 많음을 알 수 있으며 마찬가지 방식으로 접근하면 갑>을>병>정>무의 순으로 나이의 대소 차이가 남을 알 수 있다.

그런데 조건 6에서 나이가 가장 적은 배우는 23세라 하였으므로 무의 나이는 23세이며, 인물 사이의 나이 차이를 반영하면 정 26세, 병, 28세, 을 30세, 갑 32세임을 알 수 있다. 이제 여기에 <감독의 말>의 2문단 정보와 <상황>의 나머지 조건들을 적용해 다음과 같이 정리할 수 있다.

	갑	을	병	정	무
오디션 점수	76	78	80	82	85
나이	32	30	28	26	23
나이로 인한 감점	-8	-4	0	-4	-10
군의관 경험	0	0	-5	0	0
사극 출연 경험	10	0	0	0	0
총점	78	74	75	78	75

최종점수에서 갑과 을이 78점으로 동점으로 오디션 점수가 더 높은 정이 최종적으로 선발된다.

정답 | ④

11 퀴즈형 문제

5급공채 2019 가책형 13번

다음 글을 근거로 판단할 때, 〈보기〉에서 철수가 구매한 과일바구니를 확실히 맞힐 수 있는 사람만을 모두 고르면?

○ 철수는 아래 과일바구니(A~E) 중 하나를 구매하였다.

○ 甲, 乙, 丙, 丁은 각자 철수에게 두 가지 질문을 하여 대답을 듣고 철수가 구매한 과일바구니를 맞히려 한다.

○ 모든 사람은 <과일바구니 종류>와 <과일의 무게 및 색깔>을 정확히 알고 있으며, 철수는 거짓말을 하지 않는다.

<과일바구니 종류>

종류	바구니 색깔	바구니 구성
A	빨강	사과 1개, 참외 2개, 메론 1개
B	노랑	사과 1개, 참외 1개, 귤 2개, 오렌지 1개
C	초록	사과 2개, 참외 2개, 귤 1개
D	주황	참외 1개, 귤 2개
E	보라	사과 1개, 참외 1개, 귤 1개, 오렌지 1개

<과일의 무게 및 색깔>

구분	사과	참외	메론	귤	오렌지
무게	200g	300g	1,000g	100g	150g
색깔	빨강	노랑	초록	주황	주황

〈보 기〉

甲 : 바구니에 들어 있는 과일이 모두 몇 개니? 바구니에 들어 있는 과일의 무게를 모두 합치면 1kg 이상이니?

乙 : 바구니의 색깔과 같은 색깔의 과일이 포함되어 있니? 바구니에 들어 있는 과일이 모두 몇 개니?

丙 : 바구니에 들어 있는 과일이 모두 몇 개니? 바구니에 들어 있는 과일의 종류가 모두 다르니?

丁 : 바구니에 들어 있는 과일의 종류가 모두 다르니? 바구니에 들어 있는 과일의 무게를 모두 합치면 1kg 이상이니?

① 甲, 乙　　② 甲, 丁　　③ 乙, 丙

④ 甲, 乙, 丁　　⑤ 乙, 丙, 丁

문제해설

Step 1 문제 해결의 출발점

총 2개의 질문을 통해 갑이 구매한 과일바구니의 종류를 맞혀야 한다. 바구니는 총 5개인데, <보기>에 제시된 각 인물들의 질문을 살펴보면 크게 1) 과일의 개수, 2) 과일 무게의 합(1kg 이상인지 여부), 3) 바구니 색깔과 같은 색깔의 과일이 포함되어 있는지 여부, 4) 과일의 종류가 전부 다른지 여부이다. 따라서 바구니 A~E를 이러한 4개 항목을 기준으로 분석하는 것이 효율적이다.

Step 2 선택지 분석

바구니 A~E를 위에서 살펴본 4개 항목을 기준으로 정리하면 다음과 같다.

종류	과일 개수	과일 무게	바구니 색깔과 같은 과일 포함	전부 다른 종류의 과일
A	4	1kg 이상(○)	포함(○)	아님
B	5	1kg 미만(×)	포함(○)	아님
C	5	1kg 이상(○)	미포함(×)	아님
D	3	1kg 미만(×)	포함(○)	아님
E	4	1kg 미만(×)	미포함(×)	맞음

표를 정리해도 어떤 질문이 필요한지 바로 파악하기는 어려우므로 각 인물의 질문 내용을 적용해 판단한다. 위 표의 각 항목을 각각 기준 1~4라 하자.

갑 : 기준 1과 기준 2를 물었다. 일단 기준 1에 의해 D/AE/BC로 구분된다. 여기에 추가로 기준 2에 의해 AE나 BC가 다시 둘로 구분되면 바구니를 맞힐 수 있는데 기준 2를 적용하면 A vs E, B vs C의 대립 구도가 발생한다. 따라서 갑의 질문은 철수의 바구니 종류를 맞힐 수 있다.

을 : 기준 3과 기준 1을 물었다. 기준1에 의해 D/AE/BC로 구분되고 기준 3에 의해 A vs E, B vs C의 대립 구도가 발생하므로 역시 철수의 바구니 종류를 맞힐 수 있다.

병 : 기준 3과 기준 4를 물었다. 역시 기준 1에 의해 D/AE/BC로 구분되지만, 기준 4를 통해서는 A와 E를 구분하는 것만 가능하다. BC 중에서 어떤 것이 철수의 바구니인지는 맞힐 수 없다.

정 : 기준 4와 기준 2를 물었는데, 기준 2를 통해 AC/BDE로 구분하더라도 A-C의 구분 및 B-D의 구분이 불가능하다.

정답 | ①

12 퀴즈형 문제

5급공채 2019 가책형 17번

다음 글을 근거로 판단할 때, ○○백화점이 한 해 캐롤 음원이용료로 지불해야 하는 최대 금액은?

○○백화점에서는 매년 크리스마스 트리 점등식(11월 네 번째 목요일) 이후 돌아오는 첫 월요일부터 크리스마스(12월 25일)까지 백화점 내에서 캐롤을 틀어 놓는다(단, 휴점일 제외). 이 기간 동안 캐롤을 틀기 위해서는 하루에 2만 원의 음원이용료를 지불해야 한다. ○○백화점 휴점일은 매월 네 번째 수요일이지만, 크리스마스와 겹칠 경우에는 정상영업을 한다.

① 48만 원
② 52만 원
③ 58만 원
④ 60만 원
⑤ 66만 원

문제해설

Step 1 문제 해결의 출발점

달력형 퀴즈 문제이다. 발문에서는 지불해야 할 음원이용료의 최대 금액을 묻고 있는데 본문에는 크리스마스 점등식이 진행되는 확정적인 날짜 정보가 없다. 따라서 제시된 조건들을 바탕으로 날짜-요일의 변동에 따른 방향성을 파악해야 한다.

Step 2 상황 분석

이용료가 최대가 되어야 한다. 캐롤을 틀어 놓은 기간에서 시작일은 미지수이지만 종료일은 12월 25일로 고정이다. 따라서 이용료를 최대로 만들기 위해서는 점등식 날인 11월 네 번째 목요일의 날짜가 최대한 앞당겨져야 한다(즉 수가 작아야 한다). 이를 판단하기 위해서는 달력형 문제들에서와 마찬가지로 간단하게 달력을 그려놓고 분석하는 것이 효율적이다.

월	화	수	목	금	토	일
		11.1(C)	11.1(A)	11.1(B)		
		11.22(C)	11.22(A)	11.22(B)		
11.26(A) 11.27(C)			11.28(B)			

위 달력을 보면 A 패턴처럼 11월 1일이 목요일이면 네 번째 목요일은 11월 22일이 되어 캐롤은 11월 26일부터 틀어 놓게 된다. 만약 B 패턴처럼 11월 1일이 금요일이면 네 번째 목요일은 11월 28일이 되어 캐롤을 틀기 시작하는 날이 훨씬 뒤로 밀리게 된다. 마지막으로 패턴 C처럼 11월 1일이 수요일이면 네 번째 목요일은 11월 23일이 되고 캐롤을 틀기 시작하는 날은 패턴 A보다 하루 늦은 11월 27일이 된다. 따라서 시작일은 11월 26일이어야 한다. 단, 이 경우 11월의 네 번째 수요일은 11월 28일이 되므로 이날은 휴무일에 포함되어야 한다.

12월도 휴무일을 고려해야 하는데, 설정된 조건에서 11월 30일이 금요일이므로 12월은 토요일부터 시작하며, 다음과 같이 주요 일자의 요일이 설정된다.

월	화	수	목	금	토	일
					12.1	
					12.8	
					12.15	
					12.22	
	12.25	휴무일				

결과적으로 11월에는 총 4일간, 12월에는 25일간 캐롤을 틀게 되어 총 58만 원의 이용료가 나온다.

정답 | ③

13 퀴즈형 문제
5급공채 2019 가책형 28번

다음 글을 근거로 판단할 때, 甲이 지불할 관광비용은?

○ 甲은 경복궁에서 시작하여 서울시립미술관, 서울타워 전망대, 국립중앙박물관까지 관광하려 한다. '경복궁→서울시립미술관'은 도보로, '서울시립미술관→서울타워 전망대' 및 '서울타워 전망대→국립중앙박물관'은 각각 지하철로 이동해야 한다.

○ 입장료 및 지하철 요금

경복궁	서울시립 미술관	서울타워 전망대	국립중앙 박물관	지하철
1,000원	5,000원	10,000원	1,000원	1,000원

※지하철 요금은 거리에 관계없이 탑승할 때마다 일정하게 지불하며, 도보 이동시에는 별도 비용 없음

○ 관광비용은 입장료, 지하철 요금, 상품가격의 합산액이다.

○ 甲은 관광비용을 최소화하고자 하며, 甲이 선택할 수 있는 상품은 다음 세 가지 중 하나이다.

상품	가격	혜택				
		경복궁	서울시립 미술관	서울타워 전망대	국립중앙 박물관	지하철
스마트 교통카드	1,000원	-	-	50% 할인	-	당일 무료
시티 투어A	3,000원	30% 할인	30% 할인	30% 할인	30% 할인	당일 무료
시티 투어B	5,000원	무료	-	무료	무료	-

① 11,000원
② 12,000원
③ 13,000원
④ 14,900원
⑤ 19,000원

문제해설

Step 1 문제 해결의 출발점

이동 경로 및 관람 장소는 고정되어 있다. 따라서 상품별로 할인되는 금액을 비교하여 가장 금액이 적은 것을 고르면 된다.

Step 2 선택지 분석

각 상품별로 할인되는 요소들을 반영해 표에 금액을 정리하고 이를 합산해 상품별로 최종 비교를 하면 될 것이다. 구체적인 계산 결과는 다음과 같다.

상품	가격	혜택				
		경복궁	시립 미술관	타워 전망대	국립중앙 박물관	지하철
스마트 교통카드	1,000원	1,000원	5,000원	5,000원	1,000원	-
시티 투어A	3,000원	700원	3,500원	7,000원	700원	-
시티 투어B	5,000원	-	5,000원	-	-	2,000원

교통카드는 13,000원, 시티투어A는 14,900원, 시티투어B는 12,000원이 든다. 따라서 지불할 관광비는 12,000원이다.

정답 | ②

14 퀴즈형 문제

5급공채 2019 가책형 30번

다음 글을 근거로 판단할 때, 길동이가 오늘 아침에 수행한 아침 일과에 포함될 수 없는 것은?

길동이는 오늘 아침 7시 20분에 기상하여, 25분 후인 7시 45분에 집을 나섰다. 길동이는 주어진 25분을 모두 아침 일과를 쉼없이 수행하는 데 사용했다.

아침 일과를 수행하는 데 정해진 순서는 없으며, 같은 아침 일과를 두 번 이상 수행하지 않는다.

단, 머리를 감았다면 반드시 말리며, 각 아침 일과 수행 중에 다른 아침 일과를 동시에 수행할 수는 없다. 각 아침 일과를 수행하는 데 소요되는 시간은 아래와 같다.

아침 일과	소요 시간
샤워	10분
세수	4분
머리 감기	3분
머리 말리기	5분
몸치장 하기	7분
구두 닦기	5분
주스 만들기	15분
양말 신기	2분

① 세수
② 머리 감기
③ 구두 닦기
④ 몸치장 하기
⑤ 주스 만들기

문제해설

Step 1 문제 해결의 출발점

일과의 조합이 정확하게 25분으로 맞아떨어져야 한다. 머리 감기와 말리기는 함께 포함되어야 한다는 것을 고려하여 각 일과의 조합으로 25분을 구성할 수 있는지 선택지별로 검토한다.

Step 2 선택지 분석

아침 일과	소요 시간
샤워	10분
세수	4분
머리 감기 +머리 말리기	8분
몸치장 하기	7분
구두 닦기	5분
주스 만들기	15분
양말 신기	2분

① (×) 세수는 4분이 필요하므로 남은 것은 21분이다. 남아 있는 10, 3+5, 7, 5, 15, 2분으로 21분을 만드는 것은 불가능하다.

② (○) 머리감기+머리 말리기이므로 8분을 쓰고 17분이 남았다. 만드는 방법은 10+7, 15+2로 두 가지이다.

③ (○) 구두 닦기는 5분이 필요하므로 20분이 남았다. 10+8+2, 8+7+5, 5+15 등 여러 방법이 존재한다.

④ (○) 몸치장 하기는 7분이 필요하므로 18분이 남았다. 10+8가 가능하다.

⑤ (○) 주스 만들기는 15분이 필요하므로 10분이 남았다. 10, 8+2가 가능하다.

정답 | ①

15 퀴즈형 문제

5급공채 2019 가책형 31번

다음 글과 〈상황〉을 근거로 판단할 때, 출장을 함께 갈 수 있는 직원들의 조합으로 가능한 것은?

A은행 B지점에서는 3월 11일 회계감사 관련 서류 제출을 위해 본점으로 출장을 가야 한다. 08시 정각 출발이 확정되어 있으며, 출발 후 B지점에 복귀하기까지 총 8시간이 소요된다. 단, 비가 오는 경우 1시간이 추가로 소요된다.

○ 출장인원 중 한 명이 직접 운전하여야 하며, '운전면허 1종 보통' 소지자만 운전할 수 있다.
○ 출장시간에 사내 업무가 겹치는 경우에는 출장을 갈 수 없다.
○ 출장인원 중 부상자가 포함되어 있는 경우, 서류 박스 운반 지연으로 인해 30분이 추가로 소요된다.
○ 차장은 책임자로서 출장인원에 적어도 한 명 포함되어야 한다.
○ 주어진 조건 외에는 고려하지 않는다.

〈상 황〉

○ 3월 11일은 하루 종일 비가 온다.
○ 3월 11일 당직 근무는 17시 10분에 시작한다.

직원	직급	운전면허	건강상태	출장 당일 사내 업무
甲	차장	1종 보통	부상	없음
乙	차장	2종 보통	건강	17시 15분 계약업체 면담
丙	과장	없음	건강	17시 35분 고객 상담
丁	과장	1종 보통	건강	당직 근무
戊	대리	2종 보통	건강	없음

① 甲, 乙, 丙
② 甲, 丙, 丁
③ 乙, 丙, 戊
④ 乙, 丁, 戊
⑤ 丙, 丁, 戊

문제해설

Step 1 문제 해결의 출발점

주어진 조건에 따라 필수 포함 인원의 후보를 좁혀서(특히 운전자가 될 수 있는 갑과 정, 차장인 갑과 을) 판단하면 큰 어려움 없이 해결될 것이다.

Step 2 선택지 분석

3월 11일은 비가 오므로 출장 시간은 1시간이 추가로 소요된다. 즉 08시 출발 17시 복귀가 되는 것이다.

운전면허 1종 보통 소지자가 운전해야 하므로 갑이나 정 가운데 한 명이 운전자이다. 부상자가 운전을 못한다는 정보는 없으므로 일단은 갑도 포함될 수 있다.

차장이 반드시 한 명 이상 포함되어야 한다. 만약 차장인 갑이 운전해서 간다고 하면 이 조건은 바로 충족된다. 하지만 갑은 부상 상태이므로 복귀 시점이 17시 30분이 되어 버린다. 이 경우 17시 15분에 사내 업무가 있는 을은 제외되며, 17시 10분에 당직 근무인 정 역시 제외된다. 결과적으로 가능한 조합은 갑-병-무인데 이러한 선택지 구성은 없다.

따라서 을이 차장으로 포함되고 정이 운전을 하는 조합을 고려한다. 선택지 ④에 을-정-무가 제시되어 있는데 이 조합은 조건에 위배됨 없이 출장 후 복귀가 가능하다.

정답 | ④

16 퀴즈형 문제
5급공채 2019 가책형 32번

다음 글을 근거로 판단할 때 옳은 것은?

○○기업은 5명(甲~戊)을 대상으로 면접시험을 실시하였다. 면접시험의 평가기준은 가치관, 열정, 표현력, 잠재력, 논증력 5가지 항목이며 각 항목 점수는 3점 만점이다. 이에 따라 5명은 항목별로 다음과 같은 점수를 받았다.

<면접시험 결과>

(단위 : 점)

구분	甲	乙	丙	丁	戊
가치관	3	2	3	2	2
열 정	2	3	2	2	2
표현력	2	3	2	2	3
잠재력	3	2	2	3	3
논증력	2	2	3	3	2

종합점수는 각 항목별 점수에 항목가중치를 곱하여 합산하며, 종합점수가 높은 순으로 등수를 결정했다. 결과는 다음과 같다.

<등수>

1등	乙
2등	戊
3등	甲
4등	丁
5등	丙

① 잠재력은 열정보다 항목가중치가 높다.
② 논증력은 열정보다 항목가중치가 높다.
③ 잠재력은 가치관보다 항목가중치가 높다.
④ 가치관은 표현력보다 항목가중치가 높다.
⑤ 논증력은 잠재력보다 항목가중치가 높다.

문제해설

Step 1 문제 해결의 출발점

각 인물별 면접시험 점수가 모두 동일하다는 것이 핵심이다. 점수가 동일한데 등수가 명확하게 갈려 있다면, 선지의 진술들처럼 각 항목별 가중치가 다르게 설정되어야 한다. 가중치의 높낮이를 파악하기 위해서는 상대적 비교가 필요하다.

예를 들어 갑과 을은 논증력만 동점이고 나머지는 모두 점수가 엇갈리기 때문에 판단이 어렵다. 이에 비해 갑과 병은 세 개 항목은 동점이고 잠재력(3>2)과 논증력(2<3)에서만 차이가 나는데 등수는 갑이 높다. 이러한 순위가 나오려면 갑이 상대적으로 높은 점수를 받은 잠재력 항목이 논증력 항목보다 가중치가 높아야 한다(선택지 ⑤가 틀렸다는 것을 바로 판단). 이제 이와 같은 방식으로 나머지 선택지들도 분석해 나가면 될 것이다.

Step 2 선택지 분석

구분	甲	乙	丙	丁	戊
가치관	3	2	3	2	2
열 정	2	3	2	2	2
표현력	2	3	2	2	3
잠재력	3	2	2	3	3
논증력	2	2	3	3	2

① (×) 잠재력과 열정 항목만 차이가 나는 인물은 을과 무이다. 을이 무보다 등수가 높으므로 열정 항목이(을 3>무 2) 잠재력 항목보다(을 2<무 3) 가중치가 높다.

② (×) 논증력과 열정을 비교해야 하는데, 열정 항목은 을만 유일하게 3점이므로 비교 대상 중 하나는 을이 되어야 한다. 그런데 을과 다른 인물들은 열정과 논증력 항목에서만 비교 구도가 나타나는 구도가 발생하지 않는다. 따라서 이 두 항목을 비교하기 위해서는 다른 매개가 필요하다. ①에서 열정이 잠재력보다 가중치가 높다는 것을 확인하였으므로 잠재력과 논증력을 비교하면 된다. ⑤와 관련된 앞선 분석에서 잠재력>논증력임을 확인하였으므로 자연스럽게 열정>논증력임을 알 수 있다.

③ (○) 잠재력과 가치관 항목만 차이가 나는 인물은 병과 정이다. 정이 병보다 등수가 높으므로 잠재력 항목이(정 3>병 2) 가치관력 항목보다(정 2<병3) 가중치가 높다.

④ (×) 마찬가지로 방식으로 접근해서 갑과 병을 비교하면 잠재력이 논증력보다 가중치가 높다는 것을 알 수 있다.

정답 | ③

17 퀴즈형 문제

5급공채 2019 가책형 33번

다음 글과 〈자기소개〉를 근거로 판단할 때, 대학생, 성별, 학과, 가면을 모두 옳게 짝지은 것은?

> 대학생 5명(A~E)이 모여 주말에 가면파티를 하기로 했다.
> ○ 남학생이 3명이고 여학생이 2명이다.
> ○ 5명은 각각 행정학과, 경제학과, 식품영양학과, 정치외교학과, 전자공학과 재학생이다.
> ○ 5명은 각각 늑대인간, 유령, 처녀귀신, 좀비, 드라큘라 가면을 쓸 것이다.
> ○ 본인의 성별, 학과, 가면에 대해 한 명은 모두 거짓만을 말하고 있고 나머지는 모두 진실만을 말하고 있다.

〈자기소개〉

A : 식품영양학과와 경제학과에 다니지 않는 남학생인데 드라큘라 가면을 안 쓸 거야.
B : 행정학과에 다니는 남학생인데 늑대인간 가면을 쓸 거야.
C : 식품영양학과에 다니는 남학생인데 처녀귀신 가면을 쓸 거야.
D : 정치외교학과에 다니는 여학생인데 좀비 가면을 쓸 거야.
E : 전자공학과에 다니는 남학생인데 드라큘라 가면을 쓸 거야.

	대학생	성별	학과	가면
①	A	여	행정학과	늑대인간
②	B	여	경제학과	유령
③	C	남	식품영향학과	좀비
④	D	여	정치외교학과	드라큘라
⑤	E	남	전자공학과	처녀귀신

문제해설

Step 1 문제 해결의 출발점

참/거짓 패턴의 퀴즈형 문제이다. 본문의 마지막 조건에서 한 명은 본인의 성별, 학과, 가면에 대해 모두 거짓만을 말하고 있고 나머지는 모두 진실만을 말하고 있다는 점이 핵심이다. 나머지 조건 가운데는 남학생이 3명, 여학생이 2명이라는 정보가 착한 호랑이-나쁜 호랑이 기출 문제에서와 비슷하게 중요한 역할을 하는 정보임을 추측할 수 있어야 한다.

Step 2 〈자기소개〉 내용 분석

A는 독특하게 부정형의 진술을 하고 있고, 나머지 B~E는 모두 긍정형 진술이다. B~E의 진술에서 학과나 가면의 종류는 서로 겹치는 게 없고 A의 진술도 특정 학과에 다니지 않는다거나 특정 가면을 안 쓸 것이라는 부정형 진술이므로 이들 정보 계열에서는 모순을 발견하기 어렵다.

남은 것은 성별인데, 현재 A, B, C, E가 본인이 남학생이라 하였고 D만 여학생이라 하였다. 남3, 여2의 성별 구도이므로 본인이 남학생이라고 말한 4명 가운데 한 명이 거짓말을 한 것이다. 따라서 D는 참말을 한 학생이고 선택지 ④는 제외된다(가면이 부정확하게 매칭됨).

경우의 수를 따져 나가는 방식으로 접근할 수도 있겠지만 이 문제는 <자기소개> 내용과 선택지를 하나씩 비교하는 방식이 시간이 적게 걸린다.

① (×) A가 여성이면 자기소개 내용은 모두 거짓이 된다. 그 결과 A는 식품영양학과나 경제학과에 다니고 드라큘라 가면을 써야 하는데, 학과와 가면 모두 부정확하게 매칭되어 있다.

② (○) B가 여성이면 자기소개 내용은 모두 거짓이고 나머지 인물들의 진술은 모두 참이 된다. 그 결과 B의 학과는 경제학과(식품영양, 정치외교, 전자공학은 C, D, E에 매칭되어 있고, B는 행정학과에 다니지 않는 것이므로 남은 학과는 경제학과뿐), 가면은 유령이 되므로(마찬가지로 C, D, E에게 처녀귀신, 좀비, 드라큘라 가면이 매칭되었고 B는 늑대인간 가면을 쓰지 않으므로 남은 가면은 유령뿐) 선택지의 매칭은 모두 정확하다.

③ (×) C가 남성이면 자기소개 내용은 참인 것이다. 그런데 가면 항목이 좀비에 매칭되어 있으므로 부정확하다.

⑤ (×) E가 남성이면 자기소개 내용은 참인 것이다. 그런데 가면이 드라큘라 가면과 매칭되어 있으므로 역시 부정확하다.

정답 | ②

18 퀴즈형 문제
5급공채 2019 가책형 34번

다음 글을 근거로 판단할 때, 〈보기〉에서 옳은 것만을 모두 고르면?

○ 4종류(A, B, C, D)의 세균을 대상으로 세균 간 '관계'에 대한 실험을 2일 간 진행한다.
○ 1일차 실험에서는 4종류의 세균 중 2종류의 세균을 짝지어 하나의 수조에 넣고, 나머지 2종류의 세균을 짝지어 다른 하나의 수조에 넣어 관찰한다.
○ 2일차 실험에서는 1일차 실험의 수조에서 각 종류의 세균을 분리하여 채취한 후 짝을 바꾸어 1일차와 같은 방식으로 진행한다.
○ 4종류의 세균 간에는 함께 보관 시에 아래와 같이 공생, 독립, 기피, 천적의 4가지 관계가 존재한다.
- A와 B : 독립관계
- A와 C : 기피관계
- A와 D : 천적관계(A강세, D약세)
- B와 C : 기피관계
- B와 D : 공생관계
- C와 D : 천적관계(C강세, D약세)

○ 2종류의 세균을 짝을 지어 하나의 수조에 보관했을 때 생존지수는 1일마다 각각의 관계에 따라 아래와 같이 일정하게 변화한다.
- 공생관계 : 각각 3만큼 증가
- 독립관계 : 불변
- 기피관계 : 각각 2만큼 감소
- 천적관계 : 강세측은 불변, 약세측은 4만큼 감소

○ 각 세균의 1일차 실험시작 직전 초기 생존지수와 2일차 실험이 종료된 후의 생존지수는 아래와 같다.

구분	A	B	C	D
초기 생존지수	10	20	30	40
2일차 실험종료 후 생존지수	8	21	26	39

〈보 기〉

ㄱ. 실험기간 동안 천적관계에 있는 세균끼리 짝을 지어 하나의 수조에서 실험한 적은 없다.
ㄴ. 실험기간 동안 독립관계에 있는 세균끼리 짝을 지어 하나의 수조에서 실험한 적은 없다.
ㄷ. 1일차와 2일차 모두 적어도 1개의 수조에는 기피관계에 있는 세균끼리 짝을 지어 실험했다.
ㄹ. 한 종류의 세균에 대해서는 1일차와 2일차 모두 동일한 '관계'에 있는 세균끼리 짝을 지어 실험했다.

① ㄱ, ㄴ ② ㄴ, ㄷ ③ ㄱ, ㄴ, ㄷ ④ ㄱ, ㄷ, ㄹ ⑤ ㄴ, ㄷ, ㄹ

문제해설

Step 1 **문제 해결의 출발점**

본문의 첫 번째부터 세 번째 조건까지의 정보는 특별한 게 없을 것이다. 문제는 네 번째와 다섯 번째 조건인데, 공생관계, 독립관계, 기피관계, 천적관계에 따라 생존지수가 변동한다. 마지막 조건에서는 각 세균의 1일차 실험시작 직전 초기 생존지수와 2일차 실험이 종료된 후의 생존지수를 비교한 표를 제시하고 있으므로 1일차와 2일차의 실험 양상을 수의 재구성에 주목해 역추적하는 것이 목표인 문제임을 알 수 있다.

Step 2 **선택지 분석**

다섯 번째 조건에 제시된 것은 각 관계에 따른 생존지수의 변화량이다. 따라서 본문 마지막에 제시된 표를 분석할 때도 처음과 마지막 사이의 생존지수 변화량을 대상으로 해야 한다. 이를 정리하면 다음과 같다.

구분	A	B	C	D
생존지수의 변화량	-2	+1	-4	-1

전체 실험이 종료된 후 모든 세균의 생존지수 변화량을 합하면 -6이다. 1일차와 2일차의 실험에서는 총 4개의 관계가 작용하게 되므로 이들의 변동량을 합해 -6이 나오는 경우를 찾아야 한다. 각 관계별 생존지수 변동량은 공생관계 +6, 독립관계 +0, 기피관계 -4, 천적관계 -4이다. 네 개의 관계에 따른 생존지수 변동량의 결과가 -6이 되는 경우는

1) 공생관계 1회(+6) & 기피관계 3회(-12)

또는

2) 공생관계 1회 (+6) & 천적관계 3회(-12)

뿐이다. 어떤 경우건 독립관계는 나타나지 않으므로 A-B 조합의 실험은 없었다는 것을 알 수 있다. 따라서 A-C, A-D의 조합만 가능하며 전체 세균 간 조합은 (A-C, B-D), (A-D, B-C)가 된다.

ㄱ. (×) 천적관계에 있는 A-D 조합의 실험이 있었으므로 틀린 진술이다.

ㄴ. (○) 독립관계는 나타나지 않으므로 올바른 진술이다.

ㄷ. (○) 기피관계인 A-C, B-C 조합이 모두 포함되어 있으므로 올바른 진술이다.

ㄹ. (○) ㄷ에서 본 것처럼 C는 두 날 모두 기피관계에 있는 세균과 짝을 지어 실험한 것이다.

정답 | ⑤

19 퀴즈형 문제

5급공채 2019 가책형 37번

다음 글을 근거로 판단할 때, 甲이 지불한 연체료의 최솟값은?

A시립도서관은 다음의 원칙에 따라 휴관일 없이 도서 대출 서비스를 운영하고 있다.

○ 시민 1인당 총 10권까지 대출 가능하며, 대출 기간은 대출일을 포함하여 14일이다.

○ 대출 기간은 권당 1회에 한하여 7일 연장할 수 있으며, 이때 총 대출 기간은 21일이 된다. 연장 신청은 기존 대출 기간 내에 해야 한다.

○ 만화와 시로 분류되는 도서의 경우에는 대출 기간은 7일이며 연장 신청도 불가능하다.

○ 대출한 도서를 대출 기간 내에 반납하지 못한 경우에는 기간 종료일의 다음날부터 해당 도서 반납을 연체한 것으로 본다.

○ 연체료는 각 서적별로 '연체 일수×100원'만큼 부과되며, 최종 반납일도 연체 일수에 포함된다. 또한 대출일 기준으로 출간일이 6개월 이내인 신간의 연체료는 2배로 부과된다.

A시에 거주하는 甲은 아래와 같이 총 5권의 책을 대출하여 2018년 10월 30일에 모두 반납하였다. 甲은 이 중 2권의 대출 기간을 연장하였으며, 반납한 날에 연체료를 전부 지불하였다.

<甲의 도서 대출 목록>

도서명	분류	출간일	대출일
원○○	만화	2018. 1. 10.	2018. 10. 10.
입 속의 검은 △	시	2018. 9. 10.	2018. 10. 20.
□의 노래	소설	2017. 10. 30.	2018. 10. 5.
☆☆ 문화유산 답사기	수필	2018. 4. 15.	2018. 10. 10.
햄◇	희곡	2018. 6. 10.	2018. 10. 5.

① 3,000원
② 3,700원
③ 4,400원
④ 5,500원
⑤ 7,200원

문제해설

Step 1 문제 해결의 출발점

대출 일자를 따져야 하는 것과 같이 일자 계산이 요구되는 문제에서는 기준일이 기한에 포함되는지 아닌지를 정확히 파악해야 한다. 원칙의 첫 번째에 나와 있는 것처럼 대출 기간은 대출일을 포함한다. 이를 반영해서 대출한 도서의 종류별로 원칙에 제시된 대출 기한 및 연장 가능성 등을 검토해 나가도록 한다.

Step 2 도서별 연체 여부 및 연체료 분석

도서명	분류	출간일	대출일
원○○	만화	2018. 1. 10.	2018. 10. 10.
입 속의 검은 △	시	2018. 9. 10.	2018. 10. 20.
□의 노래	소설	2017. 10. 30.	2018. 10. 5.
☆☆ 문화유산 답사기	수필	2018. 4. 15.	2018. 10. 10.
햄◇	희곡	2018. 6. 10.	2018. 10. 5.

- 만화와 시는 대출 기간이 7일로 고정되어 있으므로(연장 불가능) 계산이 간단하다. 만화는 10.10.이 대출일이므로 10. 16.까지, 시는 10. 20.이 대출일이므로 10월 26일까지 반납해야 하는데 30일에 반납했으므로 각각 14일과 4일 연체된 것이다. 원칙 마지막 항목에 따르면 출간일이 6개월 이내인 책은 신간으로 간주되어 연체료가 2배 부과되므로, 연체료는 만화 1,400원, 시 800원이 된다.
- 갑이 2권의 대출 기한을 연장했다고 나와 있는데, 어떤 책을 연장했는지는 제시되어 있지 않다. 시 연체료를 분석하면서 검토한 것처럼, 신간은 연체료가 2배가 되므로 되도록 신간의 대출 기한을 연장해 연체가 되지 않도록 하는 것이 유리하다. 따라서 대출일 기준으로 출간일이 6개월 이내인 수필과 희곡을 대출 연장한 것이며 그 결과 수필의 대출 기한은 10.30., 희곡의 대출 기한은 10.25., 소설의 대출 기한은 연장이 없으므로 10.18.이 된다. 이에 따른 연체료를 계산하면 소설 1,200원, 희곡 1,000원(연체료 2배 적용)이다(수필은 대출 기한 내에 반납했으므로 연체료 없음).

따라서 갑이 내야 할 연체료 총액은 4,400원이다.

정답 | ③

20 퀴즈형 문제

5급공채 2019 가책형 38번

다음 글을 근거로 판단할 때, 왕이 한 번에 최대금액을 갖는 가장 빠른 달과 그 금액은?

○ A왕국에서는 왕과 65명의 신하들이 매달 66만 원을 나누어 가지려고 한다. 매달 왕은 66만 원을 누구에게 얼마씩 나누어 줄지 제안할 수 있으며, 매달 그 방법을 새롭게 제안할 수 있다. 나누어 갖게 되는 돈은 만 원 단위이며, 그 총합은 매달 항상 66만 원이다.

○ 매달 65명의 신하들은 왕의 제안에 대해 각자 찬성, 반대, 기권할 수 있다. 신하들은 그 달 자신의 몫에만 관심이 있다. 신하들은 자신의 몫이 전월보다 늘어나는 제안에는 찬성표를 행사하지만, 줄어드는 제안에는 반대표를 행사한다. 자신의 몫이 전월과 동일하면 기권한다.

○ 찬성표가 반대표보다 많으면 왕이 제안한 방법은 그 달에 시행된다. 재투표는 없으며, 왕의 제안이 시행되지 않아 66명 모두가 돈을 갖지 못하는 달은 없다.

○ 첫 번째 달에는 신하 33명이 각각 2만 원을 받았다.

○ 두 번째 달부터 왕은 한 번에 최대금액을 가장 빨리 받기 위하여 합리적으로 행동한다.

	가장 빠른 달	최대금액
①	7번째 달	62만 원
②	7번째 달	63만 원
③	8번째 달	62만 원
④	8번째 달	63만 원
⑤	8번째 달	64만 원

문제해설

Step 1 문제 해결의 출발점

문제 해결의 단초를 찾지 못하면 상당히 어려워지는 문제이다. 실전에서는 1분 정도 투자하고도 감이 안 잡히면 바로 포기하고 다른 문제를 푸는 것이 바람직할 것이다.

신하가 65명 있기 때문에 매번 제안을 할 때 65명이 모두 찬성이나 반대를 할 것이라 생각해서는 안 된다. 기권이 있으므로 점점 기권하는 신하의 수를 늘려 나가면 마지막에는 찬성과 반대의 수를 최소화하는 형태로도 제안이 통과될 수 있다는 것을 파악하는 게 핵심이다.

Step 2 선택지 분석

첫 번째 달의 금액 분배는 본문에 제시되어 있다. 전체 금액이 66만 원인데, 33명의 신하가 각각 2만 원씩 받았으므로 32명은 한 푼도 못 받은 것이다. 따라서 첫 달에는 찬성 33 vs 반대 32였다.

본문의 조건 2에 따르면 전월과 동일한 몫을 받으면 기권하게 되는데, 전월에 0원을 받고 이번 달에도 0원을 받는 것 역시 동일한 몫을 받는 것이다. 따라서 두 번째 달에는 전월에 0원을 받은 32명에게 마찬가지로 0원을 주면 32명이 기권하게 될 것이다. 그리고 전월에 찬성표를 던진 33명을 대상으로 최소의 찬성표로 제안이 통과되도록 배분해야 하는데 그 방법은 17(찬):16(반)밖에 없다(다음 달에 기권할 인원을 최대로 늘려야 하므로). 즉 17명에게 3만 원을 주고 16명에게 0원을 주면 찬성 17, 반대 16으로 제안이 통과된다. 이때 $17 \times 3 = 51$만 원을 제외한 나머지 15만 원은 왕의 몫인데 문제에서 요구하는 것은 왕이 최대금액을 갖는 가장 빠른 달에 왕이 챙겨갈 몫이므로 마지막 달의 왕의 몫만 고려하면 된다.

이제 마찬가지 방식으로 계속해서 살펴보자. 3번째 달은 전월에 찬성표를 던진 17명을 다시 9:8로 나누어 찬성 9(1인당 4만 원), 반대 8로 만들고, 16명이 추가된 48명에게는 계속 0원을 주어 기권하게 만든다. 이런 식으로 계속 진행해 나가면, 4번째 달은 5(1인당 5만 원):4, 5번째 달은 3(1인당 6만 원):2, 6번째 달은 2(1인당 7만 원, 왕의 몫은 52만 원):1로 제안을 통과시킬 수 있다. 이 단계에서 선택지를 보면 6번째 달이 없고 왕의 몫도 62~64만 원으로 설정되어 있다. 따라서 7번째 달은 지금까지와는 다른 방식으로 접근해야 한다.

기존에 기권했던 신하들에게 1만 원씩만 줘도 이들은 찬성표를 던지게 된다는 것을 눈치채야 한다. 다시 말해, 6번째 달에 찬성한 2명에게는 0원을 주어 반대를 2명으로 만들고, 반대한 1명에게는 계속 0원을 주어 기권하게 만들면 3명의 찬성만 있으면 제안을 통과시킬 수 있게 된다. 따라서 기존에 기권했던 신하들 가운데 3명에게 각각 1만 원씩 주면 이들 3명이 찬성표를 던져 3(찬):2(반)로 제안이 통과되고, 나머지 63만 원은 모두 왕의 몫이 된다.

정답 | ②

21 퀴즈형 문제

5급공채 2020 나책형 10번

다음 글을 근거로 판단할 때, 1차 투표와 2차 투표에서 모두 B안에 투표한 주민 수의 최솟값은?

○○마을은 새로운 사업을 추진하기 위해 주민 100명을 대상으로 투표를 실시하였다. 주민들에게 사업안 A, B, C 중 하나를 선택하도록 하였다. 사전 자료를 바탕으로 1차 투표를 한 후, 주민들끼리 토론을 거쳐 2차 투표로 최종안을 결정하였다. 1차와 2차 투표 모두 투표율은 100%였고, 무효표는 없었다. 투표 결과는 다음과 같다.

구분	1차 투표	2차 투표
A안	30명	( )명
B안	50명	( )명
C안	20명	35명

1차 투표와 2차 투표에서 모두 A안에 투표한 주민은 20명이었고, 2차 투표에서만 A안에 투표한 주민은 5명이었다.

① 10
② 15
③ 20
④ 25
⑤ 30

문제해설

Step 1 문제 해결의 출발점

특정 수의 구성 요소를 묻는 수리형 퀴즈 문제이다. 발문에서는 1차 투표와 2차 투표에서 모두 B안을 투표한 주민의 최솟값을 묻고 있는데, 일차적으로는 본문의 표에 있는 괄호 속 수치부터 도출해야 한다. 최솟값이나 최댓값을 묻는 문제에서는 반대 방향에서의 분석 감각이 필요하다. 즉 모두 B안에 투표한 주민의 최솟값을 알려면 1차 투표에서 B안에 투표하지 않고 2차 투표에서 B안에 투표한 주민의 최댓값 및 1차 투표에서는 B안에 투표했지만 2차 투표에서는 다른 사업안에 투표한 최댓값을 설정하면 되는 것이다.

Step 2 투표 결과 분석

1) 먼저 A안과 B안의 2차 투표 인원을 도출해야 한다. 본문 후반부에서 1차, 2차 투표 모두 A안에 투표한 주민이 20명, 2차 투표에서만 A안에 투표한 주민이 5명이었다고 하였다. 따라서 A안에 대한 2차 투표 인원은 1차 투표부터 안을 바꾸지 않은 20명에 2차 투표에서 A안으로 선택을 바꾼 5명을 합한 25명이 되고, 자동적으로 B안에 대한 2차 투표 인원은 40명(100-25-35)이 된다.

2) 2차 투표에서 B안을 선택한 40명의 구성을 살펴보면,
 1차 투표에서는 A안을 선택했다가 2차 투표에서 B안으로 바꾼 인원(a)
 \+ 1차 투표에서는 C안을 선택했다가 2차 투표에서 B안으로 바꾼 인원(c)
 \+ 1차 투표 때부터 B안을 계속 선택한 인원(b)
 임을 알 수 있을 것이다. 이때 앞서 방향성을 설정한 것처럼 a와 c를 최대로 하면 b가 최소가 된다.

3) 1차 투표에서 A안을 선택한 30명 중에 20명만 2차 투표에서도 A안을 선택했으므로 나머지 10명이 다른 사업안에 투표한 것인데, 이들이 모두 2차 투표에서 B안을 선택했다고 가정하자.
 마찬가지로 1차 투표에서 C안을 선택한 인원은 20명인데, 이들이 모두 2차 투표에서는 B안을 선택했다고 가정하자. 그러면 2차 투표 B안 선택 인원 40명 가운데 30명은 1차 투표에서 다른 안을 선택했던 인원이고 나머지 10명만 1-2차 모두 B안에 투표한 주민이 된다.
 검증을 위해 C안의 2차 투표 인원 35명이 나오는 방법을 검토하면, 1차 투표에서 B안을 선택했던 50명중 35명이 2차에서 C안을 선택하고 5명은 A안을 선택하면 앞서 도출한 2차 투표 결과가 자연스럽게 도출된다. 따라서 1차 투표와 2차 투표 모두 B안에 투표한 주민 수의 최솟값은 10이다.

정답 | ①

22 퀴즈형 문제

5급공채 2020 나책형 12번

다음 글을 근거로 판단할 때, 〈보기〉에서 옳은 것만을 모두 고르면?

A과에는 4급 과장 1명, 5급 사무관 3명, 6급 주무관 6명이 근무한다. A과의 내선번호는 253[?] 네 자리로 이루어져 있으며, 맨 뒷자리 번호는 0~9 중에서 하나씩 과원에게 배정된다.

맨 뒷자리 번호 배정규칙은 다음과 같다. 먼저 직급 순으로 배정한다. 따라서 과장에게 0, 사무관에게 1~3, 주무관에게 4~9를 배정한다. 다음으로 동일 직급 내에서는 여성에게 앞 번호가 배정된다. 성별도 같은 경우, 나이가 많은 사람에게 앞 번호가 배정된다. 나이도 같은 경우에는 소속 팀명의 '가', '나', '다' 순으로 앞 번호가 배정된다.

<A과 조직도>

과장 : 50세, 여성

가팀	나팀	다팀
사무관1 : 48세, 여성	사무관2 : 45세, 여성	사무관3 : 45세, ( )
주무관1 : 58세, 여성 주무관2 : 39세, 남성	주무관3 : ( ), ( ) 주무관4 : 27세, 여성	주무관5 : 44세, 남성 주무관6 : 31세, 남성

〈보 기〉

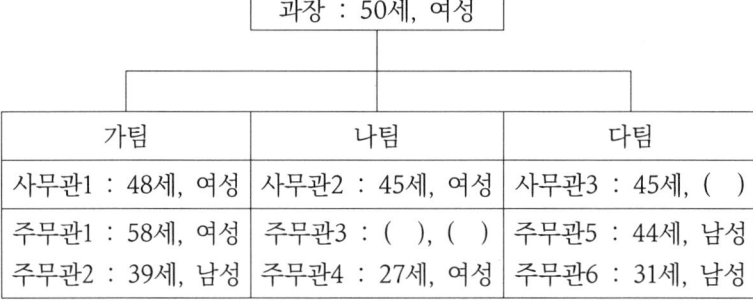

ㄱ. 사무관 3이 배정받는 내선번호는 그의 성별에 따라서 달라지지 않는다.
ㄴ. 여성이 총 5명이라면, 배정되는 내선번호가 확정되는 사람은 4명뿐이다.
ㄷ. 주무관 3이 남성이고 31세 이상 39세 이하인 경우, 모든 과원의 내선번호를 확정할 수 있다.
ㄹ. 사무관 3의 성별과 주무관 3의 나이와 성별을 알게 된다면, 현재의 배정규칙으로 모든 과원의 내선번호를 확정할 수 있다.

① ㄱ, ㄴ
② ㄱ, ㄷ
③ ㄴ, ㄹ
④ ㄱ, ㄷ, ㄹ
⑤ ㄴ, ㄷ, ㄹ

문제해설

Step 1 문제 해결의 출발점

순서 배치형 퀴즈 문제이다. A과의 내선 번호의 배정규칙에 따르면 과장의 번호 끝자리는 0번으로 확정이고 나머지 인원 가운데 사무관1~3의 순서도 비교적 쉽게 확정할 수 있다. 남은 것은 6명의 주무관들 사이의 순서인데 주무관3의 나이와 성별 모두 미지수이므로 본문의 내용을 어느 정도 정리한 뒤 곧바로 <보기>의 선지를 분석하는 순서로 접근한다.

Step 2 선택지 분석

ㄱ. (○) 동일 직급 내에서는 성별 → 나이 → 소속 팀명 순으로 번호가 배정된다.
현재 사무관 3의 성별이 미지수인데, 사무관 1과 2가 모두 여성이므로 사무관 3이 여성이어도 그 다음 기준인 나이에서 순번이 가장 마지막으로 밀리며, 남성이어도 성별 기준에 따라 가장 후순위로 밀리게 된다. 따라서 사무관 3의 성별과 무관하게 그의 내선번호 끝자리는 4번으로 확정이다.

ㄴ. (×) 현재까지의 정보에서 여성으로 확정된 인물은 총 5명인데, <보기>의 진술처럼 여성이 총 5명이면 사무관 3과 주무관 3의 성별은 남성이 된다. 이 경우 과장(1), 사무관 1(2), 사무관 2(3), 사무관 3(4)까지는 확정된다. 주무관들 사이에서는 여성이면서 나이가 많은 사람이 앞 번호를 배정받게 되는데 주무관 가운데 여성은 1과 4이므로 이들이 각각 5번과 6번을 배정받는다. 따라서 내선번호가 확정되는 사람은 4명뿐이라는 진술은 부적절하다.

ㄷ. (○) 주무관 3이 남성, 31세~39세이면 여성인 주무관 1, 4의 순서가 확정되고 추가로 남성 주무관들 사이에서도 번호가 확정된다. 예를 들어 주무관 3이 31세이면 주무관 6과 동갑이지만 팀명에서 주무관 3이 앞서게 된다.

ㄹ. (×) 주무관 3의 나이를 알게 된다고만 한 점에 주의해야 한다. 만약 주무관 3이 여성일 경우, 같은 팀은 주무관 4와 같은 성별이 되므로 이들이 동갑일 경우 순위를 결정할 수 없게 된다. 따라서 주무관 3의 나이와 성별을 알게 되더라도 내선번호를 확정할 수 없는 경우가 발생할 수 있다.

정답 | ②

23 퀴즈형 문제

5급공채 2020 나책형 14번

다음 글과 〈진술 내용〉을 근거로 판단할 때, 첫 번째 사건의 가해차량 번호와 두 번째 사건의 목격자를 옳게 짝지은 것은?

○ 어제 두 건의 교통사고가 발생하였다.
○ 첫 번째 사건의 가해차량 번호는 다음 셋 중 하나이다.

99★2703, 81★3325, 32★8624

○ 어제 사건에 대해 진술한 목격자는 甲, 乙, 丙 세 명이다. 이 중 두 명의 진술은 첫 번째 사건의 가해차량 번호에 대한 것이고 나머지 한 명의 진술은 두 번째 사건의 가해차량 번호에 대한 것이다.
○ 첫 번째 사건의 가해차량 번호는 두 번째 사건의 목격자 진술에 부합하지 않는다.
○ 편의상 차량 번호에서 ★ 앞의 두 자리 수는 A, ★ 뒤의 네 자리 수는 B라고 한다.

〈진술 내용〉

○ 甲 : A를 구성하는 두 숫자의 곱은 B를 구성하는 네 숫자의 곱보다 작다.
○ 乙 : B를 구성하는 네 숫자의 합은 A를 구성하는 두 숫자의 합보다 크다.
○ 丙 : B는 A의 50배 이하이다.

	첫 번째 사건의 가해차량 번호	두 번째 사건의 목격자
①	99★2703	甲
②	99★2703	乙
③	81★3325	乙
④	81★3325	丙
⑤	32★8624	丙

문제해설

Step 1 문제 해결의 출발점

첫 번째 사건의 가해차량의 후보인 번호만 제시되어 있고 두 번째 사건의 가해차량의 번호는 없는데, 발문에서 첫 번째 사건의 가해차량 번호를 묻고 있으므로 문제 해결에는 상관이 없다는 것을 빠르게 파악해야 한다. 본문의 조건 3에 의하면 갑, 을, 병의 진술 가운데 둘은 첫 번째 사건에, 나머지 하나는 두 번째 사건에 대한 것이다. 그리고 조건 4에서 첫 번째 사건의 번호는 두 번째 사건의 목격자 진술에 부합하지 않는다고 하였으므로 갑, 을, 병 가운데 두 명의 진술에는 부합하고 한 명의 진술에는 부합하지 않는 번호가 첫 번째 사건의 가해차량 번호가 되는 것이다.

Step 2 선택지 분석

첫 번째 사건의 가해차량 번호 후보별로 갑, 을, 병의 진술과 부합 여부를 다음과 같이 따져 본다. (실전에서는 어림계산으로 대소 비교를 해도 충분하다)

○ 甲 : A를 구성하는 두 숫자의 곱은 B를 구성하는 네 숫자의 곱보다 작다.

○ 乙 : B를 구성하는 네 숫자의 합은 A를 구성하는 두 숫자의 합보다 크다.

○ 丙 : B는 A의 50배 이하이다.

	갑	을	병
99★2703	81 > 0 (×)	12 < 18 (×)	99×50=4950 > 2703 (○)
81★3325	8 < 90 (○)	13 > 9 (○)	81×50=4050 > 3325 (○)
32★8624	6 < 384 (○)	20 > 5 (○)	32×50=1600 < 8624 (×)

두 번째 차량번호까지만 분석해도 32★8624가 첫 번째 사건의 차량 번호임을 간파할 수 있다. 이 경우 두 번째 사건의 목격자는 이 차량번호와 부합하지 않는 진술을 한 병이 된다.

정답 | ⑤

24 퀴즈형 문제

5급공채 2020 나책형 15번

다음 〈상황〉과 〈대화〉를 근거로 판단할 때 乙의 점수는?

〈상 황〉

○ 甲, 乙, 丙이 과제를 제출하여 각자 성적을 받았다.
○ 甲, 乙, 丙의 점수는 서로 다른 자연수로서 세 명의 점수를 합하면 100점이 되며, 甲, 乙, 丙은 이 사실을 알고 있다.
○ 甲, 乙, 丙은 자신의 점수는 알지만 다른 사람의 점수는 모르고 있다.

〈대 화〉

甲 : 내가 우리 셋 중에 가장 높은 점수를 받았어.
乙 : 甲의 말을 들으니 우리 세 사람이 받은 점수를 확실히 알겠네.
丙 : 나도 이제 우리 세 사람의 점수를 확실히 알겠어.

① 1
② 25
③ 33
④ 41
⑤ 49

문제해설

Step 1 문제 해결의 출발점

자신이 알고 있던 정보에 앞 사람의 진술을 바탕으로 경우의 수를 좁혀가는 패턴의 퀴즈형 문제이다. 경우의 수를 줄이기 위한 초기 정보를 빠르게 파악하여야 한다.

한편 특정한 수가(이 문제에서는 100점) 세 사람에게 분배된 경우, 한 명의 점수가 높아야 나머지 두 명에게 점수가 분배되는 경우의 수가 줄어든다는 것을 바로 떠올릴 수 있어야 한다.

Step 2 선택지 분석

갑의 대화가 가장 먼저인데, 갑은 자신이 셋 중에 가장 높은 점수를 받았다고 하였고 이를 들은 을이 곧바로 세 사람의 점수를 확실히 알겠다고 (확정)하였다. 그렇다면 갑의 점수는 50점 이상은 되어야 한다. 왜냐하면 갑이 49점이면 다른 두 명의 점수 합이 51점인데, 이때에는 한 명이 50점인 경우가 나타날 수 있기 때문이다.

이제 갑이 50점 이상인 상황에서 을은 자신의 점수뿐만 아니라 병의 점수까지 파악하였다. 이는 남은 점수(100-갑의 점수)에서 을과 병에게 분배되는 점수로 가능한 경우의 수가 딱 한 가지만 나온다는 것을 의미한다. 가령 을의 점수가 46점이라면 갑 50점 병 4점, 갑 51점 병 3점, 갑 52점 병 2점 등 가능한 경우의 수가 여럿으로 나온다.

따라서 을의 점수가 낮아서는 안 되며 갑이 50점 이상인 상황에서 경우의 수가 하나로 고정되는 것은 을이 49점인 경우뿐이다. 이때 갑은 50점, 을은 49점, 병은 1점으로 점수가 고정된다.

정답 | ⑤

25 퀴즈형 문제

5급공채 2020 나책형 29번

다음 글을 근거로 판단할 때, 甲과 乙이 콩을 나누기 위한 최소 측정 횟수는?

> 甲이 乙을 도와 총 1,760g의 콩을 수확한 후, 甲은 400g을 가지고 나머지는 乙이 모두 가지기로 하였다. 콩을 나눌 때 사용할 수 있는 도구는 2개의 평형접시가 달린 양팔저울 1개, 5g짜리 돌멩이 1개, 35g짜리 돌멩이 1개뿐이다. 甲과 乙은 양팔저울 1개와 돌멩이 2개만을 이용하여 콩의 무게를 측정한다. 양팔저울의 평형접시 2개가 평형을 이룰 때 1회의 측정이 이루어진 것으로 본다.

① 2
② 3
③ 4
④ 5
⑤ 6

문제해설

Step 1 문제 해결의 출발점

1760g의 콩에서 400g을 정확히 덜어내는 방법을 도출해야 하는 수리형 퀴즈 문제이다. 양팔저울과 무게를 잴 때 사용할 돌멩이가 두 개 제시되어 있기 때문에 저울의 한쪽에는 콩, 한쪽에는 돌멩이를 놓는 것만 가능할 것처럼 보이지만 이것이 함정이다. 최소한의 측정 횟수를 묻고 있으므로 초반에 돌멩이를 사용하지 않고 콩을 절반씩 나누어 400g에 최대한 가까운 양으로 줄이는 것이 출발점이다.

Step 2 선택지 분석

먼저 1760g의 콩을 양팔저울의 양쪽에 정확히 절반씩 나누어 880g을 얻는다. 그리고 이를 다시 정확히 양분해서 440g을 얻는다. (현재까지 2회) 이제 40g의 콩만 덜어내면 400g이 도출된다.

이제 남은 작업은 명확하다. 5g짜리 돌멩이와 35g짜리 돌멩이를 합해 한쪽 저울에 놓고 해당 양만큼의 콩을 다른 쪽 저울에 놓아 40g을 제거하면 400g의 콩이 남는다. (최종 3회)

정답 | ②

26 퀴즈형 문제

5급공채 2020 나책형 32번

다음 글을 근거로 판단할 때, 甲이 출연할 요일과 프로그램을 옳게 짝지은 것은?

甲은 ○○방송국으로부터 아래와 같이 프로그램 특별 출연을 요청받았다.

매체	프로그램	시간대	출연 가능 요일
TV	모여라 남극유치원	오전	월, 수, 금
	펭귄극장	오후	화, 목, 금
	남극의 법칙	오후	월, 수, 목
라디오	지금은 남극시대	오전	화, 수, 목
	펭귄파워	오전	월, 화, 금
	열시의 펭귄	오후	월, 수, 금
	굿모닝 남극대행진	오전	화, 수, 금

甲은 다음 주 5일(월요일~금요일) 동안 매일 하나의 프로그램에 출연하며, 한 번 출연한 프로그램에는 다시 출연하지 않는다. 또한 동일 매체에 2일 연속 출연하지 않으며, 동일 시간대에도 2일 연속 출연하지 않는다.

요일	프로그램
① 월요일	펭귄파워
② 화요일	굿모닝 남극대행진
③ 수요일	열시의 펭귄
④ 목요일	펭귄극장
⑤ 금요일	모여라 남극유치원

문제해설

Step 1 문제 해결의 출발점

제시된 조건이 짧지만 편성표에 제시된 시간대와 출연 가능 요일을 함께 고려해야 하기 때문에 출발점을 잡기가 쉽지 않은 문제이다. 일단 본문의 조건에서 2일 연속 출연하지 않는다는 말의 의미부터 빠르게 파악해야 한다. 예를 들어 동일 매체에 2일 연속 출연하지 않는다는 것은 징검다리식으로 'TV-라디오-TV-라디오-TV' 또는 '라디오-TV-라디오-TV-라디오'의 순으로 출연함을 의미한다. 또한 동일 시간대에 2일 연속 출연하지 않는다는 것 역시 '오전-오후-오전-오후-오전'의 조합이 되거나 '오후-오전-오후-오전-오후'의 조합이 되는 것 두 가지가 가능하다. 결국 경우의 수를 검토하는 것이 출발점이다.

Step 2 경우의 수 검토

1) 한 번 출연한 프로그램에는 다시 출연하지 않기 때문에, 예를 들어 'TV-라디오-TV-라디오-TV'의 순으로 출연한다면 월/수/금 가운데 금요일만 포함된 펭귄극장은 무조건 금요일에 출연해야 하고 나머지 '모여라 남극유치원'과 '남극의 법칙'은 월, 수에 출연해야 한다. 그런데 이들 두 프로그램이 월과 수에 배정되면(순서는 상관없음) 하나는 월요일에 오전, 수요일에는 오후 출연이 되거나 반대로 월요일에 오후, 수요일에 오전 출연이 된다. 이는 앞서 살펴본 것처럼 '오후-오전-오후-오전-오후'의 요일별 시간대 조합에 위배된다. 따라서 출연할 매체의 순서는 '라디오-TV-라디오-TV-라디오'가 될 수밖에 없다.
2) 이제 시간대와 관련된 경우의 수를 검토해야 한다. 라디오 프로그램은 오전 3개, 오후 1개이므로 월-수-금요일에 출연하면서 모두 동일한 시간대에 출연하려면 오전 시간대의 3개 프로그램에 출연하는 수밖에는 없다. 이 경우 '열시의 펭귄'은 배제되며, 남은 3개 프로그램 가운데 월-수-금 배치가 가능한 것은 '펭귄파워(월)-지금은 남극시대(수)-굿모닝 남극대행진(금)'이 유일하다.
3) 여기까지 판단하면 선지 가운데 ① '월요일 - 펭귄파워'가 정답임을 바로 알 수 있다.

정답 | ①

27 퀴즈형 문제

5급공채 2020 나책형 33번

다음 글을 근거로 판단할 때, 甲~丁 4명이 모두 외출 준비를 끝내는 데 소요되는 최소 시간은?

甲~丁 4명은 화장실 1개, 세면대 1개, 샤워실 2개를 갖춘 숙소에 묵었다. 다음날 아침 이들은 화장실, 세면대, 샤워실을 이용한 후 외출을 하려고 한다.

○ 화장실, 세면대, 샤워실 이용을 마치면 외출 준비가 끝난다.

○ 화장실, 세면대, 샤워실 순서로 1번씩 이용한다.

○ 화장실, 세면대, 각 샤워실은 한 번에 한 명씩 이용한다.

<개인별 이용시간>

(단위 : 분)

구분	화장실	세면대	샤워실
甲	5	3	20
乙	5	5	10
丙	10	5	5
丁	10	3	15

① 40분

② 42분

③ 45분

④ 48분

⑤ 50분

문제해설

Step 1 문제 해결의 출발점

출발점이 직관적으로 바로 보이지 않는 문제일 것이다. 직접 부딪혀 보고 문제 풀이의 방향성을 파악하는 수밖에 없는데, 그러자니 시간이 많이 들어 보인다. 실전에서는 이러한 고민이 들 때 바로 포기하고 다른 문제로 넘어가는 과감성이 필요하다. 일단 제시된 조건에서 가장 특이한 것이 샤워실이 2개라는 점은 간파해야 한다.

Step 2 선택지 분석

일단 갑부터 시작해서 을-병-정 순서로 진행되는 흐름을 파악해 보자. 앞 사람이 세면대 이용을 일찍 마쳤다고 해도, 다음 사람이 앞 단계인 화장실 이용을 그보다 늦게 마쳤다고 한다면 세면대 이용(및 샤워실 이용)이 늦어짐에 주의한다.

구분	화장실 이용	세면대 이용	샤워실 이용
甲	0~5	6~8	9~28(샤 1)
乙	6~10	11~15	16~25(샤 2)
丙	11~20	21~25	26~30(샤 2)
丁	20~30	31~33	34~48(샤 1)

정이 샤워실(1)을 이용하고 나오면 48분이 경과된 시점이다. 이를 봤을 때, 가장 마지막 순서로 거쳐야 하는 샤워실이 2개가 있기 때문에 샤워실 이용 시간이 가장 긴 사람이 샤워실을 먼저 사용해야 한다는 것을 알 수 있다. 그렇다면 화장실 이용 시간은 짧고 샤워실 이용 시간이 긴 갑부터 시작해서, 그 다음으로 샤워실 이용 시간이 긴 정을 배치한다.

구분	화장실 이용	세면대 이용	샤워실 이용
甲	0~5	6~8	9~28(샤 1)
丁	6~15	16~18	19~33(샤 2)

갑과 정의 샤워실 이용이 각각 28분과 33분에 끝났다. 이제 샤워실 이용 시간이 상대적으로 더 오래 걸리는 을을 샤워실 1에 먼저 배정하면 시간을 최대로 단축할 수 있을 것이다.

구분	화장실 이용	세면대 이용	샤워실 이용
甲	0~5	6~8	9~28(샤 1)
丁	6~15	16~18	19~33(샤 2)
乙	16~20	21~25	28~38(샤 1)
丙	21~30	30~35	36~40(샤 2)

정답 | ①

28 퀴즈형 문제

5급공채 2020 나책형 34번

다음 〈상황〉과 〈자기소개〉를 근거로 판단할 때 옳지 않은 것은?

〈상 황〉

5명의 직장인(甲~戊)이 커플 매칭 프로그램에 참여했다.

○ 남성이 3명이고 여성이 2명이다.
○ 5명의 나이는 34세, 32세, 30세, 28세, 26세이다.
○ 5명의 직업은 의사, 간호사, TV드라마감독, 라디오작가, 요리사이다.
○ 의사와 간호사는 성별이 같다.
○ 라디오작가는 요리사와 매칭된다.
○ 남성과 여성의 평균 나이는 같다.
○ 한 사람당 한 명의 이성과 매칭이 가능하다.

〈자기 소개〉

甲 : 안녕하세요. 저는 32세이고 의료 관련 일을 합니다.
乙 : 저는 방송업계에서 일하는 남성입니다.
丙 : 저는 20대 남성입니다.
丁 : 반갑습니다. 저는 방송업계에서 일하는 여성입니다.
戊 : 제가 이 중 막내네요. 저는 요리사입니다.

① TV드라마감독은 乙보다 네 살이 많다.
② 의사와 간호사 나이의 평균은 30세이다.
③ 요리사와 라디오작가는 네 살 차이이다.
④ 甲의 나이는 방송업계에서 일하는 사람들 나이의 평균과 같다.
⑤ 丁은 의료계에서 일하는 두 사람 중 나이가 적은 사람보다 두 살 많다.

문제해설

Step 1 문제 해결의 출발점

전형적인 매칭형 퀴즈 문제이다. 인물에 관한 정보 항목들 가운데 확정적인 매칭이 이루어진 것으로부터 출발하도록 하자. 성별과 나이 정보는 당장 적용할 수 있는 확정 정보는 아니지만 중간 단계에서 매칭의 단초로 작용할 수 있다는 것을 놓치지 말아야 한다.

Step 2 〈상황〉 및 〈자기소개〉 분석

<상황>의 조건들을 순서대로 조건 1~조건 7이라고 하자. 조건 2에서 5명의 나이가 제시되어 있는데, 조건 6에 따르면 남성(3)과 여성(2)의 평균 나이가 같다. 이러한 조건에 부합하는 남녀 배치는 다음 두 가지뿐이다.

성별	남성(3)	여성(2)
연령	34, 30, 26	32, 28
	32, 30, 28	34, 26

조건 5에서 라디오작가와 요리사가 매칭되었으므로 이들의 성별은 서로 다르다는 것을 알 수 있다. 그런데 조건 4에서 의사와 간호사의 성별이 같다고 하였으므로, 만약 이들이 모두 여성이라면 나머지 세 직업이 남성이 되는데 이 경우 라디오작가와 요리사의 성별도 같은 것이 되어 모순이 발생한다. 따라서 의사와 간호사는 모두 남성임을 알 수 있다.

다음으로 <자기소개>를 통해 확정 정보를 도출하면, 병이 20대 남성인데, 무가 자신이 막내(26세)라고 하였다. 따라서 병의 나이는 28세이다. 또한 을과 정이 방송업계 종사자이고 무가 요리사이므로 갑과 병은 의료계 종사자이며 따라서 갑과 병은 남성, 성별을 언급하지 않았던 무가 여성임을 알 수 있다. 이상의 내용을 도표화하면 다음과 같다.

이름	갑	을	병	정	무
성별	남	남	남	여	여
나이	32		28		26
직업	의료계	방송	의료계	방송	요리사

요리사인 무(여/26)와 매칭된 라디오작가는 남성이어야 하는데, 위 도표처럼 남성인 방송업계 종사자는 을밖에 없다. 따라서 을의 직업은 라디오작가이며 정의 직업은 TV드라마 감독이 된다.

마지막으로 남성과 여성의 나이 조합을 비교하면 현재까지 파악한 정보에서 가능한 것은 남성이 32, 30, 28세이고 여성이 34, 26세인 조합이다. 따라서 을의 나이는 30세, 정의 나이는 34세로 다음과 같이 정보가 확정된다.

이름	갑	을	병	정	무
성별	남	남	남	여	여
나이	32	30	28	34	26
직업	의료계	라디오작가	의료계	TV드라마감독	요리사

따라서 옳지 않은 선택지는 ⑤가 된다.

정답 | ⑤

29 퀴즈형 문제

5급공채 2020 나책형 35번

다음 글을 근거로 판단할 때, 甲이 조립한 상자의 개수는?

> 甲, 乙, 丙은 상자를 조립하는 봉사활동을 하였다. 이들은 상자 조립을 동시에 시작하여 각각 일정한 속도로 조립하였다. 그리고 '1분당 조립한 상자 개수', '조립한 상자 개수', '조립한 시간'에 대하여 아래와 같이 말하였다. 단, 2명은 모두 진실만을 말하였고 나머지 1명은 거짓만을 말하였다.
>
> 甲 : 나는 乙보다 1분당 3개 더 조립했는데, 乙과 조립한 상자 개수는 같아. 丙보다 10분 적게 일했어.
>
> 乙 : 나는 甲보다 40분 오래 일했어. 丙보다 10개 적게 조립했고 1분당 2개 적게 조립했어.
>
> 丙 : 나는 甲보다 1분당 1개 더 조립했어. 조립한 시간은 乙과 같은데 乙보다 10개 적게 조립했어.

① 210
② 240
③ 250
④ 270
⑤ 300

문제해설

Step 1 문제 해결의 출발점

3명의 진술 가운데 1명의 진술이 거짓말인 참/거짓 유형의 퀴즈 문제이다. 하지만 수치 계산이 동반되기 때문에 기존의 참/거짓 유형에 비해 훨씬 복잡한 풀이 과정이 요구된다. 실전에서 마주했다면 패스하고 다른 문제를 푸는 전략을 선택하는 것이 유리할 것이다.

기본적으로는 참/거짓 패턴의 문제이므로 거짓말을 한 1인이 누구인지 범위를 좁혀야 한다. 작업과 관련해 총 3가지 항목(분당 조립 개수, 전체 조립 개수, 조립 시간)이 언급되고 있는데, 동일한 항목에서 서로 모순된 진술을 찾으면 전체 조립한 상자의 개수에 관한 을의 진술과 병의 진술이 서로 10개 적게 조립했다고 되어 있으므로 이들이 서로 모순 관계에 있다. 따라서 갑의 진술은 반드시 참이고 을이나 병 가운데 한 명이 거짓말을 하고 있다는 것에서부터 출발한다.

Step 2 참/거짓 확정 및 방정식 적용

각자의 작업과 관련해 총 3가지 항목(분당 조립 개수, 전체 조립 개수, 조립 시간)이 비교되고 있다. 따라서 다음과 같이 도표화해서 정리하는 것이 판단하기 수월하다.

		분당 조립 개수	전체 조립 개수	조립 시간
갑(참)		을+3	을과 동일	병-10
을	서로	병-2	병-10	갑+40
병	모순	갑+1	을-10	을과 동일

먼저 을의 진술이 거짓이라 가정하면 병의 진술은 참이 된다. 병에 따르면 병의 분당 작업 개수(작업 효율)는 갑보다 +1로 높은데, 갑은 을보다 분당 3개를 더 조립한다. 즉 병의 작업 효율이 을보다 높은 것이다. 그런데 조립 시간은 을과 동일하면서 전체 조립 개수는 을보다 더 적은 것은 불가능하다. 따라서 병의 진술이 거짓이며 을은 참이 된다.

발문의 요구 사항은 갑이 조립한 상자의 개수이다. 참으로 확정된 갑과 을의 두 진술은 상대적 관계(더 많다, 더 적다, 동일하다)만 보여주므로 이를 관통하는 하나의 비교 기준이 필요하다. 참으로 파악된 갑의 진술에서 전체 조립 개수가 을과 동일하다고 하였는데, 이 문제에서 전체 조립 개수는 분당 조립 개수에 조립 시간을 곱한 것임을 이용한다. 갑과 을이 주로 병을 비교 대상으로 삼고 있으므로 병의 분당 조립 개수를 a, 조립 시간을 b라 하면

	분당 조립 개수	전체 조립 개수	조립 시간
갑(참)	(a-2)+3=a+1	을과 동일	b-10
을(참)	a-2	병-10	(b-10)+40=b+30
병	a	a×b	b

- 갑의 조립 개수 : (a+1)×(b-10) = 을의 조립 개수(=병-10) ab-10
  → ab-10a+b-10 = ab-10 → b=10a
- 을의 조립 개수 : (a-2)×(b+30) = 병의 조립 개수 - 10 : ab-10
  → ab+30a-2b-60 = ab-10 → 30a=2b+50 → 30a=20a+50 → 10a=50 → a=5, b=50

따라서 갑의 전체 조립 개수는 6×40 = 240개이다.

정답 | ②

30 퀴즈형 문제

5급공채 2021 가책형 11번

다음 글을 근거로 판단할 때 옳지 않은 것은?

○ 甲과 乙은 조선시대 왕의 계보를 외우는 놀이를 한다.
○ 甲과 乙은 번갈아가며 직전에 나온 왕의 다음 왕부터 순차적으로 외친다.
○ 한 번에 최소 1명, 최대 3명의 왕을 외칠 수 있다.
○ 甲이 제1대 왕 '태조'부터 외치면서 놀이가 시작되고,누군가 마지막 왕인 '순종'을 외치면 놀이가 종료된다.
○ '조'로 끝나는 왕 2명 이상을 한 번에 외칠 수 없다.
○ 반정(反正)에 성공한 왕은 해당 반정으로 폐위(廢位)된 왕과 함께 외칠 수 없다.
- 중종 반정 : 연산군 폐위
- 인조 반정 : 광해군 폐위

<조선시대 왕의 계보>

1	태조	10	연산군	19	숙종
2	정종	11	중종	20	경종
3	태종	12	인종	21	영조
4	세종	13	명종	22	정조
5	문종	14	선조	23	순조
6	단종	15	광해군	24	헌종
7	세조	16	인조	25	철종
8	예종	17	효종	26	고종
9	성종	18	현종	27	순종

① 甲이 '명종'까지 외쳤다면, 甲은 '인조'를 외칠 수 없다.
② 甲과 乙이 각각 6번씩 외치는 것으로 놀이가 종료될 수 있다.
③ 甲이 '인종, 명종, 선조'를 외쳤다면, '연산군'은 甲이 외친 것이다.
④ 甲이 첫 차례에 3명의 왕을 외친다면, 甲은 자신의 다음 차례에 '세조'를 외칠 수 있다.
⑤ '순종'을 외치는 사람이 지는 게임이라면, 甲이 '영조'를 외쳤을 때 乙은 甲의 선택에 관계없이 승리할 수 있다.

문제해설

Step 1 **문제 해결의 출발점**

본문에는 갑과 을이 구체적으로 어떤 왕의 이름을 불렀는지에 대한 정보가 없으므로 놀이의 규칙만 파악하고 바로 선택지의 구체적 진술에 대해 추론하는 흐름으로 나아가도록 한다.

Step 2 **규칙 및 선택지 분석**

① (×) 갑이 명종까지 외친 상태에서, 을은 선조만 외치거나 광해군까지 외치는 것이 가능하다. 을이 광해군까지 한 번에 3명의 왕을 외치는 것은 본문의 5번째 조건에 의해 불가능하다. 따라서 을이 선조만 외쳤다면 갑은 광해군만 외쳐야 하므로 을이 인조를 외치는 게 되지만, 을이 선조와 광해군을 외쳤다면 갑이 인조를 외치는 것이 가능하다.

② (○) 최단 경로로 놀이가 종료되는 흐름을 살펴보면, 갑 1(태조, 정종, 태종), 을 1(세종, 문종, 단종), 갑 2(세조, 예종, 서종), 을 2(연산군), 갑 3(중종, 인종, 명종), 을 3(선조, 광해군), 갑 4(인조, 효종, 현종), 을 4(숙종, 경종, 영조), 갑 5(정조), 을 5(순조, 헌종, 철종), 갑 6(고종, 순종)이다. 여기서 마지막 순종을 갑이 아닌 을이 부르고 끝나는 것도 가능하므로 각각 6번씩 외치는 것으로 놀이가 종료될 수 있다.

③ (○) 연산군과 중종은 함께 외칠 수 없다. 따라서 갑이 '인종, 명종, 선조'를 외쳤다면 을은 중종만 외쳤어야 하며, 따라서 연산군은 갑이 외친 것이 맞다.

④ (○) ②에서 확인한 것처럼 갑의 두 번째 차례 때 세조를 외치는 것이 가능하다.

⑤ (○) ②에서 확인한 것처럼 갑이 영조를 외쳤다면 그 다음 차례에서 갑은 순조부터 외쳐야 한다. 순조를 제외하고 남은 왕은 4명인데, 을은 이 가운데 1~3명을 외치는 것으로 마지막 순종을 갑이 외치게 조절할 수 있다.

정답 | ①

31 퀴즈형 문제

5급공채 2021 가책형 12번

다음 글을 근거로 판단할 때, 18시에서 20시 사이에 보행신호가 점등된 횟수는?

○ A시는 차량통행은 많지만 사람의 통행은 적은 횡단보도에 보행자 자동인식시스템을 설치하였다.

○ 보행자 자동인식시스템이 횡단보도 앞에 도착한 보행자를 인식하면 1분 30초의 대기 후에 보행신호가 30초간 점등되며, 이후 차량통행을 보장하기 위해 2분간 보행신호는 점등되지 않는다. 점등 대기와 보행신호 점등, 차량통행 보장 시간 동안에는 보행자를 인식하지 않는다.

점등 대기	→	보행신호 점등	→	차량통행 보장
1분 30초		30초		2분

○ 보행신호가 점등되기 전까지 횡단보도 앞에 도착한 사람만 모두 건넌다.

○ 다음은 17시 50분부터 20시까지 횡단보도 앞에 도착한 사람의 수와 도착 시각을 정리한 것이다.

도착 시각	인원	도착 시각	인원
18:25:00	1	18:44:00	3
18:27:00	3	18:59:00	4
18:30:00	2	19:01:00	2
18:31:00	5	19:48:00	4
18:43:00	1	19:49:00	2

① 6
② 7
③ 8
④ 9
⑤ 10

문제해설

Step 1 문제 해결의 출발점

본문의 보행자 자동인식시스템의 원리를 빠르게 파악하여야 한다. 앞선 2021년도 11번 문항과 유사하게 출발 시각부터 구체적인 시뮬레이션을 돌려보아야 한다.

Step 2 상황 시뮬레이션

두 번째 조건의 마지막 문장 및 세 번째 조건이 핵심인데, 점등 대기, 보행신호 점등, 차량통행 보장 시간 동안에는 보행자를 인식하지 않으며 보행신호가 점등되기 전까지 횡단보도 앞에 도착한 사람만 모두 건너는 방식이므로 차량통행 보장 시간대에 도착한 사람은 보장 시간이 종료되기 전까지는 시스템이 보행자로 인식하지 않는 것이다.

이제 이러한 기본 조건을 바탕으로 표에 제시된 시간대별 시뮬레이션을 진행해 보자.

1) 18:25:00 – 1인의 보행자를 인식하여 18:26:30~18:27:00에 보행신호가 점등된다(이하 '점등'). 18:27:00에 온 3인은 점등이 종료된 시점에 도착하였으므로 차량통행 보장 시간(이하 '보장')이 지난 이후에 보행자로 인식된다.
2) 18:29:00 – 3인을 보행자로 인식하고 1분 30초가 지나 18:30:30~18:31:00에 점등된다. 18:30:00에 도착한 2인은 이 점등 시간에 건너갈 수 있다.
3) 18:33:00 – 두 번째 점등이 종료되고 보장 시간 2분이 경과한 후 18:31:00에 도착했었던 5인을 보행자로 인식한다. 다음 보행자의 도착 시각인 18:43:00까지는 아직 한참 남았으므로 세 번째 점등이 18:34:30에 시작한다는 것만 확인하면 된다.
4) 18:43:00 – 1인의 보행자를 인식한다. 18:44:30에 점등이 시작되는데, 18:44:00에 도착한 3인도 함께 건넌다.
5) 18:59:00에 4인의 보행자를 인식한다. 19:00:30에 점등이 시작되는데, 19:01:00에 도착한 2인은 점등이 종료된 시점에 도착하였으므로 다음에 건너야 한다.
6) 19:01:00에 점등이 종료되고 19:03:00에 앞서 도착한 2인을 보행자로 인식하여 19:04:30에 여섯 번째 점등이 이루어진다.
7) 19:48:00에 도착한 4인을 보행자로 인식하여 19:49:30에 점등이 시작된다. 19:49:00에 도착한 2인은 이 점등 때 함께 건넌다.

따라서 18시~20시 사이에 보행신호가 점등된 횟수는 총 7회이다.

정답 | ②

32 퀴즈형 문제
5급공채 2021 가책형 13번

다음 글을 근거로 판단할 때, 가장 먼저 교체될 시계와 가장 나중에 교체될 시계를 옳게 짝지은 것은?

> 甲부서에는 1~12시 눈금표시가 된 5개의 벽걸이 시계(A~E)가 있다. 그런데 A는 시침과 분침이 모두 멈춰버려서 더 이상 작동하지 않는 상태다. B는 정확한 시계보다 하루에 1분씩 느려지는 시계다. C는 정확한 시계보다 하루에 1시간씩 느려지는 시계다. D는 정확한 시계보다 하루에 2시간씩 느려지는 시계다. E는 정확한 시계보다 하루에 5분씩 빨라지는 시계다.
>
> 甲부서는 5개의 시계를 순차적으로 교체하려고 한다. 앞으로 1년 동안 정확한 시계와 일치하는 횟수가 적을 시계부터 순서대로 교체한다.

※ B~E는 각각 일정한 속도로 작동한다.

	가장 먼저 교체될 시계	가장 나중에 교체될 시계
①	A	C
②	B	A
③	B	D
④	D	A
⑤	D	E

문제해설

Step 1 문제 해결의 출발점

본문 2번째 문단의 진술을 정확히 이해해야 한다. 각 시계마다 고장이 나 있는 상황에서, 앞으로 1년 동안 정확한 시계와 일치하는 횟수가 적을 시계부터 교체가 이루어진다. 따라서 특정 시계가 향후 며칠 뒤에 정확한 시계와 일치하게 되는지를 파악해야 한다.

Step 2 〈상황〉 분석

1분이건 2시간이건, 정확한 시계보다 느려지건 빨라지건, B~E는 첫날을 제외하면 그 이후로는 일정 간격이 지나야 정확한 시계와 일치하게 된다. 예를 들어 하루에 2시간씩 느려지는 D부터 보면, D는 둘째 날부터 2시간씩 느려지므로 6일이 지나야(즉 12시간만큼 느려져야) 시침과 분침의 시간 표시에서 정확한 시계와 일치하게 된다. 이러한 주기를 다른 시계에서도 동일한 방식으로 정리한다.

A : A는 시침과 분침이 모두 멈춰 있는 상태이므로 오전 시간대와 오후 시간대에 한 번씩은 정확한 시계와 일치할 것이다. 따라서 A는 1년의 일수 × 2만큼 정확한 시계와 일치한다.

B : D에 대한 분석에서 파악한 것처럼, B도 12시간만큼 느려져야 정확한 시계와 일치하게 되는데, B는 하루에 1분씩 느려지므로 1시간 느려지는 데 60일, 12시간을 느려지는 데는 720일(720분=12시간)이 걸린다.

C : 하루에 1시간씩 느려지므로 12일 주기로 정확한 시계와 일치하게 된다.

E : 빨라지는 것도 느려지는 것과 동일하게 이해하면 된다. 하루에 5분씩 빨라지므로 720분만큼 빨라지려면 총 144일이 걸린다.

따라서 1년 동안 정확한 시계와 일치하는 횟수가 가장 적은 것은 B, 가장 많은 것은 A이므로 B가 가장 먼저 교체되고 A는 가장 나중에 교체된다.

정답 | ②

33 퀴즈형 문제

5급공채 2021 가책형 14번

다음 글을 근거로 판단할 때, 〈보기〉에서 옳은 것만을 모두 고르면?

甲 : 안녕? 나는 지난 주말 중 하루에 당일치기로 서울 여행을 다녀왔는데, 서울에는 눈이 예쁘게 내려서 너무 좋았어. 너희는 지난 주말에 어디 있었니?

乙 : 나는 서울과 강릉을 하루에 모두 다녀왔는데, 두 곳 다 눈이 예쁘게 내리더라.

丙 : 나는 부산과 강릉에 하루씩 있었는데 하늘에서 눈을 보지도 못했어.

丁 : 나도 광주에 하루 있었는데, 해만 쨍쨍하고 눈은 안 왔어. 그날 뉴스를 보니까 부산에도 광주처럼 눈은 커녕 해가 쨍쨍하다고 했더라고.

甲 : 응? 내가 서울에 있던 날 뉴스를 봤는데, 광주에도 눈이 내리고 있다고 했어.

※ 지난 주말(토요일과 일요일) 각 도시에 눈이 내린 날은 하루 종일 눈이 내렸고, 눈이 내리지 않은 날은 하루 종일 눈이 내리지 않았다.

〈보 기〉

ㄱ. 광주에는 지난 주말 중 하루만 눈이 내렸다.

ㄴ. 지난 주말 중 하루만 서울에 눈이 내렸다면 부산에도 지난 주말 중 하루만 눈이 내렸다.

ㄷ. 지난 주말 중 하루만 부산에 눈이 내렸다면 甲과 乙이 서울에 있었던 날은 다른 날이다.

ㄹ. 지난 주말 중 하루만 서울에 눈이 내렸다면 丙이 부산에 있었던 날과 丁이 광주에 있었던 날은 다른 날이다.

① ㄱ, ㄴ

② ㄱ, ㄷ

③ ㄴ, ㄹ

④ ㄱ, ㄷ, ㄹ

⑤ ㄴ, ㄷ, ㄹ

문제해설

Step 1 문제 해결의 출발점

처음에는 당황스러울 수 있는 정보 매칭형 문제이다. 갑~정의 대화 가운데 지역이 연결되는 정보를 빠르게 파악하여 확정적 정보를 도출한다.

Step 2 대화 상황 분석

각주에 따르면 눈이 온 날은 하루 종일 눈이 내렸고 그렇지 않은 날은 하루 종일 눈이 내리지 않았다. 본문 및 <보기>에서 토요일과 일요일을 구체적으로 따질 필요가 없다는 것을 확인했다면 갑이 서울에 당일치기로 다녀온 날을 임의로 토요일로 잡고 분석한다.

- 갑의 첫 번째와 마지막 진술에 의하면 토요일에는 서울과 광주에 눈이 왔다. (확정 정보)
- 을은 서울과 강릉을 하루에 모두 다녀왔고 그날 두 곳 모두 눈이 내렸다. 이날이 갑이 서울에 간 토요일인지 아니면 일요일인지는 아직 확인할 수 없다.
- 병은 부산과 강릉에 하루씩 있었으므로 이틀을 서로 다른 지역에 있었던 것이 된다. 두 날 모두 눈은 오지 않았다. 하지만 아직 어떤 요일에 부산과 강릉에 있었는지는 확인할 수 없다.
- 정이 광주에 있었던 날 눈이 오지 않았으므로 이날은 일요일이 됨을 알 수 있다. 또한 해당 요일에 부산 역시 눈이 오지 않았다. (확정 정보)

이제 확정적 정보에 해당하는 갑과 정의 진술을 반영하여 다음과 같이 표를 만들자(눈이 온 날은 ○, 눈이 오지 않은 날은 ×로 표기한다).

	토	일
서울	○(갑)	
강릉		
부산		×
광주	○	×(정)

여기까지 정리해도 을과 병의 진술을 내용을 확정적으로 대입할 수는 없는 상황이다. 따라서 <보기>의 선지에 제시된 추가 정보를 바탕으로 하나씩 정리해 나가도록 한다.

ㄱ. (○) 위의 표만으로도 광주에는 주말 중 하루만 눈이 내렸음을 알 수 있다.

ㄴ (×), ㄹ (○). 하루만 서울에 눈이 왔다면 일요일 서울은 X가 된다. 이에 따라 을이 서울과 강릉을 다녀온 날은 토요일이 된다. 한편 병은 부산과 강릉에 하루씩 있었는데 해당 날들에 눈은 내리지 않았으므로 강릉의 일요일이 X, 부산의 토요일도 X가 되어야 한다. 이를 적용하면 다음과 같다.

	토	일
서울	○(갑)	×(을)
강릉	○(을)	×(병)
부산	×(병)	×
광주	○	×(정)

따라서 이 경우 부산은 주말 내내 맑았던 것이 되므로 ㄴ은 부적절하다.

한편 이 경우 병은 토요일에 부산을, 정은 일요일에 광주를 방문하였으므로 ㄹ은 옳은 선지이다.

ㄷ. (O) 주말 중 하루만 부산에 눈이 내렸으므로 토요일 부산의 날씨는 O가 된다. 따라서 병은 일요일에 부산(X), 토요일에 강릉(X)에 있었던 것이 된다. 한편 을이 서울과 강릉에 간 날은 눈이 왔으므로 이날은 일요일이 되어야 한다.

	토	일
서울	○(갑)	○(을)
강릉	×(병)	○(을)
부산	○	×(병)
광주	○	×(정)

따라서 이 경우에 갑과 을이 서울에 있었던 날은 서로 다른 날이 된다.

정답 | ④

MEMO

34 퀴즈형 문제

5급공채 2021 가책형 15번

다음 글과 〈대화〉를 근거로 판단할 때 옳지 않은 것은?

○ A부서의 소속 직원(甲~戊)은 법령집, 백서, 판례집, 민원 사례집을 각각 1권씩 보유하고 있었다.

○ A부서는 소속 직원에게 다음의 기준에 따라 새로 발행된 도서(법령집 3권, 백서 3권, 판례집 1권, 민원 사례집 2권)를 나누어 주었다.

- 법령집 : 보유하고 있던 법령집의 발행연도가 빠른 사람부터 1권씩 나누어 주었다.
- 백서 : 근속연수가 짧은 사람부터 1권씩 나누어 주었다.
- 판례집 : 보유하고 있던 판례집의 발행연도가 가장 빠른 사람에게 주었다.
- 민원 사례집 : 민원업무가 많은 사람부터 1권씩 나누어 주었다.

※ 甲~戊는 근속연수, 민원업무량에 차이가 있고, 보유하고 있던 법령집, 판례집은 모두 발행연도가 다르다.

〈대 화〉

甲 : 나는 책을 1권만 받았어.
乙 : 나는 4권의 책을 모두 받았어.
丙 : 나는 법령집은 받았지만 판례집은 받지 못했어.
丁 : 나는 책을 1권도 받지 못했어.
戊 : 나는 丙이 받은 책은 모두 받았고, 丙이 받지 못한 책은 받지 못했어.

① 법령집을 받은 사람은 백서도 받았다.
② 甲은 丙보다 민원업무가 많다.
③ 甲은 戊보다 많은 도서를 받았다.
④ 丁은 乙보다 근속연수가 길다.
⑤ 乙이 보유하고 있던 법령집은 甲이 보유하고 있던 법령집보다 발행연도가 빠르다.

문제해설

Step 1 문제 해결의 출발점

정보를 배치하는 전형적인 매칭형 문제이다. 본문 두 번째 동그라미의 진술처럼 각 도서가 모두 분배되었다는 것을 놓치지 말아야 한다. 표를 그려 우선 확정적 정보부터 빠르게 처리해 나간다.

Step 2 상황 및 〈대화〉 분석

행 계열은 인물, 열 계열은 도서로 구성된 표를 먼저 만든다.

<대화>에서 을, 병 정의 진술은 확정적 정보에 해당한다. 이를 우선 표에 적용한다. 판례집은 1권이므로 을이 판례집을 받은 상황에서 나머지는 모두 판례집이 받지 않은 게 된다. 한편 무의 진술에 의하면 병이 받은 법령집은 무도 받은 것이 된다. 따라서 법령집 3권도 모두 분배가 완료되었다.

	법령집(3)	백서(3)	판례집(1)	민원 사례집(2)
갑	×		×	
을	○	○	○	○
병	○		×	
정	×	×	×	×
무	○		×	

계속해서 무의 진술에 의하면, 병이 만약 백서를 받지 못했다면 무도 백서를 받지 못한 게 된다. 그런데 이 경우 백서를 받은 인물은 병, 정, 무를 제외하고 최대 2명이 되어 백서가 3권이라는 조건에 위배된다. 따라서 병과 무 모두 백서를 받은 것이 된다. 이에 따라 갑은 백서도 받지 않은 것이 되어 갑이 받은 1권은 민원 사례집이 된다. 이에 따라 다음과 같이 모든 항목이 정리된다.

	법령집(3)	백서(3)	판례집(1)	민원 사례집(2)
갑	×	×	×	○
을	○	○	○	○
병	○	○	×	×
정	×	×	×	×
무	○	○	×	×

① (○) 법령집을 받은 을, 병, 무 모두 백서도 받은 인물들이다.

② (○) 민원 사례집은 민원업무가 많은 사람부터 분배되므로 갑이 병, 정, 무보다 민원업무가 많다.

③ (×) 갑은 1권, 무는 2권의 도서를 받았다.

④ (○) 백서는 근속연수가 짧은 사람부터 받으므로 백서를 받은 을이 그렇지 않은 정보다 근속연수가 길다.

⑤ (○) 법령집은 기존에 보유하고 있던 법령집의 발행연도가 빠른 사람부터 받으므로 을의 것이 갑의 것보다 발행연도가 빠르다.

정답 | ③

35 퀴즈형 문제

5급공채 2021 가책형 28번

다음 글을 근거로 판단할 때, 〈보기〉에서 옳은 것만을 모두 고르면?

○ 3개의 과일상자가 있다.
○ 하나의 상자에는 사과만 담겨 있고, 다른 하나의 상자에는 배만 담겨 있으며, 나머지 하나의 상자에는 사과와 배가 섞여 담겨 있다.
○ 각 상자에는 '사과 상자', '배 상자', '사과와 배 상자'라는 이름표가 붙어 있다.
○ 이름표대로 내용물(과일)이 들어 있는 상자는 없다.
○ 상자 중 하나에서 한 개의 과일을 꺼내어 확인할 수 있다.

〈보 기〉

ㄱ. '사과와 배 상자'에서 과일 하나를 꺼내어 확인한 결과 사과라면, '사과 상자'에는 배만 들어 있다.
ㄴ. '배 상자'에서 과일 하나를 꺼내어 확인한 결과 배라면, '사과 상자'에는 사과와 배가 들어 있다.
ㄷ. '사과 상자'에서 과일 하나를 꺼내어 확인한 결과 배라면, '배 상자'에는 사과만 들어 있다.

① ㄱ
② ㄴ
③ ㄱ, ㄷ
④ ㄴ, ㄷ
⑤ ㄱ, ㄴ, ㄷ

문제해설

Step 1 문제 해결

본문의 네 번째 조건이 핵심이다. 이름표대로 내용물(과일)이 들어 있는 상자가 없다는 것은, 예를 들어 '사과 상자'에는 배만 있거나 사과와 배가 함께 있다는 것이다.

네 번째 조건을 바탕으로 다음과 같이 각 상자의 상황을 정리할 수 있다.

'사과 상자'	'배 상자'	'사과와 배 상자'
배만 있음 or 사과와 배가 함께 있음	사과만 있음 or 사과와 배가 함께 있음	사과만 있음 or 배만 있음

더 이상의 확정적 정보는 없으므로 이제 각 선지별로 판단을 이어나간다.

ㄱ. (○) '사과와 배 상자'에 사과만 있는 경우이다. 따라서 '배 상자'에는 사과와 배가 함께 있어야 하며 이로 인해 '사과 상자'에는 배만 있다는 것이 도출된다.

'사과 상자'	'배 상자'	'사과와 배 상자'
배만 있음 (○) or 사과와 배가 함께 있음 (×)	사과만 있음 (×) or 사과와 배가 함께 있음 (○)	사과만 있음 (○) or 배만 있음 (×)

ㄴ. (×) '배 상자'에 사과와 배가 함께 있는 경우이므로 '사과 상자'에는 배만 있어야 한다(ㄱ과 동일한 상황).

'사과 상자'	'배 상자'	'사과와 배 상자'
배만 있음 (○) or 사과와 배가 함께 있음 (×)	사과만 있음 (×) or 사과와 배가 함께 있음 (○)	사과만 있음 (○) or 배만 있음 (×)

ㄷ. (×) '사과 상자'에 배만 있거나 사과와 배가 함께 있는 경우 둘 다 가능한 상황이다. 이에 따른 결과는 다음과 같으며, 따라서 '배 상자'에 사과만 들어 있다고 단정할 수는 없다.

'사과 상자'	'배 상자'	'사과와 배 상자'
배만 있음 (○) or 사과와 배가 함께 있음 (×)	사과만 있음 (×) or 사과와 배가 함께 있음 (○)	사과만 있음 (○) or 배만 있음 (×)
배만 있음 (×) or 사과와 배가 함께 있음 (○)	사과만 있음 (○) or 사과와 배가 함께 있음 (×)	사과만 있음 (×) or 배만 있음 (○)

정답 | ①

36 퀴즈형 문제

5급공채 2021 가책형 29번

다음 글을 근거로 판단할 때, 甲이 귀가했을 때의 정확한 시각은?

> 甲은 집에 있는 시계 X의 건전지가 방전되어 새 건전지로 갈아 끼웠다. 甲은 정확한 시각을 알 수 없어서 일단 X의 시각을 정오로 맞춘 직후 일정한 빠르기로 걸어 친구 乙의 집으로 갔다. 乙의 집에 당일 도착했을 때 乙의 집 시계 Y는 10시 30분을 가리키고 있었다. 甲은 乙과 1시간 동안 이야기를 나눈 후 집으로 출발했다. 집으로 돌아올 때는 갈 때와 같은 길을 2배의 빠르기로 걸었다. 집에 도착했을 때, X는 14시 정각을 가리키고 있었다. 단, Y는 정확한 시각보다 10분 느리게 설정되어 있다.

※ X와 Y는 시각이 부정확한 것 외에는 정상 작동하고 있다.

① 11시 40분
② 11시 50분
③ 12시 00분
④ 12시 10분
⑤ 12시 20분

문제해설

Step 1 문제 해결의 출발점

X와 Y의 시간 흐름을 연계해서 파악하면 어렵지 않게 해결 가능한 문제이다. 갑의 집과 을의 집 사이를 이동하는 데 걸린 시간이 명시적으로 나와 있지 않은데, 이는 속도의 차이를 이용한다면 충분히 도출할 수 있다.

Step 2 〈상황〉 분석

먼저 갑은 X의 시각을 정오(12시)로 맞춘 직후 을의 집으로 갔다. 이때 이동하는 데 일정한 속도로 갔고, 을의 집에서 다시 갑의 집으로 돌아올 때는 2배의 빠르기로 걸었다고 하였으므로 '갑→을'에 걸린 시간은 '을→갑'에 걸린 시간의 2배라는 것을 알 수 있다.

한편 을의 집에 도착했을 때 Y는 정확한 시각보다 10분 느린 10시 30분을 가리키고 있었으므로, 실제로는 10시 40분에 당도한 것이다. X를 정오로 맞춰놓고 출발한 상태이므로 '갑→을'에 걸린 시간이 얼마인지 아직은 알 수 없다.

이후 갑은 1시간이 지나 집으로 출발하는데, 집에 도착했을 때는 출발할 때에 비해 2시간이 경과한 14시를 가리키고 있었으므로 왕복 이동 및 을과 이야기를 나눈 시간의 총합이 2시간임을 알 수 있다. 이 가운데 1시간은 을과 이야기하는 데 든 시간이므로 왕복 이동에 1시간이 소요되었음을 알 수 있으며, 앞에서 정리한 내용을 적용하면 '을→갑'에 걸린 시간은 1시간의 1/3인 20분이 된다. 즉 갑은 을의 집에서 정확히 11시 40분에 출발해 20분이 걸려 집에 당도한 것이므로 갑이 귀가했을 때의 정확한 시각은 12시 00분이다.

정답 | ③

37 퀴즈형 문제

5급공채 2021 가책형 33번

다음 글을 근거로 판단할 때, 甲이 잃어버린 인물카드의 수는?

> 甲은 이름, 성별, 직업이 기재된 인물카드를 모으고 있다. 며칠 전 그 중 몇 장을 잃어버렸다. 다음은 카드를 잃어버리기 전과 후의 상황이다.
>
> <잃어버리기 전>
>
> ○ 남성 인물카드를 여성 인물카드보다 2장 더 많이 가지고 있다.
> ○ 가지고 있는 인물카드의 직업은 총 5종류이며, 인물카드는 직업별로 최대 2장이다.
> ○ 가수 직업의 인물카드는 1장만 가지고 있다.
>
> <잃어버린 후>
>
> ○ 잃어버린 인물카드 중 2장은 직업이 소방관이다.
> ○ 가수 직업의 인물카드는 잃어버리지 않았다.
> ○ 인물카드는 총 5장 가지고 있으며, 직업은 4종류이다.

① 2장
② 3장
③ 4장
④ 5장
⑤ 6장

문제해설

Step 1 문제 해결의 출발점

카드를 잃어버리기 전과 후의 상황 진술의 함축적 의미를 정확히 파악하여야 한다.

Step 2 상황 분석

〈잃어버리기 전〉

첫 번째 조건은 처음부터 활용하기에는 방향 설정이 쉽지 않다. 하지만 다른 조건들에서는 성별 관련 정보가 더 제시되지 않는 것으로 보아 이 자체로 문제 해결에 필요한 정보를 이끌어내야 한다. 만약 여성 인물카드를 a라 한다면, 남성 인물카드의 수는 a+2가 된다. 즉 잃어버리기 전 전체 카드의 수는 2a+2이므로 짝수여야 한다.

이제 나머지 조건과 연결해 보면, 가지고 있는 인물카드의 직업은 총 5종이고 직업별로 최대 2장을 가지고 있을 수 있는데 가수 직업 카드는 1장만 가지고 있다. 따라서 처음 가지고 있던 카드의 수는 9보다 작은 짝수인 6이나 8이어야 한다(잃어버린 후의 보유 카드가 5장이므로 4 이하는 될 수 없음).

〈잃어버린 후〉

이제 <잃어버린 후>의 상황과 비교해 보자. 분실 후 지니고 있는 카드는 총 5장인데, 2장의 소방관 직업 인물카드는 확정적으로 분실한 상태이다. 따라서 처음 가지고 있던 카드의 수는 6이 될 수 없으므로 8장의 카드를 초기에 들고 있었던 것이 되어야 한다.

따라서 잃어버린 인물카드의 수는 3장이다.

정답 | ②

38 퀴즈형 문제

5급공채 2021 가책형 34번

다음 글과 〈상황〉을 근거로 판단할 때 옳은 것은?

甲은 상자를 운반하려고 한다. 甲은 상자를 1회 운반할 때마다 다음 규칙 중 하나를 선택하여 적용한다.

㉠ 남아 있는 상자 중 가장 무거운 것과 가장 가벼운 것의 총 무게가 17kg 이하이면 함께 운반한다. 가장 무거운 것과 가장 가벼운 것의 총 무게가 17kg 초과이면 가장 무거운 것만 운반한다.

㉡ 남아 있는 상자 중 총 무게가 17kg 이하인 상자 3개를 함께 운반한다.

㉢ 남아 있는 상자를 모두 운반한다. 단, 운반하려는 상자의 총 무게가 17kg 이하여야 한다.

〈상 황〉

甲이 운반하는 상자는 10개(A~J)이다. 상자는 A가 20kg으로 가장 무겁고 알파벳순으로 2kg씩 가벼워져 J가 가장 가볍다. 甲은 첫 번째로 A를, 두 번째로 ⓐ·I·J를 운반한다.

① D는 다른 상자와 같이 운반된다.
② 두 번째 운반 후에 ㉠은 적용되지 않는다.
③ ⓐ가 G라면 이후에 ㉢은 적용될 수 없다.
④ 두 번째 운반부터 상자를 모두 옮길 때까지 운반 횟수를 최소로 하려면 ⓐ가 H여서는 안 된다.
⑤ 상자를 모두 옮길 때까지 전체 운반 횟수를 최소로 하기 위해서는 두 번째 운반에 ㉠을 적용해야 한다.

문제해설

Step 1 문제 해결의 출발점

본문의 상황에 따라 첫 번째로 상자 A를 운반한 이후 이어질 상황을 남은 상자들의 무게를 고려하여 추론해 내어야 한다. 두 번째로 운반하는 상자 가운데 I와 J는 고정되어 있다는 점에 주목하여 ⓐ에 들어갈 수 있는 상자의 범위를 좁혀야 한다. ㉡ 규칙을 적용할 때는 상자를 반드시 3개를 운반해야 한다는 점을 놓치지 말아야 한다.

Step 2 운반 규칙 및 〈상황〉 분석

먼저 첫 번째 운반 이후 남아 있는 상자들의 무게를 정리하면 다음과 같다.

B	C	D	E	F	G	H	I	J
18	16	14	12	10	8	6	4	2

이제 2차 운반 이후의 흐름을 추적해 보자.

2차 : I와 J가 포함되어 있으며 이 둘의 무게 합은 6kg이다. ㉠은 남은 상자 중 가장 무거운 것과 가장 가벼운 것을 함께 운반하거나(2개), 이 둘의 합이 17kg 초과 시에는 가장 무거운 것만 운반하므로(1개) 2차에서 ㉠을 적용할 수는 없다. ㉢ 역시 적용이 불가능하다. 따라서 ㉡이 적용되며, 세 상자의 합이 17kg 이하가 되는 ⓐ의 후보는 F, G, H의 세 개다. 즉 F, G, H 가운데 하나를 I, J와 함께 운반하고 나머지 두 상자는 남는다.

3차 : 2차에서 어떤 상자를 옮겼건 ㉡의 방법으로 남은 세 상자를 조합해 17kg 이하가 되게 만들 수는 없다(2차에서 F, G, H 가운데 가장 무거운 F를 옮겼다고 해도, 남은 상자 가운데 가장 가벼운 G와 H의 무게 합이 벌써 14kg이다). ㉢ 역시 직관적으로 봐도 불가능하다. 따라서 ㉠을 적용해야 하며, 가장 무거운 B 단독으로 17kg을 초과하므로 B만 옮긴다.

4차 : 방법 ㉡과 ㉢은 3차 때와 동일한 상황이 발생한다. 따라서 ㉠을 적용해 C만 운반한다.

5차 : 역시 4차 때와 마찬가지이므로 ㉠을 적용해 D만 운반한다.

6차 : 남은 상자들 중에 가장 무거운 것이 E(12)인데, 남은 상자 가운데 가장 가벼운 것이 H(6)라 가정하더라도 ㉡과 ㉢은 여전히 적용 불가능하다. 따라서 ㉠을 적용해야 하고, 역시 E만 단독으로 운반한다.

7차 : 남은 것은 F(10), G(8), H(6) 가운데 2개이다. 여기서는 하나의 방법으로 고정되지 않고 어떤 상자가 남아 있는가에 따라 경우의 수가 나뉜다.
F, G가 남은 경우 → ㉠만 적용할 수 있으므로 F를 먼저 옮기고, 마지막 8차에서 G를 옮긴다.
F, H가 남은 경우 → ㉢을 적용할 수 있으므로 7차에서 운반이 끝난다.
G, H가 남은 경우 → 역시 ㉢을 적용할 수 있으므로 7차에서 운반이 끝난다.

이상을 바탕으로 선지를 판단하면 ④만 옳은 것을 알 수 있다.

정답 | ④

39 **퀴즈형 문제**
5급공채 2021 가책형 35번

다음 글을 근거로 판단할 때, 甲과 乙이 가진 4장의 숫자 카드에 적힌 수의 합으로 가능한 것은?

1부터 9까지 서로 다른 자연수가 하나씩 적힌 9장의 숫자 카드 1세트가 있다. 甲과 乙은 여기에서 각각 2장씩 카드를 뽑았다. 카드를 뽑고 보니 甲이 가진 카드에 적힌 숫자의 합과 乙이 가진 카드에 적힌 숫자의 합이 같았다. 또한 甲이 첫 번째 뽑은 카드에 3을 곱한 값과 두 번째 뽑은 카드에 9를 곱한 값의 일의 자리 수가 서로 같았다. 乙도 같은 방식으로 곱하여 얻은 두 값의 일의 자리 수가 서로 같았다.

① 18
② 20
③ 22
④ 24
⑤ 26

문제해설

Step 1 문제 해결의 출발점

핵심 조건은

(1) 갑이 가진 카드에 적힌 숫자의 합 = 을이 가진 카드에 적힌 숫자의 합

(2) '갑(을)의 첫 번째 카드×3'의 일의 자리 수 = '갑(을)의 두 번째 카드×9'의 일의 자리 수

이다.

Step 2 조건 분석

먼저, 갑이 뽑는 첫 번째 카드를 a 두 번째 카드를 b라 하고, 을이 뽑는 카드도 순서대로 c와 d라고 하자. 이제 갑이 뽑은 카드의 조합에서 위에서 살펴본 조건 (2)에 부합하는 경우를 정리해 보면 다음과 같다.

a	a × 3	b	b × 9	a+b
1	3	7	63	8
2	6	4	36	6
3	9	1	9	4
4	12	8	72	12
~~5~~	~~15~~	~~5~~	~~45~~	
6	18	2	18	8
7	21	9	81	16
8	24	6	54	14
9	27	3	27	12

이제 조건 (1)을 적용해 보면, a+b와 c+d를 합한 수는 4, 6, 8, 12, 14, 16의 2배수임을 알 수 있다. 이러한 8, 12, 16, 24, 28, 32 가운데 선택지에 존재하는 것은 24인 ④뿐이다.

정답 | ④

40 퀴즈형 문제
5급공채 2022 나책형 8번

다음 글을 근거로 판단할 때, 乙이 계산할 금액은?

甲~丁은 회전 초밥을 먹으러 갔다. 식사를 마친 후, 각자 먹은 접시는 각자 계산하기로 했다. 초밥의 접시당 가격은 다음과 같다.

<초밥의 접시당 가격>

(단위 : 원)

빨간색 접시	1,500
파란색 접시	1,200
노란색 접시	2,000
검정색 접시	4,000

이들은 각각 3가지 색의 접시만 먹었으며, 각자 먹지 않은 접시의 색은 서로 달랐다. 이들이 먹은 접시 개수를 모두 세어 보니 빨간색 접시 7개, 파란색 접시 4개, 노란색 접시 8개, 검정색 접시 3개였다. 이들이 먹은 접시에 대한 정보는 다음과 같다.

○ 甲은 빨간색 접시 4개, 파란색 접시 1개, 노란색 접시 2개를 먹었다.
○ 丙은 乙보다 파란색 접시를 1개 더 먹었으며, 노란색 접시는 먹지 않았다.
○ 丁은 모두 6개의 접시를 먹었으며, 이 중 빨간색 접시는 2개였고 파란색 접시는 먹지 않았다.

① 7,200원
② 7,900원
③ 9,400원
④ 11,200원
⑤ 13,000원

문제해설

Step 1 문제 해결

갑부터 정까지 먹은 접시 색깔별 개수를 정리해 나가는 매칭형 문제이다. 각 접시 색깔별 먹은 개수가 제시되어 있고 인물별로 부분적인 수치 정보가 나와 있으므로 차근차근 표를 그려 정보를 채워 나간다.

1) 갑~정은 각각 3가지 색의 접시만 먹었고 각자가 먹지 않은 접시의 색은 서로 달랐다.

2) 갑은 빨 4, 파 1, 노 2개를(검정색은 먹지 않음), 정은 파란 접시는 먹지 않고 나머지 접시를 6개 먹으면서 이중 빨간색은 2개이다. 병은 노란색 접시를 먹지 않았으므로, 을은 빨간색 접시를 먹지 않았다는 것까지 알 수 있다.

이상의 정보를 먼저 표로 정리해보자.

	빨간색	파란색	노란색	검정색	계
갑	4	1	2	×	7
을	×				
병			×		
정	2	×			6
계	7	4	8	3	

3) 본문의 두 번째 조건에서 병은 을보다 파란색 접시 1개를 더 먹었는데, 위 표에서 남은 파란색은 3개이므로 파란색 접시는 병 2개 을 1개이다. 또한 빨간색 접시 중 남은 1개는 병이 먹은 것임을 알 수 있다.

	빨간색	파란색	노란색	검정색	계
갑	4	1	2	×	7
을	×	1			
병	1	2	×		
정	2	×			6
계	7	4	8	3	

4) 검정색 접시는 총 3개인데, 갑을 제외한 나머지 인물이 1개씩 먹었어야 전체 개수 3개가 도출된다. 그 결과 정이 먹은 6개 가운데 3개는 노란색임을 알 수 있으며, 이를 통해 나머지 을의 노란색 접시는 3개라는 것도 도출된다.

	빨간색	파란색	노란색	검정색	계
갑	4	1	2	×	7
을	×	1	3	1	
병	1	2	×	1	
정	2	×	3	1	6
계	7	4	8	3	

따라서 을이 계산할 금액은 1,200 + 6,000 + 4,000 = 11,200원이다.

정답 | ④

41 퀴즈형 문제

5급공채 2022 나책형 13번

다음 글을 근거로 판단할 때, ㉠에 해당하는 것은?

甲 : 혹시 담임 선생님 생신이 몇 월 며칠인지 기억나?
乙 : 응, 기억하지. 근데 그건 왜?
甲 : 내가 그날(월일)로 네 자리 일련번호를 설정했는데, 맨 앞자리가 0이 아니었다는 것 말고는 도저히 기억이 나질 않아서 말이야.
乙 : 그럼 내가 몇 가지 힌트를 줄게. 맞혀볼래?
甲 : 좋아.
乙 : 선생님 생신은 31일까지 있는 달에 있어.
甲 : 고마워. 그 다음 힌트는 뭐야?
乙 : 선생님 생신의 일은 8의 배수야.
甲 : 그래도 기억이 나질 않네. 힌트 하나만 더 줄 수 있어?
乙 : 알았어. [㉠]
甲 : 아! 이제 알았다. 고마워.

① 선생님 생신은 15일 이전이야.
② 선생님 생신의 일은 월의 배수야.
③ 선생님 생신의 일은 월보다 큰 수야.
④ 선생님 생신은 네 자리 모두 다른 수야.
⑤ 선생님 생신의 네 자리 수를 모두 더하면 9야.

문제해설

Step 1 문제 해결의 출발점

갑의 2번째 진술과 을의 3번째 진술부터 가능한 달과 일의 범위를 좁혀 나가도록 한다.

Step 2 대화 분석

1) 갑 2에서 맨 앞자리가 0이 아니었다고 하였으므로 가능한 달은 10월, 11월, 12월 가운데 하나이다.

2) 을 3에서 31일까지 있는 달이라 하였으므로 10월이나 12월로 좁혀진다.

3) 을 4에서 선생님의 생신의 일은 8의 배수라 하였다. 즉 비밀번호의 3-4번째 자리는 08, 16, 24 가운데 하나인 것이다.

여기까지 정리해도 확정되는 것은 없으므로, 이제부터는 선지의 추가 정보를 대입하여 월과 일이 확정되는지를 살펴봐야 한다.

① (×) 생신이 15일 이전이면 10월 08일과 12월 08일이 모두 가능하다.

② (○) 생신의 일이 월의 배수가 되는 것은 12의 배수인 24가 일이 되는 경우밖에 없다. 즉 비밀번호는 1224로 확정된다.

③ (×) 생신의 일이 월보다 큰 수인 경우는 1016, 1024, 1216, 1224 네 가지나 가능하다.

④ (×) 생신의 네 자리 수가 모두 다른 경우는 1024, 1208로 두 가지이다.

⑤ (×) 생신의 네 자리 수를 모두 더해 9가 되는 경우는 1008과 1224 두 가지가 가능하다.

정답 | ②

42 퀴즈형 문제

5급공채 2022 나책형 14번

다음 글을 근거로 판단할 때, 다음 주 수요일과 목요일의 청소당번을 옳게 짝지은 것은?

A~D는 다음 주 월요일부터 금요일까지 하루에 한 명씩 청소당번을 정하려고 한다. 청소당번을 정하는 규칙은 다음과 같다.

○ A~D는 최소 한 번씩 청소당번을 한다.
○ 시험 전날에는 청소당번을 하지 않는다.
○ 발표 수업이 있는 날에는 청소당번을 하지 않는다.
○ 한 사람이 이틀 연속으로는 청소당번을 하지 않는다.

다음은 청소당번을 정한 후 A~D가 나눈 대화이다.

A : 나만 두 번이나 청소당번을 하잖아. 월요일부터 청소당번이라니!
B : 미안. 내가 월요일에 발표 수업이 있어서 그날 너밖에 할 사람이 없었어.
C : 나는 다음 주에 시험이 이틀 있는데, 발표 수업이 매번 시험 보는 날과 겹쳐서 청소할 수 있는 요일이 하루밖에 없었어.
D : 그래도 금요일에 청소하고 가야 하는 나보다는 나을걸.

	수요일	목요일
①	A	B
②	A	C
③	B	A
④	C	A
⑤	C	B

문제해설

Step 1 문제 해결

시험 전날과 발표 수업이 있는 날에는 청소당번을 하지 않는다.

대화에서 확정적인 정보는 다음과 같다.

A : 월요일 청소당번 + 한 번 더 청소당번

B : 월요일 발표 수업

C : 시험 2번인데, 발표 수업일과 시험 보는 날이 겹침

D : 금요일 청소당번

일단 A를 제외한 나머지 3명은 하루씩 청소당번을 맡게 됨을 알 수 있다. 그리고 월요일과 금요일은 각각 A와 D로 확정되어 있다.

월	화	수	목	금
A				D

특징적인 상황에 놓인 것은 C인데, C는 다음 주 시험일이 이틀인데, 발표 수업일이 시험 보는 날과 겹친다. 즉 C는 시험 보는 날과 그 직전 요일 모두 청소당번을 못 하는 것이다. 여기에 C가 다음 주에 한 번만 청소당번을 맡게 된다는 정보까지 추가하면, C의 시험일로 가능한 것은 (화, 목), (화, 금), (수, 금) 3가지뿐이다. 그런데 (화, 목)이나 (수, 금) 조합은 각각 금요일과 월요일에 C가 청소당번을 맡아야 하므로 현재 상황과 위배된다. 따라서 다음 주 C의 시험일은 (화, 금)이며, C의 청소요일은 수요일임이 확정된다.

나머지는 간단하다. 한 사람이 이틀 연속으로 청소당번을 맡지 않으므로, A는 화요일에 청소를 해서는 안 되며 남은 빈 요일인 목요일에 청소당번을 맡는다. 남은 인물인 B는 화요일 청소당번이다.

월	화	수	목	금
A	B	C	A	D

정답 | ④

43 퀴즈형 문제
5급공채 2022 나책형 15번

다음 글과 〈상황〉을 근거로 판단할 때, 〈보기〉에서 옳은 것만을 모두 고르면?

퍼스널컬러(personal color)란 개인의 머리카락, 눈동자, 피부색 등을 종합하여 본인에게 가장 어울리는 색상을 말한다. 퍼스널컬러는 크게 웜(warm)톤과 쿨(cool)톤으로 나눠지는데, 웜톤은 따스하고 부드러운 느낌의 색인 반면에 쿨톤은 차갑고 시원한 느낌의 색이다. 웜톤은 봄타입과 가을타입으로, 쿨톤은 여름타입과 겨울타입으로 세분화된다.

퍼스널컬러는 각 타입의 색상 천을 얼굴에 대봄으로써 찾을 수 있다. 가장 잘 어울리는 타입의 천을 얼굴에 댔을 때 얼굴빛이 화사해지고 이목구비가 또렷해 보인다. 이를 '형광등이 켜졌다'라고 표현한다.

〈상 황〉

네 명(甲~丁)이 퍼스널컬러를 알아보러 갔다. 각 타입(봄, 여름, 가을, 겨울)마다 색상 천은 밝은 색과 어두운 색이 있어서 총 8장이 있다. 하나의 색상 천을 네 명에게 동시에 대보고 형광등이 켜지는지 확인하였다. 얼굴에 대보는 색상 천의 순서는 다음과 같다.

1. 첫 번째에서 네 번째까지 밝은 색 천을 대보고 다섯 번째부터 여덟 번째까지 어두운 색 천을 대본다.
2. 웜톤 천과 쿨톤 천을 교대로 대보지만, 첫 번째로 대보는 천의 톤은 알 수 없다.

진단 결과, 甲, 乙, 丙, 丁은 서로 다른 타입의 퍼스널컬러를 진단받았으며, 본인 타입의 천을 대보았을 때는 밝은 색과 어두운 색의 천 모두에서 형광등이 켜졌고, 그 외의 천을 대보았을 때는 형광등이 켜지지 않았다.

다음은 진단 후 네 명이 나눈 대화이다.

甲 : 나는 가을타입이었어. 마지막 색상 천에서는 형광등이 켜지지 않았어.
乙 : 나는 짝수 번째 천에서는 형광등이 켜진 적이 없어.
丙 : 나는 乙이랑 타입은 다르지만 톤은 같아. 그리고 나한테 형광등이 켜진 색상 천 순서에 해당하는 숫자를 합해보니까 6이야.
丁 : 나는 밝은 색 천을 대보았을 때, 乙보다 먼저 형광등이 켜졌어.

〈보 기〉

ㄱ. 네 명의 타입을 모두 알 수 있다.
ㄴ. 丙은 첫 번째 색상 천에서 형광등이 켜졌다.
ㄷ. 색상 천을 대본 순서별로 형광등이 켜진 사람이 누구인지 알 수 있다.
ㄹ. 형광등이 켜진 색상 천 순서에 해당하는 숫자의 합은 丙을 제외한 세 명이 같다.

① ㄱ, ㄴ　② ㄱ, ㄷ　③ ㄴ, ㄹ
④ ㄱ, ㄷ, ㄹ　⑤ ㄴ, ㄷ, ㄹ

문제해설

Step 1 문제 해결

<상황> 전반부에서 얼굴에 대보는 색상 천의 순서와 관련해 다음과 같은 정리가 가능하다. 각 인물마다 어울리는 타입이 각자 다르며, 각 타입은 밝은 색과 어두운 색 두 장씩이 있다. 그런데 8장의 천은 1~4번은 밝은 색, 5~8번은 어두운 색에 해당한다. 따라서 각 인물이 형광등이 켜진 경우는 1~4번에서 각각 한 번씩, 5~8번에서 각각 한 번씩 발생해야 한다. 그리고 웜톤과 쿨톤을 교대로 대 보았으므로 웜/쿨의 순서는 <웜-쿨-웜-…> 또는 <쿨-웜-쿨-…>의 두 가지가 가능하다.

각 인물에 어울리는 타입은 각각 하나씩만 존재하므로, 예를 들어 갑이 웜톤이라면 <웜-쿨-웜-…>의 흐름에서 갑의 위치는 홀수가 되어야 한다. 반대로 <쿨-웜-쿨-웜-~>의 순서라면 갑의 위치는 짝수가 된다.

1	2	3	4	5	6	7	8
쿨	웜	쿨	웜	쿨	웜	쿨	웜
또는							
웜	쿨	웜	쿨	웜	쿨	웜	쿨

다음으로 대화의 내용을 보면, 1번부터 8번까지 8장의 천에 대해 각 인물이 형광등이 켜졌는지 여부를 중심으로 정보가 제시되고 있다. 따라서 1~8번 천의 순서에 맞춰 각 인물이 몇 번째 천에서 형광등이 켜졌는지를 ○/× 처리하여 정리하는 것이 필요하다.

1) 갑의 진술 : 갑은 가을타입(웜톤)인데, 8번째는 아니다.

2) 을, 병, 정의 진술 : 을에 따라 을은 1~4번 순서에서는 1번이나 3번이어야 한다. 그런데 정의 진술에 의하면, 정은 1~4번 구획에서는 을보다 먼저 형광등이 켜졌다. 따라서 을이 1번에 올 수는 없으며 1~4에서 을의 위치는 3번으로 확정된다. 병의 진술에 따라 을과 병은 타입은 다르지만 톤은 같으므로(마찬가지로 갑과 정은 같은 톤), 을이 3번일 때 같은 톤인 1번에는 병이 와야 한다. 그리고 정은 을보다 먼저이므로 정의 위치는 2번, 남은 갑의 위치는 4번으로 확정된다. 이에 따라 가을 타입인 갑을 바탕으로 쿨-웜-쿨-웜-~의 배치가 됨도 알 수 있다.

천	1 쿨	2 웜	3 쿨	4 웜	5 쿨	6 웜	7 쿨	8 웜
	밝은 색				어두운 색			
갑(가을)				○				×
을		×	○	×		×		×
병	○							
정(봄)		○						

3) 병의 진술 : 병에게 형광등이 켜진 색상 천 순서의 숫자 합은 6이다. 병은 이미 1번임을 확인하였으므로, 후반부에서 병의 순서는 5번이 된다. 그리고 갑은 5~8번에서 짝수 자리에 와야 하며, 8번은 못 온다고 하였으므로 6번이 된다. 같은 짝수 번째에 형광등이 켜진 정의 남은 자리는 8번이고, 마지막으로 을의 위치는 7번으로 확정된다.

천	1	2	3	4	5	6	7	8
	쿨	웜	쿨	웜	쿨	웜	쿨	웜
	밝은 색				어두운 색			
갑(가을)				○		○		×
을		×	○	×		×	○	×
병	○				○			
정(봄)		○						○

ㄱ. (×) 갑과 정의 타입은 알 수 있지만, 을과 병의 타입은 확정할 수 없다.

ㄴ. (○) 위 표에서 알 수 있듯이 병은 1번째 색상 천에서 형광등이 켜졌다.

ㄷ. (○) 1~8번 순서별 형광등이 켜진 인물을 모두 알 수 있다.

ㄹ. (○) ㄹ이 말한 숫자는 갑, 을, 정이 모두 10으로 동일하고, 병만 6이다.

정답 | ⑤

MEMO

44 퀴즈형 문제

5급공채 2022 나책형 33번

다음 〈대화〉를 근거로 판단할 때 옳은 것은? (단, 토끼는 옹달샘이 아닌 다른 곳에서도 물을 마실 수 있다)

〈대 화〉

토끼 A : 우리 중 나를 포함해서 셋만 옹달샘에 다녀왔어.
토끼 B : D가 물을 마셨다면 나도 물을 마셨어.
토끼 C : 나는 계속 D만 졸졸 따라다녔어.
토끼 D : B가 옹달샘에 가지 않았다면, 나도 옹달샘에 가지 않았어.
토끼 E : 너희 중 둘은 물을 마셨지. 나를 포함해서 셋은 물을 한 모금도 마시지 않아서 목이 타.

① A와 D는 둘 다 물을 마셨다.
② C와 D는 둘 다 물을 마셨다.
③ E는 옹달샘에 다녀가지 않았다.
④ A가 물을 마시지 않았으면 B가 물을 마셨다.
⑤ 물을 마시지 않은 토끼는 모두 옹달샘에 다녀갔다.

문제해설

Step 1 문제 해결

먼저 각 토끼의 진술 내용을 정리해 보자.

A : 옹달샘에 다녀온 토끼 : A 포함 셋

B : 조건명제식 정보로서, D가 물 마심 → B도 물 마심

C : 물을 마셨는지 여부는 정확히 알 수 없고, D와 늘 함께 했다는 것만 알 수 있음

D : ~B 옹달샘 → ~D 옹달샘 (대우 : D가 옹달샘에 갔다면 → B도 옹달샘에 감)

E : 물을 마신 토끼는 모두 2마리이며 E는 포함 안 됨

일단 A에 따라 옹달샘에 다녀온 것은 A 포함 모두 3마리여야 한다. 그런데 C와 D의 진술에 의하면 D가 옹달샘에 갔다면 B와 D(C도 함께 감)도 옹달샘에 간 것이 되어 그 결과 총 4마리의 토끼가 옹달샘에 다녀온 것이 되어 A의 진술과 충돌한다. 따라서 D가 옹달샘에 간 토끼여서는 안 되며, 자동으로 C도 옹달샘에 가지 않은 것이 되어 나머지 B와 E가 옹달샘에 다녀왔다는 것을 알 수 있다. 따라서 ③은 제외된다.

	A	B	C	D	E
옹달샘 다녀옴	○	○	×	×	○
물 마심					×

한편, 물을 마신 토끼가 누구인지는 확정하기 어려운데, 일단 E는 물을 마시지 않았다는 것을 알 수 있다. 한편 B의 진술에 따라 D가 물을 마셨다면 B도 마신 것이고, B가 마시지 않았다면 D도 마시지 않았음을 알 수 있다. 즉 물을 마신 토끼에 D가 포함되어 있다면, B 이외에 다른 토끼는 물을 마신 토끼가 될 수 없다. 따라서 ①과 ②는 제외된다.

이제 ④를 보면, A가 물을 마시지 않았을 경우, B가 물을 마시지 않으면 D도 마시지 않은 것이 되어 물을 마신 토끼는 C만 나오게 된다. 이는 조건에 위배되므로, A가 물을 마시지 않은 경우에는 D와 B가 물을 마신 토끼가 된다. 따라서 정답은 ④이다.

⑤ : ④와는 달리 A와 B가 물을 마시고 나머지는 모두 물을 마시지 않은 경우도 나타날 수 있다.(B가 물을 마셨다고 해서 D가 무조건 마셨다고 볼 필요는 없으므로)

정답 | ④

45 퀴즈형 문제

5급공채 2022 나책형 34번

다음 글을 근거로 판단할 때, 사무소 B의 전화번호를 구성하는 6개 숫자를 모두 합한 값의 최댓값은?

사무소 A와 사무소 B 각각의 전화번호는 1부터 9까지의 숫자 중 6개로 구성되어 있다.

○ A와 B전화번호에서 공통된 숫자의 종류는 5를 포함하여 세 가지이다.
○ A전화번호는 세 가지의 홀수만으로 구성되어 있다.
○ A전화번호의 첫 번째와 마지막 숫자는 서로 다르며, 합이 10이다.
○ B전화번호를 구성하는 숫자 중 가장 큰 숫자는 세 번 나타난다.
○ B전화번호를 구성하는 숫자 중 두 번째로 작은 숫자는 짝수다.

① 33
② 35
③ 37
④ 39
⑤ 42

문제해설

Step 1 문제 해결

A전화번호에 대한 정보가 보다 구체적이다.

먼저 조건 2와 3에 의하면, A전화번호는 세 가지의 홀수로만 구성되며 1번째와 6번째 숫자는 합이 10이고 서로 다른 수이다. 홀수 가운데 이러한 조건에 부합하는 것은 (1, 9), (3, 7)뿐이다. 그런데 조건 1에서 두 전화번호의 공통된 숫자의 종류에 5가 포함되어 있으므로, A전화번호를 구성하는 숫자는 (1, 5, 9) 또는 (3, 5, 7)이다. 여기서 더 나아가 이들 세 숫자의 배치까지 확정하기는 주어진 정보만으로는 불가능한데, 어차피 발문에서 요구한 것도 B전화번호에 대한 것이므로 이쯤에서 B에 관한 정리로 넘어간다.

A전화번호를 구성하는 숫자는 (1, 5, 9) 또는 (3, 5, 7)인데, 조건 1과 조건 2에 따라 B전화번호 역시 (1, 5, 9) 또는 (3, 5, 7)을 포함하고 있다는 것을 알 수 있다. 이쯤에서 발문을 보면, 문제에서 요구하는 것은 정확한 수치값이 아니라 B전화번호를 구성하는 6개 숫자들의 합산 값의 '최대'이다.

여기에 조건 4를 고려하면, (1, 5, 9)를 포함하고 있는 경우가 합산값을 크게 만들어준다. 이제 조건 4와 조건 5를 모두 적용하면, 총 3번 나타나는 가장 큰 숫자는 9이고, 5와 1도 최소 한 번씩 포함되어야 하며, 두 번째로 작은 숫자는 짝수라 하였으므로,

9/9/9/5/4/1의 조합이 최대가 된다.

정답 | ③

46 퀴즈형 문제

5급공채 2023 가책형 8번

다음 글을 근거로 판단할 때, ㉠에 해당하는 수는?

甲 : <자기를 위한 인생>을 찍은 소다르 감독 작고 소식 들었어?

乙 : 응. 그 작품이 소다르 감독이 세 번째로 찍은 영화였지? 1962년 작품이었나?

甲 : 그렇지. 그해 마지막으로 찍은 작품이기도 하고. 1960년에 <내 멋대로 하자>로 데뷔하고 <남자는 남자다> 다음에 찍은 영화니까. 정작 우리나라에서 개봉은 늦어졌지만.

乙 : 우리나라에선 1983년에 찍은 <미남 갱 카르멘>이 주목받아서 그해 처음 개봉된 다음, 데뷔작부터 찍은 순서대로 개봉됐던 거지?

甲 : 전부 순서대로 개봉된 것은 아냐. 1963년 작품 중 2편은 우리나라에서 10편 넘는 작품이 개봉된 이후에야 극장에서 상영되었지.

乙 : 아, 그랬지. 1963년에는 총 3편, 그다음 해에는 총 2편을 찍었으니까 … .

甲 : 응. 그리고 1965년에 첫 번째로 찍은 영화가 <베타빌>이야.

乙 : 그럼 <베타빌>은 소다르 감독 작품 중 우리나라에서 개봉된 순서로 [㉠] 번째구나.

① 6
② 7
③ 8
④ 9
⑤ 10

문제해설

Step 1 문제 해결의 출발점

㉠이 묻는 것부터 파악하면, '베타빌'이 소다르 감독 작품 중에서 우리나라에서 개봉된 순서이다. 이제 본문 전반부부터 순서를 고려하며 읽어나가자.

Step 2 순서 분석

을 2에 따르면 <미남 갱 카르멘>이 우리나라에서 처음 개봉된 작품이다.

을 2와 갑 3에 따르면 <미남 갱 카르멘>이 우리나라에서 개봉된 이후 데뷔작부터 얼추 순서대로 개봉되었는데, 나머지는 찍은 순서대로 개봉되었지만 1963년 작품 중 2편은 추후에 개봉되었다.

갑 1, 을 1, 갑 2에 따르면 1960년에 1편(<내 멋대로 하자>), 1961년에 1편(<남자는 남자다>), 1962년에 1편(<자기를 위한 인생>)을 찍었고, 을 3~갑 4에 따르면 1963년에 3편, 1964년에는 2편은 찍었다. 이 중에서 1963년의 3편 가운데 2편은 우리나라에서는 개봉 순서가 한참 뒤로 밀렸다. 따라서 1965년 첫 번째로 찍은 영화 <베타빌>이 우리나라에서 개봉되기 전까지 먼저 우리나라에서 개봉된 영화는

<미남 갱 카르멘> - 1960년 1편 - 1961년 1편 - 1962년 1편 - 1963년 1편 - 1964년 2편

이며 <베타빌>은 우리나라에서 8번째로 개봉된 작품이다.

정답 | ③

47 퀴즈형 문제

5급공채 2023 가책형 14번

다음 글과 〈상황〉을 근거로 판단할 때, 〈보기〉에서 옳은 것만을 모두 고르면?

△△대륙의 국가들은 외교 조약을 체결한다. 외교 조약은 두 나라 사이에서만 직접 체결된다. 이때 그 두 나라는 '직접 조약' 관계에 있다고 한다.

한편 어떤 두 나라가 직접 조약 관계에 있지는 않지만, 그 두 나라와 공통으로 직접 조약 관계인 나라가 3개 이상인 경우 '친밀' 관계, 2개인 경우 '우호' 관계, 1개 이하인 경우 '중립' 관계라 한다.

〈상 황〉

○ △△대륙의 국가는 A~E국으로 총 5개국이다.
○ A국과 직접 조약 관계인 어떤 나라도 D국과 직접 조약 관계에 있지 않다.
○ A국과 B국은 친밀 관계이다.

〈보 기〉

ㄱ. D국과 E국은 우호 관계이다.
ㄴ. A국과 D국은 직접 조약 관계이다.
ㄷ. 중립 관계인 두 나라가 있다.

① ㄱ
② ㄷ
③ ㄱ, ㄴ
④ ㄴ, ㄷ
⑤ ㄱ, ㄴ, ㄷ

문제해설

Step 1 문제 해결의 출발점

직접 조약 관계를 국가 간 선의 형태로 표시할 수 있다. 친밀, 우호, 중립 관계는 모두 두 나라 사이에 직접 조약 관계는 설정되지 않는다는 것에 주의하자.

Step 2 〈상황〉 및 선택지 분석

조건 3에 따르면 A국과 B국은 친밀 관계이므로 두 국가 사이에 직접 조약은 체결되지 않았고 두 국가 각각이 다른 3개 국가와 직접 조약 관계를 맺고 있음을 알 수 있다.

여기에 조건 2를 적용하면, A국과 직접 조약 관계인 C국과 E국은 D국과 직접 조약 관계가 아니게 된다.

이상의 정보를 이미지화하면 다음과 같다.

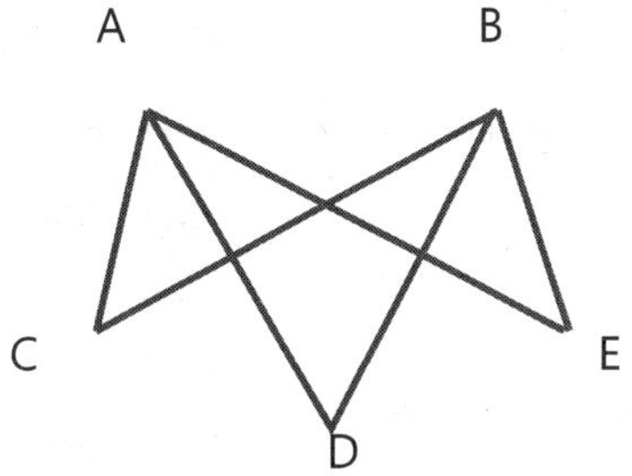

ㄱ. (○) D국은 A국 및 B국과 직접 조약 관계이고 E국도 마찬가지이다. 따라서 D국과 E국은 공통으로 직접 조약 관계인 나라가 2개인 우호 관계가 된다.

ㄴ. (○) 위의 분석에서 확인하였다.

ㄷ. (×) 중립 관계는 직접 조약 관계가 아니면서 동시에 공통으로 직접 조약 관계인 나라가 1개 이하인 경우인데, 위 그림에서 직접 조약 관계가 아닌 두 국가는 A-B, C-D, D-E, C-E이다. A-B는 친밀 관계이고, D-E가 우호 관계이면 동일 형태인 C-D도 우호 관계임을 알 수 있다. 마지막으로 C-E는 공통으로 직접 조약 관계인 나라가 A, B 2개이므로 역시 우호 관계이다. 따라서 중립 관계인 두 나라는 없다.

정답 | ③

48 퀴즈형 문제

5급공채 2023 가책형 16번

다음 글과 〈상황〉을 근거로 판단할 때, A가 방문할 매장을 모두 고르면?

A는 친구 5명(甲~戊)에게 줄 크리스마스 선물을 사려고 한다. 크리스마스 선물을 고르는 조건은 다음과 같다.

○ 예산은 20만 원이며, 모두 사용한다.
○ 매장은 2곳만 방문한다.
○ 모두에게 서로 다른 선물을 사준다. 단, 甲과 乙에게는 똑같은 선물을 사준다.
○ 丙에게는 건강식품을 선물한다.

〈상 황〉

다음은 A가 방문할 수 있는 매장과 선물 품목 등에 관한 정보이다.

매장	판매품 종류	선물 품목	가격
홍삼전문점	건강식품	홍삼 절편	4만 원
		홍삼액	5만 원
녹차전문점	음료 용품	녹차 티백	3만 원
		다도 세트	4만 원
인테리어 가게	인테리어 소품	램프	5만 원
		액자 세트	6만 원
문구점	필기구	만년필	4만 원

① 홍삼전문점, 녹차전문점
② 홍삼전문점, 인테리어 가게
③ 홍삼전문점, 문구점
④ 녹차전문점, 인테리어 가게
⑤ 녹차전문점, 문구점

문제해설

Step 1 문제 해결

본문의 조건을 순서대로 조건 1~조건 4라고 하자.

조건 3에 따라 5명 모두에게 서로 다른 선물을 사주되, 갑과 을에게는 똑같은 선물을 사주므로 필요한 선물은 총 4종류이다(개수는 5개). 그런데 조건 2에서 매장은 2곳만 방문한다고 하였으므로 한 매장에서 선물 2개씩을 구매하여야 한다. 따라서 문구점은 탈락이다. 선지 ③은 소거된다.

조건 4에 따라 병에게 건강식품을 선물하므로 홍삼전문점은 무조건 방문한다. 선지 ④, ⑤도 소거된다.

갑과 을에게 똑같이 선물할 품목이 무엇인가가 관건인데, 만약 갑과 을에게 인테리어 소품을 선물한다면 인테리어 가게에서의 지출 금액은 최소로 잡아도 5+5+6=16만 원이다. 이 경우 다른 매장에서 2개의 품목을 사는 것이 아예 불가능해진다. 따라서 인테리어 가게가 포함된 ②도 소거되어 정답은 ①이 된다. 이 경우 갑과 을에게 4만 원짜리 품목을 선물하면 총액이 딱 20만 원으로 떨어진다.

정답 | ①

49 퀴즈형 문제

5급공채 2023 가책형 33번

다음 글을 근거로 판단할 때, 추가 질문으로 가능한 것은?

○ 甲~戊 5명은 총 18개의 구슬을 서로 다른 개수로 나누어 가지며, 모두 한 개 이상의 구슬을 가지고 있다.

○ 각각 몇 개의 구슬을 가지고 있는지 알아내기 위해 질문을 했고, 이에 대한 甲~戊의 답변은 다음과 같았다.

질문	답변				
	甲	乙	丙	丁	戊
가지고 있는 구슬의 개수가 짝수입니까?	아니요	예	예	아니요	예
5명이 각자 가진 구슬 개수의 산술평균보다 많이 가지고 있습니까?	아니요	아니요	예	예	예

○ 1회의 추가 질문으로 甲~戊가 각각 가진 구슬의 개수를 모두 정확히 알아내고자 한다.

① 가지고 있는 구슬의 개수가 4 이상입니까?
② 가지고 있는 구슬의 개수가 8 이하입니까?
③ 가지고 있는 구슬의 개수가 10의 약수입니까?
④ 가지고 있는 구슬의 개수가 12의 약수입니까?
⑤ 가지고 있는 구슬의 개수가 3의 배수입니까?

문제해설

Step 1 문제 해결의 출발점

수 분배형 문제이다. 모두 한 개 이상의 구슬을 가져야 하며 동시에 서로 다른 개수의 구슬을 가져야 하므로, 5명을 대상으로 1개~5개씩 나눠준다고 해도 이미 15개의 구슬이 필요하다. 여기에 3개가 더 추가되는데 1개~2개를 가진 사람들에게 추가되어서는 다른 사람이 지닌 구슬 개수와 동수가 되어 버린다. 따라서 추가되는 3개의 구슬은 이미 구슬을 3개 이상 가진 사람들에게 분배되어야 한다. 즉 분배 양상은 1개, 2개, 4개 이상, 4개 이상, 4개 이상이 된다. 일단 여기까지 정리하고 질문을 분석해 보자.

Step 2 질문 분석

질문 1 : 갑(홀), 을(짝), 병(짝), 정(홀), 무(짝)이다. 홀수가 2개 짝수가 3개이다. 이것만으로는 범위를 좁히기 어렵다.

질문 2 : 5명이 각자 가진 구슬 개수의 산술평균은 결국 총합 18개를 5로 나눈 3.6이다. 이를 넘지 않는 갑과 을은 구슬을 적게 가지고 있는 2명이 되는데, 위에서 살펴본 바에 따르면 이 둘은 구슬을 각각 1개, 2개 가지고 있는 사람이 되어야 한다. 그런데 질문 1에서 갑은 홀, 을은 짝으로 나왔으므로 갑이 1개, 을이 2개를 가지고 있다.

한편, 위에서 정리한 것처럼 나머지 3명은 4개 이상의 구슬을 가지고 있는 것이 되는데 병, 정, 무가 각각 짝, 홀, 짝이고 이들의 구슬 개수의 합은 15이다. 4 이상의 수이면서 서로 다른 세 수의 합이 15가 되는 경우는 4+5+6뿐이다. 질문 1의 답변에 따라 홀수인 정이 5개로 확정된다. 이제 남은 것은 병과 무 중에서 누가 4이고 누가 6인가인데, 선지 가운데 이를 확정할 수 있는 질문은 구슬의 개수가 3의 배수인지를 물은 ⑤뿐이다.

정답 | ⑤

50 퀴즈형 문제

5급공채 2023 가책형 34번

다음 글을 근거로 판단할 때, 다음 주에 戊가 A와 함께 먹을 음식의 종류는?

> 甲~戊는 다음 주 월~금요일 중 각자 다른 요일에 A와 저녁을 먹으려 한다. A는 다양한 음식을 즐기기 위해서 한식, 중식, 일식, 양식, 퓨전음식을 한 번씩 먹는다. 甲은 A와 다음 주 월요일 저녁에 중식을 먹기로 약속을 잡았다. 乙은 출장 때문에 다음 주 목요일과 금요일에만 약속을 잡을 수 있고, 丙은 일식과 양식만 먹는다. 丁은 월요일과 화요일에는 금식하며, 수요일에는 한식을, 목요일에는 일식을, 금요일에는 다른 종류의 음식을 먹는다. 한편 한식 음식점은 화요일과 목요일에는 영업하지 않으며, 퓨전음식점은 수요일에만 영업한다.

① 한식
② 중식
③ 일식
④ 양식
⑤ 퓨전음식

문제해설

Step 1 **문제 해결의 출발점**

요일 매칭형 문제이다. 각 음식이 월~금요일 중 하나에 1:1 매칭이 되어야 하는 구조이며, 확정적인 정보는 본문 세 번째 문장부터 시작한다. 표를 만들어 구도를 잡아 나가자.

Step 2 **조건 분석**

본문의 문장 순서대로 첫 번째 문장부터 조건 1이라 하자.

조건 3 : 월요일은 갑과의 중식 식사 확정이다.

조건 4 : 을은 목요일과 금요일 식사만 가능하고, 병은 일식 및 양식 이외에는 불가능하다.

조건 5 : 정은 수~금요일에만 식사가 가능하고 세 요일별 먹는 음식의 종류가 서로 다르다.

조건 6 : 한식은 월, 수, 금요일에 가능하고 퓨전음식은 수요일에만 가능하다.

이상을 적용해서 표를 작성하면 다음과 같다.

	월	화	수 (퓨전)	목	금
갑	중식	×	×	×	×
을	×	×	×		
병	×				
정	×	×	(한식)	(일식)	(?)
무	×				

조건 6에 의하면 퓨전음식은 수요일만 가능하므로 수요일에 다른 음식을 먹는 일정은 불가능하다. 따라서 수요일은 퓨전음식으로 고정이다. 그러면 정의 가능한 스케쥴 가운데 수요일에 한식을 먹는 일정은 불가능하므로 정은 수요일에 식사를 하지 않는다. 이에 따라 갑, 을, 정은 수요일에 A와 식사를 하지 않는 게 된다. 한편 조건 4에 따라 병은 일식과 양식만 먹을 수 있는데 수요일에는 퓨전음식이므로 병 역시 수요일에 A와 함께 식사하는 것은 불가능하다.

결과적으로 수요일에 식사를 할 수 있는 인물은 무만 남게 되고, 당연히 먹는 음식은 퓨전음식으로 확정된다.

정답 | ⑤

51 퀴즈형 문제
5급공채 2024 나책형 10번

다음 글을 근거로 판단할 때, ㉠, ㉡, ㉢, ㉣의 합으로 가능한 수는?

> ○ ㉠, ㉡, ㉢, ㉣은 0부터 9까지의 정수이다.
> ○ ㉠과 ㉡은 같다.
> ○ ㉠, ㉡, ㉢, ㉣ 중 홀수는 ㉡개다.
> ○ ㉠, ㉡, ㉢, ㉣ 중 1은 ㉢개다.
> ○ ㉠, ㉡, ㉢, ㉣ 중 2는 ㉣개다.

① 1
② 3
③ 5
④ 7
⑤ 9

문제해설

Step 1 문제 해결의 출발점

확정적인 정보가 없고, 발문에서도 '가능한 수'를 묻고 있으므로 특정 조건을 기준으로 경우의 수를 따져보는 방식으로 접근하자.

Step 2 조건 분석

㉠과 ㉡은 같다는 조건을 중심으로 경우의 수를 따져 나가자.

1) ㉠=㉡=0인 경우

: 홀수가 0개(㉡)가 되므로 ㉢과 ㉣은 짝수만 될 수 있는데 선지 중에 짝수는 없으므로 불가능하다.

2) ㉠=㉡=1인 경우

: 홀수가 1개(㉡)여야 하는데 이미 홀수가 2개가 되었으므로 조건을 충족할 수 없다.

3) ㉠=㉡=2인 경우

: 홀수가 2개(㉡)여야 하므로 ㉢과 ㉣은 홀수여야 하며, 결과적으로 합계가 짝수가 나와야 하는데 선지에 짝수가 없으므로 역시 불가능하다. 여기까지 보면 선지 ①~③은 소거된다.

4) ㉠=㉡=3인 경우

: 홀수가 3개(㉡)이므로 ㉢이나 ㉣ 가운데 하나는 홀수고 나머지는 짝수여야 한다. 만약 합이 7이면 ㉠ 3, ㉡ 3, ㉢ 1, ㉣ 0으로 주어진 조건에 딱 맞아떨어진다.

따라서 정답은 ④이다.

정답 | ④

52 퀴즈형 문제

5급공채 2024 나책형 12번

다음 글을 근거로 판단할 때, 甲이 은행 금고에 맡길 A의 개수는?

甲은 보석을 은행 금고에 맡기려 한다. 은행 금고에는 정확히 1 kg만 맡길 수 있다. 甲은 모든 종류의 보석을 하나씩은 포함하여 최대 금액이 되도록 맡기려 한다. 다만, 보석을 쪼갤 수 없다.

甲이 가진 보석은 다음과 같다.

보석 종류	개당 가격(만 원)	개당 무게(g)	수량(개)
A	10	12	52
B	7	10	48
C	3	3	150
D	1	2	31

① 44
② 45
③ 46
④ 47
⑤ 48

문제해설

Step 1 문제 해결

본문에서 은행 금고에 '정확히 1kg만' 맡기는 게 가능하다고 하였으므로 무게의 합은 정확히 1,000g으로 떨어져야 한다.

한편 최대 금액이 되도록 맡기려 한다고 하였으므로 무게당 가격이 비싼 보석이 최대한 많이 들어가야 하는데, 무게당 가격은 C가 1로 가장 높고 A가 10/12로 그 다음이다. 따라서 C는 150개를 모두 맡긴다. 다음으로 무게당 가격이 높은 A를 최대한 맡겨야 하는데, 모든 종류의 보석을 최소 하나씩은 포함해야 하므로 일단 B와 D를 1개씩 추가한다. 그러면

C 150개, B 1개, D 1개의 합산 무게는 450+10+2=462가 나오고 남은 무게는 538이다.

538을 A의 개당 무게인 12로 나누면 몫이 44에 나머지가 10이 나온다. 남은 10만큼은 무게당 가격이 세 번째로 큰 B를 1개 더 채워 넣으면 정확히 1,000g으로 떨어진다.

따라서 은행 금고에 맡길 A의 개수는 44개이다.

정답 | ①

53 퀴즈형 문제

5급공채 2024 나책형 28번

다음 글을 근거로 판단할 때, 甲이 기부한 금액의 일의 자리 숫자와 丙이 기부한 금액의 십의 자리 숫자의 합은?

甲의 기부액은 일의 자리 숫자(□)를 모르는 12,345,67□원이다. 乙의 기부액은 甲의 3배이고, 丙의 기부액은 乙의 3배이다. 丁의 기부액은 丙의 3배이며 모든 자리 숫자가 3이다.

① 4
② 5
③ 7
④ 10
⑤ 14

문제해설

Step 1 문제 해결

배율 관계를 이용하면 비교적 쉽게 정리되는 문제이다.

정의 기부액은 갑의 기부액의 27배이므로 333,333,333원이 되어야 한다.

병의 기부액은 정의 기부액의 1/3이므로 111,111,111원이다. 따라서 병의 기부액의 십의 자리 숫자는 1이다.

갑의 기부액의 일의 자리 숫자를 X라고 하면, X에 9배를 한 것의 일의 자리가 정의 기부액의 일의 자리인 1이 된다. 0부터 9까지의 숫자 가운데 9배를 해서 일의 자리가 1이 나오는 것은 9밖에 없다. 따라서 갑이 기부한 금액의 일의 자리 숫자는 9이다.

양자를 더하면 10이 도출된다.

정답 | ④

54 퀴즈형 문제

5급공채 2024 나책형 32번

다음 글을 근거로 판단할 때, 달리기에서 3등을 한 사람은?

> 사무관 5명(甲~戊)은 달리기를 한 후 다음과 같은 대화를 나누었다.
>
> 甲 : 나는 1등 아니면 5등이야.
> 乙 : 나는 중간에 丙과 丁을 제친 후, 누구에게도 추월당하지 않았어.
> 丙 : 나보다 앞서 달린 적이 있는 사람은 乙과 丁뿐이야.
> 丁 : 나는 丙에게 따라잡힌 적이 없어.
> 戊 : 우리 중 같은 등수는 없네.

① 甲
② 乙
③ 丙
④ 丁
⑤ 戊

문제해설

Step 1 문제 해결

갑과 무의 진술은 특별할 것이 없으므로 을~정의 진술에 주목하자.

을 : 병과 정을 제친 후로 누구에게도 추월당하지 않았으므로, 을 바로 다음에는 병-정 또는 정-병이 오게 된다.

병 : 병보다 앞선 적이 있는 사람은 을과 정뿐이라 하였는데, 을의 진술에서 최종 순위는 병보다 을이 앞서야 하므로 을-병-정(병이 중간에 정을 추월) 혹은 을-정-병 순서가 가능하다.

정 : 정은 병에게 따라잡힌 적이 없으므로 위에서 정리한 정보에 대입하면 을-정-병 순서가 되어야 한다.

만약 갑이 1등이라면 병보다 앞서 달린 적이 있는 사람은 을과 병뿐이라는 병의 진술에 위배된다. 따라서 갑은 5등이어야 하고, 무는 병보다 앞서 달린 적이 없으므로 을-정-병-무-갑 순으로 달리기가 종료되었음을 알 수 있다.

따라서 3등을 한 사람은 병이다.

정답 | ③

55 **퀴즈형 문제**
5급공채 2024 나책형 35번

다음 글을 근거로 판단할 때, 유학생의 날로 지정된 날짜의 요일로 가능한 것은?

> ○ A시는 올해 중 하루를 유학생의 날로 지정하였다.
> ○ 유학생의 날 1주 전 같은 요일이 전통시장의 날이고, 유학생의 날 3주 뒤 같은 요일이 도서기증의 날이다.
> ○ 전통시장의 날과 도서기증의 날은 같은 달에 있다.
> ○ 유학생의 날이 있는 달에는 네 번의 토요일과 다섯 번의 일요일이 있다.

① 화요일
② 수요일
③ 목요일
④ 금요일
⑤ 토요일

문제해설

Step 1 문제 해결의 출발점

달력형 퀴즈 문제이다. 두 번째 조건으로부터 격자형 구조를 도출할 수 있는데, 이를 세 번째와 네 번째 조건에 부합하게끔 달력을 설정하는 방식으로 접근하자.

Step 2 조건 분석

유학생의 날을 X, 전통시장의 날을 Y, 도서기증의 날을 Z라고 하자. 조건 2에서 Y는 X의 1주 전 같은 요일이고 Z는 X의 3주 뒤 같은 요일이라 하였으므로 다음과 같은 격자 구조가 만들어진다.

Y
X
Z

한편, 조건 3에 따라 Y와 Z는 같은 달에 속해야 하고, 이달에는 토요일에 4번, 일요일은 5번 있어야 한다. 이제 각 선지의 요일에 X로 가능한지를 검토해 보자. 만약 X가 화요일이면 다음과 같이 기본적으로 각각 4번씩의 토요일과 일요일이 확보된다.

일	월	화	수	목	금	토
		Y				
		X				
		Z				

여기서 추가로 일요일이 하루 더 있어야 하는데, Y가 3일이라 가정하면 이달은 아래와 같이 1일이 일요일이고 Z가 31일인 배치가 가능하다. 따라서 정답은 '화요일'이다.

일	월	화	수	목	금	토
1		Y				
8		X				
15						
22						
29		Z(31)				

정답 | ①

MEMO

All About PSAT 상황판단 기출총정리

인쇄일 1쇄 2024년 4월 5일
발행일 1쇄 2024년 4월 15일

저 자 박 어 령
발행인 이 종 은
발행처 신 조 사
서울특별시 마포구 독막로 295 삼부골든타워 212호
등록 1994. 7. 4, 제17-179호(倫)
전 화 (02) 713-0402
F A X (02) 713-0403
홈페이지 www.sinjosa.co.kr

ISBN 979-11-93596-11-1(13320)
정 가 37,000원